D1748824

URG
Urheberrechtsgesetz

URG

Urheberrecht und verwandte Schutzrechte mit ausführenden Verordnungen, Nebengesetzen, zwischenstaatlichen Verträgen (insbesondere WIPO- und TRIPS-Abkommen, RBÜ und Rom-Abkommen), weiteren Materialien sowie Sachregister

Herausgegeben und kommentiert von
Dr. Manfred Rehbinder,
em. o. Professor der Universität Zürich und
RA Dr. Adriano Viganò,
Zürich,

unter Mitarbeit von
RA Dr. Kai-Peter Uhlig und RA Lorenz Haas

3., neu bearbeitete Auflage

orell füssli Verlag AG

Stand der Gesetzgebung: 1. Juli 2008

Änderungen bei den im Buch enthaltenen Erlassen können abgerufen werden unter:
www.navigator.ch/updates

Zitiervorschlag: Rehbinder/Viganò, 3. Aufl., Art. ... N ... [Kommentierung] /
Rehbinder/Viganò, 3. Aufl., S. ... [Erlasse]

© 2008 Orell Füssli Verlag AG, Zürich
www.ofv.ch
Alle Rechte vorbehalten

Dieses Werk ist urheberrechtlich geschützt. Dadurch begründete Rechte, insbesondere
der Übersetzung, des Nachdrucks, des Vortrags, der Entnahme von Abbildungen und Tabellen,
der Funksendung, der Mikroverfilmung oder der Vervielfältigung auf andern Wegen und
der Speicherung in Datenverarbeitungsanlagen, bleiben, auch bei nur auszugsweiser Verwertung,
vorbehalten. Vervielfältigungen des Werkes oder von Teilen des Werkes sind auch im Einzelfall
nur in den Grenzen der gesetzlichen Bestimmungen des Urheberrechtsgesetzes in der jeweils
geltenden Fassung zulässig. Sie sind grundsätzlich vergütungspflichtig. Zuwiderhandlungen werden
straf- und zivilrechtlich verfolgt.

Druck: fgb · freiburger graphische betriebe, Freiburg
ISBN 978-3-280-07143-4

Bibliografische Information der Deutschen Bibliothek:
Die Deutsche Bibliothek verzeichnet diese Publikation in der
Deutschen Nationalbibliografie; detaillierte bibliografische
Daten sind im Internet abrufbar über http://dnb.ddb.de

Vorwort

Mit dem Bundesgesetz über das Urheberrecht und verwandte Schutzrechte vom 5. Okt. 2007 und dem Bundesbeschluss vom selben Tage über die Genehmigung von zwei Abkommen der Weltorganisation für geistiges Eigentum und über die Änderung des Urheberrechtsgesetzes, beide Erlasse in Kraft ab dem 1. Juli 2008, ist der erste grosse Reformschritt einer Modernisierung des Urheberrechtsgesetzes vom 9. Okt. 1992 getan. Er bezweckt die Ratifikation zweier Abkommen der Weltorganisation, der sog. Internet-Abkommen, des Jahres 1996 (in Kraft seit 2002), nämlich des WIPO-Urheberrechtsvertrages (WIPO Copyright Treaty = WCT) und des WIPO-Vertrages über Darbietungen und Tonträger (WIPO Performances and Phonograms Treaty = WPPT); er bezweckt ferner die Erhöhung des Schutzniveaus der Internet-Abkommen nach dem Vorbild der EU-Richtlinie 2001/29/EG (Richtlinie Informationsgesellschaft) durch Ausbau der Schutzschranken des Urheberrechts unter Berücksichtigung der Interessen der Werknutzer und Konsumenten.

Die Umsetzung der WIPO-Internetabkommen führte zu drei Schwerpunkten der Reform, nämlich

1. zur Regelung des Rechts, Werke und andere Schutzobjekte des URG über das Internet zugänglich zu machen,
2. zum Verbot der Umgehung technischer Schutzmassnahmen in Form von elektronischen Zugangs- und Kopiersperren (Digital Rights Management = DRM),
3. zum Ausbau der verwandten Schutzrechte.

Die Neuordnung der Schrankenbestimmungen brachte eine Berücksichtigung der Bedürfnisse von Bibliotheken und Archiven, von Sendeunternehmen, von Behinderten, eine Haftungsbeschränkung für Internet Service Provider und schliesslich den Wegfall der Vergütungspflicht für die Vervielfältigung zum Eigengebrauch der Konsumenten für den Fall des Herunterladens über elektronische Bezahldienste, ferner Vereinfachungen bei der kollektiven Rechteverwertung. Die wesentlichen Materialien zu den vielfältigen Neuerungen sind in der UFITA 2008 Bd. II zusammengestellt.

Die Fülle dieser Neuerungen sowie die praktische Erfahrung, die mit dem URG seit 1992 gemacht wurde und die sich in einer Reihe von Gerichtsentscheiden niederschlägt, machten es notwendig, den vorliegenden Kurzkommentar einer grundlegenden Neubearbeitung zu unterziehen. Dafür konnte Herr RA Dr. Adriano Viganò als Mitautor gewonnen werden, der sich seit seiner Monographie über das Urheberrecht in Entwicklungsländern (1989) umfassende Praxiskenntnisse als Manager in den USA und als Anwalt in der Schweiz erworben hat und an den Reformarbeiten im Auftrag von Produzenten und Vertrieb aus den Bereichen Film, Musik und Software mitgewirkt hat. Unter den Mitarbeitern seiner Anwaltskanzlei haben die Herren RA Dr. Kai-Peter Uhlig und RA lic. iur. Lorenz Haas wesentliche Beiträge geleistet. Wir hoffen, dass diese Neuauflage die gleiche positive Aufnahme findet wie die Erstauflage, und sind für Verbesserungsvorschläge an contact@vigano.ch dankbar.

Zürich, im Mai 2008   Manfred Rehbinder und Adriano Viganò

Inhaltsverzeichnis

Vorwort *5*

Inhaltsverzeichnis *7*

Abkürzungsverzeichnis *17*

Innerstaatliches Recht *23*

Nr. 1 Bundesgesetz über das Urheberrecht und verwandte Schutzrechte
(Urheberrechtsgesetz, URG) 24
   1. Titel: Gegenstand 24
        Art. 1 24
   2. Titel: Urheberrecht 31
      1. Kapitel: Das Werk 31
        Art. 2   Werkbegriff 31
        Art. 3   Werke zweiter Hand 39
        Art. 4   Sammelwerke 41
        Art. 5   Nicht geschützte Werke 42
      2. Kapitel: Urheber und Urheberin 44
        Art. 6   Begriff 44
        Art. 7   Miturheberschaft 45
        Art. 8   Vermutung der Urheberschaft 49
      3. Kapitel: Inhalt des Urheberrechts 51
        1. Abschnitt: Verhältnis des Urhebers oder der Urheberin zum Werk 51
        Art. 9   Anerkennung der Urheberschaft 51
        Art. 10   Verwendung des Werks 56
        Art. 11   Werkintegrität 64
        2. Abschnitt: Verhältnis der Urheberschaft zum Eigentum am
Werkexemplar 67
        Art. 12   Erschöpfungsgrundsatz 67
        Art. 13   Vermieten von Werkexemplaren 71
        Art. 14   Zutritts- und Ausstellungsrecht des Urhebers oder
der Urheberin 74
        Art. 15   Schutz vor Zerstörung 75

Inhaltsverzeichnis

4. Kapitel: Rechtsübergang; Zwangsvollstreckung 77
    Art. 16   Rechtsübergang 77
    Art. 17   Rechte an Programmen 84
    Art. 18   Zwangsvollstreckung 85

5. Kapitel: Schranken des Urheberrechts 86
    Art. 19   Verwendung zum Eigengebrauch 86
    Art. 20   Vergütung für den Eigengebrauch 99
    Art. 21   Entschlüsselung von Computerprogrammen 101
    Art. 22   Verbreitung gesendeter Werke 102
    Art. 22a   Nutzung von Archivwerken der Sendeunternehmen 105
    Art. 22b   Nutzung von verwaisten Werken 110
    Art. 22c   Zugänglichmachen gesendeter musikalischer Werke 115
    Art. 23   Zwangslizenz zur Herstellung von Tonträgern 117
    Art. 24   Archivierungs- und Sicherungsexemplare 118
    Art. 24a   Vorübergehende Vervielfältigungen 120
    Art. 24b   Vervielfältigungen zu Sendezwecken 123
    Art. 24c   Verwendung durch Menschen mit Behinderungen 125
    Art. 25   Zitate 128
    Art. 26   Museums-, Messe- und Auktionskataloge 129
    Art. 27   Werke auf allgemein zugänglichem Grund 131
    Art. 28   Berichterstattung über aktuelle Ereignisse 132

6. Kapitel: Schutzdauer 134
    Art. 29   Im Allgemeinen 134
    Art. 30   Miturheberschaft 136
    Art. 31   Unbekannte Urheberschaft 136
    Art. 32   Berechnung 137

3. Titel: Verwandte Schutzrechte 137
    Art. 33   Rechte der ausübenden Künstler und Künstlerinnen 137
    Art. 33a   Persönlichkeitsrechte der ausübenden Künstler und Künstlerinnen 144
    Art. 34   Mehrere ausübende Künstler und Künstlerinnen 146
    Art. 35   Vergütungsanspruch für die Verwendung von Ton- und Tonbildträgern 151
    Art. 36   Rechte des Herstellers oder der Herstellerin von Ton- oder Tonbildträgern 153
    Art. 37   Rechte der Sendeunternehmen 156
    Art. 38   Rechtsübergang, Zwangsvollstreckung und Schranken des Schutzes 159
    Art. 39   Schutzdauer 160

3a. Titel: Schutz von technischen Massnahmen und von Informationen für
die Wahrnehmung von Rechten 162
    Art. 39a   Schutz technischer Massnahmen 162
    Art. 39b   Beobachtungsstelle für technische Massnahmen 170
    Art. 39c   Schutz von Informationen für die Wahrnehmung
                von Rechten 173
4. Titel: Verwertungsgesellschaften 176
   1. Kapitel: Der Bundesaufsicht unterstellte Verwertungsbereiche 176
      Art. 40   176
   2. Kapitel: Bewilligung 183
      Art. 41   Grundsatz 183
      Art. 42   Voraussetzungen 184
      Art. 43   Dauer; Veröffentlichung 185
   3. Kapitel: Pflichten der Verwertungsgesellschaften 185
      Art. 44   Verwertungspflicht 185
      Art. 45   Grundsätze der Geschäftsführung 186
      Art. 46   Tarifpflicht 187
      Art. 47   Gemeinsamer Tarif 188
      Art. 48   Grundlagen der Verteilung 189
      Art. 49   Verteilung des Verwertungserlöses 190
      Art. 50   Auskunfts- und Rechenschaftspflicht 191
   4. Kapitel: Auskunftspflicht gegenüber den Verwertungsgesellschaften 192
      Art. 51   192
   5. Kapitel: Aufsicht über die Verwertungsgesellschaften 193
     1. Abschnitt: Aufsicht über die Geschäftsführung 193
        Art. 52   Aufsichtsbehörde 193
        Art. 53   Umfang der Aufsicht 194
        Art. 54   Massnahmen bei Pflichtverletzungen 194
     2. Abschnitt: Aufsicht über die Tarife 195
        Art. 55   Eidgenössische Schiedskommission für die
                    Verwertung von Urheberrechten und verwandten
                    Schutzrechten 195
        Art. 56   Zusammensetzung der Schiedskommission 196
        Art. 57   Besetzung für den Entscheid 196
        Art. 58   Administrative Aufsicht 197
        Art. 59   Tarifgenehmigung 197
        Art. 60   Grundsatz der Angemessenheit 198

Inhaltsverzeichnis

5. Titel: Rechtsschutz ... 202
   1. Kapitel: Zivilrechtlicher Schutz ... 202
      - Art. 61 Feststellungsklage ... 202
      - Art. 62 Leistungsklagen ... 202
      - Art. 63 Einziehung im Zivilverfahren ... 210
      - Art. 64 Einzige kantonale Instanz ... 211
      - Art. 65 Vorsorgliche Massnahmen ... 212
      - Art. 66 Veröffentlichung des Urteils ... 214
      - Art. 66a Mitteilung von Urteilen ... 214
   2. Kapitel: Strafbestimmungen ... 215
      - Art. 67 Urheberrechtsverletzung ... 215
      - Art. 68 Unterlassung der Quellenangabe ... 222
      - Art. 69 Verletzung von verwandten Schutzrechten ... 222
      - Art. 69a Verletzung des Schutzes von technischen Massnahmen und von Informationen für die Wahrnehmung von Rechten ... 226
      - Art. 70 Unerlaubte Geltendmachung von Rechten ... 231
      - Art. 71 Widerhandlungen in Geschäftsbetrieben ... 232
      - Art. 72 Einziehung im Strafverfahren ... 232
      - Art. 73 Strafverfolgung ... 232
   3. Kapitel: Beschwerde an das Bundesverwaltungsgericht ... 233
      - Art. 74 ... 233
   4. Kapitel: Hilfeleistung der Zollverwaltung ... 234
      - Art. 75 Anzeige verdächtiger Waren ... 234
      - Art. 76 Antrag auf Hilfeleistung ... 236
      - Art. 77 Zurückbehalten von Waren ... 237
      - Art. 77a Proben oder Muster ... 237
      - Art. 77b Wahrung von Fabrikations- und Geschäftsgeheimnissen ... 238
      - Art. 77c Antrag auf Vernichtung der Ware ... 239
      - Art. 77d Zustimmung ... 239
      - Art. 77e Beweismittel ... 240
      - Art. 77f Schadenersatz ... 241
      - Art. 77g Kosten ... 241
      - Art. 77h Haftungserklärung und Schadenersatz ... 242

6. Titel: Schlussbestimmungen 243
1. Kapitel: Vollzug und Aufhebung bisherigen Rechts................................. 243
    Art. 78   Ausführungsbestimmungen... 243
    Art. 79   Aufhebung von Bundesgesetzen..................................... 243

2. Kapitel: Übergangsbestimmungen 243
    Art. 80   Bestehende Schutzobjekte... 243
    Art. 81   Bestehende Verträge... 245
    Art. 81a   Klagebefugnis von Lizenznehmern................................ 245
    Art. 82   Bewilligungen für die Verwertung von
               Urheberrechten... 247
    Art. 83   Tarife... 248
3. Kapitel: Referendum und Inkrafttreten 248
    Art. 84   248

Nr. 2 Verordnung über das Urheberrecht und verwandte Schutzrechte
(Urheberrechtsverordnung, URV).. 249
1. Kapitel: Eidgenössische Schiedskommission für die Verwertung von
    Urheberrechten und verwandten Schutzrechten 249
    1. Abschnitt: Organisation 249
    2. Abschnitt: Verfahren.. 251
    3. Abschnitt: Gebühren 253
1a. Kapitel: Beobachtungsstelle für technische Massnahmen 254
2. Kapitel: Schutz von Computerprogrammen 255
2a. Kapitel: (aufgehoben) 256
3. Kapitel: Hilfeleistung der Zollverwaltung 256
4. Kapitel: (aufgehoben) 257
5. Kapitel: Schlussbestimmungen 257

Nr. 3 Auszug aus dem Schweizerischen Zivilgesetzbuch (ZGB)........................... 258

Nr. 4 Auszug aus dem Bundesgesetz betreffend die Ergänzung des Schweizerischen
Zivilgesetzbuches (Fünfter Teil: Obligationenrecht, OR).............................. 263

Nr. 5 Auszug aus dem Bundesgesetz gegen den unlauteren Wettbewerb (UWG) 269

Nr. 6 Auszug aus dem Bundesgesetz über Kartelle und andere
Wettbewerbsbeschränkungen (Kartellgesetz, KG)....................................... 270

Inhaltsverzeichnis

Nr. 7 Verordnung über ausserparlamentarische Kommissionen sowie Leitungsorgane und Vertretungen des Bundes (Kommissionenverordnung) 272
   1. Kapitel: Geltungsbereich 272
   2. Kapitel: Ausserparlamentarische Kommissionen 272
      1. Abschnitt: Begriff 272
      2. Abschnitt: Rechtsgrundlagen und Kommissionsarten 273
      3. Abschnitt: Zusammensetzung 273
      4. Abschnitt: Einsetzung und Konstituierung 274
      5. Abschnitt: Amtsdauer, Amtszeit und Altersgrenze 275
      6. Abschnitt: Taggelder und Vergütungen 276
   3. Kapitel: Leitungsorgane von Betrieben und Anstalten des Bundes sowie Vertretungen des Bundes in Organen Dritter 276
   4. Kapitel: Schlussbestimmungen 277

Nr. 8 Bundesgesetz über Filmproduktion und Filmkultur (Filmgesetz, FiG) 279
   1. Kapitel: Allgemeine Bestimmungen 279
   2. Kapitel: Filmförderung 280
      1. Abschnitt: Förderungsbereiche 280
      2. Abschnitt: Förderungsinstrumente 281
      3. Abschnitt: Förderungskonzepte und Evaluation 281
      4. Abschnitt: Finanzhilfen und andere Formen der Unterstützung .. 282
      5. Abschnitt: Ausschluss von der Filmförderung 283
   3. Kapitel: Vorschriften zur Förderung der Vielfalt öffentlich vorgeführter Filme 283
      1. Abschnitt: Massnahmen zu Gunsten der Vielfalt des Filmangebots 283
      2. Abschnitt: Abgabe zur Förderung der Angebotsvielfalt 284
      3. Abschnitt: Registrierungs- und Meldepflicht 285
   4. Kapitel: Kommissionen 285
   5. Kapitel: Strafbestimmungen 286
   6. Kapitel: Verfahren und internationale Zusammenarbeit 287
   7. Kapitel: Schlussbestimmungen 288

Nr. 9 Bundesgesetz über den internationalen Kulturgütertransfer (Kulturgütertransfergesetz, KGTG) 290
   1. Abschnitt: Allgemeine Bestimmungen 290
   2. Abschnitt: Kulturgüterverzeichnisse 291
   3. Abschnitt: Ein- und Ausfuhr 291
   4. Abschnitt: Rückgabegarantie 293
   5. Abschnitt: Finanzhilfen zu Gunsten der Erhaltung des kulturellen Erbes 294
   6. Abschnitt: Übertragung von Kulturgut 295
   7. Abschnitt: Behörden 296
   8. Abschnitt: Amts- und Rechtshilfe 297

	9. Abschnitt: Strafbestimmungen	298
	10. Abschnitt: Rechtsmittel und Datenschutz	299
	11. Abschnitt: Schlussbestimmungen	299
Nr. 10	Auszug aus dem Schweizerischen Strafgesetzbuch (StGB)	301
Nr. 11	Auszug aus dem Bundesgesetz über das Internationale Privatrecht (IPRG)	303
Nr. 12	Auszug aus dem Bundesgesetz über den Gerichtsstand in Zivilsachen (Gerichtsstandsgesetz, GestG)	305
Nr. 13	Auszug aus dem Bundesgesetz über das Bundesgericht (Bundesgerichtsgesetz, BGG)	306

Zwischenstaatliches Recht *309*

Nr. 14	WIPO-Urheberrechtsvertrag (WCT)	310
	Vereinbarte Erklärungen	316
Nr. 15	WIPO-Vertrag über Darbietungen und Tonträger (WPPT)	319
	Kapitel I: Allgemeine Bestimmungen	319
	Kapitel II: Rechte der ausübenden Künstler	321
	Kapitel III: Rechte der Tonträgerhersteller	323
	Kapitel IV: Gemeinsame Bestimmungen	324
	Kapitel V: Verwaltungs- und Schlussbestimmungen	326
	Vereinbarte Erklärungen	329
Nr. 16	Anhang 1C aus dem Abkommen zur Errichtung der Welthandelsorganisation (TRIPS)	331
	Abkommen über handelsbezogene Aspekte der Rechte an geistigem Eigentum	331
	Teil I: Allgemeine Bestimmungen und Grundsätze	332
	Teil II: Normen über die Verfügbarkeit, den Umfang und die Ausübung der Rechte an geistigem Eigentum	335
	Abschnitt 1: Urheberrecht und verwandte Schutzrechte	335
	Abschnitt 2: Marken	337
	Abschnitt 3: Geographische Angaben	339
	Abschnitt 4: Gewerbliche Muster	342
	Abschnitt 5: Patente	343
	Abschnitt 6: Layout-Designs (Topographien) integrierter Schaltkreise	348
	Abschnitt 7: Schutz vertraulicher Informationen	349
	Abschnitt 8: Kontrolle wettbewerbswidriger Praktiken in vertraglichen Lizenzen	350

Teil III: Durchsetzung der Rechte an geistigem Eigentum 351
    Abschnitt 1: Allgemeine Pflichten 351
    Abschnitt 2: Zivil- und verwaltungsrechtliche Verfahren und
        Abhilfemassnahmen 352
    Abschnitt 3: Vorsorgliche Massnahmen 354
    Abschnitt 4: Besondere Voraussetzungen für Massnahmen an der
        Grenze 356
    Abschnitt 5: Strafverfahren 359
Teil IV: Erwerb und Aufrechterhaltung der Rechte an geistigem Eigentum
    und damit zusammenhängende Verfahren inter partes 359
Teil V: Vermeidung und Beilegung von Streitigkeiten 360
Teil VI: Übergangsbestimmungen 361
Teil VII: Institutionelle Bestimmungen; Schlussbestimmungen 363

Nr. 17 Auszug aus dem Übereinkommen zur Errichtung der Europäischen
Freihandelsassoziation (EFTA) 367

Nr. 18 Richtlinie 2001/29/EG des Europäischen Parlaments und des Rates zur
Harmonisierung bestimmter Aspekte des Urheberrechts und der verwandten
Schutzrechte in der Informationsgesellschaft 368
    Kapitel I: Ziel und Anwendungsbereich 381
    Kapitel II: Rechte und Ausnahmen 381
    Kapitel III: Schutz von technischen Massnahmen und von Informationen für die
        Wahrnehmung der Rechte 385
    Kapitel IV: Allgemeine Bestimmungen 387

Nr. 19 Richtlinie 2006/115/EG des Europäischen Parlaments und des Rates zum
Vermietrecht und Verleihrecht sowie zu bestimmten dem Urheberrecht
verwandten Schutzrechten im Bereich des geistigen Eigentums (kodifizierte
Fassung) 391
    Kapitel I: Vermiet- und Verleihrecht 394
    Kapitel II: Dem Urheberrecht verwandte Schutzrechte 396
    Kapitel III: Gemeinsame Vorschriften 398

Nr. 20 Richtlinie 2004/48/EG des Europäischen Parlaments und des Rates zur
Durchsetzung der Rechte des geistigen Eigentums 400
    Kapitel I: Ziel und Anwendungsbereich 406
    Kapitel II: Maßnahmen, Verfahren und Rechtsbehelfe 407
        Abschnitt 1: Allgemeine Bestimmungen 407
        Abschnitt 2: Beweise 408
        Abschnitt 3: Recht auf Auskunft 410

Inhaltsverzeichnis

Abschnitt 4: Einstweilige Maßnahmen und Sicherungsmaßnahmen 411
Abschnitt 5: Maßnahmen aufgrund einer Sachentscheidung 412
Abschnitt 6: Schadensersatz und Rechtskosten 414
Abschnitt 7: Veröffentlichung 414
Kapitel III: Sanktionen der Mitgliedstaaten 415
Kapitel IV: Verhaltenskodizes und Verwaltungszusammenarbeit 415
Kapitel V: Schlussbestimmungen 416

Nr. 21 Auszug aus dem Übereinkommen des Europarates über Computerkriminalität 417

Nr. 22 Berner Übereinkunft zum Schutz von Werken der Literatur und Kunst revidiert
in Paris am 24. Juli 1971 (RBÜ) 423
Anhang 448
Geltungsbereich am 1. November 2005 457

Nr. 23 Internationales Abkommen über den Schutz der ausübenden Künstler, der
Hersteller von Tonträgern und der Sendeunternehmen (Rom-Abkommen, RA) 462
Geltungsbereich am 21. April 2006 474
Erklärungen 477

Nr. 24 Übereinkommen zum Schutz der Hersteller von Tonträgern gegen die
unerlaubte Vervielfältigung ihrer Tonträger (Genfer Tonträger-Abkommen) 478
Geltungsbereich am 13. September 2006 483
Vorbehalte und Erklärungen 485

Nr. 25 Übereinkommen über die Verbreitung der durch Satelliten übertragenen
programmtragenden Signale (Brüsseler Satelliten-Abkommen) 487
Geltungsbereich des Übereinkommens am 18. November 2003 492

Nr. 26 Auszug aus dem Abkommen über die Rechtsstellung der Flüchtlinge 493

Nr. 27 Auszug aus dem Vertrag zwischen der Schweiz und Liechtenstein über den
Anschluss des Fürstentums Liechtenstein an das schweizerische Zollgebiet 496

Nr. 28 Bundesratsbeschluss betreffend Gegenrecht zwischen der Schweiz und den
Vereinigten Staaten von Amerika über das Urheberrecht an Werken der
Literatur und Kunst 497

Nr. 29 Auszug aus dem Übereinkommen über die gerichtliche Zuständigkeit und die
Vollstreckung gerichtlicher Entscheidungen in Zivil- und Handelssachen (LugÜ) 501

Anhang... 505

Inhaltsverzeichnis

Nr. 30 Statuten der schweizerischen Verwertungsgesellschaften 506
        Statuten der SUISA 506
        Statuten der ProLitteris 519
        Statuten der SUISSIMAGE 530
        Statuts de la SSA 540
        Statuten der SWISSPERFORM 551

Nr. 31 Auszüge aus den Wahrnehmungsverträgen der schweizerischen
Verwertungsgesellschaften 564
        Wahrnehmungsvertrag SUISA–Urheber 564
            Anhang zum Wahrnehmungsvertrag (SUISA–Urheber) 569
            Zusatzvertrag zum Wahrnehmungsvertrag (SUISA–Urheber) 571
            Zusatzvertrag (Bühnen) zum Wahrnehmungsvertrag
            (SUISA–Urheber) 572
        Mitgliedervertrag der ProLitteris für Urheber (Mitglied) 574
        Mitgliedervertrag SUISSIMAGE 580
        Mitgliedervertrag (Contrat de sociétaire) SSA 585
        Mitgliedschafts- und Abtretungserklärung der SWISSPERFORM für
            ausübende Künstler/Künstlerinnen 589
        Anmeldung zur Mitgliedschaft und Abtretungserklärung
            (Herstellerinnen/Hersteller von Tonträgern und Tonbildträgern) 591

Nr. 32 Auszug aus dem Gesamtarbeitsvertrag der SRG 593

Nr. 33 Verzeichnis nicht abgedruckter Erlasse 595

Sachregister zur Kommentierung des URG... 601

Abkürzungsverzeichnis

a.a.O.	am angeführten Ort
AGB	Allgemeine Geschäftsbedingungen
Alt.	Alternative
a.M.	anderer Meinung
AmtlBull	Amtliches Bulletin der Bundesversammlung
AS	Amtliche Sammlung des Bundesrechts (vor 1948: Amtliche Sammlung der Bundesgesetze und Verordnungen [Eidgenössischen Gesetzessammlung])
Aufl.	Auflage
aURG	altes BG vom 7. Dezember 1922 betreffend das Urheberrecht an Werken der Literatur und Kunst
BAGE	Bundesamt für geistiges Eigentum (heute: IGE)
Barrelet/Egloff	Barrelet, Denis/Egloff, Willy: Das neue Urheberrecht, Kommentar zum Bundesgesetz über das Urheberrecht und verwandte Schutzrechte, 2. Aufl., Bern 2000
BB	Bundesbeschluss
BBl	Schweizerische Bundesblatt
BezGer	Bezirksgericht
BG	Bundesgesetz
BGE	Amtliche Sammlung der Entscheidungen des Schweizerischen Bundesgerichts
BGer	Bundesgericht
BGG	BG vom 17. Juni 2005 über das Bundesgericht (Bundesgerichtsgesetz), SR 173.110
BK	Berner Kommentar zum schweizerischen Privatrecht
Botschaft 1989	Botschaft des Bundesrates vom 19. Juni 1989, BBl 1989 III 477 ff.
Botschaft 2006	Botschaft des Bundesrates vom 10. März 2006, BBl 2006, 3389 ff.
Botschaft PatG 2006	Botschaft des Bundesrates vom 23. November 2005, BBl 2006, 1 ff.
BRB	Bundesratsbeschluss
BS	Bereinigte Sammlung der Bundesgesetze und Verordnungen (1848–1947)

BSK OR I	Basler Kommentar Obligationenrecht, Band I, Hrsg. Heinrich Honsell/Nedim P. Vogt/Wolfgang Wiegand, 4. Aufl., Basel u.a. 2007
BSK StGB II	Basler Kommentar Strafgesetzbuch, Band II, Hrsg. Marcel A. Niggli/Hans Wiprächtiger, Basel u.a. 2003
BSK ZGB I	Basler Kommentar Zivilgesetzbuch, Band I, Hrsg. Heinrich Honsell/Nedim P. Vogt/Thomas Geiser, 3. Aufl., Basel u.a. 2006
bspw.	beispielsweise
bzw.	beziehungsweise
DesG	BG vom 5. Oktober 2001 über den Schutz von Design (Designgesetz) SR 232.12
dgl.	dergleichen
d.h.	das heisst
DRMS	Digital-Rights-Management-System
DSG	BG vom 19. Juni 1992 über den Datenschutz, SR 235.1
EPÜ	Europäisches Patentübereinkommen, revidiert in München am 29. November 2000, SR 0.232.142.2
ESchK	Eidgenössische Schiedskommission für die Verwertung von Urheberrechten und verwandten Schutzrechten
FiG	BG vom 14. Dezember 2001 über Filmproduktion und Filmkultur (Filmgesetz), SR 443.1 → Nr. 8
FS	Festschrift
GAV	Gesamtarbeitsvertrag
GestG	BG vom 24. März 2000 über den Gerichtsstand in Zivilsachen (Gerichtsstandsgesetz), SR 272
ggf.	gegebenenfalls
gl.M.	gleicher Meinung
HGer	Handelsgericht
h.L.	herrschende Lehre
h.M.	herrschende Meinung
Hrsg.	Herausgeber
i.d.F.	in der Fassung
i.d.R.	in der Regel
IGE	Eidgenössisches Institut für Geistiges Eigentum (früher: BAGE), Bern
IPRG	BG vom 18. Dezember 1987 über das Internationale Privatrecht, SR 291
i.S.v.	im Sinne von
i.V.m.	in Verbindung mit
KG	BG vom 6. Oktober 1995 über Kartelle und andere Wettbewerbsbeschränkungen (Kartellgesetz), SR 251

KGer	Kantionsgericht
KGTG	BG vom 20. Juni 2003 über den internationalen Kulturgütertransfer (Kulturgütertransfergesetz), SR 444.1 → Nr. 9
LugÜ	Übereinkommen vom 16. September 1988 über die gerichtliche Zuständigkeit und die Vollstreckung gerichtlicher Entscheidungen in Zivil- und Handelssachen, SR 0.275.11
MSchG	BG vom 28. August 1992 über den Schutz von Marken und Herkunftsangaben (Markenschutzgesetz), SR 232.11
Müller/Oertli	Müller, Barbara K./Oertli, Reinhard (Hrsg.), Urheberrechtsgesetz, Bern 2006
m.w.N.	mit weiteren Nachweisen
NBG	BG vom 3. Oktober 2003 über die Schweizerische Nationalbank (Nationalbankgesetz), SR 951.11
NR	Nationalrat
OG	früheres BG über die Organisation der Bundesrechtspflege, heute: Bundesgerichtsgesetz (BGG)
OGer	Obergericht
OLG	Oberlandesgericht
OR	BG vom 30. März 1911 betreffend die Ergänzung des Schweizerischen Zivilgesetzbuches (Fünfter Teil: Obligationenrecht), SR 220
öUrhG	österreichisches Urhebergesetz
PatG	BG vom 25. Juni 1954 über die Erfindungspatente (Patentgesetz), SR 232.14
PL	ProLitteris (Verwertungsgesellschaft)
RA	Rom-Abkommen
RBÜ	Revidierte Berner Übereinkunft zum Schutze von Werken der Literatur und Kunst, revidiert in Paris am 24. Juli 1971, SR 0.231.15
rev.	revidiert
Rspr.	Rechtsprechung
Rz.	Randziffer
S./s.	Seite/siehe
Schricker	Schricker, Gerhard, Urheberrecht, Kommentar, 3. Aufl., München 2006 (zit. Schicker/Bearbeiter)
SEV	Schweizerischer Elektrotechnischer Verein, heute: Verband für Elektro-, Energie- und Informationstechnik (Electrosuisse), Fehraltorf
SIA	Schweizer Architekten- und Ingenieurverein, Zürich
SI	SUISSIMAGE (Verwertungsgesellschaft) = Schweizerische Gesellschaft für die Urheberrechte an audiovisuellen Werken, Bern

SIWR	Schweizerisches Immaterialgüter- und Wettbewerbsrecht, Basel u.a., Band I/2, 2. Aufl. 1998; Band II/1, 2. Aufl. 2006; Band II/2,1998
SJZ	Schweizerische Juristen-Zeitung, Zürich
SMI	Schweizerische Mitteilungen über Immaterialgüterrecht, Zürich (seit 1985, früher Mitt., ab 1997 sic!)
sog.	sogenannt
SR	Systematische Sammlung des Bundesrechts (Systematische Rechtssammlung)
SRG	Schweizerische Radio- und Fernsehgesellschaft (SRG SSR idée suisse), Bern
SSA	Société Suisse des Auteurs (Verwertungsgesellschaft) = Schweizerische Autorengesellschaft (SAG), Lausanne
StGB	Schweizerisches Strafgesetzbuch vom 21. Dezember 1937, SR 311.0
StR	Ständerat
SUISA	Suisse Auteurs (Verwertungsgesellschaft) = Schweizerische Gesellschaft für die Rechte der Urheber musikalischer Werke, Zürich
ToG	BG vom 9. Oktober 1992 über den Schutz von Topographien von Halbleitererzeugnissen (Topographiengesetz), SR 231.2
ToV	V vom 26. April 1993 über den Schutz von Topographien von Halbleitererzeugnissen (Topographienverordnung), SR 231.21
TRIPS	Agreement on Trade-Related Aspects of Intellectual Property Rights = Anhang 1C aus dem Abkommen zur Errichtung der Welthandelsorganisation, SR 0.632.20 → Nr. 16
u.a.	unter anderem/und andere
u.ä.	und ähnliche
UFITA	Archiv für Urheber-, Film-, Funk- und Theaterrecht, Bern (ab 2000 Archiv für Urheber- und Medienrecht)
umstr.	umstritten
URG	BG vom 9. Oktober 1992 über das Urheberrecht und verwandte Schutzrechte (Urheberrechtsgesetz), SR 231.1 → Nr. 1
URG 1922	BG vom 7. Dezember 1922 betreffend das Urheberrecht an Werken der Literatur und Kunst (AS 1955, 855)
URV	V vom 26. April 1993 über das Urheberrecht und verwandte Schutzrechte (Urheberrechtsverordnung), SR 231.11 → Nr. 2
u.U.	unter Umständen
UWG	BG vom 19. Dezember 1986 gegen den unlauteren Wettbewerb, SR 241
V	Verordnung
v.a.	vor allem
VE	Vorentwurf

VerwertungsG	früheres BG vom 25. September 1940 betreffend die Verwertung von Urheberrechten
VStrR	BG vom 22. März 1974 über das Verwaltungsstrafrecht, SR 313.0
VV	Vollziehungsverordnung
VwVG	BG vom 20. Dezember 1968 über das Verwaltungsverfahren, SR 172.021
WCT	WIPO Copyright Treaty = WIPO-Urheberrechtsvertrag vom 20. Dezember 1996, BBl 2006 3453 (vorgesehen SR 0.231.16) → Nr. 14
WPPT	WIPO Performances and Phonograms Treaty = WIPO-Vertrag über Darbietungen und Tonträger vom 20. Dezember 1996, BBl 2006 3463 (vorgesehen SR 0.231.174) → Nr. 15
WIPO	World Intellectual Property Organisation, Geneva
WUA	Welturheberrechtsabkommen vom 6. September 1952, SR 0.231.0; revidierte Fassung am 24. Juli 1971 in Paris, SR 0.231.01
z.B.	zum Beispiel
ZGB	Schweizerisches Zivilgesetzbuch vom 10. Dezember 1907, SR 210
zit.	zitiert
z.T.	zum Teil
ZUM	Zeitschrift für Urheber- und Medienrecht, Baden-Baden (Deutschland)

Innerstaatliches Recht

Nr. 1 — Bundesgesetz über das Urheberrecht und verwandte Schutzrechte (Urheberrechtsgesetz, URG)

vom 9. Oktober 1992 (Stand am 1. Juli 2008)

SR 231.1

Die Bundesversammlung der Schweizerischen Eidgenossenschaft,

gestützt auf die Artikel 31*bis* Absatz 2, 64 und 64*bis* der Bundesverfassung[1],[2]
nach Einsicht in die Botschaft des Bundesrates vom 19. Juni 1989[3],

beschliesst:

1. Titel: Gegenstand

Art. 1

[1] Dieses Gesetz regelt:

a. den Schutz der Urheber und Urheberinnen von Werken der Literatur und Kunst;
b. den Schutz der ausübenden Künstler und Künstlerinnen, der Hersteller und Herstellerinnen von Ton- und Tonbildträgern sowie der Sendeunternehmen;
c. die Bundesaufsicht über die Verwertungsgesellschaften.

[2] Völkerrechtliche Verträge bleiben vorbehalten.

Vorbemerkungen zum URG

1   Als erste überkantonale Regelung zum Schutz der Rechte von Urhebern (**Abs. 1 lit. a**) war seit 1862 ein bereits 1854 beschlossenes Konkordat in Kraft, welches im Wesentlichen den Nachdruck regelte und an dem nicht alle Kantone teilnahmen. Bereits früh waren Staatsverträge die eigentlichen Schrittmacher der Urheberrechtsgesetzgebung in der Schweiz: So drängte Frankreich im Zusammenhang mit einem Handels- und Niederlassungsabkommen auf eine Vereinbarung über Immaterialgüterrechtsschutz (Literarkonvention, mit Nachfolgekonventionen), die 1864 unterzeichnet und ratifiziert wurde; ähnlich Italien 1868 und das Deutsche Reich 1881. Mit der Bundesverfassung von 1874 erhielt der Bund erstmals die Gesetzgebungskompetenz auch im Bereich des Urheberrechts. Ein erstes Bundesgesetz wurde

---

AS 1993 1798

1   [BS 1 3]. Den genannten Bestimmungen entsprechen heute Art. 95, 122 und 123 der BV vom 18. April 1999 (SR 101).
2   Fassung gemäss Anhang Ziff. 9 des Gerichtsstandsgesetzes vom 24. März 2000, in Kraft seit 1. Jan. 2000 (SR 272).
3   BBl 1989 III 477

1883 erlassen, während bereits über die 1886 abgeschlossene Berner Übereinkunft zum Schutz von Werken der Literatur und Kunst verhandelt wurde (vgl. zum Ganzen von Orelli, Aloys, Das schweizerische Bundesgesetz betreffend das Urheberrecht an Werken der Literatur und Kunst unter Berücksichtigung der bezüglichen Staatsverträge, Zürich 1884, Nachdruck in: UFITA 2006/III, 741 ff.). 1908 wurde diese durch ihre Verbandsstaaten umfassend revidiert (Berliner Fassung; seither als **Revidierte Berner Übereinkunft, RBÜ**, bezeichnet; in dieser Fassung durch die Schweiz 1910 ratifiziert). Es folgte das Bundesgesetz betreffend das Urheberrecht an Werken der Literatur und Kunst vom 07.12.1922 (siehe URG Art. 79 lit. a); später das Bundesgesetz betreffend die Verwertung von Urheberrechten vom 25.09.1940 (siehe URG 79 lit. b), das im Wesentlichen die Aufsicht über die Verwertungsgesellschaften regelte (vgl. URG Art. 40 ff.). Die Rom-Fassung der RBÜ von 1928 wurde 1931 ohne Gesetzesänderung ratifiziert, die Brüsseler Fassung von 1948 mit Gesetzesänderungen im Jahre 1955. 1971 verabschiedeten die Verbandsstaaten die Pariser Fassung der RBÜ, die bis heute im Verhältnis zu den meisten Verbandsstaaten gilt, nachdem sie von der Schweiz erst 1992 — mit dem Erlass des totalrevidierten URG - ratifiziert werden konnte. Erst mit diesem Gesetz wurde auch ein Leistungsschutz der Interpreten, Produzenten und Sendeunternehmen durch die verwandten Schutzrechte eingeführt (URG **Art. 1 Art. 1 lit. b**; Art. 33 ff.). Die Ratifikation der beiden WIPO-Urheberrechtsabkommen (WCT und WPPT → Nr. 14 f.) aus dem Jahre 1996 konnte wiederum erst mit der URG-Revision 2007 abgeschlossen werden.

2   Die heutige, im einzelnen nicht mehr umstrittene **Gesetzgebungskompetenz des Bundes** für die Bestimmungen dieses Gesetzes gründet sich auf BV Art. 95 (Erlass von Vorschriften über die Ausübung privatwirtschaftlicher Erwerbstätigkeit), Art. 122 (Erlass privatrechtlicher Vorschriften; dies schliesst administrativrechtliche Vorschriften, namentlich diejenigen über die Bundesaufsicht über die Verwertungsgesellschaften, **Abs. 1 lit. c**, ein, soweit dies *zur Durchsetzung und einheitlichen Anwendung des Bundeszivilrechts oder zur Vermeidung von Rechtskollisionen notwendig* ist; Botschaft 1989, 609); sowie Art. 123 (Erlass strafrechtlicher Vorschriften; vgl. zum Ganzen: Barrelet/Egloff, Titel und Ingress zum URG N 2a ff.).

Schutz durch die Eigentumsgarantie der Bundesverfassung

3   Das Urheberrecht ist als **absolutes Herrschaftsrecht über einen immateriellen Gegenstand** ein Teil der privatrechtlich organisierten **Eigentumsordnung**. Als solcher steht es unter dem **Schutz der Bundesverfassung** (BV Art. 26; BGE 131 III 480, E. 3.1). Dieser gilt zunächst – und als primärer Anknüpfungspunkt – dem rechtlichen Schutz der Urheber am Produkt ihres geistigen Schaffens, sowie dem Schutz der Träger der nach Art. 33 ff. geschützten Leistungen an deren Ergebnis. Dieser Schutz ist rechtlich ausgestaltet als umfassendes Verbotsrecht über die Nutzungen dieses immateriellen Produkts, das, seinem Inhaber die rechtsgeschäftliche Erlaubnis dieser Nutzungen im Austausch gegen Vergütungen, und damit dessen Verwertung, erlaubt.

4   Der Schutz des Urheberrechts beschränkt sich aber nicht auf diese Dimension der Erlaubnis bzw. des Verbots mehr oder weniger konkreter Nutzungen und des Schutzbedürfnisses des einzelnen Rechteinhabers im konkreten Nutzungs- bzw. Verletzungsfall. Er gilt zugleich der Transaktions-, damit der **Verkehrsfähigkeit des Urheberrechts**, seiner Werthaltigkeit und Unangreifbarkeit als handelsfähiges Wirtschaftsgut. Diese erst erlaubt die Vergütung des

Urhebers *aus dem Markt für sein Schaffensergebnis*, die ansonsten allenfalls aus gesellschaftlichen Mitteln (öffentliche Hand), aus privatem Mäzenatentum oder aus anderweitigen wirtschaftlichen Interessen (Sponsorship, Werbung), und dann kaum ohne Abhängigkeiten, zu bestreiten wäre. Umso mehr gilt dies für das Aufbringen der unter heutigen Verhältnissen für das Werkschaffen und die Werkvermittlung erforderlichen, oft überproportional grösseren personellen und wirtschaftlichen Mittel. Mit dem verkehrsfähigen Urheberrecht ist dem Schöpfer selbst die Währung hierfür in die Hand gegeben; es ermöglicht, dass der Markt, das Interesse von Investoren und Produzenten, der Publikumserfolg für seine Entschädigung und die Förderung seines Schaffens sorgen können. Auch diese Eigenschaft des Urheberrechts als verkehrsfähiges Wirtschaftsgut setzt seinen umfassenden, absoluten Schutz, die Werkherrschaft des Urhebers, und darüber hinaus deren Übertragbarkeit voraus. Die Absolutheit und Allgemeingültigkeit dieses Rechts wird relativiert durch gesetzliche Schranken, durch gesetzlich zwingende oder allgemein praktizierte Kollektivverwertung (URG 19 N 2; 40 N 2, 5 f.), mögen diese auch in der jeweiligen konkreten Konstellation sinnvoll und angemessen erscheinen: Rechteinhaber wie Nutzer müssen sich dann regelmässig fragen, ob ein bestimmter Fall, eine bestimmte Nutzung überhaupt unter das Schutzrecht fällt und ob dieses im gegebenen Kontext individuell durch einen Rechteinhaber oder nur durch Verwertungsgesellschaften als institutionelle Verwerter ausgeübt werden kann. So verliert das Schutzrecht die Eindeutigkeit, von der seine Verkehrsfähigkeit abhängt. Massstab für den im Urheberrecht notwendigen **Interessenausgleich** sind deshalb nicht allein die *konkreten* Verwertungs- und Vergütungsinteressen einerseits und Interessen an bestimmten Nutzungen andererseits im konkreten Verhältnis von Rechteinhabern und Nutzern (so aber der eingeengte Blick mancher parlamentarischen Debatte, vgl. nur AmtlBull 2007 N 1199 ff.), sondern stets auch die Funktion des Systems Urheberrecht als «Motor» für die Kulturwirtschaft und letztlich für die Schaffung neuer Werke, finanziert durch den Erfolg früherer.

5   Tatsächlich findet ein Grossteil des Rechtsverkehrs mit Urheberrechten weder in den direkten Rechtsbeziehungen der Urheber (bspw. zwischen Filmschaffenden und Produktionsunternehmen, Komponisten und Musikverlag, Autor und Verlag) noch denen der Nutzer statt, sondern in den Verhältnissen **derivativer Rechteinhaber verschiedener Stufen** (URG 16 N 4): Dort sind die Urheberrechte Gegenstand von Lizenz- oder Übertragungs-(Verkaufs-)Verträgen, Geschäftsmodellen und Preisgestaltungen, der Unternehmensbewertung, Kreditsicherung und Verpfändung, der Unternehmensrechtsnachfolge, der Zwangsvollstreckung oder Konkursverwertung und zahlloser weiterer rechtlicher und geschäftlicher Transaktionen. In der Wirklichkeit treten daher meist die Film- und Musikproduktionsunternehmen, Musik-, Literatur- und Wissenschaftsverlage, CD- und DVD-Vertriebsunternehmen, Softwareproduzenten, Filmverleiher, Weltvertriebe und Rechtehändler, deren Banken oder Investoren als Inhaber der (gebündelten) Urheber- und Leistungsschutzrechte auf (URG 16 N 4). Wie Sacheigentum, Wertpapiere, Forderungen oder andere Immaterialgüterrechte sind Urheber- und verwandte Schutzrechte ein Wirtschaftsgut, dessen kreative Entwicklung, materielle Produktion und dessen gezielte, auf das geeignete Publikum, den richtigen Zeitpunkt, auf kulturelle Eigenheiten gerichtete Vermarktung erhebliche Investitionen, den Unterhalt von Personal und Infrastruktur und weitere Ressourcen erfordern (Beispiele: der Organisationsaufwand und die Entwicklungs- und Produktionskosten von Filmen oder

Software-Games; Bevorschussung, Verlag und CD-Einspielung neuer Musik; Lektorat, Übersetzung und Lancierung literarischer Werke; Vernetzung und Renommee von Wissenschaftsverlagen und ihrer Publikationsreihen; die Künstlerförderung, Werbung und Öffentlichkeitsarbeit, Messe- und Ausstellungsaufwand der Galerien, das weltweite Marketing potentiell erfolgreicher Populärmusik, die Kampagnen beim Filmstart).

Zu Abs. 1

6   Bei dieser Bestimmung handelt es sich um einen **Programmartikel** (Botschaft 1989, 519).

Zu Art. 1

7   Der **Schutz der Urheber (lit. a)** am Werk wird begründet durch den **Realakt der Werkschöpfung** (URG Art. 2, 6, dort N 3) als umfassender, nicht nach Nutzungsarten limitierter Schutz (URG Art. 10 Abs. 1, dort N 1), der eine – im Kern unverzichtbare – besondere persönlichkeitsrechtliche Komponente enthält (URG Art. 11, bes. Abs. 2; ferner Art. 9; Vorbem. zu URG 9 ff. N 1 lit. b, N 3). Begrenzt wird dieses Herrschaftsrecht durch seine Befristung, durch die Erschöpfung des Teilrechts der Verbreitung sowie durch die Schranken des 5. Kapitels des 2. Titels (URG 19 N 1, 3, 4). Mit den **verwandten Schutzrechten (lit. b)** werden qualifizierte persönliche und unternehmerische Leistungen geschützt, die enge tatsächliche und rechtspolitische Bezüge zum Werkschaffen und namentlich zur Wirkung der Werke – ihrer Vermittlung an das Publikum – aufweisen (URG 33 N 1). Anders als das Urheberrecht gewähren diese selbständigen, bei den jeweiligen Leistungsträgern originär entstehenden Rechte keine umfassende Herrschaft über die Leistungsergebnisse, sondern einzelne, am jeweiligen Schutzzweck bemessene Verbotsrechte, dies jedoch gleichfalls mit absoluter Wirkung. Im Fall der Interpreten – die dem Werk ihr Gesicht, ihre Stimme, ihre persönliche Erscheinung verleihen – kommt ein selbständiger Persönlichkeitsrechtsschutz hinzu (URG Art. 33a). Mit den Rechten der Urheber am jeweils vermittelten Werk und denen anderer Leistungsschutzberechtigter konkurrieren diese absoluten Rechte; betroffene Nutzungen bedürfen daher der Einwilligung aller Berechtigten.

Verhältnis zu anderen Immaterialgüterrechten

8   Das Urheberrecht und die verwandten Schutzrechte sind nach **ihrem Gegenstand** – dem Werk (URG 2 N 1), der Darbietung (URG 33 N 8 f.), Produktion (URG 36 N 2 ff.), Sendung (URG 37 N 2 ff.) – von besonderen Immaterialgüterrechten abzugrenzen – so von der Erfindung (PatG), den im Geschäftsverkehr verwendeten Kennzeichen und Herkunftsangaben (MSchG), der Produktgestaltung (DesG), den Strukturen von Halbleitererzeugnissen (ToG) und der Züchtung neuer Pflanzensorten (Sortenschutzgesetz).

9   Mit den **anderen Immaterialgüterrechten** haben sie die Wirkung als absolutes, ausschliessliches Recht zu bestimmten Verwendungen des geschützten Gegenstands **gemeinsam**, d.h. das Recht, jedem andern diese Handlungen zu verbieten und dies mit den Mitteln des Rechts durchzusetzen. Weitgehend stimmt auch das Instrumentarium zur Durchsetzung der Rechte – zum Rechtsschutz – überein: Rechteinhaber können auf dem Zivilrechtsweg Ansprüche auf Feststellung (der Schutzfähigkeit, einer Verletzung u. dgl.), auf Unterlassung akuter oder drohender Verletzungen und Beseitigung rechtswidriger Zustände und auf Schadenersatz geltend machen; dazu schützt sie flankierend das spezielle Strafrecht,

das durch die tatbestandsausschliessende Einwilligung und das grundsätzliche Antragserfordernis (URG 67 N 3 f.) gleichfalls individualrechtlich geprägt ist. Weitere Regelungen der Immaterialgüterrechtsgesetze stimmen bis ins Detail überein; so die mit der Revision 2006 des PatG vereinheitlichten Regeln der Rechtshilfe durch den Zoll (Art. 75–77 h).

10 Den Gemeinsamkeiten stehen die **Unterschiede der Schutzrechte des URG von denen anderer Gesetze** gegenüber: So seine Entstehung durch Realakt und ohne förmlichen Rechtsakt (URG 6 N 4); damit auch das Fehlen jeglicher Registerpublizität (womit auch die Anknüpfung für gutgläubigen Erwerb und jegliche materiellrechtliche Priorität fehlen); ihre formlose Übertragbarkeit (URG 16 N 6). Dazu kommen die tatsächlichen Unterschiede in der Geschäftspraxis, wie in der Aufteilung nicht nur in territoriale und zeitliche, sondern auch in sachliche Teilrechte nach Art der Nutzung, Geschäftsmodell, Sprachen (URG 16 N 2) oder im Einfluss von Kultur- und Sprachgrenzen auf die Verwertung von Werken. Anders als andere Immaterialgüterrechte (und auch die verwandten Schutzrechte des URG) gewährt das Urheberrecht ein umfassendes, a priori nicht auf bestimmte Nutzungen oder Nutzungskontexte beschränktes Herrschaftsrecht, das umgekehrt gewissen Schranken untersteht. Hinzu kommt schliesslich die persönlichkeitsrechtliche Komponente des Urheberrechts, die einen weiteren, nicht auf rein wirtschaftliche Verwertung beschränkten Schutz gewährt (so noch ansatzweise mit den Nennungsrechten im PatG Art. 5 Abs. 2, 6 Abs. 2, 74 Ziff. 6 und DesG Art. 25 Abs. 1 lit. e). Demgemäss findet auch der – vom Gesetz einheitlich geregelte – Rechtsschutz in unterschiedlichem Umfeld und unter verschiedenen Problemstellungen statt; seien dies die der Schadensbezifferung, wo die Lizenzanalogie oft keine greifbare Basis bietet (URG 62 N 14 ff.) oder der Auskunftsanspruch aus URG Art. 62 Abs. 1 lit. c, der an der Realität unkörperlicher Werkvermittlung, etwa durch das Internet, vorbeigeht (dort N 4).

11 Wegen der verschiedenen Schutzrichtung und Voraussetzungen der einzelnen spezialgesetzlichen Immaterialgüterrechte ist der **kumulative Rechtsschutz** aus verschiedenen Gesetzen möglich (Botschaft 1989, 520). Praxisrelevant sind bspw. Verbindungen des Rechtsschutzes von Werken und Gegenständen verwandter Schutzrechte mit dem Schutz derselben oder damit verbundener Leistung aus anderem Rechtsgrund nach anderen Schutzrechten; so der ergänzende Markenschutz (etwa von Autorennamen, Firmen, Protagonisten, Filmtiteln u. dgl.), der u.a. über einen in der Schweiz fehlenden selbständigen Titelschutz hinweghelfen muss (URG 2 N 20). In Fällen zweifelhaften Urheberrechtsschutzes (Werkqualität) kann allenfalls ergänzend der teure und kurzfristige Designschutz beansprucht werden; dem Schutz eines zuvor geschaffenen Werkes ist jedenfalls auch ein später eingetragenes Design nicht entgegenzuhalten (Müller/Oertli/David, Einführung N 29 unter Verweis auf URG 1922 Art. 5). In den engen Grenzen von UWG Art. 5 lit. c (→ Nr. 5) können schliesslich marktreife Leistungen, die für einen Schutz nach dem URG nicht qualifiziert sind, gegen technische Übernahme ohne eigenen Aufwand geschützt sein. Wird eine Verwechslung (UWG Art. 3 lit. d.) mit Werken anderer Urheber herbeigeführt, oder wird in einer UWG Art. 3 lit. e verletzender Weise an den Erfolg eines Dritturhebers angelehnt, so kann dies einen Leistungsschutz begründen. Dieser folgt aber nicht, wie nach dem URG (Eigentumsfunktion), aus der Schaffung des Leistungsergebnisses selbst, sondern allenfalls aus den unlauteren Umständen seiner – ansonsten freien – Übernahme (Primat des Wettbewerbs). Dieser Wertung gemäss können vom URG erfasste Leistungen die gesetzliche Beschränkung des urheberrechtlichen

1. Titel: Gegenstand Nr. 1 URG **Art. 1**

Schutzes – bspw. durch Ablauf der Schutzfrist oder durch Schutzschranken – in der Regel nicht durch einen lauterkeitsrechtlichen Schutz kompensieren.

Zu Abs. 2

12 Im internationalen Bereich sind heute durch die Schweiz folgende **völkerrechtliche Verträge ratifiziert:**

a) die Pariser Fassung der revidierten **Berner Übereinkunft** zum Schutz von Werken der Literatur und Kunst (RBÜ) vom 24.07.1971 (SR 0.231.15 → **Nr. 22**; die Brüsseler Fassung vom 26.06.1948, SR 0.231.13, und die Stockholmer Fassung vom 14.07.1967, SR 0.231.14, gelten fort gegenüber Verbandsstaaten, die keine neuere Fassung ratifiziert haben);

b) die Pariser Fassung des **Welturheberrechtsabkommens** (WUA) und dessen Zusatzprotokolle 1 und 2 vom 24.07.1971 (SR 0.231.01; seine Fassung vom 6.09.1952, SR 0.231.0, gilt fort gegenüber Vertragsstaaten, die diese Fassung nicht ratifiziert haben; wegen der heute praktisch universellen Geltung der RBÜ hat dieses Abkommen mit weniger hohem Schutzstandard seine Bedeutung weitgehend eingebüsst);

c) das Übereinkommen zum Schutz der Hersteller von Tonträgern gegen die unerlaubte Vervielfältigung ihrer Tonträger (**Genfer Tonträger-Abkommen** → **Nr. 24**) vom 29.10.1971 (SR 0.231.172);

d) das Übereinkommen über die Verbreitung der durch Satelliten übertragenen programmtragenden Signale (**Brüsseler Satelliten-Abkommen** → **Nr. 25**) vom 21.05.1974 (SR 0.231.173);

e) das Internationale Abkommen über den Schutz der ausübenden Künstler, der Hersteller von Tonträgern und der Sendeunternehmen (**Rom-Abkommen** → **Nr. 23**) vom 26.10.1961 (SR 0.231.171);

f) das Abkommen über handelsbezogene Aspekte der Rechte an geistigem Eigentum (**TRIPS**), Anhang 1C zum Abkommen über die Errichtung der Welthandelsorganisation (WTO; SR 0.632.20 → **Nr. 16**);

g) der **WIPO-Urheberrechtsvertrag** (WCT) vom 20.12.1996)/(SR 0.231.16 → **Nr. 14**);

h) der **WIPO-Vertrag über Darbietungen und Tonträger** (WPPT) vom 20.12.1996 (SR 0.231.174 → **Nr. 15**).

Siehe auch BRB betreffend **Gegenrecht zwischen der Schweiz und den USA** über das Urheberrecht an Werken der Literatur und Kunst vom 26.09.1924 (SR 231.5) und Liste nicht abgedruckter Erlasse (→ **Nr. 33**).

13 Der **Vorbehalt völkerrechtlicher Verträge** gibt bloss den Wortlaut von IPRG Art. 1 Abs. 2 wieder und übernimmt die Regelung von URG 1922 Art. 6 Abs. 3. Er gilt nicht nur in Bezug auf die auf diesem Gebiet bestehenden Abkommen, sondern er bezieht sich auf alle Staatsverträge, die in irgendeiner Art und Weise im grenzüberschreitenden Verkehr mit urheber- oder nachbarrechtlich geschützten Gütern von Belang sein können (Botschaft 1989, 519; s. Art. 5 des bilateralen Abkommens mit dem **Fürstentum Liechtenstein** vom 29.03.1923, SR 0.631.112.514, sowie das TRIPS, s. N 12 lit. f). Ohnehin *gilt* nach schwei-

zerischem Rechtsverständnis derjenige Inhalt der ratifizierten völkerrechtlichen Verträge *unmittelbar*, dessen Rechtsfolgen nicht oder nur einseitig (relativ zwingend) in das Ermessen des Gesetzgebers gestellt sind (BGE 124 IV 23; Botschaft 1989, 509; Botschaft 2006, 3397; bspw. zur Gleichbehandlung, zu Schutzfristen und zu bestimmten Ausschliesslichkeitsrechten). Dazu zählen die Mindestschutzrechte der RBÜ (Art. 2, 3, 6*bis*, 7, 7*bis*, 8, 11, 11*bis*, 11ter, 12, 14, 14*bis* Abs. 1; vgl. Botschaft 1989, 509); diejenigen des WCT (Art. 5–8) und des WPPT (Art. 5–14; Botschaft 2006, 3397), darunter das Recht der öffentlichen Wiedergabe samt dem Zugänglichmachen auf Abruf (WCT Art. 8, WPPT Art. 10, 14; Botschaft 2006, 3397); ferner diejenigen des Rom-Abkommens (Art. 10 f., 13 f.) sowie des TRIPS (umstr.; vgl. Müller/Oertli/Cherpillod URG 1 N 8 m.w.N.). Diese Rechte haben ohnedies als solche in das URG Eingang gefunden; ihre konventionsrechtliche Geltung kann aber in Grenz- und Zweifelsfällen zu beachten sein (konventionskonforme Auslegung, URG 19 N 6). Grundsätzlich für die direkte Geltung konventionsrechtlichen Schutzes: Müller/Oertli/David, Einführung N 18; Barrelet/Egloff, Art. 1 N 9; a.M. Müller/Oertli/Cherpillod, URG 1 N 5; Rehbinder, Urheberrecht, N 224, unter Verweis darauf, dass die Mindestrechte der RBÜ nach dem Art. 5 Abs. 1 für Inländer im Ursprungsland nur bei Auslandsbezug des Werks gelten. Schon die Einheit der Rechtsordnung und der erklärte Wille des Gesetzgebers, den Schutz einheitlich und unabhängig von konventionsrechtlichen Anknüpfungen zu gewähren (Botschaft 1989, 520), gebieten letztlich die umfassende Geltung des direkt anwendbaren Konventionsrechts und im übrigen die konventionskonforme Auslegung des URG (URG 19 N 6). Das URG sieht von Beschränkungen oder Vorbehalten des Schutzes für Werke ausländischer Staatsangehöriger ab; demnach kommen auch die abkommensrechtlichen Voraussetzungen der Inländerbehandlung (Veröffentlichung, Ort der Erstveröffentlichung, Schutzfristenvergleich) nicht zur Anwendung (einhellige Auffassung, vgl. Müller/Oertli/ Cherpillod, URG 1 N 3; Barrelet/Egloff, URG 1 N 2; Dessemontet, 21 f., 273 ff.).

14 In besonderer Weise stellt sich die Frage unmittelbarer Geltung für den in RBÜ Art. 9 Abs. 2 (→ Nr. 22), WCT Art. 10 Abs. 1 (→ Nr. 14; für die Rechte des WCT) und Abs. 2 (für diejenigen der RBÜ), WPPT Art. 16 (→ Nr. 15) sowie TRIPS Art. 13 (→ Nr. 16) vorgegebenen **Drei-Stufen-Test**, wonach *Beschränkungen und Ausnahmen* von den konventionsrechtlichen Schutzrechten (d.h. v.a. Schranken; URG 19 N 6) vom nationalen Gesetzgeber *nur in bestimmten Sonderfällen* vorgesehen werden dürfen, die weder die *normale Verwertung beeinträchtigen* noch die *berechtigten Interessen der Rechteinhaber unzumutbar beeinträchtigen* dürfen. Sind damit einerseits Beschränkungen angesprochen, die als solche im Ermessen des Gesetzgebers stehen – also keine unmittelbare konventionsrechtliche Wirkung entfalten – so zieht der Drei-Stufen-Test eben diesem Ermessen eine zwar von Fall zu Fall zu bestimmende, aber doch absolute Grenze, innerhalb derer er die konventionsrechtlich zwingenden Schutzrechte vor Beschneidungen durch den Gesetzgeber wahrt. Der Drei-Stufen-Test gehört damit zum unmittelbar geltenden Dispositiv dieser Schutzrechte (Botschaft 1989, 509; Gasser, S. 47 f. m.w.N.); Rechteinhaber, die sich in ihren konventionsrechtlich garantierten Schutzrechten bei der Anwendung zu weit reichender Schrankenbestimmungen beeinträchtigt sehen, können sich unmittelbar auf den Drei-Stufen-Test berufen, um im Wege konventionskonformer Auslegung die im Einzelfall gebotene Redimensionierung des Schranken-Anwendungsbereichs (nicht aber eine eigentliche Normenkontrolle) durchzusetzen. Der

Vorentwurf 2000 zur Revision des URG hatte den Drei-Stufen-Test als für alle Schranken geltende Auslegungsregel ausdrücklich in das Gesetz aufnehmen wollen (Art. 18a); zutreffend hielt aber der erläuternde Bericht dazu fest (S. 8), dass dies für die Geltung der Regel nicht erforderlich war. Folgerichtig hat das BGer in jüngster Zeit den Drei-Stufen-Test in die Prüfung von Schrankennutzungen einbezogen (BGE 133 III 473, 133 II 263).

15 Die Rechte nach dem URG sind auf den räumlichen Geltungsbereich dieses Gesetzes beschränkt. Das internationale Urheberrecht folgt dem **Territorialitätsprinzip** (IPRG Art. 110 → Nr. 11), wonach im Bereich jeder einzelnen Rechtsordnung das Schutzrecht nach den dort geltenden Bestimmungen hinsichtlich seiner Voraussetzungen, seiner originären Inhaberschaft, seiner Übertragbarkeit, seiner Reichweite, seiner Schutzdauer und seines Inhalts gilt, wobei die geltenden internationalen Abkommen – in der EU zudem eine Anzahl urheberrechtlicher Richtlinien (vgl. nur → Nr. 18–20) – zu einem hohen Mass an Übereinstimmung und Rechtsvereinheitlichung geführt haben. Substantielle Unterschiede gibt es u.a. beim Nachbarrechtsschutz (siehe bspw. URG 36 N 7), bei der Möglichkeit gesetzlichen Erwerbs von Urheberrechten durch Dritte (Arbeitgeber, Produzenten; URG 6 N 4), bei der Erschöpfung (URG 12 N 3), bei einzelnen Rechten wie dem Vermietrecht (URG 13 N 1) oder dem Folgerecht. Zur Anwendbarkeit des urheberrechtlichen Sachrechts s. IPRG Art. 110 Abs. 1. Hiervon zu trennen ist das auf Urheberrechtsverträge anwendbare Vertragsrecht (dazu IPRG Art. 110 Abs. 3).

2. Titel: Urheberrecht
1. Kapitel: Das Werk

Art. 2 Werkbegriff

¹ Werke sind, unabhängig von ihrem Wert oder Zweck, geistige Schöpfungen der Literatur und Kunst, die individuellen Charakter haben.

² Dazu gehören insbesondere:
- a. literarische, wissenschaftliche und andere Sprachwerke;
- b. Werke der Musik und andere akustische Werke;
- c. Werke der bildenden Kunst, insbesondere der Malerei, der Bildhauerei und der Graphik;
- d. Werke mit wissenschaftlichem oder technischem Inhalt wie Zeichnungen, Pläne, Karten oder plastische Darstellungen;
- e. Werke der Baukunst;
- f. Werke der angewandten Kunst;
- g. fotografische, filmische und andere visuelle oder audiovisuelle Werke;
- h. choreographische Werke und Pantomimen.

³ Als Werke gelten auch Computerprogramme.

⁴ Ebenfalls geschützt sind Entwürfe, Titel und Teile von Werken, sofern es sich um geistige Schöpfungen mit individuellem Charakter handelt.

Zu Abs. 1

1 Die im Absatz 1 enthaltene **Legaldefinition des Werkbegriffes** geht nach wie vor von derjenigen des URG 1922 aus, baut weiter auf den von der schweizerischen Lehre und Rechtsprechung entwickelten Abgrenzungskriterien auf und ändert somit nichts am Anwendungsbereich des Urheberrechts (BGE 113 II 196; 110 IV 105 und dort zitierte Entscheide; BGer 4C.86/2000 vom 13.06.2000, E. 3a «Vaca lechera» = sic! 2001, 729). «Der Ausschluss der Kriterien von Wert und Zweck weist darauf hin, dass Qualität, Aufwand und Bestimmung der geistigen Schöpfung bei der Beurteilung der Schutzfähigkeit keine Rolle spielen» (Botschaft 1989, 521). Folgende drei Merkmale des Schutzgegenstandes müssen **kumulativ** erfüllt werden:

   a) **Geistiger Inhalt:** Gleichgültig ist es, ob es sich um einen begrifflichen Inhalt, wie bei den Sprachwerken, um einen anschaulichen, wie bei Kunstwerken, um einen nur durch Hören erfassbaren, wie bei den akustischen Werken, oder um einen sonstigen Inhalt des Vorstellungs- und Gemütslebens handelt.

   b) **Ausdruck:** Der blosse Gedanke als solcher ist nicht schutzfähig. Der geistige Inhalt muss in einer sinnlich greifbaren Objektivierung Ausdruck gefunden haben. «Zum Wesen des Werkes gehört somit ein Gedanke und sodann die Darstellung dieses Gedankens in bestimmter Form, seine Verkörperung, die mit Hilfe eines Ausdrucksmittels, wie Sprache, Ton, Bild oder Mimik, erreicht wird» (BGE 70 II 57 «Habla»). Die Ausdrucksmittel wie Stil, Maltechnik oder Versformen geniessen als solche jedoch keinen urheberrechtlichen Schutz. «Erst seine konkrete Verkörperung macht das Werk aus» (BGE 77 II 377 «Mickey-Mouse»; BGer sic! 1999, 247 «Siena»). Art und Form der Objektivierung spielen dabei keine Rolle (vgl. URG Art. 29 Abs. 1).

   Mangels Ausdruck sind Ideen, «Know-how» und Regeln als solche urheberrechtlich nicht geschützt, sondern nur ihre konkrete Darstellung in individueller Form (zum Schutz von TV-Formaten s. N 15; für das dt. Recht OLG Frankfurt Az. 11 U 76/94 vom 07.02.1995 «Golfregeln» = ZUM 1995, 795 ff.). Wissenschaftliche Aussagen sowie durch sie bedingte Mitteilungsmethoden sind gemeinfrei (OGer/LU sic! 1998, 178 «Kontenrahmen»).

   c) **Individualität:** «Das Werk muss nicht die Persönlichkeit des Urhebers widerspiegeln. Der individuelle Charakter, diejenigen Merkmale also, die eine Schöpfung von anderen bestehenden oder möglichen Schöpfungen abheben, sind ausschliesslich im Werk selbst zu suchen» (Botschaft 1989, 521). Gleichgültig ist dabei, ob die Individualität durch den Inhalt oder die Form oder durch beides zum Ausdruck kommt (BGE 64 II 162 «Maag-Tabellen»). Bei wissenschaftlichen Werken drückt sich die Individualität nur in der Form aus, da der Inhalt grundsätzlich durch die Sachlogik vorgegeben ist (BGE 113 II 306 ff.).

   Es werden zwar an die Originalität keine grossen Anforderungen gestellt (BGE 59 II 405), doch es ist ein höherer Grad von Individualität oder Originalität zu verlangen als beim Design (BGE 110 IV 102 «Harlekin-Puppen»). Das Bundesgericht hat im Zusammenhang mit Werken der Architektur und Grafik die Formel entwickelt, wonach an den Grad der Individualität nicht stets gleich hohe Anforderungen zu stellen seien; das verlangte individuelle Gepräge hänge vielmehr vom **Gestaltungsspielraum des Schöpfers** ab; wo ihm von vornherein der Sache nach wenig Raum bleibt, werde der urheberrechtliche Schutz schon gewährt, wenn bloss ein geringer Grad selbständiger Tätigkeit vorliegt (BGE 130 III 168 E. 4.1 «Bob Marley» und dort zitierte Entscheide; BGE 125 III 328; BGer 4C.120/2002 vom 19.08.2002 E. 2 «Hobby-Kalender»; vgl. auch Eidgenössische Rekurskommission für geistiges Eigentum = sic! 1999, 405 «Wörterbücher»). Der letzte Teil dieser Umschreibung wird von einem Teil der Lehre kritisiert und sollte nicht bedeuten, dass die Anforderungen an die Individualität je nach Werkkategorie unterschiedlich hoch sind (vgl. Anmerkungen von Reto M. Hilty zum Entscheid «Hobby-Kalender», = sic! 2003, 29). Vielmehr muss stets beurteilt werden, ob ein gestalterischer Spielraum überhaupt besteht und ob dieser in einem Masse genutzt wurde, dass von Individualität oder Originalität überhaupt noch die Rede sein kann (Willi Egloff, Rechtsprechungsübersicht 2001–2003 auf dem Gebiet des Urheberrechts, medialex 2003, 242). Jedenfalls ist ein Schutz ausgeschlossen, wenn der Gebrauchszweck der Sache überhaupt keinen schöpferischen Spielraum offen lässt oder wenn vorbekannte Formen diesen vollständig ausfüllen (OGer/ZH vom 13.12.2001, E. 4b «Sofa mit Kreuznaht» = sic! 2002, 342, Individualität verneint; OGer/ZH vom 22.06.2000, E. 6a «Tripp Trapp II» = sic! 2001, 504, Individualität bejaht; Amtsstatthalteramt Willisau vom 05.12.2002 «Grabsteine I» = sic! 2004, 663, Individualität von Grabsteinen verneint).

Zu den Merkmalen des geistigen Inhalts und der Individualität bei Fotografien s. N 13.

2   Nicht erforderlich ist, dass ein Werk objektiv neu ist: Urheberrechtlich geschützt ist grundsätzlich auch die **Doppelschöpfung** (auch als Parallelschöpfung bezeichnet), wenn zwei Urheber unabhängig von einander unbeabsichtigt ein ganz oder teilweise identisches Werk schaffen (gl.M. Dessemontet, Le droit d'auteur, N 178; a.M. Macciacchini, FS Hilty, 2008, S. 25–36; Müller/Oertli/Cherpillod, URG 2 N 24, mit Verweis). Eine hundertprozentige Werkidentität dürfte zwar kaum je einmal eintreten, wohl hingegen eine teilweise Identität bzw. Ähnlichkeit. Gerade in der modernen Unterhaltungsindustrie explodiert die Anzahl der täglich geschaffenen Werke, die häufig dem Bereich der «kleinen Münze» (N 7) zuzuordnen sind, wodurch die Wahrscheinlichkeit von Doppelschöpfungen zunimmt. Eine Doppelschöpfung bedeutet nicht notwendigerweise und in jedem Fall, dass das betreffende Werk deswegen banal sein muss, weshalb es nicht individuell und folglich nicht geschützt wäre.

Die **Doppelschöpfung ist keine Urheberrechtsverletzung**, und es ist unbeachtlich, welches Werk zuerst geschaffen wurde (anders im gewerblichen Rechtsschutz, wo der Grundsatz der Priorität gilt). Beide Urheber können ihr Werk unabhängig voneinander verwerten und Dritten Nutzungsrechte einräumen bzw. Rechtsverletzungen Dritter verfolgen (vgl. für das dt. Recht Schricker/Loewenheim UrhG § 24 N 29, mit Verweisen; Rehbinder, Urheberrecht, 15. Aufl. 2008, Rz. 56, mit Verweisen).

Augenfällig ist die **Missbrauchsgefahr** des Arguments der Doppelschöpfung als Ausrede gegen Plagiatsvorwürfe. Urheber (bspw. Buchautoren oder Komponisten), die vor der Veröffentlichung Werkexemplare an mögliche Geschäftspartner schicken, sollten sich entsprechend absichern, um Beweisschwierigkeiten gegenüber allfälligen Plagiatoren zu vermeiden oder – im Falle einer «echten» Doppelschöpfung – nicht selbst des Plagiats bezichtigt zu werden. Die einfachste Methode ist, sich nach der Schöpfung selbst ein Werkexemplar mit eingeschriebener Post zuzusenden und ungeöffnet zu belassen sowie Werkexemplare zur Bemusterung nur per Einschreiben zu versenden. Für Drehbuchautoren besteht die Möglichkeit der Hinterlegung zum Beispiel bei der Suissimage oder der Writers Guild of America.

3   Umstritten ist die Frage der Schutzwürdigkeit von **Werken mit unsittlichem Inhalt**. Pornographische Filme hat das BGer im Rahmen eines Entscheides über vorsorgliche Massnahmen prima vista für voll schutzfähig erklärt, sofern ihr Inhalt nicht strafrechtlich relevant ist («weiche» Pornographie; BGer sic! 1998, 388 «Tarif 5»). Dazu Manfred Rehbinder/Eric Pahud: UFITA 136, 1998, 277. Generell zu Werken rechtswidrigen Inhalts: Rehbinder, a.a.O., Rz. 52.

4   Die Einhaltung von **Förmlichkeiten** wie eine Registrierung oder Hinterlegung ist für den urheberrechtlichen Schutz in der Schweiz nicht erforderlich, ebenso wenig wie warnende Hinweise (z.B. «alle Rechte vorbehalten»). Dies gilt international auch für alle Vertragsstaaten der RBÜ (RBÜ Art. 5 Abs. 2 → Nr. 22). In den USA vermitteln eine Registrierung durch das US Copyright Office oder ein **Copyright-Vermerk** (© sowie Name des Rechteinhabers und Jahr der ersten Veröffentlichung) aber immerhin verschiedene prozessuale Vorteile, z.B. hinsichtlich der Geltendmachung von Schadenersatz. Auch wenn das Anbringen von warnenden Hinweisen oder eines Copyright-Vermerks für den Urheberrechtsschutz in der Schweiz nicht erforderlich ist, kann dieses Vorgehen immerhin auch hier indirekt praktische Vorteile bieten: Beispielsweise wird dadurch verdeutlicht, dass das Werk nicht gemeinfrei ist, was die Beweisführung hinsichtlich des Verschuldens eines Verletzers erleichtert. Ausserdem bietet ein Copyright-Vermerk jedem potentiellen Nutzer eine Anlaufstelle für die Lizenzvergabe, schafft nota bene aber keine Gewähr dafür, dass der Genannte tatsächlich Rechteinhaber ist.

Zu Abs. 2

5   Die Aufzählung nennt typische Kategorien literarischer und künstlerischer Ausdrucksformen und ist nicht abschliessend. Die den folgenden Kategorien zugeordneten Werke müssen, um urheberrechtlich geschützt zu sein, im Einzelfall jeweils den **Anforderungen des Absatzes 1** genügen.

6   Eine besondere Kategorie der Sprachwerke stellen **wissenschaftliche Sprachwerke** dar (Werke mit wissenschaftlichem Inhalt, die andere als sprachliche Ausdrucksmittel benutzen, fallen unter lit. d). «Dies will indessen nicht heissen, dass bei wissenschaftlichen Werken der Schutz sich auf die äussere Mitteilungsform zu beschränken habe; eine Verletzung von Urheberrechten ist vielmehr auch anzunehmen, wenn ein Werk in seinen charakteristischen Grundzügen, namentlich hinsichtlich Planung, Auswahl und Erfassen des Stoffes oder Anordnung und Gliederung desselben übernommen wird» (BGE 88 IV 127). Siehe Martina Altenpohl: Der urheberrechtliche Schutz von Forschungsresultaten, 1987.

7   Im Zusammenhang mit Sprachwerken stellen sich Abgrenzungsprobleme vor allem bei den Werken des Alltags wie Katalogen, Prospekten, Formularen, Rechentabellen u.a. Ihnen fehlt häufig, aber nicht immer, das individuelle Gepräge. Der urheberrechtliche Schutz wurde für

ein Kursbuch (BGE 20, 1048), ein Steuerregister (BGE 32 II 138 ff.) und ein Arzneimittelkompendium (Zivilgerichtspräsidium Basel-Stadt vom 20.01.2004 E. 2d = sic! 2004, 490) abgelehnt, für ein Computerhandbuch dagegen bejaht (BezGer Horgen SJZ 1988, 365 ff.). Werke geringerer Originalität werden als **«kleine Münze»** des Urheberrechts bezeichnet.

8   Es werden alle denkbaren **akustischen Werke** geschützt. Das bedeutet, dass auch Kompositionen, deren Individualität nicht in ihrer Tonfolge, sondern in anderen Geräuschen besteht und die deshalb nicht zur Musik zählen, ebenfalls den Schutz des Urheberrechts geniessen können (z.B. die Konzerte der japanischen Kodo-Trommler). Auch Klingeltöne für Telefone sind akustische Werke, sofern sie nicht nur aus banalsten Tonfolgen bestehen (hierzu Leonz Meyer, Urheber- und markenrechtliche Überlegungen zum Klingelton, sic! 2003, 149). Zum Schutz von Melodien s. N 20.

9   Auch eine grafische Darstellung zu Gebrauchszwecken, wie ein Firmenlogo, kann ein geschütztes **grafisches Werk** sein. Die grafische Darstellung einer Person oder eines Tieres ist individuell, wenn ein anderer, unabhängig arbeitender Künstler höchstwahrscheinlich keine identische Darstellung hätte schaffen können (BGer 4C.86/2000 vom 13.06.2000 E. 3c «Vaca lechera» = sic! 2001, 729, Individualität verneint). Diktiert der Gebrauchszweck die Gestaltung durch vorbekannte Formen derart, dass für individuelle oder originelle Merkmale praktisch kein Raum bleibt, liegt ein rein handwerkliches Erzeugnis und damit Gemeingut vor (BGer 4C.120/2002 vom 19.08.2002 E. 2 «Hobby-Kalender» mit Hinweisen = medialex 2002, 217 = sic! 2003, 28, Individualität von Kalenderdeckblättern verneint; vgl. aber Tribunale d'Appello/TI vom 18.06.2001 = sic! 2002, 509; ferner Cour de Justice/GE, ACJC/1324/2006, vom 17.11.2006 E. 3.2: Handskizzen alpiner Kletterrouten bezwecken die möglichst genaue Abbildung des Geländes und sind deshalb nicht individuell).

Zum Werk der **bildenden Kunst** s. Thomy Kehrli: Der urheberrechtliche Werkbegriff im Bereich der bildenden Kunst, 1989; Manfred Rehbinder: Bühnenbild und Urheberrecht, FS Ulrich Uchtenhagen, 1987, S. 189–208.

10 Zu den **Werken wissenschaftlichen oder technischen Inhalts** s. BGE 103 Ib 324 ff. «Kartographische Felsdarstellung»; ferner das BG über die Erstellung neuer Landkarten vom 21.06.1935 (SR 510.62), welches den originären Rechtserwerb durch den Bund vorsieht. In Tabellenform dargestellte Empfehlungen für Luftdruck in Autoreifen (KGer/SZ sic! 1997, 143 «Luftdrucktabellen») oder publizierte Buchhaltungsstrukturen (OGer/LU sic! 1998, 178 «Kontenrahmen KMU») geniessen keinen urheberrechtlichen Schutz.

11 Zu den Werken der **Baukunst** s. BGE 125 III 328 E. 4b «Œuvre architectorale»; BGE 56 II 413 «Basler Wohnblock»; BGE 100 II 167 «Ladenumbau»; BGE 120 II 65 E. 8b «ETH-Entscheid»; BGer sic! 1997, 381 «Wandbilder». Zu Bauplänen s. N 23.

12 Die Werke der **angewandten Kunst** sind Erzeugnisse des Kunstgewerbes und haben neben dem ästhetischen Wert auch einen Gebrauchswert. Der ästhetische Wert braucht jedoch nicht zu überwiegen (BGE 113 II 190 «Le Corbusier»). Es genügt also, wenn der ästhetische Gehalt eines Graphik-, Mode- oder Industriedesigns über das Übliche hinausgeht (**Theorie des ästhetischen Überschusses**, dazu Michael Ritscher: Der Schutz des Design, 1986, und OGer/LU sic! 1998, 567 f. «Watch Flemming»; Saskia Eschmann: Rechtsschutz von Modedesign, SMI Bd. 76, 2005). Die Präsentation eines Alltagsobjekts als Schmuckstück begründet

hingegen keine Werkqualität (OGer/ZH vom 08.09.2005, E. 3.2.3 «Girello» = sic! 2006, 329). Zum Schutz von Sitzmöbeln vgl. auch die BGE «Sofa mit Kreuznaht» und «Tripp Trapp II» [siehe N 1c]. Zum Schutz eines Haarschmucks: Cour de Justice/GE, ACJC/658/03658/03 vom 13.06.2003 E. 2.1 und 4.1, Individualität bejaht. Zur Frage des Schutzes typografischer Schriftzeichen als Gesamtwerk: Mischa C. Senn, Rechte an «Schriften», sic! 2003, 191. Ergänzend wird der Schutz des **Designs** durch das Designgesetz (BG über den Schutz des Designs vom 5.10.2001, DesG, SR 232.12) gewährleistet (URG 1 N 8 ff.). Zu den begrifflichen Abgrenzungen zwischen URG und DesG: Robert M. Stutz, Das originelle Design: eigenartig genug, um originell zu sein?, sic! 2004, 3.

13 Bei **Fotografien** sind die Anforderungen an den geistigen Inhalt und die Individualität mitunter problematisch, weil der mechanische, durch den Fotoapparat geleistete Anteil an der Erzeugung und Individualisierung der Fotografie den menschlichen Anteil überwiegen kann (BGE 130 III 172 E. 4.5 «Bob Marley»). Nicht alle Aufnahmen erfüllen die Bedingungen von Absatz 1 und erlangen den Schutz als Werke der Fotografie. Lediglich handwerklich gekonnte Fotografien (**«Knipsbilder»**) und entsprechende Laufbilder sind nicht geschützt, auch wenn sie einmalig sind und daher z.B. als Pressefotografien von Vorgängen der Zeitgeschichte bedeutenden kommerziellen Wert besitzen können (OGer/TG SJZ 1972, 308 «Fotografie»; BGE 130 III 714 «Wachmann Meili»). Die Möglichkeit, der Fotografie individuellen Charakter zu verleihen, ist in deren Gestaltung zu sehen, zum Beispiel durch die Wahl des abgebildeten Objekts, des Bildausschnitts und des Zeitpunkts des Auslösens, durch den Einsatz eines bestimmten Objektivs, von Filtern oder eines besonderen Films, durch die Einstellung von Schärfe und Belichtung sowie durch die Bearbeitung des Negativs (BGE 130 III 172 E. 4.5 «Bob Marley», Individualität bejaht). Massgebend ist das erzielte Ergebnis, das für sich selbst der Anforderung gerecht werden muss, Ausdruck einer Gedankenäusserung mit individuellem Charakter zu sein (E. 5.1). Das Merkmal der Individualität ist unabhängig von der Entstehungsgeschichte zu beurteilen, also auch vom getätigten materiellen oder geistigen Aufwand zur Herstellung der Fotografie (BGE 130 III 714 E. 2.2 «Wachmann Meili», Individualität verneint). Eine **Porträtfotografie** ist ein urheberrechtlich geschütztes Werk, sofern der Fotograf seine spezifischen Gestaltungsmittel in einer schöpferischen Weise eingesetzt hat (KGer/SG sic! 2000, 188 «Porträtfotografie»; BezGer Zürich vom 26.04.2005 «Grupo de danças» = sic! 2006, 23, Individualität bejaht mit der Begründung, der Fotograf habe bei Perspektivwahl, Beleuchtung und Kostümwahl die spätere Verwendung der Fotografie in einer Collage berücksichtigen müssen, E. 2.3).

14 Nicht nur der klassische Film, sondern auch Fernsehwerke, Videofilme, Live-Sendungen (sog. ephemere = flüchtige Werke) und Computerspiele (BGE 133 III 273 E. 3.3 «Enter the Matrix») sind als **audiovisuelle Werke** nach lit. g geschützt. Die vorbestehenden, zur Filmherstellung benutzten Werke (Roman, Bühnenwerk, Musik, Drehbuch u.a.) sind selbständig als Sprachwerke oder Kompositionen geschützt (siehe auch URG Art. 3 und 7). Computerspiele sind zusätzlich auch als Software geschützt (N 18). Auch audiovisuelle Produktionen sind nur dann urheberrechtlich geschützt, wenn sie die allgemeinen Schutzvoraussetzungen von Absatz 1 (geistige Schöpfung, Ausdruck, Individualität) erfüllen. Dies ist z.B. bei massenhaft veröffentlichten Hobbyfilmen (aktuell etwa auf YouTube.com) oft nicht der Fall.

15 Eng mit der Thematik des Schutzes audiovisueller Produktionen verbunden ist die Frage des Schutzes von **TV-Formaten**. Es ist zunächst zwischen fiktionalen (TV-Serien wie z.B. «Lindenstrasse») und faktualen (Nachrichten und Unterhaltung, z.B. «Arena» oder «Wetten dass...?») Formaten zu unterscheiden: Bei den Erstgenannten ist der urheberrechtliche Schutz der Drehbücher und der darauf basierenden Folgen mit zunehmender Individualität relativ stark. Bei faktualen Formaten trifft dies nur ausnahmsweise zu, weil die formatbildenden Elemente die Anforderungen des Werkbegriffs – meist mangels Individualität – in der Regel nicht erfüllen (zum Thema s. Dirk Spacek, Schutz von TV-Formaten, 2005). Hier ist der Produzent verstärkt auf marken- oder wettbewerbsrechtlichen Schutz angewiesen (URG 1 N 8 ff.).

16 Ausdrucksmittel (N 1b) der **choreografischen Werke** nach lit. h sind die Körperbewegung oder die Tanznotation (=schriftliche Aufzeichnung von Tanzbewegungen, entsprechend dem Notensatz in der Musik). Die Voraussetzungen des Schutzes gemäss Absatz 1 sind bei blossen Tanzfiguren wie der «Bielmann-Pirouette» und Schrittfolgen nicht erfüllt, wohl dagegen bei Schöpfungen von «Art on Ice» oder Schöpfungen des Bühnentanzes. Pantomimen sind Gebärdenspiele mit den Ausdrucksmitteln der Mimik und der Körperbewegung.

Zu Abs. 3

17 «Die Bestimmung dient der Rechtssicherheit und folgt der internationalen Rechtsentwicklung, indem sie die lange Zeit umstrittene Frage nach der urheberrechtlichen Schutzfähigkeit von **Computerprogrammen** positiv beantwortet. Analog zu den anderen in Absatz 2 aufgezählten Werkkategorien sind Computerprogramme nur geschützt, wenn es sich um geistige Schöpfungen mit individuellem Charakter handelt» (Botschaft 1989, 522). Als nicht schutzwürdig wird ein «triviales» oder «banales» Computerprogramm erachtet, welches vorliegt, wenn es auf rein alltäglicher standardisierter Programmierarbeit beruht und ein individueller Gestaltungsspielraum nicht ausgenützt wird oder aber überhaupt kein Spielraum für eine individuelle Tätigkeit vorhanden ist (KGer/SG ZZ.2006.36 vom 17.07.2007, E. 3a mit Hinweisen). «Stets vom Schutz ausgenommen sind die einem Computerprogramm zugrunde liegenden Lösungsprinzipien. Dazu gehören insbesondere Algorithmen. Unter einem Algorithmus versteht man einen vollständigen Satz wohldefinierter Regeln zur Lösung eines Problems in einer endlichen Anzahl von Schritten. Obwohl der Begriff aus der Mathematik stammt, löst der Algorithmus nicht notwendigerweise ein mathematisches Problem. Neben den eigentlichen mathematischen Algorithmen gibt es nämlich bspw. auch solche zum Orten von Informationen (Buchhaltung), zum Wiederauffinden von gespeicherten Informationen, zur Durchführung von Spielen sowie zur Steuerung technischer Prozesse. Soweit sich solche Lösungsverfahren von ihrer Implementierung in einem Programm abtrennen und in allgemeiner Form darstellen lassen, können sie keinen selbständigen Schutz geniessen, weil der Urheberrechtsschutz nur die individuelle Ausdrucksform und nicht deren Inhalt erfasst. Geschützt ist somit nur die Art, wie solche Lösungsverfahren implementiert werden. Davon hängen nämlich die spezifischen Vorteile eines Programms bezüglich seiner Leistungsfähigkeit ab. Allerdings ist es oft schwierig, den Algorithmus von seiner Implementierung zu trennen. Im Einzelfall wird es der Prüfung durch Sachverständige bedürfen, um zu entscheiden, ob ein Algorithmus vor-

liegt oder nicht» (Botschaft 1989, 523). Dazu Felix Thomann/Georg Rauber: Softwareschutz, 1998.

18 Unter Absatz 3 fallen auch **Softwareprogramme, die in die Hardware integriert sind** (sog. «Firmware») und Spielesoftware. Unter Einsatz von Computern erzeugte Werke (computer-aided works) wie Texte, Musik, visuelle Kunst, Filme und Computerspiele (als audiovisuelle Werke, N 14) können urheberrechtlichen Schutz geniessen, solange diese Werke auf der schöpferischen Tätigkeit eines Menschen beruhen (im Unterschied zu computer-generated works) und ihrerseits die allgemeinen Schutzvoraussetzungen von Absatz 1 erfüllen. Der Schutz der **Chips** (Halbleiter, integrierte Schaltungen) wird durch das BG über den Schutz von Topographien von integrierten Schaltungen (**Topographiengesetz,** ToG) vom 9.10.1992 (SR 231.2) gewährleistet.

19 Da es sich bei Computerprogrammen um Informationstechnologie und nicht um kulturelle Schöpfungen handelt, sind für diese Werkkategorie eine Reihe von (teilweise strengeren) Sonderregelungen notwendig geworden. In folgenden **Artikeln** ist der urheberrechtliche Schutz der Computerprogramme niedergelegt:

- **URG Art. 2 Abs. 3:** der urheberrechtliche Werkcharakter eines Computerprogramms;
- **URG Art. 10 Abs. 3:** das Vermietrecht an Computerprogrammen;
- **URG Art. 12 Abs. 2:** der zulässige Gebrauch eines Computerprogramms, s. auch **URV Art. 17 Abs. 1** → Nr. 2;
- **URG Art. 13 Abs. 4:** der Vorbehalt des Vermietrechts;
- **URG Art. 17:** die Legalzession der Rechte an Programmen im Arbeitsverhältnis;
- **URG Art. 19 Abs. 4:** keine Verwendung zum Eigengebrauch;
- **URG Art. 21:** die Entschlüsselung von Computerprogrammen, s. auch **URV Art. 17 Abs. 2 und 3**;
- **URG Art. 24 Abs. 2:** die Sicherungskopien;
- **URG Art. 29 Abs. 2 lit. a:** die Schutzfrist;
- **URG Art. 67 Abs. 1 lit. l:** die Strafbarkeit der Vermietung von Computerprogrammen.

Zu Abs. 4

20 In Absatz 4 wird ausdrücklich erwähnt, dass auch Entwürfe, Titel und Teile von Werken geschützt sind, sofern sie die in Absatz 1 enthaltenen Schutzvoraussetzungen erfüllen. Was den **Titelschutz** anbelangt, so ist hier nur bei besonderer Originalität ein urheberrechtlicher Schutz zu bejahen, z.B.: «Der alte Mann und das Meer», nicht dagegen: «Krieg und Frieden» (siehe BGE 77 II 377 «Mickey Mouse»). Möglich ist aber die Eintragung eines Titels als Marke oder ein Vorgehen gegen missbräuchliche Verwendungen über das UWG. Das deutsche Recht gewährt mit der Veröffentlichung des Werkes einen speziellen, vereinfachten Titelschutz als geschäftliche Bezeichnung (dMarkenG §§ 5 und 15). Schon während der Entwicklung kann ein dort vorgezogener Titelschutz durch eine öffentliche Titelschutzanzeige erreicht werden.

21 Zum Rechtsschutz von **Entwürfen** s. URG 29 N 4.

22 Eine **Melodie** kann als Werkteil geschützt sein, sobald sie eine individuelle Prägung aufweist; dies unterscheidet sie vom blossen **Motiv**, der kleinsten musikalischen Sinneinheit. Ab wann eine individuelle Prägung vorliegt, beurteilt sich im Einzelfall; die weit verbreitete Meinung, ein Schutz sei erst ab einer bestimmten Anzahl von Tönen, Takten oder Sekunden gegeben, trifft jedenfalls nicht zu (URG 3 N 3). Auch wenn ein musikalisches Motiv keinen urheberrechtlichen Schutz finden sollte, kann gleichwohl ein Schutz als akustische Marke erwirkt werden, falls das Motiv als Kennzeichen gebraucht wird (MSchG Art. 1 Abs. 1, vgl. die akustische Marke Nr. 455543 der Swisscom; vgl. auch URG 1 N 8 ff.).

23 Auch **Baupläne** (und deren Entwürfe) für ein **Werk der Baukunst** sind geschützt, unabhängig davon, ob der Bauplan ausgeführt wird oder nicht (BGE 125 III 328 E. 4b «Œuvre architecturale»; KGer/VS C2 05 57, vom 05.09.2005, s. 3).

Art. 3 Werke zweiter Hand

¹ Geistige Schöpfungen mit individuellem Charakter, die unter Verwendung bestehender Werke so geschaffen werden, dass die verwendeten Werke in ihrem individuellen Charakter erkennbar bleiben, sind Werke zweiter Hand.

² Solche Werke sind insbesondere Übersetzungen sowie audiovisuelle und andere Bearbeitungen.

³ Werke zweiter Hand sind selbständig geschützt.

⁴ Der Schutz der verwendeten Werke bleibt vorbehalten.

Zu Abs. 1

1 Die **Benutzung eines urheberrechtlich geschützten Werkes** (URG Art. 2) durch einen späteren Schöpfer führt je nach Mass von dessen geistiger Leistung (zum individuellen Charakter einer Schöpfung s. URG 2 N 1c) zu unterschiedlichen Resultaten:

a) Die **blosse Änderung** bzw. nichtschöpferische, rein quantitative **Umgestaltung** des Originalwerks, die als solche kein individuelles Gepräge aufweist, lässt kein neues schutzwürdiges Werk entstehen. Wird ein Werk – derart umgestaltet oder gar unverändert – als eigenes Werk ausgegeben, so spricht man von einem **Plagiat** (URG 25 N 6 und URG Art. 68). Unter Umständen reicht aber bereits ein minimaler Unterschied, um auf eine eigenständige Bearbeitung des Originalwerks zu schliessen (OGer/BL «Formex», sic! 1997, 147). Das Recht zur Änderung ist ein ausschliessliches Recht des Urhebers (URG Art. 11 Abs. 1 lit. a).

b) Die **Bearbeitung** ist eine schöpferische, qualitative Umgestaltung, bei welcher in der Regel ein neues selbständiges Werk mit eigener Individualität entsteht. Der Ausdruck «Bearbeitung» bezeichnet nicht nur den Arbeitsvorgang, sondern auch dessen Ergebnis. Diese sog. **Werke zweiter Hand** kommen in zwei verschiedenen Erscheinungsformen vor: als Umformungen und als inhaltliche Umgestaltungen. **Umformungen** lassen das Originalwerk inhaltlich unberührt und versuchen lediglich, dessen Verwertungsmöglichkeiten zu erweitern (sprachliche Neufassung, Übersetzung, Übertragung in eine andere Werkgattung wie Dramatisierung oder Verfilmung). **Inhaltliche Umgestal-**

tungen sind dann als Bearbeitungen zu betrachten, wenn sie zwar eigenständiges Gepräge aufweisen, aber noch nicht als Neugestaltungen betrachtet werden können, weil sie die individuellen Züge des Originalwerkes noch erkennen lassen.

Das **Recht zur Bearbeitung** ist ein ausschliessliches Recht des Urhebers, und auch die veränderte Wiedergabe des Originalwerkes fällt unter das Wiedergaberecht des Originalurhebers (URG Art. 3 Abs. 4, Art. 11 Abs. 1 lit. b).

c) Die **Neugestaltung** löst sich derart vom Original, dass die Elemente des Originalwerks zu einer völlig selbständigen Neuschöpfung verarbeitet werden. Lässt sich ein Dritter von einem geschützten Werk bloss inspirieren und sind seine Anlehnungen im Verhältnis zur Individualität des neuen Werks so bescheiden, dass sie gegenüber der neuen Schöpfung in den Hintergrund treten, handelt es sich um eine «**freie Benutzung**», welche das Gebrauchsrecht am älteren Werk nicht beeinträchtigt (BGE 125 III 328 «Œuvre architecturale» mit Hinweisen). Voraussetzung für eine freie Benutzung ist also, dass die wesentlichen Züge des Originals verblassen. Das vorbestehende Werk darf nur als Anregung gedient haben; die Neugestaltung muss sich klar von der inneren und äusseren Form des Originals abheben, d.h., sie darf nicht enthalten, was dem Original erst die Qualifikation als Werk eingebracht hat (**«Abstandslehre»**).

d) Einen Sonderfall der Benutzung stellt die Abwandlung von Werken zum Zwecke der **Parodie** (URG Art. 11 Abs. 3) oder die Benützung des vorbestehenden Werkes als **Zitat** (URG Art. 25) dar.

Zu Abs. 2

2 Die Aufzählung hat nur exemplarische Bedeutung (AmtlBull StR 1991 99).

3 Als Werke zweiter Hand können auch **Variationen** vorkommen, wodurch im Einzelfall zu prüfen ist, ob z.B. die in einem neuen Werk erkennbare Melodie die Individualität eines schon bestehenden Werkes ausmacht: In diesem Falle liegt eine Bearbeitung und damit ein Werk zweiter Hand vor. Anstatt von Variationen spricht man im Bereich der Popmusik von **Remixes**, so dass auch hier wegen der uneinheitlichen Begriffsverwendung im Einzelfall zu prüfen ist, ob eine Umgestaltung, Bearbeitung oder Neugestaltung vorliegt (hierzu Poto Wegener, Musik & Recht, 2003, 373 ff.).

Wird nur das Motiv übernommen, so ist dies urheberrechtlich nicht zu beanstanden (zur Abgrenzung von Motiv und Melodie s. URG 2 N 22). Um Lizenzkosten zu sparen, wird dieser Umstand im Bereich von Werbespots häufig geschickt ausgenutzt, indem ein Komponist mit der Schaffung von Werbemusik beauftragt wird, die sich eng an einen beliebten Hit anlehnt (**«Sound-alike»**). Die Vorgehensweise besteht darin, dass zwar Arrangement, Tempo, Rhythmus, Klangfarben, Audioeffekte und ggf. Motive des Originalwerks bzw. der Originalaufnahme übernommen werden, nicht jedoch dessen Melodie. Gelingt dies, wird der Durchschnittshörer auf Grund des flüchtigen Eindrucks des Werbespots denken, er höre den ihm bekannten Hit, während in Wahrheit ein eigenständiges Werk vorliegt.

Zu Abs. 3 und Abs. 4

4 Der Schutz der Werke zweiter Hand ist **unabhängig** vom Schutz der verwendeten Werke; diese können mithin bereits gemeinfrei oder als amtliche Werke vom Schutz des Urheber-

rechts ausgenommen sein (URG Art. 5). Das Bearbeiterurheberrecht entsteht ohne Rücksicht darauf, ob der Urheber des Originalwerkes der Bearbeitung zugestimmt hat.

5 «Die Absätze 3 und 4 bestätigen, dass für jede urheberrechtlich relevante Verwendung eines Werks zweiter Hand die Einwilligung des Urhebers sowohl des vorbestehenden als auch des neuen Werks erforderlich ist» (Botschaft 1989, 524). Will der Bearbeiter sein Werk zweiter Hand wirtschaftlich nutzen, holt er diese **Einwilligung** sinnvollerweise zusammen mit der Einwilligung zur Bearbeitung des vorbestehenden Werkes von dessen Rechteinhaber ein. In der Praxis heisst dies am Beispiel einer Romanverfilmung, dass der Produzent folgende Rechte an der Vorlage erwerben muss: (i) das Recht zur Herstellung eines Drehbuchs (URG Art. 11 Abs. 1 lit. a oder b), (ii) das Verfilmungsrecht (URG Art. 11 Abs. 1 lit. b) und (iii) das Recht zur Auswertung des hergestellten Films (URG Art. 10 Abs. 1).

6 Das **Bearbeiterurheberrecht** erstreckt sich aber nur auf die individuellen Veränderungen, die der Bearbeiter vorgenommen hat, also nur auf die Bearbeitung. Die weitere Verwertung des Originalwerkes ist daher von der Zustimmung des Bearbeiters unabhängig. Dies sei nochmals anhand des Beispiels einer Romanverfilmung (N 5) verdeutlicht: Will nach einer Erstverfilmung ein Dritter eine **Wiederverfilmung** des Romans oder ein **Remake** der Erstverfilmung produzieren, so braucht er hierfür zunächst die Einwilligung des Romanautors bzw. dessen Verlages sowie – sofern er urheberrechtlich geschützte Elemente der Erstverfilmung verwendet – die Einwilligung des an der Erstverfilmung Berechtigten.

Art. 4 Sammelwerke

¹ Sammlungen sind selbständig geschützt, sofern es sich bezüglich Auswahl oder Anordnung um geistige Schöpfungen mit individuellem Charakter handelt.
² Der Schutz von in das Sammelwerk aufgenommenen Werken bleibt vorbehalten.

Zu Abs. 1

1 Sammelwerke sind Werke, deren Individualität in der Auswahl oder Anordnung der Inhaltselemente besteht. Auch sie müssen den Anforderungen des **allgemeinen Werkbegriffs** (geistiger Inhalt, Ausdruck, Individualität, URG 2 N 1) genügen, um urheberrechtlich geschützt zu sein. Daran ändert auch die Betonung des Kriteriums der Individualität im Gesetzestext nichts. Der Urheber eines Sammelwerkes wird üblicherweise als **Herausgeber** bezeichnet.

2 Ob die **Inhaltselemente** des Sammelwerkes ihrerseits Werkcharakter aufweisen oder nicht ist unerheblich: So geniessen auch Zeitungsausgaben wegen der **Auswahl** der einzelnen Beiträge als Sammelwerk urheberrechtlichen Schutz – unabhängig davon, ob die einzelnen Artikel Werkcharakter aufweisen (Zivilgericht Basel-Stadt vom 19.06.2002, E. 2d «Elektronischer Pressespiegel II» = sic! 2003, 217). Keine Auswahl liegt vor, wenn eine Sammlung Vollständigkeit beansprucht; allerdings kann ein Schutz auch durch eine individuelle **Anordnung** begründet werden. Bei einer rein alphabetischen Anordnung ist dies aber nicht der Fall, genauso wenig wie wenn die Anordnung online anhand von Trefferquoten vorgenommen wird (Zivilgerichtspräsidium Basel-Stadt vom 20.01.2004, E. 2e «Arzneimittel-Kompendium» = sic! 2004, 490). Aus diesem Grund, und auch weil die Suchresultate durch Compu-

ter generiert werden, sind auch die Ergebnisse von Internet-Suchmaschinen (z.B. Google, Yahoo) keine Sammelwerke. Ausstellungen hingegen kommen grundsätzlich als Sammelwerke in Frage, wenn in der Auswahl oder Anordnung der Exponate eine individuelle geistige Schöpfung zum Ausdruck kommt (so für das dt. Recht LG München I, ZUM-RD 2003, 499).

3 Auch «ein ganzes **Programmpaket**, das durch die Verknüpfung geschützter oder nicht geschützter Computerprogramme oder von Teilen davon entsteht, ist ebenfalls als Sammelwerk geschützt, wenn es nach individuellen Gesichtspunkten gestaltet ist» (Botschaft 1989, 524).

4 **Datenbanken** erfüllen in den seltensten Fällen die Voraussetzungen, um als Sammelwerk geschützt zu sein. Deswegen hat die EU für solche Produktionen zwecks Förderung von Investitionen in die Informationstechnologie für den Hersteller von Datenbanken einen besonderen Leistungsschutz vorgeschrieben (Richtlinie 96/9/EG zum rechtlichen Schutz von Datenbanken; vgl. 3. Titel).

Zu Abs. 2

5 Damit ein bestehendes Werk überhaupt in ein Sammelwerk aufgenommen werden kann, ist die **Zustimmung des Urhebers** erforderlich (URG Art. 11 Abs. 1 lit. b; vgl. auch OR Art. 386 Abs. 1 → Nr. 4). Der Schutz des Sammelwerks und derjenige der einzelnen Beiträge besteht nebeneinander und muss stets unterschieden werden: Da der Schutz des Sammelwerks nur die Sammlung als solche zum Gegenstand hat, bewirkt der unerlaubte Nachdruck eines einzelnen Beitrages keine Verletzung des Urheberrechts am Sammelwerk. Anders verhält es sich, wenn mehrere Beiträge verwendet werden und dabei die schöpferische Auswahl oder Anordnung des Herausgebers übernommen wird. In diesem Fall wird sowohl das Urheberrecht an den Beiträgen als auch am Sammelwerk verletzt (vgl. für das dt. Recht Schricker/Loewenheim, dUrhG § 4 N 18).

6 Zuletzt sei in diesem Zusammenhang an OR Art. 382 Abs. 3 (→ Nr. 4) betreffend den **Verlagsvertrag** erinnert, wonach der Urheber oder sein Rechtsnachfolger Beiträge an Sammelwerke nicht vor Ablauf von drei Monaten nach dem vollständigen Erscheinen des Beitrages anderweitig veröffentlichen darf.

Art. 5 Nicht geschützte Werke

¹ Durch das Urheberrecht nicht geschützt sind:
a. Gesetze, Verordnungen, völkerrechtliche Verträge und andere amtliche Erlasse;
b. Zahlungsmittel;
c. Entscheidungen, Protokolle und Berichte von Behörden und öffentlichen Verwaltungen;
d. Patentschriften und veröffentlichte Patentgesuche.
² Ebenfalls nicht geschützt sind amtliche oder gesetzlich geforderte Sammlungen und Übersetzungen der Werke nach Absatz 1.

Zu Abs. 1

1 Die im Gesetzestext aufgezählten sog. **amtlichen Werke** sind gemeinfrei, d.h., es besteht nicht nur eine Nutzungsfreiheit, sondern es entfällt auch der Schutz aus dem Urheberpersönlichkeitsrecht.

2 Hinsichtlich der Frage, ob auch **private Normenwerke** (z.B. SIA- oder SEV-Normen, GAV, AGB) amtliche Erlasse i.S.v. URG Art. 5 sein können, ist zu differenzieren:

a) Die Frage ist zu bejahen, wenn die Normen durch Verweis auf deren Inhalt in das staatliche Regelwerk aufgenommen werden (z.B. Art. 3 der V über Sicherheitsvorschriften für Rohrleitungsanlagen, SR 746.12; vgl. auch dUrhG § 5 Abs. 3 Satz 1), was v.a. bei neueren technischen Normen vorkommt.

b) Sodann fallen private Normenwerke unter URG Art. 5, wenn sie Ergebnis einer gesetzlich eingeräumten Normsetzungsbefugnis sind, bspw. GAV und NAV (OR Art. 356 ff., auch ohne Allgemeinverbindlicherklärung, a.M. Barrelet/Egloff, URG 5 N 4), Formulare im Mietrecht (z.B. OR Art. 269d oder Art. 266l Abs. 2), Rahmenmietverträge (BG über Rahmenmietverträge und deren Allgemeinverbindlicherklärung, SR 221.213.15), aber auch die Tarife der Verwertungsgesellschaften (URG Art. 46 Abs. 1).

c) Keiner der beiden genannten Kategorien zuzuordnen – und deshalb nicht gemeinfrei – sind AGB, weil hier ein öffentliches Informationsbedürfnis fehlt. Der Verfasser braucht deren Inhalt, weil im Bereiche der Privatautonomie handelnd, nur denjenigen zur Kenntnis zu bringen, mit denen er in Rechtsbeziehung treten will. Es ist deshalb nicht notwendig, ihm das Herrschaftsrecht über sein Bedingungswerk zu nehmen (Rehbinder, in: FS 100 Jahre URG, S. 364).

Immerhin wird aber auch bei privaten Normwerken, welche nicht unter URG Art. 5 Abs. 1 lit. a fallen, stets im Einzelfall zu prüfen sein, ob sie die urheberrechtlichen Schutzvoraussetzungen nach URG Art. 2 erfüllen. Dies dürfte tendenziell nur ausnahmsweise der Fall sein.

3 Zahlungsmittel (Geldscheine und Münzen) sind, anders noch BGE 99 IV 50, urheberrechtlich nicht mehr geschützt; vgl. jedoch das **BG über die Währung und die Zahlungsmittel** (WZG) vom 22.12.1999 (SR 941.10) und das **Nationalbankgesetz** (NBG) vom 3.10.2003 (SR 951.11). Analoges wird aber auch für Briefmarken zu gelten haben (streitig).

4 Arzneimittelinformationstexte, die Teil der Zulassungsverfügung sind, sind Teil einer behördlichen Entscheidung und durch das Urheberrecht nicht geschützt (Zivilgerichtspräsidium Basel-Stadt vom 20.01.2004 E. 2d «Arzneimittel-Kompendium» = sic! 2004, 493).

Zu Abs. 2

5 Als Ausnahme von URG Art. 4 gelten demnach z.B. die Bundesgerichtsentscheidsammlung **(BGE)** oder die Systematische Rechtssammlung **(SR)**.

2. Kapitel: Urheber und Urheberin

Art. 6 Begriff

Urheber oder Urheberin ist die natürliche Person, die das Werk geschaffen hat.

1 Urheber kann nur eine natürliche Person, d.h. ein **Mensch**, sein. Daher werden z.B. «objets trouvés» (Föhrenwurzel) oder von Tieren geschaffene Bilder (im Gegensatz zu computerunterstützter Musikkomposition oder computerbasiertem Kunstschaffen, wo der menschliche Wille über das Ergebnis entscheidet) nicht als urheberrechtlich schutzfähige Werke betrachtet.

2 Hier kommt das sog. **Schöpferprinzip** zum Ausdruck (vgl. BGE 74 II 106 «SUISA-Tonfilm»). «Das Schöpfungskriterium hat eine doppelte Funktion; es schränkt den Anwendungsbereich des Urheberrechts auf das menschliche Schaffen ein und bildet gleichzeitig den Anknüpfungspunkt für den originären Rechtserwerb: Der Urheber erwirbt die Rechte an dem von ihm geschaffenen Werk *ipso iure*» (Botschaft 1989, 525).

3 Die Werkschöpfung ist ein Realakt, deshalb können auch in der Person von **Handlungsunfähigen** Urheberrechte originär entstehen. Bei Minderjährigen und Entmündigten unterliegt das Urheberrecht an ihren Werken dann aber der Verwaltung durch Eltern oder Vormund (ZGB Art. 318 ff. bzw. ZGB Art. 413). Auch Personen im Zustand der Zurechnungsunfähigkeit können Werke schaffen und daran das Urheberrecht erwerben. Wird ein Werk unter Hypnose geschaffen, so ist das Medium der Urheber, nicht etwa der Hypnotiseur (BGE 116 II 354).

4 Die Entscheidung des schweizerischen Gesetzgebers, durchwegs am Schöpferprinzip festzuhalten, ist keineswegs selbstverständlich und in dieser Konsequenz auch bedauerlich, weil sie v.a. in Fällen abhängiger Werkschöpfung (also im Auftrags- oder Arbeitsverhältnis) und bei Miturheberschaft immer wieder zu unübersichtlichen rechtlichen Verhältnissen und schwierigen vertraglichen Auslegungsfragen führt (vgl. Beispiele bei URG 7 N 4 ff., URG 9 N 11, URG 11 N 2 ff., URG 16 N 12; ferner von Büren/Meer, SIWR II/1, 164, die illustrativ von «byzantinischen Strukturen» sprechen). Andere Rechtsordnungen sehen deshalb Lösungen vor, wonach das Urheberrecht nicht beim tatsächlichen Schöpfer entsteht, sondern bei dessen Arbeit- oder Auftraggeber, ohne dass eine Übertragung des Urheberrechts stattfindet. Diese **«work for hire doctrine»** ist in den angelsächsischen Ländern, aber auch in Japan, verbreitet. Sie hat den Vorteil der grösseren Rechtssicherheit und wird der Verteilung des wirtschaftlichen Risikos besser gerecht. Diesem Bedürfnis wurde darum dem Grundgedanken nach auch bei der Einführung der Leistungsschutzrechte des Ton- oder Tonbildträgerproduzenten und des Sendeunternehmens (URG 36 f.) Rechnung getragen, denn diese Rechte entstehen originär bei der betreffenden (meist juristischen) Person. Möglich wäre aber auch, generell eine **Legalzession** zugunsten des Arbeit- oder Auftraggebers vorzusehen, wie es in URG Art. 17 bei Programmen der Fall ist. Vor allem bei der Beratung zum URG 1992 war die Einführung eines sog. Produzentenartikels umstritten (Botschaft 1989, 536). Es wurde damals genauso darauf verzichtet wie bei der jüngsten Revision (Botschaft 2006, 3405). Eine dritte Möglichkeit zur Schaffung von Rechtssicherheit ist die **Vorgabe gesetzlicher Vermutungen** hinsichtlich des Bestehens und Umfangs einer Rechtseinräumung, wie es bspw.

das deutsche Recht für das Verfilmungsrecht und die Rechte am Filmwerk vorsieht (dUrhG §§ 88 f.; zu den hier skizzierten Lösungsansätzen vgl. auch Katzenberger, Die rechtliche Stellung des Filmproduzenten im internationalen Vergleich, ZUM 2003, 712). Diese Regelung hat den Vorteil, dass sie das Schöpferprinzip unangetastet lässt.

5 **Arbeitgeber** oder **juristische Personen,** die als solche nicht schöpferisch tätig sind, können also Urheberrechte nicht originär, sondern nur durch Abtretung erwerben (URG Art. 16 Abs. 1 und Art. 17; die Schutzrechte an Erfindungen und Designs, die von Arbeitnehmern in Erfüllung ihrer Arbeitspflicht gemacht werden, entstehen hingegen originär beim Arbeitgeber, OR Art. 332 Abs. 1). Im Arbeitsverhältnis besteht auch die Möglichkeit, Art und Umfang der Lizenzierung in einem Gesamtarbeitsvertrag zu regeln.

6 Fehlt eine vertragliche Regelung oder ist sie lückenhaft, ist die **Vertragslücke** zu füllen. Zwei dispositive gesetzliche Vorschriften stehen dafür zur Verfügung: OR Art. 321b Abs. 2 (Herausgabeverpflichtung des Arbeitnehmers) sowie URG Art. 16 Abs. 2 (sog. Zweckübertragungstheorie, URG 16 N 14). Als Gegenstand der **Herausgabeverpflichtung** nach OR Art. 321b Abs. 2 kommen wegen der ubiquitären Natur des geschaffenen Immaterialguts nur die erlangte Rechtsposition als solche bzw. deren vermögensrechtliche Aspekte in Betracht. Bei der Beantwortung der Frage nach dem Umfang der nach OR Art. 321b Abs. 2 geschuldeten Übertragung stösst man auf eine Kollision zwischen der Anordnung in OR Art. 321b Abs. 2 und dem urheberrechtlichen Schutzprinzip in URG Art. 16 Abs. 2. Während OR Art. 321b Abs. 2 die Herausgabe der *gesamten* Rechtsposition verlangt, soweit sie vermögensrechtlicher Natur ist, soll nach URG Art. 16 Abs. 2 der Arbeitnehmer nur solche Rechte auf den Arbeitgeber übertragen müssen, die dieser nach der Natur des Rechtsverhältnisses (Arbeitsvertrag) unbedingt benötigt. In analoger Anwendung von OR Art. 322a Abs. 1 wird man im Zweifel das **Zweckübertragungsprinzip** als speziellere Regelung, die den Schutz des Arbeitnehmers zum Ziele hat, im Verhältnis zwischen Arbeitgeber und Arbeitnehmer zur Anwendung bringen und damit den Anwendungsbereich von OR Art. 321b Abs. 2, nach dem alles herauszugeben ist, im Urheberrecht reduzieren. Dazu Manfred Rehbinder: Der Arbeitnehmer als Urheber, ArbR 1995, 47–74.

Art. 7 Miturheberschaft

1 Haben mehrere Personen als Urheber oder Urheberinnen an der Schaffung eines Werks mitgewirkt, so steht ihnen das Urheberrecht gemeinschaftlich zu.

2 Haben sie nichts anderes vereinbart, so können sie das Werk nur mit Zustimmung aller verwenden; die Zustimmung darf nicht wider Treu und Glauben verweigert werden.

3 Jeder Miturheber und jede Miturheberin kann Rechtsverletzungen selbständig verfolgen, jedoch nur Leistung an alle fordern.

4 Lassen sich die einzelnen Beiträge trennen und ist nichts anderes vereinbart, so darf jeder Miturheber und jede Miturheberin den eigenen Beitrag selbständig verwenden, wenn dadurch die Verwertung des gemeinsamen Werkes nicht beeinträchtigt wird.

1 Sind mehrere Personen an einer schöpferischen Leistung beteiligt, so liegt ein Gesamtwerk vor, das entweder eine Werkeinheit oder eine Werkverbindung sein kann, was unterschiedliche Rechtsfolgen mit sich führt. Wurde eine Gesamtidee durch das schöpferische Zusammenwirken mehrerer gestaltet, liegt eine **Werkeinheit** vor, wodurch die in diesem Artikel geregelte **Miturheberschaft** entsteht (sogleich N 3 ff.).

2 Keine Miturheberschaft besteht hingegen bei einer **Werkverbindung**, die durch das Zusammenfügen eines vorbestehenden Werkes mit einem anderen zu einer ästhetischen und wirtschaftlichen Einheit entsteht, an welcher der Urheber des vorbestehenden Werkes nicht beteiligt ist. Dies kann durch **Bearbeitung**, d.h. durch Umarbeitung eines Originals zu einem «Werk zweiter Hand» geschehen (URG 3 N 1; zum Synchronisationsrecht s. N 6), oder durch Schaffung eines **Sammelwerks** (URG Art. 4) oder schliesslich durch **Zusammenfügen von Werken unterschiedlicher Werkkategorien** zu einem Gesamtwerk, an dessen Gestaltung der Urheber des vorbestehenden Werkteils nicht beteiligt ist (z.B. bei der Illustration eines Buches oder Vertonung eines Gedichts). Auch wenn die Verwendung des vorbestehenden Werkes der Zustimmung des betreffenden Urhebers bedarf, entsteht durch die Werkverbindung keine Miturheberschaft und auch sonst kein gemeinsames neues Recht: Jeder Urheber bleibt an seinem Werk selbständig berechtigt und kann darüber selbständig verfügen. Die Rechtsbeziehungen unter den beteiligten Urhebern ergeben sich aus deren vertraglichen Vereinbarungen. Die **Schutzfristen** laufen für jeden Werkteil gesondert (URG Art. 30 Abs. 2).

Zu Abs. 1

3 Miturheberschaft setzt eine **schöpferische Zusammenarbeit am Gesamtwerk** voraus, die Verständigung über eine gemeinsame Aufgabe, eine gegenseitige Unterordnung unter eine Gesamtidee und ein gemeinsames Ziel. Massgeblich ist, dass die Schöpfung der einzelnen Beiträge im Hinblick auf ein Kollektivwerk im wechselseitigen Zusammenwirken erfolgt, wobei der Urheber des Beitrages sein Schaffen diesem gemeinsamen Ziel unterordnet. Diese Art und Weise der Werkschöpfung und nicht das Kriterium der Trennbarkeit der einzelnen Beiträge ist für die Subsumierung unter URG Art. 7 entscheidend (vgl. auch BGer 2A.288/2002 vom 24.03.2003, E. 3.4.2 «Tarif VN» mit Hinweisen = sic! 2003, 699). Dabei muss jeder Beitrag eines Miturhebers die Voraussetzungen einer Werkschöpfung erfüllen (URG Art. 2 Abs. 1). Kein Miturheber ist deshalb, wer bei der definitiven Entschlussfassung oder bei der Schaffung des Werks nicht konkret beteiligt war (Tribunale d'appello/TI vom 11.03.2003, E. 6 «Casa M.» = sic! 2004, 20).

4 Die Miturheberschaft ist strikt von blosser **Anregung** (z.B. Beratung, Lektorat, Drehbuchberatung) oder **Gehilfenschaft** zu unterscheiden. Wer das Werk nach den Weisungen eines anderen derart erstellt oder bearbeitet, dass seine Ausführung eine untergeordnete Leistung ohne eigene Individualität darstellt, ist lediglich Gehilfe des Urhebers (vgl. zum Weisungsrecht des Arbeitgebers OR Art. 321d). Die Abgrenzung kann im Einzelfall schwierig sein, insbesondere wenn sich im arbeitsteiligen Umfeld die zunächst vorgesehene Aufgabenverteilung verändert, bspw. wenn sich der ursprüngliche Gehilfe verstärkt in den Schöpfungsprozess einschaltet und so zum Miturheber wird. Angesichts der dadurch drohenden Verwertungs- und Rechtsgewährleistungsprobleme empfiehlt sich deshalb eine ausdrückliche

Vertragsklausel zu Gunsten des Arbeitgebers, Werkbestellers oder Produzenten, z.B. in Form einer Übertragung des Gesamturheberrechts bzw. – bei Trennbarkeit der Beiträge (siehe Abs. 4) – Übertragung des Anteils.

5   Beim **Filmschaffen** wird der Regisseur als eigentlicher Urheber des Filmwerks benannt (vgl. auch URG Art. 30 Abs. 3). Je nach Art und Umfang ihrer Mitwirkung können im Einzelfall aber auch andere schöpferisch Beteiligte als (Mit-)Urheber in Betracht kommen (v.a. Kameraleute und ev. Cutter; nur ausnahmsweise die Verantwortlichen für Special Effects, Masken, Ausstattung, Kostüme; wohl kaum jemals Ton oder Beleuchtung). Ob dies der Fall ist, hängt stets davon ab, ob das Ergebnis der betreffenden Tätigkeit schöpferisch über das Handwerkliche hinausgeht und dadurch Werkcharakter erhält.

6   Bei **Filmmusik** (Analoges gilt für das Drehbuch) unterscheidet das Bundesgericht zwischen vorbestehender und originaler (sog. filmbestimmter, eigens für den Film komponierter) Filmmusik. Die Verwendung vorbestehender Musik für ein audiovisuelles Werk betrifft einerseits das Vervielfältigungsrecht (URG Art. 10 Abs. 2 lit. a) und andererseits die Werkintegrität und somit das Bearbeitungsrecht des Musikurhebers (URG Art. 11 Abs. 1 lit. b). Diese als Synchronisationsrecht bezeichnete Befugnis zum «Verbinden von Musik mit anderen Werken» ist Ausfluss des Urheberpersönlichkeitsrechts (BGer 2A.288/2002 vom 24.03.2003, E. 3.3 «Tarif VN» = sic! 2003, 699). Es entsteht mangels Zusammenarbeit bei der Werkschöpfung (N 3) kein Miturheberrecht, sondern ein Werk zweiter Hand (URG Art. 3). Ob im Fall der originalen, filmbestimmten Filmmusik ebenfalls ein Werk zweiter Hand oder aber Miturheberschaft entsteht, lässt sich nur im Einzelfall anhand der konkreten Arbeitsweise beurteilen. Wie unter N 3 beschrieben ist allein massgebend, ob die Beteiligten (d.h. Komponist und Regisseur) in wechselseitigem Zusammenwirken die einzelnen Beiträge aufeinander abstimmen, sie auf das Gesamtwerk ausrichten und diesem unterordnen (BGer «Tarif VN» E. 3.4.2). Ein gemeinschaftliches Vorgehen – und somit Miturheberschaft – liegt etwa vor, wenn die Musik noch in der Postproduktion laufend umgeschrieben und wechselseitig mit dem Filmschnitt abgestimmt wird. Gemäss dem zitierten Urteil «Tarif VN» hat die Unterscheidung aber keinen Einfluss auf die Zulässigkeit der kollektiven Verwertung der Rechte an Filmmusik (E. 3.4.2).

7   Zum fehlenden **Produzentenartikel** s. URG 6 N 4. Zur gemeinschaftlichen Berechtigung von Interpreten s. URG Art. 34, von Koproduzenten URG 36 N 5.

Zu Abs. 2

8   Die einzelnen Miturheber stehen in einer **Gesamthandschaft sui generis**, die durch einen originären, gemeinsamen Rechtserwerb gekennzeichnet ist (BGE 121 III 118 E. 2 «Kerr Dürrenmatt»). Dieses Gesamthandverhältnis besteht prinzipiell unabhängig von anderen vertraglichen Bindungen zwischen den Miturhebern, bspw. einem Gesellschaftsvertrag zwischen den Mitgliedern einer Musikgruppe. Dieser kann – und sollte – im Hinblick auf Absatz 4 Absprachen enthalten über die Veröffentlichung (URG 9 N 10) und Verwertung gemeinsam komponierter Lieder sowie die Aufteilung der daraus gewonnenen Einnahmen. Das Nebeneinander der Gesamthandschaften aus (Gesellschafts-)Vertrag und Miturheberschaft bewirkt bspw. auch, dass Letztere auch nach Liquidation der Gesellschaft fortbesteht (vgl. Barrelet/Egloff, URG 7 N 2).

9 Mangels abweichender Abrede gilt unter Miturhebern das Einstimmigkeitsprinzip, was die Gefahr von Blockaden bei Meinungsverschiedenheiten in sich birgt. Das allgemeine Gebot des Handelns nach **Treu und Glauben** (ZGB Art. 2) gilt auch im Urheberrecht, weshalb jeder Miturheber auf die Interessen der Anderen Rücksicht nehmen muss. Steht das persönliche Interesse eines Miturhebers mit demjenigen des oder der Anderen im Widerspruch, so darf er seine Zustimmung nur ausnahmsweise verweigern, nämlich «wenn die Verwendung dem Verweigerer schweren Schaden zufügen oder seinen Ruf als Mensch oder Autor wesentlich mindern kann» (Troller, 717). Anders verhält es sich, wenn zwischen den Miturhebern unterschiedliche Ansichten in der Beurteilung der gemeinsamen Interessen bestehen, namentlich hinsichtlich der wirtschaftlichen Zweckmässigkeit oder Angemessenheit einer Verfügung. Die h.L. stellt hierfür als Regel auf, dass jeder Miturheber «die branchenübliche Verwertung des Werkes» gestatten müsse (so Barrelet/Egloff, URG 7 N 10 mit Verweisen; ähnlich von Büren/Meer, SIWR II/1, 158; Müller/Oertli/Hug, URG 7 N 12). Diese Formel ist nicht hilfreich, weil sie erstens gedanklich ungenau das Verweigerungsverbot aus Gründen von Treu und Glauben in ein generelles Zustimmungsgebot verwandelt und zweitens Verweise auf «Branchenübliches» der Vielfalt der Verwertungsmöglichkeiten und Vertragsgestaltungen niemals gerecht werden. Vielmehr ist allein abzustellen auf das **Verhalten** bzw. das **Motiv** des die Zustimmung verweigernden Miturhebers im Einzelfall. Zu deren Beurteilung übernimmt Dessemontet, Le droit d'auteur, Rz. 333 ff., aus den allgemeinen Fallgruppen von ZGB Art. 2 **fünf Maximen**:

1. Keine grundlose Verweigerung der Zustimmung,
2. Verbot widersprüchlichen Verhaltens,
3. Schikaneverbot,
4. Verbot dolosen Verhaltens und
5. Gebot der Beachtung veränderter Umstände.

Der in guten Treuen erhobene Widerspruch eines Miturhebers ist deshalb zu beachten, auch wenn er von den anderen Miturhebern als unsachgemäss empfunden wird. Meinungsverschiedenheiten zwischen Miturhebern über eine angemessene Werkverwertung können folglich nur ausnahmsweise durch URG Art. 7 Abs. 2 geklärt werden, weshalb sich eine vorgängige vertragliche Regelung der Verwertungsstrategie und Beschlussfassung umso mehr empfiehlt (N 8).

10 Ist die Verweigerung der Zustimmung eines Miturhebers als **treuwidrig** zu werten, so ist sie **unbeachtlich**, und die anderen Miturheber können die angestrebte Werkverwendung ausführen. Dabei laufen sie allerdings Gefahr, vom unterlegenen Miturheber wegen Verletzung seines (Mit-)Urheberrechts verklagt zu werden (URG Art. 62). Wollen sie sich diesem Risiko nicht aussetzen, so können sie (nach einer abschlägig beantworteten schriftlichen Anfrage) vorgängig auf Feststellung klagen, dass die Verweigerung der Zustimmung treuwidrig war (zur vergleichbaren Situation beim Vetorecht der Gesellschafter einer einfachen Gesellschaft nach OR Art. 535 Abs. 2 BK-Fellmann/Müller, OR 535 N 137 ff.).

Zu Abs. 3

11 Gegen Rechtsverletzungen kann jeder Miturheber unabhängig von den anderen gerichtlich vorgehen, die Leistung jedoch nur – im Sinne einer **prozessstandschaftlichen Vertretungsbefugnis** – an alle fordern (BGE 121 III 118, E. 2 «Kerr Dürrenmatt»). Dies gilt auch dann, wenn die Miturheber des Prozessierenden ausdrücklich auf gerichtliche Schritte verzichtet haben (Tribunale d'appello/TI vom 11.03.2003, E. 7 «Casa M.» = sic! 2004, 20). Diese Regel gilt nur für die positiven Leistungsansprüche in URG 62 Abs. 2; Unterlassungsansprüche nach URG Art. 62 Abs. 1 hingegen stehen jedem Miturheber einzeln zu (KGer/BL vom 18.06.2003, E. 3b «Baupläne» = sic! 2004, 298).

Zu Abs. 4

12 Das Gesetz meint mit Trennbarkeit, dass ein Beitrag eine **selbständige Verkehrsfähigkeit** hat, was voraussetzt, dass die Beiträge *unterscheidbar* sind. Dies ist einfach, wenn die Beiträge verschiedenen Werkkategorien angehören, z.B. Text und Musik eines Liedes oder Bild und Musik eines Films. Beim Comic-Strip dürfte selbständige Verkehrsfähigkeit meistens nur hinsichtlich der Zeichnungen gegeben sein, weil der Text nur referenzielle Bedeutung hat. Falls die einzelnen Beiträge hingegen der gleichen Werkkategorie angehören, müssen sie sich anhand der Systematik oder formell unterscheiden, bspw. verschiedene Kapitel eines Buches oder Zeichentrickpassagen innerhalb eines Spielfilmes.

Art. 8 Vermutung der Urheberschaft

¹ Solange nichts anderes nachgewiesen ist, gilt als Urheber oder als Urheberin, wer auf den Werkexemplaren oder bei der Veröffentlichung des Werks mit dem eigenen Namen, einem Pseudonym oder einem Kennzeichen genannt wird.

² Solange die Urheberschaft ungenannt oder bei einem Pseudonym oder einem Kennzeichen unbekannt bleibt, kann diejenige Person das Urheberrecht ausüben, die das Werk herausgibt. Wird auch diese Person nicht genannt, so kann das Urheberrecht ausüben, wer das Werk veröffentlicht hat.

Zu Abs. 1

1 Da der Urheber seine Werke meist «im stillen Kämmerlein» schafft, wäre es für ihn bei der prozessualen Durchsetzung seiner Rechte oft umständlich und schwierig, den Beweis darüber zu führen, dass ein bestimmtes Werk von ihm geschaffen wurde. URG Art. 8 Abs. 1 bezweckt, diesen Nachweis zu erleichtern: Entgegen dem Grundsatz von ZGB Art. 8, wonach derjenige eine behauptete Tatsache zu beweisen hat, welcher aus ihr Rechte ableitet, wird hier die **widerlegbare Rechtsvermutung** der Urheberschaft derjenigen Person aufgestellt, deren Name, Pseudonym oder Kennzeichen als Urheberbezeichnung auf den Werkexemplaren erscheint oder die bei der Veröffentlichung des Werkes als Urheber genannt wird. Wie aus RBÜ Art. 15 Abs. 1 (→ Nr. 22) hervorgeht, handelt es sich um eine **reine Beweisregel**, die im Prozess eine Umkehr der Beweislast bewirkt und die keine subjektiven Rechte entstehen lässt. Gelingt der anderen Partei der Beweis des Gegenteils, fällt deshalb die

Wirksamkeit von bereits erfolgten Verfügungsgeschäften des Scheinurhebers **ex tunc** dahin, weil ein gutgläubiger Erwerb vom Scheinurheber ausgeschlossen ist (URG 16 N 6).

2 Die Bezeichnung «Urheber» bzw. «Urheberin» meint hier **nur den Werkschöpfer** (oder dessen Erben), nicht aber den Rechteinhaber, der das Urheberrecht derivativ erworben hat (s. URG 16 N 4). Keine Urheberbezeichnung ist i.d.R. deshalb der Copyrightvermerk «©», weil dieser an sich nur den Rechteinhaber bezeichnet (URG 2 N 4; vgl. auch Schricker/Loewenheim, dUrhG § 10 N 8; für Copyrightvermerk als Vermutungsgrundlage: Rehbinder, Urheberrecht, 15. Aufl. 2008, Rz. 292). Weil der Rechteinhaber durch URG Art. 8 Abs. 1 nicht begünstigt wird, bleibt es für ihn im Umfeld einer arbeitsteiligen Werkschöpfung und -verwertung unerlässlich, eine umfassende Dokumentation über den lückenlosen vertraglichen Rechteerwerb, beginnend beim Urheber, zu erstellen (sog. **«Chain of Title»** oder «Chain of Rights»).

3 Die Vermutung gilt nicht nur gegenüber Dritten, sondern auch gegenüber Miturhebern. Sie wirkt ausserdem **nur zu Gunsten des Urhebers**, nicht jedoch zu seinen Lasten: Wird bspw. ein Werk gefälscht, indem der Name eines Urhebers auf einem nicht von ihm stammenden Werk angebracht wird, braucht er nicht den Beweis zu führen, dass er das betreffende Werk *nicht* geschaffen hat («negativa non sunt probanda», vgl. Vogel/Spühler, Grundriss des Zivilprozessrechts, 8. Aufl. 2006, § 10 N 39 ff.).

4 Für die Anwendung dieser Bestimmung ist erforderlich, dass keine Zweifel über die **Identität** des Urhebers aufkommen können (RBÜ Art. 15 Abs. 1 → Nr. 22), weshalb er am besten namentlich erwähnt wird. Ein Pseudonym oder ein Kennzeichen reichen deshalb nur (aber immerhin) aus, wenn sie in weiten Verkehrskreisen eindeutig mit einer bestimmten Person in Verbindung gebracht werden (vgl. Schricker/Loewenheim, dUrhG § 10 N 5). Bleibt die Identität des Urhebers ungenannt oder unbekannt, so kommt Absatz 2 zur Anwendung.

Zu Abs. 2

5 Der **Normzweck** von Absatz 2 ist es, dem Urheber die Wahrnehmung und Durchsetzung seines Rechts zu ermöglichen, ohne dass er deswegen seine Anonymität aufgeben muss. Vorausgesetzt wird, dass der Urheber ungenannt oder sein Pseudonym unbekannt bleibt (N 4); deshalb verhält sich Absatz 2 **subsidiär zu Absatz 1**.

6 Für den Fall, dass die Urheberschaft (im Sinne von Werkschöpfer, s. N 2) ungenannt oder unbekannt bleibt, wird die **gesetzliche Vermutung** vorgesehen, dass der Herausgeber – oder subsidiär derjenige, welcher das Werk veröffentlicht hat – das Urheberrecht ausüben kann. Das kann auch eine juristische Person sein (Zivilgerichtspräsidium/BS vom 20.01.2004, E. 2b «Arzneimittel-Kompendium» = sic! 2004, 490). Die Vermutung ist **widerlegbar** (a.M. Barrelet/Egloff, URG 8 N 6), andernfalls würde sie auch den Herausgeber schützen, der sich diese Stellung anmasst oder sie missbräuchlich ausübt. Immerhin hat die Wahl der Anonymität für den Urheber zur Folge, dass die Vermutungswirkung von Absatz 2 auch ihm gegenüber gilt, wodurch derjenige, welcher gegenüber dem Herausgeber bzw. Verleger die Urheberschaft beansprucht, diese zu beweisen hat.

7 Der **Umfang** der vermuteten Befugnis des Herausgebers bzw. Verlegers beschränkt sich nach dem Gesetzeswortlaut auf die «Ausübung» des Urheberrechts (die Botschaft 1989, 527, und dUrhG § 10 Abs. 2 sprechen von «geltend machen», RBÜ Art. 15 Abs. 3 von «geltend ma-

chen» und «wahrnehmen»). Aus dem Normzweck (N 1) und dem Wortlaut von Botschaft und RBÜ folgt, dass damit wohl nur die prozessuale Verfolgung von Rechtsverletzungen Dritter und das Inkasso von Vergütungsansprüchen gemeint sein kann. Der Herausgeber bzw. Verleger erwirbt jedenfalls auf Grund der Vermutung von Absatz 2 kein Urheberrecht (auch nicht treuhänderisch), sondern einzig die Prozessführungsbefugnis im eigenen Namen anstelle des Urhebers; es handelt sich somit um **Prozessstandschaft** (vgl. Vogel/Spühler, a.a.O., § 5 N 37 ff.). Allein auf Grund von URG Art. 9 Abs. 2 und ohne vertragliche Regelung mit dem Urheber ist der Herausgeber bzw. Verleger nicht ermächtigt, über das Urheberrecht zu verfügen und bspw. Dritten Verwertungsrechte einzuräumen. Aus dem Charakter der Prozessstandschaft geht auch hervor, dass sich das Ausübungsrecht des Herausgebers bzw. Verlegers nicht nur auf die Verwertungsrechte beschränkt, sondern sich auch auf das Urheberpersönlichkeitsrecht erstreckt (a.M. Barrelet/Egloff, URG 8 N 5, und Oertli/Müller/Hug, URG 8 N 11).

8   Zur **Schutzdauer** bei unbekanntem Urheber s. URG Art. 31.

3. Kapitel: Inhalt des Urheberrechts

1. Abschnitt: Verhältnis des Urhebers oder der Urheberin zum Werk

Art. 9   Anerkennung der Urheberschaft

1 Der Urheber oder die Urheberin hat das ausschliessliche Recht am eigenen Werk und das Recht auf Anerkennung der Urheberschaft.

2 Der Urheber oder die Urheberin hat das ausschliessliche Recht zu bestimmen, ob, wann, wie und unter welcher Urheberbezeichnung das eigene Werk erstmals veröffentlicht werden soll.

3 Ein Werk ist veröffentlicht, wenn der Urheber oder die Urheberin es selber erstmals ausserhalb eines privaten Kreises im Sinne von Artikel 19 Absatz 1 Buchstabe a einer grösseren Anzahl Personen zugänglich gemacht oder einer solchen Veröffentlichung zugestimmt hat.

Vorbemerkungen zum 3. Kapitel: Inhalt des Urheberrechts (Art. 9–15)

1   Das Urheberrecht besteht aus

   a)   **Verwertungsrechte** = werkbezogenen ausschliesslichen, d.h. absoluten Rechten, die zum Schutze vorwiegend vermögensrechtlicher Interessen gegenüber jedem Dritten geltend gemacht werden können. Das Gesetz unterscheidet

       1)   das Recht auf **körperliche** Verwertung, d.h. auf Verwertung mit Hilfe von Werkexemplaren, nämlich

           –   das Vervielfältigungsrecht (URG Art. 10 Abs. 2 lit. a);

           –   das Verbreitungsrecht (URG Art. 10 Abs. 2 lit. b);

- das Vermietrecht an Computerprogrammen (URG Art. 10 Abs. 3);
- das Recht der Erstausstellung (URG Art. 9 Abs. 2);
2) das Recht auf **unkörperliche** Wiedergabe, nämlich
- das Vortragsrecht (URG Art. 10 Abs. 2 lit. c);
- das Aufführungsrecht (URG Art. 10 Abs. 2 lit. c);
- das Vorführungsrecht (URG Art. 10 Abs. 2 lit. c);
- das Recht des Zugänglichmachens (URG Art. 10 Abs. 2 lit. c und f);
- das Wiedergaberecht (URG Art. 10 Abs. 2 lit. c und f);
- das Senderecht (URG Art. 10 Abs. lit. d);
- das Weitersenderecht (URG Art. 10 Abs. 2 lit. e und f);

b) **Urheberpersönlichkeitsrechten («droit moral»)** = werkbezogenen ausschliesslichen, d.h. absoluten Rechten, die zum Schutze vorwiegend persönlichkeitsrechtlicher Interessen gegenüber jedem Dritten geltend gemacht werden können. Das Gesetz unterscheidet:
- das Veröffentlichungsrecht und das Recht der ersten Inhaltsmitteilung (URG Art. 9 Abs. 2);
- das Recht auf Anerkennung der Urheberschaft und auf Namensnennung (URG Art. 9 Abs. 1);
- das Recht auf Bestimmung der Urheberbezeichnung (URG Art. 9 Abs. 2);
- das Recht auf Integrität des Werkes, bestehend aus dem Änderungsrecht (URG Art. 11 Abs. 1 lit. a), dem Bearbeitungsrecht (URG Art. 11 Abs. 1 lit. b), dem Recht, über die Aufnahme in ein Sammelwerk zu entscheiden (URG Art. 11 Abs. 1 lit. b), dem Recht, Entstellungen und Beeinträchtigungen des Werkes zu verbieten (URG Art. 11 Abs. 2 und Art. 12 Abs. 4) und dem Schutz von Originalwerken vor Zerstörung (URG Art. 15);

c) **sonstigen Rechten** = relativen Rechten, die nur gegenüber dem Eigentümer oder Besitzer von Werkexemplaren oder Vervielfältigungsmitteln geltend gemacht werden können. Das Gesetz kennt:
- das Zutritts- und Ausstellungsrecht (URG Art. 14);
- die Vermietungstantieme (URG Art. 13 Abs. 1);
- die Kopierabgabe (URG Art. 20 Abs. 2);
- die Leerträgerabgabe (URG Art. 20 Abs. 3);
- der Vergütungsanspruch für Verwendungen durch Menschen mit Behinderungen (URG Art. 24c Abs. 3).

2 **Abgelehnt** wurden vom Gesetzgeber in den URG-Revisionen 1992 und 2007 das Folgerecht («droit de suite», URG 12 N 5) und die Bibliothekstantieme (URG 13 N 3; vgl. zu beiden Botschaft 2006, 3406 f.).

3 Gegenüber dem URG 1922 **verstärkte** das URG 1992 das **Urheberpersönlichkeitsrecht** (droit moral). Es ist missverständlich, dieses «als Teil oder besondere Seite des allgemeinen

Persönlichkeitsrechts» (so BGE 96 II 409 ff. «Goldrausch») zu bezeichnen. Der urheberrechtliche Schutz geht wesentlich weiter als der allgemeine Persönlichkeitsschutz (ZGB Art. 27 ff. → Nr. 3). Durch die Anknüpfung an das Werk kann das Urheberpersönlichkeitsrecht nämlich zusammen mit dem Werk von der Schöpferpersönlichkeit gelöst werden (vgl. URG Art. 16 Abs. 1). Zur Frage des Verzichts auf Persönlichkeitsrechte s. sogleich URG 9 N 8 sowie ZGB Art. 27 Abs. 2, der seinem Rechtsgedanken nach auch auf die Urheberpersönlichkeitsrechte anwendbar sein dürfte. Zum Interpretenpersönlichkeitsrecht s. URG Art. 33a.

Zu Art. 9 Abs. 1

4   Der erste Halbsatz enthält eine Grundaussage über die Wirkung des Urheberrechts: Es handelt sich um ein **absolutes Recht**, das gegenüber jedem Dritten durchgesetzt werden kann, mithin um ein eigentumsgleiches Herrschaftsrecht über einen immateriellen Gegenstand. Diese Ausgestaltung bewirkt (losgelöst vom sachenrechtlichen Eigentum an Werkexemplaren, s. URG Art. 16 Abs. 3) die **Verkehrsfähigkeit** des Urheberrechts und ermöglicht erst die Finanzierung, Verwertung und Vergütung des Werkschaffens (URG 16 N 4). Das Urheberrecht ist damit Teil der privatrechtlichen Eigentumsordnung und steht unter dem Schutz der Eigentumsgarantie (BV Art. 26; BGE 131 III 480 E. 3.1 «Schweizerzeit», URG 19 N 5; Vorbem. URG 1 N 3). Als Grundaussage bezieht sich der erste Halbsatz inhaltlich auf sämtliche Ausschliesslichkeitsrechte des URG. Dieser Kerngedanke des Urheberrechts wird aber in einen unpassenden logischen und systematischen Zusammenhang gebracht, indem er im gleichen Artikel neben zwei Aspekte des Urheberpersönlichkeitsrechts gestellt wird; unpassend ist auch die Artikelüberschrift. Dieser gesetzgeberische Fehler ist auf die parlamentarische Beratung des URG 1992 zurückzuführen (Barrelet/Egloff, URG 9 N 1).

5   Das **Recht auf Anerkennung der Urheberschaft** im zweiten Halbsatz gehört zu den Urheberpersönlichkeitsrechten und kann unabhängig von jeder Verwendung ausgeübt werden, also auch gegenüber dem Inhaber eines Verwendungsrechts (RBÜ Art. 6*bis* Abs. 1 → Nr. 22). Danach kann der Urheber eine Bestreitung und Anmassung (Plagiat, URG 25 N 6) der Urheberschaft abwehren. Ein anderer Fall liegt vor, wenn jemand seine Werke als diejenigen eines berühmten Urhebers ausgibt. Das Urheberrecht ist hier nicht betroffen. Die mit den Werken fälschlicherweise in Verbindung gebrachte Person kann dies aufgrund ihres allgemeinen Persönlichkeitsrechts (ZGB Art. 28 ff. → Nr. 3) verbieten (**«droit de non-paternité»**). Strafrechtlich ist das Anerkennungsrecht nur in Sonderfällen (URG Art. 25, 28, s. auch URG Art. 67 abs. 1 lit. a) geschützt. Im Übrigen besteht nur zivilrechtlicher Schutz (URG Art. 61 f., ggf. mit Genugtuungsanspruch).

6   Dem Urheber als Werkschöpfer steht mit dem Recht auf Anerkennung der Urheberschaft auch das **Recht auf Namensnennung** zu, z.B. im Hinblick auf eine Aufführung oder bei Reklame für das Werk (Filmplakate, Prospekte; AppGer/TI vom 18.06.2001, E. 8 «Terra d'artisti» = sic! 2002, 509, Nennungsrecht des Urhebers ohne Werbeplakates bejaht). Hierzu gehört auch das **Recht auf Bestimmung der Urheberbezeichnung**, das zwar in Absatz 2 erwähnt wird, inhaltlich jedoch zum Recht auf Anerkennung der Urheberschaft in Absatz 1 gehört. Der Urheber bestimmt, ob er unter seinem bürgerlichen Namen oder einem Pseudonym genannt werden soll, bzw. ob eine andere Person als Urheber bezeichnet wird, wodurch er zum sog. Ghostwriter wird (zum anonymen und pseudonymen Werk vgl. auch URG Art. 8).

7   Es kommt auch vor, dass der Urheber *von Anfang an* gar nicht als Werkschöpfer genannt werden, also anonym bleiben will (etwa der arme Poet, der in der Not einen anspruchslosen Ärzteroman verfasst, sog. «**negatives Nennungsrecht**»). Mangels einer ausdrücklichen vertraglichen Regelung gilt aber die Vermutung, dass der Rechteverwerter berechtigt ist, den Urheber des Werkes zu nennen. Will der Urheber von Anfang an anonym bleiben, liegt es also an ihm, frühzeitig eine entsprechende vertragliche Abrede vorzuschlagen. *Nach* der Erstveröffentlichung wird der Urheber nur in äusserst selten anzunehmenden Ausnahmefällen und unter Berufung auf die «clausula rebus sic stantibus» (zum Begriff s. Wiegand, BSK OR I, Art. 18 N 95 ff. mit Verweisen) die Möglichkeit haben, gegenüber dem Rechteverwerter sein negatives Nennungsrecht durchzusetzen. Eine gewandelte künstlerische Überzeugung wird hierfür kaum je einmal ausreichend sein. Ein anderer Fall kann v.a. bei abhängiger Werkschöpfung (d.h. im Auftrags- oder Arbeitsverhältnis) vorkommen, bspw. wenn die vom Filmregisseur erstellte Fassung vom Produzenten noch umgeschnitten oder gekürzt wird (N 8). Das Werk wird also *zwischen* dessen Ablieferung und der Veröffentlichung (an sich erlaubterweise) noch verändert oder bearbeitet, worauf sich der Urheber aber möglicherweise von seinem Werk distanzieren will und verlangt, dass er nicht genannt werde. Auch in dieser Konstellation gilt zunächst die Vermutung, dass der Rechteverwerter mangels anderslautender Abrede berechtigt ist, den Urheber des Werkes zu nennen (und damit Werbung zu machen, N 6). Der Urheber kann diesfalls sein negatives Nennungsrecht nur ausnahmsweise dann ausüben, wenn die Werkänderung geradezu einer Entstellung i.S.v. URG Art. 11 Abs. 2 gleichkommt (vgl. hierzu die Ausführungen unter URG 11 N 9).

8   Das Recht auf Namensnennung und Bestimmung der Urheberbezeichnung ist als solches unverzichtbar, allerdings kann der Urheber vertraglich auf dessen **Ausübung** verzichten bzw. Eingriffe gestatten. Ein solcher **vertraglicher Verzicht** kann ausdrücklich oder stillschweigend erfolgen. Ein stillschweigender Verzicht ist mangels ausdrücklicher Regelung vor allem in Branchen anzunehmen, in denen eine Nennung unüblich ist. Namentlich in der Werbung sowie in der Fernsehproduktion hat sich ein weitgehender Verzicht auf die Nennung durchgesetzt: In der Werbung wird bestenfalls die Agentur auf der Kampagne genannt und bei Fernsehbeiträgen nur eine stark reduzierte Urhebernennung vorgenommen. Dass im Filmabspann dagegen oft weit mehr als die nach Urheberrecht Berechtigten genannt werden, ist nur auf Vereinbarung und Usanz zu stützen (s. auch URG 33 a N 3).

9   Das Recht auf Namensnennung bezweckt den Schutz der persönlichen Interessen des Urhebers; zu **Werbezwecken** darf die Urheberbezeichnung daher ohne Einwilligung nicht missbraucht werden. Freilich wird im Abschluss von Verwertungsverträgen die – zumindest stillschweigende – Einwilligung des Urhebers zu erblicken sein, seinen Namen auch zur Werbung für das Werk zu verwenden.

Zu Abs. 2

10 Das **Veröffentlichungsrecht** ist ein Urheberpersönlichkeitsrecht. Es schützt das Interesse des Urhebers an der Geheimhaltung bzw. Veröffentlichung des Werkes und schliesst somit auch das **Recht der ersten Inhaltsmitteilung** ein. Das Veröffentlichungsrecht gewährleistet auch, dass der Urheber bestimmen kann, in welchem Stadium der Schöpfung sein Werk vollendet ist. Wesensmässig hat das Veröffentlichungsrecht neben den persönlichkeits-

bezogenen Aspekten auch eine vermögensrechtliche Komponente (z.B. Vergabe des Premierenrechts an ein bestimmtes Kino oder Theater unter bestimmten Bedingungen).

11 Die Entscheidungsbefugnis über die Veröffentlichung kann einem andern zur Ausübung übertragen werden. Die so übertragene Befugnis kann der Ermächtigte auch gegenüber den Erben des mittlerweile verstorbenen Urhebers durchsetzen. Eine **vertragliche Abrede** ist v.a. sinnvoll, wenn Werkschöpfer und Träger des unternehmerischen Risikos unterschiedliche Personen sind, bspw. Filmregisseur und Filmproduzent. Bei den meisten audiovisuellen Produktionen wird der Filmproduzent dem Regisseur vertraglich eine Frist zur Ablieferung des «Director's Cut» ansetzen und sich das Recht zur anschliessenden Bestimmung des «Final Cut» (also inkl. Änderungs- bzw. Bearbeitungsrecht) einräumen lassen. Im Arbeitsverhältnis wird im Regelfall eine stillschweigende Ermächtigung des Arbeitgebers zur Ausübung des Veröffentlichungsrechts anzunehmen sein.

12 Zum Veröffentlichungsrecht gehört bei Kunstwerken auch das **Recht der Erstausstellung.** Hat der Urheber jedoch Werkexemplare veräussert, so dürfen auch deren rechtmässige Eigentümer oder Besitzer diese ausstellen, haben also ein vermögensrechtliches Verwertungsrecht (Erschöpfungsgrundsatz i.S.v. URG Art. 12 Abs. 1; im Übrigen gilt aber URG Art. 16 Abs. 3). Für das relative Ausstellungsrecht des Urhebers ihnen gegenüber s. aber URG Art. 14 Abs. 2.

Zu Abs. 3

13 Das Werk ist erst dann veröffentlicht, wenn es einer grösseren Anzahl Personen zugänglich gemacht wird und es sich dabei nicht bloss um einen privaten Kreis (URG 19 Abs. 1 lit. a) handelt. Eine **Veröffentlichung** liegt erst vor, «wenn der Urheber sein Werk einem Kreis von Personen zur Kenntnis bringt, den er nicht mehr kontrollieren kann» (Botschaft 1989, 528). Mit Übergabe des Manuskripts an den Verleger verlässt das Werk zwar den privaten Kreis des Urhebers, ist damit aber noch nicht einer grösseren Anzahl von Personen zugänglich gemacht und folglich auch nicht veröffentlicht. Dies gilt generell bei der Kenntnisnahme vom zu veröffentlichenden Werk durch Mitarbeiter in einem Unternehmen oder bei Filmproduktionen durch die verschiedenen Koproduzenten und Verleiher. Typisch für diese Konstellationen ist das Vorliegen oder In-Aussicht-Stehen einer vertraglichen Bindung im Hinblick auf die arbeitsteilige Werkschöpfung und/oder Werkverwertung, welche eine Kontrolle des Personenkreises ermöglicht. Wegen der Möglichkeit zur Bestimmung der zugelassenen Personen bewirken auch ausgewählte Presse- oder Verleihscreenings keine Werkveröffentlichung. Erhält hingegen bei Film-, Buch- oder Musikmessen ein unbestimmter Kreis von potentiellen Vertriebspartnern Gelegenheit zur Teilnahme an einem Screening oder einem «Showcase», so wird dadurch i.d.R. eine Veröffentlichung anzunehmen sein.

14 Hinsichtlich des **Umfangs** erschöpft sich bei teil- oder auszugsweiser Erstveröffentlichung (bspw. Vorabdruck eines Romankapitels in einer Zeitung) die Veröffentlichung nur hinsichtlich der betreffenden Werkteile (Barrelet/Egloff, URG 9 N 25). Dies folgt aus URG Art. 2 Abs. 4.

15 Erforderlich ist, dass der Werkschöpfer das Werk **selbst veröffentlicht** oder diesem Vorgang **zugestimmt** hat, was ein ausschliessliches Recht des Urhebers ist (N 7 ff.).

16 Die Veröffentlichung ist für die Entstehung des Urheberrechts nicht erforderlich; es **entsteht durch den Realakt der Schöpfung** (URG 6 N 3). Mit der Veröffentlichung sind weitrei-

chende Einschränkungen des Herrschaftsrechts verbunden (vgl. 5. Kapitel). Vor der Veröffentlichung ist eine Zwangsvollstreckung in das Urheberrecht ausgeschlossen (URG Art. 18) und aus unveröffentlichten Werken bzw. Werkteilen darf nicht zitiert werden (URG Art. 25 Abs. 1).

17 Der **Verkauf eines Werk*exemplars*** führt nicht unbedingt zur Veröffentlichung des Werks. Durch Auslegung kann sich aber ergeben, dass der Urheber der Veröffentlichung durch den Erwerber konkludent zugestimmt hat. In diesem Fall erlischt das Veröffentlichungsrecht.

Art. 10 Verwendung des Werks

[1] Der Urheber oder die Urheberin hat das ausschliessliche Recht zu bestimmen, ob, wann und wie das Werk verwendet wird.

[2] Der Urheber oder die Urheberin hat insbesondere das Recht:

a. Werkexemplare wie Druckerzeugnisse, Ton-, Tonbild- oder Datenträger herzustellen;

b. Werkexemplare anzubieten, zu veräussern oder sonst wie zu verbreiten;

c. das Werk direkt oder mit irgendwelchen Mitteln vorzutragen, aufzuführen, vorzuführen, anderswo wahrnehmbar oder so zugänglich zu machen, dass Personen von Orten und zu Zeiten ihrer Wahl dazu Zugang haben;[1]

d. das Werk durch Radio, Fernsehen oder ähnliche Einrichtungen, auch über Leitungen, zu senden;

e. gesendete Werke mit Hilfe von technischen Einrichtungen, deren Träger nicht das ursprüngliche Sendeunternehmen ist, insbesondere auch über Leitungen, weiterzusenden;

f. zugänglich gemachte, gesendete und weitergesendete Werke wahrnehmbar zu machen.[2]

[3] Der Urheber oder die Urheberin eines Computerprogrammes hat zudem das ausschliessliche Recht, dieses zu vermieten.

Zu Abs. 1

1 Die **Verwertung** urheberrechtlich geschützter Werke **durch vermögensrechtliche Nutzung** schützt URG Art. 10 Abs. 1 durch Festlegung des ausschliesslichen Rechts des Urhebers zu bestimmen, *ob, wann und wie das Werk verwendet* wird. Ob in unveränderter oder in umgestalteter Form, ist gleichgültig, solange nur *das Werk in seinen wesentlichen*

---

[1] Fassung gemäss Art. 2 des BB vom 5. Okt. 2007 über die Genehmigung von zwei Abkommen der Weltorganisation für geistiges Eigentum und über die Änderung des Urheberrechtsgesetzes, in Kraft seit 1. Juli 2008 (AS 2008 2497).

[2] Fassung gemäss Art. 2 des BB vom 5. Okt. 2007 über die Genehmigung von zwei Abkommen der Weltorganisation für geistiges Eigentum und über die Änderung des Urheberrechtsgesetzes, in Kraft seit 1. Juli 2008 (AS 2008 2497).

individuellen Zügen genutzt wird. Der Rechtsschutz am Werk gewährt nach der Grundkonzeption des Art. 10 *umfassende Herrschaft* über das Werk. Er ist nicht auf einzelne, insbesondere nicht auf die in Abs. 2 aufgezählten, Befugnisse beschränkt. *Einschränkungen* ergeben sich indessen aus den Schranken der URG Art. 19 ff. (dort N 1, 3), der Schutzfrist (URG Art. 29 ff.) sowie den spezifischen Beschränkungen, denen einzelne der Rechte aus Abs. 2 unterliegen (N 3; namentlich der Erschöpfung, URG Art. 12 Abs. 1) und dem Zwang zur kollektiven Verwertung gewisser Rechte (URG Art. 40 ff.).

2   Statt von «Verwendungsrechten» spricht man oft von Nutzungsrechten oder **Verwertungsrechten** (URG 34 N 12, 40 N 12). Dieser deutschem Recht entlehnte Sprachgebrauch spiegelt wider, dass das Urheberrecht eine zentrale Funktion nicht (nur) in der Ausübung der Ausschliesslichkeitsrechte gegenüber dem letztendlichen Werknutzer, sondern (auch) darin hat, mittels dieser Rechte das Werk als solches *verkehrsfähig,* der *Verwertung* zugänglich zu machen: Diese Rechte sind der Gegenstand des Rechtsverkehrs mit Werken, ihrer Verwertung (URG Art. 16; s. auch URG 1 N 4 f.). Sie sind weiter aufspaltbar, und zwar u.a. nach Gebieten (s. aber zur weltweiten Erschöpfung des Verbreitungsrechts, URG 12 N 3 f.), nach Zeitabschnitten, aber auch inhaltlich; so etwa das Vervielfältigungs- und Verbreitungsrecht an Büchern nach Hardcover-, Paperback- oder Buchclubausgaben; ferner nach Sprachversionen usw. Im Hinblick auf die Verkehrsfähigkeit der – mit absoluter Wirkung übertragbaren (URG Art. 16) – Teilrechte ist eine Grenzziehung erforderlich; sie kann in Anlehnung an die im deutschen Recht herrschende Formel (vgl. BGH GRUR 2001, 153, 154; BGH GRUR 1992, 310, 311) darin gesucht werden, dass die betroffene Nutzungsart *nach der Verkehrsauffassung,* d.h. dem Verständnis der beteiligten Kreise *als solche hinreichend klar abgrenzbar ist und wirtschaftlich-technisch als einheitlich und selbständig erscheint (s. URG 16 N 2).* Damit sind jedenfalls individuell und unüblich aufgeteilte Rechte nicht als solche übertragbar; die Gestaltung hat dann im Zweifel nur obligatorische Wirkung.

Zu Abs. 2

3   Die in Abs. 2 erwähnten Rechte sind als verselbständigte Teilrechte des allgemeinen Nutzungsrechts nach URG Art. 10 Abs. 1 (N 1) zu verstehen. Das Wort «insbesondere» wurde vom Ständerat eingefügt, um zu «unterstreichen, dass die Aufzählung der Rechte **nicht abschliessend** ist» (AmtlBull StR 1991 100). Eine Nutzungsform, die *im jeweiligen Nutzungsbereich* ausserhalb der gesetzlich geregelten speziellen Nutzungsrechte liegt, kann nicht aufgrund des allgemeinen Nutzungsrechts vom Urheber in Anspruch genommen werden. Wenn z.B. das Verbreitungsrecht gemäss URG Art. 10 Abs. 2 lit. b nach URG Art. 12 Abs. 1 auf die Erstverbreitung beschränkt ist, so kann die Weiterverbreitung nicht aufgrund des allgemeinen Nutzungsrechts nach URG Art. 10 Abs. 1 verboten werden. Auf die Generalklausel wird jedoch bei neuen Nutzungsformen zurückgegriffen.

4   Der wirtschaftliche Wert des Werkes liegt in seiner Eignung zur Befriedigung geistiger Bedürfnisse. Um dem Urheber und jenen, die sein Werkschaffen finanzieren und ermöglichen, diesen Wert zu sichern, erlaubt ihnen das Gesetz, mittels des Rechts, bestimmte Nutzungshandlungen zu verbieten oder zu erlauben, die verschiedenen Nutzerkreise zu erfassen und von ihnen den Schaffens- und Finanzierungsbedingungen einerseits, dem Publikumsinteresse und dem Erfolg andererseits adäquate (letztlich marktbestimmte) Vergütungen zu erlangen.

Das Gesetz bezweckt, jede Wiedergabeart, durch die das Werk einem neuen Nutzerkreis dargeboten wird, dem Urheber vorzubehalten. Dabei greift das Urheberrecht teils auf Vorgänge zurück, die unmittelbar die Wahrnehmung des Werks ermöglichen, wie die *Vorführung* oder *Aufführung*, die *Sendung* oder deren *Wiedergabe*. Zum andern – vor allem im Hinblick auf jene Nutzungshandlungen, die sich innerhalb der Privatsphäre abspielen oder aus anderen Gründen einer effektiven rechtlichen Kontrolle entziehen – unterwirft es schon die *Vorstufen* der Verwertung, die zum Werkgenuss führen, seiner Herrschaftsmacht. Die herkömmlichen urheberrechtlichen Befugnisse stellen mithin ein Stufensystem zur mittelbaren Erfassung des Endnutzers dar: Dessen Werkgenuss setzt in der Regel die Herstellung einer Vervielfältigung des Werks (**Vervielfältigungsrecht**) sowie die Verbreitung der Exemplare über Handels- u.a. Vertriebskanäle voraus (**Verbreitungsrecht**). Dieses gewährleistet zudem, dass jene Vervielfältigungen, die durch Schrankenbestimmungen (insbesondere URG Art. 19, dort N 11) dem Ausschliesslichkeitsrecht entzogen sind, nicht über den von der Schranke gedeckten Bereich hinausgelangen. Der Werkgenuss selbst blieb noch zum Zeitpunkt des Inkrafttretens des Gesetzes, von der Sendung abgesehen, weitgehend an die Verfügbarkeit eines physischen Werkexemplars gebunden. Die technischen Hürden der Vervielfältigung und Verbreitung sorgten für deren Bündelung in den Händen gewerblicher und anderer institutioneller Betriebe (Verlag, Druckerei, Fabrikation, Handel) und damit für ihre schutzrechtliche Erfassbarkeit. Damit konnte aus dem Entgelt für die *Herstellung* und den *Vertrieb* solcher Exemplare eine mittelbar entrichtete Gegenleistung für den Werkgenuss der Letztnutzer erzielt werden.

5   Die übrigen Nutzungsrechte (wie Sendung, Vorführung oder Ausstellung) tragen dem Umstand Rechnung, dass bei den hier erfassten Nutzungshandlungen der unmittelbare Bezug von Werkexemplar und individuellem Werkgenuss fehlt: Unter Verwendung eines einzelnen Werkexemplars (Sende-, Vorführkopie) wird dieser Werkgenuss einem **öffentlichen** Nutzerkreis (d.h. jenem ausserhalb des persönlichen Bereichs und privaten Kreises nach URG Art. 19 Abs. 1 lit. a), ggf. einer unüberschaubaren Vielzahl von Nutzern, ermöglicht. Allein durch das mit der einzelnen Kopie erzielbare, auch dem einzelnen Käufer erschwingliche Entgelt sind Urheber und Rechteinhaber nicht adäquat zu entschädigen. Bei den öffentlichen Verwertungsformen unterscheidet man jene anhand eines körperlichen Werkexemplars (wie bei der Ausstellung, URG Art. 14 Abs. 2) und jene mit Hilfe einer unkörperlichen Wiedergabe (z.B. Sendung).

6   Mit der Verfügbarkeit hochtechnologischer Übertragungs-, Speicher- und Wiedergabemedien hat sich ein grundlegender Wandel im Nutzerverhalten und in den Verbreitungswegen vollzogen, der das herkömmliche Schutz- und Verwertungsgefüge teilweise in Frage stellt. Der Zugang zum Werk ist immer weniger an den Erwerb von Werkexemplaren gebunden; er verlagert sich in unkörperliche, öffentliche und private Kommunikationswege, v.a. über das Internet. Die Möglichkeiten des qualitativ hochwertigen *Home Entertainment* im privaten Bereich ergänzen oder ersetzen vermehrt die herkömmlich öffentlichen Werknutzungen (Konzertgenuss, Kinoerlebnis). Die einfache Möglichkeit, Werkdaten in Nutzerhand originalgleich zu replizieren und weiterzugeben, entzieht grosse Teile des Verwertungsmarkts seiner herkömmlichen Funktionsweise. Dem versucht die Rechtsordnung zum einen mit der Einführung des Rechts zum Zugänglichmachen auf Abruf gerecht zu werden, womit sowohl Nutzungs-

handlungen im Vorfeld der eigentlichen Werkwahrnehmung (Freigabe zum Download) als auch solche zur unmittelbaren Wahrnehmung (Streaming) erfasst sind. Zum zweiten versucht die Praxis, die Ablösung der Verwertung vom physischen Werkexemplar durch konkret nutzungsbezogene Verwertungsmodelle nachzuvollziehen, bspw. dem «Video-on-Demand» zur unmittelbaren oder jedenfalls befristeten Wahrnehmung audiovisueller Werke (in gewisser Analogie zum Kinobesuch, dem Mieten einer DVD oder der Fernsehsendung) oder Musik-Abonnementen zur jederzeitigen Wiedergabe (ohne Speicherung) von Musik aus grossen Katalogen nach Wahl des Nutzers. Solche Modelle können mittels technischer Massnahmen gesichert und abgerechnet werden (Art. 39a, dort N 2). Da sie dabei (teilweise) auf Nutzerhandlungen zugreifen, welche (genauer: deren vor-digitale Entsprechungen) vom herkömmlichen Urheberrecht unberührt bleiben konnten, waren diese Modelle während der Revision 2007 umstritten und sind es wohl weiterhin. Schliesslich hat die Revision 2007, nach Vorgabe der WIPO-Abkommen, die Ausschliesslichkeitsrechte des Urheberrechts flankierend, einen gewissen Rechtsschutz solcher technischer Massnahmen gegen Umgehung und damit gegen Missbrauch eingeführt (URG 39a N 1 ff.).

7   **Vervielfältigungsrecht** (lit. a): Vervielfältigung liegt vor bei jeder selbständigen, gegenständlichen *Fixierung* des Werks (**Werkexemplar** – so in URG Art. 10 Abs. 2 lit. a und b, Art. 12, 13 und Art. 67 Abs. 1 lit. d und e [siehe aber URG 19 Abs. 3] – und **Vervielfältigung**, soweit diese – etwa in URG Art. 19 Abs. 2, 24a – das Ergebnis des Vervielfältigungsvorgangs bezeichnet, sind Synonyme), welche unmittelbar oder mittelbar der *Wahrnehmung* des Werks durch die menschlichen Sinne dient oder diese in irgendeiner Weise (bspw. durch *Wiedergabe*) ermöglicht. Deshalb ist schon die Herstellung eines Drucksatzes oder eines Negativs eine Vervielfältigung. Dasselbe gilt für die Photographie eines künstlerischen Bauwerkes. In das Vervielfältigungsrecht wird auch durch Fixierungen des Werks in geänderter Form (URG Art. 11 Abs. 1 lit. a) oder Fixierungen von Werken zweiter Hand (lit. b) eingegriffen; so steht an einem Film auch dem Drehbuchautor und dem Komponisten der verwendeten Musik ein (selbständiges) Vervielfältigungsrecht zu (URG Art. 3 Abs. 4). Auch die Erstaufzeichnung eines nur in unkörperlicher Form (bspw. durch Vortrag oder Aufführung) dargebotenen Werkes ist eine Vervielfältigung. Keine Vervielfältigung ist die technische Wiedergabe des Werks (bspw. im Hintergrund eines Films oder einer Fotografie) in einer Weise, die die Wahrnehmung seiner prägenden Züge nicht mehr erlaubt (Unkenntlichkeit; N1), auch wenn sich aus den Umständen auf das Werk schliessen lässt. Siehe auch URG 67 N 12.

8   Vervielfältigung ist auch die Speicherung des Werkdatensatzes auf irgendeinem Datenträger und deshalb auch bereits seine Herstellung (z.B. durch Scannen). Auch wo dieser Datensatz in unkörperlicher Form – durch Informationsübermittlung (Sendung, Abruf) – bezogen wird, ist das für eine gewisse Dauer (auch nur vorübergehend) gespeicherte, selbst ungegenständliche Werk an körperliche Informationsträger gebunden. Die Frage nach *unkörperlichen Werkexemplaren* (Müller/Oertli/David, URG 67 N 13) stellt sich nicht. Vervielfältigung ist daher auch der Download aus dem Internet, ebenso der Upload, soweit nicht eine bereits bestehende Kopie nur freigegeben wird (Barrelet/Egloff, URG 10 N 12 m.w.N.). Mit der Revision 2007 gesetzlich geregelt (URG Art. 24a) ist die Vervielfältigung in Form der bei der Internet-

nutzung technisch notwendigen zwischenzeitlichen Speicherung von Daten im Arbeitsspeicher oder auf der Festplatte des Computers (Caching; s. URG 24a N 8).

9   Das **Verbreitungsrecht** des Urhebers (lit. b) betrifft das Zurverfügungstellen von Werkexemplaren ausserhalb der durch Schranken begünstigten Kreise (nicht also bspw. die Weitergabe eines Werkexemplars im privaten Kreis nach URG Art. 19 Abs. 1 lit. a). Dies kann durch Veräusserung (Eigentums-) und sonstige Verbreitung (Besitzwechsel) geschehen; darunter fällt auch das erstmalige Inverkehrsetzen durch blosse Gebrauchsüberlassung, bspw. Leihe (dazu URG 12 N 1). Dies geht nicht nur aus dem weiten Wortlaut der lit. b, sondern zudem aus URG Art. 12 Abs. 1 und ausdrücklich aus Abs. 1*bis* hervor (so auch Neff/Arn, SIWR II/2, S. 240; Semadeni, Thomas, Erschöpfungsgrundsatz im Urheberrecht, Bern 2004, s. 72 f.; a.M. unter Verweis auf Abs. 3 Barrelet/Egloff, URG 10 N 16; Müller/Oertli/Auf der Maur, URG 33 N 29; dazu URG 12 N 6 ff.). Die Befugnis, Werkexemplare *zu vermieten*, ist damit *Teil des Ausschliesslichkeitsrechts* – und erschöpft sich mit diesem bei der Veräusserung (URG Art. 12 Abs. 1; Semadeni, a.a.O). Hiernach besteht nur noch der gesetzliche Vergütungsanspruch aus URG Art. 13, als Ausnahme vom Erschöpfungsgrundsatz, fort (so Neff/Arn, a.a.O; im Ergebnis auch Müller/Oertli/Pfortmann, URG 12 N 4; a.M. Müller/Oertli/David, URG 67 N 17, Barrelet/Egloff, URG 12 N 16). Hingegen verletzt das Vermieten von Werkexemplaren, die *nicht mit Einwilligung* der Rechteinhaber in Verkehr gelangt sind, bspw. von Privatkopien, das Verbreitungsrecht ebenso, wie deren Veräusserung.

10 Um den Wirtschaftsverkehr nicht übermässig zu belasten, ist dem Urheber nur die Erstverbreitung an die Öffentlichkeit vorbehalten (dies allerdings in jeder Hinsicht: nach Ort, Art und Weise, Form usw.); hat er ein Werkexemplar veräussert, so sind die weiteren Verbreitungshandlungen gemäss dem Erschöpfungsgrundsatz frei (URG Art. 12 Abs. 1).

11 Wird kein Werkexemplar (N 6) weitergegeben, sondern nur der Inhalt *wieder*gegeben oder Information übermittelt und entgegengenommen, ist der Urheber über URG Art. 10 Abs. 2 lit. c und f geschützt. Keine Verbreitung (sondern Zugänglichmachen auf Abruf, lit. c) ist demnach die Bereitstellung von Werk- (oder Programm-)Datensätzen zum Download (Müller/Oertli/Auf der Maur, URG 33 N 30; a.M. Barrelet/Egloff, URG 10 N 16 m.w.N.). Die Kontroverse um eine (mit dem Verbleib der Vorlage beim Anbieter und dem Erschöpfungsgrundsatz unvereinbare) «unkörperliche Verbreitung» ist mit der Einführung des neuen Rechts obsolet. Das hat zur Folge, dass an derart entstandenen Kopien keine Erschöpfung eintritt, sofern nicht die (erste) Weitergabe vom Kopienhersteller an Dritte von der Einwilligung des Rechteinhabers gedeckt ist (URG 12 N 1 f.; so im Ergebnis auch Barrelet/Egloff, URG 12 N 16).

12 Das Verbreitungsrecht besteht unabhängig von der vom Endnutzer beabsichtigten *Verwendungsart*. Es ist also gleichgültig, ob der Nutzer das Werk zur privaten Unterhaltung, Belehrung oder zu beruflichen und wirtschaftlichen Zwecken benutzt. Ebenso irrelevant ist, ob der Verbreitende gewerbsmässig handelt (oder nicht) oder ob die Verbreitung entgeltlich (oder unentgeltlich) erfolgt. Im Verlagsvertrag wird meistens sowohl das Vervielfältigungs- als auch das Verbreitungsrecht übertragen, da der Verleger ja gegenüber dem Kunden als Händler auftritt. Unbeachtlich ist es schliesslich, wenn das Werkexemplar vom Nutzer selbst im Rahmen einer *Schrankenbestimmung*, etwa als *Privatkopie* (URG Art. 19 Abs. 1 lit. a) hergestellt werden durfte (dazu noch URG 12 N 2) oder wenn es nach der Weitergabe im Rahmen einer

13 Das **Vortragsrecht** des Urhebers (in **lit. c**) betrifft den öffentlichen Vortrag, d.h. die öffentliche Wiedergabe eines Sprachwerkes für das Ohr *im selben Raum* (Lesungen, Rezitationen). Der Vortrag wird nicht zur Sendung, einzig weil die Darbietung mittels technischer Hilfen (z.B. Mikrofon) wahrnehmbar gemacht wird (für die Übertragung der Werkwiedergabe an andere Orte s. sogleich unten N 11). Das Vortragsrecht verbleibt dem Urheber auch dann, wenn das Werk bereits veröffentlicht ist (insofern tritt also keine Erschöpfung ein).

Schranke, z.B. für den Schulgebrauch (URG Art. 19 Abs. 1 lit. b) genutzt werden soll, soweit nicht die Schranke selbst auch die Weitergabe zulässt (also für die Privatkopie nur im privaten Kreis; a. M. Müller/Oertli/David, URG 67 N 15).

14 Das **Aufführungsrecht** des Urhebers (in **lit. c**) betrifft szenische (bühnenmässige) oder musikalische (konzertmässige) Aufführungen. Diese Unterscheidung ist durch die Praxis begründet, da das konzertmässige sog. kleine Recht von der SUISA verwaltet wird, während das bühnenmässige Aufführungsrecht (das sog. grosse Recht) durch Bühnenverlage oder Bühnenvertriebe verwertet wird (URG Art. 40 Abs. 1lit a; dort N 11). Das Aufführungsrecht erstreckt sich auch auf Aufführungen mit Hilfe technischer Mittel, z.B. Jukebox in Gaststätten oder Tonbandmusik, zu welcher eine Balletttruppe tanzt (siehe auch OGer/TG sic! 1999, 404 «Kinderkarussell»). Darbietung eines Liedes in der Öffentlichkeit ist bezüglich der Musik Aufführung und bezüglich des Textes Vortrag (Werkverbindung). Der Volksgesang beim Wandern oder in Kirchen ist keine Aufführung, da jeder für sich singt, das Werk also nicht anderen darbietet.

15 **Vorführungsrecht** (in **lit. c**): Während die bühnenmässige **Aufführung** das bewegte Spiel für das Auge im Raum ist, erfolgt die **Vorführung** durch Wiedergabe für das Auge auf der Fläche (z.B. die Filmvorführung). Das Vorführungsrecht können auch die Urheber der in Bezug auf den Film vorbestehenden Werke geltend machen, denen gegenüber der Film ein Werk zweiter Hand ist (z.B. der Komponist der Filmmusik, der Verfasser des verfilmten Romans). Die öffentliche Vorführung von Sendungen (Zweitverwertung) ist jedoch in URG Art. 10 Abs. 2 lit. f gesondert geregelt.

16 Das Vortrags-, Aufführungs- und Vorführungsrecht sind nicht abschliessende Spielarten (vgl. bereits die Inkongruenz der Bedeutungen im deutschen und französischen Gesetzestext, dazu Barrelet/Egloff, URG 10 N 19) eines umfassenden Ausschliesslichkeitsrechts des Urhebers an **jeglicher unkörperlichen Wiedergabe** seines Werkes (**lit. c** und **lit. f**). Jede Wiedergabe eines Werkes (ausserhalb der Schranken dieses Rechts, namentlich URG Art. 19 Abs. 1 lit. a und b) bedarf der Einwilligung des Rechteinhabers. Unter das **Wiedergaberecht** des Urhebers fallen auch das **Übertragungsrecht** (ebenfalls in **lit. c**), d.h. das Recht, Vorträge, Aufführungen oder Vorführungen des Werkes mittels technischer Einrichtungen andernorts wahrnehmbar zu machen, zudem das Recht, **Sendungen und Weitersendungen** des Werkes **öffentlich wahrnehmbar zu machen** (**lit. f**). Bewilligungspflichtige Wiedergabe – sofern sie ausserhalb des privaten Kreises oder der Schulklasse (URG Art. 19 Abs. 1 lit. a, b) stattfindet – ist sowohl das *Abspielen* von Musik *von Tonträgern* (bspw. Background-Musik in Gaststätten, im Lift oder Wartesaal; das Recht wird von der SUISA wahrgenommen) oder von audiovisuellen Produktionen (bspw. auf öffentlichen Videobildschirmen; lit. c), als auch die Wiedergabe des laufenden *Radio- oder Fernsehprogramms* (lit. f; auch dieses Recht ist, zusammen mit jenem der Weitersendung, der Kollektivverwertung unterstellt, URG Art. 22

Abs. 1) und schliesslich mit der Revision 2007 neu auch die Wiedergabe *zugänglich gemachter* Werke, z.B. von Inhalten oder Downloads aus dem Internet über Bildschirme.

17 **Lit. c** enthält zudem das mit der Revision 2007 neu formulierte **Recht** zum Zugänglichmachen auf Abruf (das Recht, Werke **so zugänglich zu machen, dass Personen von Orten und zu Zeiten ihrer Wahl dazu Zugang haben,** «making available», untechnisch auch als «online-Recht» bezeichnet). Das Recht ist von grundlegender Bedeutung für die Verlagerung der Verbreitung, Übertragung und des Wahrnehmbarmachens von Werken in die unkörperlichen Wege über Telekommunikations- und Datennetzwerke und -verbindungen und dabei auf Abruf des Nutzers (N 6), und damit für das Urheberrecht im digitalen Zeitalter. Seine explizite Einführung folgt der Vorgabe der WIPO-Abkommen (WCT Art. 8 → Nr. 14, WPPT Art. 10, 14 → Nr. 15). Sie erlaubt u.a. eine dem Legitimations- und Bestimmtheitsgrundsatz genügende Begründung des Straftatbestands (URG Art. 67 Abs. 1 lit. g*bis*).

18 Der WIPO-Vorgabe gemäss, wird das Recht als Teil des breiter gefassten *Rechts der öffentlichen Wiedergabe (communication to the public*, engl. Fass. von WCT Art. 8*)* verstanden und wurde in lit. c eingefügt. Die Kontroverse darüber, ob es sich bei Download-Angeboten um einen Akt der Verbreitung handle (vgl. Barrelet/Egloff, URG 10 N 16 m.w.N.; URG 12 N 1), ist damit obsolet. Vom Senderecht (N 20 f.; s. auch URG 37 N 3) ist es schon im Hinblick auf die Transparenz des Rechtsverkehrs (Sendelizenzen) zu trennen: Nur der Übertragungsvorgang, der vom Sender laufend einseitig initiiert wird und simultan an eine unbestimmte Vielzahl von Nutzern gerichtet ist, unabhängig vom Empfang oder der Empfangsbereitschaft der Nutzer, ist Sendung, also «broadcast» (und untersteht zusätzlich dem RTVG); kann der Nutzer den Übertragungsvorgang unter Zugriff auf die Datenquelle (z.B. Website bzw. den Server) selbst in Gang setzen oder wird der Übertragungsvorgang sonstwie individuell ermöglicht, ist das Werk jedoch zugänglich gemacht.

19 Unter das Recht fällt jegliche Handlung, durch welche ein Werk auf Abruf des Nutzers von beliebigen Orten – in der heutigen Realität über Telekommunikationsverbindungen und Datennetzwerke – unmittelbar wahrnehmbar wird oder zur Speicherung und anschliessender Wahrnehmung bereitsteht. Dies ist sowohl der Upload in das Internet (mit oder ohne Download-Möglichkeit), als auch die Einspeisung und Freigabe in beliebige andere Datennetzwerke, bspw. firmeninterne Intranets (zum Verhältnis zur Schranke des URG Art. 19 Abs. 1 lit. c, dort N 27). Ein Werk macht selber zugänglich, wer ursächlich seine Verfügbarkeit über das Netzwerk ermöglicht (umstr. ist, ob die Verletzungsbehandlung andauert, solange dies nachfolgend beherrscht wird, d.h. wieder unterbunden werden könnte); nicht hingegen, wer auf ein zugänglich gemachtes Werk nur einen Link setzt, ohne den Zugang beeinflussen zu können. Auf *tatsächlichen* Abruf und Wahrnehmung kommt es nicht an. Das Zugänglichmachen unterliegt der Einwilligung der Rechteinhaber sowohl für den Serverstandort bzw. Ort der Upload-Handlung als auch für die Gebiete, in denen der Zugang möglich ist (vgl. Schricker/Katzenberger, vor §§120 ff. dUrhG, N 144 m.w.N.; anders beim Satelitensenderecht, N 22). Sonst könnte an Standorten mit schwachem Schutzrechtsstandard ein praktisch weltweites Nutzungsrecht beansprucht werden. Siehe auch URG 62 N 1, 67 N 6.

20 Unter das **Sende-** und **Weitersenderecht** des Urhebers (lit. d und e) fallen alle Arten der öffentlichen, gleichzeitig an eine unbestimmte Mehrzahl von Adressaten gerichtete Verbreitung (Übertragung) eines Werkes mit den Mitteln der Telekommunikation wie Radio, Fernse-

hen, Direktsatellitensendung, Videotext, Kabelfernsehen, unabhängig davon, ob sie sich herkömmlicher elektromagnetischer Wellenübertragung oder anderer Technologien bedient. Öffentlich ist auch die Ausstrahlung in codierter Form (wie z.B. Pay-TV), da diese gleichzeitig von einer unkontrollierbaren Zuschauerzahl mittels Decoder empfangen werden kann. Zu unterscheiden ist der – beiden Rechten zugrundeliegende – technische Vorgang der Sendung von der Frage, ob die gesendeten Programminhalte vom Veranlasser der Sendung selbst gestaltet, zusammengestellt oder in irgendeiner Weise geändert wurden (hierfür gilt das **Senderecht**; zum eigenen Schutzrecht des Sendeunternehmens an diesem Programm – dort als Weitersenderecht bezeichnet – s. URG Art. 37, dort N 7; Botschaft 1989, 552) oder ob sie von laufender Sendung eines anderen Sendeunternehmens empfangen und *unverändert* weitergesendet werden (dann das **Weitersenderecht**, mit URG Art. 22). Das Recht an der Weitersendung besteht auch im direkten Empfangsbereich der Erstsendung.

21 Sendung ist z.B. die Direktsatellitensendung, bei der das Programm von einer Bodenstation an den Satelliten ausgestrahlt wird und die Satellitensignale unmittelbar von Heimempfängern per Satellitenschüssel empfangen werden können. Auch die Aufschaltung von Videotext in der sog. Austastlücke des Fernsehens ist als (Rundfunk-)Sendung anzusehen. Ferner fällt nicht nur der Rundfunk, sondern auch die Sendung über Leitungen (Kabelfernsehen) unter das Senderecht nach lit. d. Gleich behandelt wird auch die Verteilung des Sendeguts durch geschlossene Kabelanlagen, wie eigene Verteileranlagen in Empfangseinrichtungen eines Gebäudekomplexes (Hotel, Krankenhaus, Altersheim, Gefängnis), da hier ein neuer Wiedergabeakt an einen unbestimmten Empfängerkreis erfolgt (s. aber URG Art. 22 Abs. 2, dort N 6). Sendung bzw. Weitersendung ist auch die Übertragung von Programmsignalen über das Internet, sofern sie linear in vorgegebenem, vom Nutzer nicht beeinflussbarem Programmablauf erfolgt (Meier, Dieter, Fernsehen: Neue Verbreitungsformen und ihre rechtliche Einordnung, in: sic! 2007, 557, 559).

22 Zur Ausstrahlung ist die Erlaubnis des Urhebers erforderlich. Der private Empfang ist dann urheberrechtlich frei. Keine Vergütung für *Urheberrechte,* sondern eine medienrechtlich begründete Gebühr für die Service-Public-Leistungen der Sendeunternehmen ist die Radio- und Fernsehgebühr (RTVG Art. 68). Bei der Direktsatellitensendung (dazu BGE 119 II 51 «CNN») ist die Frage, für welches Land es hier des Senderechts bedarf, nach dem Standort des Sendeunternehmens, nicht nach dem angesprochenen Empfängerpublikum zu entscheiden (so das EU-Recht, Richtlinie 93/83; ebenso Europäische Konvention über Urheber- und leistungsschutzrechtliche Fragen im Bereich des grenzüberschreitenden Rundfunks, Art 3 Abs. 1), s. auch URG Art. 22, 33 Abs. 2 lit. b und 37.

Zu Abs. 3

23 Bei **Computerprogrammen** bedeutet die rechtmässige Veräusserung von Programmexemplaren nicht, dass der Erwerber gemäss dem Erschöpfungsgrundsatz das Programm auch vermieten oder verleihen kann. Es besteht hier also ein selbständiges, vom allgemeinen Verbreitungsrecht unabhängiges **Vermiet- und Verleihrecht des Urhebers**, welches dessen Erschöpfung überdauert. Der Wortlaut des Gesetzestextes ist hier unvollständig, da nicht nur das Vermieten, sondern auch das Verleihen dem Urheber vorbehalten ist (Neff/Arn, SIWR II/1, 240 m.w.N.). Nur der Eigengebrauch und die Weiterveräusserung sind frei (siehe

URG Art. 12 Abs. 2). Zur Überlassung des Source-Codes s. BGE 125 III 263 = sic! 1999, 414 «Software-Lizenzvertrag II».

24 Nachdem heutzutage sehr viele potentielle Miet- oder Leihsachen Software enthalten, wie zum Beispiel Autos oder Mobiltelephone, ist klärend anzufügen, dass Abs. 3 nur Mietsachen erfasst, bei welchen die Eigenschaft als Computerprogramm im Vordergrund steht, wie DVD oder sonstige Datenträger, welche Betriebssysteme, Textverarbeitungsprogramme oder Spielesoftware («Computergames») enthalten.

25 Im Gegensatz zur EU hat es die Schweiz bisher unterlassen, ein nicht der Erschöpfung unterliegendes (s. oben N 9) exklusives Vermiet- und Verleihrecht zu Gunsten aller Werkkategorien einzuführen (Richtlinie 2006/115/EG zum Vermiet- und Verleihrecht → Nr. 19).

Art. 11 Werkintegrität

¹ Der Urheber oder die Urheberin hat das ausschliessliche Recht zu bestimmen;
a. ob, wann und wie das Werk geändert werden darf;
b. ob, wann und wie das Werk zur Schaffung eines Werks zweiter Hand verwendet oder in ein Sammelwerk aufgenommen werden darf.

² Selbst wenn eine Drittperson vertraglich oder gesetzlich befugt ist, das Werk zu ändern oder es zur Schaffung eines Werkes zweiter Hand zu verwenden, kann sich der Urheber oder die Urheberin jeder Entstellung des Werks widersetzen, die ihn oder sie in der Persönlichkeit verletzt.

³ Zulässig ist die Verwendung bestehender Werke zur Schaffung von Parodien oder mit ihnen vergleichbaren Abwandlungen des Werks.

1 Auch der Schutz der Werkintegrität ist ein Aspekt des **Urheberpersönlichkeitsrechts** (Vorbem. URG 9 N 1). Das Gesetz unterscheidet eine äussere (Abs. 1) und eine innere (Abs. 2) Sphäre. Letztere bildet einen unantastbaren, «harten» Kern (N 9 ff.; Barrelet/Egloff, URG 11 N 13), während Eingriffe in die äussere Sphäre durch Vertrag oder Gesetz erlaubt sein können (N 2 ff.). Der Schutz der Werkintegrität, namentlich deren äussere Sphäre, hat aber auch eine **vermögensrechtliche Komponente**, weil der Urheber rechtsgeschäftlich darüber verfügen und (gegen Entgelt) Eingriffe gestatten kann. Auch soll das dem Werk von dessen Schöpfer zugedachte Verwertungspotential nicht beeinträchtigt werden. Entsprechend sind die in Abs. 1 genannten Rechte auch der Zwangsvollstreckung zugänglich (URG Art. 18).

2 Der Urheber kann Eingriffe in die Werkintegrität gestatten und erlauben, dass sein Werk geändert (N 3), bearbeitet (N 7) oder in ein Sammelwerk aufgenommen wird (N 8). Die Erlaubnis kann ausdrücklich oder auch stillschweigend erteilt werden (OR Art. 1 Abs. 2; Botschaft 1989, 530) und mit Bedingungen und Auflagen versehen werden. Eine **stillschweigende Einwilligung** kommt vorwiegend hinsichtlich des Änderungsrechts in Betracht, v.a. bei Verträgen über die Lizenzierung oder Übertragung von Nutzungsrechten. Sie bezieht sich auf Änderungen, die im entsprechenden Verkehrskreis üblich sind und die Nutzung im üblichen Rahmen ermöglichen (z.B. Streichung oder Änderungen am Text eines Bühnenwerkes oder eines Drehbuches durch den Regisseur, Kürzung einer Zeitungskolumne aus drucktech-

nischen Gründen, Kürzung von Musik zur Verwendung im Film [zum Synchronisationsrecht s. URG 7 N 6]). Dies ergibt sich aus dem vertragsrechtlichen Vertrauensprinzip (grundlegend BK-Kramer/Schmidlin, OR 1 N 37 ff. Der Grad der vom Urheber zu duldenden Änderungen bestimmt sich nach dem **Vertragszweck** (Cour de Justice/GE ACJC/1210/2005 vom 14.10.2005, E. 6.1 «Guide de voyage», unerlaubte Verletzung der Werkintegrität bejaht).

3   Insbesondere im **Arbeitsverhältnis** (aber auch im Auftrags- oder Werkvertragsverhältnis) ist der Arbeitgeber zu weitgehenden Änderungen des Werkes oder Werktitels befugt. Die Grenze des Änderungsrechts des Arbeitgebers bestimmt sich auch hier durch den Vertragszweck. Im Zweifel wird man dem Arbeitgeber als demjenigen, der das wirtschaftliche Risiko des Werkschaffens trägt, auch die letzte Entscheidung darüber belassen müssen, ob ihm die Änderung für die wirtschaftliche Verwertung im vorausgesetzten Rahmen nützlich erscheint oder nicht. Der Arbeitgeber ist auch berechtigt, begonnene Werke eines Arbeitnehmers durch andere fortführen bzw. vollenden zu lassen, was urheberrechtlich eine Bearbeitung ist.

4   Eingriffe in die Werkintegrität können nicht nur durch Vertrag, sondern auch durch das **Gesetz** erlaubt sein. Zu nennen sind v.a. die gesetzliche Erlaubnis zur Änderung ausgeführter Werke der Baukunst (URG Art. 12 Abs. 3), das Zitatrecht (URG Art. 25) oder das Recht zur Schaffung von Parodien (URG Art. 11 Abs. 3, N 13). Gesetzlich erlaubt ist ferner die Werkverwendung in geänderter oder bearbeiteter Form zum Eigengebrauch (URG Art. 19 Abs. 1, dort N 20, 24).

5   Keinen Schutz bietet URG Art. 11 vor der **Zerstörung eines Werkexemplars**. Falls es sich um ein Originalwerk handelt, kann dieser Vorgang aber unter URG Art. 15 fallen.

Zu Abs. 1

6   Das **Änderungsrecht (lit. a)** ermöglicht dem Urheber die alleinige Entscheidungsbefugnis, in welcher Gestalt sein Werk an die Öffentlichkeit tritt (zur Abgrenzung von der Bearbeitung s. URG 3 N 1). Es schützt aber auch sein vermögensrechtliches Interesse an einer unveränderten Präsentation des von ihm zur Verwertung freigegebenen Werkes (Schricker/Dietz, dUrhG § 39 N 2). Eine Ausnahme von dieser Regel sieht URG Art. 12 Abs. 3 vor: Der Eigentümer eines ausgeführten Werkes der Baukunst ist berechtigt, das Bauwerk innerhalb der Grenzen von URG Art. 11 Abs. 2 zu verändern (dazu näher BGer GRUR Int. 1995, 989).

7   Das **Bearbeitungsrecht (lit. b)**, d.h. das Recht zur Schaffung eines Werkes zweiter Hand, gibt dem Urheber die alleinige Entscheidungsbefugnis, ob auf Grundlage seines Werkes ein neues Werk mit individuellem Charakter entstehen soll (URG 3 N 1b). Im Fall der Verwendung von vorbestehender Musik für ein audiovisuelles Werk spricht man von Synchronisationsrecht (die gleiche Handlung betrifft nota bene auch das Vervielfältigungsrecht, BGer 2A.288/2002 vom 24.03.2003, E. 3.3 «Tarif VN» = sic! 2003, 699; vgl. dazu URG 7 N 6).

8   Schliesslich hat der Urheber das ausschliessliche Recht, über die **Aufnahme seines Werkes in ein Sammelwerk (lit. b)** zu entscheiden (URG Art. 4). Der persönlichkeitsrechtliche Aspekt dieser Werkverwendung liegt nicht in der Änderung des Inhaltes oder der Form, sondern in der Schaffung eines neuen inhaltlichen Kontextes zu anderen Werken.

Zu Abs. 2

9   Auch wer vertraglich oder gesetzlich (N 1–4) zur Änderung, Bearbeitung oder Aufnahme in ein Sammelwerk befugt ist, hat gleichwohl persönlichkeitsverletzende **Entstellungen** zu unterlassen (BGE 131 III 480 E. 4.2 «Schweizerzeit», Persönlichkeitsverletzung durch Zitat verneint; OGer/ZH 14.11.2002 E. 4b «Marta's Song» = sic! 2003, 320, Verletzung verneint). Für die Grenzziehung zwischen erlaubter Änderung bzw. Bearbeitung und unerlaubter Entstellung gibt es keine absoluten Kriterien. Eine Entstellung ist nicht leichthin anhand der Empfindung des konkreten Urhebers anzunehmen, sondern es ist ein möglichst objektiver Massstab anzulegen (BGE a.a.O.). Zu berücksichtigen sind im Einzelfall die Natur und der Charakter des Werkes sowie die Frage, inwiefern das Werk Ausdruck der Urheberpersönlichkeit ist (Cour de Justice/GE, zit. in N 2). Bei einem Bühnenstück wird dies bspw. viel stärker der Fall sein als bei einem Lehrbuch, das in wesentlich geringerem Masse Ausdruck der Persönlichkeit seines Autors ist. Hat der Urheber aber einem *bestimmten* Eingriff in die Werkintegrität zugestimmt (was ggf. mittels Auslegung nach Vertrauensprinzip zu ermitteln ist), steht Absatz 2 der Rechtmässigkeit dieses Eingriffes nicht entgegen (Botschaft 1989, 530), selbst wenn es sich dabei objektiv um eine Entstellung handelt.

10 Auch ohne ausdrückliche Erwähnung gilt Absatz 2 auch für die **Aufnahme eines Werkes in ein Sammelwerk** (gl.M. Barrelet/Egloff, URG 11 N 15).

11 Begriff der **Entstellung bei Bauwerken**: Man unterscheidet direkte (Veränderungen der Form des Bauwerks) und indirekte Eingriffe (Veränderungen im Umfeld des Bauwerkes). Bei letzteren liegt eine Entstellung erst vor, wenn der Zweitschaffende durch sein Schaffen den Ausdruck des vorbestehenden Werks in krasser Weise verfälscht und dabei sein Urheberrecht geradezu in «moralischer Unredlichkeit» ausübt (BGE 120 II 65 ff., E. 8b). Ein direkter Eingriff kann dagegen schon ohne das qualifizierende Element der Unredlichkeit eine entstellende Wirkung haben (BGer sic! 1997, 381 «Wandbilder»).

12 Zur **Durchsetzung des Enstellungsverbotes** stehen dem Urheber die Unterlassungs- bzw. die Feststellungsklage nach URG Art. 61 f. zur Verfügung. In manchen Fällen wird er es aber vorziehen, dem Verletzer lediglich zu untersagen, ihn als Urheber des entstellten Werkes zu nennen («negatives Nennungsrecht», URG 9 N 7). Dieses Vorgehen birgt den Vorteil, dass der Urheber nicht die Vergütungsansprüche aus der Werkverwertung verliert.

Zu Abs. 3

13 Ausdrücklich genannt wird im Wortlaut nur die Parodie. Aus der Botschaft 1989, 530, geht aber hervor, dass durch diese Bestimmung allgemein alle Arten von Satire frei ermöglicht werden sollen (vgl. Dessemontet, SIWR II/1, 212). Parodie ist eine von Humor geprägte Meinungsäusserung zum Originalwerk (zum Zwecke der Kritik wird ein unpassender Inhalt in der äusseren Form des Originalwerkes wiedergegeben). **Parodien sind stets Bearbeitungen**, denn sie leben von der Wiedergabe der wesentlichen Züge des parodierten Werkes (URG 3 N 1d). Die Veröffentlichung einer Parodie bedarf keiner Bewilligung des Originalurhebers, darf aber dessen Werk nicht böswillig entstellen (URG Art. 11 Abs. 2; N 9).

14 Parodien vergleichbare Abwandlungen sind andere satirische Kunstformen, namentlich die **Travestie**. Als Travestie bezeichnet man die komisch-satirische Wiedergabe des Inhalts

15 Die sog. «Parodiefreiheit» bildet eine **Schranke des Urheberrechts** und gehörte deshalb dogmatisch-systematisch in das 5. Kapitel des URG, weshalb die Grundsätze der Schrankenbestimmungen auch auf die Parodiefreiheit Anwendung finden und insbesondere zur Auslegung beizuziehen sind (Vorbem. URG 19 N 5 ff.). So darf eine Parodie, um als solche zu gelten und in den Genuss der Schutzausnahme zu gelangen, namentlich nicht die normale Verwertung des Originalwerkes beeinträchtigen (im Ergebnis gleich Dessemontet, SIWR II/1, 214 f., und Barrelet/Egloff, URG 11 N 17). Dies bedeutet u.a., dass die Parodie grundsätzlich auch zum **Zweck der Werbung** eingesetzt werden, aber andererseits nicht zu Verwechslungen mit dem Originalwerk führen darf, wodurch dessen Marktposition geschmälert würde.

2. Abschnitt: Verhältnis der Urheberschaft zum Eigentum am Werkexemplar

Art. 12   Erschöpfungsgrundsatz

[1] Hat ein Urheber oder eine Urheberin ein Werkexemplar veräussert oder der Veräusserung zugestimmt, so darf dieses weiterveräussert oder sonst wie verbreitet werden.

[1bis] Exemplare von audiovisuellen Werken dürfen so lange nicht weiterveräussert oder vermietet werden, als der Urheber oder die Urheberin dadurch in der Ausübung des Aufführungsrechts (Art. 10 Abs. 2 Bst. c) beeinträchtigt wird.[1]

[2] Hat ein Urheber oder eine Urheberin ein Computerprogramm veräussert oder der Veräusserung zugestimmt, so darf dieses gebraucht oder weiterveräussert werden.

[3] Ausgeführte Werke der Baukunst dürfen vom Eigentümer oder von der Eigentümerin geändert werden; vorbehalten bleibt Artikel 11 Absatz 2.

Zu Abs. 1

1   Der **Erschöpfungsgrundsatz** besagt, dass die Weiterverbreitung eines bereits veräusserten Werkexemplars urheberrechtlich frei ist. Dies rechtfertigt sich einerseits durch die Erwägung, dass der Verkehr nicht ungebührlich behindert werden soll, andererseits durch den Gedanken, dass dem Urheber für die Heranbringung des Werkes an den privaten Verbraucher keine mehrfache Vergütung gebührt. Das Recht, Ort, Umfang, Art und Weise der Erstverbeitung (URG 10 N 9f.) umfassend zu bestimmen, bleibt unberührt. *Nur die Veräusserung*, d.h. die Übertragung des Eigentums, bewirkt die Erschöpfung; nicht also die Leihe, Vermietung o.ä. (Müller/Oertli/Pfortmüller, URG 12 N 3) Die Veräusserung muss, soll sich das Verbreitungs-

---

[1]   Eingefügt durch Art. 36 Ziff. 3 des Filmgesetzes vom 14. Dez. 2001 (SR 443.1). Fassung gemäss Ziff. II des BG vom 20. Juni 2003, in Kraft seit 1. April 2004 (AS 2004 1385 1390; BBl 2002 2022 5506).

recht erschöpfen, *mit Zustimmung des zur Verbreitung Berechtigten* geschehen sein. Mit dem Veräusserungsvorgang geht das Verbreitungsrecht nicht auf den Erwerber über (a.M. Barrelet/Egloff, URG 12 N 1), sondern es erlischt («erschöpft sich»). *Nur das Verbreitungsrecht* unterliegt der Erschöpfung (URG 10 Abs. 2 lit. b; dort N 9), nicht dagegen die unkörperliche Werkwiedergabe wie z.B. beim Senden (lit. d) oder beim Zugänglichmachen auf Abruf (lit. c; vgl. die ausdrückliche Klärung in EU-Richtlinie 2001/29, Art. 4 Abs. 2 → Nr. 18). Daher tritt *keine Erschöpfung an im Internet zugänglich gemachten Werken* ein, weswegen deren weiterer Upload oder aber (ausserhalb der Schranken) die Vervielfältigung und Verbreitung durch Dritte dieses Recht verletzt (zum so genannten «Online-Vertrieb» s. N 2). Der Erschöpfungsgrundsatz gilt auch für die Rechte der ausübenden Künstler, der Hersteller von Ton- und Tonbildträgern und der Sendeunternehmen an Exemplaren ihrer geschützten Leistung (URG Art. 38).

2 Die Erschöpfung trifft zudem nur die konkreten, mit der Einwilligung der Rechteinhaber in Verkehr gesetzten **Exemplare**, *nicht also* andere – legal oder illegal angefertigte – Vervielfältigungsstücke desselben Werks. Sie gilt insbesondere nicht für Werkkopien, die im Rahmen einer Schrankenbestimmung, bspw. als Privatkopie (URG Art. 19 Abs. 1 lit. a) hergestellt wurden. Solche Kopien dürfen prinzipiell nur im Rahmen der betreffenden Schrankenbestimmung verwendet werden. Auch wo eine *Schrankenbestimmung* ihrerseits eine begrenzte Verbreitung erlaubt (bspw. die *Privatkopie* im persönlichen Bereich und im privaten Kreis, die Schulkopie in der Klasse, die Kopie für Menschen mit Behinderungen, URG Art. 24c Abs. 3), unterliegt diese nicht der Erschöpfung (Müller/Oertli/Pfortmann, URG 12 N 9): Ihre Veräusserung oder sonstige Weitergabe über den Rahmen der Schranke hinaus *verletzt das Verbreitungsrecht*. Insbesondere bedarf die Weitergabe der aus einem Download – sei es mit Einwilligung der Rechteinhaber im Rahmen einer Schranke – angefertigten Kopien wiederum der Einwilligung der Rechteinhaber (a.M. Barrelet/Egloff, URG 12 N 2 m.w.N.). Nur wenn und soweit mit dem Zugänglichmachen des Werks ausdrücklich oder implizit die Einwilligung des Rechteinhabers in die Herstellung *und Weitergabe* einer Werkkopie verbunden ist, kann auf das vom Nutzer selbst erstellte Werkexemplar der Erschöpfungsgrundsatz *entsprechend* angewandt werden (zu weit Barrelet/Egloff, a.a.O., und die dort zitierten Auffassungen). Dies wird regelmässig der Fall sein, wo die Bereitstellung eines Datensatzes zum Download als Substitut für den Erwerb einer physischen Kopie konzipiert ist («Online-Vertrieb», «Download-to-own»; URG 19 N 37 und 20 N 2), nicht aber, wo nur eine (zeitlich oder anderweitig) beschränkte Nutzung («Download-to-use», virtuelle Miete) vorgesehen ist (rechtlich durch vertragliche Vereinbarung, technisch durch DRM implementiert) oder wo der Nutzungsrahmen durch eine Schrankenbestimmung definiert ist.

3 In der Schweiz gilt das Prinzip der **weltweiten (internationalen) Erschöpfung**: Hiernach wird das Erschöpfungsprinzip ohne Rücksicht auf verschiedene Staaten, Rechtsordnungen, Verbreitungs- und Lizenzgebiete angewandt: Ist ein Werkexemplar an einem beliebigen Ort der Welt mit Einwilligung der Rechteinhaber, sei es auch nur unter einer territorial beschränkten Lizenz, in Verkehr gesetzt worden, darf es auch in der Schweiz gehandelt werden, ohne dass hiergegen das Verbreitungsrecht geltend gemacht werden könnte. Das Gesetz enthält keine einschlägige Bestimmung. Die Lücke hat das Bundesgericht (BGE 124 III 321 «Nintendo» = sic! 1998, 569), gestützt u.a. auf die wechselhafte Entstehungsgeschichte der

Norm, zu füllen versucht (m.w.N. dazu Barrelet/Egloff, URG 12 N 2). Im Rechtsvergleich ist dies ein Sonderfall: In der EU gilt lediglich die gemeinschaftsweite (ursprünglich überwiegend *nationale)* Erschöpfung, wonach nur die im betreffenden Gebiet mit Einwilligung der Rechteinhaber in Verkehr gebrachten Exemplare weiterverbreitet werden dürfen (EU-Richtlinie 2006/115 → Nr. 19, Art. 9 Abs. 2; bspw. § 17 Abs. 2 dUrhG; s. URG 75 N 2). In der Schweiz verbreitete Werkexemplare machen daher bereits an der EU-Aussengrenze halt; aus der EU können jedoch unbeschränkt Werkexemplare in die Schweiz exportiert werden. In den USA ist die internationale Erschöpfung (*first sale doctrine*, US Copyright Law § 109a) durch ein explizites Importverbot flankiert (US Copyright Law § 602a). In der Schweiz selbst gilt, abweichend vom Urheberrecht, im Patentrecht die nationale Erschöpfung (BGE 126 III 129; vgl. HGer. ZH sic! 1999, 138 «Kodak» und BGer. sic! 2000, 201 «Kodak II»).

4 Anders als andere Immaterialgüterrechte, welche aufgrund einer schützenswerten Leistung (Erfindung, Markenaufbau) dem Rechteinhaber ein Monopol über den Handel und Gebrauch eigentlicher Waren und Dienstleistungen gewähren, dient das Urheberrecht dazu, das Werk als rein geistiges, ubiquitäres Schaffensprodukt überhaupt erst verkehrsfähig zu machen (dies verkennt im Ergebnis BGE 124 III 321, E. 2.c). Die Verwertung von Werken bedarf des Zusammenspiels der Ausschliesslichkeitsrechte der Urheber, wobei das Verbreitungsrecht nur ein Element unter vielen, etwa dem Vorführungs- oder Aufführungsrecht oder dem Senderecht, ist (zur Auswertungskaskade bei Filmen s. N 6). Zudem sind geistige Werke, anders als technische oder Handelsgüter, nicht ohne weiteres weltweit vermarktbar; die Möglichkeiten ihrer Finanzierung und Verwertung sind in besonderem Masse an Sprachen und Kulturen gebunden, was sich in der Aufteilung der Verwertungsrechte nach Verwertungsgebieten, meist in Händen lokaler (darunter Schweizer) Unternehmen, widerspiegelt. Selbst innerhalb des Erschöpfungsgebiets der EU bilden Sprachgrenzen natürliche, unterscheidbare Verwertungsmärkte, während Schweizer Verwerter ihren Markt von den grossen Nachbarmärkten nicht abgrenzen können und tendenziell in Abhängigkeit von diesen geraten.

5 Das **Folgerecht** (droit de suite) – d.h. der Anspruch bildender Künstler auf einen bestimmten Anteil am Verkaufserlös beim Weiterverkauf ihrer Werke, eine Ausnahme vom Erschöpfungsgrundsatz –, wie es ausländische Rechtsordnungen kennen (EU-Folgerechts-Richtlinie 2001/84/EG), wurde bereits mit der Einführung des URG (AmtlBull NR 1992 23ff. und AmtlBull StR 1992 373ff.) und erneut mit der Revision 2007 (Botschaft 2006, 3406 ff.) verworfen.

Zu Abs. 1bis

6 Mit Abs. 1*bis* wurde versucht, den Nachteilen der Werkverwertung zufolge der internationalen Erschöpfung immerhin in einem sensiblen Teilbereich des Zusammenspiels der Verwertungsrechte abzuhelfen: Dem Schutz der sogenannten Verwertungskaskade bei Filmen und anderen audiovisuellen Werken (BGE 133 III 273, E. 3.2.1). Deren Auswertung und Finanzierung beruht auf – territorial versetzter – Abfolge der Erstauswertung in exklusiven «Fenstern» nacheinander im Kino und erst anschliessend auf Bild-Ton-Trägern für den privaten Gebrauch (Home Entertainment), über Datennetzwerke («Video-on-Demand») und durch Fernsehsendung. Dem Bedürfnis, die Auswertungsmöglichkeiten im Kino (und die Kinokultur, die mit Art. 17 ff. FiG → Nr. 8 – Angebotsvielfalt – eine bundesrechtliche Vorgabe ist) nicht

durch vorzeitige Importe von Bild-Tonträgern aus dem Ausland (bspw. dem französischsprachigen Kanada) zu beeinträchtigen, war der Gesetzgeber bei der Neufassung des Filmgesetzes durch die uneingeschränkte Einführung des Prinzips der nationalen Erschöpfung für audiovisuelle Werke nachgekommen (Fassung des URG gem. FiG vom 14.12.2001; BGE 133 III 273, E. 3.2.2). Die aus kartellrechtlicher Sicht als zu weitgehend empfundene Bestimmung wurde mit der Revision des KartG (URG i.d.F. vom 01.04.2004, AmtlBull NR 2003 832 ff.) auf die Dauer der Beeinträchtigung des Vorführrechts beschränkt.

7 Materiellrechtlich handelt es sich nicht um ein selbständiges Schutzrecht, sondern um eine (nunmehr befristete) Ausnahme von der Erschöpfung (BGE 133 III 273, E. 3.2.4; a.M. offenbar BGer. 4A 142/07 v. 26.09.2007, in: sic!2008, 200, E. 5.2, wo aus dem auf dem Schutz des Vorführungsrechts vor Beeinträchtigung durch Verbreitungshandlungen, wie ihn Abs. 1*bis* bezweckt, auf die Verletzung des ersteren gefolgert wird). Solange die Rechteinhaber durch den Vertrieb oder die Vermietung von Bild-Tonträgern des Films in der Ausübung des *Aufführungsrechts* beeinträchtigt werden, bleibt das *Verbreitungsrecht* auch nach Erstveräusserung durchsetzbar. Widerhandlungen gegen Art. 12 Abs. 1*bis* verletzen somit das Verbreitungsrecht und sind, neben zivilrechtlichen Rechtsbehelfen, strafbar nach URG Art. 67 Abs. 1 lit. f.

8 Nur audiovisuelle Werke, die für eine Kinoauswertung vorgesehen sind (BGE 133 III 273, E. 3.2.2 f., 3.3) geniessen den Kaskadenschutz des Abs. 1*bis*. Auf die Produktionsumstände oder den Zeitpunkt der Entschliessung zur Kinoauswertung kommt es nicht an, wie der Kinoerfolg ursprünglicher TV-Produktionen wie «Die Herbstzeitlosen» (Schweizer Fernsehen 2006/7) zeigt. Grundsätzlich ist die Beeinträchtigung bis zum tatsächlichen Ende der Kinoauswertung anzunehmen, wobei die Kinoauswertung auch kurzfristige Unterbrüche aufgrund von Verfügbarkeitsengpässen von ein oder zwei Wochen aufweisen kann; der Zeitraum der Fortgeltung des Verbreitungsrechts folgt daher dieser vom Rechteinhaber angesetzten, dem Kinoerfolg ggf. angepassten tatsächlichen Dauer der Kinoauswertung, die auf der Datenbank des Branchenverbandes Cinésuisse oder auf filmdistribution.ch einsehbar ist. Der Schutz des Abs. 1*bis* beschränkt sich – ungeachtet ihrer Dauer – auf diese Kino-Erstauswertung; er kann nach ihrem Ende nicht im Hinblick auf spätere Wiederaufführungen erstreckt werden. Auch Vorführungen in besonderem Rahmen (bspw. Filmclubs) begründen allein den Schutz nicht; indessen kann es – schon wegen der geringen Grösse des Kinomarkts und des gesetzgeberischen Zwecks der Angebotsvielfalt (N 6) – auf die Zahl der bespielten Leinwände nicht ankommen. Die Beeinträchtigung – und damit der Schutz – besteht grundsätzlich für jede Sprachregion, in welcher der Film sich in der Kinoauswertung befindet oder für diese vorgesehen ist, gesondert (AmtlBull NR 2003 833; AmtlBull StR 2003 498).

Zu Abs. 2

9 Abs. 2 enthält eine der Sonderbestimmungen zum Rechtsschutz für Computerprogramme (URG 2 N 17 ff.). Der zulässige Gebrauch eines Computerprogramms ist detailliert in URV Art. 17 Abs. 1 → Nr. 2 umschrieben, hierin den Vorgaben der Softwarerichtlinie (91/250/EWG) folgend, die Vorbild auch der Gesetzesbestimmung war. Danach sind bei *der bestimmungsgemässen Verwendung* des Programms dessen Laden, Anzeigen, Ablaufen, Übertragen oder Speichern, mithin auch die in diesem Rahmen erforderliche Vervielfältigung,

durch den rechtmässigen Erwerber (URV Art. 17 Abs. 1 lit. a) sowie, gleichfalls nur im Rahmen der bestimmungsgemässen Verwendung, die Beobachtung seiner Funktion, seine Untersuchung oder sein Test zur Ermittlung der einem Programmelement zugrundeliegenden Ideen und Grundsätze (lit. b) erlaubt. Der zulässige Gebrauch richtet sich demnach weitgehend nach seiner (regelmässig) vertraglichen Bestimmung. Eine Befugnis zur eigenmächtigen Fehlerbehebung soll nach verbreiteter Auffassung (Müller/Oertli/Pfortmüller URG 12 N 18 m.w.N.) auch in Ermangelung einer ausdrücklichen Bestimmung bestehen. Soweit URG Art. 12 Abs. 2 die **Weiterveräusserung** des Programms erlaubt, unterliegen der Erschöpfung auch hierbei nur die Veräusserung und Weiterveräusserung in Form physischer Träger (so § 69c Ziff. 3 dUrhG), weil die Erschöpfung nur das Verbreitungsrecht erfasst. Die früher umstrittene Frage, ob auch das Zugänglichmachen von Werk- oder Programmdaten zum Zweck der Speicherung und des Gebrauchs, d.h. ihrer blossen Mitteilung, anstelle der Veräusserung oder Weitergabe eines physischen Datenträgers ein Fall der Verbreitung sei (Neff/Arn, SIWR II/2, 248 m.w.N.), ist mit der Einführung des ausdrücklichen Ausschliesslichkeitsrechts in URG Art. 10 Abs. 2 lit. c, letzte Variante, obsolet (N 1). Auch insofern gilt das zuvor (N 2) Gesagte: Die Befugnis zur Weitergabe (stets ohne Rückbehalt einer gebrauchsfähigen Kopie) der selbst verfertigten Programmkopie setzt die Einwilligung der Rechteinhaber voraus, die nur beim «Online-Vertrieb», welcher den physischen Vertrieb substituiert, regelmässig vorliegen wird und dann auch die Erschöpfung des (Weiter-)Verbreitungsrechts begründet (Art. 19 Abs. 4 N 38, 24 Abs. 2 N 7). Insbesondere das Vermieten und Verleihen von Programmen, welche den Urhebern als eigenständige Befugnisse vorbehalten sind (URG Art. 10 Abs. 3), fallen nicht darunter (URG 2 N 19). Die Privatkopie ist mit Ausnahme einer Sicherungskopie unzulässig (URG Art. 19 Abs. 4, 24 Abs. 2).

Zu Abs. 3

10 Abs. 3 weist zum Erschöpfungsgrundsatz keinen Bezug auf; systematisch regelt er eine an das Eigentum (URG Art. 16 Abs. 3) gebundene Beschränkung des Änderungsrechts (URG Art. 11 Abs. 1). Vgl. hierzu die Fälle «Bahnhof-Neubau Luzern» (GRURInt. 1992, 233ff.) und «Schulhaus Rapperswil/Jona» (AmtlBull NR 1992 15). «Der Eigentümer ist nicht mehr dazu verpflichtet, den individuellen Charakter des Bauwerks zu bewahren. Der Urheber kann sich somit nur Änderungen widersetzen, die zu einer Verstümmelung, Entstellung oder anderen schweren Beeinträchtigungen des Werks führen und ihn in seiner Persönlichkeit verletzen» (Botschaft 1989, 531 f.). Als Regel gilt für ausgeführte Werke der Baukunst also die Veränderbarkeit (BGE 120 II 65 E. 8 «ETH-Fall»). Dem URG unterstehen im Übrigen bei Bauten «nur schöpferische, individuelle Leistungen, die den Schutz des Gesetzes in Anspruch nehmen können» (AmtlBull StR 1991 102).

Art. 13 Vermieten von Werkexemplaren

¹ Wer Werkexemplare der Literatur und Kunst vermietet oder sonst wie gegen Entgelt zur Verfügung stellt, schuldet dem Urheber oder der Urheberin hiefür eine Vergütung.

² Keine Vergütungspflicht besteht bei:

a. Werken der Baukunst;
b. Werkexemplaren der angewandten Kunst;
c. Werkexemplaren, die für eine vertraglich vereinbarte Nutzung von Urheberrechten vermietet oder ausgeliehen werden.

3 Die Vergütungsansprüche können nur von zugelassenen Verwertungsgesellschaften (Art. 40 ff.) geltend gemacht werden.

4 Dieser Artikel findet keine Anwendung auf Computerprogramme. Das ausschliessliche Recht nach Artikel 10 Absatz 3 bleibt vorbehalten.

Zu Abs. 1

1   Ein ausschliessliches **Recht auf Vermietung** von Werkexemplaren steht dem Urheber nur bei Computerprogrammen zu (dazu sogleich N 8 sowie URG Art. 10 Abs. 3). Für alle übrigen Werkarten gilt der Erschöpfungsgrundsatz (URG Art. 12 Abs. 1). Wer also Werkexemplare rechtmässig erworben hat, kann diese ohne Erlaubnis des Urhebers auch vermieten oder sonstwie anderen entgeltlich zur Verfügung stellen (schuldet dem Urheber jedoch eine Vergütung, dazu sogleich N 3, 7). Dies im Gegensatz zur EU, welche das Vermietrecht als absolutes Recht der Urheber vorsieht (Art. 3 Richtlinie 2006/115/EG → Nr. 19).

2   Eine **«Vermietung»** ist die entgeltliche Gebrauchüberlassung i.S.v. OR Art. 253 ff., was die Besitzübertragung eines körperlichen Werkexemplars voraussetzt (vgl. hierzu Barrelet/Egloff, URG 13 N 3 f.). Nicht tatbestandsmässig – wenngleich wirtschaftlich mit einer herkömmlichen Videothek vergleichbar – ist deshalb der Betrieb einer «virtuellen Videothek» im Internet, bei der bspw. eine Videodatei per Download durch den Kunden vervielfältigt wird und sich nach einer gewissen Zeit durch technische Massnahmen (DRMS, URG 19 N 2) automatisch löscht. Ebenfalls nicht tatbestandsmässig ist die Variante, bei welcher dem Kunden gegen Entgelt die Möglichkeit gegeben wird, sich eine Videodatei während einer gewissen Zeit per Streaming anzusehen, ohne dass eine Vervielfältigung stattfindet. Es handelt sich in beiden Fällen vielmehr um eine Form des Zugänglichmachens (URG 10 N 17 ff.). Bei der Formulierung **«Werkexemplare der Literatur und Kunst»** handelt es sich um eine Verdeutlichung in Anlehnung an den Werkbegriff in URG Art. 2 Abs. 1.

3   Das entgeltliche Zurverfügungstellen von Werkexemplaren der Literatur und Kunst löst einen Vergütungsanspruch aus (**Vermietungstantieme**). Die für den Vergütungsanspruch manchmal verwendete Bezeichnung Ausleihtantieme ist missverständlich, da Leihe nach OR Art. 305 unentgeltlich ist. Die Bibliotheken bleiben für das (unentgeltliche) Ausleihen von Werkexemplaren von einer Vergütungspflicht befreit. Namentlich bei der Beratung zum URG 1992 wurde die Einführung einer Bibliothekstantieme heiss diskutiert (Botschaft 1989, 532). Es wurde damals aber genauso darauf verzichtet, wie bei der jüngsten Revision (Botschaft 2006, 3407).

4   Bei der Vergütung handelt es sich um eine periodische Leistung mit fünfjähriger Verjährungsfrist i.S.v. OR Art. 128 Ziff. 1 und nicht etwa um einen deliktsrechtlichen Anspruch, denn die Nutzung des bereits verbreiteten Werks auf dem Weg der Vermietung ist erlaubt (BGE 124 III 370 E.3 «Vidéothèque»).

Zu Abs. 2

5 Bei **Werken der Baukunst und der angewandten Kunst (lit. a und b)** steht «die Verwendung des materiellen Gutes (Haus, Gebrauchsgegenstand) gegenüber der Nutzung des urheberrechtlich geschützten Werks im Vordergrund» (Botschaft 1989, 532).

6 **Litera c** «kommt vor allem dem **Filmverleiher** zugute, der dem Kinobesitzer eine Filmkopie zur Verfügung stellt, damit dieser mit seiner auf den Urheber zurückgehenden Einwilligung den Film vorführen kann. Der Verleiher steht seinerseits in vertraglicher Beziehung zum Produzenten und dieser zum Urheber. Diese Inhaber von Urheberrechten haben die Kinoauswertung des Films untereinander unter Einschluss der Abgeltung für Überlassung des Werkexemplars vertraglich geregelt. Deshalb hat eine zusätzliche gesetzliche Vergütung hier keinen Platz. Die gleiche Situation besteht beim Verleih von Musiknoten im Zusammenhang mit der Erteilung der Aufführungsbefugnis» (Botschaft 1989, 533). Die Bestimmung setzt also zusätzlich zur Miete eines Werkexemplars eine **vertragliche Abrede** über die Nutzung von Urheberrechten zwischen dem Vermieter und dem Mieter voraus. Nicht tatbestandsmässig ist folglich die urheberrechtlich relevante Nutzung des Werkexemplars aufgrund einer gesetzlichen Lizenz, bspw. wenn eine Lehrperson (URG Art. 19 Abs. 1 lit. b) eine DVD zur Vorführung in der Klasse mietet. In diesem Fall ist die Vermiettantieme deshalb geschuldet (gl.M. mit abweichender Begründung Barrelet/Egloff, URG 13 N 9).

Zu Abs. 3

7 Der Vergütungsanspruch wird von einer zugelassenen Verwertungsgesellschaft erhoben. Die fünf Verwertungsgesellschaften haben zu diesem Zweck einen gemeinsamen Tarif «GT 5» (Vermieten von Werkexemplaren mit Ausnahme von Bibliotheken, stellvertretend administriert durch die SUISA) sowie «GT 6a» (Vermieten von Werkexemplaren in Bibliotheken, stellvertretend administriert durch die ProLitteris) erlassen. Die Verwertungsgesellschaften leiten ihre Aktivlegitimation für das Einziehen der Vermiettantieme direkt aus URG Art. 13 Abs. 3 ab. (Gleiches gilt entsprechend bei URG Art. 20 Abs. 4 und Art. 35 Abs. 3.) Die Vermiettantieme wird deswegen auch von demjenigen Vermieter geschuldet, welcher die gesamten Urheberrechte derivativ erworben hat. Die Pflicht zur Leistung von Vermietvergütungen entfällt nur insoweit, als die Rechteinhaber gegenüber den Verwertungsgesellschaften erklärt haben, bezüglich bestimmter Werke auf Vermietvergütungen zu verzichten (vgl. BGE 124 III 489, 493 = sic! 1999, 26 «Videothek II»).

Zu Abs. 4

8 Beim Computerprogramm bedeutet die rechtmässige Veräusserung von Programmexemplaren nicht, dass der Erwerber das Programm auch vermieten oder verleihen darf. «Absatz 4 dient der Klarstellung. Für Computerprogramme besteht nach Artikel 10 Abs. 3 Buchstabe b ein ausschliessliches Vermiet- und Verleihrecht. Ein blosser Vergütungsanspruch würde hier nämlich das ausschliessliche Recht zum Gebrauch (Art. 10 Abs. 3 Bst. A) aushöhlen...» (Botschaft 1989, 533). Nur der Eigengebrauch und die Weiterveräusserung (URG Art. 12 Abs. 2) sind frei.

9 Siehe auch URG 2 N 19.

Art. 14 Zutritts- und Ausstellungsrecht des Urhebers oder der Urheberin

¹ Wer ein Werkexemplar zu Eigentum hat oder besitzt, muss es dem Urheber oder der Urheberin so weit zugänglich machen, als dies zur Ausübung des Urheberrechts erforderlich ist und kein berechtigtes eigenes Interesse entgegensteht.

² Der Urheber oder die Urheberin kann die Überlassung eines Werkexemplars zur Ausstellung im Inland verlangen, sofern ein überwiegendes Interesse nachgewiesen wird.

³ Die Herausgabe kann von der Leistung einer Sicherheit für die unversehrte Rückgabe des Werkexemplars abhängig gemacht werden. Kann das Werkexemplar nicht unversehrt zurückgegeben werden, so haftet der Urheber oder die Urheberin auch ohne Verschulden.

1   Beim Zutritts- und beim Ausstellungsrecht handelt es sich, im Unterschied zum Recht der Erstausstellung i.S.v. URG Art. 9 Abs. 2, um relative Rechte. Sie sind als gesetzliche **Realobligation** ausgestaltet, die Person des Verpflichteten wird durch dessen dingliche Berechtigung bzw. den Besitz am Werkexemplar bestimmt. Objekt des Zutritts- und Ausstellungsrechts können Exemplare jeder **Werkgattung** sein, z.B. auch Bauwerke.

2   Es handelt sich um eine Ausnahme vom Erschöpfungsgrundsatz (URG Art. 12), die vom **Urheberpersönlichkeitsrecht** geprägt ist. Entsprechend sind das Zutritts- und das Ausstellungsrecht nicht übertragbar; berechtigt ist ausschliesslich der Werkschöpfer (bzw. dessen Erben), nicht aber allfällige Lizenznehmer oder nicht-originäre Rechteinhaber. Auf die Ausübung kann gegenüber dem Werkeigentümer **vertraglich verzichtet** werden (gl.M. Barrelet/Egloff, URG 14 N 2; Müller/Oertli/Pfortmüller, URG 14 N 1). Beim Erwerb eines Unikats oder eines Exemplars in beschränkter Auflage erhältliches Werkexemplars empfiehlt es sich generell, eine vertragliche Regelung des Zutritts- und Ausstellungsrechts zu treffen.

3   Für den Verpflichteten ergeben sich nur Duldungs-, hingegen keine positiven Leistungspflichten, insbesondere grundsätzlich **keine Herausgabepflicht**. Die Wortwahl von Absatz 3, der von «Herausgabe» spricht, ist diesbezüglich missverständlich und wird widerlegt durch die ausschlaggebenden Formulierungen «zugänglich machen» und «Überlassung» in den Absätzen 2 und 3, die klarstellen, dass der Besitzer passiv bleiben kann. Eine verstärkte Mitwirkungspflicht kann sich in seltenen Fällen aber aus dem Grundsatz von Treu und Glauben ergeben, so kann bspw. der Eigentümer des letzten digital gespeicherten Werkexemplars einer Fotografie verpflichtet sein, auf Verlangen des Urhebers eine Kopie zu erstellen und sie diesem per E-Mail zuzusenden, anstatt dass dieser eigens deswegen eine weite Reise unternehmen muss.

4   Sämtliche **Kosten**, die sich aus der Ausübung des Zutritts- und Ausstellungsrechts ergeben, sind vom Urheber zu tragen (z.B. Transport- und Versicherungskosten, N 9).

Zu Abs. 1

5   Als erlaubten **Zweck** des Zutrittsrechts nennt das Gesetz nur die «Ausübung des Urheberrechts», was freilich eine zu allgemeine Formulierung ist. Weil das Zutrittsrecht ein überwiegendes Interesse des Urhebers voraussetzt, dürften de facto nur das **Vervielfältigungs-**

und Bearbeitungsrecht in Frage kommen (so ausdrücklich dUrhG § 25). Bezüglich Werken der Baukunst heisst dies, dass der Architekt auch Fotografien der Innenräume anfertigen kann. Das Zutrittsrecht darf vom Urheber nota bene nicht dazu missbraucht werden, Änderungen am Werkexemplar vorzunehmen, weil dies das Eigentumsrecht verletzen würde (gl.M. Barrelet/Egloff, URG 14 N 4).

6 Das Zutrittsrecht steht dem Urheber nur insofern zu, als dies für die Ausübung des Urheberrechts **erforderlich** ist. Dies ist beispielsweise nicht der Fall, wenn andere, weniger einschränkende Möglichkeiten zur Rechtsausübung bestehen, etwa wenn noch weitere Werkexemplare im Besitz des Urhebers oder öffentlich zugänglich sind. Andererseits muss der Urheber im Sinne der **Verhältnismässigkeit** nicht unangemessen hohe Anstrengungen unternehmen, wenn der Zutritt für den Eigentümer mit keiner besonderen Störung verbunden ist.

7 Das Zutrittsrecht wird weiter dadurch eingeschränkt, dass ihm kein **«berechtigtes eigenes Interesse»** des Eigentümers entgegenstehen darf. Um dies festzustellen, ist eine umfassende Abwägung zwischen den Interessen des Urhebers und denjenigen des Eigentümers vorzunehmen. Dafür sind sämtliche sachliche, zeitliche und örtliche Umstände zu berücksichtigen. Seitens des Urhebers werden insbesondere die Schöpfungshöhe des Werkes und dessen Bedeutung für sein Gesamtwerk zu berücksichtigen sein. Als berechtigtes, dem Zutrittsrecht entgegenstehendes Eigeninteresse kommen bspw. der Schutz der Privatsphäre, bestehende Versicherungslücken, Schutz vor Beschädigung oder Sicherheitsinteressen in Frage. Das Zutrittsrecht darf auch nicht zur Unzeit geltend gemacht werden. Ein überwiegendes Interesse des Eigentümers besteht ausserdem, wenn sich der Urheber ihm gegenüber vertraglich verpflichtet hat, keine Bearbeitungen bzw. Vervielfältigungsexemplare eines Unikats oder z.B. einer beschränkten Serie von Lithographien herzustellen (so auch Barrelet/Egloff, URG 14 N 5).

Zu Abs. 2 und 3

8 Das Gesetz fordert auch für das **Ausstellungsrecht** ein überwiegendes Interesse des Künstlers, weshalb eine Interessenabwägung vorzunehmen ist (N 7). Das Ausstellungsrecht kann jedenfalls nur geltend gemacht werden, wenn sich der Ort der Ausstellung in der **Schweiz** befindet.

9 Ergänzend kommen die Bestimmungen über die **Gebrauchsleihe** von OR Art. 305 ff. zur Anwendung; insbesondere trägt der Entlehner die gewöhnlichen Kosten für die Erhaltung der Sache (OR Art. 307). Anders als bei der Gebrauchsleihe statuiert Absatz 3 eine strenge **Kausalhaftung** des Urhebers ohne Exkulpationsmöglichkeit für jeden Schaden am Werkexemplar. Auch kann der Besitzer des Werkexemplars die Herausgabe von der Leistung einer **Sicherheit** abhängig machen. Zur fehlenden Herausgabepflicht s. N 3.

Art. 15   Schutz vor Zerstörung

[1] Müssen Eigentümer und Eigentümerinnen von Originalwerken, zu denen keine weiteren Werkexemplare bestehen, ein berechtigtes Interesse des Urhebers oder der Urheberin an der Werkerhaltung annehmen, so dürfen sie solche Werke nicht zerstö-

ren, ohne dem Urheber oder der Urheberin vorher die Rücknahme anzubieten. Sie dürfen dafür nicht mehr als den Materialwert verlangen.

2 Sie müssen dem Urheber oder der Urheberin die Nachbildung des Originalexemplars in angemessener Weise ermöglichen, wenn die Rücknahme nicht möglich ist.

3 Bei Werken der Baukunst hat der Urheber oder die Urheberin nur das Recht, das Werk zu fotografieren und auf eigene Kosten Kopien der Pläne herauszuverlangen.

Zu Abs. 1

1 Zum Recht auf Werkintegrität gehört auch der Schutz von Originalwerken vor Zerstörung nach URG Art. 15. Originalwerke, von denen keine weiteren Werkexemplare existieren, werden in der Weise gegen Zerstörung geschützt, dass der Eigentümer dem Urheber vor der Zerstörung die Rücknahme zum Materialwert anbieten muss (Abs. 1). Der **Schutz vor Zerstörung** geht somit weniger weit als der Schutz der Werkintegrität (URG Art. 11), denn der Urheber kann die Zerstörung seines Werks als solche nicht verbieten. Da der **Normzweck** der Schutz des Urheberpersönlichkeitsrechts ist, sind mit «Urheber» der Werkschöpfer und seine Erben gemeint, nicht aber derjenige, welcher das Urheberrecht derivativ erwirbt. Mit der Norm soll verhindert werden, dass der bewusste Entscheid über Bestand oder Untergang eines Werkes nicht allein vom Eigentümer des Werkexemplars abhängt.

2 Die begriffliche Beschränkung auf **Originalwerke** (ein gesetzgeberisches Versehen, gemeint sind Original*werkexemplare*) ist verunglückt, weil sie dem Normzweck nicht gerecht wird. Immerhin ist denkbar, dass bspw. das Negativ einer Fotografie (also das Original) vernichtet wurde und nur noch ein einziger Abzug existiert. Entsprechend sollte nur darauf abgestellt werden, ob es sich bei einem Werkexemplar um das letzte Verbliebene handelt (und nicht, ob es das Original oder ein Vervielfältigungsstück ist).

3 Ob ein **berechtigtes Interesse des Urhebers** an der Werkerhaltung anzunehmen ist, bestimmt sich nach objektiven Kriterien, die v.a. künstlerischer und wirtschaftlicher Natur sind. Als Anhaltspunkte nennen Barrelet/Egloff (URG 15 N 2) die bisherige Ausübung des Zutrittsrechts (URG Art. 14), das Einziehen von Entschädigungen für Vervielfältigungen, die Verwendung als künstlerische Referenz, Beachtung oder Erwähnung im Kunstmarkt oder in der Kunstwissenschaft oder ein hoher Nutzwert für den Urheber, so z.B. bei einem speziell angefertigten Computerprogramm. Weist ein Werk eine geringe Originalität auf («kleine Münze», URG 2 N 7), dürfte ein berechtigtes Interesse des Urhebers nur bei einem bedeutenden Nutzwert des Werkes angenommen werden.

4 Keinen Schutz bietet URG Art. 15 davor, dass der Eigentümer das Werkexemplar passiv einem langsamen Verfall aussetzt. Eine **Unterhaltspflicht** des Eigentümers lässt sich aus URG Art. 15 nicht ableiten. Eine solche müsste vertraglich vereinbart werden.

5 Missachtet der Eigentümer seine Pflicht, dem Urheber die Rücknahme des Werkexemplars anzubieten, so begeht er eine **widerrechtliche Handlung** im Sinne von OR Art. 41 ff., wodurch Schadenersatz- und Genugtuungsansprüche entstehen können.

Zu Abs. 2

6 Das Recht zur Nachbildung hat der Urheber nur, wenn die Rücknahme nicht möglich ist. Dies betrifft nicht nur **tatsächliche Unmöglichkeit** (etwa weil es sich beim Werkexemplar um ein Fresko handelt) sondern auch **wirtschaftliche Unmöglichkeit** (etwa weil die Rücknahme gegen Materialwert für den Urheber unzumutbar hoch wäre, bspw. bei einer Statue aus Gold). Im Zweifelsfall sollte dem Urheber tendenziell die Möglichkeit gewährt werden, eine Nachbildung anfertigen zu können.

7 Will der Urheber eine Nachbildung anfertigen, treffen den Eigentümer des Werkexemplars **nur Duldungspflichten** und er kann – wie beim Zutrittsrecht (URG 14 N 3) – weitgehend passiv bleiben. Die Duldungspflicht des Eigentümers besteht nur soweit, als sie **verhältnismässig** erscheint («…in angemessener Weise»). Sämtliche mit der Nachbildung verbundenen **Kosten** trägt der Urheber.

Zu Abs. 3

8 Bei **Werken der Baukunst** ist statt Rücknahme nur das Recht gegeben, das Werk zu fotografieren und auf eigene Kosten die Pläne zu kopieren. Darüber hinaus können aber die öffentlich-rechtlichen Bestimmungen über den Denkmalschutz zur Anwendung kommen, aus denen sich jedoch keine urheberrechtlichen Ansprüche ableiten lassen. In Frage kommen insbesondere die kantonalen Planungs- und Baugesetze sowie das Natur- und Heimatschutzgesetz (NHG; SR 451).

4. Kapitel: Rechtsübergang; Zwangsvollstreckung

Art. 16 Rechtsübergang

¹ Das Urheberrecht ist übertragbar und vererblich.

² Die Übertragung eines im Urheberrecht enthaltenen Rechtes schliesst die Übertragung anderer Teilrechte nur mit ein, wenn dies vereinbart ist.

³ Die Übertragung des Eigentums am Werkexemplar schliesst urheberrechtliche Verwendungsbefugnisse selbst dann nicht ein, wenn es sich um das Originalwerk handelt.

Zu Abs. 1

1 Das URG folgt, wie sein Vorgängergesetz, der **dualistischen** Theorie: Das Urheberrecht ist **als Nutzungsrecht** übertragbar (anders das von der monistischen Theorie beherrschte deutsche und österreichische Urheberrecht, das indessen vom Stammrecht abspaltbare, «eingeräumte» Nutzungsrechte und damit eine im Ergebnis vergleichbare Verkehrsfähigkeit erlaubt). Nach der Übertragung verbleibt dem Urheber jedoch weiterhin das Urheberpersönlichkeitsrecht. Das Bundesgericht hatte schon im Jahre 1931 dem Urheber ein Strafantragsrecht zugestanden, «weil der eigentliche Urheber trotz Abtretung seiner Urheberrechte immer ein sog. Individual-Idealrecht an seinem Werke behält» (BGE 57 I 62 ff.). Die **Urheber-**

persönlichkeitsrechte sind nämlich entgegen dem Wortlaut des Gesetzes – jedenfalls in ihrem Kern – unübertragbar (siehe URG Art. 11 Abs. 2; URG 11 N 1).

2 Übertragbar ist der nutzungsrechtliche Teil des Urheberrechts in seiner Gesamtheit, ebenso aber aufgespalten in **Teilrechte**, bspw. nach Nutzungsarten, Nutzungsgebieten und Zeiträumen. Um – wie das Vollrecht – absolute Wirkung entfalten zu können, müssen die Teilrechte *nach der Verkehrsauffassung als solche hinreichend klar abgrenzbare, wirtschaftlich-technisch als einheitlich und selbständig sich abzeichnende Nutzungsarten* beinhalten (Schricker/Schricker, vor §§ 28 ff. dUrhG m.w.N.). Diese im deutschen Recht entwickelte Formel (vgl. die Nachw.; URG 10 N 2) ist auf die Verhältnisse des URG durchaus übertragbar, denn hier stellt sich dasselbe Problem: Es fehlt an einem *numerus clausus* möglicher Rechtsgestaltungen; die absolute Wirkung des Teilrechts verlangt aber nach einem für den Rechtsverkehr transparenten und nachvollziehbaren Zuschnitt und der Abgrenzung der absolut wirkenden Teilrechte. Diese können demnach nach Nutzungs- bzw. Verwendungsarten (wie Verbreitung, Sendung, Zugänglichmachen), Medien (wie Fernsehen, Rundfunk, Buchdruck), üblichen Verwertungs-Geschäftsmodellen (wie Hardcover-, Paperback- und Buchclub-Ausgaben; Abonnements-Pay-TV, Pay-per-View, Video-on-Demand und hier noch Pay-per-Use, Download–to-Own usw.), nach Trägertypen (CD, DVD, Kassetten usw.); ferner nach Lizenzzeiten («Fenster»; vgl. die «Kaskade» der Filmauswertung, URG 12 N 6); in territorialer Hinsicht nach *Staatsgebieten* (von Büren/Meer, SIWR II/1, 245) – die ohnedies wegen der territorialen Geltung des Urheberrechts (Territorialitätsprinzip) dessen jeweilige natürliche Grenzen bilden – oder nach anderweitig ausreichend abgrenzbaren Märkten, zudem nach Sprachfassungen usw. beschränkt werden. Weitergehende, detailliertere Beschränkungen übertragener Rechte (bspw. die Beschränkung des Vorführrechts auf bestimmte Tageszeiten oder Abspielstätten oder des Verbreitungsrechts auf Mindestpreise) haben aus diesem Grund ggf. nur obligatorische Wirkung (URG 10 N 2, Schricker/Schricker, a.a.O., N 57).

3 Übertragbar sind im genannten Rahmen auch Rechte betreffend (noch) **unbekannte Nutzungsarten** (Müller/Oertli/de Werra, URG 16 N 28 f.; einschränkend Barrelet/Egloff, URG 16 N 9, ebenso von Büren/Meer, SIWR II/1, 245). Diese haben insbesondere dort Bedeutung, wo der Erwerber grundsätzlich auf weitest mögliche und uneingeschränkte Auswertung angewiesen ist (bspw. Filmproduzent, Softwarehersteller) und das Risiko ausschliessen können muss, für die Zukunft wichtige Teile des Auswertungsmarktes (bspw. in neuen Medien) zu verlieren oder sich hier gar der Auswertungskonkurrenz Dritter an der eigenen Produktion ausgesetzt zu sehen. Ein Verstoss gegen ZGB Art. 27 Abs. 2 → Nr. 3 kommt hierbei nur in besonders gelagerten Fällen in Betracht (a.M. Barrelet/Egloff, URG 10 N 10; von Büren/Meer, SIWR II/1, 245). Die Übertragbarkeit solcher Rechte vermeidet zudem das Problem ihres Nacherwerbs bzw. der Blockade ihrer Ausübung bei ihrer späteren Manifestierung (das Einräumungsverbot für solche Rechte aus dem früheren § 31 Abs. 4 dUrhG wurde deshalb 2007 gestrichen). Die Vermeidung von Zweifeln darüber, ob solche Rechte von einer Rechtsübertragung im Einzelfall erfasst wurden, gebietet ihre ausdrückliche Erwähnung im Vertrag (N 14).

4 Die Übertragbarkeit des Urheberrechts ist neben seinem absoluten Schutz (gegen jedermann) eine Eigenschaft, der zufolge das immaterielle und ubiquitäre (tatsächlich jedermann verfügbare) geistige Schaffensprodukt **verkehrsfähig**, d.h. zum handelbaren, austauschbaren,

belehnbaren Wirtschaftgut wird (URG 1 N 4), was seine Verwertung *am Markt,* gegenüber dem Publikum, ermöglicht. Der Rechtsverkehr mit Urheberrechten impliziert aber eine Vielzahl Beteiligter im Schaffens- und Wirkungsumfeld der Werke, die – oft von deren Entstehung an – Inhaber aller oder bestimmter Urheberrechte werden, um ihrerseits deren Entstehung, Finanzierung, Verwertung und die Vergütung der Urheber unternehmerisch gewährleisten zu können (Veranstalter, Produzenten, Sendeunternehmen, Rechtehändler, Banken, Vorführ- u.a. Verwertungsunternehmen) oder deren Rechte wahrzunehmen (Verwertungsgesellschaften). Das Urheberrecht ist Gegenstand von Rechtsgeschäften, der erb- oder fusionsrechtlichen Gesamtrechtsnachfolge, des ehelichen Güterrechts, der Pfändung und Konkursbetreibung; es kann sich dementsprechend in der Hand von natürlichen oder juristischen Personen, im Gesellschaftsvermögen oder gemeinschaftlicher Berechtigung nach Bruchteilen entspr. ZGB Art. 646 ff., in Gütergemeinschaft, in der Erb- oder Konkursmasse befinden, zu Belehnungs- und Sicherungszwecken verpfändet oder übertragen sein. In der Rechtswirklichkeit treten deshalb oft, wenn nicht regelmässig, nicht die Urheber, sondern Erwerber des Urheberrechts als dessen Inhaber auf, so dass die Terminologie des Gesetzes zwar dogmatisch zutreffend den **Urheber** in das Zentrum rückt, wirklichkeitsnah aber in vielen (nicht allen, s. etwa URG 8 N 2, 40 N 12) Fällen den **Rechteinhaber** meint (URG 1 N 5).

5 Der Rechtsverkehr mit dem Urheberrecht vollzieht sich in erster Linie im Wege des Rechtsgeschäfts, namentlich mit **Verträgen**, durch die urheberrechtliche Befugnisse Dritten eingeräumt werden. Solche Verträge werden häufig undifferenziert Lizenzverträge genannt. Diese Bezeichnung, die das Gesetz nicht kennt, wird in der Vertragspraxis für verschiedene Erscheinungsformen von Nutzungsrechtsverträgen verwendet; worum es sich im Einzelnen handelt, ist im Wege der Auslegung zu ermitteln, die am übereinstimmenden wirklichen Willen der Parteien, nicht an der Bezeichnung auszurichten ist (OR Art. 18 Abs. 1; Weinmann, Conrad, Die Rechtsnatur der Lizenz, Bern 1996, 274 f., 500 ff., 570 ff.; demgegenüber hält die herrschende Lehre an der begrifflichen Unterscheidung von «Übertragung» und «Lizenz» fest, vgl. von Büren/Meer, SIWR II/1, 240 f.; Müller/Oertli/de Werra, URG 16 N 7; Barrelet/Egloff, URG 16 N 2 f., je m.w.N.):

a) **Rein obligatorische Wirkung:** Die schwächste Form der Einräumung urheberrechtlicher Befugnisse ist, dass dem Lizenznehmer vom Rechteinhaber nur obligatorisch zugesichert wird, dass er das Werk nutzen könne, ohne dass letzterer ihn daran hindere. Die gegenständliche (quasi-dingliche), absolute Wirkung der Urheberrechte gegenüber Dritten verbleibt aber allein beim Lizenzgeber (rein obligatorische Wirkung der Lizenz). Dem Lizenznehmer kann jedoch vertraglich die Befugnis zur Geltendmachung von Verletzungsansprüchen eingeräumt werden. Neu knüpft URG Art. 62 Abs. 3 an die ausschliessliche Lizenz von Gesetzes wegen die Aktivlegitimation, sofern nichts anderes vereinbart ist (dort N 18 ff.). Die Nutzungsbefugnis bleibt an das Vertragsverhältnis gebunden und ist daher – vorbehaltlich anderer Vereinbarung – nicht übertragbar.

b) **Absolute Wirkung:** Die stärkste Wirkung der Einräumung urheberrechtlicher Befugnisse resultiert dadurch, dass bestimmte oder alle Nutzungsrechte in bestimmtem Umfang übertragen werden, so dass der Vertragspartner auf Grund der ihm übertragenen Rechte gegen Dritte Abwehransprüche hat, weil ihm am Werk eine gegenständliche, absolute Rechtsposition eingeräumt wurde (absolute, quasi-dingliche Wirkung der Rechteübertragung). Das so übergegangene Recht ist grundsätzlich weiter übertragbar (Barrelet/Egloff, URG 16 N 10; einschränkend Müller/Oertli/de Werra URG 16 N 7, 19; dies im Unterschied etwa zu den Nutzungsrechten im deutschen Recht, die nach § 34 dUrhG nur mit Zustimmung übertragen werden können; so auch für den *Verlagsvertrag* die in der Schweiz herrschende Lehre, vgl. Müller/Oertli/de Werra, URG 16 N 19 m.w.N.).

c) **Mitinhaberschaft:** Selbst bei einer treuhänderischen («gebundenen») Übertragung büsst der Lizenzgeber seine gegenständliche Berechtigung am Werk ein (s. BGE 117 II 463 ff., 464 E. 3). Da dies aber in der Regel nicht gewollt ist, kann auch vereinbart werden, dass für die Zeit der Nutzung durch den Lizenznehmer beide Parteien (Lizenzgeber und Lizenznehmer) mit gegenständlicher, quasi-dinglicher Wirkung am Werk in Mitinhaberschaft berechtigt sein sollen, so dass beide gegen Dritte Abwehransprüche geltend machen können (s. Roger Staub: Leistungsstörungen bei Urheberrechtsverträgen, 2000, 61ff.).

6 Bei Urheberrechtsverträgen, deren Wirkung sich nicht auf Rechtsbeziehungen zwischen den Parteien beschränken soll, sondern die auf den Rechtserwerber absolut wirkende Rechte übertragen wollen, ist zwischen Verpflichtungsgeschäft (dem Urheberrechtsvertrag) und Verfügungsgeschäft (der gegenständlichen Rechteübertragung) zu unterscheiden. Die Übertragung der Urheberrechte erfolgt quasi-dinglich analog den Regeln des Zessionsrechts, wobei OR Art. 165 (→ Nr. 4, Schriftlichkeit als Gültigkeitserfordernis bei der Forderungsabtretung) *keine Anwendung findet* (anders beim Patentrecht und beim Markenrecht, PatG Art. 33 Abs. 2*bis*, MSchG Art. 17 Abs. 2): Die Übertragung von Urheberrechten ist **formlos** möglich (soweit nicht allgemeine Formvorschriften gelten, z.B. nach FusG, vgl. Müller/Oertli/de Werra, URG 16 N 34). Der **gutgläubige Erwerb** ist ausgeschlossen; denn es fehlt beim Inhaber selbst ausschliesslich wirkender Lizenzen an einem Rechtsschein, an dem der Erwerb kraft guten Glaubens anknüpfen könnte (z.B. Eintrag in einem Register). Über das einmal veräusserte Recht kann nicht erneut verfügt werden; ein später über das bereits veräusserte Recht geschlossener Vertrag geht ins Leere und löst lediglich die schuldrechtliche Haftung des Veräusserers aus. Aus diesem Grund ist (vor allem bei mehrstufigen Rechtsübertragungen, wie sie bspw. im Musik- und Film-, aber auch im Verlagsgeschäft typisch sind) der vollständige **Nachweis der Rechtekette** das alleinige (wegen des Risikos unerkannter Vorausverfügungen gleichwohl unvollkommene) Mittel, sich des Rechtserwerbs zu vergewissern.

7 Je nach Vertragstyp ergeben sich verschiedenartige Pflichten für die Vertragsparteien. Den Lizenzgeber zum Beispiel trifft grundsätzlich eine Rechtsverschaffungspflicht. Er hat dem Lizenznehmer das Nutzungsrecht in dem Umfang einzuräumen, wie er aus den Vereinbarungen oder dem Vertragszweck (N 14) folgt. Für den Lizenznehmer kann neben der Zahlungsinsbesondere eine vertragliche oder gesetzliche Ausübungspflicht begründet werden (ggf. Auslegungsfrage). Besteht eine solche Ausübungspflicht nicht, so fehlt dem Lizenzgeber das in ausländischen Urheberrechtsgesetzen (so § 41 dUrhG) vorgesehene Rückrufsrecht wegen Nichtausübung des eingeräumten Rechts. Dazu Conrad Weinmann, Die Rechtsnatur der Lizenz, Bern 1996. Zu unterscheiden ist zudem zwischen der Einräumung **ausschliesslicher**

(exklusiver) und **nicht-ausschliesslicher** (einfacher, nicht-exklusiver) Lizenzen. Erstere sichern dem Erwerber die Alleinstellung in der Ausübung des Rechts.

8 Soweit dem Vertragspartner ein ausschliessliches (Teil-)Recht übertragen wurde, kann er selbst aus diesem Recht gegen jeden Dritten, der es ausübt, vorgehen; auch gegen den Urheber selbst, der sich dieses Teilrechts entäussert hat (Botschaft PatG 2007, 127). Dabei müssen (positive) Nutzungsbefugnis und (negatives) Abwehrrecht nicht übereinstimmen – je nach den Umständen kann Letzteres weiter reichen und dem Inhaber auch die Abwehr gegen Nutzungen Dritter gewähren, welche er selbst nicht beanspruchen kann, welche aber die ihm erlaubten Nutzungen beeinträchtigen (vgl. Schricker/Schricker, vor §§ 28 ff. dUrhG N 48). Eine exklusive, aber *nur schuldrechtliche* Lizenz erlaubte es nach altem Recht nur, wegen vertragswidrigen Nutzungen Dritter gegen den Lizenzgeber vorzugehen, von diesem die Abwehr oder Schadenersatz zu verlangen; die Revision 2007 hat neu auch dem schuldrechtlichen Exklusivlizenznehmer eine Aktivlegitimation eingeräumt, die allerdings mit derjenigen des Rechteinhabers konkurriert (URG Art 62 Abs. 3; dort N 18). Die *nichtausschliessliche* (einfache) Lizenz erlaubt es dem Lizenznehmer, das Nutzungsrecht ungestört auszuüben – auf schuldrechtlicher Grundlage gegenüber dem Lizenzgeber, bei Übertragung als Teilrecht einredehalber gegenüber jedermann; er hat jedoch die Nutzungshandlungen Dritter zu dulden.

9 Ein vertragsrechtlich kodifizierter Fall einer Übertragung von Nutzungsrechten ist der **Verlagsvertrag** (OR Art. 380–393 → Nr. 4; kommentiert von Reto M. Hilty, SIWR II/1, 557 ff.) Neben dem Verlagsvertrag haben sich in der Praxis für verschiedene Werkkategorien, Verwertungskanäle oder Interpretationsarten Vertragstypen herausgebildet, welche (als Musterverträge zwecks Verhandlungsbasis, als «Branchenverträge», als AGB oder sogar als GAV) Verwendung finden (Einzelheiten bei Manfred Rehbinder/Roland Grossenbacher: Schweizerisches Urhebervertragsrecht, 1979; Youssef-Streuli, Hrsg., Urhebervertragsrecht, Zürich 2006). Bei den **Wahrnehmungsverträgen** erfolgt die Übertragung von Nutzungsrechten zu dem Zwecke, dass der Vertragspartner die Nutzung durch Dritte vermittelt oder kontrolliert (z.B. Bühnenvertriebsvertrag oder Verträge mit Verwertungsgesellschaften zur kollektiven Wahrnehmung von Nutzungsrechten → Nr. 31; s. URG Art. 40 ff.; dort N 5).

10 Nach dem Schöpferprinzip (URG Art. 6) entsteht das Urheberrecht auch **im Arbeitsverhältnis** (anders als im Patentrecht, OR Art. 332) in der Person des Urhebers (Manfred Rehbinder: Der Arbeitnehmer als Urheber, ArbR 1995, 47 ff.). Der Art. 15 des bundesrätlichen Entwurfes (1989) sah die Übertragung der Nutzungsrechte an urheberrechtlich geschützten Werken, welche bei Ausübung dienstlicher Tätigkeit und in Erfüllung vertraglicher Pflichten geschaffen werden, an den Arbeitgeber vor. Der Artikel wurde jedoch nach einer heftigen Diskussion in beiden Kammern ersatzlos gestrichen (AmtlBull StR 1991 108 ff.; AmtlBull NR 1992 29 ff.). Massgebend dafür war die Befürchtung, sich mit einer Kodifizierung an die für die Urheber ungünstige patentrechtliche Regelung von OR Art. 332 Abs. 1 anzunähern.

11 Der Arbeitgeber muss also die Rechte an Arbeitnehmerschöpfungen durch Abtretung erwerben. Für eine entsprechende Vereinbarung trägt er die volle Beweislast. Fehlt eine ausdrückliche Vereinbarung, so ist bei Werken, die der Arbeitnehmer in Erfüllung seiner Arbeitspflicht geschaffen hat (**Pflichtwerke**), davon auszugehen, dass der Arbeitsvertrag eine stillschweigende Übertragung nur (aber immerhin) derjenigen Nutzungsrechte einschliesst, die der

Arbeitgeberbetrieb für seine Zwecke benötigt (N 14). Bei Werken, die ein Arbeitnehmer nur bei Gelegenheit seiner Arbeitspflichten (**Gelegenheitswerke**) oder ausserhalb des Arbeitsverhältnisses (**freie Werke**) geschaffen hat, besteht aufgrund der arbeitsrechtlichen Treuepflicht (OR Art. 321a Abs. 1) eine Anbietungspflicht, falls die Nutzung eines solchen Werkes in den Arbeitsbereich des Arbeitgebers gehört. Anders als bei den Pflichtwerken schuldet der Arbeitgeber dem Arbeitnehmer für die freien Werke und die Gelegenheitswerke eine angemessene Vergütung.

12 Immer dann, wenn mehrere (Urheber, Interpreten, Produzenten) mit jeweils eigenen geschützten Beiträgen an einem Werk bzw. einer Werkproduktion (bspw. einem aufwendigen Buchprojekt, einem Film, einer Albumproduktion, einer Werbekampagne etc.) beteiligt sind, erfordert die Verwertung respektive die Nutzung – aus Gründen der Verkehrsfähigkeit – die Bündelung sämtlicher Einzelrechte, deren jedes einzelne sonst der Auswertung entgegengehalten werden könnte (so beim Film durch den Produzenten; vgl. auch URG Art. 7, 34, 36; dort N 1). Einem originären Erwerb des gesamten Auswertungsrechts steht in diesen Fällen das Schöpferprinzip entgegen; das Gesetz sieht aber zudem auch weder einen Übergang kraft Gesetzes (Legalzession), noch auch nur eine Vermutung der Übertragung (Auslegungsregel; so dUrhG §§ 88 f.) vor (eine im URG-Entwurf von 1989, Art. 17, enthaltene *cessio legis*, Botschaft 1989, 620, wurde vom Parlament gleichfalls zurückgewiesen; zum Ganzen s. N 10, URG 6 N 4). Auch im übrigen hat der Gesetzgeber bis auf wenige einzelne Bestimmungen (z.B. URG Art. 17, 24 Abs. 2, 62 Abs. 3) davon abgesehen, über die Ordnung des sachlichen Urheberrechts (Bestimmung des Schutzrechts, der primären Rechtszuständigkeit und der Übertragbarkeit) hinaus in das Vertragsrecht der Rechtsgeschäfte über Urheber- und verwandte Schutzrechte einzugreifen (**kein Urhebervertragsrecht**; vgl. auch Müller/Oertli/de Werra, URG 16 N 5, Barrelet/Egloff, URG 16 N 3 f. ; Ausnahme: Verlagsvertrag, OR Art. 380–393 → Nr. 4). In der Folge gilt – in den Grenzen des allgemeinen Vertragsrechts – weitgehende *Vertrags- (Inhalts-)Freiheit*.

13 Wie zugunsten einzelner Vertragspartner, kann der Inhaber des Urheberrechts hierüber auch zugunsten grösserer, unbestimmter Personenkreise – *der Allgemeinheit* – verfügen. Der Verfügung über das *ganze* Urheberrecht steht dessen unveräusserlicher Persönlichkeitsrechtskern, URG Art. 11 Abs. 2, entgegen (hierin a. M Barrelet/Egloff, URG 16 N 14; zum Verzicht auf das Nennungsrecht s. URG 9 N 7 f.); ferner auch die nur durch Verwertungsgesellschaften wahrnehmbaren Nutzungsrechte (URG 19 N 4). Im Übrigen ist hingegen der **Verzicht** auf Teilrechte, insbesondere auf einzelne oder alle Nutzungsrechte, in dem Masse möglich, in dem diese rechtsgeschäftlich verfügbar sind (im Ergebnis auch Barrelet/Egloff, URG 16 N 14 f.; vgl. ferner Schricker/Schricker, dUrhG § 29 N 18 m.w.N.). Auch hierbei sind aber die Erklärungen des Rechteinhabers nach allgemeinen Regeln sowie nach dem Zweckübertragungsgrundsatz (N 14) auszulegen. Dies betrifft einerseits die Frage, in welchem Ausmass und *für welche Teilrechte* der Verzicht gelten soll; sodann die Frage, ob es sich um einen (im Sinn der Dereliktion möglichen; vgl. analog ZGB Art. 729) *Verzicht* auf die Rechte als solche, um eine *nicht-ausschliessliche Übertragung* auf jedermann (die wegen der zweiseitigen Natur des Verfügungsgeschäfts zweifelhaft scheint; vgl. aber dUrhG § 32 Abs. 3 Satz 3, wonach ein einfaches, unentgeltliches Nutzungsrecht für jedermann eingeräumt werden kann) oder eine nur *schuldrechtlich wirkende*, einseitig verbindliche *Einwilligung* in die Nut-

zung durch Dritte (Verzicht der Rechtsausübung) handelt. Letzteres ist im Zweifel anzunehmen, wenn die Einwilligung mit Auflagen verbunden ist, bspw. betreffend die Nennung des Autors, das Änderungsverbot, die Abgeltung einer Lizenzgebühr, den Vermerk über die Lizenz zugunsten der Allgemeinheit und deren Konditionen usw. Dies ist der Fall bei einem Grossteil der bestehenden «Shareware» oder «Public Domain» Software. Der Verzicht oder die Lizenz zugunsten der Allgemeinheit («Creative Commons») haben jedoch keinen Einfluss auf *vorherige* Verfügungen: Wurden bereits exklusive Teilrechte übertragen, so kann die Nutzung nachher nicht auch anderen noch erlaubt werden. Auch die Regelung des Zugangs zu wissenschaftlichen Publikationen, deren Entstehung im Anstellungsverhältnis bei öffentlichen Institutionen und/oder mit öffentlichen Geldern gefördert wurde, ist deshalb (allein) Sache der vertraglichen Vereinbarung (sowie der auf diese anwendbaren Normen) über diese Anstellung oder Förderung und damit letztlich der Förderungspolitik des jeweiligen öffentlichen Trägers. Allerdings hat solche Politik stets auch einen Wettbewerbsgesichtspunkt: Die Freigabe bspw. der universitär entstandenen Werke zur Publikation trocknet die Geschäftsgrundlage der Wissenschaftsverlage aus und monopolisiert letztlich die Publikationsmöglichkeit überhaupt bei den universitären Institutionen.

Zu Abs. 2

14 Grundsätzlich folgt die Auslegung auch von Verträgen mit urheberrechtlichem Gegenstand den allgemeinen Regeln, OR Art. 18 (Barrelet/Egloff, URG 16 N 21). Für den **Umfang der Nutzungsrechtsübertragung** ist in Absatz 2 eine spezielle Auslegungsregel festgelegt. Danach sind Übertragungen einzelner Teilrechte eng auszulegen und beziehen sich im Zweifel auch nicht auf andere Teilrechte (siehe aber BGer sic! 1999, 403 «Grille»). Der Umfang des übertragenen Nutzungsrechts bestimmt sich demnach nach dem Zweck der Übertragung – deshalb **Zweckübertragungstheorie** genannt (siehe BGE 101 II 102 ff. «Psychologischer Farbtest»; ferner BGer. sic! 1999, 119 «Clown»; BGE 125 III 263 «Software»; vgl. auch OR Art. 381 Abs. 1 → Nr. 4). Die Regel ist nach h.M. (vgl. die Nw. bei Barrelet/Egloff, URG 16 N 20; Müller/Oertli/de Werra, URG 10 N 44) über den Rahmen des Abs. 2 hinaus, insbesondere auch auf Globalübertragungen des (übertragbaren) Urheberrechts anwendbar (anders als dUrhG § 31 Abs. 5 sieht das URG dies nicht ausdrücklich vor). Weniger klar sind indes hier ihre Wirkungen: Zunächst ist zu fragen, ob überhaupt Auslegungsspielraum besteht (von Büren/Meer. SIWR II/1, 255). Auch insofern ist dann der einvernehmlich verfolgte Zweck des Vertrages in Betracht zu ziehen, der indes in Fällen der Globalübertragung («buy out») oft gerade den weitestmöglichen Erwerb der Rechtsstellung des Urhebers anvisiert und folglich sogar zu einer extensiven Auslegung (z.B. zum Einschluss zukünftiger Nutzungsarten, welche bestehende ersetzen oder ergänzen) führen kann (vgl. N 3; Müller/Oertli/de Werra, URG 16 N 30; a.M. Barrelet/Egloff, URG 16 N 9, 20).

Zu Abs. 3

15 Häufig ist die Ausübung des Urheberrechts an den Gebrauch gegenständlicher Werkexemplare gebunden (Ausstellung des Kunstwerks; Vorführung der Filmkopie). Hierbei käme es zu Überlagerungen der aus dem **Eigentum** erwachsenden Herrschaftsmacht über die Sache und des **urheberrechtlichen** Monopols auf **Nutzungen** des Werks bzw. des Leistungsschutzgegenstands. Die grundsätzliche Lösung des Konflikts findet sich in URG Art. 12 Abs. 1 und

Art. 16 Abs. 3: Soweit *Verbreitungshandlungen*, d.h. die Veräusserung und Gebrauchsüberlassung und damit die zentralen Akte der Eigentumsherrschaft betroffen sind, weicht diesem das Urheberrecht – es erschöpft sich insoweit mit der ersten, vom Urheber bewilligten Veräusserung (URG 12 N 1). Einzelne weitere Prärogativen des Eigentümers über den Urheber-Rechtinhaber kommen hinzu (so URG Art. 12 Abs. 3). *In allen anderen Fällen* hat das urheberrechtliche Nutzungsmonopol Bestand, unabhängig von den sachenrechtlichen Gebrauchsrechten am Gegenstand – die Eigentumsrechte sind insoweit beschränkt. Dies findet seinen Ausdruck in URG Art. 16 Abs. 3, der weitergehend die negative Auslegungsregel enthält, dass Verfügungen über das Eigentum im Zweifel keine Verfügung über urheberrechtliche Nutzungsrechte enthalten (insoweit a.M. Barrelet/Egloff, URG 16 N 24). Sacheigentum und Werknutzungsmonopol gehen daher grundsätzlich rechtlich verschiedene Wege. Der Eigentümer oder Besitzer eines Werkexemplars hat grundsätzlich wie jeder andere die Einwilligung der Rechteinhaber einzuholen, will er dies in einer Weise gebrauchen, die in die Urheberrechte eingreift (namentlich über den Eigengebrauch hinaus, URG Art. 19). Indessen steht diese Regel der *einzelfallbezogenen* Berücksichtigung des Eigentumsübergangs *bei der Feststellung und Auslegung* des urheberrechtlichen Vertragsinhalts – und dabei ggf. auch stillschweigend vereinbarter Nutzungsrechtsübertragungen – nicht entgegen (so beinhaltet der Verkauf von Werken der bildenden Kunst häufig auch das Ausstellungsrecht). Hinzu kommen wiederum einzelne, spezielle Rechte des Urhebers gegen den Eigentümer – Duldungs- oder Handlungspflichten des Letzteren (URG Art. 14, 15).

Art. 17   Rechte an Programmen

Wird in einem Arbeitsverhältnis bei Ausübung dienstlicher Tätigkeiten sowie in Erfüllung vertraglicher Pflichten ein Computerprogramm geschaffen, so ist der Arbeitgeber oder die Arbeitgeberin allein zur Ausübung der ausschliesslichen Verwendungsbefugnisse berechtigt.

1   Infolge dieser Ausnahmeregelung für die **Computerprogramme** gehen die Verwertungsrechte an «Dienstwerken» von Gesetzes wegen vollständig an den Arbeitgeber über. Es findet eine **Legalzession** statt (URG 6 N 4). Es liegt nota bene also kein originärer Rechtserwerb des Arbeitgebers vor. Das liegt am Bekenntnis der Schweizer Rechtsordnung zur sog. droit-d'auteur-Lösung. Es handelt sich um eine dispositive Norm, die durch Einzelabrede abgeändert werden kann.

2   **Gegenstand** der Legalzession sind die in URG Art. 10 und 11 erwähnten Rechte, nicht aber die persönlichkeitsrechtlichen Elemente des Urheberrechts, insbesondere auch nicht das Recht auf Namensnennung (URG Art. 9 Abs. 1), auf dessen Ausübung aber verzichtet werden kann (URG 9 N 8).

3   Die Bestimmung gilt nur für **Pflichtwerke**. Auf Gelegenheits- und freie Werke hingegen findet die allgemeine Bestimmung von URG Art. 16 Anwendung (zur Terminologie s. URG 16 N 11).

4   Auch in **zeitlicher Hinsicht** ist die Legalzession beschränkt: Wird ein Programm zwar während des Arbeitsverhältnisses entwickelt, jedoch erst nach dessen Beendigung fertig-

gestellt, gilt URG Art. 17 nur für jene Teile und Entwürfe (URG Art. 2 Abs. 4), die bis zur Beendigung des Arbeitsverhältnisses vorliegen. Allerdings kann das Computerprogramm in diesem Fall nur mit Einwilligung des Arbeitgebers fertiggestellt werden, weil mit den Entwürfen auch das Bearbeitungsrecht (URG Art. 11 Abs. 1 lit. b) auf den Arbeitgeber übergegangen ist (hierzu Neff/Arn, SIWR II/2, 281 f.).

5   Die Entstehungsgeschichte verbietet es, die Lösung über eine Legalzession analog auf andere Werkkategorien anzuwenden; denn das Arbeitnehmerurheberrecht und das Produzentenrecht waren Punkte, die bisher häufig thematisiert wurden, über die man sich im Gesetzgebungsverfahren jedoch nie einigen konnte. «Zur Auslegung dieser Bestimmung kann auf Lehre und Rechtsprechung zu OR Art. 332 verwiesen werden» (Botschaft 1989, 536). Zum Arbeitsvertrag als Grundlage einer Legalzession s. KGer/SG sic! 1999, 248 «Computerprogramme». Ebenfalls unzulässig wäre es auf Grund der Entstehungsgeschichte und des klaren Wortlautes, die Bestimmung analog auf andere Vertragsverhältnisse als den Arbeitsvertrag anzuwenden, z.B. auf den Werkvertrag oder den Gesellschaftsvertrag. Insoweit ist auf die vertragliche Abrede im Einzelfall abzustellen, ggf. mittels Auslegung nach der Zweckübertragungstheorie.

Art. 18   Zwangsvollstreckung

Der Zwangsvollstreckung unterliegen die in Artikel 10 Absätze 2 und 3 sowie in Artikel 11 genannten Rechte, soweit der Urheber oder die Urheberin sie bereits ausgeübt hat und das Werk mit der Zustimmung des Urhebers oder der Urheberin bereits veröffentlicht worden ist.

1   Kaum überraschend ist die Tatsache, dass der Gesetzgeber die in URG Art. 10 Abs. 2 und 3 aufgelisteten **Ausschliesslichkeitsrechte** zum **Objekt der Zwangsvollstreckung** macht, weil es sich dabei klar um Vermögensrechte handelt. Keine Selbstverständlichkeit ist hingegen, dass auch das Änderungs- und Bearbeitungsrecht (URG Art. 11 Abs. 1) der Zwangsvollstreckung zugänglich gemacht wird, weil diese Rechte teilweise persönlichkeitsrechtlich geprägt sind. Der pauschale Verweis auf URG Art. 11 bezieht sich nur auf dessen Abs. 1, weil Abs. 2 nur vor Entstellungen schützt – also nicht vermögensrechtlicher Natur ist – und Abs. 3 inhaltlich eine Schrankenbestimmung ist (URG 11 N 15; vgl. allgemein zu URG Art 18: Mark A. Reutter, in: Streuli-Youssef, Urhebervertragsrecht, 331 ff.).

2   Von den der Zwangsvollstreckung zugänglichen Verwertungsrechten zu unterscheiden sind **Forderungen** des Rechteinhabers, welche sich aus der Werknutzung ergeben. In der Lehre wird vertreten, dass die gesetzlichen Vergütungsansprüche als solche (URG Art. 13, 20 und 35) ebenfalls unter URG Art. 18 subsumiert werden sollen, weil eine echte Gesetzeslücke vorläge (vgl. Müller/Oertli/De Werra, URG 18 N 8 mit Verweisen). Diese Ansicht verkennt, dass es sich dabei nicht um Ausschliesslichkeitsrechte sondern um Forderungsrechte (des Mitglieds gegenüber einer Verwertungsgesellschaft) handelt, die von URG Art. 18 nicht erfasst werden und auf welche die gewöhnlichen Regeln über die Forderungspfändung und -verwertung Anwendung finden (SchKG Art. 95 und 131).

3   Um als Objekt für die Zwangsvollstreckung in Frage zu kommen wird zunächst vorausgesetzt, dass das betreffende Werk mit Zustimmung des Urhebers bereits **veröffentlicht** wurde.

Unerheblich ist, ob die Veröffentlichung durch den Urheber oder einen Rechtsnachfolger (z.B. den Arbeitgeber) erfolgte (vgl. zum Begriff der Veröffentlichung URG 9 N 13 ff.). Ausserdem sind der Zwangsvollstreckung nur jene Teilrechte zugänglich, die der Urheber – gemeint ist der Werkschöpfer bzw. dessen Erben – schon **ausgeübt** hat. Dies ist bereits der Fall, wenn er darüber rechtsgeschäftlich verfügt hat, nicht aber beim Erbgang. Ist nicht sowohl das Werk veröffentlicht als auch das betreffende Teilrecht bereits ausgeübt worden, so bleibt jedes Teilrecht, das die beiden Voraussetzungen nicht **kumulativ** erfüllt, unpfändbar (SchKG Art. 92 Abs. 4). Diese Voraussetzungen dienen dem Schutz der Persönlichkeit des Urhebers, dem ein Werk nicht gleichsam entrissen werden soll (URG 9 N 10).

4 Für den Fall der Spezialexekution sieht SchKG Art. 132 Abs. 2 vor, dass die Aufsichtsbehörde das **Verwertungsverfahren** bestimmt, bei der Generalexekution die Konkursverwaltung bzw. die Gläubigerversammlung (SchKG Art. 256 Abs. 1).

5. Kapitel: Schranken des Urheberrechts

Art. 19   Verwendung zum Eigengebrauch

[1] Veröffentlichte Werke dürfen zum Eigengebrauch verwendet werden. Als Eigengebrauch gilt:
a. jede Werkverwendung im persönlichen Bereich und im Kreis von Personen, die unter sich eng verbunden sind, wie Verwandte oder Freunde;
b. jede Werkverwendung der Lehrperson für den Unterricht in der Klasse;
c. das Vervielfältigen von Werkexemplaren in Betrieben, öffentlichen Verwaltungen, Instituten, Kommissionen und ähnlichen Einrichtungen für die interne Information oder Dokumentation.

[2] Wer zum Eigengebrauch berechtigt ist, darf unter Vorbehalt von Absatz 3 die dazu erforderlichen Vervielfältigungen auch durch Dritte herstellen lassen; als Dritte im Sinne dieses Absatzes gelten auch Bibliotheken, andere öffentliche Institutionen und Geschäftsbetriebe, die ihren Benützern und Benützerinnen Kopiergeräte zur Verfügung stellen.[1]

[3] Ausserhalb des privaten Kreises nach Absatz 1 Buchstabe a sind nicht zulässig:[2]
a. die vollständige oder weitgehend vollständige Vervielfältigung im Handel erhältlicher Werkexemplare;
b. die Vervielfältigung von Werken der bildenden Kunst;
c. die Vervielfältigung von graphischen Aufzeichnungen von Werken der Musik;

---

1   Fassung gemäss Ziff. I des BG vom 5. Okt. 2007 über die Änderung des BG betreffend das Urheberrecht und verwandte Schutzrecht, in Kraft seit 1. Juli 2008 (AS 2008 2421).
2   Fassung gemäss Ziff. I des BG vom 5. Okt. 2007 über die Änderung des BG betreffend das Urheberrecht und verwandte Schutzrecht, in Kraft seit 1. Juli 2008 (AS 2008 2421).

d. die Aufnahme von Vorträgen, Aufführungen oder Vorführungen eines Werkes auf Ton-, Tonbild- oder Datenträger.

3bis Vervielfältigungen, die beim Abrufen von erlaubterweise zugänglich gemachten Werken hergestellt werden, sind von den in diesem Artikel enthaltenen Einschränkungen des Eigengebrauchs sowie von den Vergütungsansprüchen nach Artikel 20 ausgenommen.[1]

4 Dieser Artikel findet keine Anwendung auf Computerprogramme.

Vorbemerkungen zum 5. Kapitel: Schranken des Urheberrechts (Art. 19–28)

1 Der Inhalt des Urheberrechts, zunächst bestimmt durch die umfassende Verwendungsbefugnis gem. URG Art. 10 und begrenzt durch die Schutzfrist gem. URG Art. 29 ff., bzw. seine Ausübung werden durch eine Reihe gesetzlicher Vorschriften weiter *beschränkt*. Diese betreffen:

- die Werkverwendung zum Eigengebrauch im privaten Kreis (URG Art. 19 Abs. 1 lit. a);
- die Werkverwendung für den Unterricht (URG Art. 19 Abs. 1 lit. b);
- die Vervielfältigung für die interne Information und Dokumentation (URG Art. 19 Abs. 1 lit. c);
- die Entschlüsselung von Computerprogrammen (URG Art. 21 Abs. 1);
- das Weitersenderecht (URG Art. 22 Abs. 1 und 2);
- gewisse Verwendungen so genannter Archivwerke durch Sendeunternehmen (URG Art. 22a);
- die Verwertungsrechte an Ton- und Tonbildträgern so genannt verwaister Werke (URG Art. 22b);
- das Recht zum Zugänglichmachen auf Abruf an musikalischen Werken in Verbindung mit ihrer Sendung (URG Art. 22c);
- die Zwangslizenz zur Herstellung von Tonträgern (URG Art. 23 Abs. 1);
- die Herstellung von Archivierungskopien (URG Art. 24 Abs. 1);
- die Herstellung von Archivierungs- und Sicherungsexemplaren zur Bestandssicherung (URG Art. 24 Abs. 1*bis*);
- die Herstellung von Sicherungskopien von Computerprogrammen (URG Art. 24 Abs. 2);
- die vorübergehende («ephemere»), technisch bedingte Vervielfältigung (URG Art. 24a);
- die Vervielfältigung von Ton- und Tonbildträgern musikalischer Werke zu Sendezwecken (URG Art. 24b);

---

1 Eingefügt durch Ziff. I des BG vom 5. Okt. 2007 über die Änderung des BG betreffend das Urheberrecht und verwandte Schutzrecht, in Kraft seit 1. Juli 2008 (AS 2008 2421).

- die Vervielfältigung in für Menschen mit Behinderungen zugänglicher Form (URG Art. 24c);
- die Zitierfreiheit (URG Art. 25 Abs. 1);
- die Verwendung als Katalogbild (URG Art. 26);
- die Panoramafreiheit (Verwendung der Abbildung von Werken auf allgemein zugänglichem Grund; URG Art. 27 Abs. 1);
- die Berichterstattung über aktuelle Ereignisse (URG Art. 28 Abs. 1).

2 Die Schranken gelten entsprechend auch für jene ausschliesslichen **verwandten Schutzrechte** (URG Art. 33 ff.), die von einer Schrankennutzung betroffen sind (URG Art. 38).

3 Nicht im 5. Kapitel geregelt sind die Grenzen, welche jeglichem Urheber- und verwandten Schutzrecht durch die zeitliche Beschränkung (URG Art. 29 ff.), sowie dem Verbreitungsrecht durch den Erschöpfungsgrundsatz (URG Art. 12) gezogen werden. Keine Schranke des Urheberrechts, sondern ein Anwendungsfall allgemeiner Rechtsgrundsätze aus ZGB Art. 2 Abs. 2 ist die *Verwirkung* des Schutzanspruchs aufgrund besonderer Umstände (vgl. BGer sic! 1998, 320).

4 **Typologie:** Die Schranken ziehen dem Verbotsrecht aus URG Art. 10 und entsprechenden verwandten Rechten (URG Art. 33 ff.) Grenzen, entziehen also bestimmte Nutzungen dem Rechtsschutz; dies teils unentgeltlich (URG Art. 20 Abs. 1, 21, 22 Abs. 2, 24, 24a, 25 ff.; dazu auch Art. 5, 11 Abs. 3, vgl. Barrelet/Egloff, URG 19 N 2); teilweise gegen Vergütung (gesetzliche Lizenz; URG Art. 20 Abs. 2 f., 24c, ebenso Art. 35; s. auch URG 39a N 28). Einen *Anspruch* auf Nutzung gegenüber Urhebern oder Dritten, also bspw. auf Werkzugang, begründen diese Bestimmungen grundsätzlich nicht (für den Eigengebrauch Müller/Oertli/Gasser, URG 19 N 11 m.w.N.). Unter den Regelungen des 5. Kapitels sind zudem auch solche, die nicht den Inhalt des Schutzrechts einschränken, aber den Rechteinhabern dessen individuelle Ausübung entziehen (**Verwertungsgesellschaftspflicht** oder Kollektivverwertungspflicht; URG Art. 22 Abs. 1, 22a–22c, 24b) oder die Pflicht zur individuellen Lizenzerteilung auferlegen (Zwangslizenz, URG Art. 23 Abs. 1). Auch diese schränken wegen der Tarifbindung (URG Art. 46, 60 Abs. 2) und des Abschlusszwangs (Vorbem. Art. 40 N 5) das Ausschliesslichkeitsrecht substanziell ein. Die einzelnen Schranken weisen im *Normzweck* (bspw. verfassungsmässige Kommunikationsfreiheiten, praktische Grenzen der Durchsetzbarkeit) in den *Adressaten* (Allgemeinheit oder spezifische Nutzerkreise), der Art und den Umständen der Nutzungen und den davon betroffenen *Verwendungsrechten* (alle oder einzelne) erhebliche Unterschiede auf.

5 Die **Auslegung** der einzelnen Schrankenbestimmungen ist an deren jeweiligem Normzweck auszurichten, dem die Abwägung zwischen dem Verwertungs- und Rechtsschutzinteresse der Rechteinhaber an der Nutzung der Werke und den Interessen der Nutzer in der jeweiligen Situation zugrundeliegt. In diesen Interessenausgleich ist neben den von der konkreten Schranke betroffenen Interessen stets auch das Bedürfnis am *Bestandsschutz* des Urheberrechts als solchem, an seiner Funktion als Träger der *wirtschaftlichen Verkehrsfähigkeit der Werke* (Vorbem. URG 1 N 4 und URG 16 N 4) einzubeziehen. Die Auslegung hat deshalb zum einen den Schutz der Eigentumsgarantie der Bundesverfassung (BV Art. 26) zu beachten, den das Urheberrecht einschliesslich der verwandten Schutzrechte als Teil der privaten

Eigentumsordnung geniesst (vgl. BGE 131 III 480, E 3.1; *verfassungskonforme Auslegung;* s. auch URG Art. 1 N 3 ff.).

6 Zum andern ist ein Mindestrahmen des Urheberrechtsschutzes durch **internationale Abkommen** vorgegeben, welche für die Schweiz verbindlich sind (WCT, TRIPS, RBÜ; entspr. für die verwandten Schutzrechte WPPT, Rom-Abkommen; → Nr. 13–15, 22 f.; URG 1 N 12 ff.). In diesem Rahmen bestimmen die Abkommen auch, wie weit überhaupt mit Schranken in den Rechtsschutz eingegriffen werden darf (so RBÜ Art. 9 Abs. 2, 10 f., 11*bis* Abs. 2, 13 Abs. 1); Schrankenbestimmungen sind daher auch *konventionskonform auszulegen.* Die wichtigste konventionsrechtliche Grenze der Schrankenbestimmungen ist der **Drei-Stufen-Test** (TRIPS Art. 13 → Nr. 16; WCT Art. 10 Abs. 1 → Nr. 14; WPPT Art. 16 Abs. 2 → Nr. 15; für das Vervielfältigungsrecht schon RBÜ Art. 9 Abs. 2; s. URG 1 N 14). Er postuliert einen Mindestschutz, der unmittelbar anwendbar ist, soweit er über den nationalen Rechtsschutz hinausgeht (URG Art. 1 Abs. 2; dort N 13 f.; für die RBÜ Botschaft 1989, 509; Gasser, S. 47 f. m.w.N.) und deshalb auch von den Gerichten bei der *Anwendung* der Schrankenbestimmungen herangezogen wird (BGE 133 III 473; 133 II 263). Dieser Test bindet Ausnahmen und Schranken der konventionsrechtlichen Schutzrechte daran, dass sie (1.) auf *bestimmte Sonderfälle* beschränkt sein müssen, (2.) die *normale Verwertung* der Werke oder Schutzgegenstände nicht beeinträchtigen und (3.) die *berechtigten Interessen* der Schutzrechteinhaber nicht unzumutbar verletzen dürfen (vgl. BGE 133 II 263, E. 7.3.2; 133 III 473, E. 6.1 ff.; Botschaft 1989, 539). D.h. im Einzelnen, dass nach der **ersten Stufe** *generalklauselartige Ausnahmebestimmungen* ausgeschlossen sind und die Zielsetzung der Schrankenbestimmung ersichtlich sein muss (BGE 133 III 473, E. 6.1; wobei das Gericht aber verkennt, dass schon die *Vervielfältigung zum Eigengebrauch* nach Abs. 1 als solche, nicht erst deren Vornahme durch Dritte nach Abs. 2, als Schrankenbestimmung dem Test zu genügen hätte; RBÜ Art. 9 Abs. 1 und 2 unterscheiden hierin nicht). **Stufe zwei** verlangt eine *Verhältnismässigkeitsprüfung* gemessen am jeweiligen Absatzmarkt; **Stufe drei** eine hiervon losgelöste *«Verhältnismässigkeitsprüfung im engeren Sinn»* (BGer a.a.O.), wobei neben der angemessenen Vergütung der Urheber auch andere Interessen zu berücksichtigen sind (so das erhöhte Risiko einer Urheberrechtsverletzung, z.B. unrechtmässiger Weiterverbreitung in Folge einer Schrankennutzung).

7 Mit dem Normzweck jeder Schranke verbunden ist auch die Frage der **Zulässigkeit abweichender Vereinbarungen**, insbesondere solcher über Einschränkungen gesetzlich erlaubter Nutzungen. Das URG nimmt eine *Zuordnung der Nutzungsrechte* vor (Sachrecht), enthält sich aber prinzipiell einer Ordnung der privatvertraglichen *Verfügung über diese Rechte* (Urhebervertragsrecht; ausgenommen einzelne ausdrückliche Bestimmungen wie URG Art. 24 Abs. 2). Mit der Zuweisung solcher Befugnisse ist deshalb nicht ohne weiteres eine Einschränkung der Vertragsfreiheit verbunden; diese wäre vielmehr allenfalls dem konkreten Zweck einer bestimmten Schrankenregelung zu entnehmen (vgl. N 37 und URG Art. 20 N 2). Im Grundsatz steht es Nutzern frei, sich vertraglich zur Unterlassung urheberrechtlich erlaubter Nutzungen zu verpflichten (siehe aber N 37 zu anderer Auffassung u.a. in BGE 127 III 26, E. 4).

8 Umstritten ist, inwieweit die Auslegung der Schrankenbestimmungen deren **Ausnahmecharakter** Rechnung zu tragen habe und deshalb **in der Regel** restriktiv vorzunehmen sei (so Cherpillod, SIWR II/1, 265; a.M. Müller/Oertli/Gasser URG 19 N 15, m.w.N.). Die Frage ist

letztlich in der Gegenüberstellung des Normzwecks der konkreten Ausnahmebestimmung mit dem verfassungs- und konventionsrechtlich (bes. Stufe 1 des Drei-Stufen-Tests; N 6) bestimmten Grundsatz eines *umfassenden* Rechtsschutzes (URG Art. 10) zu beantworten, was im Ergebnis meist eine restriktive Auslegung gebietet.

Zu Art. 19
Abs. 1

9 Art. 19 fasst unter dem Begriff des **Eigengebrauchs** in Abs. 1drei Schrankentatbestände zusammen, die sich nach Zweck, Adressaten, Ausmass und Bedeutung stark unterscheiden (lit. a, b und c). Insbesondere der Privatgebrauch nach lit. a schafft, im Ergebnis potenziert durch die tatsächliche Entwicklung verfügbarer Vervielfältigungs- und Verbreitungstechnologien, einen weiten, schutzrechtsfreien Raum.

10 Eigengebrauch kann nur an **veröffentlichten** (vgl. URG Art. 9 Abs. 2 und 3; dort N 5) Werken, und jedenfalls ausserhalb des privaten Kreises (URG Art. 19 Abs. 1 lit. b und c, Abs. 2 und 3) beim Bezug aus rechtswidrigen Quellen (rechtswidrig hergestellten oder zum Abruf zugänglich gemachten Werkexemplaren) geltend gemacht werden (Botschaft 2006, 3430; Müller/Oertli/Gasser, URG 19 N 10, 22, 26). Eine Abkehr von diesem Grundsatz (BGE 128 IV 201, E. 3.5, 133 III 473, E. 5.2) ist der Botschaft hier nicht zu entnehmen; umstr. bleibt Letzteres für den Gebrauch im privaten Kreis, insbesondere die Privatkopie; dazu N 19.

Zu lit. a

11 Innerhalb des **privaten Kreises** ist jegliche **Werkverwendung** erlaubt (vgl. URG Art. 19 Abs. 3). Die Regelung folgt der Konzeption des URG 1922, wonach der eigentliche Privatgebrauch, wie er in dessen Art. 22 umschrieben war, eine absolute Schranke des Urheberrechts darstellte (vgl. Botschaft 1989, 541; Gasser, S. 49 m.w.N.). Damit sind der Schranke Nutzungshandlungen ganz unterschiedlicher Bedeutung und Intensität unterstellt, nämlich einerseits die auf eigentlichen *Werkgenuss* gerichteten Nutzungen (bspw. Wiedergabe, Vortrag) – welche auf diese Weise von der Werkverwertung abgegrenzt sind – anderseits die *Vervielfältigung* im privaten Bereich (**Privatkopie**), welche nicht unmittelbar dem Werkgenuss dient, sondern die Nutzungsmöglichkeiten vervielfacht, die Interessen der Rechteinhaber also viel stärker berührt (vgl. Botschaft 1989, 539; Gasser, S. 38 ff., 24; vgl. auch die gesonderte Regelung der Privatkopie bspw. in RBÜ Art. 9 Abs. 2; EU-Richtlinie 2001/29 → Nr. 18, Art. 5 Abs. 2 lit. b; § 53 dt. UrhG; Art. L 122-5 Abs. 2 frz. CPI).

12 Mit der (teils vergütungspflichtigen, URG Art. 20 Abs. 3 f., N 4, teils unentgeltlichen, vgl. Botschaft 1989, 539; s. aber URG Art. 20 N 1) *gesetzlichen Lizenz* zur privaten Vervielfältigung sollte einerseits die *Privatsphäre* vor dem Zugriff der Rechtsverfolgung bewahrt bleiben. Anderseits sollte die (unter dieser Prämisse) *unkontrollierbare Massennutzung,* die mit privaten Kopiermöglichkeiten (Photokopierer, Magnetbandkassetten) aufkam (Botschaft 1989, 485, 494), nicht für illegal gelten, ohne dass dies durchsetzbar war (Botschaft 1989, 538; Gasser, S. 17 ff.). Diese Motive sind durch die technologische Entwicklung (einerseits die unverhältnismässig *intensivere Nutzertechnologie*, anderseits die durch *technische Massnahmen* mögliche schonende Rechtewahrnehmung; N 26) *in Frage gestellt* (vgl. Müller/Oertli/

Gasser, URG 19 N 1). Die Revision 2007 hat die Schranke dennoch nicht angepasst, sondern sich auf redaktionelle Korrekturen in Abs. 2 f. sowie den Abs. 3*bis* beschränkt (N 28 f., 37). Die verfassungsrechtlichen Kommunikationsfreiheiten begründen gegenüber der Eigentumsgarantie kein überzeugendes Argument für die private Vervielfältigung, deren es hierfür, von Sonderfällen abgesehen, nicht bedarf. Vielmehr ist insofern die Güterabwägung bereits mit den Schranken aus URG Art. 25 ff. vorgenommen (BGE 131 III 480 E. 3.1). Auf Eigengebrauch besteht *kein Rechtsanspruch* (vgl. auch Müller/Oertli/Gasser, URG 19 N 11 m.w.N.).

13 Das Ausmass der dem Rechtsschutz entzogenen Nutzungen ist allein durch das Merkmal des **privaten Kreises** begrenzt. Dieses bedarf daher konventionskonformer Auslegung im Licht des Drei-Stufen-Tests (N 6). Das Gesetz fasst hierunter die beiden Tatbestandsmerkmale *«im persönlichen Bereich»* und *«im Kreis von Personen, die unter sich eng verbunden sind, wie Verwandte oder Freunde»* zusammen (vgl. URG Art. 9 Abs. 3, 19 Abs. 3, 20 Abs. 1).

14 Der **«persönliche Bereich»** ist, dem Normzweck gemäss, mit der schützenswerten Privatsphäre in Bezug zu setzen. Er ist damit nicht an einen bestimmten Ort gebunden (Botschaft 2006, 3429), sondern an den sozialen Handlungskontext. Umgekehrt ist er nicht beliebig auf Handlungen erstreckbar, welche zwar persönlich, aber im *öffentlichen* Kontext vorgenommen werden (bes. URG Art. 19 Abs. 3 lit. d; N 31, 36).

15 Desgleichen ist der **«Kreis von Personen, die unter sich eng verbunden sind**, wie Verwandte oder Freunde» nicht an örtliche Gegebenheiten gebunden (Botschaft 2006, 3429). Dieser Personenkreis begrenzt nicht nur dem Werkgenuss dienende Nutzungen wie Wiedergabe oder Vorführung, sondern auch die Herstellung und die Weitergabe von Privatkopien (URG Art. 10 Abs. 2 lit. a und b; s. aber Art. 19 Abs. 2, dazu N 28). Die Eindämmung der Verbreitung solcher Vervielfältigungsstücke in Kettenbeziehungen über den ursprünglichen Kreis verbundener Personen hinaus (Botschaft 1989, 539) erfordert ein restriktives Verständnis der *engen Verbindung*. Der Erschöpfung des Verbreitungsrechts (URG Art. 12) unterliegen diese ohne Einwilligung der Rechteinhaber hergestellten oder in Verkehr gebrachten Werkexemplare nicht.

16 Zählen einerseits neben der *Familie* und Familienanlässen auch familienähnliche Lebensgemeinschaften (Gasser, 57) zu diesem Kreis, so bedarf es andererseits einer dauerhaften, wirklich persönlichen *freundschaftlichen Verbundenheit* (Gasser a.a.O.), wofür in einem ausserprivaten Kontext begründete Beziehungen (Schulklasse, Berufskollegen u. dgl.), aber regelmässig auch das blosse Zusammenwohnen in einem Heim oder Internat (hierin a.M. Gasser, a.a.O.) und jedenfalls Bekanntschaften, die im Internet oder über andere Medien im Wesentlichen zum Zweck des Austauschs von Werken begründet werden, *nicht genügen*. Für die Privatheit von Anlässen kann neben der Art der Beziehung (Familien-, nicht hingegen betriebliche – hierzu URG Art. 19 Abs. 1 lit. c, N 26 – und Vereinsanlässe) die Teilnehmerzahl ausschlaggebend sein; sie ist jedenfalls überschritten bei öffentlicher Mitteilung oder Werbung oder bei Teilnahme von Medien- oder Behördenvertretern (vgl. Cherpillod, SIWR II/1, 272; Gasser, 58 f. je m.w.N.).

17 Zu Recht knüpft die wohl h.L. den Privatgebrauch an weitere, **ungeschriebene**, aber aus dem privaten Charakter und dem Normzweck abzuleitende **Tatbestandsmerkmale:** So dürfen mit der Nutzung **keine Einnahmen** angestrebt werden (Müller/Oertli/Gasser,

URG 19 N 8 m.w.N.; Gasser, S. 64 f., Barrelet/Egloff URG 19 N 9). Hingegen wollte der Gesetzgeber es nicht mehr ausschliessen, im Privatgebrauch (in den Grenzen des Abs. 1; sonst Abs. 3, N 30 ff.) einen wirtschaftlichen Vorteil z.B. aus der Ersparnis der Anschaffung zu ziehen (vgl. Botschaft 1989, 537 f., Gasser, a.a.O.; Barrelet/Egloff, a.a.O.; Cherpillod, SIWR II/1, 271).

18 Auch die **mengenmässige Beschränkung** der privaten Vervielfältigung folgt zwar nicht aus dem Gesetzeswortlaut, im Ergebnis aber aus dem privaten Zweck: Eine Kopienzahl, die mit dem erlaubten privaten Gebrauch nicht erklärbar ist, indiziert seine Überschreitung (a.M. Gasser, S. 68).

19 Die Schrankenbestimmungen (Art. 19 Abs. 1; aber auch Art. 22–28) enthalten keine ausdrückliche Regelung, ob und in welchen Fällen zum jeweiligen Gebrauch auch **unrechtmässig hergestellte** (Raubkopien) oder **zugänglich gemachte** (rechtswidriger Upload) **Werkexemplare** verwendet werden dürfen. Anders als blosser privater Werkgenuss, kann die *Vervielfältigung* von Werken (zur gebotenen Differenzierung s. N 11) unter Verwendung rechtswidrig hergestellter oder zugänglich gemachter Werkexemplare die Ausübung der Verwertungsrechte beeinträchtigen. Namentlich die – vergleichsweise neue – Möglichkeit, mittels digitaler Kopie in beliebiger Zahl originalgleiche Werkexemplare herzustellen, versetzt die Nutzer in den Stand, sich die Werkexemplare nach ihren Bedürfnissen an den Verwertungskanälen der Urheber vorbei zu verschaffen und perpetuiert in ihren Händen den mit der Rechtsverletzung geschaffenen Zustand. Nach zutreffender Auffassung können solche Vervielfältigungen nicht auf privaten Eigengebrauch gestützt werden (vgl. etwa Müller/Oertli/Gasser, URG 19 N 10; BGE 133 III 473, E. 5.2; 128 IV 201, E. 3.5; Barrelet/Egloff, URG 19 N 7b; Gasser, S. 60 ff.; a.M. Cherpillod, SIWR II/1, 270 f.). Dies folgt aus verfassungs- und konventionskonformer Auslegung (N 5 f.) sowie aus allgemeinen Grundsätzen des Eigentumsschutzes, welche der Perpetuierung von Eigentumsrechtsverletzungen die Anerkennung versagen (vgl. etwa ZGB Art. 714 Abs. 2 i.V.m. Art. 3 Abs. 2; StGB Art. 160 Abs. 1). Dem entspricht überwiegend die Rechtslage im europäischen Ausland (vgl. die ausdrücklichen Verbote in dUrhG § 53 Abs. 1 Satz 1 sowie Art. 11 Abs. 3 des dänischen, Art. 12 Abs. 5 des norwegischen, Art. 12 Abs. 4 des schwedischen und Art. 31 Ziff. 2 des spanischen Urheberrechtsgesetzes; ferner Entscheid der französischen Cour de Cassation vom 30.05.2006, Ministère public et autres/Aurélien D., sowie des Österreichischen OGH vom 17.03.1998, 4Ob80/98p «Figur auf einem Bein»). Zu eng wollte die Botschaft 2006, 3430, dieses ungeschriebene Tatbestandsmerkmal allein aus URG Art. 19 Abs. 3 lit. a ableiten und damit auf Vorgänge ausserhalb des privaten Kreises beschränken. Der Gesetzgeber der Revision 2007 sah von einer Neuregelung ab (dazu AmtlBull NR 2007 1197) mit der Erwägung, ein ausdrückliches Verbot (vgl. Botschaft 2007, 3404, AmtlBull NR 2007 1202) bürde privaten Nutzern eine Rechtmässigkeitsprüfung auf, welche ihnen in Grenzfällen nicht zuzumuten wäre und kriminalisiere so breite Kreise ebenso aus nicht näher begründeten Zweifeln an der Durchsetzbarkeit ohne Beeinträchtigung der Privatsphäre (Botschaft 2007, S. 3430; AmtlBull NR 2007 1202 ff.). Verkannt wurde u.a., dass die Strafbarkeit von Urheberrechtsverletzungen an *Vorsatz* geknüpft ist (URG Art. 67 Abs. 1), die problematisierte Situation also gar nicht erfasst. Der praktisch bedeutsame Fall *vorsätzlicher* Vervielfältigung aus unrechtmässigen Quellen blieb hingegen unberücksichtigt. Eine generelle Korrektur der

bisherigen Rechtslage ist diesem Votum daher nicht zu entnehmen (siehe auch Abs. 3, N 37). Mit der Eigentumsgarantie der Bundesverfassung und dem konventionsrechtlichen Mindestschutz (Drei-Stufen-Test, N 5 f.) wäre eine gesetzliche Erlaubnis, *wissentlich und willentlich* aus Raubkopien und illegalen Tauschbörsen Werkexemplare zum Eigengebrauch herzustellen und damit den physischen und elektronischen Geschäftsverkehr mit diesen Werken zu umgehen, *unvereinbar:* Solche Legalisierung der Nachfrageseite eines Marktes für unrechtmässige Werkexemplare (dessen Angebotsseite sich der Rechtsverfolgung in das Ausland und die Anonymität entziehen kann) würde systematisch die normale Verwertung der Werke beeinträchtigen; indem ein wesentlicher Verbreitungsweg der Werke zum Publikum dem Rechtsschutz und einer Verwertungsplanung vollständig entzogen würde, wären zudem die legitimen Interessen der Urheber unzumutbar verletzt.

20 Entgegen der Botschaft 1989 (530, 539) ist auch der Privatgebrauch an das **Urheberpersönlichkeitsrecht,** namentlich den Entstellungsschutz nach URG Art. 11 Abs. 2, gebunden (so Gasser, S. 69, Müller/Oertli/Gasser URG 19 N 9; Cherpillod, SIWR II/1, 270; Barrelet/Egloff, URG 19 N 11). In der Praxis wird es bei Entstellungen im privaten Kreis regelmässig an den persönlichkeitsverletzenden nachteiligen Folgen fehlen; auch ist dies, anders als der Download aus illegaler Quelle (vgl. Cherpillod a.a.O.), tatsächlich kaum ohne Eingriff in die Privatsphäre verfolgbar.

21 Im **Schulbereich** soll wie im privaten Kreis «jede Werkverwendung» zulässig sein (zum Persönlichkeitsrecht: N 24). Im Sinne eines Interessenausgleichs ist aber diese zulässige Werkverwendung auf den Kreis beschränkt, der wirklich darauf angewiesen ist: auf den Lehrer mit seinen Schülern. Der Lehrer kann so den Unterricht individuell gestalten. Dem entspricht auch die geforderte Zweckgebundenheit der Werkverwendung; sie muss direkt auf den Unterricht ausgerichtet sein (Botschaft 1989, 539).

22 Nicht jede Einrichtung, die in einem weiten Sinn Bildung anbietet, ist **Schule** im Sinn dieser Regelung. Nur das *öffentliche Interesse an Bildung* rechtfertigt den Eingriff. Begünstigt sind daher in erster Linie die Stätten der obligatorischen Schulbildung. Nach h.L. sind auch sonstige, dauerhaft und personenunabhängig bestehende Einrichtungen begünstigt, die nach festem Lehrplan Ausbildung anbieten, welche zu (öffentlich) anerkannten *Berufs- und Hochschulabschlüssen* führt (vgl. Gasser, S. 75 ff., Müller/Oertli/Gasser, URG 19 N 16; anders noch die Vorauflage). Zweifelhaft ist, wie weit die Schranke auch die *Erwachsenenbildung* erfasst (vgl. Gasser, S. 76; Müller/Oertli/Gasser, URG 19 N 16; über den Normzweck hinaus dagegen Barrelet/Egloff, URG 19 N 13a). Auf öffentliche oder private Trägerschaft kommt es nicht an. Jedenfalls sind Freizeit- und Liebhaber-Bildungsangebote (wie *Clubschulen*), Fahrschulen, sporadische Veranstaltungen (wie Vortragsreihen) sowie nicht jedermann offenstehende Veranstaltungen (wie *betriebliche Weiterbildung,* auch das *Militär*) von lit. b nicht erfasst (Gasser, S. 77 f.).

23 Personell ist der Schrankengebrauch auf die Verwendung **durch die Lehrperson in der Klasse,** d.h. auf die natürlichen Personen des Lehrers sowie der Schüler der einzelnen Klasse begrenzt. Er erstreckt sich also nicht auf die Schule selbst oder zentrale Einrichtungen (Mediatheken, Lehrmittelzentralen; Botschaft 1989, 539 f.; Müller/Oertli/Gasser, URG 19 N 14 m.w.N.). Zugleich ist er an den Zweck der Verwendung mit Bezug zum konkreten Unterricht gebunden (Botschaft 1989, a.a.O.). Er deckt also weder Freizeitgestaltung, noch

exzessiven Werkgebrauch über das zur Veranschaulichung eines Lehrinhalts Geeignete und Nötige hinaus.

24 Die Schranke ist *nicht* auf das Vervielfältigungsrecht beschränkt: Neben Vortrag oder Vorführung und dem Wahrnehmbarmachen von Sendungen ist auch das Recht zum **Zugänglichmachen auf Abruf** erfasst (URG Art. 10 Abs. 2 lit. c, f). Die Grenzen der von Wortlaut und Normzweck gedeckten Schrankennutzung – der Personenkreis von natürlicher Lehrperson und Schülerkreis in Klassenstärke; der Zweck der Veranschaulichung in einem konkreten Unterrichtsvorgang; die Verhältnismässigkeit – dürfen indes nicht überschritten werden. Das schliesst die Abrufmöglichkeit für eine (auch begrenzte) grössere Zahl von Schülern oder Studierenden ebenso aus, wie unterrichtsergänzende Angebote von Lehrmitteln oder Stoff- und Quellensammlungen zum Selbststudium. In den Grenzen des unverzichtbaren Urheberpersönlichkeitsrechts (URG 9 N 7; 11 N 9) ist auch die **Bearbeitung** (URG Art. 11 Abs. 1) umfasst.

25 Die *Vervielfältigung* für den Schulgebrauch ist **vergütungspflichtig** (URG Art. 20 Abs. 2 und 3; vgl. auch Art. 60 Abs. 3). Demgegenüber sieht das Gesetz für andere Nutzungsarten – einschliesslich des Zugänglichmachens auf Abruf – keine selbständige Vergütung vor. Gleichwohl ist beim Tarif für die hierzu erforderliche Vervielfältigung (Speichervorgang) deren nutzungsintensiverer Zweck zu berücksichtigen. Die Verwendung *unrechtmässig* hergestellter, verbreiteter oder zugänglich gemachter Werkexemplare ist von der Schranke nicht gedeckt (Botschaft 2006, 3430; Gasser, S. 81; N 19).

26 Die dritte in Art. 19 Abs. 1 geregelte Schranke hat personell (**Betriebe**, öffentliche Verwaltungen, Institute, Kommissionen und ähnliche Einrichtungen) wie auch zweckbezogen (interne **Information oder Dokumentation**) den weitesten, *am wenigsten bestimmten* Anwendungsbereich. Definitionen in der Literatur stellen auf Institutionen ab, welche immerhin soweit verselbständigt sind, dass sie einen «**internen Bereich**» bilden können, sowie auf den Kreis der durch Arbeits-, öffentlichen Dienst- oder Mitgliedschaftsverhältnis mit diesen verbundenen Personen (Gasser, S. 91 f.). Die h.M. (Gasser, S. 92 f.; OGer ZH, 21.03.2007) geht zudem von einem weder an Betriebsstätten noch an die Rechtspersönlichkeit gebundenen, *weiten Betriebsbegriff* aus. Entgegen der wohl h.M. (vgl. OGer ZH, a.a.O.; Gasser, S. 90; Müller/Oertli/Gasser, URG 19 N 19; Barrelet/Egloff, URG 19 N 16; Cherpillod, SIWR II/1, 278) bieten der offene Wortlaut und die erkennbare Unfassbarkeit seines Anwendungsbereichs Anlass *nicht* zu dessen Ausweitung, *sondern* im Gegenteil zu seiner *Eingrenzung,* soll nicht der Drei-Stufen-Test der RBÜ (Art. 9 Abs. 1 i.V.m. Abs. 2) und der WIPO-Verträge (N 6) bereits auf der *ersten* Stufe verletzt sein. Das Problem der Kontrollierbarkeit der Massennutzung (Botschaft 1989, 537) stellt sich bei Anwendung geeigneter technischer Massnahmen nicht mehr. Mit der Begünstigung zumal privatwirtschaftlicher Unternehmen und Verbände wäre diese Schranke nicht zu rechtfertigen (N 5 f.). Im Bewusstsein dieses Problems (Botschaft 1989, 540), und im Unterschied zu lit. a und b, lässt das Gesetz unter lit. c **nur die Vervielfältigung** von Werkexemplaren (URG Art. 10 Abs. 2 lit. a) zu. Eine Einschränkung der in Artikel 11 und 11ter RBÜ gewährten ausschliesslichen Rechte des Urhebers (Aufführungs-, Vorführungs- und Vortragsrecht) wurde zu Recht für konventionswidrig gehalten, weil sie den Rahmen der von den Abkommensmaterialien noch als zulässig

27 erachteten «kleinen Ausnahmen» gesprengt hätte (Botschaft 1989, a.a.O.). Zudem unterliegt die Nutzung den Einschränkungen des Abs. 3, besonders lit. a.

27 Entgegen dem klaren Wortlaut von URG Art. 19 Abs. 1 lit. c, der auch das **Zugänglichmachen auf Abruf**, etwa durch das Einspeisen in Datenverarbeitungsanlagen und -netze, **nicht deckt**, soll auch dies nach h.M. **von der Schranke erfasst** sein (BGE 133 III 473, E. 3.1 f.; Botschaft 2006, S. 3421; Müller/Oertli/Gasser, URG 19 N 21, m.w.N.). Hierfür bietet indes gerade die *bewusste Eingrenzung* durch den Gesetzgeber (Botschaft 1989 a.a.O.) keinen Raum. Entgegen dem BGer (a.a.O.) ist der stillschweigende Einbezug des neuen, selbständigen Ausschliesslichkeitsrechts (N 4) in die Schranke für deren Zweck auch nicht erforderlich. Ist schon der Tatbestand von lit. c bedenklich unbestimmt, so ist seine Erstreckung auf dieses von WCT Art. 8 i.V.m. Art. 10 (→ Nr. 14) unmittelbar geschützte (Botschaft 2006, 3397) Verwendungsrecht des Zugänglichmachens auf Abruf konventionsrechtlich um so bedenklicher (so auch noch Gasser, S. 88 f.). Eine vergleichbare Schrankenbestimmung erlaubt etwa das EU-Gemeinschaftsrecht den Mitgliedsstaaten nicht (Richtlinie 2001/29, Art. 5 Abs. 2 und 3 → Nr. 18).

Zu Abs. 2

28 Die Regelung gestattet das Vervielfältigen von Werken zum **Eigengebrauch Dritter**, wobei jedoch der mit dem Dritten nicht persönlich verbundene Gerätebesitzer vergütungspflichtig wird (siehe URG Art. 20 Abs. 2). Ursprünglich als Ersatz für die abgelehnte Bibliothekstantieme eingefügt (AmtlBull NR 1992 38ff.) und damit auf einen *engen Anwendungsbereich* beschränkt, wurde die Bestimmung bereits mit BGE 128 IV 201, E. 3.4 f. und 133 III 473, E. 4.2 f. auf weitere Kreise von Geräteinhabern ausgedehnt. Die Revision 2006 hat dies nur klargestellt. Zudem deckt die Schranke nach h.M. auch die Bedienung des Kopiergeräts *durch Dritte*, mithin die Anfertigung der Kopie im Auftrag des Nutzers (Müller/Oertli/Gasser, URG 19 N 26; Barrelet/Egloff, URG 19 N 17). Damit rückt die Schrankenbestimmung näher an die gewöhnliche Verwertung des Vervielfältigungs- und Verbreitungsrechts nach Art. 10 Abs. 2 lit. a und b heran, welche durch den Drei-Stufen-Test gegen Beeinträchtigung geschützt ist. Die Grenze zu diesen Verwertungsrechten ist durch eine enge Auslegung der Vorschrift zu wahren (Gasser, S. 110 f.). Sie ist jedenfalls überschritten, sobald Dritte über den blossen *technischen* Kopiervorgang hinaus geschützte Inhalte als solche für Nutzer aufbereiten und erhältlich machen, also am Rechteinhaber vorbei mit den Werken Geschäfte machen (so Calame, Thierry, Elektronische Pressespiegel und Urheberrecht, recht 2002, S. 176, 184). Nicht nur muss deshalb die Initiative für den konkreten Kopiervorgang vom Eigennutzer ausgehen, was jegliches Kopieren auf Vorrat ausschliesst (BGE 128 IV 201, E. 3.4; Müller/Oertli/Gasser URG 19 N 27 m.w.N.), zudem auch die konkrete inhaltliche Bestellung des Nutzers, ggf. auch seine **Wahl der Vorlage** voraussetzt (so noch OGer Bern, sic! 2001, 613, E. 6; Gasser, 108, 110 f.; Calame, a.a.O.; Cherpillod, S. 279; Müller/Oertli/Gasser URG 19 N 27). Dem entgegen hält die heute wohl h.M. (BGE 133 III 473 E. 4.4 f.; so schon ZGer Basel-Stadt, sic! 2003, 217, E. 2.g.aa; Hilty, Reto, Anmerkung zum Urteil des Appellationshofes Bern vom 21.05.2001, in sic! 2001, 623, 627; Barrelet/Egloff, URG 19 N 17; weitere Nachw. bei Müller/Oertli/Gasser, a.a.O.) die Auswahl durch den Dritten für urheberrechtlich irrelevant, weil sie URG Art. 10 Abs. 2 lit. a nicht berühre. Auch wenn die

«Auswahl» keine urheberrechtliche Verwendung (URG Art. 10 Abs. 1) ist, kann sie doch die *Vervielfältigung* zur eigentlichen Produktion neu gestalteter Werkexemplare erweitern, was die Grenze der Schranke überschreitet. Tatsächlich kann aber dies die normale Verwertung besonders gewisser Werkkategorien wie Songs der populären Musik oder Kurztexte der Presse, denen Abs. 3 lit. a nach herkömmlichem Verständnis (N 33 f.) ungenügenden Schutz gegen parallele, nicht autorisierte Werkverbreitungswege bietet, beeinträchtigen (in casu durch BGE 133 III 473, E. 6.1 verneint). Die Kopiervergütung kann schon wegen URG Art. 60 Abs. 2 solche Beeinträchtigungen nicht kompensieren.

29 Dass die Revision 2007 den Begriff «Werkexemplare» durch «Vervielfältigungen» ersetzt hat, bereinigte den Widerspruch zu Abs. 3 lit. a, welcher gerade die Vervielfältigung ganzer «Werkexemplare» ausnimmt. Weitergehende Bedeutung hat die Anpassung nicht.

Zu Abs. 3

30 Die Werknutzung in den Eigengebrauchsschranken **ausserhalb des privaten Kreises** unterliegt ihrerseits **gesetzlichen Beschränkungen.** Diese sollten gewährleisten, dass der Eigengebrauch die normale Auswertung der Werke nicht beeinträchtigt, also den Drei-Stufen-Test wahren (RBÜ Art. 9 Abs. 2, vgl. Botschaft 1989, 541). Die in lit. a bis d aufgezählten Vervielfältigungshandlungen bedürfen somit der **Einwilligung des Berechtigten**, sofern sie ausserhalb des privaten Kreises zum privaten Eigengebrauch, oder aber sofern sie zum Gebrauch gemäss Abs. 1 lit. b und c angefertigt werden. Die zunehmende Werknutzung durch digitale Eigengebrauchskopie und im Internet ist indessen mit der Abgrenzung des privaten Kreises nicht mehr adäquat erfassbar.

31 Der **private Kreis i.S.v. Abs. 3** bestimmt sich, wie das Gesetz nunmehr klarstellt (Botschaft 2006, 3429), nach Abs. 1 lit. a (N 13 ff.; vgl. auch URG Art. 9 Abs. 3 und Art. 20 Abs. 1). Der Kreis verbundener Personen, aber auch der persönliche Bereich nach Abs. 1 lit. a ist nicht räumlich, sondern personell bestimmt (Botschaft 2006, a.a.O). Die Grenze zwischen den Einschränkungen des Abs. 3 und dem weitergehenden Eigengebrauch im privaten Kreis ist daher nicht nach dem Ort der Handlung, sondern nach ihrem *personellen Rahmen* zu ziehen. Dabei wäre es andererseits verfehlt, das Handeln einer Person isoliert vom *sozialen Kontext* in Betracht zu ziehen, wie sich besonders beim Aufzeichnen öffentlicher Vorführungen zeigt (N 14). Deshalb kann eine Privatkopie je nach den Umständen auch dann ausserhalb des privaten Kreises hergestellt werden (und den Beschränkungen nach Abs. 3 unterliegen), wenn sie nicht durch Dritte oder mit deren Gerät ausgeführt wird (Abs. 2; anders die wohl h.M., vgl. etwa Müller/Oertli/Gasser URG 19 N 30; Gasser, S. 113, Barrelet/Egloff, URG 19 N 22).

32 Die Einschränkung in **lit. a** soll verhindern, dass Werkexemplare, die Nutzern aufgrund der Eigengebrauchsschranke verfügbar werden, die Werkverbreitung durch Rechteinhaber konkurrieren (Müller/Oertli/Gasser URG 19 N 31; Gasser, S. 119). Die Freigabe des Vervielfältigens im Handel erhältlicher Werkexemplare zu diesen Zwecken würde eine schwerwiegende Bresche in die kommerzielle Werknutzung schlagen, die dem Urheber vorbehalten werden muss; gerade **selektives Kopieren und Überspielen** lediglich von Teilen der urheberrechtlich geschützten Werke sollte möglich bleiben (Botschaft 1989, 541). Die Möglichkeiten digitaler Werkaufbereitung und -verbreitung, welche technisch den Zuschnitt auf die Werk-

nutzungsbedürfnisse der Nutzer erlauben (elektronische Pressespiegel, audiovisuelle Aufzeichnungsdienste; N 28), verschärfen das Problem.

33   Beim Verständnis des «**Werkexemplars**» ging die Botschaft 1989, 541, nicht vom Werkbegriff des Art. 2 aus, wonach bereits etwa die Kopie eines Presseartikels oder eines einzelnen Musiktitels ein Werkexemplar ist, sondern behandelte diese nur als «Auszüge», sofern sie im Handel (nur) als Teil von Sammelwerken (Zeitschrift; Langspielplatte) erhältlich waren. Dahinter stand die fragwürdige Vorstellung, nur die *vollständige* Kopie eigentlicher *Handelsgüter* könne der Werkverbreitung Konkurrenz machen. Dem sind die bisher h.L. (Barrelet/Egloff, URG 19 N 23, Gasser, S. 120; Cherpillod, SIWR II/1, 275) und die kantonale Rspr. (OGer Bern, sic! 2001, 613, E. 7; ZGer Basel-Stadt, sic! 2003, 217, E.2.g.aa) gefolgt. Sie beschränken sich auf Grenzwerte (fallweise zwischen 75%, ZGer Basel-Stadt, a.a.O., und und 90%, OGer Bern, a.a.O.) für den Umfang der Kopie aus der Handelsform.

34   Mit dem Durchbruch der Werkverbreitung über das Internet sind aber auch kleinere Werke (Musikstücke, Texte, Kurzfilme, Bilder) einzeln und nach der Wahl des Nutzers kommerziell erhältlich und lösen zunehmend die Werkverbreitung in besonderen Handelsformen wie Sammelwerken (zum Beispiel einem Tonträger-Album) ab. Damit ist die Beschränkung des Schutzes auf *solche Handelsformen obsolet* (so auch Müller/Oertli/Gasser URG 19 N 37). Mit dieser Entwicklung wird hierfür auf den Werkbegriff des Art. 2 zurückzugreifen sein, bildet er doch die (Unter-)Grenze des hiernach gegen vollständige Kopie geschützten Gutes. Entsprechendem Wandel unterliegt das Merkmal «**im Handel erhältlich**»: Ging der Gesetzgeber des Jahres 1992 noch vom Vorherrschen körperlicher Verbreitung aus, rückt heute der Werkzugang über Mediendienste und Datennetze in den Vordergrund. Die Vielfalt solcher virtueller Verbreitungsformen sprengt den Begriff des Handels, an dessen Stelle die von den Rechteinhabern autorisierten und zur Verwertung genutzten Verbreitungskanäle treten. «Im Handel erhältlich» ist demnach auch, was Nutzern in diesen Kanälen zugänglich gemacht wird (teilweise a.M. Cherpillod, SIWR II/1, 275, Barrelet/Egloff, URG 19 N 24).

35   **Lit. b und c:** Vervielfältigungen von **Werken der bildenden Kunst** (Gemälden, Grafiken, Zeichnungen, aber auch Planzeichnungen und anderen Skizzen mit Werkcharakter gem. URG Art. 2 Abs. 2 lit. c, nicht aber nur nach lit. d) sowie der **graphischen**, d.h. lesbaren **Aufzeichnungen von Musikwerken** (Notendrucke, deren herkömmlicher Satz hohen Aufwand erfordert; ebenso Notenhandschriften) sind ausserhalb des privaten Bereichs, also *auch für den Schulgebrauch* sowie durch Fremde oder mit fremden Geräten für den Privatgebrauch, nur mit Einwilligung der Rechteinhaber zulässig. Das Vervielfältigungsrecht der Urheber gilt auch für die Kopie von Hand (Barrelet/Egloff, URG 19 N 25). Auf die Verfügbarkeit im Handel kommt es nicht an (Müller/Oertli/Gasser, URG 19 N 41, 43). Andere Schranken (etwa nach URG Art. 24, 25) bleiben unberührt.

36   **Lit. d** untersagt es, ausserhalb des privaten Kreises **Vorträge, Aufführungen oder Vorführungen** eines Werkes **auf Ton-, Tonbild- oder Datenträger aufzunehmen**, d.h. durch Ton- oder Bildtonaufzeichnung ein Werkexemplar (zugleich eine Bearbeitung) herzustellen. Entgegen einer Auffassung in der Literatur, welche den privaten Kreis hier allein durch die Person des Handelnden und das *Eigentum am verwendeten Gerät* bestimmt (Barrelet/Egloff, URG 19 N 27), gilt dieses Verbot *auch für Private*, welche *an öffentlichen Veranstaltungen*, etwa in Konzerten oder Kinovorführungen, Aufzeichnungen für ihren späteren

privaten Gebrauch anfertigen und dabei bewusst in einem öffentlichen, nicht privaten sozialen Kontext handeln (so im Ergebnis auch Gasser, S. 127; Müller/Oertli/Gasser, URG 19 URG N 47). Dies steht im Einklang mit dem Normzweck sowohl von Art. 19 Abs. 1 lit. a (Schutz der Privatsphäre, N 12, die beim Abfilmen in der Öffentlichkeit gerade nicht berührt ist), als auch dem des Abs. 3 (Wahrung des Drei-Stufen-Tests, hier etwa zum Schutz der Auswertungskaskade der Filmverwertung oder gegen das erhöhte Risiko unrechtmässiger Verbreitung, oder zur Wahrung persönlichkeitsrechtlicher Interessen gegen die dauerhafte Verfügbarkeit nicht autorisierter Konzertaufzeichnungen).

Zu Abs. 3bis

37   Die Bestimmung, eingefügt durch die Revision 2007, geht davon aus, dass nach alter Rechtslage der Download auf Abruf zugänglich gemachter Werke, z.B. aus Internet-Angeboten, den Beschränkungen des Abs. 3 und der gesetzlichen Vergütungspflicht nach Art. 20 Abs. 2 unterlegen hätte (vgl. Botschaft 2006, 3429). Die Unrechtmässigkeit einer entgegen Abs. 3 erstellten Kopie und die kollektive Vergütung neben dem individuell für das Online-Geschäft entrichteten Entgelt sollten vermieden werden. Indessen liegt bei den vom Rechteinhaber zum Download autorisierten Angeboten die **Einwilligung** in die notwendig damit verbundene Vervielfältigung vor, so dass für die Schrankennutzung und die daran geknüpfte gesetzliche Vergütungspflicht kein Raum ist (vgl. auch BGE 133 II 263, E. 10.2 f.). Daran hat die Einführung des Abs. 3*bis* nichts geändert (URG 20 N 2). Ebenso wenig sollte sie dem Rechteinhaber die Disposition über die Art und Weise seines Angebots (bspw. zur blossen Wiedergabe per Streaming anstatt zum Download mit Speicherung) entziehen (vgl. Botschaft 2006, 3429 f.). Die Ausnahme des Abs. 3*bis* gilt nur für die erste, mit dem bestimmungsgemässen Download vorgenommene Kopie; weitere Eigengebrauchskopien unterliegen URG Art. 19 Abs. 3 und Art. 20. Sie gilt gemäss ihrer systematischen Einordnung (vgl. noch VE 2004, dort Abs. 5) nicht für Abs. 4. Sie setzt das **erlaubte** Zugänglichmachen auf Abruf voraus, kann demnach nicht für den Download aus illegaler Quelle (N 19) beansprucht werden.

Zu Abs. 4

38   Bei **Computerprogrammen** handelt es sich um eine Werkart mit utilitaristischem Charakter, bei der gerade der Gebrauch (Anwendung des Programms) im Mittelpunkt der kommerziellen Verwertung steht. Deshalb ist diese Form der Verwendung dem Urheber von Programmen auch als ausschliessliches Recht vorbehalten und vom Eigengebrauch ausgenommen (vgl. zudem URG Art. 10 Abs. 3; Botschaft 1989, S. 541). Siehe auch URG 2 N 17; URG Art. 21 Abs. 1. Der zulässige, nach URG Art. 12 Abs. 2 bestimmungsgemässe Gebrauch von Computerprogrammen ist in URV Art. 17 Abs. 1 (→ Nr. 2) konkretisiert.

39   Keine Programme im Sinn von Abs. 4 sind Werke, die lediglich digitalisiert wurden, auch wenn es zu ihrer Wiedergabe eines Programms bedarf (Müller/Oertli/Gasser URG 19 N 51 m.w.N.). Interaktive Software, wie Computerspiele, welche untrennbar sowohl als (bildnerische oder audiovisuelle) Werke (BGE 133 III 273, E. 3.3) als auch als Computerprogramm geschützt sein können (URG 2 N 14, 17 ff.), dürfen, soweit der Programmschutz reicht, nicht zum Eigengebrauch nach URG Art. 19 Abs. 1–3, sondern nur zum bestimmungsgemässen Gebrauch nach URG Art. 12 Abs. 2 verwendet werden.

Art. 20 Vergütung für den Eigengebrauch

¹ Die Werkverwendung im privaten Kreis gemäss Artikel 19 Absatz 1 Buchstabe a ist unter Vorbehalt von Absatz 3 vergütungsfrei.

² Wer zum Eigengebrauch nach Artikel 19 Absatz 1 Buchstabe b oder Buchstabe c oder wer als Drittperson nach Artikel 19 Absatz 2 Werke auf irgendwelche Art vervielfältigt, schuldet dem Urheber oder der Urheberin hiefür eine Vergütung.

³ Wer Leerkassetten und andere zur Aufnahme von Werken geeignete Ton- und Tonbildträger herstellt oder importiert, schuldet dem Urheber oder der Urheberin für die Werkverwendungen nach Artikel 19 eine Vergütung.

⁴ Die Vergütungsansprüche können nur von zugelassenen Verwertungsgesellschaften geltend gemacht werden.

Zu Abs. 1

1   Die Formulierung des Abs. 1 ist missverständlich. Entgegen dem Wortlaut von Abs. 1 gilt auch für die **Privatkopie** (zur Unterscheidung von sonstigem privatem Eigengebrauch s. URG Art. 19 N 11) der Grundsatz, wonach Urheber und Rechteinhaber *für die Werknutzung angemessen zu entschädigen* sind (Botschaft 1989, 485; BGE 132 II 263, E. 7.2.3). Über URG Art. 38 gilt Art. 19 auch für die verwandten Schutzrechte. Das Gesetz hat diese Vergütung für diesen Bereich – zur Wahrung der Privatsphäre (sog. *Unkontrollierbare Massennutzung,* Botschaft 1989, a.a.O.; URG 19 N 12) – als **Leerträgerabgabe** (Leerträgervergütung) ausgestaltet und auf Dritte umgelegt, dies beinhaltet der *Vorbehalt von Abs. 3.* Eine solche Abgabe findet ihre Begründung nur in der Entschädigung für (potentielle) Werknutzung, nicht im Verkehr mit den Leerträgern als solchen (BGE 133 II 263, E. 7.2.3). Folgerichtig hatte der VE 2004 die grundsätzliche Vergütungspflicht der Eigengebrauchskopie klargestellt; mit dem Verzicht auf die (neue) Geräteabgabe (Botschaft 2006, 3406) sah der Bundesratsentwurf 2006 dann ganz von der Neuformulierung ab. Eigentlich **vergütungsfrei** im Sinn von Abs. 1 ist damit nur die *sonstige Werkverwendung* im privaten Kreis.

2   Gemäss BGE 127 III 26, E.4 (so auch Egloff, Willi, Urheberrechtsabgabe für digitale Speichergeräte, in: medialex 2007, 136, 146) sollen die Schrankenbestimmungen des URG, insbesondere Art. 20 Abs. 1, **zwingendes Recht** enthalten. Demgemäss schliessen URG Art. 19 Abs. 1 lit. a und Art. 20 Abs. 1 die Vergütungspflicht für die betroffenen Privatnutzungen im Wege *kollektiver Verwertungstarife* aus (Cherpillod, SIWR II/1, 265; so auch im Ergebnis BGE 125 III 141, E.4; 127 III 26, E.4; vgl. URG Art. 20 Abs. 4). Umstr. ist, ob damit auch individuelle privatrechtliche Vereinbarungen unwirksam sind, soweit sie Werknutzungen im privaten, dem *gesetzlichen* Schutzrecht entzogenen Bereich betreffen, also etwa die **Vereinbarung von Unterlassungspflichten** und konkret nutzungsbezogenen Vergütungen. Entgegen Egloff, a.a.O., der dem Gesetzeswortlaut und dem *obiter dictum* des BGer (a.a.O.; offengelassen, aber Vorrang der individuellen vor kollektiver Verwertung prinzipiell bejaht in BGE 133 II 263, E. 10.2) *zwingendes Urhebervertragsrecht* entnimmt, bestimmt das URG mit diesen Vorschriften nur die *gesetzlichen* Schutzrechte und Vergütungsansprüche, greift aber nicht in die Vertragsfreiheit ein (URG 16 N 11, 19 N 7) und steht daher den genannten Vereinbarungen *nicht entgegen* (so auch Cherpillod, a.a.O.; Müller/Oertli/Gasser, Art. 20

N 6). Nur so sind übliche Formen der Werkverbreitung, wie z.b. die «virtuelle Miete» von Filmen per Video-on-Demand/Pay-per-View, rechtlich durchsetzbar.

Zu Abs. 2

3   Die **Kopiervergütung** trifft in den Fällen der Kopie für den Schulgebrauch (URG Art. 19 Abs. 1 lit. b), für die interne Information und Dokumentation (lit. c) sowie der durch Dritte angefertigten (Abs. 2) Eigengebrauchskopie (einschliesslich der Privatkopie) als direkte Vergütungspflicht den Vervielfältigenden. Die Kopierabgabe ist ohne Rücksicht darauf geschuldet, ob mit dem Kopiergerät auch wirklich geschützte Werke vervielfältigt werden, sondern basiert wie viele Tarife auf statistischen Erhebungen und Modellrechnungen, weshalb die Einrede, mit einem bestimmten Kopiergerät werde nichts urheberrechtlich Geschütztes kopiert, nicht verfängt; die Vergütung stellt demnach eigentlich den Gegenwert für die *Möglichkeit* dar, Kopien ohne Begrenzung anzufertigen (BGE 125 III 141 = sic! 1999, 260 «Photokopierpauschale»). Passivlegitimiert ist jeder, der unter eine der genannten Bestimmungen fällt und einen Kopierapparat *besitzt*. Die Kopierabgabe trifft auch die mit der Vervielfältigung beauftragte Drittperson, mithin auch die Bibliothek oder die Kopierzentrale. Freigestellt sind Vervielfältigungen im Rahmen von URG Art. 24a.

Zu Abs. 3

4   Die Ausgestaltung der Entschädigung für das Kopieren auch im privaten Bereich (Abs. 1 i.V.m. URG Art. 19 Abs. 1 lit. a) als Abgabe auf Ton- und Tonbildträger (sog. **Leerträgervergütung**) ermöglichte in der Entstehungszeit des Gesetzes (die eine direkte Abrechnung mittels DRM noch nicht kannte; URG Art. 19 N 12, 26) eine angemessene Vergütung der Urheber ohne Eingriff in die Privatsphäre. Naturgemäss kann die Leerträgerabgabe weder sämtliche privaten Vervielfältigungen erfassen (da die Tarife an bestimmte Trägerkategorien gebunden sind; BGE 132 II 263, E. 7.2.2), noch die Belastung auf tatsächliche Vervielfältigungen beschränken (anders als heutige DRM, vgl. Müller/Oertli/Gasser, Art. 20 N 16 m.w.N.), weil nur das Nutzungs*potential* der Träger für solche Vervielfältigungen erfasst ist. Der Kreis der nach Wortlaut und Normzweck erfassten Träger ist *technologieunabhängig*, und ist der Entwicklung im Wege der Auslegung laufend anzupassen (BGE 132 II 263, E. 7.2, 7.4). Er erstreckt sich heute neben den Gemeinsamen Tarifen GT 4a für Leerkassetten, 4b für für Daten-CD, 4c für DVD-Rohlinge auch auf jene elektronischen Speichermedien (Microchips, Festplatten) in Aufnahmegeräten, auf denen heute ein Grossteil der privaten Vervielfältigung von Musik und audiovisuellen Werken stattfindet, wie i-pods, mp3-player etc. (GT 4d, bestätigt durch BGE 132 II 263, vgl. auch die Anpassung des französischen Textes durch die Revision 2007/08: «*autres phonogrammes et vidéogrammes*» ersetzt durch «*autres supports*»). Von der Ausdehnung der Entschädigung auf eine Abgabe auch auf Vervielfältigungsgeräte wie DVD-Brenner (vgl. §§ 54 ff dUrhG, *Geräteabgabe*) sah der Gesetzgeber in der Revision 2007/08 ab (Botschaft 2006, 3406). Wegen der Konvergenz der Datenverarbeitungstechnik und Unterhaltungselektronik (integrierte Aufzeichnungs- und Wiedergabegeräte) ist keine eindeutige Grenze zwischen Träger und Gerät zu ziehen (BGE 132 II 263, E. 7.3.1). Entscheidend sind die Eignung und der wahrscheinlich tatsächliche Gebrauch des Geräts zur Speicherung von Werkdaten (BGE 132 II 263, E. 7.2.2; Gasser, S. 166 ff.). Das statistisch erfassbare Ausmass solcher Nutzung ist bei der Tarifbildung zu berücksichtigen

und damit auch seine Einschränkung für bestimmte Träger durch die verbreitete Anwendung technischer Massnahmen (BGE 133 II 263, E. 10.3; vgl. die Tarifbildung nach dem pro-rata-temporis-Kriterium, URG 60 N 4). Mit wachsender Speicherkapazität solcher Träger (z.B. Fassungsvermögen unzähliger Songs auf dem i-Pod) verschiebt sich aber die Relation von Nutzungsintensität und Entschädigungshöhe zulasten der Rechteinhaber und entwertet schleichend die Entschädigung.

Zu Abs. 4

5   Siehe URG Art. 13 Abs. 1, 24c Abs. 4, 35 Abs. 3, 40 ff. Die Verwertungsgesellschaften sind zur Wahrnehmung für sämtliche geschützten Werke befugt und auch verpflichtet, ohne sich im Einzelnen durch einen Auftrag des Rechteinhabers ausweisen zu müssen (BGE 124 III 489, 493 = sic! 1999, 26 «Videothek II»).

Art. 21   Entschlüsselung von Computerprogrammen

¹ Wer das Recht hat, ein Computerprogramm zu gebrauchen, darf sich die erforderlichen Informationen über Schnittstellen zu unabhängig entwickelten Programmen durch Entschlüsselung des Programmcodes beschaffen oder durch Drittpersonen beschaffen lassen.

² Die durch Entschlüsselung des Programmcodes gewonnenen Schnittstelleninformationen dürfen nur zur Entwicklung, Wartung sowie zum Gebrauch von interoperablen Computerprogrammen verwendet werden, soweit dadurch weder die normale Auswertung des Programms noch die rechtmässigen Interessen der Rechteinhaber und -inhaberinnen unzumutbar beeinträchtigt werden.

Zu Abs. 1

1   Zum Begriff des **zulässigen Gebrauchs** eines Computerprogramms s. URV Art. 17 (→ Nr. 2) sowie die Ausführungen unter URG 12 N 9. **Schnittstellen** ermöglichen die Zusammenarbeit zwischen verschiedenen Systemen, da sie darüber bestimmen, wie an einer bestimmten Stelle Daten bereitgestellt werden müssen oder die Aufrufe für Programme zu erfolgen haben, damit andere Programme auf diese Daten zugreifen können (siehe zum Thema: Oliver Staffelbach, Die Dekompilierung von Computerprogrammen gemäss Art. 21 URG, Bern 2003). Diese Kenntnis wird, wenn es sich nicht um eine offene oder normierte Schnittstellenarchitektur handelt, durch **Dekompilieren** der Schnittstelle erlangt (auch reverse engineering genannt). Dekompilieren ist das Rückübersetzen der Software vom Maschinen- respektive Objectcode in den für den Menschen lesbaren Quell- respektive Sourcecode. Der Sourcecode ist für die Weiterentwicklung des Programmes unabdingbar, weshalb dieser bei unternehmensrelevanten Programmen häufig im Rahmen eines «Software Escrow Agreements» bei spezialisierten Anbietern hinterlegt wird.

2   Die Kenntnis der Schnittstellenstruktur ermöglicht eine Vernetzung des Programms mit Programmen anderer Hersteller, die sog. **Interoperabilität**. Ohne sie wäre die Wahlfreiheit der Nutzer stark eingeschränkt, denn der Erwerber könnte sein Programm mit anderen Programmen nur desselben Herstellers vernetzen oder wäre gezwungen, bestimmte durch den

Hersteller eines Programmes designierte Dienstleister zu beauftragen, was kartellrechtlich bedenklich sein könnte. Die Herstellung interoperabler Software stellt grundsätzlich kein Werk zweiter Hand dar, welches die Zustimmung des Urhebers des ersten Werkes voraussetzen würde. Datenbanken sind typische Beispiele für interoperable Software. Die Urheberrechte eines Datenbank-Herstellers werden nicht verletzt, wenn ein Programm eines anderen Software-Herstellers auf die Daten zugreift, welche der Kunde in der von ihm erworbenen Datenbank erfasst und gespeichert hat (KGer/SG, 24.05.2005, DZ.2002.3, E. III.6.d).

3 Dem Charakter nach geht es hier um eine gesetzliche Schranke, die vertraglich nicht wegbedungen werden kann. Im Einzelnen kann es fraglich sein, wo die Grenze der zulässigen Dekompilierung liegt. Diese ist überschritten, wenn die Dekompilierung klar weiter geht, als es für die sinnvolle Anbindung der Schnittstelle erforderlich ist.

Zu Abs. 2

4 Die Art von Informationen und der Rahmen von deren Benutzung sind in URV Art. 17 Abs. 2 und 3 (→ Nr. 2) näher umschrieben. Nur solche Informationen können nach URV Art. 17 Abs. 2 die Entschlüsselung rechtfertigen, die zur Herstellung der Interoperabilität eines unabhängig geschaffenen Programms mit anderen Programmen unerlässlich und dem Programmbenutzer nicht ohne weiteres zugänglich sind. Die Schnittstelleninformationen dürfen nur in dem in URG Art. 21 Abs. 2, URV Art. 17 Abs. 3 gezogenen engen Rahmen benutzt werden. Die Formulierung von Abs. 2 lehnt an den Drei-Stufen-Test an (TRIPS Art. 13 → Nr. 16, Vorbem. zum 5. Kapitel, URG 19). Trotzdem halten Neff/Arn, SIWR III/2, 305) – wohl aufgrund von wettbewerbsrechtlichen Überlegungen – dafür, dass die Schnittstelleninformation auch zur Entwicklung eines Konkurrenzproduktes verwendet werden dürfe, welches das teilweise dekompilierte Programm ersetzt.

Art. 22 Verbreitung gesendeter Werke

¹ Die Rechte, gesendete Werke zeitgleich und unverändert wahrnehmbar zu machen oder im Rahmen der Weiterleitung eines Sendeprogrammes weiterzusenden, können nur über zugelassene Verwertungsgesellschaften geltend gemacht werden.

² Die Weitersendung von Werken über technische Einrichtungen, die von vorneherein auf eine kleine Empfängerzahl beschränkt sind, wie Anlagen eines Mehrfamilienhauses oder einer geschlossenen Überbauung, ist erlaubt.

³ Dieser Artikel ist nicht anwendbar auf die Weiterleitung von Programmen des Abonnementsfernsehens und von Programmen, die nirgends in der Schweiz empfangbar sind.

Zu Abs. 1 und 3

1 Bei der zeitgleichen und unveränderten, d.h. **simultanen und integralen Wiedergabe gesendeter Werke** können das **Wiedergaberecht** (URG Art. 10 Abs. 2 lit. f; sowie Art. 33 Abs. 2 lit. e, Art. 37 lit. b, je i.V.m. Art. 38) und das **Weitersenderecht** (URG Art. 10 Abs. 2 lit. e; sowie Art. 33 Abs. 2 lit. b, Art. 37 lit. b, je i.V.m. Art. 38) im Interesse der Funktionsfähigkeit von Kabelunternehmen nur über eine zugelassene Verwertungsgesell-

schaft wahrgenommen werden. Mit der Berichtigung in URG Art. 40 Abs. 1 lit. a*bis* und b (URG 40 N 16) ist klargestellt, dass Art. 22 Abs. 1 einen Kollektivverwertungszwang für die betroffenen Ausschliesslichkeitsrechte, nicht aber eine gesetzliche Lizenz begründet (BGer 4A.78/2007 vom 09.07.2007, E. 4.2, 5.1; Rehbinder, Urheberrecht, N 141; Cherpillod, SIWR II/1, 290 f.; so schon der Wortlaut und die Entstehungsgeschichte – von der vom Bundesrat vorgesehenen gesetzlichen Lizenz, Botschaft 1989, 543, 621, war das Parlament wieder abgerückt, AmtlBull StR 1992 380 f.; noch a.M. Mosimann, SIWR II/1, 394). In der Folge besteht das Ausschliesslichkeitsrecht auch im Anwendungsbereich der Vorschrift und kann gegen Verletzer – allerdings nur von einer Verwertungsgesellschaft und in den diesen gesteckten Grenzen (URG Art. 44 ff., besonders Art. 45 Abs. 2: Gebot der Verwertung nach festen Regeln; BGer 4A.78/2007 vom 09.07.2007, E. 5.2, 5.6) – geltend gemacht werden sowie Strafbarkeit begründen (URG Art. 67 Abs. 1 lit. h, Art. 69 Abs. 1 lit. d und g). Das Recht, und mit ihm die Aktivlegitimation gegenüber der Verwertungsgesellschaft, ist auch übertragbar, freilich ohne den Wahrnehmungszwang aufzuheben (für das deutsche Recht Schricker/von Ungern-Sternberg, dUrhG § 20b N 2). Betreiber von Weitersendeanlagen können die Rechte nach den Tarifen GT 1, GT 2a oder GT 2b von den Verwertungsgesellschaften erwerben; dies allerdings nur für den räumlichen Geltungsbereich des URG. Von der Rechtslage nach der *EU-Satelliten- und Kabelrichtlinie 93/83*, Art. 10, weicht die Vorschrift u.a. darin ab, dass hier auch die bei den Sendeunternehmen liegenden (originär oder derivativ erworbenen) Rechte der Kollektivverwertung unterstellt sind (URG 37 N 7; BGer 4A.78/2007 vom 09.07.2007, E. 4.4, 4.6).

2 Um im Anwendungsbereich der Vorschrift ohne Einwilligung individueller Rechteinhaber abgegolten werden zu können, muss die Weitersendung erstens das Programmsignal einer an die Öffentlichkeit gerichteten **Erstsendung** (URG 37 N 3) übernehmen. Sie muss es zweitens **zeitgleich** weiterübertragen. Nach Auffassung der eidgenössischen Schiedskommission (Beschluss v. 14.12.2004, betr. GT 2b = sic! 2005, 641 f.) genügt dem noch eine technisch bedingte Zeitversetzung von ca. 30 Sekunden. Drittens muss die Weiterleitung **unverändert** – integral, d.h. im beanspruchten Rahmen auch **vollständig** (Müller/Oertli/Auf der Maur, URG 37 N 13; vgl. ausdrücklich Art. 1 Abs. 3 der EU-Satelliten- und Kabelrichtlinie 93/83) – erfolgen. Nach Auffassung der Schiedskommission (a.a.O., 642) soll sich das Integralitätserfordernis nicht auf das übernommene Programm als solches beziehen (vgl. RTVG Art. 2 lit. a: eine *Folge von Sendungen*, die kontinuierlich angeboten, zeitlich angesetzt und fernmeldetechnisch übertragen werden sowie für die Allgemeinheit bestimmt sind), sondern auf die einzelnen Werke, Darbietungen oder Sendungen (vgl. RTVG Art. 2 lit. b). Sie stützt sich auf die Botschaft 1989, 543. Diese hält zwar fest, dass die Bestimmung nur Anwendung findet, «wenn das Kabelunternehmen grundsätzlich ein und dasselbe Programm weiterleitet», wodurch selektive Sendung einzelner Werke verhindert werden soll. Hiervon nimmt sie aber neben vorübergehenden Unterbrüchen auch das Ein-/Ausblenden von Werbesendungen aus (so auch die Schiedskommission, a.a.O.). Dies weicht von der Rechtslage nach der EU-Satelliten- und Kabelrichtlinie 93/83, Art. 1 Abs. 3, ab: Diese enthält ausdrücklich das Merkmal «vollständig» und bezieht es auf die Übernahme des Sendeprogramms (durchaus bei nur zeitweiliger, aber nicht selektiver Übernahme), nicht nur einzelner geschützter Werke. Insbesondere erlaubt sie keine Ein- oder Ausblendungen oder gar den

Austausch der Werbung gegen eigene (vgl. Walter/Dreier, Art. 1 N 33; Schricker/von Ungern-Sternberg, dUrhG § 20b N 11; kritisch zur schweizerischen Rechtslage, unter Verweis auf eine mögliche Verletzung des Drei-Stufen-Tests der WIPO-Abkommen, Müller/Oertli/Auf der Maur, a.a.O.; zur Grenzziehung für solche Eingriffe in das laufende Programm, wonach eingeschobene Werbeblöcke jedenfalls das Programmganze nicht prägend verändern dürfen, Müller/Oertli/Oertli, URG 22 N 11 m.w.N.).

3 Hinzu kommt mit **Abs. 3** der Ausschluss einerseits der Programme des **Abonnementsfernsehens (Pay-TV)**; andererseits solcher (ausländischen) **Programme, die nirgends in der Schweiz empfangbar sind.** In den Tarifen der Verwertungsgesellschaften ist dies eingegrenzt auf Programme, die für die Allgemeinheit in der Schweiz (bzw. in Liechtenstein) *bestimmt* und hier mit marktüblichen Geräten individuell *empfangbar* sind. Dazu zählen Parabolantennen bis 1 m Durchmesser sowie in der Schweiz privat und legal erwerbbare Decoder (GT 1 Ziff. 2.1). Das BGer hat diese Kriterien in Anwendung von URG Art. 22 Abs. 1 bestätigt. Auf die Bestimmung der Satellitensignale für einen privaten Empfang kommt es nicht an (Urteil v. 09.07.2007, 4A 78/2007, E. 5.3, 5.5; Müller/Oertli/Oertli, URG 22 N 32). Die Kabelweiterverbreitung hiernach in der Schweiz empfangbarer Programme kann individuell nur mit effektiver Verschlüsselung verhindert werden (BGer a.a.O.).

4 Gegenüber Weitersendungen, welche die Merkmale nach URG Art. 22 nicht erfüllen (zum *weiteren* Begriff der Weitersendung s. URG 10 N 20, 37 N 5), können die Ausschliesslichkeitsrechte von deren Inhabern individuell durchgesetzt werden.

5 Wie die Sendung (URG 37 N 3) ist auch die Weitersendung nach URG Art. 22 technologieneutral (anders die EU-Satelliten- und Kabelrichtlinie 93/83, Art. 1 Abs. 3). Neben der Weiterübertragung über Kabel und Umsetzer fällt – bei Einhaltung der Kriterien der Abs. 1 und 3 – auch die Verbreitung über Datennetzwerke (bspw. Streaming) darunter, wofür der Gemeinsame Tarif 2b Geltung hat (Schiedskommission, a.a.O., 641 ff.; Dieter Meier, Fernsehen: Neue Verbreitungsformen und ihre rechtliche Einordnung, sic! 2007, 557 ff.; Müller/Oertli/Oertli, URG 22 N 26 m.w.N.).

Zu Abs. 2

6 **Einschränkung des Weitersenderechts**: Die Weitersendung in Gemeinschaftsantennen, d.h. in Empfangsanlagen für Mehrfamilienhäuser oder geschlossene Überbauungen, ist im Anschluss an BGE 110 II 61 ff. «Gemeinschaftsantenne Altdorf» erlaubt. Die Gesetzesbestimmung sieht eine *unentgeltliche gesetzliche Lizenz* vor. Die Kriterien des Abs. 1 – zeitgleiche und unveränderte Weiterleitung einer öffentlichen Erstsendung – müssen erfüllt sein. Seiner Rechtsprechung vor der Einführung der Bestimmung folgend (BGE a.a.O., E. 6.a), und entgegen dem klaren Gesetzeswortlaut («kleine Empfängerzahl», Müller/Oertli/Oertli, URG 22 f. N 22), stellt das BGer auf die räumliche Ausdehnung, nicht die zahlenmässige Grösse des Empfängerkreises ab: Sobald sie sich auf den betreffenden Gebäudekomplex beschränkt, dient sie dem Empfang und fällt nicht unter die Verbotsrechte aus URG Art. 10 Abs. 2 lit. e und f, 33 Abs. 2 lit. b und e, 37 lit. a und b (vgl. BGE 119 II 51, E. 3.b, wo die Weiterverbreitung in einem grossen Hotelkomplex noch als Empfang erachtet wurde). Die Ausweitung der unentgeltlichen Lizenz auf solche Nutzungen mit kommerzieller Wirkung wird zu Recht kritisiert (Barrelet/Egloff, URG 22 N 9; a.M. Cherpillod, SIWR II/1, 292; in einem Urteil

vom 07.12.2006, C-306/05 SGAE gegen Rafael Hoteles SL, hat der EuGH unter der Geltung der Richtlinie 2001/29, → Nr. 18, festgestellt, dass die Verbreitung eines Signals durch ein Hotel mittels der in Hotelzimmern aufgestellten Fernseher eine öffentliche Werkwiedergabe darstellte). Richtigerweise muss die Abgrenzung des nach Abs. 2 erlaubten Empfangs von Weitersendung unter Berücksichtigung aller Umstände getroffen werden (so auch BGE 119 II 21, a.a.O.), was eben auch den Empfängerkreis und wirtschaftliche Vorteile einzubeziehen hat.

Art. 22a[1]   Nutzung von Archivwerken der Sendeunternehmen

1 Die folgenden Rechte an Archivwerken von Sendeunternehmen nach dem Bundesgesetz vom 24. März 2006[2] über Radio und Fernsehen können unter Vorbehalt von Absatz 3 nur über zugelassene Verwertungsgesellschaften geltend gemacht werden:

a.   das Recht, das Archivwerk unverändert ganz oder als Ausschnitt zu senden;

b.   das Recht, das Archivwerk unverändert ganz oder als Ausschnitt so zugänglich zu machen, dass Personen an Orten oder zu Zeiten ihrer Wahl dazu Zugang haben;

c.   die für die Nutzung nach den Buchstaben a und b notwendigen Vervielfältigungsrechte.

2 Als Archivwerk eines Sendeunternehmens gilt ein auf Ton- oder Tonbildträger festgelegtes Werk, das vom Sendeunternehmen selbst, unter eigener redaktioneller Verantwortung und mit eigenen Mitteln oder aber in dessen alleinigem Auftrag und auf dessen Kosten von Dritten hergestellt wurde und dessen erste Sendung mindestens zehn Jahre zurückliegt. Sind in ein Archivwerk andere Werke oder Werkteile integriert, so gilt Absatz 1 auch für die Geltendmachung der Rechte an diesen Werken oder Werkteilen, sofern diese nicht in erheblichem Mass die Eigenart des Archivwerks bestimmen.

3 Wurde über die Rechte nach Absatz 1 und deren Abgeltung vor der ersten Sendung oder innerhalb von zehn Jahren nach dieser eine vertragliche Vereinbarung geschlossen, so gelten ausschliesslich deren Bestimmungen. Auf die Rechte der Sendeunternehmen nach Artikel 37 findet Absatz 1 keine Anwendung. Die Sendeunternehmen und die Drittberechtigten sind gegenüber der Verwertungsgesellschaft auf Verlangen zur Auskunft über die vertraglichen Vereinbarungen verpflichtet.

Vorbemerkung zu Art. 22a ff.:

1   Die Revision 2007 führte mit **URG Art. 22a, 22b, 22c und 24b** eine Reihe neuer Schrankenbestimmungen ein, welche die Nutzung und wirtschaftliche Ausbeutung von Wer-

---

1   Eingefügt durch Ziff. I des BG vom 5. Okt. 2007 über die Änderung des BG betreffend das Urheberrecht und verwandte Schutzrecht, in Kraft seit 1. Juli 2008 (AS 2008 2421)

2   SR 784.40

ken und Schutzgegenständen in bestimmten Medien – in erster Linie im Bereich der «Kommunikation an die Öffentlichkeit» durch **Sendung und Zugänglichmachen auf Abruf** – auch ohne die Einwilligung der Rechteinhaber ermöglichen sollen (vgl. etwa den Erläuternden Bericht des EJPD zum Vernehmlassungsentwurf 2004, S. 22). Übereinstimmend sehen diese Bestimmungen die zwingende Wahrnehmung der Exklusivrechte durch **Verwertungsgesellschaften unter Bundesaufsicht** vor. Nachdem Art. 22a und Art. 38a des VE 2004 gemäss dem Ergebnis der Vernehmlassung vom Bundesrat verworfen worden waren, gelangten die erheblich abgewandelten URG Art. 22a und 22c und der neue URG Art 22b erst im Ständerat, und damit ohne Vernehmlassung insbesondere durch die betroffenen Rechteinhaber wieder in die Vorlage (AmtlBull StR 2006 1204 ff.). Die Bestimmungen nehmen einzelnen Nutzern (Art. 22a, 22c und 24b begünstigen allein Sendeunternehmen) – keineswegs nur für Altproduktionen – die Bürden des Rechtserwerbs ab, verhelfen ihnen mittels der Tarifbegrenzung (URG Art. 60 Abs. 2 i.V.m. Art. 40 Abs. 1 lit. a*bis*; AmtlBull StR 2006 1204) zur Lizenzersparnis auf Kosten der Rechteinhaber und privilegieren sie hierin wirtschaftlich gegenüber anderen Marktteilnehmern (bspw. senderunabhängigen Filmproduzenten oder Video-on-Demand-Plattformen; AmtlBull StR 2006 1207). Den Rechteinhabern nehmen sie in wichtigen Bereichen der heutigen medialen Werkverwertung das Exklusivrecht und damit *den Markt*, aber auch *den Pirateriechutz* aus der Hand. Dass und warum diese Kollektivierung geboten gewesen sei, wurde in der Revision im Parlaments-Wahljahr 2007 nicht ernsthaft begründet. Bis zur Revision konnten die benötigten Einwilligungen aufgrund ausgehandelter Verträge durch die Rechteinhaber erteilt werden. Ein Problem des Nacherwerbs früher unbekannter Nutzungsrechte dürfte sich nicht stellen, weil das URG den umfassenden Rechtserwerb erlaubt und gerade Sendeunternehmen zu den Werknutzern zählen, die über die nötigen Fähigkeiten und die juristische Manpower zur sorgfältigen Vertragsgestaltung verfügen. Insgesamt ist die Thematik «verwaiste Werke» international aufgegriffen worden, da sich jedoch heikle rechtliche Fragen stellen, haben die ausländischen Gesetzgeber sich bisher mit Legiferieren zurück gehalten. Das (un-)schweizerische Vorpreschen dürfte im Rahmen eines «zweiten Korbes» aufgrund der Erfahrungen und den Reaktionen ausländischer Rechteinhaber angepasst werden müssen (URG 22b N 3).

Zu Art. 22a
Normaufbau und Systematik

2   URG Art. 22a beschränkt mit Abs. 1 lit. a das *Senderecht* der Urheber, Produzenten und Interpreten, mit lit. b ihr *Recht zum Zugänglichmachen auf Abruf* und mit lit. c ihr *Vervielfältigungsrecht* (URG Art. 10 Abs. 2 lit. a, c, d; 33 Abs. 2 lit. a–c; 36 lit. a und b). Der Anwendungsbereich der Schrankennutzungen nach Abs. 1 lit. a und b bestimmt sich allein nach der Qualifikation ihres **Gegenstands** als so genanntes **Archivwerk** (Abs. 2 Satz 1) eines **Sendeunternehmens** (Abs. 1); die Vervielfältigung nach lit. c knüpft akzessorisch daran an.

Tatbestandsmerkmale

3   **Abs. 1** verweist zum **Begriff des Sendeunternehmens** auf das RTVG (SR 784.40; ebenso wie URG Art. 24b Abs. 1, aber anders als URG Art. 37). Dort kommt dieser Begriff indes nicht vor: Das RTVG regelt u.a. die *Veranstaltung von Programmen* (RTVG Art. 1 Abs. 1 Satz 1, Art. 3 ff.). Gemeint sind hier also offensichtlich Programmveranstalter i.S.v. RTVG Art. 2 lit. d.

Dies ist jede natürliche oder juristische Person, welche tatsächlich die Verantwortung für das Schaffen von Sendungen oder deren Zusammenstellung zu einem Programm trägt (URG 37 N 2). Bereits vor der Revision verwies das vorherrschende Verständnis des Sendeunternehmens im Urheberrecht auf die medienrechtliche Zuordnung (Müller/Oertli/Auf der Maur, URG 37 N 2 f. m.w.N.). Trotz des Verweises sind aber die verschiedenen Normzwecke des RTVG (regulatorische Ordnung der Medienlandschaft), des Leistungsschutzes nach URG Art. 37 (die Honorierung einer qualifizierten unternehmerischen Leistung durch das Nutzungsmonopol an deren Ergebnis) und des Art. 22a zu beachten. Aus Abs. 2 Satz 1 folgt, dass die Sendeunternehmen zudem Produzenten der Aufzeichnung sein müssen.

4 Der **Begriff Archivwerk** ist in **Abs. 2 Satz 1** definiert als **Werk** (URG Art. 2 Abs. 1), das auf Ton- oder Tonbildträgern festgelegt ist, das entweder vom Unternehmen selbst oder in seinem Auftrag und auf seine Kosten **hergestellt** wurde (URG Art. 36) **und** das vor mindestens **zehn Jahren gesendet** wurde (Art. 10 Abs. 2 lit. d). Ein zweifelsfreier Bezug zu **Archiven** (etwa im Sinne von URG Art. 24 Abs. 1 oder 1*bis*; URG Art. 22b Abs. 1 lit. a, s. aber dort N 7) ist (abgesehen von ungenauen Hinweisen, AmtlBull StR 2006 1205 f.) nicht ersichtlich.

5 Wegen URG Art. 38 gilt die Schranke auch für die verwandten Schutzrechte (ausgenommen URG Art. 37), d.h. namentlich für die Interpretenrechte an jenen Archivproduktionen, welche keine Werke enthalten (bspw. Folklore, URG Art. 33 Abs. 1). Die auf ein «festgelegtes Werk» beschränkte Legaldefinition steht dem nicht entgegen (vgl. nur URG Art. 22 i.V.m. 38). Das soll wohl, wenngleich nicht zweifelsfrei, auch für Produzentenrechte an fremden Ton-/Tonbildaufzeichnungen ohne Werkinhalt gelten (URG Art 36 lit. a und b; 38 N 1).

6 Die Bestimmung knüpft am Vorgang der **Herstellung** des Archivwerks (URG Art. 36), also seiner ersten Festlegung (Aufzeichnung) an. Diese kann von einem **Sendeunternehmen**, unter dessen eigener redaktioneller Verantwortung und mit dessen eigenen Mitteln durchgeführt worden sein (**Eigenproduktion**). Die *redaktionelle Verantwortung* ist im Zweifel unter Rückgriff auf die medienrechtliche Programmverantwortung nach RTVG Art. 2 lit. d zu bestimmen, aber von der *Herstellung* zu unterscheiden. **Mit eigenen Mitteln** hergestellt ist die Produktion, wenn das Sendeunternehmen die tatsächlichen Produktionskosten *vollständig* getragen hat. Hat es die wirtschaftliche Last mit anderen geteilt – verzichteten bspw. Mitwirkende auf Teile ihrer Honorarforderungen im Hinblick auf Urheberrechtsentschädigungen oder Verwertungserlösbeteiligung –, so steht der Nutzung als Archivwerk der Wortlaut, v.a. aber das legitime Interesse der Mitwirkenden entgegen, zusätzliche Nutzungen von der *Vereinbarung* zusätzlicher Vergütungen abhängig zu machen. Um so mehr gilt dies für die Herstellung der Produktion durch Dritte im alleinigen Auftrag des Sendeunternehmens und auf dessen Kosten (**Auftragsproduktion**). Hier kann namentlich der ausführende Produzent nicht in Rechnung gestellte Leistungen eingebracht haben oder das der audiovisuellen Produktion immanente Risiko von Mehrkosten selbst oder mitgetragen haben. In jedem Fall muss das Werk mindestens zehn Jahre vor der beanspruchten Nutzung *tatsächlich gesendet* worden sein (URG Art. 10 Abs. 2 lit. d).

Einschluss von Werken Dritter (Abs. 2 Satz 2)

7   Liegt ein Archivwerk vor, so erstreckt sich die Verwertungsgesellschaftspflicht auch auf die **darin verwendeten Werke** (URG Art. 2) **Dritter**, sofern diese nicht in erheblichem Masse dessen Eigenart prägen. Wenn das Gesetz dies von der tatsächlichen Verwendung abhängig macht, so ist dies durch ZGB Art. 2 Abs. 2 auf die rechtmässige Verwendung, d.h. im Regelfall die Einwilligung der Rechteinhaber in die ursprüngliche Sendung und die dauerhafte Aufzeichnung bzw. Festlegung einzugrenzen. Die Verwendung nach Art. 24b genügt nicht, weil sie keine dauerhafte Vervielfältigung erlaubt. Auch insoweit vom Wortlaut nicht erfasst sind anderweitig geschützte Beiträge ohne Werkcharakter (N 5).

8   Wann das fremde Werk die **Eigenart des Archivwerks prägt**, die Rechte daran also nicht der Kollektivverwertung anheimfallen, ist im Lichte des *Drei-Stufen-Tests* zu ermitteln. Es kann nicht darauf ankommen, dass der fremde Werkbeitrag das Archivwerk dominiert. Es muss jedenfalls genügen, wenn der Fremdbeitrag bei der Wahrnehmung des Archivwerks einen selbständigen, erlebbaren Eindruck hinterlässt (so kann ein Titelsong einen Film prägen).

Erfasste Nutzungshandlungen

9   Verwertungsgesellschaftspflichtig ist nach **lit. a** das Recht, das Archivwerk unverändert ganz oder als Ausschnitt zu **senden**; nach **lit. b** das Recht, die Archivwerke auf Abruf **zugänglich zu machen**. Abgesehen von der vorausgesetzten Erstsendung, ist letzteres nicht an eine Sendung gebunden oder anderweitig sachlich beschränkt, kann also für alle Formen erworben und ausgeübt werden (Streaming, Webcast, Podcast oder Video-on-Demand). **Veränderungen** des Archivwerks bedürfen stets der Einwilligung der Rechteinhaber, und zwar nicht allein der Urheber hinsichtlich der Werkintegrität (URG Art. 11), sondern auch der Interpreten und der Produzenten (URG Art. 38). So darf nicht nachsynchronisiert, nachcoloriert, das Format nicht geändert werden. Hierzu widersprüchlich ist das Recht zur ausschnittsweisen Verwendung, was jedenfalls einen Eingriff in die Werkintegrität darstellt. Deren Wahrung lässt jedenfalls keine gekürzten oder anderweitig geänderten Schnittfassungen des Archivwerks zu, sondern nur einzelne, lineare Ausschnitte. Stets vorbehalten sind der Entstellungsschutz (URG Art. 11 Abs. 2) und das allgemeine Persönlichkeitsrecht (ZGB Art. 28 → Nr. 3; v.a. der Interpreten, URG Art. 33a).

10   Lit. c bezieht die für die Nutzung nach den Buchstaben a und b **notwendigen Vervielfältigungsrechte** in die Kollektivwahrnehmung ein. Der Umfang dieser Vervielfältigungsrechte bleibt unbestimmt. Wegen der Beschränkung auf das Notwendige (vgl. URG Art. 22c N 10) genügt eine blosse Zweckbestimmung im Sinn von URG Art. 24b Abs. 1 nicht. Die Notwendigkeit bedarf besonderer Begründung. Hingegen sind die Beschränkungen aus URG Art. 24b Abs. 2 übertragbar.

Begünstigte

11   Das Gesetz bestimmt nicht, wer die Schrankennutzung beanspruchen kann. Insbesondere behält es die Nutzung nicht jenem Sendeunternehmen vor, welches das Archivwerk hergestellt oder in Auftrag gegeben hatte. Könnte hiernach *jedermann* das Recht zu dessen Sendung oder Zugänglichmachen auf Abruf von Verwertungsgesellschaften erwerben, entspräche dies wohl der Intention des Gesetzgebers, audiovisuelles kulturelles Erbe der Allgemein-

heit zugänglich zu machen, nicht aber den unternehmerischen Leistungsschutz des Sendeunternehmens an eigenen Sendungen (URG Art. 37) durch ein Nutzungsprivileg an fremden Rechten auszubauen. Hingegen benötigen Dritte wegen Abs. 3 Satz 2 stets zudem die Einwilligung des Sendeunternehmens (URG Art. 37, der allerdings ein ausschliessliches Erst-Senderecht nicht erwähnt), daher kommt im Ergebnis nur diesem die zustimmungsfreie Schrankennutzung zugute. Für andere, unabhängige Träger der Kreativwirtschaft (Film-, Musikproduzenten oder Verlage) hat der Gesetzgeber das Problem der Altrechte und neuer Nutzungen nicht aufgegriffen.

Vorbehalt vertraglicher Vereinbarung

12   Nicht unter die Kollektivwahrnehmung fallen diejenigen Rechte, die **Gegenstand vertraglicher Vereinbarungen** waren (Abs. 3 Satz 1). **Voraussetzung** ist, dass solche Vereinbarungen vor der Erstsendung oder im Zehn-Jahres-Zeitraum danach *getroffen wurden* (AmtlBull StR 2006 1206; AmtlBull NR 2007 1207). Nicht vorausgesetzt ist, dass im Zeitpunkt der beabsichtigten Verwendung die vertragliche Rechtseinräumung oder Lizenz noch Bestand hat. Deren ausdrückliche **Befristung** ist, ebenso wie Nutzungs-, Vergütungs- und andere Vereinbarungen, eine privatautonome vertragliche Bestimmung im Sinn von Abs. 3 Satz 1. Dasselbe gilt für Rechte, die in einem geschlossenen Vertrag einvernehmlich **ausgespart** blieben, bspw. die Rechte zum Zugänglichmachen auf Abruf in einem Senderechtsvertrag. In beiden Fällen hatte das Sendeunternehmen es in der Hand, sich die nötigen Rechte für die nötige Dauer und im nötigen Umfang (auch für noch unbekannte Nutzungsarten) vertraglich zu verschaffen und hat autonom in die Beschränkung eingewilligt. Rechtsmissbräuchlich (ZGB Art. 2 Abs. 2) wäre es schliesslich, die Schrankennutzung in Fällen zu beanspruchen, in denen ein bestehender Vertrag aus wichtigem Grund vorzeitig beendet wurde. Der praktische Anwendungsbereich der Schrankenbestimmung bleibt damit begrenzt (AmtlBull NR 2007 1207); denn *regelmässig* hatte das Sendeunternehmen für die Aufzeichnung und Sendung die Einwilligung der Urheber und Leistungsschutzberechtigten einzuholen, ist also in der ganz überwiegenden Mehrzahl der Fälle *vertraglich gebunden*. Da das Urheberrecht kein Schrifterfordernis für Verträge vorsieht, werden sich auch diesbezüglich noch interessante Rechts- und Beweisfragen stellen.

13   **Abs. 3 Satz 3** enthält eine gesetzliche **Pflicht zur Offenlegung** solcher Verträge. Sie soll ersichtlich das Zusammenspiel der kollektiven Wahrnehmung mit dem Vorbehalt vertraglicher Vereinbarungen gewährleisten. Dies ist ein für die Privatrechtsordnung ungewöhnlicher Eingriff in die Vertragsfreiheit, kann doch die Offenlegung der Verträge gegenüber privatrechtlich organisierten Dritten bspw. mit darin enthaltenen Geheimhaltungsklauseln kollidieren. Anders als die Auskunftspflicht der Nutzungsinteressenten nach URG Art. 51 Abs. 1 trifft diese Pflicht auch (vor allem) Rechteinhaber, die gegenüber einem vertragswidrigen Nutzungswunsch des Sendeunternehmens ihre Rechte wahren möchten, und enthält keinen Zumutbarkeitsvorbehalt. Die Unterlassung solcher Offenlegung kann Rechteinhaber jedenfalls nicht daran hindern, einer vertragswidrigen, und damit zu Unrecht auf URG Art. 22a gestützten, Nutzung durch ein Sendeunternehmen gerichtlich entgegenzutreten.

14   Die **Beweislast** für die Voraussetzungen der Schrankennutzung, namentlich für die alleinige Herstellung oder Kostentragung des Sendeunternehmens, trägt nach dem Grundsatz von ZGB Art. 8 derjenige, der sich gegenüber URG Art. 10 auf die Schrankenbestimmung beruft.

Art. 22b[1]   Nutzung von verwaisten Werken

¹ Die zur Verwertung von Ton- oder Tonbildträgern erforderlichen Rechte können nur über zugelassene Verwertungsgesellschaften geltend gemacht werden, wenn:
a. die Verwertung Bestände öffentlich zugänglicher Archive oder von Archiven der Sendeunternehmen betrifft;
b. die Rechteinhaber oder -inhaberinnen unbekannt oder unauffindbar sind; und
c. die zu verwertenden Ton- oder Tonbildträger vor mindestens zehn Jahren in der Schweiz hergestellt oder vervielfältigt wurden.

² Die Nutzer und Nutzerinnen sind verpflichtet, den Verwertungsgesellschaften die Ton- oder Tonbildträger mit verwaisten Werken zu melden.

1   Die Regelung zu sogenannt **«verwaisten» Werken** – genauer gesagt, zu jenen *Nutzungen von Werken,* für welche mangels Kontaktmöglichkeit zu den Rechteinhabern deren Einverständnis nicht eingeholt werden kann – gelangte erst im Ständerat in die URG-Revision (AmtlBull StR 2006 1208). Daher fehlen Erläuterungen auch in der Botschaft. Eine ähnliche, aber auf verwandte Schutzrechte beschränkte Regelung hatte der VE 2004 vorgesehen (dort als Art. 38a). Das Problem sowie mögliche Lösungen sind international umstritten; so erlaubt der abschliessende Katalog zulässiger Schranken nach EU-Richtlinie 2001/29, Art. 5 Abs. 2 und 3 (→ Nr. 18), eine solche Regelung nicht (vgl. Erwägungsgrund 32, 40).

2   **Normzweck** ist es, «wertvolles Archivgut ... der Öffentlichkeit ... zugänglich» zu machen, auch wenn «die Inhaber der Urheberrechte unauffindbar sind». Der «Informationsmangel über die Rechteinhaber» soll «überwunden» und «die Nutzung im Interesse der Allgemeinheit ermöglicht» werden (AmtlBull StR 2006 1208). Im Vordergrund steht demnach eine kulturpolitische Motivation. Das Problem stellt sich in besonderem Masse, wenn es gilt, ältere Werke in neuen Medien und auf neue Nutzungsarten zu verwerten und hierzu die Einwilligung der Rechteinhaber erforderlich ist (Bericht zum VE 2004, S. 22).

3   Diese kulturpolitischen Ziele bedürfen sorgfältiger **Abwägung mit den Interessen der Rechteinhaber** (auch dem persönlichkeitsrechtlich legitimierten Interesse, als Rechteinhaber nicht in Erscheinung zu treten, vgl. nur URG Art. 8 und die Rückrufsrechte mancher Urheberrechtsordnung, so dUrhG §§ 41 f.). Schon die Forderung prinzipiellen Werkzugangs für die Öffentlichkeit setzt sich über das *Recht der Urheber* hinweg, *eine Nutzung gegebenenfalls nicht zu erlauben* (URG Art. 10 Abs. 1). Es bedarf zudem der Abstimmung mit dem bestehenden (schweizerischen und internationalen) Gesamtsystem des Urheberrechtsschutzes (bspw.

---

[1]   Eingefügt durch Ziff. I des BG vom 5. Okt. 2007 über die Änderung des BG betreffend das Urheberrecht und verwandte Schutzrecht, in Kraft seit 1. Juli 2008 (AS 2008 2421).

Schutzfrist – vgl. URG Art. 31 Abs. 1 –, *Erschöpfungsprinzip*, bestehende *Schranken*). Ob Urheberinteressen und Gesetzessystematik erwogen worden sind, lassen die Materialien nicht erkennen; eine Vernehmlassung (auch der potentiell betroffenen Rechteinhaber) und eine parlamentarische Diskussion fanden nicht statt (AmtlBull StR 2006 1208; AmtlBull NR 2007 1206). Gemeinnützig ist die Regelung indes nur mittelbar; in erster Linie ermöglicht sie die *privatwirtschaftliche Verwertung* durch Dritte und nimmt letztlich eine bedenkliche *Umverteilung* der Verfügungsmacht vom Rechteinhaber auf den Nutzer vor; dies gegen eine Entschädigung (wegen URG Art. 60 Abs. 2) allenfalls unter Marktwert und damit auch zum *wirtschaftlichen* Vorteil des Nutzers. Die **Unbestimmtheit der Tatbestandsmerkmale** stellt Nutzer wie Verwertungsgesellschaften in der Anwendung vor Probleme. Nicht nur fehlen nähere Anhaltspunkte für die Ausfüllung offener Begriffe, sondern vor allem die Regelung des Vorgehens bei der Schrankennutzung, von den Anforderungen an eine genügende Feststellung der Unauffindbarkeit über die Verwendung der Verwertungserlöse bis zu den Rechten nachträglich auftretender Rechteinhaber. Die Auswirkungen des Eingriffs in das Ausschliesslichkeitsrecht sind schwer vorhersehbar; ihre unbestimmten Voraussetzungen und ihr offener Nutzungsspielraum bedürfen weitgehender Konkretisierung in der Praxis, wobei die Vereinbarkeit mit dem konventionsrechtlichen Schutz (Drei-Stufen-Test) durch restriktive Anwendung zu gewährleisten ist. Zudem könnte der diesbezügliche überhastete Alleingang der Schweiz zu nicht unbeträchtlichen internationalen Irritationen führen.

4   **Archiv** ist jede Einrichtung zur *systematischen Erfassung, Erhaltung und Betreuung von Dokumenten;* die Sammlungen von Bibliotheken, wissenschaftlichen Instituten und Dokumentationszentren kommen nur insoweit in Betracht, als sie vornehmlich dem *Archivzweck* dienen (URG 24 N 2, Botschaft 1989, 545; Barrelet/Egloff URG 24 N 1). Die Schranke betrifft nur **Ton- und Tonbildträger** und damit die Rechte der Urheber an den enthaltenen Werken (N 10), der Interpreten an Darbietungen auf solchen Trägern sowie der Produzenten an den Trägern selbst, nicht aber Werke in anderer Form (bspw. Printmedien, andere Datenträger; Bericht zum VE 2004, S. 22). Zu den **Beständen** des Archivs zählt nicht jedes Werkexemplar in irgendeinem räumlichen oder gar nur ideellen Zusammenhang mit diesem. Es widerspräche der bewusst formulierten Eingrenzung, könnten beliebige Werkexemplare missbräuchlich gerade erst zum Zweck solcher Nutzung in das Archiv verbracht werden. Archivbestände sind deshalb jedenfalls nur die auf Dauer und mit einem eigentlichen Archivierungs- (nicht nur Nutzungs-)Zweck dort vorhandenen und erfassten Werkexemplare (URG 24 N 6, 26).

5   Wie für andere Schrankennutzungen, dürfen nur Werkexemplare verwendet werden, die **rechtmässig zugänglich** sind (Botschaft 2006, 3430; URG 19 N 19), v.a. rechtmässig hergestellt wurden bzw. in das Archiv gelangten. Unproblematisch ist dies für die mit Einwilligung der Rechteinhaber zur Archivierung hergestellten sowie die mit ihrer Einwilligung veräusserten (und damit der Erschöpfung, URG 12 Abs. 1, unterliegenden) Werkexemplare. Dagegen bleibt die Verwendungsbefugnis an Werkexemplaren, die *ohne Einwilligung* im Rahmen einer *Schrankenbestimmung* angefertigt wurden, an die dort aufgestellten Zweckbeschränkungen gebunden. So darf die Privatkopie nur für den privaten Bereich (URG Art. 19 Abs. 1 lit. a), die nach URG Art. 19 Abs. 1 lit. c hergestellte Kopie nur zur internen Information und Dokumentation, die nach URG Art. 24 Abs. 1*bis* nur für den Sicherungs- und Erhal-

tungszweck und zudem nicht zu kommerzieller Nutzung bestimmt sein und verwendet werden. Das Erfordernis des rechtmässigen Zugangs steht deshalb auch der Nutzung eines unter einer anderen Schranke (bspw. als Privatkopie oder zur betriebsinternen Dokumentation) hergestellten Werkexemplars entgegen. Dafür, dass der Gesetzgeber sich mit URG Art. 22b über die Nutzungsgrenzen bestehender Schranken hinwegsetzen wollte, besteht kein Anhaltspunkt, zumal mit der Nutzung der nach URG Art. 12 Abs. 1 veräusserten Exemplare der Normzweck erreichbar ist.

6   Erfasst sind Archive, wenn sie **öffentlich zugänglich** sind (Abs. 1 lit. a, 1. Alt.; vgl. URG Art. 24 Abs. 1*bis*). Die vom Gesetzgeber bewusst vorgenommene Eingrenzung schliesst weder nur gelegentlich noch einer nur sehr begrenzten Öffentlichkeit zugänglich gemachte Archive (bspw. private DVD-Sammlungen) und schon gar nicht solche ein, die überhaupt nur für eine beabsichtigte Werknutzung «geöffnet» wurden. Der *urheberrechtliche Begriff der Öffentlichkeit* als Gegenstück zum privaten Bereich (URG Art. 19 Abs. 1 lit. a) ist daher zu weit. Es bedarf einer *nachhaltigen* Zugänglichkeit für eine *breite* Öffentlichkeit (Allgemeinheit, URG Art. 24 Abs. 1). Auf Servern oder Festplatten gespeicherte Musik- oder Filmsammlungen fallen ausser Betracht, weil diese nur mit Einwilligung der Rechteinhaber *zugänglich gemacht* werden dürfen; ebenso die nach URG Art. 24 Abs. 1 angefertigten und archivierten Exemplare, weil sie nur in Archiven aufbewahrt werden dürfen, die der Allgemeinheit nicht zugänglich sind.

7   Gleichgestellt sind die **Archive der Sendeunternehmen** (Abs. 1 lit. a, 2. Alt.). Zur Begriffsbestimmung des Sendeunternehmen s. URG Art. 22a (dort N 3; zur Kritik an deren Privilegierung dort N 1, 11; auch hier hat der Gesetzgeber das Problem nicht auch zugunsten anderer Träger der Kulturwirtschaft wie Film-, Musikproduzenten oder Verlage aufgegriffen). Diese Archive sind nicht notwendig öffentlich. Wegen Beschränkung des Archivierungsprivilegs in URG Art. 24 Abs. 1 auf nicht-öffentliche Archivierung allein zum Erhaltungszweck (dort N 4 f.) scheiden aber die hiernach angefertigten Archivexemplare für die (öffentliche) Verwertung nach URG Art. 22b aus. Vielmehr ist zur Vermeidung missbräuchlicher «Archivierung» für den Zweck der Schrankennutzung (N 6) der Begriff des Archivs auch hier um das Erfordernis der tatsächlich erfolgten Sendung (vgl. URG Art. 22a Abs. 2, N 4) zu ergänzen.

8   Zentrale Voraussetzung der Schrankennutzung ist, dass der **Rechteinhaber unbekannt oder unauffindbar** ist (**Abs. 1 lit. b**). Betroffen sind stets *einzelne* Rechteinhaber; «verwaist» sind daher die Rechtsbeziehungen *zu diesen*, nicht das *gesamte* Schutzrechtsbündel an einer Ton- oder Tonbildträgeraufzeichnung. Sind **Lizenznehmer oder einzelne Miturheber oder Mit-Rechteinhaber** erreichbar, so ist in Analogie zu URG Art. 7 Abs. 3 und Art. 62 Abs. 3 ein Werk als nicht verwaist zu betrachten, da eine zur Geltendmachung einer Verletzung aktivlegitimierte Partei kontaktierbar ist. So kann es auf die Auffindbarkeit weiterer Rechteinhaber oder Lizenznehmer nicht ankommen. Der umfassende Eingriff in das Ausschliesslichkeitsrecht, die legitimen Interessen der Rechteinhaber (N 3) und das Missbrauchspotential der Vorschrift (die die Werknutzung zu günstigeren als marktüblichen Entschädigungen erlaubt, N 3) gebieten strenge Anforderungen an die **Nachforschungsbemühungen**. Diese sind an den Massstäben, die die Rechtsordnung für andere Fälle der Unauffindbarkeit einer Person aufstellt (vgl. ZGB Art. 35–38), zu orientieren und sind nachzuweisen (ZGB Art. 8). Mangels gesetzlicher Zuordnung sind diese Bemühungen sowohl *vom*

Nutzer als auch – praktisch in letzter Konsequenz – *von der Verwertungsgesellschaft* zu verlangen; beide sind für die Rechtsverletzung zivil- und ggf. strafrechtlich verantwortlich, wenn sie Nutzungen vorgenommen oder Rechte wahrgenommen haben, ohne dass die Voraussetzung der Unauffindbarkeit vorlag. Hingegen steht es der Nutzung nach dem von der Diktion des Gesetzes im übrigen *abweichenden Wortlaut* nicht entgegen, wenn zum **Urheber** des Werks (etwa dem Filmregisseur) Kontakt besteht, sofern nur der Rechteinhaber (Abs. 1 lit.b; s. auch URG 16 N 4) nicht ermittelbar ist (bspw. die Rechtekette nach dem Konkurs eines Filmproduzenten nicht mehr nachvollziehbar ist). Mit dem Normzweck, «verwaiste» Werke nutzbar zu machen, ist das schwer vereinbar; jedenfalls sind die dem Urheber verbliebenen Rechte (etwa Persönlichkeitsrechte) zu beachten.

9   Die zu verwertenden Ton- oder Tonbildträger müssen **vor mindestens zehn Jahren in der Schweiz hergestellt oder vervielfältigt** worden sein. Mit der Einbeziehung der *Vervielfältigung* stellt das Gesetz klar, dass die Verwertungsgesellschaftspflicht nicht (nur) an die *Herstellung* im Sinne von URG Art. 36, sondern an die Entstehung des *physischen Exemplars* des Ton- oder Tonbildträgers anknüpft (anders noch VE 2004; vgl. Bericht S. 22). Dies durchbricht den in URG Art. 16 Abs. 3 festgehaltenen *immaterialgüterrechtlichen Grundsatz* der Trennung des rechtlichen Schicksals von Werkexemplar und Verwendungsrecht (s. dort N 15), und führt zu letztlich zufälligen Ergebnissen. So kommt es nach dem Wortlaut für die Verwendung eines Archivexemplars auf dessen konkreten Entstehungszeitpunkt an; ausser Betracht bleibt, wenn andere Exemplare derselben Produktion vor mehr als zehn Jahren entstanden, was auch kaum nachprüfbar sein dürfte. Zudem darf auf tatsächlich in der Schweiz entstandene Produktionen (im Sinn von URG Art. 36) stets, auf ausländische hingegen nur zugegriffen werden, sofern die verwendete Kopie davon in der Schweiz angefertigt wurde. Da **rechtswidrig** hergestellte Kopien nicht und die durch **Schrankenbestimmungen** erlaubten Kopien nur in den Grenzen der jeweiligen Schranke nutzbar sind (N 5), kommen jedenfalls praktisch nur die mit der **Einwilligung der Rechteinhaber** (oder der für diese handelnden Verwertungsgesellschaft, soweit diese – wie bspw. die (SUISA → Nr. 31) – auch nicht kollektivverwertungspflichtige Vervielfältigungsrechte wahrnimmt) in der Schweiz hergestellten Ton- und Tonbildträger in Betracht. Praktische Bedeutung kommt der Schranke demnach nur zu, wenn im Verlauf dieser Frist der Kontakt zum Berechtigten abriss. Die **Zehn-Jahres-Frist** *verkürzt de facto* (abgesehen von der Vergütung, die dem Rechteinhaber aber nicht zugutekommen kann, N 11) die *Schutzfrist* für die betroffenen Ausschliesslichkeitsrechte; ihre Vereinbarkeit mit RBÜ Art. 7, insbesondere Abs. 3, ist *zweifelhaft;* zu URG Art. 31 Abs. 1 besteht ein Wertungswiderspruch. Aus URG Art. 9 Abs. 2 folgt, dass **nur veröffentlichte Werke** der Schrankennutzung zugänglich sind.

10 Die **Verwertung**, zu welcher die Verwertungsgesellschaft die Einwilligung erteilen kann, umfasst die privatrechtliche, nicht auf gemeinnützige Zwecke beschränkte, somit auch *kommerzielle Nutzung.* Der Begriff ist – im Zusammenhang mit URG Art. 40 Abs. 1 – wie dort einschränkend auf die eigentliche Nutzungserlaubnis zu verstehen, erlaubt also nicht deren rechtsgeschäftliche Lizenzierung (dort N 12). In Betracht kommen sämtliche Verwertungshandlungen; in den Grenzen von URG Art. 11 Abs. 2 ist auch das Urheberpersönlichkeitsrecht kollektivwahrnehmungspflichtig. Welche Rechte **erforderlich** sind, bestimmt sich allein nach den Absichten des Verwerters. Eine Einschränkung des Verwertungsumfangs selbst,

etwa eine Zweckbindung, ist nicht impliziert, auch soweit das über den Normzweck hinausgeht und in Wertungswiderspruch zu der nach URG Art. 60 Abs. 2 limitierten Entschädigung steht. Im Einzelfall mag die Auslegung im Lichte des Drei-Stufen-Tests, welche die im Gesetz unterlassene Abwägung mit den Interessen der Rechteinhaber nachzuholen hat, eine sachliche Beschränkung der Verwertungshandlungen gebieten. Erforderlich wäre die Einwilligung sämtlicher Rechteinhaber, denen für die Nutzung des Ton- oder Tonbildträgers ein Ausschliesslichkeitsrecht (URG Art. 10, 33, 36, 37) zusteht. Anders als im VE 2004 (Bericht, S. 22) erfasst die Verwertungsgesellschaftspflicht auch die Urheberrechte an darin festgelegten oder benutzten (bspw. auch literarischen oder bildnerischen) Werken. Für *bekannte und auffindbare* Rechteinhaber kann die Verwertungsgesellschaft aber nicht handeln.

11 Dass die Rechte **durch die Verwertungsgesellschaft** auch ohne konkretes Wahrnehmungsverhältnis zu den Rechteinhabern **geltend gemacht** werden können, entspricht der Rechtslage in den anderen Fällen der Kollektivverwertungspflicht (vgl. betreffend die gesetzlichen Vergütungsansprüche i.S.v. URG Art. 40 Abs. 1 lit. b: BGE 124 III 489, E. 2.a; ebenso wohl URG Art. 40 Abs. 1 lit. a*bis*). Eine Besonderheit liegt hier darin, dass auch die *grundsätzliche wirtschaftliche Berechtigung* der unbekannten Rechteinhaber an der Verwertung *ins Leere geht*. Eine Wahrnehmung der Rechte zugunsten der Allgemeinheit – eine Enteignung – hat der Gesetzgeber indessen nicht vorgesehen; für die Berechtigten muss demnach die gleiche wirtschaftliche Teilhabe am Erlös möglich sein, wie für andere Inhaber kollektivverwertungspflichtiger Rechte. Dies schliesst die Anwendung der üblichen Ausschlussfristen für die Geltendmachung der Ausschüttungsansprüche gegenüber den Verwertungsgesellschaften aus und erfordert die langfristige, gesonderte Rückstellung der hieraus eingenommenen Gelder und ihre treuhänderische Anlage zur Bedienung nachträglicher Ansprüche.

12 Tritt der Rechteinhaber **nachträglich in Erscheinung**, fehlt es ab diesem Zeitpunkt an der Voraussetzung der Schrankennutzung. Weder kann die Verwertungsgesellschaft darüber hinaus die Einwilligung in Nutzungen erteilen, noch kann ein Nutzer sich auf diese Einwilligung berufen. In der Praxis wird zu beantworten sein, ob und welche Übergangsfristen allenfalls aus Gründen des Vertrauensschutzes im Einzelfall den bereits in Angriff genommenen Verwertungen zu gewähren sind. Ein generell schützenswertes Vertrauen in die dauerhafte Unauffindbarkeit eines Rechteinhabers ist nicht anzuerkennen; Verwertungslizenzen nach Art. 22b sind daher stets nur als vorübergehend zu betrachten.

13 Grundsätzlich können **alle Nutzungsinteressenten** von der Verwertungsgesellschaft die Einwilligung beanspruchen (vgl. Wirtschaftlichkeits- und Gleichbehandlungsgebot, URG Art. 44, 45 Abs. 1 und 2). Die Regelung beschränkt den Nutzerkreis nicht auf die Träger der Archive, was den kulturpolitischen Motiven der Bestimmung entsprechen würde. Problematisch wäre es aber, wenn die Archivinhaber – insbesondere die Sendeunternehmen – über *faktische Zugangsbeschränkung* das fremde geistige Eigentum in ihren Händen monopolisieren könnten. Sie haben denn wohl in geeigneter Weise entweder die Archive öffentlich zugänglich zu machen oder Listen der Art. 22b unterstehenden Werke zu veröffentlichen, so dass interessierte Kreise Zugang zum Archiv verlangen können.

14 Die gesetzliche **Meldepflicht** nach Abs. 2 trifft im Wortlaut nur *Nutzer*, nicht die Archivinhaber als solche. Sie geht insoweit nicht über die *Selbstverständlichkeit* hinaus, dass die zur Nutzung beanspruchten Werke der Verwertungsgesellschaft bei der Einholung der Einwilli-

gung samt den *Umständen der Unauffindbarkeit* anzugeben sind. Eine weitergehende Informations- oder gar Recherchepflicht für Zwecke öffentlicher Erfassung tatsächlich oder mutmasslich verwaister Werke ist dem Wortlaut nicht zu entnehmen. Indessen erhielte die Bestimmung gerade darin eigenständigen Regelungsgehalt, dass Archivinhaber auch unabhängig von konkreter Nutzungsabsicht meldepflichtig wären, so zu einem öffentlichen Register «verwaister» Werke beitrügen und auch *Archivfremde* die Archivwerke bspw. die Werke der Sendeanstalten (N 13) nutzen könnten.

Art. 22c[1]   Zugänglichmachen gesendeter musikalischer Werke

1 Das Recht, in Radio- und Fernsehsendungen enthaltene nichttheatralische Werke der Musik in Verbindung mit ihrer Sendung zugänglich zu machen, kann nur über zugelassene Verwertungsgesellschaften geltend gemacht werden, wenn:

a. die Sendung überwiegend vom Sendeunternehmen selber oder in seinem Auftrag hergestellt wurde;

b. die Sendung einem nichtmusikalischen Thema gewidmet war, das gegenüber der Musik im Vordergrund stand und vor der Sendung in der üblichen Art angekündigt wurde; und

c. durch das Zugänglichmachen der Absatz von Musik auf Tonträgern oder durch Online-Angebote Dritter nicht beeinträchtigt wird.

2 Unter den Voraussetzungen nach Absatz 1 kann auch das Recht auf Vervielfältigung zum Zwecke des Zugänglichmachens nur von zugelassenen Verwertungsgesellschaften geltend gemacht werden.

1   Die Vorschrift war im Bundesratsentwurf nicht enthalten; VE 2004 enthielt eine vergleichbare Regelung (als Art. 22a); in die Gesetzesvorlage gelangte sie erst im Ständerat.

2   Sie unterstellt das Recht zum **Zugänglichmachen** auf Abruf (URG Art. 10 Abs. 2 lit. c) an **nichttheatralischen** (URG Art. 40 Abs. 1 lit. a, dort N 10 f.) **Werken der Musik** (URG Art. 2 Abs. 2 lit. b) für bestimmte Fälle – stets *akzessorisch zur Sendung* – der zwingenden Kollektivwahrnehmung (dazu URG Art. 19 N 4). Weder gilt sie für andere Werke oder Schutzgegenstände (s. aber N 3), noch für andere Nutzungsrechte (auch keines der anderen Rechte aus URG Art. 10 Abs. 2 lit. c). Auch ohne eine entsprechende Schrankenbestimmung im 3. und 4. Kapitel ist die Verwertung des ausschliesslichen *Senderechts* an den betroffenen Werken seinerseits durch URG Art. 40 Abs. 1 der Bundesaufsicht unterstellt; dieses ist damit nach h.M. kollektivverwertungspflichtig, soweit nicht Urheber oder Erben *persönlich* dieses Recht wahrnehmen (URG Art. 40 Abs. 3; N 11).

3   Erfasst ist auch das entsprechende Recht an den verwendeten Ton- und Tonbildträgern: Für den Fall der *Sendung* (die ihrerseits nur unter der Voraussetzung des URG Art. 35 – han-

---

[1]   Eingefügt durch Ziff. I des BG vom 5. Okt. 2007 über die Änderung des BG betreffend das Urheberrecht und verwandte Schutzrecht, in Kraft seit 1. Juli 2008 (AS 2008 2421).

delsübliche **Ton- und Tonbildträger** – erlaubt ist) entzieht URG Art. 22c i.V.m. Art. 38 auch das Interpreten- und Produzentenleistungsschutzrecht zum Zugänglichmachen (URG Art. 33 Abs. 2 lit. a, 36 lit. b) der individuellen Wahrnehmung. Allerdings reicht die Analogie aus URG Art. 38 nicht weiter als der Analogietatbestand des URG Art. 22c; deshalb sind nur die Ton-/ Tonbildträger, die nichttheatralische Musikwerke enthalten, erfasst, nicht solche mit *anderen Werken* oder auch (weil das Produzentenschutzrecht unabhängig vom Werkcharakter des Inhalts besteht, URG 36 N 6) *ungeschützten Inhalts*.

4   Zu **Radio- und Fernsehsendungen** s. URG Art. 10 Abs. 2 lit. d; Art. 37 (dort N 3). Sowohl vom Sendeunternehmen selbst als auch in seinem Auftrag veranstaltete (Live-)Sendungen und auch aufgezeichnete, d.h. produzierte (URG Art. 36) Sendungen sind erfasst, nicht aber Produktionen Dritter (N 6). In der Sendung enthalten ist Musik, soweit sie als deren Teil übertragen und wahrnehmbar wird; die Art und Weise ihrer Einfügung ist insoweit unbeachtlich (s. aber N 7).

5   Das Zugänglichmachen der Werke muss **in Verbindung mit ihrer Sendung**, d.h. hier: mit dem eigentlichen Sende*vorgang* (N 6) stattfinden; diese Verbindung ist nur durch zeitliche Nähe, nicht in anderer Weise (Sachbezug, ideelle Verbindung) herstellbar, was auch, entgegen der gesetzgeberischen Absicht, keine handhabbare Eingrenzung erlauben würde. Zulässig ist daher im wesentlichen der sog. *Simulcast* (das lineare Zugänglichmachen simultan zur Sendung), nach heute bekannten Verfahren im Wege des *Streaming*, nicht dagegen das Zugänglichmachen der Aufzeichnung *ohne* Sendevorgang oder von diesem losgelöst (etwa als Webcast, Podcast, Video-on-Demand, Vorab-Ankündigung, Eigenwerbung usw.; anders AmtlBull NR 2007 1208, wo vom *Bedürfnis, die Sendung zeitverschoben ins Internet zu stellen*, ausgegangen wurde: Ob die damit angesprochene Praxis des Zugänglichmachens während einiger Tage ab Sendung – z.B. «7-Days-Catch-Up» – vom Wortlaut der Schranke gedeckt ist, bleibt zweifelhaft). Die Sendung muss *rechtmässig* erfolgt sein (URG 19 N 19).

6   Die Sendung muss nach **lit. a überwiegend vom Sendeunternehmen selber oder in seinem Auftrag hergestellt** worden sein. Ihre *Aufzeichnung* ist hier (anders als in URG Art. 22a Abs. 2) nicht vorausgesetzt. Herstellung meint also nicht (nur) die Festlegung i.S.v. URG Art. 36, sondern auch die blosse *Vornahme* der Sendung eines unmittelbaren Geschehens («live»; URG 37 N 5). Die Schranke gilt für Eigen- oder Auftragsproduktionen entsprechend URG Art. 22a Abs. 2 (N 6) mit dem Unterschied, dass eine untergeordnete redaktionelle oder wirtschaftliche Beteiligung Dritter nicht schadet. Nicht anwendbar ist sie auf die Sendung fremder audiovisueller Produktionen (Programmeinkauf), auch nicht im Fall blosser Koproduktionsbeteiligung an Produktionen Dritter (bspw. unabhängiger Produzenten).

7   **Lit. b** beschränkt die kollektivverwertungspflichtige Nutzung *unter Bezug auf die Art und Weise der Sendung*, und zwar erstens durch den thematischen Bezug – die Sendung als solche muss einem **nicht-musikalischen,** darf also jedenfalls nicht einem musikalischen **Thema gewidmet** sein; ob gerade die verwendete Musik thematisiert wird, ist unerheblich; zweitens durch einen Bezug auf Ausmass und Prominenz der verwendeten Musik, gegenüber welcher die nichtmusikalische Thematik **im Vordergrund** steht, die Musik also zurücktreten muss (*vor allem Hintergrundmusik*, AmtlBull NR 2007 1206, 1208), was die Einspielung längerer, reiner Musikpassagen, aber auch einzelner, vordergründig prominenter Stücke ausschliesst (vgl. auch URG Art. 22a Abs. 2, Satz 2). Drittens muss das Thema zuvor **in der**

üblichen Art angekündigt werden; eine eher medienrechtliche Anforderung, die allenfalls insofern Bezug zur urheberrechtlich relevanten Nutzung aufweisen könnte, als hierdurch das Nutzerverhalten (Aufzeichnungsabsicht?) steuerbar wäre. Die Kriterien sind interpretationsbedürftig und können Abgrenzungsprobleme kaum vermeiden.

8 Lit. c beschränkt die Nutzung weiter *im Verhältnis zur individuellen Wahrnehmung der Exklusivrechte,* und zwar zu Recht nicht nur zu «Online-Angeboten» – d.h. Zugänglichmachen nach Art. 10 Abs. 2 lit. c –, sondern auch zur Herstellung und Verbreitung physischer Tonträger, welche in vieler Hinsicht mit ersteren einen einheitlichen Verwertungsmarkt bildet. Nicht von der Kollektivwahrnehmung gedeckt ist die Nutzung, wenn sie diesen **Absatzmarkt beeinträchtigt.** Eine Beeinträchtigung läge unter anderem in der Möglichkeit, vom Angebot der Sendung (weitgehend vollständige, URG Art. 19 Abs. 3 lit. a; dort N 33 f.) Kopien der einzelnen verwendeten Musikstücke (auch unter Umgehung technischer Massnahmen, URG Art. 39a Abs. 2, 4) herzustellen. Die Vorschrift konkretisiert damit Stufe Zwei des *Drei-Stufen-Tests* (URG 19 N 6), der gleichwohl *insgesamt* anzulegen ist: So kann auch das Interesse der Rechteinhaber an einem effektiven Schutz der gestreamten Sendung gegen Piraterierisiken zu beachten sein.

9 Die Berechtigung der Verwertungsgesellschaft und des Sendeunternehmens kann **nicht erst im Nachhinein**, sondern sie muss (mit der nach URG Art. 62, 67 gebotenen Sorgfalt: URG 62 N 13) für die geplante Sendung bereits **vorab** festgestellt werden, weil diese andernfalls die Ausschliesslichkeitsrechte verletzt. Insbesondere kann es nicht auf die Feststellung einer tatsächlichen Beeinträchtigung a priori ankommen, sondern nur auf das Beeinträchtigungspotential a priori ankommen. Hierbei wird zukünftig auf Erfahrungswerte, vorderhand aber auf das Vorsichtsprinzip zurückzugreifen sein, weil einmal erfolgte Einbussen nicht mehr auszugleichen sind. Dies gilt, trotz der grammatikalischen Vergangenheitsform, auch für Abs. 1 lit. b.

10 Sofern und soweit die Verwertungsgesellschaft das Zugänglichmachen der Musik erlauben kann, kann sie diese Einwilligung auch auf dazu bestimmte **Vervielfältigungen** erstrecken (Abs. 2). Diese Exemplare unterliegen einer Zweckbindung und damit, auch ohne ausdrückliche Erwähnung, den Massstäben der *Eignung und Erforderlichkeit.* Die Exemplare dürfen nur dem Zugänglichmachen dienen; jede andere Verwendung scheidet aus. Die Beschränkungen des URG Art. 24b Abs. 2 (N 2) gelten daher entsprechend; insbesondere sind die Vervielfältigungen nicht über den konkreten, kurzfristigen Verwendungszweck hinaus aufzubewahren; Art und Anzahl der Kopien sind auf das Notwendige zu beschränken.

Art. 23   Zwangslizenz zur Herstellung von Tonträgern

1 Ist ein Werk der Musik mit oder ohne Text im In- oder Ausland auf Tonträger aufgenommen und in dieser Form mit der Zustimmung des Urhebers oder Urheberin angeboten, veräussert oder sonst wie verbreitet worden, so können alle Hersteller und Herstellerinnen von Tonträgern mit einer gewerblichen Niederlassung im Inland vom Inhaber oder von der Inhaberin des Urheberrechts gegen Entgelt die gleiche Erlaubnis für die Schweiz ebenfalls beanspruchen.

² Der Bundesrat kann die Bedingung der gewerblichen Niederlassung im Inland gegenüber den Angehörigen von Ländern, die Gegenrecht gewähren, ausser Kraft setzen.

1 Unter einer **Zwangslizenz** versteht man die Verpflichtung des Rechteinhabers, jeder Person, die die gesetzlichen Voraussetzungen erfüllt, eine Lizenz zu angemessenen Bedingungen zu erteilen. Diese Verpflichtung kann mangels Einigung vom Richter durchgesetzt werden.

2 Zweck der Bestimmung war es ursprünglich, Tonträgermonopole zum Nachteil der schweizerischen Tonträgerindustrie zu verhindern. Da die **SUISA gemäss 8.2.1 ihrer Statuten** (Stand 1.1.2006 → Nr. 30) Tonträgerlizenzen an praktisch jedermann erteilt, ist die Vorschrift wohl nur noch für musikalische Bühnenwerke von Bedeutung.

Art. 24 Archivierungs- und Sicherungsexemplare

¹ Um die Erhaltung des Werks sicherzustellen, darf davon eine Kopie angefertigt werden. Ein Exemplar muss in einem der Allgemeinheit nicht zugänglichen Archiv aufbewahrt und als Archivexemplar gekennzeichnet werden.

¹*bis* Öffentlich zugängliche Bibliotheken, Bildungseinrichtungen, Museen und Archive dürfen die zur Sicherung und Erhaltung ihrer Bestände notwendigen Werkexemplare herstellen, sofern mit diesen Kopien kein wirtschaftlicher oder kommerzieller Zweck verfolgt wird.¹

² Wer das Recht hat, ein Computerprogramm zu gebrauchen, darf davon eine Sicherungskopie herstellen; diese Befugnis kann nicht vertraglich wegbedungen werden.

1 URG Art. 24 enthält **vergütungsfreie Schranken des Vervielfältigungsrechts** (URG Art. 10 Abs. 2 lit. a). Abs. 1*bis* wurde durch die URG-Revision 2007 eingefügt. In Abs. 1 und 1*bis* fehlt ein Ausschluss der Computerprogramme (anders als URG Art. 19 Abs. 4); er folgt indessen aus Abs. 2 als abschliessender Spezialregel.

Zu Abs. 1

2 **Archivierungskopie**: Die Vervielfältigung ist auf eine einzige Kopie eines bestehenden, mit Einwilligung der Rechteinhaber hergestellten und in Verkehr gesetzten (URG Art. 12 Abs. 1; Müller/Oertli/Gasser URG 24 N 4, Cherpillod SIWR II/1, 295) Werkexemplars beschränkt. Weder für unrechtmässig verbreitete (URG Art. 19 N 19), noch für unter anderen Schranken angefertigte (Art. 22b N 5) Exemplare kann die Schranke geltend gemacht werden. Einzig zulässiger Zweck ist die Bestandserhaltung des *Werks* als solchem, nicht lediglich eines vorhandenen Exemplars (Müller/Oertli/Gasser, N 5 m.w.N.). Das gilt auch für die in der Botschaft 1989, 545 angesprochenen Bibliotheken, Museen, wissenschaftlichen Institute oder Dokumentationszentren. Allerdings setzt dieser Zweck ein Unikat nicht zwingend voraus (Cher-

---

1 Eingefügt durch Ziff. I des BG vom 5. Okt. 2007 über die Änderung des BG betreffend das Urheberrecht und verwandte Schutzrecht, in Kraft seit 1. Juli 2008 (AS 2008 2421).

pillod SIWR II/1, 295). Er gebietet aber restriktive Auslegung der Schranke (Botschaft 1989, 545); schon deshalb, weil die Kopie anders als bspw. nach URG Art. 19 Abs. 1 lit. c vergütungsfrei bleibt. Jedenfalls nicht gedeckt ist die Kopie, soweit das Werk nicht vergriffen ist (h.M., Nachw. bei Müller/Oertli/Gasser N 5, a.M. Cherpillod SIWR II/1, 295) bzw. Exemplare für den Nacherwerb zu angemessenen Konditionen erhältlich wären. Auf die Zumutbarkeit, also auf die eigenen Verhältnisse des Archivträgers (so Müller/Oertli/Gasser N 5), und z.B. etwa darauf, ob dieser sich den Nacherwerb zu angemessenem Preis leisten kann, kann es nicht ankommen.

3   Die Zweckbindung schliesst weitergehende oder andere Nutzungen des Archivexemplars aus (N 1; URG Art. 22b N 5). Die Kopien unterliegen mangels Einwilligung auch nicht der Erschöpfung (URG Art. 12 Abs. 1), können also nicht veräussert oder verliehen werden. Der Wahrung dieser Beschränkung dient die Pflicht zur **Kennzeichnung** als Archivexemplar und zur Aufbewahrung in einem **der Öffentlichkeit nicht zugänglichen Archiv**. Archiv ist jede Einrichtung zur systematischen Erfassung, Erhaltung und Betreuung von Dokumenten. Allerdings folgt aus dem Normzweck – über den Wortlaut hinaus – nach h.M. die Austauschbarkeit von Archivexemplar und Vorlage: Die Kopie kann anstelle der Vorlage verwendet werden, sofern diese ihrerseits gekennzeichnet verwahrt wird oder untergegangen ist (Cherpillod, SIWR II/1, 295). Die in RTVG Art. 20 f. medienrechtlich vorgeschriebene Aufzeichnung und Aufbewahrung von Sendungen ist keine Sicherungskopie i.S.v. URG Art. 24 Abs. 1. Wo kein (stillschweigender) Erwerb der erforderlichen Rechte (URG Art. 10 Abs. 2 lit. a, 33 Abs. 2 lit. c, 36 lit. a und allenfalls Art. 11 Abs. 1, 33a Abs. 2) vorliegt, muss wohl eine direkt aus dem RTVG folgende Schranke angenommen werden.

Zu Abs. 1bis

4   Die Neuregelung war als **Erweiterung der Schranke aus Abs. 1** konzipiert (Botschaft 2006, 3430). Sie soll den Einrichtungen zum Erhalt des Wissens und der kulturellen Errungenschaften die Verwaltung ihrer Informationsträger auf dem Stand der Technik erlauben, insbesondere die Digitalisierung, die elektronische Archivierung und erforderliche Anpassung an die technische Entwicklung der Träger- und Wiedergabemedien (Botschaft 2006, 3430). Formattransfers berühren neben dem Vervielfältigungsrecht auch die Werkintegrität (URG Art. 11 Abs. 1); dies in der Grenze des URG Art. 11 Abs. 2, die zudem auch bei Werken zu berücksichtigen sein kann, denen gerade ihre Rarität besonderen Wert verleiht (bspw. digitale Kunstwerke in limitierter Auflage). Die Institution hat auch vertraglich vereinbarte Unterlassungspflichten (etwa Work-Station-Limiten bei digitalen Werken) zu beachten (Art. 20 N 2).

5   Nicht erlaubt sind Vervielfältigungs- und Speichervorgänge, mit denen (sei es auch neben der Erhaltung) ein **wirtschaftlicher oder kommerzieller Zweck** verbunden ist. Die sprachlich ungenaue Alternative legt ein breites Verständnis nahe: Nicht nur gewerbliche Tätigkeit, sondern jeder angestrebte wirtschaftliche Vorteil fallen darunter, namentlich die Ersparnis der Anschaffungskosten erhältlicher Exemplare (N 2; Botschaft 2006, 3430; zumal auch Kopien nach Abs. 1*bis* vergütungsfrei sind). Auch die hiernach erlaubten Kopien sind an den **Zweck der Sicherung und Erhaltung** gebunden. Weitergehende Nutzungen wie etwa das Zugänglichmachen auf Abruf (Botschaft, 3430) sind nicht erlaubt. Auch blosse Erleichterungen

des Zugriffs (Datenbankstrukturierung, Indizierung, Abrufsfähigkeit) gehen über das zur Sicherung und Erhaltung **Notwendige** hinaus. Die Kopien unterliegen nicht der Erschöpfung (N 3).

6 Abs. 1*bis* geht nicht nur mit der Ermöglichung von Formattransfers, sondern auch in anderer Hinsicht weiter als Abs. 1: Nicht nur zum Erhalt *des Werks*, sondern schon zum Erhalt *der Bestände* der Institution ist der Eingriff erlaubt. Die hergestellten Vervielfältigungen unterliegen *keiner* besonderen Kennzeichnungs- und Archiv*verwahrungspflicht* (anders Abs. 1). Im Gegenzug ist der Kreis der Berechtigten, enger als in Abs. 1, auf **öffentlich zugängliche Einrichtungen**, mithin auf die tatsächlichen Kultur- und Informationsträger *der Allgemeinheit* beschränkt (vgl. auch URG Art. 26). Als bewusste Einschränkung ist das Merkmal streng auszulegen: Nur tatsächlich und in nennenswertem Masse öffentlich zugängliche Einrichtungen sind begünstigt, und dies nur für die tatsächlich zugänglichen Bestände (siehe auch URG 22b N 4). Aus der *Voraussetzung* der öffentlichen Zugänglichkeit ist nicht auf eine Erlaubnis zur öffentlichen Nutzung zu schliessen; wegen der engen Zweckbindung sind auch hier die Vervielfältigungen oder elektronischen Archive allenfalls als Substitut der (unbrauchbaren oder untergegangenen) Werkexemplare, nicht aber neben diesen nutzbar (N 3).

Zu Abs. 2

7 **Sicherungskopie eines Computerprogramms**: Absatz 2 enthält eine der Spezialbestimmungen des URG, die dem besonderen Charakter der Computerprogramme Rechnung tragen (s. URG 2 N 19). Zweck ist der Erhalt der Verfügbarkeit und Gebrauchsfähigkeit des Programms bei Beschädigung oder Untergang des erworbenen Exemplars (Programmdatensatzes). Die Sicherungskopie darf nur als Substitut dieses Exemplars, nicht neben ihm gebraucht und nach dessen Veräusserung nicht weiter aufbewahrt und benutzt werden. Der Wortlaut erlaubt eine einzige Kopie; ein allenfalls weitergehender Bedarf an Sicherungskopien kann nicht über die gesetzliche Erlaubnis, sondern nur mit Einwilligung der Rechteinhaber gedeckt werden. Abs. 2, zweiter Halbsatz, enthält eine der raren, isolierten Bestimmungen ausdrücklich zwingenden Urhebervertragsrechts im URG (URG 20 N 2); abweichende Vereinbarungen, etwa Unterlassungspflichten, sind nichtig (die Erlaubnis weitergehender Befugnisse aufgrund von URG Art. 10 bleibt selbstverständlich unberührt; also: relativ zwingendes Recht).

Art. 24a[1] Vorübergehende Vervielfältigungen

Die vorübergehende Vervielfältigung eines Werks ist zulässig, wenn sie:
a. flüchtig oder begleitend ist;
b. einen integralen und wesentlichen Teil eines technischen Verfahrens darstellt;
c. ausschliesslich der Übertragung in einem Netz zwischen Dritten durch einen Vermittler oder einer rechtmässigen Nutzung dient; und

1 Eingefügt durch Ziff. I des BG vom 5. Okt. 2007 über die Änderung des BG betreffend das Urheberrecht und verwandte Schutzrecht, in Kraft seit 1. Juli 2008 (AS 2008 2421).

d. keine eigenständige wirtschaftliche Bedeutung hat.

1 Die Regelung steht vor dem Hintergrund des weiten urheberrechtlichen Begriffs der Vervielfältigung, der die (auch vorübergehende) Speicherung der Werkdaten einschliesst (URG 10 N 7 f.). Sie entzieht in zwei Fällen (lit. c), und unter gewissen weiteren Voraussetzungen, flüchtige (ephemere) Vervielfältigungen dem ausschliesslichen Vervielfältigungsrecht: *Zum einen* die *rechtmässige* Nutzung durch Nutzer, sei dies an den Enden eines Übertragungsvorgangs oder anderweitig, wobei nach bisherigem Recht diese ephemeren Vervielfältigungen *nicht systematisch* von der Einwilligung der Rechteinhaber bzw. von Schranken gedeckt waren, um dieser Rechtsunsicherheit zu begegnen; *zum andern* für den *Vermittler* des Übertragungsvorgangs, und zwar ungeachtet dessen Rechtmässigkeit, um diesen der Grauzone der (Mit-)Haftung für Verletzungen zu entziehen. Die Schranke verfolgt keinen weitergehenden Zweck und ist insoweit restriktiv zu handhaben.

2 Die Regelung ist der entspr. Schranke der **EU-Richtlinie 2001/29, Art. 5 Abs. 1** (die für die EU-Staaten zwingend gilt → Nr. 18) bewusst nachgebildet (Botschaft 2006, 3431) und stimmt mit dieser, von materiell bedeutungslosen redaktionellen Abweichungen abgesehen, bis in die Formulierung überein. Demnach bietet die EU-Richtlinie samt ihrer Erwägungsgründe auch für die Bestimmung des URG eine taugliche, ergänzende Auslegungshilfe. Zudem ist der Blick auf die Auslegungspraxis der EU-Länder erlaubt, die diese Bestimmung übernommen haben – enthält doch der Wortlaut der Richtlinie selbst «aufgrund ihrer wechselvollen Entwicklung und zahlreicher Kompromisse [...] eine Reihe wenig klarer Kautelen, die eine zu weitgehende Einschränkung des Urheberrechts verhindern sollen» und «eine Vielzahl sich teils überschneidender und schwer bestimmbarer Begriffe [...], deren Auslegung sich letztlich am Zweck der Vorschrift orientieren soll» (Schricker/Loewenheim, dUrhG § 44a N 2). Die Schranke genügt als solche dem Drei-Stufen-Test (Botschaft a.a.O.), der gleichwohl bei der Auslegung in Zweifelsfällen zu beachten ist (URG 19 N 6; Schricker/Loewenheim a.a.O.).

3 Die einzelnen Voraussetzungen (lit. a–d) müssen kumulativ erfüllt sein (Botschaft 2006, 3430 f.). Zur **Vervielfältigung** (Speicherung) s. N 1 und URG 10 N 7 f. **Zulässig** ist diese insofern, als sie dem Ausschliesslichkeitsrecht der Vervielfältigung entzogen ist. Weder schliesst das die Verwirklichung anderer Unrechtstatbestände (z.B. des StGB) durch den Vorgang aus, noch rechtfertigt es sie.

4 Die **vorübergehende** (nicht dauerhafte) Speicherung muss (**lit. a**) entweder **flüchtig** *(transient)* sein – dies meint kein Synonym, sondern eine *besonders kurzlebige, rasch vergängliche Vervielfältigung, oder* **begleitend** *(incidental):* Das ist die *beiläufig* im Rahmen des technischen Verfahrens – dann nicht notwendig kurzlebig – entstehende Speicherung (Schricker/Loewenheim, dUrhG § 44a N 5; Walter/Walter, Info-RL N 107).

5 Sie muss zudem (**lit. b**) funktionaler Teil eines **technischen Verfahrens** sein, und zwar entweder desjenigen der Übertragung im Netz oder desjenigen der rechtmässigen Nutzung (lit. c; Schricker/Loewenheim, a.a.O. N 6). Dessen **integraler und wesentlicher Teil** ist die Vervielfältigung, wenn das Verfahren technisch bedingt massgeblich auf ihr beruht; völlig unabdingbar (im Sinne strikter technischer Notwendigkeit mangels alternativer Lösungen) müssen sie nicht sein; es genügt, wenn sie massgebend zum effizienten Funktionieren der

Übertragungssysteme beitragen (Botschaft 2006, 3430; Schricker/Loewenheim, a.a.O. N 6; EU-Richtlinie 2001/29, Erwägungsgrund 33 → Nr. 18). Nicht gedeckt ist dagegen jede Vervielfältigung, die mit Änderungen der Information (d.h. des Werk-Datensatzes oder auch von Wahrnehmungsinformation i.S.v. URG Art. 39c Abs. 2) einhergeht (EU-Richtlinie 2001/29, a.a.O.).

6   Sie muss **ausschliesslich** einem der beiden eigentlichen *Privilegierungsgründe* (**lit. c) dienen** (entspr. dem «alleinigen Zweck» der Richtlinie), wobei es auf eine *subjektive* Zwecksetzung nur soweit ankommt, als diese eine Voraussetzung der Rechtmässigkeit der Nutzung ist (2. Alt., Schrankennutzung). Ausgeschlossen sind demnach Speicherungen (auch) zu anderen Zwecken, etwa der Archivierung (Schricker/Loewenheim, a.a.O., N 7).

7   Privilegiert ist die **Übertragung in einem Netz zwischen Dritten durch einen Vermittler**, in der Regel einen Provider. Im Internet ist dies regelmässig, in haus- oder firmeninternen Netzwerken (Intranet) hingegen *regelmässig nicht* der Fall (Schricker/Loewenheim, a.a.O., N 8; zur Erfassung durch die Eigengebrauchsschranke s. aber URG 19 N 26 f.; hierunter wäre es nach der dort wiedergegebenen h.M. eine rechtmässige Nutzung i.S. der 2. Alt.). Nach h.M. unter der Geltung der EU-Richtlinie privilegiert diese Variante *nur den Vermittler*, d.h. den Service Provider, nicht auch die Nutzer, welche über diesen Dienst Werke zugänglich machen oder abrufen. Hiermit steht im Einklang, dass es auf die *Rechtmässigkeit der Übertragung* nicht ankommt: Gerade der Provider soll der Grauzone der (Mit-)Haftung als Gehilfe oder Mittäter unrechtmässiger Vervielfältigungen entzogen werden (Botschaft 2006, 3402, 3431; Walter/Walter, a.a.O., N 112; Schricker/Loewenheim, a.a.O., N 8 m.w.N.). Hierunter fallen bspw. Speicherungen auf den Servern von Access-Providern, die beim Abruf (Download, Streaming) durch Dritte unter Nutzung dieses Servers entstehen (Botschaft 2006, 3430).

8   Die *Nutzer selbst* können sich (nur) auf die *Alternative* einer **rechtmässigen Nutzung** berufen. Dies ist die Nutzung, in die der Rechteinhaber eingewilligt hat oder die gesetzlich erlaubt ist, d.h. keinem Ausschliesslichkeitsrecht unterliegt (URG 67 N 4, s. auch URG 39a N 28; EU-Richtlinie 2001/29, a.a.O.). Wer also die Übertragung zu *unrechtmässiger* Nutzung vornimmt (zum Download für Privatgebrauch s. URG 19 N 19; in Betracht kommt auch der Zugriff unter Umgehung technischer Massnahmen, URG Art. 39a Abs. 1; Walter/Walter, a.a.O., N 110), kann sich auch nicht auf die Schranke des URG Art. 24a berufen (Walter/Walter, a.a.O.; Schricker/Loewenheim, a.a.O., N 9; URG 19 N 19). Hierunter fallen bspw. Vervielfältigungen beim Browsing und Caching, d.h. die beim Aufrufen von Web-Inhalten im Arbeitsspeicher oder auf der Festplatte des Computers zwischengespeicherten Daten, sofern diese den Voraussetzungen der Schranke genügen (Botschaft 2006, 3431; ebenso Erwägungsgrund 33 der EU-Richtlinie 2001/29; Walter/Walter, Info-RL N 107). Anderseits erfasst diese Variante auch Vervielfältigungen ohne Bezug zu einer Netzübertragung, wie die Zwischenspeicherung beim Abspiel einer DVD (Walter/Walter, a.a.O., N 109).

9   **Eigenständige wirtschaftliche Bedeutung** hätte die Vervielfältigung, wenn sie – auch nur mittelbar – neue, eigenständige Nutzungsmöglichkeiten eröffnet, so etwa beim Hosting, d.h. der Speicherung, auf welche ein Nutzer zwecks Wiedergabe oder Download zugreifen kann (Walter/Walter, a.a.O., N 111; Schricker/Loewenheim, a.a.O. N 10). Keinesfalls unter die Schranke fallen Speicherungen eines Content Providers, der selbst Werke oder Gegen-

stände verwandter Schutzrechte *zugänglich macht;* ebenso wenig die beim Download gespeicherten Werkdaten (siehe dazu URG Art. 19 Abs. 3*bis*; dort N 37).

Art. 24b[1]   Vervielfältigungen zu Sendezwecken

¹ Gegenüber den Sendeunternehmen, die dem Bundesgesetz vom 24. März 2006[2] über Radio und Fernsehen unterstehen, kann das Vervielfältigungsrecht an nichttheatralischen Werken der Musik bei der Verwendung von im Handel erhältlichen Ton- und Tonbildträgern zum Zweck der Sendung nur über eine zugelassene Verwertungsgesellschaft geltend gemacht werden.

² Nach Absatz 1 hergestellte Vervielfältigungen dürfen weder veräussert noch sonst wie verbreitet werden; sie müssen vom Sendeunternehmen mit eigenen Mitteln hergestellt werden. Sie sind wieder zu löschen, wenn sie ihren Zweck erfüllt haben. Artikel 11 bleibt vorbehalten.

1   Verwenden Sendeunternehmen zur **Sendung** (URG 10 N 20) von **nichttheatralischen Werken der Musik** (URG 40 N 11 f.) **im Handel erhältliche Ton- und Tonbildträger** (URG 35 N 2; dies schliesst gemäss Botschaft 2006, 3432, die im elektronischen Geschäftsverkehr für den Download zugänglichen Werkdatensätze ein), so bedürfen sie hierfür weder der Einwilligung der Rechteinhaber *an der Musik* (meist der Komponist oder sein Musikverlag), noch derjenigen der Rechteinhaber *an der Aufzeichnung* (Interpreten und Produzenten, in der Praxis meist in der Hand der Letzteren gebündelt): Die Rechte an der Musik werden ohne eigentliche gesetzliche Bestimmung zum Kollektivverwertungszwang traditionell über Verwertungsgesellschaften (SUISA; s. Statuten → Nr. 30 Ziff. 3.1.b; Wahrnehmungsvertrag → Nr. 31 Ziff. 2.1.) wahrgenommen, wobei der Gesetzgeber auch diese Wahrnehmung im Grundsatz der Bundesaufsicht unterstellt hat (URG Art. 40 Abs. 1 lit. a; dort N 10; Botschaft 2006, 3431). Die Senderechte an der Aufzeichnung sind vom Ausschliesslichkeitsrecht der Interpreten und Produzenten ausgenommen; diesen steht nur ein gesetzlicher Vergütungsanspruch zu (URG Art. 35 Abs. 1 und 2), der verwertungsgesellschaftspflichtig ist (URG Art. 35 Abs. 3; Botschaft 2006, a.a.O.). Indessen verwenden die **Sendeunternehmen** (URG 37 N 2 ff.; zum verfehlten Verweis auf das RTVG s. URG 22a N 3 zwecks Vereinfachung der technischen Abläufe beim Senden, regelmässig nicht wie dort vorgesehen die Handelsexemplare selbst, sondern stellen davon Kopien (wie Speicherungen auf Datenträgern) her, da häufig ab einem computergestützten System gesendet wird. Diese **Vervielfältigungen** (URG 10 N 7 f.), die gegenüber der vom Gesetz erlaubten Verwendung der Handelson-/ tonbildträger zu Sendezwecken eine zusätzliche Nutzung darstellen, greifen in das Vervielfältigungsrecht der Interpreten (URG Art. 33 Abs. 2 lit. c) und Produzenten (URG Art. 36 lit. a) ein und waren bis zur Revision 2007 nicht von einer Schranke gedeckt, bedurften also

---

1   Eingefügt durch Ziff. I des BG vom 5. Okt. 2007 über die Änderung des BG betreffend das Urheberrecht und verwandte Schutzrechte, in Kraft seit 1. Juli 2008 (AS 2008 2421).
2   SR 784.40

der Einwilligung der Rechteinhaber (Botschaft 2006, a.a.O.). In der Praxis wurde diese unter Vermittlung der Branchenverbände der Rechteinhaber (der IFPI Schweiz, schweizerische Sektion der internationalen Föderation der Tonträgerhersteller sowie der SIG, Schweizerische Interpreten Gesellschaft) ausgehandelt und erteilt (Botschaft 2006, 3431 f.; AmtlBull StR 2006 1209).

2 Obwohl ein **Gesetzgebungsbedarf nicht überzeugend zu begründen** war – insbesondere ist die *Preisbildung* (Botschaft 2006, 3431) unter Urheberrechts-Verwertungsunternehmen kein legitimer Zweck der Schrankengesetzgebung (URG 1 N 4), sind die Räte dem Anliegen der Sendeanstalten, auch diese Vervielfältigung der zwingenden Kollektivverwertung (URG 19 N 4) zu unterwerfen, in der Revision 2007 nachgekommen. Die Schranke betrifft sowohl das Vervielfältigungsrecht der Urheber, als auch jenes der Interpreten und der Produzenten (N 1; URG Art. 38).

3 RBÜ Art. 11*bis* Abs. 3 (für Urheber) und Rom-Abkommen Art. 15 Abs. 1 lit. c (für Interpreten und Tonträgerproduzenten) erlauben grundsätzlich Einschränkungen des Vervielfältigungsrechts für **ephemere Vervielfältigungen** der Sendeunternehmen **aus eigenen Mitteln und für eigene Sendezwecke** (Botschaft 2006, 3431 f.). Der Kollektivverwertungszwang dieses Vervielfältigungsrechts hat aber zur Folge, dass die in der Schweiz bislang zu frei ausgehandelten Marktbedingungen vergüteten Ausschliesslichkeitsrechte (Botschaft 2006, 3431 f.; AmtlBull StR 2006 1209) nunmehr der Bundesaufsicht unterstellt sind (URG Art. 40 Abs. 1 lit. a*bis*) und damit der staatlichen Angemessenheitskontrolle nach URG Art. 60 und hier der Regel-Obergrenze nach dessen Abs. 2 von drei Prozent des Nutzungsaufwands (Nutzungs*ertrag* kommt im Normalfall nicht vor) unterworfen sind (vor Verwaltungs- und anderen Abzügen gemäss Verteilreglementen). Die Neuregelung hat zur hauptsächlichen Folge eine effektive Kürzung der erzielbaren Einnahmen, eine wirtschaftliche Entlastung der Sendeunternehmen zulasten der Produzenten; sie hat die Vergütungen für die zuvor frei bewertbaren, eigentumsgleichen Rechte (URG 1 N 3 f.; 60 N 7) radikal limitiert. Indem eine konkrete Einnahmenquelle, damit die normale Verwertung der Tonträger, beeinträchtigt ist, ist die mit dem Drei-Stufen-Test nach WPPT Art. 16 Abs. 2 (→ Nr. 15) gesteckte Grenze des gesetzgeberischen Spielraums nach Rom-Abkommen Art. 15 und WPPT Art. 16 Abs. 1 überschritten und insoweit das in WPPT Art. 11 gewährleistete ausschliessliche Recht der Tonträgerhersteller, jede unmittelbare oder mittelbare Vervielfältigung ihrer Tonträger zu erlauben, verletzt (a.M. die Botschaft 2006, 3432).

4 Auch unter der Kollektivverwertungspflicht bleibt das **ausschliessliche Vervielfältigungsrecht** der Interpreten und Produzenten **als solches bestehen** und untersteht daher selbständiger, vom Senderecht unabhängiger Wahrnehmung. Schon deshalb wäre eine Konsumtion durch den Senderechtstarif mit dem Gesetz nicht vereinbar (a.M. die Botschaft 2006, 3432; AmtlBull StR 2006 1209) und würde unter der Grenze des URG Art. 60 Abs. 2 im Ergebnis zur völligen Abschaffung der Vergütung für diese Vervielfältigung führen. Das Recht muss einen selbständigen Vergütungsansatz erhalten.

5 Die Einschränkungen nach **Absatz 2** verfolgen den (im Ergebnis verfehlten, N 3) **Zweck, den Eingriff in das Vervielfältigungsrecht** in einer Weise **zu begrenzen**, der den Drei-Stufen-Test wahrt (Botschaft 2006, 3432). Hiernach und nach dem Wortlaut der Schranke unterliegen die gemäss URG Art. 24b hergestellten Vervielfältigungen einer *strikten*

Zweckbindung. Dies wird durch die ausdrücklichen Verbote der *Verbreitung* (d.h. der Klarstellung, dass das Verbreitungsrecht unberührt bleibt), besonders aber der Anordnung der *Löschung* der Vervielfältigungen nach Erfüllung ihres Zwecks zweifelsfrei klargestellt. Zweck ist – ausschliesslich – die Sendung. Hiervon nicht gedeckt sind andere Nutzungen, etwa die Archivierung. Insbesondere verbietet sich wegen des Löschungsgebots die Archivierung nach URG Art. 24 Abs. 1 und 1*bis* (im übrigen besteht regelmässig an Handelsexemplaren kein Werkerhaltungszweck, URG Art. 24 Abs. 1, dort N 2; und sind Archive der Sendeunternehmen nicht öffentlich zugänglich, Abs. 1*bis*, dort N 6). Damit ist auch die *medienrechtliche Aufbewahrungspflicht* der Sendeunternehmen während der Dauer von 4 Monaten (ggf. darüber hinaus bis zum Abschluss eines medienrechtlichen Verfahrens; RTVG Art. 20; dazu URG 24 N 3) vom geltenden Wortlaut dieser Schranke *nicht gedeckt* (a.M. Mosimann, SIWR II/1, 377). Eine vom Normzweck wohl gebotene Ausdehnung dieser Schranke, die ohnehin mit dem Drei-Stufen-Test kollidiert (N 3), erscheint konventionsrechtlich bedenklich. Jedenfalls nicht gedeckt, weil einem eigentlichen Archivzweck dienend, wäre die Aufbewahrung nach Massgabe der RTVG Art. 21, RTVV Art. 33.

An URG Art. 35 Abs. 1 anknüpfend, betrifft die Bestimmung **auch Tonbildträger**. Sie erfasst aber auch insoweit nur Werke der nichttheatralischen Musik, nicht aber das Urheberrecht an darauf ebenfalls enthaltenen *visuellen* (filmischen, bildnerischen oder photographischen) oder *literarischen* Werken (Texte, Rezitation). Im Ergebnis bleibt die zwingende Kollektivwahrnehmung auf *Musik-Tonträger* beschränkt; in andern Fällen bleibt die Einwilligung betroffener Urheberrechtinhaber unumgänglich.

6 **Vorbehalten bleibt URG Art. 11**, das ausschliessliche Recht der Urheber, über *Änderungen* der Musik oder über ihre *Bearbeitung, Verwendung in Werken zweiter Hand* oder ihre Aufnahme in *Sammelwerke* zu entscheiden. Diese Rechte verbleiben uneingeschränkt dem Urheber (der Bundesratsentwurf hatte lediglich den ohnehin unumgänglichen Vorbehalt von URG Art. 11 Abs. 2 vorgesehen, BBl. 2006, 3444, anders aber die Botschaft 2006, 3432). Die zu Sendezwecken hergestellte Kopie muss also die vom Handelstonträger entnommene Musik *unverändert* enthalten. Änderung oder Bearbeitung ist auch die Verbindung des Musiktons mit anderen Geräuschen (bspw. im Hörspiel oder als Hintergrundmusik) sowie die Verbindung mit Film oder Bildern (Synchronisation, URG 11 N 7; Botschaft 2006, 3432). Diese bedürfen in jedem Fall der Einwilligung der Urheber.

Art. 24c[1] Verwendung durch Menschen mit Behinderungen

1 Ein Werk darf in einer für Menschen mit Behinderungen zugänglichen Form vervielfältigt werden, soweit diese das Werk in seiner bereits veröffentlichten Form nicht oder nur unter erschwerenden Bedingungen sinnlich wahrnehmen können.

2 Solche Werkexemplare dürfen nur für den Gebrauch durch Menschen mit Behinderungen und ohne Gewinnzweck hergestellt und in Verkehr gebracht werden.

1   Eingefügt durch Ziff. I des BG vom 5. Okt. 2007 über die Änderung des BG betreffend das Urheberrecht und verwandte Schutzrecht, in Kraft seit 1. Juli 2008 (AS 2008 2421).

³ Für die Vervielfältigung und Verbreitung seines oder ihres Werks in einer für Menschen mit Behinderungen zugänglichen Form hat der Urheber oder die Urheberin Anspruch auf Vergütung, sofern es sich nicht nur um die Herstellung einzelner Werkexemplare handelt.

⁴ Der Vergütungsanspruch kann nur von einer zugelassenen Verwertungsgesellschaft geltend gemacht werden.

1 Die mit der Revision 2007 eingeführte Schranke soll Menschen mit Behinderungen den **Zugang zu urheberrechtlich geschützten Werken erleichtern** (Botschaft 2006, 3432). Damit will der Gesetzgeber der Zielvorgabe des *Behindertengleichstellungsgesetzes* (BehiG, SR 151.3) nachkommen, Benachteiligungen zu verhindern, zu verringern oder zu beseitigen, denen Menschen mit Behinderungen ausgesetzt sind, sowie Rahmenbedingungen zur Erleichterung u.a. der Teilnahme am gesellschaftlichen Leben, der Pflege sozialer Kontakte, der Aus- und Fortbildung und der Erwerbstätigkeit zu schaffen (Botschaft 2006, a.a.O.; Art. 1 Abs. 1 BehiG). Diese Zielsetzung wird bei der **Auslegung und Anwendung der Schranke** in Grenzbereichen zu berücksichtigen sein, u.a. die Frage, ob im Einzelfall eine Benachteiligung i.S.v. BehiG Art. 2 Abs. 2, 4 und 5 vorliegt. Über den Geltungsbereich des BehiG (Art. 3) geht die Schranke insofern hinaus, als sie zugunsten Behinderter unmittelbar in Rechte privater Dritter eingreift, auch ohne dass eine Diskriminierung i.S.v. BehiG Art. 6 vorliegt, also bspw. auch, wenn ein Rechteinhaber zur Lizenzierung behindertengerechter Werkverwendungen zu gleichen Konditionen wie sonstiger Verwendungen bereit wäre. Eine ähnliche Kollektivverwertungspflicht enthielt bereits früher, seit 2004, URV Art. 17a, jedoch beschränkt auf Sprachwerke (URG 40 N 18).

2 **Behinderte** im Sinn von BehiG Art. 2 Abs. 1 sind Personen, denen es eine voraussichtlich dauernde körperliche, geistige oder psychische Beeinträchtigung erschwert oder verunmöglicht, alltägliche Verrichtungen vorzunehmen, soziale Kontakte zu pflegen, sich fortzubewegen, sich aus- oder fortzubilden oder eine Erwerbstätigkeit auszuüben. Der Anwendungsbereich von URG Art. 24c ist indessen auf solche Behinderungen begrenzt, welche die **sinnliche Wahrnehmung** der Werke beeinträchtigen (wie Seh- oder Hörbehinderungen).

3 Die Schranke umfasst – entgegen der weit gefassten Überschrift («Verwendungen») nur das **Vervielfältigungsrecht** (Abs. 1; URG Art. 10 Abs. 2 lit. a; dort N 7) sowie – wie aus Abs. 2 und 3 hervorgeht – das **Verbreitungsrecht** (URG Art. 10 Abs. 2 lit. b; dort N 9). Nicht auf die Schranke zu stützen sind demnach bspw. die *Vorführung*, die *Sendung* oder das *Zugänglichmachen auf Abruf* von Werken in behindertengerechter Art oder Form (URG Art. 10 Abs. 2 lit. c und d; dort N 15, 17, 20; so schon der frühere Art. 17a URV, N 1).

4 Vervielfältigungen in einer den Begünstigten **zugänglichen Form** sind solche, die ihnen eine Überbrückung ihrer jeweiligen Hindernisse bei der sinnlichen Wahrnehmung des Werks erlauben. In Betracht kommen bspw. Hörbücher, Buchausgaben in Blindenschrift (Botschaft 2006, 3433) oder in einer für Sehschwache lesbaren Typographie; ebenso Exemplare audiovisueller Werke mit Untertiteln u. dgl. Das Gesetz hält jedoch die Art solcher Hilfsmittel (bewusst) offen. Es kommen daher auch andere – auch noch unbekannte – Formen des Werkzugangs in Betracht, sofern sie über *sinnliche* Wahrnehmungsstörungen hinweghelfen und keine anderen Rechte als die der Vervielfältigung und Verbreitung beanspruchen.

5 In der Regel bedingt die Herstellung solcher – von den marktüblichen Werkexemplaren verschiedenen – Vervielfältigungen zugleich eine *Änderung* (z.B. Untertitel) bzw. *Bearbeitung* (bspw. Hörbuchform) und damit Eingriffe in das Recht aus URG Art. 11 Abs. 1. Diese sind von der Schranke – auch ohne ausdrücklichen Vorbehalt – insoweit gedeckt, als dies für die Ermöglichung oder Erleichterung der Wahrnehmbarkeit durch die Zielgruppe notwendig ist (und jedenfalls nur in den Grenzen von URG Art. 11 Abs. 2).

6 **Absatz 2** macht die **feste Zweckbindung** der im Rahmen der Schranke angefertigten Werkexemplare an den *bestimmungsgemässen Adressatenkreis* deutlich. Wie bei anderen personell eingegrenzten Schranken (bspw. dem persönlichen Kreis nach URG Art. 19 Abs. 1 lit. a oder der Schulklasse nach dessen lit. b) würde auch die Verbreitung der Werkexemplare über diesen Kreis hinaus das Verbreitungsrecht verletzen; diese Exemplare unterliegen mangels Einwilligung der Rechteinhaber nicht der Erschöpfung (URG 12 N 2). Das verlangt eine Kontrolle ihrer Verbreitungswege, die nicht in allgemeine Verbreitungswege und generell nicht in fremde Hände gelangen dürfen. In erster Linie werden daher Verbände behinderter Menschen und auf deren Bedürfnisse spezialisierte Einrichtungen (wie Blindenbibliotheken, spezialisierte Bildungseinrichtungen und Spitäler) sowie deren Lieferanten (z.B. Verlage; s. aber N 7) Nutzniesser der Schranke sein, denn sie können ausschliesslichen Zugang der Begünstigten zu den Werkexemplaren sicherstellen. Zu trennen ist der Anwendungsbereich dieser Schranke von den beiden vorgenannten Eigengebrauchsschranken, auch wenn tatsächlich Überschneidungen möglich sind (bspw. die Privatkopie des Blinden-Hörbuchs).

7 Mit den Vervielfältigungen und ihrer Verbreitung darf – auf keiner Stufe des Verbreitungswegs – ein **Gewinnzweck** angestrebt werden. Dem Ausschliesslichkeitsrecht unterstellt bleibt demnach die Herstellung solcher Exemplare durch gewerbliche Lieferanten, sofern sie nicht ausschliesslich *kostendeckend* erfolgt.

8 Die Schranke kann nur für bereits **veröffentlichte** Werke beansprucht werden. Auf die Erhältlichkeit im Handel kommt es hierfür nicht an. Nach allgemeinem Grundsatz (vgl. aber URG 19 N 19) ist aber *rechtmässiger Zugang* zur Vorlage gefordert; behindertengerechte Werkexemplare dürfen also nicht anhand von Raubkopien, Schwarzdrucken u. dgl. hergestellt und dann verbreitet werden. Ist das Werk ohnehin bereits in einer behindertengerechten Form, bspw. als Hörbuch, veröffentlicht (auch hier ist unerheblich, ob die Rechteinhaber diese Form dauerhaft verfügbar halten), so sind die Nutzer auf die Rechteinhaber verwiesen; die Befugnis, selbst solche Exemplare herzustellen, besteht dann nicht; und auch die Vervielfältigung zur *Ersparnis von Anschaffungskosten* ist nicht gedeckt.

9 Wie in URG Art. 19, handelt es sich um eine eigentliche Schranke des Urheberrechts (gesetzliche Lizenz), nicht um die blosse Verwertungsgesellschaftspflicht eines geltenden Ausschliesslichkeitsrechts, und damit um eine gesetzlich erlaubte Verwendung (URG 39a N 28, 67 N 4). Die **Vergütung** (Abs. 3) ist verwertungsgesellschaftspflichtig (Abs. 4), der Bundesaufsicht unterstellt (URG Art. 40 Abs. 1 lit. b) und nach URG Art. 60 festzusetzen; eine tarifliche Begünstigung wie für den Schulgebrauch (URG Art. 30 Abs. 3) ist nicht vorgesehen. Der Vergütungsanspruch besteht nicht bei der Herstellung nur **einzelner Werkexemplare**. Diese – nicht näher bestimmte – Ausnahme ist bereits dann überschritten, wenn eine (auch nur kleine) Mehrzahl oder Serie identischer Exemplare hergestellt wird, betrifft also im wesentlichen Prototypen bzw. Unikate der angepassten Werkform (s. auch N 8).

10 Die Schranke betrifft auch die Vervielfältigungs- und Verbreitungsrechte der **Inhaber verwandter Schutzrechte** an den Gegenständen ihrer Leistungen (URG Art. 33 Abs. 2 lit. c und d, Art. 36 lit. a und Art. 37 lit. c und d i.V.m. Art. 38; Botschaft 2006, 3433). Aufgrund des Verweises in URG Art. 38 steht auch diesen ein Vergütungsanspruch zu.

Art. 25 Zitate

¹ Veröffentlichte Werke dürfen zitiert werden, wenn das Zitat zur Erläuterung, als Hinweis oder zur Veranschaulichung dient und der Umfang des Zitats durch diesen Zweck gerechtfertigt ist.

² Das Zitat als solches und die Quelle müssen bezeichnet werden. Wird in der Quelle auf die Urheberschaft hingewiesen, so ist diese ebenfalls anzugeben.

Zu Abs. 1

1 Das Zitierrecht ist heute nur noch durch den Zitatzweck begrenzt. Die Beschränkung der Zitate auf wissenschaftliche Arbeiten, Schulbücher und Presseübersichten ist mit der Revision von 1992 weggefallen. Insbesondere ist auch das Bildzitat generell zulässig (vgl. Nachweise bei Müller/Oertli/Macciacchini, URG 25 N 5 ff.), ebenso das Filmzitat. Dem Zitatrecht liegt eine **Abwägung der betroffenen Rechtsgüter** zugrunde, nämlich des individuellen Rechtsschutzinteresses und des allgemeinen Interesses am Schutz der Verkehrsfähigkeit des Urheberrechts einerseits, sowie der verfassungsrechtlich garantierten Kommunikationsfreiheiten andererseits (URG 9 N 4; URG 19 N 5; Vorbem. URG 1 N 3).

2 Es darf nur aus **veröffentlichten Werken** zitiert werden, weil URG Art. 9 Abs. 2 das ausschliessliche Veröffentlichungsrecht des Urhebers gewährleistet. Nicht erforderlich ist, dass es sich beim Zitatmedium selbst um ein Werk handelt. Auf die Art des Mediums kommt es nicht an; es kommen alle Verwendungsarten nach URG Art. 10 in Betracht.

3 Das Zitat muss einem bestimmten **Zitatzweck** dienen – nämlich der Erläuterung, als Hinweis oder zur Veranschaulichung («**Belegfunktion**») – nicht aber dem reinen Selbstzweck oder überwiegend der schmückenden Illustration. Erforderlich ist somit immer ein inhaltlicher Bezug zwischen dem zitierten Werk(teil) und der eigenen Darstellung; ausserdem muss das Zitat gegenüber der eigenen Darstellung von untergeordneter Bedeutung sein.

4 Schliesslich muss der **Zitatumfang durch den Zitatzweck gerechtfertigt** sein, d.h. der inhaltliche Bezug bestimmt auch den zulässigen Umfang des Zitats. Somit ist zwar grundsätzlich möglich, dass ein Zitat ein gesamtes Werk umfassen kann, doch setzt hier das Erfordernis des steten inhaltlichen Bezugs enge Grenzen (vgl. BGE 131 III 480 E. 2.1 und 2.2 «Schweizerzeit»). In der Praxis dürfte das zulässige Zitat eines ganzen Werkes deshalb auf Bildzitate und sehr kurze literarische Werke beschränkt sein.

5 Zu Recht hat das Bundesgericht in BGE 131 III 480 «Schweizerzeit» die Auffassung des OGer/ZH verworfen, wonach das Interesse an einer öffentlichen Diskussion – geschützt durch die **Medien-, Meinungsäusserungs- und Informationsfreiheit** nach BV Art. 16 f. – den vollständigen Abdruck eines Zeitungsartikels rechtfertige (E. 3.1). Mit den Schrankenbestimmungen von URG Art. 19 – 28 wird das Spannungsverhältnis zwischen den genannten

Grundrechten einerseits und der Eigentumsgarantie (BV Art. 26) andererseits abschliessend geregelt (zur Auslegung der Schrankenbestimmungen s. Vorbem. URG 19 N 5 f.; URG 1 N 4).

Zu Abs. 2

6   Fehlt die Kenntlichmachung als Zitat, liegt ein **Plagiat** und damit auch eine Urheberrechtsverletzung vor (siehe URG 3 N 1 und URG Art. 68). Wissenschaftliches Ethos verlangt eine Kenntlichmachung der Quelle auch dann, wenn keine wörtliche Übernahme, sondern eine Wiedergabe fremder Gedanken in eigenen Worten erfolgt, mithin keine urheberrechtlich zu beanstandende Übernahme des fremden Werkes gegeben ist (zu welchem neben dem Gedanken auch dessen konkreter Ausdruck gehört, vgl. URG 2 N 1). Bei **Selbstplagiat**, d.h. der unveränderten Übernahme aus eigenem Werk, können neben dem übertragenen Teilrecht auch Verträge mit den Verwertern des übernommenen Werkes verletzt werden (dabei sind Zeitschriftenaufsätze zum Abschreiben eher frei als Bücher, s. OR Art. 382 → Nr. 4).

7   Zur **Unterlassung der Quellenangabe** s. URG Art. 68.

Art. 26   Museums-, Messe- und Auktionskataloge

Ein Werk, das sich in einer öffentlich zugänglichen Sammlung befindet, darf in einem von der Verwaltung der Sammlung herausgegebenen Katalog abgebildet werden; die gleiche Regelung gilt für die Herausgabe von Messe- und Auktionskatalogen.

1   Die Ausnahmeregelung für **Museumskataloge** wurde bei den Beratungen des URG 1992 vom Nationalrat auf die **Auktionskataloge** (AmtlBull NR 1992, 43), vom Ständerat dann auch auf die **Messekataloge** ausgedehnt (AmtlBull StR 1992 381). Fraglich ist, ob mit dieser Ausdehnung auch Verkaufskataloge individueller Aussteller, z.B. von Kunstgalerien, gemeint sind. Dies ist angesichts des Normzwecks zu verneinen (Vorbem. URG 19 N 8; a.M. Müller/Oertli/Macciacchini, URG 26 N 4). Auch wenn in der Folge nur von Museumskatalogen die Rede ist, gilt Analoges für Auktions- und Messekataloge.

2   Der **Normzweck** dieser Bestimmung ist, zu gewährleisten, dass Museumskataloge eine unerlässliche Hilfsfunktion im Hinblick auf eine Ausstellung wahrnehmen, die im Interesse des Urhebers liegt (kritisch zum Normzweck anhand dUrhG § 58 Christian Berger, in: ZUM 2002, 21). Dadurch werden auch die **Grenzen** der Bestimmung aufgezeigt, die es anhand des Drei-Stufen-Tests auslegend zu konkretisieren gilt. Namentlich darf durch die Schutzausnahme von URG Art. 26 die normale Verwertung des Werkes durch den Urheber wirtschaftlich nicht beeinträchtigt bzw. konkurrenziert werden, weshalb der Absatzmarkt für Museumskataloge von demjenigen der eigentlichen Kunstbände zu trennen ist (Vorbem. URG 19 N 4). Will ein Museum Vervielfältigungen vornehmen, welche die in der Folge beschriebenen Grenzen von URG Art. 26 überschreiten, ist hierfür die Einwilligung des Urhebers bzw. des Rechteinhabers einzuholen (siehe Bildtarif der ProLitteris).

3   Es handelt sich um **Werkexemplare**; der Gesetzgeber spricht irrtümlich von Werken. Die Ausnahmeregelung beschränkt sich weitgehend auf Werkexemplare der **bildenden Kunst**, weil nur diese in einem Katalog abgebildet werden können. Soweit dies durch den Normzweck (N 2) nicht ausgeschlossen wird, kommen aber auch Noten- oder Manuskriptfaksimile

in Frage, sofern sie Objekte einer Ausstellung sind. Ausgeschlossen ist jedenfalls die Anwendung auf musikalische Hörproben, auch nicht per analogiam (a.M. Müller/Oertli/Macciacchini, URG 26 N 13).

4 Weggefallen ist mit dem URG 1992 gegenüber URG 1922 die Begrenzung auf die sich «bleibend» in der Sammlung befindlichen Werke. Es macht für den Begriff der **Sammlung** deshalb keinen Unterschied, ob sich der Katalog auf eine permanente oder eine vorübergehende Ausstellung mit Leihgaben bezieht (BGE 127 III 26 E. 5b «Museumskatalog»). Ebenfalls unbeachtlich ist, ob der Eintritt zur Sammlung entgeltlich oder unentgeltlich erfolgt. Zwingend vorausgesetzt ist aber, dass die Sammlung **öffentlich zugänglich** ist. Als Teil einer Schrankenbestimmung ist dieses Merkmal eng auszulegen: Nur tatsächlich und in nennenswertem Masse öffentlich zugängliche Einrichtungen sind begünstigt, und nur hinsichtlich der tatsächlich zugänglichen Bestände (URG 22b N 6, URG 24 N 6).

5 Erforderlich ist eine **Beschränkung** in inhaltlicher, zeitlicher und örtlicher Hinsicht. So dürfen die Kataloge (unter dem Privileg von URG Art. 26) nur kurz vor, während und nach der **Ausstellung** vertrieben werden. Als **Vertriebsnetz** kommt nur der Direktverkauf durch das Museum in Frage, was den Verkauf im Buchhandel ausschliesst (Rehbinder, Urheberrecht, 15. Aufl. 2008, Rz. 484; in der Praxis wird deshalb meist eine spezielle Buchhandelsausgabe mit eigener ISBN aufgelegt). Hilfsweise kann zur Überprüfung dieser Einschränkungen die **Höhe der Auflage** als Indiz beigezogen werden. Abzulehnen ist hingegen die Auffassung, der erlaubte Verkaufspreis sei auf den Selbstkostenpreis zu beschränken (so Barrelet/Egloff, URG 26 N 3): Eine solche Preisgestaltung würde die normale Verwertung durch den Urheber erst recht konkurrenzieren (gl.M. Müller/Oertli/Macciacchini, URG 26 N 7, allerdings aus «praktischen Gründen»; Cherpillod, SIWR II/1, 299). Als **Kataloge** qualifizieren sich nur Publikationen, welche die Exponate wissenschaftlich erläutern oder einordnen und so deren Rezeption fördern. Der informatorische Charakter muss im Vordergrund stehen, nicht der Werkgenuss oder Marketingzwecke (Berger, a.a.O., 24 f.). Werbematerial (z.B. Inserate, Plakate, Flyer) und Merchandising-Artikel (z.B. T-Shirts, Poster, Postkarten, Spiele) erfüllen diese Anforderung nicht. Unerheblich ist die Art des **Mediums**, durch das sich der Katalog präsentiert. Neben den herkömmlichen Druckexemplaren ist die Präsentation auf CD-ROM längst Realität. Hingegen ist ein Verfügbarmachen im Internet nicht möglich, weil diese Verbreitungsform weit darüber hinausgeht, was sich der Gesetzgeber 1992 unter einem Katalog vorstellte, sowohl in technischer als auch in wirtschaftlicher Hinsicht.

6 Als **Herausgeber** des Katalogs kommt nur die Verwaltung der Sammlung in Frage, d.h. deren wirtschaftlicher Organisator. Publikationen Dritter fallen nicht unter diese Ausnahmebestimmung, selbst wenn sie inhaltlich als Kataloge qualifiziert werden könnten. Selbstverständlich kann aber die Verwaltung der Sammlung Dritte mit der inhaltlichen Ausarbeitung und Produktion des Katalogs beauftragen (z.B. das Schweizerische Institut für Kunstwissenschaft), wodurch sich nichts an der Herausgeberrolle ändert.

7 Nicht unter URG Art. 26 fällt das Recht an der **Aufnahme** des abgebildeten Exponats, die ihrerseits urheberrechtlich geschützt ist, sofern sie Werkcharakter hat (URG Art. 2 Abs. 2 lit. g). Dies dürfte angesichts der bundesgerichtlichen Rechtsprechung zum Urheberrechtsschutz von Fotografien jedoch eher selten der Fall sein (URG 2 N 13). Oft wird die Verwendung sol-

cher Aufnahmen aber lauterkeitsrechtlich relevant sein (UWG Art. 5 lit. c → Nr. 5) und die Zustimmung des Fotografen unter diesem Rechtstitel erforderlich machen.

Art. 27   Werke auf allgemein zugänglichem Grund

¹ Ein Werk, das sich bleibend an oder auf allgemein zugänglichem Grund befindet, darf abgebildet werden; die Abbildung darf angeboten, veräussert, gesendet oder sonst wie verbreitet werden.

² Die Abbildung darf nicht dreidimensional und auch nicht zum gleichen Zweck wie das Original verwendbar sein.

Zu Abs. 1

1   Zweck der Regelung ist es, der Allgemeinheit die Abbildung unserer Umwelt zu erleichtern (sog. **Panoramafreiheit**) und zwar auch für gewerbliche Zwecke, bspw. auf Postkarten, in Kunstbüchern oder Reiseführern.

2   Alle Arten von Werkexemplaren, die sich bleibend **an oder auf allgemein zugänglichem Grund** befinden, wie Werke der bildenden Kunst (z.B. Bauwerke, Plastiken, Fresken, Werbegrafiken) oder Werke der Fotografie, können frei abgebildet werden. Unerheblich sind die Eigentumsverhältnisse, insbesondere ob es sich um privaten oder öffentlichen Grund handelt. Bei Bauwerken dürfen jedoch nur die Aussenansichten frei wiedergegeben werden, nicht die **Innenräume**, auch wenn sie zu öffentlichen Gebäuden wie Kirchen, Museen oder Bahnhöfen gehören. Das Innere von Bauwerken kann auch über die urheberrechtliche Schutzfrist hinaus dadurch geschützt werden, dass der Zutritt nur unter der Bedingung gestattet ist, dass nicht fotografiert oder gefilmt wird (Hausrecht, ZGB Art. 926). Dann liegt bei Zuwiderhandlung eine Eigentumsverletzung, u.U. auch eine Straftat (Hausfriedensbruch, StGB Art. 186) vor. Auch Werke, die sich in Innenräumen befinden, fallen nicht unter URG Art. 27, selbst wenn sie von Aussen durch die Fenster wahrgenommen werden können.

3   Das Werk muss sich «**bleibend**» auf oder an öffentlich zugänglichem Grund befinden. Unerheblich sind die tatsächliche oder geplante Dauer, während der sich ein Werk in der Öffentlichkeit befindet oder noch befinden soll oder die Lebensdauer des Werkes. Vielmehr ist darauf abzustellen, ob sich das Werk erkennbar absichtlich dauerhaft an oder auf öffentlich zugänglichem Grund befindet, diesem also gewissermassen gewidmet wurde (ähnlich Müller/Oertli/Macciacchini, URG 27 N 8).

4   Keine solche Widmung liegt vor, wenn die öffentliche Präsentation des Werkes **Ausstellungscharakter** aufweist (so zum dUrhG § 59 der BGH, Urteil vom 24.1.2002, I ZR 102/99 «Verhüllter Reichstag», E. II.3.d; a.M. Barrelet/Egloff, URG 27 N 5), wie bspw. die Verhüllungskunst des Künstlerpaars Christo oder der Monolith von Jean Nouvel anlässlich der Expo 02. In diesem Fall greift die Schrankenbestimmung von URG Art. 27 nicht, und der Urheber kann sich gegen die Abbildung und weitere Nutzung seines öffentlich ausgestellten Werkes zur Wehr setzen, sofern nicht eine andere Schutzausnahme zur Anwendung kommt (z.B. Eigengebrauch, URG Art. 19, oder Berichterstattung über aktuelle Ereignisse, URG Art. 28).

Zu Abs. 2

5   Dem Normzweck der Schutzausnahme zu Gunsten der Panoramafreiheit entsprechend sind nur zwei-, nicht jedoch dreidimensionale Abbildungen zulässig. Unzulässig wäre es, «Miniaturen einer öffentlich aufgestellten Statue herzustellen und als Souvenir zu vertreiben» (Botschaft 1989, 546). Gleiches gilt auch z.B. für Gebäude, Reliefs und Brunnen.

Art. 28   Berichterstattung über aktuelle Ereignisse

[1] Soweit es für die Berichterstattung über aktuelle Ereignisse erforderlich ist, dürfen die dabei wahrgenommenen Werke aufgezeichnet, vervielfältigt, vorgeführt, gesendet, verbreitet oder sonst wie wahrnehmbar gemacht werden.

[2] Zum Zweck der Information über aktuelle Fragen dürfen kurze Ausschnitte aus Presseartikeln sowie aus Radio- und Fernsehberichten vervielfältigt, verbreitet und gesendet oder weitergesendet werden; der Ausschnitt und die Quelle müssen bezeichnet werden. Wird in der Quelle auf die Urheberschaft hingewiesen, so ist diese ebenfalls anzugeben.

Zu Abs. 1

1   **Normzweck:** Diese gesetzliche Lizenz ermöglicht, dass auch ganze Werke im Rahmen der Berichterstattung über Tagesereignisse verwendet werden dürfen. Dadurch wird ein rascher, kostengünstiger und sachgerechter Informationsfluss zu Gunsten der Öffentlichkeit gewährleistet.

2   Gegenstand der Berichterstattung muss ein **Ereignis** sein, wobei es sich um ein Geschehen handeln muss, an dem bei einem Teil der Öffentlichkeit ein gewisses Interesse besteht. Besteht ein solches Interesse, sind Bedeutung oder Niveau des Ereignisses unerheblich, es kann sich dabei auch um Banalitäten handeln. Das Ereignis muss sich aber durch **Aktualität** auszeichnen, es muss also grundsätzlich ein naher zeitlicher Zusammenhang zwischen Ereignis und Berichterstattung bestehen. Bei Archivaufnahmen ist dies nicht der Fall (a.M. Müller/Oertli/Macciacchini, URG 28 N 10), jedoch kann deren Verwendung durch Absatz 2 oder das Zitatrecht erlaubt sein (URG Art. 25).

3   URG Art. 28 regelt lediglich die Verwendung von **Werken**, also geistigen Schöpfungen mit individuellem Charakter (URG Art. 2). Eine unpersönliche Nachrichtenmeldung ist daher kein Werk und kann – aus urheberrechtlicher Sicht und unter Vorbehalt des UWG – beliebig verwendet werden. Vgl. zum Ganzen Manfred Rehbinder/Christian Rohner, Zum rechtlichen Schutz der Nachrichtenagenturen am Beispiel der Schweizerischen Depeschenagentur, UFITA 139 (1999), 123 ff.

4   Das Werk muss beim Ereignis **wahrgenommen** worden sein, d.h. es muss in dessen Verlauf «sichtbar oder hörbar werden» (RBÜ Art. 10*bis* Abs. 2 → Nr. 22). Ein lediglich sachlicher Zusammenhang zwischen Werk und Ereignis genügt nicht. Nicht durch URG Art. 28 erfasst ist deshalb bspw. der Fall, dass ein Bericht über die Hochzeit eines populären Musikers nachträglich mit dessen Musik untermalt wird (vgl. aber in diesem Zusammenhang URG Art. 22c und 35).

5 Schliesslich wird der **Umfang** der erlaubten Werkverwendung insofern begrenzt, als sie für den Zweck der Berichterstattung **erforderlich** sein muss. Unzulässig ist, «wenn der Werkgenuss anstelle der Information in den Vordergrund tritt. Selbst wenn also die Premiere einer Aufführung als Tagesereignis und seine allenfalls kommentierte Übertragung am Radio oder Fernsehen als Berichterstattung angesehen würde, so würde die Übertragung unverhältnismässig langer Ausschnitte den Rahmen der blossen Information sprengen» (Botschaft 1989, 546).

6 Thematisch verwandt ist die Abbildung von Werken (z.B. Gemälde oder Plastiken) im **Hintergrund** von Bildausschnitten bei Filmen, die nicht der aktuellen Berichterstattung dienen, namentlich **in Spiel- und Dokumentarfilmen**. Ist die Abbildung lediglich klein oder unscharf und entsprechend schlecht erkennbar, so qualifiziert sich der Vorgang nicht als Werkverwendung nach URG Art. 10, weil der geistige Gehalt des Werkes nicht vermittelt wird. Ist das Werk hingegen klar erkennbar, so handelt es sich bei dessen Abbildung um eine Vervielfältigung nach URG Art. 10 Abs. 2 lit. a, und es ist die entsprechende Erlaubnis vom Rechteinhaber einzuholen (Entsprechendes gilt für das Senden und Zugänglichmachen, URG Art. 10 Abs. 2 lit. c und d).

Zu Abs. 2

7 «Durch die vorliegende Bestimmung, die auch Presseübersichten abdeckt, ist die **Informationsfreiheit** hinreichend gewährleistet. Die Formulierung der zulässigen Handlungen erfasst alle in URG 10 II lit. a–f genannten Verwendungsformen und namentlich auch die Mitteilung mittels Bildschirmtext» (Botschaft 1989, 547).

8 Die Medien dürfen zum Zwecke der Berichterstattung auch kurze **Ausschnitte** aus der periodisch erscheinenden Presse oder aus Rundfunksendungen entnehmen, wobei unbeachtlich ist, ob der verwendete Artikel bzw. die verwendete Sendung technisch auf herkömmliche Weise oder im Internet publiziert wurde (z.B. als Streaming).

9 Der Zweck der Berichterstattung muss die Information über **aktuelle Fragen** sein (zum Begriff der Aktualität s. N 2). Auch beim verwendeten Artikel bzw. der verwendeten Sendung muss es sich um aktuelle Berichterstattung handeln, was zwar nicht aus dem Wortlaut von URG Art. 28 Abs. 2, aber aus RBÜ Art. 10*bis* Abs. 1 (→ Nr. 22) hervorgeht. URG Art. 28 Abs. 2 ist thematisch eng mit dem Zitatrecht (URG Art. 25) verwandt. Falls eine Nutzung nicht durch die eine Bestimmung erlaubt ist, muss deshalb immer geprüft werden, ob allenfalls die andere Bestimmung zur Anwendung kommt.

10 Auch in Abs. 2 wird der erlaubte **Umfang** des verwendeten Ausschnitts durch das Kriterium der **Erforderlichkeit** begrenzt (N 5). Der verwendete Ausschnitt ist als solcher kenntlich zu machen und die **Quelle** zu bezeichnen. Enthält die Quelle eine Urheberbezeichnung, so ist auch diese anzugeben. Zur Unterlassung der Quellenangabe s. URG Art. 68, ferner URG Art. 61 f. Je nach Umständen ist entsprechendes Verhalten auch wettbewerbswidrig, vgl. UWG Art. 5 lit. c → Nr. 5.

6. Kapitel: Schutzdauer

Art. 29 Im Allgemeinen

¹ Ein Werk ist urheberrechtlich geschützt, sobald es geschaffen ist, unabhängig davon, ob es auf einem Träger festgehalten ist oder nicht.

² Der Schutz erlischt:

a. 50 Jahre nach dem Tod des Urhebers oder der Urheberin für Computerprogramme;
b. 70 Jahre nach dem Tod des Urhebers oder der Urheberin für alle anderen Werke.

³ Muss angenommen werden, der Urheber oder die Urheberin sei seit mehr als 50 beziehungsweise 70 Jahren[1] tot, so besteht kein Schutz mehr.

Vorbemerkungen zum 6. Kapitel: Schutzdauer (Art. 29–32)

1   Als **Begründung** für die zeitliche Befristung wird in der Regel auf die Sozialbindung des Urheberrechts hingewiesen, insbesondere auf den Anspruch der Allgemeinheit, nach gewisser Zeit im Interesse eines lebendigen Kulturlebens geistige Schöpfungen unentgeltlich und ungehindert nutzen zu können, sowie auf die Tendenz geistiger Werke, Allgemeingut zu werden oder auf die Nutzung allgemeinen Kulturguts durch den Urheber. Die einzig überzeugende Begründung, das Urheberrecht nicht dem ewig dauernden Sacheigentum gleichzustellen, sondern zu befristen, ist jedoch sein persönlichkeitsrechtlicher Bestandteil. Die Beschränkung der Schutzdauer ist ein Kompromiss, mit welchem die beiden Komponenten des Urheberrechts, das zeitlich unbegrenzte Vermögensrecht des Urhebers mit seinem zeitlich begrenzten Urheberpersönlichkeitsrecht zu einem Ausgleich gebracht werden sollen. Die im Interesse der Rechtsklarheit erforderliche generelle Festlegung einer Zeitschranke ist dann Sache des politischen Ermessens. Die Schweiz hat sich wie die Mitgliedstaaten der EU für eine Schutzdauer von 70 Jahren post mortem auctoris entschieden (siehe Richtlinie 93/98 EWG zur Harmonisierung der Schutzdauer vom 29. Okt. 1993, UFITA 125, 1994, 201 ff.).

2   Nach Ablauf der Schutzdauer erlischt das Urheberrecht und die Werke werden **gemeinfrei**, d.h. sie dürfen uneingeschränkt genutzt werden. Die Einrichtung einer Kulturabgabe auf gemeinfrei gewordene Werke (sog. Urhebernachfolgevergütung = domaine public payant; s. Marc Jean-Richard: Die Urhebernachfolgevergütung, UFITA 2000, Bd. II, 353 ff.) ist dem schweizerischen Recht unbekannt.

Art. 29
Zu Abs. 1

3   Das Urheberrecht im subjektiven Sinne entsteht mit dem **Realakt der Schöpfung** (URG 6 N 3). Die Festlegung in einem Werkexemplar ist für den Urheberrechtsschutz nach schweize-

---

1   Berichtigt von der Redaktionskommission der BVers [Art. 33 GVG – AS 1974 1051].

rischer Rechtsauffassung nicht vorausgesetzt; geschützt ist also auch die musikalische Improvisation. Auch improvisierte choreographische Werke (Tänze, Ballette) und Pantomimen sind schutzfähig, sofern sie eine individuelle geistige Schöpfung darstellen, was bei blossen Tanzfiguren oder Schrittfolgen nicht zutrifft. Die Entstehung des Urheberrechts an einem Werk ist an keine Formalitäten gebunden und unabhängig von dessen Veröffentlichung (URG 9 N 10). Mit der Veröffentlichung tritt jedoch eine Minderung des Rechtsschutzes ein (URG Art. 19 ff.).

4   Ein Werk muss nicht vollendet sein, um urheberrechtlichen Schutz zu geniessen. Dies ergibt sich aus URG Art. 2 Abs. 4, wonach u.a. **auch Entwürfe geschützt** sind, sofern es sich um geistige Schöpfungen mit individuellem Charakter handelt (zum Werkbegriff s. URG 2 N 1 ff.). Daraus folgt – ab Erreichen des Werkcharakters – ein sukzessiver Schutz des Werkes während des Schöpfungsprozesses, wobei jede Fassung selbständig geschützt ist.

Zu Abs. 2

5   Die Schutzfrist für **Werke** (mit Ausnahme der Computerprogramme) wurde mit dem URG 1992 im Anschluss an Deutschland, Österreich und Frankreich auf 70 Jahre post mortem auctoris verlängert.

6   Die Schutzfristverlängerung von 50 auf 70 Jahre entfaltet keine Rückwirkung auf Werke, die nach dem URG 1922 zwar urheberrechtlich geschützt waren, deren Schutzdauer aber vor dem Inkrafttreten des URG 1992 am 1.07.1993 bereits abgelaufen war (URG Art. 80; Verbot der echten Rückwirkung, BGE 124 III 266, E. 4i).

7   Die 50-jährige Schutzfrist post mortem programmatoris für **Computerprogramme** entspricht den Vorgaben von RBÜ Art. 7 Abs. 1 (→ Nr. 22), jedoch nicht mehr dem Niveau des Rechtsschutzes in der EU: Art. 11 der Schutzdauerrichtlinie (Richtlinie 93/98/EWG) hebt Art. 8 der Softwarerichtlinie (EG 91/259/EWG) auf, womit der Schutz für Computerprogramme in der EU auf die für die übrigen Werkkategorien geltenden 70 Jahre post mortem auctoris angehoben wurde. Die Schweiz hat hier gesetzgeberischen Handlungsbedarf.

8   Ist der Todeszeitpunkt (und dadurch die Frage, ob ein Werk durch Zeitablauf gemeinfrei geworden ist) streitig, so liegt die Beweislast nach den allgemeinen Regeln von ZGB Art. 8 und 32 Abs. 1 beim Rechtsnachfolger des Urhebers. Der Beweis wird primär mit den Zivilstandsurkunden geführt (ZGB Art. 33 Abs. 1).

Zu Abs. 3

9   Die Regel bezieht sich «vor allem auf nicht veröffentlichte Werke unbekannter Urheber, deren Schutzdauer sonst grundsätzlich unbegrenzt sein könnte. Sie gilt aber auch für veröffentlichte Werke, für welche die von der Erstveröffentlichung an berechnete Schutzfrist noch nicht abgelaufen ist» (Botschaft 1989, 547). Vor diesem Hintergrund wäre Absatz 3 systematisch besser bei URG Art. 31 angefügt worden. So oder so kann diese Bestimmung nur auf glasklare Fälle Anwendung finden, zumal es gerade bei unbekannten Autoren mangels biografischer Daten unklar bleiben wird, ab wann angenommen werden muss, der Urheber sei seit über 50 bzw. 70 Jahren tot.

10 Unklar (wenngleich wegen der Rückwirkung einer Verschollenerklärung in praktischer Hinsicht unerheblich) ist auch, ob das Werk eines gemäss ZGB Art. 35 für verschollen Erklärten nach Absatz 2 oder Absatz 3 zu behandeln ist.

Art. 30 Miturheberschaft

¹ Haben mehrere Personen an der Schaffung eines Werks mitgewirkt (Art. 7), so erlischt der Schutz:
a. 50 Jahre nach dem Tod der zuletzt verstorbenen Person für Computerprogramme[1];
b. 70 Jahre nach dem Tod der zuletzt verstorbenen Person für alle anderen Werke[2].

² Lassen sich die einzelnen Beiträge trennen, so erlischt der Schutz der selbständig verwendbaren Beiträge 50 beziehungsweise 70 Jahre[3] nach dem Tod des jeweiligen Urhebers oder der jeweiligen Urheberin.

³ Bei Filmen und anderen audiovisuellen Werken fällt für die Berechnung der Schutzdauer nur der Regisseur oder die Regisseurin in Betracht.

Zu Abs. 1

1 Auch die Schutzdauer bei Miturheberschaft ist mit dem URG 1992 auf 70 Jahre verlängert worden. Zum Begriff der Miturheberschaft s. URG 7 N 3 ff.

Zu Abs. 2

2 Die Schutzfrist der Werkbeiträge mit getrennter Verwertbarkeit berechnet sich mit Bezug auf den vom einzelnen Miturheber geschaffenen Teil separat.

Zu Abs. 3

3 Aus Gründen der Praktikabilität wird bei Filmen und audiovisuellen Werken zur Berechnung der Schutzdauer nicht auf den zuletzt gestorbenen Haupturheber, sondern auf den Tod des Regisseurs abgestellt (s. URG 7 N 5 f.).

Art. 31 Unbekannte Urheberschaft

¹ Ist der Urheber oder die Urheberin eines Werks unbekannt, so erlischt dessen Schutz 70 Jahre nach der Veröffentlichung oder, wenn das Werk in Lieferungen veröffentlicht wurde, 70 Jahre nach der letzten Lieferung.

² Wird vor Ablauf dieser Schutzfrist allgemein bekannt, welche Person[4] das Werk geschaffen hat, so erlischt der Schutz:
a. 50 Jahre nach ihrem Tod für Computerprogramme[5];
b. 70 Jahre nach ihrem Tod für alle anderen Werke[1].

---

1 Berichtigt von der Redaktionskommission der BVers [Art. 33 GVG – AS 1974 1051].
2 Berichtigt von der Redaktionskommission der BVers [Art. 33 GVG – AS 1974 1051].
3 Berichtigt von der Redaktionskommission der BVers [Art. 33 GVG – AS 1974 1051].
4 Berichtigt von der Redaktionskommission der BVers [Art. 33 GVG – AS 1974 1051].
5 Berichtigt von der Redaktionskommission der BVers [Art. 33 GVG – AS 1974 1051].

1 Diese Bestimmung geht auf RBÜ Art. 7 Z. 3 (→ Nr. 22) zurück und meint mit «unbekannter Urheberschaft» ausschliesslich den Fall des anonymen oder des trotz des angegebenen Pseudonyms nicht identifizierbaren Werkschöpfers (Botschaft 1989, 548). Nicht unter diese Bestimmung fällt deshalb das Phänomen der **verwaisten Werke** («orphan works», URG 22b N 8), bei welchen der Urheber bekannt ist, die aktuelle Rechteinhaberschaft jedoch auch durch Nachforschungen nicht identifizier- respektive auffindbar ist und von niemandem (mehr) beansprucht wird.

2 Die unbekannte Urheberschaft ändert also nichts an der Schutzfähigkeit des Werkes, bewirkt jedoch, dass der Ablauf der Schutzfrist nicht erst vom Tode des Urhebers, sondern schon von der Veröffentlichung des Werkes an gerechnet wird. Handelt es sich um ein solches, jedoch unveröffentlichtes Werk (ein sogenanntes «posthumes Werk»), so findet URG Art. 29 Abs. 3 Anwendung.

3 Bei der redaktionellen Bereinigung des Gesetzestextes des URG 1992 wurde in Absatz 1 versehentlich die inhaltliche Anpassung an URG Art. 29 Abs. 2 lit. a vergessen, wonach Computerprogramme nur 50 Jahre geschützt sind. Dieser Grundsatz gilt – entgegen dem unvollständigen Wortlaut – auch hier.

Art. 32   Berechnung

Die Schutzdauer wird vom 31. Dezember desjenigen Jahres an berechnet, in dem das für die Berechnung massgebende Ereignis eingetreten ist.

1 Der Ablauf der Schutzfrist erfolgt also erst am Jahresende des für die Schutzdauer massgebenden Zeitpunktes. Beispiel: Max Frisch ist am 4.04.1991 verstorben. Seine Werke sind nach geltendem Recht somit bis zum 31.12.2061 urheberrechtlich geschützt.

3. Titel: Verwandte Schutzrechte

Art. 33   Rechte der ausübenden Künstler und Künstlerinnen

1 Ausübende Künstler und Künstlerinnen sind natürliche Personen, die ein Werk oder eine Ausdrucksform der Volkskunst darbieten oder an einer solchen Darbietung künstlerisch mitwirken.[2]

---

1   Berichtigt von der Redaktionskommission der BVers [Art. 33 GVG – AS 1974 1051].
2   Fassung gemäss Art. 2 des BB vom 5. Okt. 2007 über die Genehmigung von zwei Abkommen der Weltorganisation für geistiges Eigentum und über die Änderung des Urheberrechtsgesetzes, in Kraft seit 1. Juli 2008 (AS 2008 2497).

² Die ausübenden Künstler und Künstlerinnen haben das ausschliessliche Recht, ihre Darbietung oder deren Festlegung:[1]

a. direkt oder mit irgendwelchen Mitteln anderswo wahrnehmbar oder so zugänglich zu machen, dass Personen von Orten und zu Zeiten ihrer Wahl dazu Zugang haben;[2]
b. durch Radio, Fernsehen oder ähnliche Verfahren, auch über Leitungen, zu senden, sowie die gesendete Darbietung mit Hilfe von technischen Einrichtungen, deren Träger nicht das ursprüngliche Sendeunternehmen ist, weiterzusenden;
c. auf Ton-, Tonbild- oder Datenträger aufzunehmen und solche Aufnahmen zu vervielfältigen;
d. als Vervielfältigungsexemplare anzubieten, zu veräussern oder sonst wie zu verbreiten;
e. wahrnehmbar zu machen, wenn sie gesendet, weitergesendet oder zugänglich gemacht wird.[3]

Vorbemerkungen zum 3. Titel: Verwandte Schutzrechte (Art. 33–39)

1 Mit der Einführung der **verwandten Schutzrechte** anerkennt der Gesetzgeber die Schutzwürdigkeit bestimmter Leistungen, die nicht schöpferisch im Sinne des urheberrechtlichen Werkbegriffes sind, und gewährt den Interpreten, Tonträgerherstellern und Sendeunternehmen selbständige Verbotsrechte bzw. Vergütungsansprüche gegenüber Dritten. Dieser Schutz gilt im Wesentlichen solchen Leistungen, denen eine selbständige, qualitativ über die blosse Übernahme und Verbreitung hinausgehende Schlüsselfunktion in der Werkvermittlung zukommt, nämlich ihrer Interpretation, ihrer Aufzeichnung (Produktion) und ihrer Sendung. Damit trägt auch dieser Rechtsschutz, der das Ergebnis der genannten Vermittlungsschritte als solches vor Übernahme und Ausbeutung bewahrt, zur Verkehrsfähigkeit der immateriellen Werke und damit zum Funktionieren des Systems Urheberrecht bei (siehe URG 1 N 4 f.); er weist hierin über den zugrundeliegenden Sonderschutz der persönlichen oder der unternehmerischen Leistung als solcher hinaus. Dies rechtfertigt seine Regelung im URG (Rehbinder, Urheberrecht, 197), welche deshalb auch nicht ohne weiteres in den Rahmen des Lauterkeitsrechts gestellt werden kann. Auf eine wie auch immer geartete Individualität dieser Leistung – sie möge gegeben sein oder nicht – kommt es nicht an (vgl. Mosimann, SIWR II/1, 343 ff.). In der Lehre wird auch von **Leistungsschutzrechten, angrenzenden**

---

1 Fassung gemäss Art. 2 des BB vom 5. Okt. 2007 über die Genehmigung von zwei Abkommen der Weltorganisation für geistiges Eigentum und über die Änderung des Urheberrechtsgesetzes, in Kraft seit 1. Juli 2008 (AS 2008 2497).
2 Fassung gemäss Art. 2 des BB vom 5. Okt. 2007 über die Genehmigung von zwei Abkommen der Weltorganisation für geistiges Eigentum und über die Änderung des Urheberrechtsgesetzes, in Kraft seit 1. Juli 2008 (AS 2008 2497).
3 Fassung gemäss Art. 2 des BB vom 5. Okt. 2007 über die Genehmigung von zwei Abkommen der Weltorganisation für geistiges Eigentum und über die Änderung des Urheberrechtsgesetzes, in Kraft seit 1. Juli 2008 (AS 2008 2497).

Rechten oder **Nachbarrechten (droits voisins)** gesprochen; je nach Land sind darunter aber z.t. recht unterschiedliche Institute und Rechtsbehelfe zusammengefasst, die sich grösstenteils zwar überlappen, keineswegs aber zu decken brauchen (zur verschiedenen Reichweite des Produzentenschutzes s. URG 36 N 7). Die EU kennt u.a. ein Leistungsschutzrecht für den *Datenbankhersteller* (Richtlinie 96/9/EG des Europäischen Parlaments und des Rats über den rechtlichen Schutz von Datenbanken vom 11.03.1996). Das Leistungsschutzrecht wird diesem gewährt für den Fall, dass die Datenbank keine Elemente enthält, die als einzelne für sich oder in ihrer Anordnung urheberrechtlichen Schutz beanspruchen können. Eine Datenbank fällt auch bei einer Zusammenstellung blosser Daten (ohne Gestaltungshöhe) unter das Leistungsschutzrecht (einen lauterkeitsrechtlichen Datenbankschutz de lege lata ablehnend BGE 131 III 384). Eine nachbarrechtliche Funktion haben auch die Sonderschutzrechte mancher Staaten für *Werktitel* (dMarkG §§ 5, 15; URG 2 N 20), für *Licht- und Laufbilder* ohne Werkcharakter (dUrhG §§ 72, 95), für *Veranstalter* (dUrhG § 81; vgl. aber URG Art. 34 Abs. 2 Satz 2, dort N 8, 11), *Herausgeber* wissenschaftlicher Werkausgaben und nachgelassener, gemeinfreier Werke (dUrhG §§ 70 f.).

2 Einen Anstoss zur Aufnahme der verwandten Schutzrechte leistete der «Opernhaus-Entscheid» (BGE 110 II 411), welcher die Schutzbedürfnisse der Interpreten aufdeckte und zeigte, dass deren Darbietung ohne einen Sonderschutz im Sinne der vorliegenden Bestimmungen der Ausbeutung durch Dritte ausgeliefert war (Botschaft 1989, 549). Siehe Reto M. Hilty: Gedanken zum Schutz der nachbarrechtlichen Leistung, UFITA 116, 1991, 35–58. Hinzu kam auch hierbei das Staatsvertragsrecht, war doch zur Ratifikation des Rom-Abkommens (SR 0.231.171 → Nr. 23; s. auch TRIPS Art. 14 → Nr. 16) die Übernahme seines Mindest-Schutzdispositivs erforderlich, worüber das Gesetz in einigen Punkten hinausgeht.

3 Der **Leistungsschutz** ist im URG wie folgt geregelt:
   a) Der Schutz der ausübenden Künstler
      (1) Verbotsrechte (URG Art. 33 Abs. 2):
         – das Wiedergaberecht (URG Art. 33 Abs. 2 lit. a und e);
         – das Recht zum Zugänglichmachen auf Abruf (URG Art. 33 Abs. 2 lit. a);
         – das Sende- und Weitersenderecht (URG Art. 33 Abs. 2 lit. b);
         – das Vervielfältigungsrecht (URG Art. 33 Abs. 2 lit. c);
         – das Verbreitungsrecht (URG Art. 33 Abs. 2 lit. d).
      (2) Persönlichkeitsrechtsschutz (URG Art. 33a).
      (3) Vergütungsansprüche (URG Art. 35 Abs. 1):
         – Vergütungsansprüche der URG Art. 13, 20, 24 i.V.m. URG Art. 38.
   b) Der Schutz der Hersteller von Ton- und Tonbildträgern
      (1) Verbotsrechte (URG Art. 36):
         – das Vervielfältigungsrecht (URG Art. 36 lit. a);
         – das Verbreitungsrecht (URG Art. 36 lit. a);
         – das Recht zum Zugänglichmachen auf Abruf (URG Art. 36 lit. b).

(2) Beteiligung an der Vergütung für die ausübenden Künstler (URG Art. 35 Abs. 2);
– Vergütungsansprüche der URG Art. 13, 20, 24 i.V.m. URG Art. 38.
c) Der Schutz der Sendeunternehmen
(1) Verbotsrechte (URG Art. 37):
– das Weitersenderecht (URG Art. 37 lit. a);
– das Wiedergaberecht (URG Art. 37 lit. b);
– das Vervielfältigungsrecht (URG Art. 37 lit. c);
– das Verbreitungsrecht (URG Art. 37 lit. d).
– das Recht zum Zugänglichmachen auf Abruf (URG Art. 37 lit. e).
(2) Vergütungsansprüche der URG Art. 13, 20, 24 i.V.m. URG Art. 38.

Zu Art. 33
Zu Abs. 1

4   **Ausübende Künstler (Interpreten)** sind nach WPPT Art. 2 lit. a (→ Nr. 15) «die Schauspieler, Sänger, Musiker, Tänzer und andere Personen, die Werke der Literatur oder der Kunst oder Ausdrucksformen der Volkskunst aufführen, singen, vortragen, vorlesen, spielen, interpretieren oder auf irgendeine andere Weise darbieten». Es können auch diejenigen Personen den Interpretenschutz in Anspruch nehmen, die zwar das Werk nicht direkt vortragen oder aufführen, aber an einer solchen Darbietung künstlerisch mitwirken, wie beispielsweise der Dirigent, der Chorleiter, der Tonmeister oder der Regisseur (URG Art. 34 Abs. 3 lit. b und c). Die Mitwirkung muss indessen eine künstlerische sein (Botschaft 1989, 548).

5   Die **bloss technische, organisatorische oder vorbereitende Mitwirkung** an Darbietungen (wie diejenige eines Tontechnikers oder Beleuchters) lässt keine Leistungsschutzrechte entstehen. Auch der Rundfunksprecher und der im üblichen Rahmen arbeitende Maskenbildner sind nicht ausübende Künstler. Während der Bühnenregisseur von der herrschenden Meinung als ausübender Künstler angesehen wird (URG Art. 34 Abs. 3 lit. c; zu Recht setzte sich aber Andrea Raschèr, Für ein Urheberrecht des Bühnenregisseurs, 1989, für seine Anerkennung als Urheber des Bühnenwerkes ein), wird der Filmregisseur unbestritten als Urheber betrachtet (URG Art. 30 Abs. 3; URG 7 N 5).

6   Mit der Umsetzung des WPPT durch die Revision 2007 wurde auch eine Bestimmung zum Schutz des **Persönlichkeitsrechts der Interpreten** eingeführt (URG Art. 33a).

7   Mit der Beschränkung auf natürliche Personen lehnt sich der Interpreten-Leistungsschutz an das **Schöpferprinzip** an (siehe URG Art. 6). Wie für das Urheberrecht gilt auch für das Interpretenrecht das Prinzip, dass nur die natürliche Person, welche die – hier: künstlerische – Leistung erbringt, die Rechte originär erwirbt. Eine juristische Person kann somit auch die in Absatz 2 enthaltenen ausschliesslichen Rechte nur derivativ erwerben (Botschaft 1989, 548).

8   Es sind einerseits nur Darbietungen geschützt, die ein **Werk** im Sinne von URG Art. 2 zum Gegenstand haben. Diese Beschränkung des Schutzes auf Werkinterpretationen ist auch im Rom-Abkommen (RA Art. 3 Bst. a → Nr. 23) vorgesehen (Botschaft 1989, 548). Hingegen ist der Schutz der Darbietung unabhängig vom Urheberrechtsschutz an diesem Werk, so dass

3. Titel: Verwandte Schutzrechte   Nr. 1   URG **Art. 33**

auch Darbietungen geschützt sind, welche die Interpretation bereits gemeinfreier Werke betreffen (Botschaft 1989, 549).

9   Zum andern hat die Revision 2007 den Interpretenleistungsschutz auf **Darbietungen der Volkskunst** ausgedehnt. Sie ist damit einer Vorgabe des WPPT (Art. 2 lit. a → Nr. 15) nachgekommen. Unter Volkskunst versteht die Botschaft 2006, 3421, Darbietungen, deren Gegenstand sich *«stark an Überliefertem orientiert»*, deren *«Schöpfungen von Generation zu Generation nur graduelle Änderungen erfahren»*, und denen es insoweit am Merkmal der Individualität (URG 2 N 1) fehlt (Botschaft 2006, 3421). Hierzu werden als Beispiele folkloristische Tänze ohne geschützte Choreographie und das Fahnenschwingen angeführt. Eine nähere Bestimmung fehlt, und sie ist auch aus der Natur der Sache nicht ohne weiteres zu gewinnen, womit der Rechtsschutz bedenklich unscharfe Konturen aufweist. Fasst man diese Beschreibung, die von der Definition des WPPT (N 3) umfassten Handlungen der Darbietung sowie die Beschränkung auf ausübende *Künstler* zusammen, so zeichnet sich immerhin ein Verständnis ab, das sich auf die Interpretation geistiger Schöpfungen beschränkt, also Anleihen beim Werkbegriff nimmt und hier das Merkmal der *Individualität* durch jenes der *Tradition* über mehrere Generationen ersetzt. Diesem Verständnis entsprechen weder sportliche Wettkämpfe oder Spiele, denen es am primär **geistigen Gehalt**, noch Performances oder Aktionen oder Shows, denen es an der **Tradition** fehlt. Der Unschärfe des Volkskunst-Begriffs entspricht es, dass dieser Schutzbereich in die *Straftatbestände* der Interpretenrechtsverletzung (URG Art. 69 Abs. 1) nicht aufgenommen wurde: Dort blieb der Begriff der *Werk*darbietung in lit. a–e unverändert, und auch die neuen lit. e*bis* und e*ter* sind hierauf beschränkt.

10   Vor dem konventionsrechtlichen Hintergrund dieser Ergänzung des Interpretenbegriffs ist derselben eine weitergehende Bedeutung, insbesondere eine Ausweitung des Leistungsschutzes auf andere Bereiche persönlicher Darbietung («Performance») nicht beizumessen. Nicht ersichtlich ist eine Abkehr des Gesetzgebers von seiner ursprünglichen, prinzipiellen Wertung, von der Ausschöpfung des Spielraums nach Rom-Abkommen Art. 9 (→ Nr. 23) und vom Schutz auch sonstiger, nicht-künstlerischer Darbietungen, wie *Sport-, Varieté- oder Zirkusvorführungen*, abzusehen (Botschaft 1989, 548 f.). Wenn allerdings eine Leistung nicht vom URG erfasst ist, kann sie doch durch **andere Rechtsgebiete** Schutz erlangen, so z.B. die Leistung von Artisten und Sportlern durch das Persönlichkeitsrecht des ZGB (siehe ZGB Art. 27 ff. → Nr. 3), die Leistungen von Nachrichtenagenturen (Nachrichten und einfache Fotografien) und der Schutz von Werktiteln oder Erstausgaben durch das UWG (dort insbesondere durch UWG Art. 5 → Nr. 5).

Zu Abs. 2

11   Wie dem Urheber werden auch dem Interpreten absolute Rechte, d.h. **Verbotsrechte,** eingeräumt, die gegenüber jedem Dritten geltend gemacht werden können (N 10 ff.). Der bundesrätliche Entwurf (1989) orientierte sich am Mindestschutz des Rom-Abkommens. Das Weitersenderecht (lit. b) und das Recht, eine Sendung oder Weitersendung wahrnehmbar zu machen (lit. e), wurden vom Nationalrat in die Diskussion gebracht (AmtlBull NR 1992 44) und erst nach einem langen Differenzbereinigungsverfahren dann auch vom Ständerat akzeptiert (AmtlBull StR 1991 117 f.; AmtlBull StR 1992 382 f. und 712). Die Schutzrechte

bestehen an der **Darbietung** selbst (wo die Nutzung ohne technische Aufzeichnungs- bzw. Vervielfältigungsvorgang auskommt), sowie an deren **Festlegung**, d.h. Aufzeichnung, bspw. auf Bild-Ton-Trägern (so zwangsläufig für das Recht zum Zugänglichmachen «zu Zeiten nach Wahl» des Nutzers). Letzteres galt bereits zuvor im Hinblick auf das Vervielfältigungs- und Verbreitungsrecht, aber auch schon das Senderecht («live» oder eben ab Aufzeichnung; so jedenfalls auch das nun erweiterte Wiedergaberecht, lit. a). Dies wurde mit der Revision 2007 nur klargestellt. Nach dem Verständnis der Botschaft 2006, 3422, gelten als Festlegung die *Tonaufzeichnung* oder *audiovisuelle Aufzeichnung* der Darbietung, nicht aber andere Aufzeichnungen, z.B. schriftliche oder zeichenhafte Notierung.

12 Interpreten haben ein **Wiedergaberecht** an ihrer Leistung. Dieses besteht aus dem Übertragungsrecht (**lit. a**) und dem Recht, Sendungen und Weitersendungen öffentlich wahrnehmbar zu machen (**lit. e**; s. URG 10 N 16). Hiermit verbunden wurde das nach Vorgabe von WPPT Art. 10 (→ Nr. 15) neu eingeführte **Recht zum Zugänglichmachen auf Abruf** (dazu URG 10 N 18; zur Kontroverse über sein Bestehen schon nach früherem Recht Müller/Oertli/Auf der Maur, URG 33 N 13 m.w.N.). Damit verfügen Interpreten über ein eigenes Kontrollrecht auch bezüglich der elektronischen Verwertung und «Verbreitung» der Aufzeichnungen. Systematisch wurde das *Wiedergaberecht*, nach herkömmlichen Konzept das *Recht der simultanen Wiedergabe* vor einem «ausserhalb des Raumes, in welchem [die Darbietung] erbracht wird», versammelten Publikum (Botschaft 1989, 549), neu als Teil des umfassenden *Rechts der öffentlichen Wiedergabe* («communication to the public») aktualisiert und auf dasjenige *des Zugänglichmachens* über alle in Betracht kommenden Kommunikationswege für den Abruf auf Initiative des Nutzers (vom Ort und zur Zeit seiner Wahl) ausgeweitet. Wie in URG Art. 10, schliesst dies sowohl den Zugang zwecks unmittelbarer Wiedergabe (z.B. Streaming) als auch den zum Zweck der Herstellung einer temporären oder dauerhaften Kopie ein (Download; zur Abgrenzung von der Verbreitung s. URG 10 N 11; keine Erschöpfung; URG 12 N 1; zur technisch bedingten ephemeren Vervielfältigung URG Art. 24a). Auch das Zweitnutzungsrecht der Wiedergabe im Anschluss an Nutzungen wurde um dieses Recht als Erst-Nutzung ergänzt (**lit. e**).

13 Interpreten haben an ihrer unmittelbaren Darbietung das ausschliessliche Recht der Live-Sendung sowie das Recht der Weitersendung einer *Live-Sendung* sowie (vorbehältlich URG Art. 35 Abs. 1, 3) der Sendung von deren *Aufzeichnung* (**Sende- und Weitersenderecht, lit. b**; s. URG 10 N 20 ff.). Konzert- und Theateraufführungen dürfen also nur mit ihrer Einwilligung im Rundfunk übertragen, Filme nur mit dieser Einwilligung im Fernsehen gesendet werden. Für die Weitersendung gilt URG Art. 22 i.V.m. Art. 38: Hiernach untersteht das Ausschliesslichkeitsrecht an der Weitersendung als solches dem Zwang zur Kollektivverwertung (Cherpillod, SIWR II/1, 290; vgl. die Neufassung von URG Art. 40 Abs. 1 lit. a*bis*; a.M. mit Zweifeln am Wortlaut der Bestimmung Müller/Oertli/Auf der Maur, URG 33 N 15, 37 N 12 ff. m.w.N.). Der Streit betreffend die Erstreckung des Sende- und Wiedergaberechts (lit. b, e) über die unmittelbare Darbietung hinaus auch auf die *Verwendung von Aufzeichnungen* (wie Bildtonträgern; so schon nach früherem Recht Rehbinder, Urheberrecht, N 200; ablehnend Mosimann, SIWR II/1, 376; Barrelet/Egloff, URG 35 N 2 m.w.N.) ist mit der Ergänzung des Abs. 2 («oder deren Festlegung») obsolet. Diese Klarstellung war auch deshalb erforderlich, weil das Recht zum Zugänglichmachen auf Abruf («zu Zeiten ihrer Wahl»)

naturgemäss nicht an die unmittelbare Darbietung geknüpft sein kann. Im übrigen besteht für das Schutzbedürfnis der Leistung kein Unterschied zwischen ihrer unmittelbaren oder eine Aufzeichnung benutzenden Sendung oder Wiedergabe; für den Fall der Verwendung handelsüblicher Exemplare enthält URG Art. 35 Abs. 1 eine gesetzliche Lizenz (dort N 1).

14 Ohne Einwilligung des Interpreten darf seine Darbietung auf Bild-, Bildtonträger oder Datenträger nicht aufgenommen werden (**Vervielfältigungsrecht, lit. c**; s. URG 10 N 7 f.). Er kann die *Erstaufzeichnung* verbieten, z.B. also, dass eine Rundfunkanstalt eine Konzert- oder Theateraufführung auf Ton- oder Tonbildträger aufnimmt oder dass ein Schallplattenproduzent seine Sendung auf Tonband aufnimmt. Auch die weitere Vervielfältigung der Träger bedarf zum andern seiner Einwilligung. Er kann also mit dem Tonträgerproduzenten vereinbaren, wie viele Exemplare dieser herstellen darf. Auch und vor allem kann er das Überspielen oder Kopieren von Ton- oder Bildtonträgern verbieten, soweit es nicht durch eine Schranke (URG Art. 38 i.V.m. dem 5. Kapitel des zweiten Titels) gedeckt ist. Der Gesetzgeber ging hierin über die Anforderungen des Rom-Abkommens bewusst hinaus, während er sich im übrigen eng an diese hielt (Botschaft 1989, 549 f.). Zur Vervielfältigung zu Sendezwecken s. URG Art. 24b (N 2) i.V.m. URG Art. 38. Keine Aufnahme (Vervielfältigung) ist die Aufzeichnung in Zeichen oder durch Beschreibung, welche die sinnliche Wahrnehmung der Darbietung nicht ermöglicht (s. URG 69 N 4).

15 **Lit. d** gewährt dem Interpreten ein selbständiges Recht, sich der unerlaubten Verbreitung von Ton- und Tonbildträgern zu widersetzen (**Verbreitungsrecht**, s. URG 10 N 9 f., ferner auch URG Art. 12 Abs. 1 i.V.m. URG Art. 38; Botschaft 1989, 549); dies unabhängig davon, ob sie rechtmässig hergestellt wurden (URG 12 N 2; a.M. Müller/Oertli/Auf der Maur, URG 33 N 29). Wie unter URG Art. 10 Abs. 1 lit. b, schliesst das Verbreitungsrecht die Vermietung ein, solange es nicht erschöpft ist (s. dort, N 9; a.M. Müller/Oertli/Auf der Maur, a.a.O.).

16 Die **Interpretenrechte bestehen neben** dem – und unabhängig vom – **Urheberrecht** am dargebotenen Werk (sowie den Schutzrechten des allfälligen Herstellers der Aufzeichnung und/oder des Senders der Darbietung). Unerheblich ist es, ob Interpret und Urheber verschiedene oder ein und dieselbe Person sind. Indessen ist diejenige persönliche Handlung, die das Werk überhaupt erst als sinnlich greifbares *schafft* (URG 2 N 1) – etwa die Improvisation – nicht zugleich dessen *Interpretation* (Barrelet/Egloff, Art. 33 N 11; a.M. Müller/Oertli/Auf der Maur, URG 33 N 8): Zum einen ist an einer klaren begrifflichen Unterscheidung von Werkschöpfung und -darbietung, dem Vorgang der Entstehung des Werks und dem seiner *Wiedergabe*, festzuhalten; zum andern geniesst der Urheber kraft der Schöpfung eine umfassende Herrschaft über das in dieser Weise manifestierte Werk, die einen Sonderschutz an der Darbietungsleistung erübrigt.

Art. 33a[1] Persönlichkeitsrechte der ausübenden Künstler und Künstlerinnen

[1] Die ausübenden Künstler und Künstlerinnen haben das Recht auf Anerkennung der Interpreteneigenschaft an ihren Darbietungen.

[2] Der Schutz der ausübenden Künstler und Künstlerinnen vor Beeinträchtigungen ihrer Darbietungen richtet sich nach den Artikeln 28–28l des Zivilgesetzbuches[2].

1 Das URG vor der Revision 2007 kannte keinen besonderen **Persönlichkeitsrechtsschutz für ausübende Künstler**. Zwar können Persönlichkeitsrechte der Personen, die mit Darbietungen und dabei mit ihrem Namen, ihrem Antlitz oder Bildnis, ihrer Stimme usw. an die Öffentlichkeit treten, durch deren Verwendung in besonderem Masse berührt sein. Der Gesetzgeber ging indessen davon aus, dass der hier gebotene Schutz durch den allgemeinen Persönlichkeitsrechtsschutz der ZGB Art. 28 ff. (→ Nr. 3) gewährleistet war (BGE 129 III 715 «Malbuner», E. 4.1 ff.).

2 **WPPT Art. 5 Abs. 1** (→ Nr. 15) sieht hingegen – u.a. im Hinblick auf die neuartigen Manipulationsmöglichkeiten zeitgenössischer Technologien – einen spezifischen (an den der Urheber in RBÜ Art. 6*bis* → Nr. 22, angelehnten) Persönlichkeitsschutz für Interpreten an ihren hörbaren Live-Darbietungen oder auf Tonträgern festgelegten Darbietungen vor. Diesen hatte der Gesetzgeber zur Ratifikation des Abkommens zu übernehmen (Botschaft 2006, 3422). Er ist dabei mit Abs. 1 und 2 den zwei von WPPT Art. 5 Abs. 1 vorgegebenen Aspekten des Schutzes gefolgt (Botschaft 2006, a.a.O.): Dieser verlangt zum einen die **Namensnennung**, zum andern den Schutz gegen jede **Entstellung, Verstümmelung** und sonstige ihrem Ruf abträgliche Änderung der Darbietung.

Zu Abs. 1

3 Abs. 1 regelt ein selbständiges, neues Recht auf **Anerkennung der Interpreteneigenschaft** – mit anderen Worten: das Recht des ausübenden Künstlers, im Zusammenhang mit seiner Darbietung *als deren Interpret namentlich genannt zu werden* – in Anlehnung an URG Art. 9 (Botschaft 2006, a.a.O.). Zum weitergehenden Recht auf Bestimmung der Nennung: s. URG 69 N 7. Darbietung meint nicht nur die gegenwärtige Handlung, sondern auch vor allem deren Aufzeichnung, Vervielfältigung, Vorführung und sonstige Verwendung (Müller/Oertli/Auf der Maur, URG 33/33a N 12). Wie dort, besteht auch hier kein unbedingter Anspruch auf solche Nennung unter allen Umständen: Die Auslassung der Namensnennung ist zulässig, wenn sie *durch die Art der Verwendung* geboten ist oder der Praxis entspricht (Botschaft 2006, a.a.O.; so auch WPPT Art. 5 Abs. 1 → Nr. 15). In der Umkehrung führt der neue gesetzliche Schutz über die heute bestehende Praxis nicht hinaus, macht sie aber rechtlich durchsetzbar. Als Beispiel dient der Botschaft die Hintergrundmusik bei Radiosendungen; in der Praxis ist die Nennung aber auch in eigentlichen Musikprogrammen oft

---

1 Eingefügt durch Art. 2 des BB vom 5. Okt. 2007 über die Genehmigung von zwei Abkommen der Weltorganisation für geistiges Eigentum und über die Änderung des Urheberrechtsgesetzes, in Kraft seit 1. Juli 2008 (AS 2008 2497).
2 SR 210

unangebracht oder unüblich (Müller/Oertli/Auf der Maur, URG 33/33a N 7). Das Problem stellt sich auch bei der Mitwirkung zahlreicher Interpreten, etwa bei der Orchester- oder Chorauführung (URG 34 Abs. 2). Entscheidend ist aber nicht (nur) die Art der Darbietung, sondern (vor allem) ihr Verwendungskontext. So mag die Nennung aller Ensemblemitglieder im Filmabspann – da üblich (s. URG 8 N 8) – in der Regel geboten, auf der CD mit Orchestermusik dagegen entbehrlich sein. Je nach den Umständen kann das Auftreten einer Interpretengruppe (z.B. Orchester, Band, Chor) unter einem Gruppennamen (URG Art. 34 Abs. 2) das Anerkennungsrecht auf diesen Namen reduzieren (s. aber URG 69 N 7). Entspr. URG Art. 80 Abs. 1 gilt das Nennungsrecht auch für bestehende Aufzeichnungen früherer Darbietungen (Müller/Oertli/Auf der Maur, URG 33/33a N 9); zu seiner Dauer s. URG Art. 39 Abs. 1*bis*. Die Ansprüche aus der Verletzung des Rechts folgen aus URG Art. 61 ff.; die Verletzung ist nach URG Art. 69 Abs. 1 lit. e*bis* (dort N 7) strafbar.

Zu Abs. 2

4   Absatz 2 **verweist** zum Schutz der Integrität der Darbietung auf den **allgemeinen Persönlichkeitsschutz des ZGB** (→ Nr. 3), ändert also für die Ratifizierung des WPPT (→ Nr. 15) nichts am geltenden Recht. Die Vorschrift dient im Wesentlichen der Transparenz, und hält umgekehrt fest, dass ein *weitergehender, spezifisch nachbarrechtlicher* Persönlichkeitsschutz der Interpreten weiterhin nicht gelten soll. Das hindert nicht daran, in der Praxis für das Verhältnis der Person des Interpreten zur öffentlichen Wirkung seiner Darbietung und deren Verwendung durch Dritte zu spezifischen Kriterien und Massstäben des Persönlichkeitsschutzes zu gelangen. Nach der Vorgabe des WPPT begründet Abs. 2 demnach auch im Rahmen der blossen Verweisung einen *eigentlichen Integritätsschutz*, wie ihn das frühere Recht nicht kannte (Rehbinder, Urheberrecht, N 201; Müller/Oertli/Auf der Maur, URG 33/33a N 2): WPPT Art. 5 Abs. 1 schafft für Live-Darbietungen und Tonträger einen unmittelbar wirkenden (URG 1 N 13) Schutz gegen Entstellung, Verstümmelung und rufschädigende Änderung.

5   Die **Ansprüche aus der Verletzung** dieses Rechts sind nicht diejenigen aus URG Art. 61 f., sondern jene aus ZGB Art. 28a (→ Nr. 3; nach dessen Abs. 1 **Unterlassungs- bzw. Beseitigungs-**, bei fortdauernder störender Auswirkung der Verletzung auch **Feststellungsanspruch**; nach Abs. 2 Anspruch auf Berichtigung oder Mitteilung oder Veröffentlichung des Urteils, ferner Schadenersatz nach OR Art. 41 und Genugtuung nach OR Art. 49). Vorsorgliche Massnahmen sind auf ZGB Art. 28c ff., nicht auf URG Art. 65 zu stützen. Strafrechtlicher Schutz kommt gleichfalls nur nach den allgemeinen Bestimmungen, bspw. StGB Art. 177, in Betracht. Anders als für das Namensrecht, ist auch die Dauer dieses Integritätsschutzes nicht besonders geregelt, sondern folgt dem allgemeinen Persönlichkeitsrecht, reicht also nicht über den Tod seines Trägers hinaus (ZGB Art. 31 Abs. 1; BGE 104 II 225, E. 5.b; BSK ZGB I - Meili, Art. 28 N 35 m.w.N.). Ein Schutz gegen Entstellungen über diesen Zeitpunkt hinaus ist nach den in der Schweiz anerkannten Grundsätzen allenfalls aus eigenem Persönlichkeitsrecht überlebender enger Angehöriger möglich (BGE 104 II 225, a.a.O.). Damit können der zeitliche Schutz der Integrität, des Nennungsrechts und der Verwertungsrechte auseinanderfallen.

Art. 34[1] Mehrere ausübende Künstler und Künstlerinnen

1 Haben mehrere Personen an einer Darbietung künstlerisch mitgewirkt, so stehen ihnen die verwandten Schutzrechte nach den Regeln von Artikel 7 gemeinschaftlich zu.

2 Treten ausübende Künstler und Künstlerinnen als Gruppe unter einem gemeinsamen Namen auf, so ist die von der Künstlergruppe bezeichnete Vertretung befugt, die Rechte der Mitglieder geltend zu machen. Solange die Gruppe keine Vertretung bezeichnet hat, ist zur Geltendmachung der Rechte befugt, wer die Darbietung veranstaltet, sie auf Ton-, Tonbild- oder Datenträger aufgenommen oder sie gesendet hat.

3 Bei einer Chor-, Orchester- oder Bühnenaufführung ist für eine Verwendung der Darbietung nach Artikel 33 die Zustimmung folgender Personen erforderlich:

a. der Solisten und Solistinnen;

b. des Dirigenten oder der Dirigentin;

c. des Regisseurs oder der Regisseurin;

d. der Vertretung der Künstlergruppe nach Absatz 2.

4 Wer das Recht hat, eine Darbietung auf Tonbildträgern zu verwerten, gilt als befugt, Dritten zu erlauben, die aufgenommene Darbietung so zugänglich zu machen, dass Personen von Orten und zu Zeiten ihrer Wahl dazu Zugang haben.

5 Fehlen entsprechende statutarische oder vertragliche Bestimmungen, so finden auf das Verhältnis zwischen den nach den Absätzen 2 und 4 befugten Personen und den von ihnen vertretenen Künstlern und Künstlerinnen die Regeln über die Geschäftsführung ohne Auftrag Anwendung.

Zu Abs. 1

1 Bei **Ensembledarbietungen** (z.B. Chor, Orchester, Schauspielensemble, Balletttruppe) steht das **Leistungsschutzrecht** allen an der Darbietung künstlerisch Mitwirkenden **gemeinschaftlich** zu, ohne dass es auf den Umfang und die Bedeutung der individuellen Leistung ankommt. Wie nach URG Art. 7 begründet die Ensembledarbietung eine *Gesamthandschaft sui generis* an den Interpretenrechten (BGE 129 III 715 «Malbuner», E. 3.2).

2 Für die Anwendbarkeit von URG Art. 34 Abs. 1 kommt es allein auf das **Mitwirken mehrerer ausübender Künstler** an einer Darbietung an, weder auf Gleichzeitigkeit noch auf sonst eine weitergehende Verbindung (BGE 129 III 715 «Malbuner», E. 3.4). Einzuschränken ist allenfalls insofern, als es eine bestimmte (Gesamt-)**Darbietung** selbst sein muss, an welcher die Künstler mitwirken (Barrelet/Egloff, URG 34 N 4): Die Gemeinschaft nach URG Art. 34 entsteht nicht schon dadurch, dass verschiedene Darbietungen verschiedener Künstler im Nachhinein in einer Aufzeichnung (Produktion) zusammengeführt werden (bspw. bei

---

1 Fassung gemäss Ziff. I des BG vom 5. Okt. 2007 über die Änderung des BG betreffend das Urheberrecht und verwandte Schutzrecht, in Kraft seit 1. Juli 2008 (AS 2008 2421).

Kompilation verschiedener Musikaufführungen). Die Abgrenzung solcher Ensembleleistungen von einzelnen Darbietungen z.B. aufgrund individueller Engagements und/oder in blosser zeitlicher Abfolge kann Schwierigkeiten bereiten. Das BGer hat schon die Interpretation der Rollen eines Spielfilms als einheitliche Darbietung aufgefasst (a.a.O.) und damit den Rahmen weit gesteckt.

3   Die weitgehende Neuregelung des URG Art. 34 durch die Revision 2007 gelangte erst im Ständerat in die Vorlage. Erläuterungen in der Botschaft fehlen, das Parlament verabschiedete sie diskussionslos (AmtlBull StR 2006 1209, AmtlBull NR 2007 1209 f.). Sie ist vor dem Hintergrund des «Malbuner»-Entscheids des BGer (BGE 129 III 715) zu sehen (AmtlBull StR 2006 1209). Dort hatte das BGer nach altem Recht festgestellt, dass die prozessstandschaftliche Vertretungsbefugnis, die ein jeder Miturheber gemäss URG Art. 7 Abs. 3 für die gesamthandschaftliche Miturhebergemeinschaft geniesst, auf die Verhältnisse der ausübenden Künstler nach URG Art. 34 nicht übertragbar sei. Ebenfalls gesamthandschaftlich verbunden, konnten diese ihre Rechte aus Art. 33 – mangels anderer Vereinbarung – nur gemeinschaftlich in Streitgenossenschaft geltend machen (BGE 129 III 715 «Malbuner», E. 3.3 f.). Wo es dem einzelnen Mitwirkenden an der Aktivlegitimation zur Wahrung der Schutzrechte fehlte, konnte dies deren Wahrnehmung überhaupt blockieren, besonders in Fällen mit zahlreichen Mitwirkenden (wie einem Spielfilm) und in einigem zeitlichem Abstand zur Darbietung. Die Neufassung will dieses Hindernis durch den ausdrücklichen **Verweis auf URG Art. 7** beseitigen, was dessen Abs. 3 einschliesst und damit jedem mitwirkenden Interpreten, für gemeinsame Rechnung, individuelle Klage- und Strafantragsbefugnis gegenüber Rechtsverletzungen verschafft. Zweck der Norm ist es also, eine effiziente Rechtsverfolgung *überhaupt zu ermöglichen.*

Zu Abs. 2 bis 5

4   Abs. 2 ordnet eine besondere *Befugnis zur Wahrnehmung der Interpretenrechte* für den Fall an, dass eine **Künstlergruppe** als solche unter eigenem Namen auftritt (**Abs. 2 Satz 1**). Zur Verwendung der Darbietung genügt anstelle der Einwilligung sämtlicher Interpreten diejenige des gewillkürten oder gesetzlichen Vertreters der Künstlergruppe (**Abs. 2 Satz 2 und Abs. 3 lit. d**). Handelt es sich nicht um eine solche Künstlergruppe, so bleibt es bei der Grundsatzregel des Abs. 1, mithin beim Erfordernis der Einwilligung aller Interpreten (URG Art. 7 Abs. 2 entspr.).

5   Die Bestimmungen wurden durch die Revision 2007 einer weitgehenden Neufassung unterzogen. Diese, ersichtlich rasch entworfen (N 3), lässt konzeptionell und dogmatisch einiges im Unklaren. Mangels Hinweisen in den Materialien ist ihr Verständnis auf den wenig geglückten Wortlaut und die Systematik, den Vergleich zur früheren Fassung sowie auf den Normzweck zu stützen. Letzterer zielt im Wesentlichen auf die **Verkehrsfähigkeit** der Darbietung (vgl. zum alten Recht Botschaft 1989, 550; BGE 129 III 715 «Malbuner», E. 3.1).

6   In den besonderen Fällen der Aufführung nach **Abs. 3** (URG i.d.F. vor der Revision 2007: Art. 34 Abs. 2) – der **Chor-, Orchester- oder Bühnenaufführung** – muss zusätzlich die Einwilligung der hier in **lit. a–c** herausgehobenen Mitwirkenden (sofern vorhanden) eingeholt werden: der **Dirigenten** (lit. b) und der **Regisseure** (lit. c); d.h. der Personen, die bei der Darbietung die Interpreten musikalisch und szenisch anleiten und führen; sowie der

Solisten (lit. a); d.h. derjenigen Interpreten – Mitglieder der Künstlergruppe oder nicht –, die nach allgemeinem Verständnis (übliche Programmankündigungen mögen ein Indiz sein; Barrelet/Egloff, URG 34 N 7) Gesangs- oder Instrumental-Solopartien im Konzert, Sprech- oder Gesangsrollen auf der Bühne interpretieren. Abgrenzungsschwierigkeiten sind unvermeidlich (Bsp.: Orchestersolo). Anders als bei der Aktivlegitimation nach Abs. 1 i.V.m. URG Art. 7 Abs. 3, geht es in diesen Fällen nicht nur um die Abwehr von Verletzungen der Interpretenrechte, sondern auch um deren positive Wahrnehmung, d.h. um die Auswertungsbefugnis. Dies schliesst auch das Geltendmachen von Vergütungsansprüchen aus Kollektivwahrnehmung ein (Barrelet/Egloff, URG 34 N 15), ohne dass dies freilich der Normzweck (N 5) erfordert. Die Einbindung sonstiger, nicht-solistischer Interpreten in die Künstlergruppe ist (v.a. bei der Bühnenaufführung) nicht zwangsläufig; fehlt sie, gilt Abs. 1.

7   Eine **Künstlergruppe gemäss Abs. 2 Satz 2** bilden die Künstler dann, wenn sie als solche **unter einem gemeinsamem Namen auftreten** (s. auch URG 33a N 3, 69 N 7). Damit hat der Gesetzgeber ein wohl nach aussen ersichtliches, in der Sache aber wenig aussagekräftiges Kriterium gewählt: Zweifelhaft kann schon sein, ob und unter welchen Umständen eine Künstlergruppe sich einen für den gemeinsamen Auftritt verwendeten Namen zurechnen lassen muss; besonders bei einer ad hoc gewählten («Geburtstags-Band») oder gar durch den Veranstalter (Partybezeichnung), Produzenten (Filmtitel) oder Sender (Name der Sendung) festgesetzten Bezeichnung. Zum andern weist ein Name kaum einen Bezug zur *Organisation der Gruppe* als solcher auf. Das kann zur zufälligen, sachfremden Anwendung der Vertretungsregeln von Abs. 2 und Abs. 3 lit. d führen; etwa, wenn eine einmalig zusammengetroffene Partyband diesen Regeln wegen eines rasch gewählten Namens unterworfen ist, nicht hingegen eine dauerhaft und kommerziell als einfache Gesellschaft tätige und engagierte Künstlergruppe, die aber auf einen Gruppennamen verzichtet. Präzisierend ist deshalb zu fragen, ob die *Gruppe* tatsächlich (über die blosse Interpretengemeinschaft nach Abs. 1 hinaus) mit hinreichender innerer Organisation *als solche* konstituiert ist. Neben der **Benennung einer Vertretung** (Abs. 2 Satz 1, dagegen aber Satz 2) können hierfür bspw. das *gemeinschaftliche Engagement* unter einheitlichem Vertrag oder die *gemeinschaftliche Einnahme* und interne Aufteilung der Vergütungen, aber auch die *einheitliche Leitung* im Arbeitsverhältnis Kriterien sein. In Abgrenzung gegenüber der Interpretengemeinschaft nach Abs. 1 genügt jedenfalls die blosse Mitwirkung an einer Gesamtdarbietung nicht zur Begründung einer Gruppe.

8   Die Neufassung durch die Revision 2007 hat den – tatsächlich oft nicht bestimmbaren – «Leiter der Gruppe» (URG i.d.F. vor der Revision 2007 Art. 34 Abs. 2 lit. d) als *subsidiären gesetzlichen Vertreter* ersetzt durch den **Veranstalter**, den **Produzenten** oder das **Sendeunternehmen**, d.h. die wirtschaftlichen Risikoträger der Darbietung, denen die zur Auswertung benötigten Rechte in der Rechtswirklichkeit ohnehin meist übertragen werden und die hierdurch handlungsfähiger werden (vgl. bereits Botschaft 1989, 550). Zugleich ist es deren Befugnis zur Wahrnehmung der Rechte der Künstlergruppe an der Darbietung (URG Art. 33 Abs. 2; vgl. URG i.d.F. vor der Revision 2007 Art. 34 Abs. 3) *explizit* in das Regime einer **subsidiären gesetzlichen Vertretungsmacht** einbezogen (Abs. 2; so schon früher Barrelet/Egloff, URG 34 N 13, 16; die Neufassung hat dies nicht geändert, vgl. den Wortlaut

in Abs. 3 lit. d und Abs. 5): Ist eine *Vertretung der Künstlergruppe* nicht rechtsgeschäftlich bestimmt, so wird diese *durch das Gesetz* fingiert.

9 Wie nach bisherigem Recht (URG i.d.F. vor der Revision 2007 Art. 34 Abs. 3), ist die gesetzliche Vertretungsmacht (Abs. 2 Satz 2) **subsidiär zur rechtsgeschäftlich** in der Künstlergruppe selbst bestimmten Vertretung (**Abs. 2 Satz 1, Abs. 3 lit. d**). Dies kann sowohl ein aus der Gruppe heraus bestimmter als auch ein externer Vertreter (Agent, Manager) sein (Barrelet/Egloff, URG 34 N 10). Folge der Subsidiarität ist es, dass die Interpreten ihre Rechte auch *gemeinschaftlich* wahrnehmen und die gesetzliche Vertretung dadurch verdrängen können, sofern sie dies nur vereinbaren (a.M. Barrelet/Egloff, URG 34 N 5). Für die Fremdwahrnehmung bleibt es bei der Bindung an die **Regeln der Geschäftsführung ohne Auftrag**, damit auch an die *Interessen der Künstler* (OR Art. 419) und an die ihnen vorbehaltene *Genehmigung* der Geschäftsführung (OR Art. 424). Neu ist dies in **Abs. 5** für *alle* Fälle der Wahrnehmung durch Dritte (nach Abs. 2, auch i.V.m. Abs. 3 lit. d, sowie nach Abs. 4; vorbehaltlich anderer Vereinbarung) festgeschrieben.

10 Es gelten die allgemeinen Regeln der rechtsgeschäftlichen Vertretung (OR Art. 32 ff.), für das Handeln im Namen des Vertretenen (*Offenkundigkeitsprinzip*) wie für die rechtsgeschäftliche *Vollmacht*. Zu beachten ist aber, dass eine selbst konstituierte Gruppe (N 7) häufig, wenn nicht in der Regel eine *einfache Gesellschaft* (OR Art. 530) bildet. Diese tritt dann neben die gesetzliche Gesamthandschaft nach Abs. 1. Hierfür kennt bereits das Gesellschaftsrecht eine Vertretungsmacht, die zum einen an eine erteilte Geschäftsführungsbefugnis anknüpft (OR Art. 543 Abs. 3), zum andern in Ermangelung solcher Geschäftsführungsbefugnis, gestützt auf OR Art. 535 Abs. 3, im Regelfall und im Rahmen des gewöhnlichen Betriebs der Gesellschaft jedem Gesellschafter zukommt (BGE 124 III 355, E. 4.a). Das kann die Verfügung über gemeinschaftliche Rechte einschliessen, womit sich die *urheber- und die gesellschaftsrechtliche Vertretungsmacht überlagern* können. Zufolge der Subsidiarität gegenüber rechtsgeschäftlicher Vertretung und damit eigener Verfügungen der Gruppenmitglieder (N 9), ist diese Vertretungsmacht nach Abs. 2 Satz 2 subsidiär auch zur *gesellschaftsrechtlich* begründeten Vertretung durch jedes Gruppenmitglied, was die Handlungsfähigkeit des nach Abs. 2 Satz 2 Wahrnehmungsberechtigten in Frage stellt.

11 Auch mit der Neufassung hat der Gesetzgeber davon abgesehen, unter den drei nach Satz 2 subsidiär Berechtigten – Veranstalter, Produzent, Sendeunternehmen – eine **Rangordnung** aufzustellen (so schon Botschaft 1989, 550 zu URG i.d.F. vor der Revision 2007, Art. 34 Abs. 3). Es kommt vor, dass eine Gruppendarbietung von einer Person veranstaltet, zugleich von einer andern aufgezeichnet und von einer (oder mehreren) dritten gesendet wird. Entgegen dem *Wortlaut*, der eine alternative Befugnis nahelegt («oder»), galt bereits nach altem Recht eine gleichrangige (daher nicht-exklusive) Wahrnehmungsbefugnis der Träger dieser Funktionen (Barrelet/Egloff, URG 34 N 13). Nach der Botschaft 1989, a.a.O., sollte der Nutzer die jeweils benötigten Teilrechte der Interpreten über denjenigen Leistungsträger beziehen, dessen (tatsächliche, organisatorisch-unternehmerische) «Leistung» er zugleich beanspruchte (vom Veranstalter zwecks Aufzeichnung oder Sendung der *Life-Darbietung*, vom Produzenten zur Verwendung ihrer *Aufzeichnung* und vom Sendeunternehmen für den Gebrauch der *Sendung*). Nicht widerspruchsfrei war dies, wenn etwa das (nach Gesetz *selbst* zur Wahrnehmung befugte) *Sendeunternehmen* das Senderecht vom *Veranstalter* erwerben

sollte (a.a.O.), der selbst nicht einmal urheberrechtlichen Leistungsschutz geniesst (URG 33 N 1); oder wenn zugleich Hersteller- und Senderrechte nach URG Art. 36 *und* 37 von verschiedenen Unternehmen beansprucht wurden. An der verwirrlichen und im Einzelfall unsicheren Rechtslage hat die Neufassung nichts geändert.

12 Mit **Abs. 4** hat die Revision eine besondere Wahrnehmungsbefugnis für das neue Recht zum **Zugänglichmachen auf Abruf** (URG Art. 33 Abs. 2 lit. a, dort N 10) in das Gesetz aufgenommen. Trotz der wenig präzisen Formulierung («gilt als befugt ... zu erlauben») ist auch dies eine *gesetzliche Vertretungsmacht* (vgl. den Wortlaut in Abs. 5). Anlass der Regelung mag das Bedürfnis geboten haben, namentlich bei audiovisuellen Produktionen mit oft grosser Zahl mitwirkender Interpreten das neue Ausschliesslichkeitsrecht in einer Hand (bspw. der des Produzenten) zu bündeln und es so – auch ohne die in älteren Verträgen oft fehlende Einwilligung – verkehrsfähig zu machen. Einen solchen Zweck lässt die Bestimmung indes nur vage erkennen; so ist sie auf audiovisuelle (Tonbild-)Träger beschränkt, gilt also nicht für Tonträger. Die Wahrnehmungsbefugnis knüpft nicht an der *Herstellereigenschaft* an, sondern an der Inhaberschaft des *Rechts, eine Darbietung auf Tonbildträgern zu verwerten* (vgl. URG Art. 33 Abs. 2 lit. a, 36 lit. a, 37 lit. c und d). Allenfalls aus der wenig verlässlichen, praxisfremden terminologischen Unterscheidung von Verwertungs- und Verwendungsrechten (URG 10 N 2; dagegen der auf die Bewilligung eigentlicher Nutzungshandlungen beschränkte Begriff der Verwertung in URG Art. 40 Abs. 1 lit. a, Abs. 3; dort N 12) kann abgeleitet werden, dass hier nicht der Inhaber irgendwelcher einzelner Verwendungsrechte (Vervielfältigung, Vorführung – z.B. Kinounternehmen –, Sendung u. dgl. mehr), sondern allein derjenige des umfassenden, gebündelten Rechts zur Auswertung der Produktion, in der Regel also der Produzent, gemeint ist. Weiter legt der Wortlaut («gilt als») eine unwiderlegbare Vermutung (Fiktion) dieser Befugnis nahe. Damit wäre aber den Interpreten und den Erwerbern des ausschliesslichen Rechts zum Zugänglichmachen die selbständige Disposition über dieses Recht entzogen, zöge doch die Einwilligung in andere Verwendungen der aufgezeichneten Darbietung stets zugleich die Befugnis nach sich, diese selbst zugänglich zu machen und dies auch Dritten zu erlauben – möglicherweise entgegen der Intention der Vertragsparteien –, mithin eine weitgehende Freigabe dieses Schlüsselrechts in der digitalen Verwertung. Die offensichtlich unglücklich formulierte Bestimmung bedarf der teleologischen Eingrenzung, soll nicht der Drei-Stufen-Test des WPPT (→ Nr. 15) substantiell verletzt sein. Dass den Materialien nichts über die Motive des Gesetzgebers zu entnehmen ist, kann eine solche notwendige, konventions- und verfassungskonforme Einschränkung nicht hindern. Der nachvollziehbare Zweck, die Auswertung auch in den Medien des neuen Verwendungsrechts zu ermöglichen, impliziert, dass eine eigentliche Schutzrechtsschranke (gesetzliche Lizenz) nicht beabsichtigt war, den Rechteinhabern mithin das individuelle Recht nicht entzogen werden sollte, soweit diese es tatsächlich selbst wahrnehmen. Auch dies ist also eine *subsidiäre Wahrnehmungsbefugnis,* die den tatsächlichen Rechtsgeschäften oder Verletzungsklagen der Rechteinhaber den Vorrang lässt (vgl. Abs. 5); seien dies die Erteilung rechtsgeschäftlicher Vollmacht oder Verpflichtungs- und Verfügungsgeschäfte über das betroffene Recht zum Zugänglichmachen, einschliesslich *ausschliesslicher,* von einzelnen Tonbildträger-Nutzungsrechten getrennter Lizenzen oder Übertragungen dieses Rechts. Anders

als die Befugnis nach Abs. 2, 3 lit. d, ist diese Befugnis nicht auf Gruppendarbietungen i.S.v. Abs. 2, wohl aber auf Ensembledarbietungen i.S.v. URG Art. 34 Abs. 1 beschränkt.

Art. 35 Vergütungsanspruch für die Verwendung von Ton- und Tonbildträgern

1 Werden im Handel erhältliche Ton- oder Tonbildträger zum Zweck der Sendung, der Weitersendung, des öffentlichen Empfangs (Art. 33 Abs. 2 Bst. e) oder der Aufführung verwendet, so haben ausübende Künstler und Künstlerinnen Anspruch auf Vergütung.

2 Der Hersteller oder die Herstellerin des benutzten Trägers ist an der Vergütung für die ausübenden Künstler und Künstlerinnen angemessen zu beteiligen.

3 Die Vergütungsansprüche können nur von zugelassenen Verwertungsgesellschaften geltend gemacht werden.

4 Ausländischen ausübenden Künstlern und Künstlerinnen, die ihren gewöhnlichen Aufenthalt nicht in der Schweiz haben, steht ein Anspruch auf Vergütung nur zu, wenn der Staat, dem sie angehören, den schweizerischen Staatsangehörigen ein entsprechendes Recht gewährt.

Zu Abs. 1

1 Diese Bestimmung verbindet den **Vergütungsanspruch** für die **Sendung** (URG 10 N 20 ff.) und den **öffentlichen Empfang**, richtiger die **Wiedergabe** (URG 10 N 16), mit einer **gesetzlichen Lizenz**, welche den Missbrauch des Leistungsschutzrechts zum Erzwingen von Live-Auftritten verhindern soll (Rehbinder, Urheberrecht, N 200). Sie schafft damit eine Schutzausnahme vom *Sende-/Weitersende- und Wiedergaberecht* (URG Art. 33 Abs. 2 lit. b und e; Rehbinder, a.a.O.; umstr.; zur Gegenauffassung, wonach diese Rechte überhaupt nur an der Live-Darbietung, gar nicht an ihrer Aufzeichnung bestanden – BGE vom 02.02.1999, E. 3.b = sic! 1999, 254; Barrelet/Egloff, URG 35 N 2; Mosimann, SIWR II/1, 376; s. URG 33 N 13). Bedeutung erlangt dies, wenn Ton- oder Tonbildträger verwendet werden, welche die Voraussetzungen der gesetzlichen Lizenz nicht erfüllen: Dann kann gegen die weitere Nutzung der Darbietung aus dem Verbotsrecht nach URG Art. 33 Abs. 2 lit. b und e vorgegangen werden (Rehbinder, a.a.O.). Über ein eigenes *Aufführungsrecht* verfügen Interpreten nicht; gleichwohl ist auch die Aufführung (richtiger: Vorführung, URG 10 N 14; Barrelet/Egloff, URG 35 N 8) vergütungspflichtig. Der gesetzlichen Lizenz *nicht* unterstellt ist das *Zugänglichmachen auf Abruf* (URG Art. 33 Abs. 2 lit. a; s. aber URG Art. 22a - c i.V.m. Art. 38) – dies mit gutem Grund, weil die Kontrolle der Rechteinhaber über diese Nutzung ihnen nicht nur deren Verwertung, sondern in besonderem Masse auch Schutzdispositive gegen die Piraterie ermöglicht.

2 Voraussetzung der erlaubten Verwendungen ist, dass die Darbietung **mit der Erlaubnis des Rechteinhabers** aufgenommen, die Aufzeichnung vervielfältigt und die Ton-/Tonbildträger, d.h. die körperlichen Vervielfältigungsstücke der akustischen oder audiovisuellen Aufzeichnung der Darbietung (URG 10 N 7 f.), erstmals in Verkehr gesetzt wurden (URG 12 N 2, 19 N 19; Mosimann SIWR II/1, 376; Barrelet/Egloff, URG 35 N 5). Weitere Voraussetzung ist, dass die Aufnahme **im Handel erhältlich** ist (URG 19 Abs. 3 lit. a N 34). Anders als dort

scheidet aber der «elektronische Handel» aus, soweit über ihn Ton- oder Tonbildträger nicht erworben, sondern nur selbst angefertigt werden können (vgl. URG 10 N 8, 12 N 1). Die Vorschrift ist daher beschränkt auf die **körperlichen Exemplare**, die über die üblichen, von den Rechteinhabern autorisierten und zur Verwertung genutzten Verbreitungswege erhältlich sind.

3   Art. 35 enthält **keinen Vorbehalt zum Vervielfältigungsrecht** des Tonträgerherstellers (URG Art. 36) bzw. des Künstlers (URG Art. 33 Abs. 2 lit. c); indessen hat die Revision 2007 dieses mit URG Art. 24b – für den Fall der Vervielfältigung zu Sendezwecken und beschränkt auf nichttheatralische Werke der Musik –der zwingenden Kollektivverwertung unterstellt; der bisher übliche Erwerb zu frei ausgehandelten Konditionen von den Rechteinhabern ist damit abgeschafft (dort N 1 ff.).

4   Werden die aus URG Art. 35 Abs. 1 geschuldeten **Vergütungen nicht bezahlt**, entsteht der zuständigen Verwertungsgesellschaft u.U. ein zusätzlicher Aufwand, für den sie als Schaden i.S.v. OR Art. 41 Ersatz beanspruchen kann (URG Art. 62 Abs. 2). Die Passivlegitimation für die Nachforderung der Vergütung ergibt sich aus URG Art. 35 Abs. 1; die Passivlegitimation für den zusätzlichen Schaden ergibt sich aus OR Art. 41 Abs. 1, wobei URG Art. 35 Abs. 1 als Schutznorm behandelt werden muss (URG Art. 35 Abs. 1 enthält kein absolutes Recht, sondern eben bloss einen Vergütungsanspruch, vgl. KGer/SG sic! 1999, 636 «Unerlaubte Musiknutzung»).

Zu Abs. 2

5   **Hersteller** «des benutzten Trägers» ist auch hier, wie in URG Art. 36, nicht der Fabrikant des Ton-/Tonbildträgerexemplars (z.B. das Presswerk hinsichtlich der DVD), sondern der **Produzent der Festlegung** (Aufzeichnung; URG 36 N 2). Die Hersteller der Ton- und Tonbildträger haben weder ein Ausschliesslichkeitsrecht an den hier betroffenen Verwendungen ihrer Aufzeichnung, noch einen unmittelbaren, selbständigen Vergütungsanspruch; sie haben stattdessen einen gegen die Interpreten (anstatt gegen die Nutzer) gerichteten Anspruch auf Beteiligung an deren Vergütung, der gleichwohl, wie auch der Vergütungsanspruch der Interpreten, bei der Verwertungsgesellschaft (Abs. 3) geltend zu machen ist (Barrelet/Egloff, URG 35 N 11 m.w.N.). Im Ergebnis ist die Vergütung bei der Verwertungsgesellschaft zwischen Interpreten und Herstellern angemessen zu teilen (entspr. URG Art. 49 Abs. 1; Barrelet/Egloff, URG 35 N 12); die wohl h.M. hält hälftige Teilung für angemessen (Barrelet/Egloff, a.a.O.; Müller/Oertli/Auf der Maur, URG 35 N 15, je m.w.N.).

Zu Abs. 3

6   Siehe URG 13 N 5, 19 N 4; URG Art. 40 Abs. 1 lit. b und Art. 41 ff.

Zu Abs. 4

7   Leistungsschutzrechte sind noch in vielen Ländern unbekannt oder auf inländische Interpreten beschränkt. Daher käme hier dem **Gegenrechtsvorbehalt** einige Bedeutung zu. Jedoch ergibt sich aus den Vorbehalten des Bundesrats zum Rom-Abkommen und dem Vorrang des Staatsvertragsrechts vor dem nationalen Recht (URG Art. 1 Abs. 2) einerseits und der fehlenden Koordination von Bundesrat und Parlament (Einfügung von URG 35 Abs. 4 anlässlich der Gesetzesberatung) andererseits eine verwirrliche Gesetzeslage, welche – auf einen kurzen

Nenner gebracht – zur Folge hat, dass der Vorbehalt in URG Art. 35 Abs. 4 **zu weiten Teilen wirkungslos** bleibt (vgl. im Einzelnen Reto M. Hilty, Anmerkung zu BGer sic! 1998, 38 ff. «Tarif S»). Der VE 2004 hatte seine Aufhebung vorgesehen; dies auch, weil die hiernach von der Vergütung ausgeschlossenen ausländischen Interpreten und Produzenten nach Auffassung des erläuternden Berichts zum VE 2004, S. 21, als Inhaber des Vervielfältigungsrechts und angesichts der Herstellung von Sendekopien in der Praxis (URG 24b N 1) «doch wieder zum Kreis der Anspruchsberechtigten» (freilich eines anderen Anspruchs; URG Art. 24b) gehörten; gleichwohl wurde die Bestimmung in der Revision 2007 beibehalten.

Art. 36[1]   Rechte des Herstellers oder der Herstellerin von Ton- oder Tonbildträgern

Der Hersteller oder die Herstellerin von Ton- oder Tonbildträgern hat das ausschliessliche Recht, die Aufnahmen:

a. zu vervielfältigen und die Vervielfältigungsexemplare anzubieten, zu veräussern oder sonst wie zu verbreiten;

b. mit irgendwelchen Mitteln so zugänglich zu machen, dass Personen von Orten und zu Zeiten ihrer Wahl dazu Zugang haben.

1   Auch die Leistung der Hersteller von Tonträgern (Aufzeichnung und Speicherung von Tonsignalen auf Datenträgern – vgl. Müller/Oertli/Auf der Maur, URG 36 N 4 m.w.N. –, Tonbändern, auch herkömmlichen Trägern wie CD oder Schallplatte) und Tonbildträgern (Aufzeichnung und Speicherung verbundener Ton- und Bildsignale auf Datenträgern wie auch auf herkömmlichem Filmmaterial, Videobändern, DVD usw.) ist keine schöpferische Leistung im Sinne des Urheberrechts, sondern eine **kaufmännisch-organisatorische Leistung**. Da diese Leistung jedoch dem Kulturleben dient, engen Bezug zum schöpferischen und interpretatorischen Schaffen aufweist und v.a. einen *erheblichen Kapitalaufwand* erfordert, verdient sie einen gesetzlichen Schutz. Dieser ist zugleich ein Teil des Systems Urheberrecht, der dazu beiträgt, immaterielle, geistige Güter verkehrsfähig zu machen: Das Produkt des Herstellungsvorgangs (der Film oder Tonträger) ist – anders als materielle Güter – nur in Form von Rechten verwertbar; diese muss der Hersteller einerseits von einer Vielzahl Berechtigter (Urheber, Interpreten, Inhaber vorbestehender Rechte) erwerben, was ihm das eigene Ausschliesslichkeitsrecht immerhin durchzusetzen erleichtert (s. aber URG 6 N 4); andererseits muss er (in der Wirklichkeit eher als die Urheber selbst) Verletzungen abwehren können.

2   Von einer Definition des **Herstellers** sieht das Gesetz bewusst ab (Botschaft 1989, 550). Auszugehen ist vom Normzweck (N1). Hersteller ist diejenige natürliche oder juristische **Person, die den Herstellungsvorgang unternehmerisch verantwortet**. Unwesentlich ist dabei, ob der Hersteller gewerbsmässig handelt oder nicht. **Herstellung** ist die akustische

---

1   Fassung gemäss Art. 2 des BB vom 5. Okt. 2007 über die Genehmigung von zwei Abkommen der Weltorganisation für geistiges Eigentum und über die Änderung des Urheberrechtsgesetzes, in Kraft seit 1. Juli 2008 (AS 2008 2497).

oder audiovisuelle **Erstfixierung (Erstaufnahme, -festlegung)** des Ton- oder Tonbildträgers (Realakt). Das Leistungsschutzrecht entsteht nicht durch Kopieren bereits vorhandener Träger; grundsätzlich auch nicht durch deren blosse spätere Bearbeitung (z.B. Re-Mastering; Mosimann, SIWR II/1, 389; Barrelet/Egloff, URG 36 N 4; a.M. Müller/Oertli/Auf der Maur, URG 36 N 3; vgl. auch URG 39 N 1b), die gleichfalls eine unternehmerische Leistung, aber von geringerer Komplexität als die ursprüngliche Produktion und von geringerer Bedeutung für den originären Schaffensvorgang und für die Verwertbarkeit der Aufzeichnung ist. Sie geniesst je nach den Umständen den lauterkeitsrechtlichen Schutz gegen technische Übernahme (UWG Art. 5 lit. c → Nr. 5; URG 1 N 5).

3   Schutzbegründend ist auch nicht die Festlegung von Tönen, Bildern oder Zeichen als solche, sondern der komplexe und aufwendige **Produktionsvorgang**, der einem Ton- oder Tonbildträger zugrunde liegt und auf einer *qualifizierten unternehmerischen Leistung* beruht (Botschaft 1989, 550). Dieser kann – besonders unter den Bedingungen digitaler Bild- und Tonbearbeitung, wo Aufnahme und digitale Erzeugung von Bildern und Tönen ineinander übergehen – weit in die Postproduktion bis zur künstlerisch festgelegten Endfassung reichen (s. aber URG 39 N 1b).

4   Diese liegt in der tatsächlichen Wahrnehmung der unternehmerischen, vor allem **wirtschaftlichen und organisatorischen Verantwortung** für diesen Vorgang (Botschaft 1989, 536, 550; Mosimann, 386, 388; Schoch, 128; Barrelet/Egloff, URG 36 N 3, Müller/Oertli/Auf der Maur, URG 36 N 8). Eines wie auch immer gearteten *kreativen* Beitrags bedarf es *nicht*, wenn dieser auch, bedingt durch das Zusammenwirken künstlerischer und unternehmerischer Entscheide, oft gegeben ist. Die Rechtsstellung des Herstellers folgt also aus einem *Realakt*: Hersteller ist der tatsächliche, unternehmerische Träger dieser Verantwortung. Dies beruht zum einen auf den *wesentlichen Entscheidungen* über das Produktionsvorhaben (beginnend mit dem Entschluss, es überhaupt in Angriff zu nehmen und fortzuführen, bis zu einzelnen Geschäften, Abläufen, Weisungen), zum andern auf der wirtschaftlichen Verantwortung für diese Entscheidungen, also für die *Beschaffung der finanziellen Mittel* (Eigen- oder Fremdkapital) und die *Übernahme der Erfolgsrisiken* (Uhlig, Der Koproduktionsvertrag der Filmherstellung, Baden-Baden 2007, Rz. 59 ff. m.w.N.). Demgemäss entsteht das Schutzrecht fortlaufend an den jeweils entstehenden Teilen der Aufzeichnung in der Person, die den Gesamtvorgang verantwortet (a.a.O., Rz. 71).

5   Ein (vor allem in der Filmherstellung häufiger) Sonderfall ist die Herstellung in **Koproduktion** (Gemeinschaftsproduktion) mehrerer Personen oder Unternehmen, die sich in die Herstellungsaufgaben und -verantwortung teilen. Das Schutzrecht entsteht dann von Gesetzes wegen durch *Realakt* als einheitliches, von den Mitherstellern gemeinschaftlich getragenes Recht (a.M. Barrelet/Egloff, URG 36 N5; Egloff, Rechtsgemeinschaften an verwandten Schutzrechten, in: sic! 1999, 540 f., die jeweils selbständige Herstellerrechte annehmen), dies, mangels spezieller gesetzlicher Ordnung (URG Art. 7, 34), nach allgemeinen Grundsätzen: Praktisch ausnahmslos bilden die Koproduzenten eine **einfache Gesellschaft** (OR Art. 530 Abs. 1), so dass das Recht in die **Gesamthand** fällt (OR Art. 544 i.V.m. ZGB Art. 652; Mosimann, SIWR II/1, 388 f.), sofern sie nicht etwas anderes vereinbart haben (OR Art. 544); andernfalls entsteht das Recht in Rechtsgemeinschaft entspr. ZGB Art. 646 ff.; vgl. Uhlig, a.a.O., Rz. 420 f., 432 ff.). Voraussetzung ist, dass die Koproduzenten tatsächlich an

den Entscheidungen und Risiken der Produktion teilhaben, also weder nur Geldgeber ohne Mitsprache noch bloss Manager ohne Risiko sind. Dies folgt aus ihrem tatsächlichen Zusammenwirken, nicht nur aus gemeinsamem Entschluss; allerdings sind die Besonderheiten der Arbeitsteilung, Delegation (unschädlich ist die Delegation auf einen federführenden Koproduzenten, a.m. Egloff, Urheberrecht und Urhebervertragsrecht in der audiovisuellen Produktion, sic! 1998, 21 f.), gemeinsamer Risikoabsicherung (z.B. durch Versicherungen oder Completion Bond) in der kollektiven Herstellung zu berücksichtigen. Die Aufteilung der Kompetenzen und Risiken findet im Wesentlichen im Innenverhältnis statt, wofür das Handeln der einzelnen Partner nach aussen (Vertragsschlüsse, Haftung) allenfalls Indizwirkung haben kann (a.M. Mosimann, SIWR II/1, 388). Schon die Vereinbarung über die Gemeinschaftsproduktion (Koproduktionsvertrag) kann im Einzelfall durch detaillierte Festlegungen und Beitragspflichten, d.h. verbindliche gemeinsame Entscheidungen und Risiken, real den Mitherstellerstatus begründen (Uhlig, a.a.O., Rz. 63 ff.).

6   Das Leistungsschutzrecht besteht nur auf den **Träger**, d.h. die akustische oder audiovisuelle Aufnahme (Aufzeichnung) **bezogen**, nicht auf das eventuell darauf niedergelegte Werk. Der Schutz ist anders als das Interpretenrecht unabhängig davon, ob urheberrechtliche Werke (URG Art. 2) aufgenommen wurden oder nicht (Naturgeräusche, Tierstimmen, unkünstlerische Wiedergabe aktueller Ereignisse u.a.; so schon Rom-Abkommen Art. 3 lit. b und c → Nr. 23; Genfer Tonträger-Übereinkommen, Art. 1 lit. a und b → Nr. 24; Botschaft 1989, 550 f.). Daher hilft das Leistungsschutzrecht für Produzenten nicht gegen Plagiate oder Wiederverfilmungen. Hier muss sich der Produzent auf das ihm von den Urhebern eingeräumte Urheberrecht stützen.

7   Auch die in URG Art. 36 gewährten Ausschliesslichkeitsrechte stecken den **Rahmen des Hersteller-Rechtsschutzes enger** als den anderer verwandter Schutzrechte (URG Art. 33 Abs. 2, Art. 37): Sie umfassten bis zur Revision 2007 nur das Vervielfältigungs- und Verbreitungsrecht (lit. a), neu hinzu kam das Recht zum Zugänglichmachen auf Abruf (lit. b). Der Hersteller geniesst daher an seiner Aufzeichnung kein eigenes Recht der Sendung, der Vorführung oder Wiedergabe (anders nach dUrhG § 94); insoweit ist er sowohl für die Auswertung, als auch zur Abwehr von Rechtsverletzungen (illegale Sendung oder Vorführung) auch insoweit auf den Rechtserwerb von Urhebern (und Interpreten) angewiesen. Die Schranken des Urheberrechts (URG Art. 19 ff.) gelten gemäss URG Art. 38 entspr.

8   Der Schutz der Hersteller gegen das Vervielfältigen ihrer Produkte (**Vervielfältigungsrecht**; dazu im einzelnen URG 10 N 7 f.) betrifft jedes, auch das «mittelbare» Vervielfältigen, wie z.B. die neuerliche Aufzeichnung gesendeter Ton- oder Tonbildträger oder die Speicherung beim Download (Botschaft 1989, 551; Botschaft 2006, 3422; WPPT Art. 11 → Nr. 15). Auch das nur teilweise Vervielfältigen, bspw. bei der Verwendung von Ausschnitten, bedarf der Einwilligung des Herstellers (Barrelet/Egloff, URG 36 N 8).

9   Das **Verbreitungsrecht** der Hersteller von Ton- oder Tonbildträgern entspricht demjenigen der ausübenden Künstler und der Urheber (siehe URG 10 Abs. 2 lit. b und 33 Abs. lit. d; URG 10 N 9 ff.). Die Hersteller können nicht nur denjenigen ins Recht fassen, der ihre Produkte unerlaubterweise vervielfältigt hat, sondern auch gegen jeden vorgehen, der diese Piraterieprodukte in Verkehr bringt. Sie sind also auch gegen die Einfuhr der Raubkopien geschützt (Botschaft 1989, 551). Mit Aufnahme dieses selbständigen Verbreitungsrechts wurde

auch die Hauptvoraussetzung für die Ratifikation des Genfer Tonträger-Übereinkommens erfüllt (→ Nr. 24, s. dazu dessen Art. 2). Wie das Verbreitungsrecht der Urheber (URG Art. 10 Abs. 2 lit. b), unterliegt das zunächst umfassende Verbreitungsrecht der Hersteller (URG 10 N 9; Müller/Oertli/Auf der Maur, URG 36 N 13; a.M. Barrelet/Egloff, URG 36 N 9) der **Erschöpfung** (URG Art. 12 i.V.m. Art. 38; s. URG 12 N 1), welche der Vergütungsanspruch für die Vermietung überdauert.

10 Das **Recht zum Zugänglichmachen auf Abruf** (URG 10 N 18 f.) ist im Herstellerschutz (anders als in URG Art. 10 Abs. 2 lit. c, dort als Teil des Rechts der öffentlichen Wiedergabe) als selbständiges, umfassendes Recht verfasst (vgl. WPPT Art. 14 → Nr. 15). Notwendig war seine Einführung (hinsichtlich der Tonträgerhersteller) zur Umsetzung des Mindestschutzstandards des WPPT (Botschaft 2006, 3423; darüber hinaus reicht nur die Erstreckung des Schutzes auch auf Tonbildträgerhersteller). Davon unabhängig konnte nur so der Verlagerung der Werkverbreitung von der körperlichen Verbreitung auf verschiedenste unkörperliche, auf blosser Datenübertragung beruhender Mittel und Kanäle (und damit aus dem Bereich des Verbreitungsrechts hinaus; URG 10 N 11) Rechnung getragen werden. Entspr. URG Art. 80 Abs. 1 entsteht das Recht auch an bereits bestehenden Ton- und Tonbildaufzeichnungen (Müller/Oertli/Auf der Maur, URG 36 N 17).

11 Neben den Ausschliesslichkeitsrechten geniessen die Hersteller einen Vergütungsanspruch für die Nutzungen nach URG 35 Abs. 1 in Form der **Beteiligung** an demjenigen der ausübenden Künstler; URG Art. 35 Abs. 2 und dort N 5; ferner die Vergütungsansprüche aus URG Art. 13, 20, 24c i.V.m. Art. 38.

Art. 37   Rechte der Sendeunternehmen

Das Sendeunternehmen hat das ausschliessliche Recht:

a. seine Sendung weiterzusenden;
b. seine Sendung wahrnehmbar zu machen;
c. seine Sendung auf Ton-, Tonbild- oder Datenträger aufzunehmen und solche Aufnahmen zu vervielfältigen;
d. die Vervielfältigungsexemplare seiner Sendung anzubieten, zu veräussern oder sonst wie zu verbreiten.
e. seine Sendung mit irgendwelchen Mitteln so zugänglich zu machen, dass Personen von Orten und zu Zeiten ihrer Wahl dazu Zugang haben.[1]

1 Ähnlich wie der Produzent von Ton- oder Tonbildträgern erbringt auch das Sendeunternehmen kaufmännisch-organisatorische Leistungen im Dienste des kulturellen Lebens, die einen grossen Kapitalaufwand erfordern und daher gegen unbefugte Verwendung Schutz verdie-

---

[1] Eingefügt durch Art. 2 des BB vom 5. Okt. 2007 über die Genehmigung von zwei Abkommen der Weltorganisation für geistiges Eigentum und über die Änderung des Urheberrechtsgesetzes, in Kraft seit 1. Juli 2008 (AS 2008 2497).

nen. Zugleich trägt auch dieses **Schutzrecht** zum Funktionieren des urheberrechtlichen Immaterialgüterschutzes in seiner Gesamtheit bei, ermöglicht es doch den Sendeunternehmen – Akteuren an einer Schlüsselstelle zwischen Werkschaffen und Publikum – die unmittelbare Abwehr unbefugter Nutzungen aus eigenem Recht.

2 Das **Sendeunternehmen** ist in URG Art. 37 gar nicht, an anderer Stelle (URG Art. 22a, 24b) nur durch Verweis auf das RTVG bestimmt: ein Verweis ins Leere, weil das RTVG seinerseits keine Definiton des Sendeunternehmens enthält (URG 22a N 3). Im Übrigen kann es auf eine (öffentlich-)medienrechtliche Einordnung des Sendeunternehmens, wie auch auf seine Rechtsform, nicht ankommen: Der nachbarrechtliche Schutz gilt der **technischen, organisatorischen und wirtschaftlichen Unternehmensleistung,** welche den tatsächlichen Sendevorgang ermöglicht (Mosimann, SIWR II/1, 391 f.). Am *Realakt* dieses Sendevorgangs aber knüpft der Leistungsschutz an, ohne dass es im Einzelfall auf den (kaum messbaren) organisatorischen und wirtschaftlichen Aufwand ankommen kann (wohl a.M. Mosimann, SIWR II/1, 405).

3 Durch diesen Sendevorgang wird das programmtragende **Signal zeitbestimmt und linear** – ohne Abruf oder sonstige Initiative des Nutzers – an die empfangsbereite Öffentlichkeit (Botschaft 1989, 551) gerichtet (siehe auch URG 10 N 18, 20 f.). Öffentlichkeit ist jeder unbestimmte Empfängerkreis; auch das an Abonnemente oder andere Zugangsvoraussetzungen geknüpfte Pay-TV ist Sendung, nicht aber private, dienstliche oder andere nicht für die Öffentlichkeit bestimmte Signale (Botschaft 1989, a.a.O.; Mosimann, SIWR II/1, 392). Das Senden ist technologieneutral und erfasst, unter den genannten Voraussetzungen, u.a. die Übertragung mittels elektromagnetischer Wellen, mittels durch Kabel übertragbarer Signale, ggf. auch über Datennetzwerke (Botschaft 1989, a.a.O.; Mosimann, SIWR II/1, a.a.O.).

4 Entspr. dem Leistungsschutzrecht der Hersteller (URG 36 N 4), entsteht dasjenige des Sendeunternehmens **kraft Realakts** bei der Person, welche diese **unternehmerische** (nicht nur technische; Mosimann, SIWR II/1, 393) **Leistung tatsächlich erbringt.** Zur näheren Bestimmung kann allenfalls (aber unter Berücksichtigung des anderen, medienordnungsrechtlichen Normzwecks) die Programmverantwortung nach RTVG Art. 2 lit. d *(natürliche oder juristische Person, welche die Verantwortung für das Schaffen von Sendungen oder für deren Zusammenstellung zu einem Programm trägt)* i.V.m. lit. a (Programm als Folge von Sendungen, die kontinuierlich angeboten, zeitlich angesetzt und fernmeldetechnisch übertragen werden sowie für die Allgemeinheit bestimmt sind) und lit. b (Sendung als formal und inhaltlich in sich geschlossener Teil eines Programms) herangezogen werden.

5 **Schutzgegenstand** ist der (in der Regel akustische oder audiovisuelle, ggf. aber auch bloss Text- oder Bild-)Inhalt des Sendesignals (Bilder, Zeichen, Töne; «Sendegut», Mosimann, SIWR II/1, 393), wie es mit Mikrophon und Kamera aufgenommen und übertragen, ggf. digital bearbeitet oder überhaupt erst generiert wird. Die einzelne **Sendung,** an welcher der Schutz entsteht, kann hierbei als inhaltlich geschlossener Programmeinheit verstanden werden (vgl. RTVG Art. 2 lit. b; N 4); für die Schutzwirkung kommt es darauf nicht an (a.M. Müller/Oertli/ Auf der Maur, URG 37 N 6), denn diese betrifft auch die ausschnittsweise Verwendung (URG 36 N 8; so auch Müller/Oertli/Auf der Maur, a.a.O.), wohl aber für den Rechtsverkehr (Lizenzgeschäft). Es muss sich nicht um Werke oder Darbietungen i.S.v. URG Art. 2, 33 handeln. Jeder Inhalt ist geschützt (URG 36 N 6; anders URG Art. 33 Abs. 1). Erforderlich ist

weder, dass das gesendete Geschehen vom Unternehmen *selbst veranlasst* wird (geschützt ist auch die Sendung fremder, z.B. lizenzierter Produktionen; Mosimann, a.a.O.), noch die *Aufzeichnung der Programmsignale;* der Schutz wird auch durch die Sendung eines unmittelbaren Geschehens (live) begründet. Werden akustische oder audiovisuelle Inhalte dauerhaft (nicht nur ephemer; bspw. gemäss URG Art. 24a und 24b, RTVG Art. 20) durch das Sendeunternehmen aufgezeichnet (festgelegt), so kann dieses hieran zugleich den Schutz nach URG Art. 36 geniessen, sofern es selbst dessen Voraussetzungen erfüllt (umstr.; so auch Müller/Oertli/Auf der Maur, URG 37 N 7, 27 m.w.N.; a.M. Barrelet/Egloff, URG 37 N 1a; eine *lex specialis* zu URG Art. 36 ist Art. 37 schon im Hinblick auf den verschiedenen Schutzgegenstand und Anknüpfungspunkt nicht; a.M. beide vorgenannten Autoren, je a.a.O.).

6   Auch der Leistungsschutz des Sendeunternehmens ist (wie derjenige der Interpreten, URG Art. 33 Abs. 2, und der Produzenten, URG Art. 36) auf einen abschliessenden Katalog einzelner **Ausschliesslichkeitsrechte** beschränkt; hinzu kommen die gesetzlichen Vergütungsansprüche aus URG Art. 13, 20, 24c (nicht aber Art. 35).

7   Das **Weitersenderecht** entspricht demjenigen der Urheber und Interpreten (siehe URG Art. 10 Abs. 2 lit. e und Art. 33 Abs. 2 lit. b); es ist gleichfalls technologieneutral und erfasst alle zur Weitersendung verwendeten Technologien und Methoden (Botschaft 1989, 551 f.). Anders als in URG Art. 22, der nur die *qualifizierte* (nämlich zeitgleiche und unveränderte, s. dort N 2) Weitersendung der Kollektivverwertung unterstellt, umfasst das Weitersenderecht der Sendeunternehmen auch die mittelbare, zeitversetzte Weitersendung, mit anderen Worten, die spätere Sendung durch Dritte unter Verwendung einer (vom Sendeunternehmen selbst oder Dritten hergestellten) Aufzeichnung (Botschaft 1989, 552 unter Verweis auf lit. c; Mosimann, SIWR II/1, 394). Das Weitersenderecht ist damit umfassend wie jenes der Urheber (URG Art. 10 Abs. 2 lit. e; dort N 20; Botschaft 1989, 552). Es wird durch die Pflicht zur kollektiven Rechtswahrnehmung in URG Art. 22 Abs. 2 i.V.m. URG Art. 38 eingeschränkt (s. URG Art. 22; *anders* als unter der Geltung der EU-Satelliten- und Kabelrichtlinie 89/552/EWG, die die Rechte der Sendeanstalten von der zwingenden Kollektivwahrnehmung ausnimmt [Art. 10], so dass Weitersendeunternehmen dort die Rechte an den übernommenen Programmen sowohl von den betroffenen Erstsendeunternehmen als auch von den Verwertungsgesellschaften erwerben müssen, die diese für alle übrigen Berechtigten wahrnehmen; zum Ansatz, dies auf die Schweiz zu übertragen s. Müller/Oertli/Auf der Maur, URG 37 N 19 ff.).

8   Das **Wiedergaberecht** umfasst nur das Recht des Sendeunternehmens, seine Sendung wahrnehmbar zu machen. Es entspricht darin der in URG Art. 33 Abs. 2 lit. e (dort N 12) und URG Art. 10 Abs. 2 lit. f (dort N 16) enthaltenen Befugnis der ausübenden Künstler und der Urheber. Sein Gegenstand ist die öffentliche (d.h. ausserhalb der Eigengebrauchsschranke, URG Art. 19) Wiedergabe des empfangenen Programms, z.B. mit den in Hotellobbys, Restaurants usw. betriebenen Fernsehbildschirmen oder Radiolautsprechern. Auch dieses Recht untersteht in den Fällen der zeitgleichen und unveränderten Wiedergabe der Kollektivwahrnehmung (URG Art. 22 Abs. 1; dort N 2).

9   Zum **Vervielfältigungsrecht** s. URG 10 N 7 f. Das Vervielfältigungsrecht besteht nicht nur an den vom Sendeunternehmen selbst, sondern hinsichtlich der von Dritten vorgenommenen Aufzeichnungen der Sendung, also unabhängig davon, ob das Sendeunternehmen Hersteller

der Erstfixierung wird und ist deshalb nicht *lex specialis* zu URG Art. 36 lit. a (a.M. Mosimann, SIWR II/1, 395; Hilty, Die Leistungsschutzrechte im schweizerischen Urheberrechtsgesetz, UFITA 124, 94).

10 Zum **Verbreitungsrecht** s. URG 10 N 9 ff.; es erschöpft sich gemäss URG Art. 12 Abs. 1 i.V.m. Art. 38; URG 12 N 1 f.

11 Wie beim Herstellerschutz (URG Art. 36 lit. b; anders in URG Art. 10 Abs. 2 lit. c) wurde das mit der Revision 2007 neu eingeführte ausschliessliche **Recht zum Zugänglichmachen auf Abruf** (URG 10 N 18 f.) als selbständiges, umfassendes Recht verfasst. Seine Einführung war von den WIPO-Abkommen nicht gefordert; der Gesetzgeber folgte dem international verbreiteten Konzept, dieses Recht allen bereits bisher (in verschiedenem Masse) Schutzberechtigten zu gewähren (Botschaft 2006, 3423). Das Schutzrecht soll die tatsächliche Verlagerung von Nutzungshandlungen aus dem Bereich der herkömmlichen Ausschliesslichkeitsrechte in die davon nicht erfasste Verbreitung über Datennetzwerke auffangen. Auch insoweit setzt der Schutz aber die *Sendung* als solche (N 2 f.) voraus. Das blosse Zugänglichmachen von Programmen auf Abruf begründet kein selbständiges Ausschliesslichkeitsrecht. Die Sendeunternehmen sind hierin nicht anders gestellt als andere Anbieter in solchen Netzwerken (Internet). Ebenso entbindet der Schutz dieses Rechts an der *eigenen Sendung* das Sendeunternehmen nicht vom Erwerb der zum Zugänglichmachen benötigten Rechte Dritter (s. aber ihre Privilegierung in URG Art. 22a Abs. 1 lit. b, Art. 22c). Das Recht betrifft naturgemäss (Abruf zu Zeiten nach Wahl des Nutzers) *dauerhaft aufgezeichnete* Sendungen (URG 33 N 11); es entsteht damit auch an bereits bestehenden Aufzeichnungen früherer Sendungen, seien diese in der Hand des Sendeunternehmens oder Dritter entstanden (URG Art. 80 Abs. 1 entspr.).

Art. 38 Rechtsübergang, Zwangsvollstreckung und Schranken des Schutzes

Die Bestimmungen der Artikel 12 Absatz 1 und Artikel 13 sowie das 4. und 5. Kapitel des zweiten Titels dieses Gesetzes finden sinngemäss Anwendung auf die Rechte, die den ausübenden Künstlern und Künstlerinnen sowie den Herstellern und Herstellerinnen von Ton- oder Tonbildträgern und dem Sendeunternehmen zustehen.

1 Diese Bestimmung bezweckt eine **inhaltliche Abgleichung** zwischen dem Urheberrecht und den verwandten Schutzrechten in dreierlei Hinsicht:

1. das Verhältnis des Schutzrechts zum Werkexemplar, URG Art. 12 Abs. 1 und 13,
2. die Übertragbarkeit des Schutzrechts und dessen Zwangsverwertung, URG Art. 16 und 18, sowie
3. hinsichtlich der Schrankenbestimmungen, URG Art. 19–28.

Diese Abgleichung erfolgt im Interesse der Verkehrsfähigkeit und Rechtssicherheit; insbesondere wird bezweckt, dass eine Nutzung, die gemäss den Schrankenbestimmungen urheberrechtlich frei oder durch eine gesetzliche Lizenz erlaubt ist, nicht unter dem Aspekt der verwandten Schutzrechte verboten werden könnte. Daraus darf aber nicht gefolgert werden, dass etwaige **Lücken der Regelung des Leistungsschutzes** stets durch Herübernahme urheberrechtlicher Bestimmungen oder Grundgedanken ausgefüllt werden können. Dies würde dem Wesensunterschied zwischen Werk und Leistung und der klaren gesetzlichen Trennung von Urheberrecht und Leistungsschutzrecht widersprechen (Rehbinder, Schweizerisches Urheberrecht, 3. Aufl. 2000, N 195).

2 Die Bestimmung verweist u.a. pauschal auf das 4. Kapitel, womit nach dem Wortlaut auch URG Art. 17, **Rechte an Programmen**, gemeint wäre. Dies bleibt aber ein «Renvoi ins Leere», denn es handelt sich dabei um ein gesetzgeberisches Versehen (hierzu eingehend Mosimann, SIWR II/1, 382 ff., mit Verweisen; Barrelet/Egloff, URG 38 N 8). Gleiches gilt beim Verweis auf das 5. Kapitel hinsichtlich Art. 21 URG, Entschlüsselung von Computerprogrammen.

3 Im Übrigen kann auf die Kommentierungen der einzelnen Bestimmungen verwiesen werden.

Art. 39 Schutzdauer

[1] Der Schutz beginnt mit der Darbietung des Werks oder der Ausdrucksform der Volkskunst durch die ausübenden Künstler und Künstlerinnen, mit der Veröffentlichung des Ton- oder Tonbildträgers oder mit seiner Herstellung, wenn keine Veröffentlichung erfolgt, sowie mit der Ausstrahlung der Sendung; er erlischt nach 50 Jahren.[1]

[1bis] Das Recht auf Anerkennung der Interpreteneigenschaft nach Artikel 33a Absatz 1 erlischt mit dem Tod des ausübenden Künstlers oder der ausübenden Künstlerin, jedoch nicht vor dem Ablauf der Schutzfrist nach Absatz 1.[2]

[2] Die Schutzdauer wird vom 31. Dezember desjenigen Jahres an berechnet, in dem das für die Berechnung massgebende Ereignis eingetreten ist.

Zu Abs. 1

1 Während die urheberrechtliche Schutzfrist erst ab dem Tod des Urhebers zu laufen beginnt, knüpft die Schutzdauer der verwandten Schutzrechte an den **Zeitpunkt des Entstehens des Schutzobjekts** an:

   a) Bei den **Interpreten** ist dies die einzelne **Darbietung** (URG 33 N 9), sofern sie nicht auf Ton- oder Tonbildträger aufgenommen wird. Ist eine solche Aufnahme hingegen erfolgt, richtet sich die Schutzdauer der Darbietung nach demselben Anknüpfungspunkt wie der Ton- oder Tonbildträger, auf dem sie festgelegt worden ist (Botschaft 2006, 3423). «Das heisst, dass mit der nach der Herstellung erfolgenden **Veröffentlichung** eines Ton- und Tonbildträgers auch die Schutzfrist der darin festgehaltenen Darbietun-

---

1 Fassung gemäss Art. 2 des BB vom 5. Okt. 2007 über die Genehmigung von zwei Abkommen der Weltorganisation für geistiges Eigentum und über die Änderung des Urheberrechtsgesetzes, in Kraft seit 1. Juli 2008 (AS 2008 2497).

2 Eingefügt durch Art. 2 des BB vom 5. Okt. 2007 über die Genehmigung von zwei Abkommen der Weltorganisation für geistiges Eigentum und über die Änderung des Urheberrechtsgesetzes, in Kraft seit 1. Juli 2008 (AS 2008 2497).

gen neu zu laufen beginnt» (Botschaft 2006, a.a.O.; sogleich b). Bei Wiederholungen einer Darbietung ist jede einzeln geschützt und es beginnt jeweils auch eine eigene Schutzfrist.

b) Beim **Hersteller von Ton- und Tonbildträgern** wird neu auf den Zeitpunkt der (Erst-)**Veröffentlichung** abgestellt (WPPT Art. 17 Abs. 2 → Nr. 15). Ist (noch) keine Veröffentlichung erfolgt, wird auf dessen **Herstellung** abgestellt, d.h. den letzten Tag der Aufnahmen («Festlegung» bzw. «Fixation» s. WPPT Art. 17 Abs. 2, RA Art. 3 und 14 lit. a → Nr. 23; zum Begriff der Herstellung s. URG 36 N 2), nicht etwa den Abschluss der Tonmischung oder Masterings bzw. der endgültigen Schnittfassung (a.M. Uhlig, Der Koproduktionsvertrag der Filmherstellung, Baden-Baden 2007, Rz. 70). Bei diesen Vorgängen handelt es sich bereits um Vervielfältigungen der Aufnahme, zwei Begriffe, welche das RA durchwegs differenziert (bspw. RA Art. 3 lit. e; BGer 2A.256/1998 vom 02.02.1999, E. 3.c.bb «Tarif S II» = sic! 1999, 255). Weil auch im Produktionsvorgang die eigentliche Aufnahme und deren Vervielfältigung auseinander zu halten sind, begründen auch Neuauflagen oder ein Remastering einer alten Aufnahme keine neue Schutzfrist (a.M. Müller/Oertli/Auf der Maur, URG 39 N 5; bzgl. Neuauflage gl.M. Barrelet/Egloff, URG 39 N 3).

c) Beim Schutz der **Sendeunternehmen** wird an die **Ausstrahlung** der Sendung angeknüpft. Ob es sich dabei um eine Erstausstrahlung oder eine Wiederholung handelt, ist unerheblich (ebenso Barrelet/Egloff, URG 39 N 3, Müller/Oertli/Auf der Maur, URG 39 N 4; a.M. Mosimann, SIWR II/1, 404), denn das Gesetz stellt keine Mindestanforderungen an das Mass der schutzbegründenden Unternehmensleistung (URG 37 N 2).

2 Die Schutzdauer von 50 Jahren entspricht der Minimalanforderung von WPPT Art. 17 Abs. 1.

Zu Abs. 1bis

3 Für das **Namensnennungsrecht** der Interpreten endet die Schutzfrist zum späteren der folgenden zwei Zeitpunkte:
1. Tod des Interpreten oder
2. Ablauf der ordentlichen Schutzfrist nach Absatz 1.

Zu Abs. 2

4 Die Dauer wird aus praktischen Gründen vom **Ende des betreffenden Jahres** an berechnet (vgl. auch URG Art. 32).

5 Zur **Rückwirkung** des nachbarrechtlichen Schutzes s. URG 80 N 3 und URG 81 N 1.

3a. Titel:[1] Schutz von technischen Massnahmen und von Informationen für die Wahrnehmung von Rechten

Art. 39a Schutz technischer Massnahmen

¹ Wirksame technische Massnahmen zum Schutz von Werken und anderen Schutzobjekten dürfen nicht umgangen werden.

² Als wirksame technische Massnahmen im Sinne von Absatz 1 gelten Technologien und Vorrichtungen wie Zugangs- und Kopierkontrollen, Verschlüsselungs-, Verzerrungs- und andere Umwandlungsmechanismen, die dazu bestimmt und geeignet sind, unerlaubte Verwendungen von Werken und anderen Schutzobjekten zu verhindern oder einzuschränken.

³ Verboten sind das Herstellen, Einführen, Anbieten, Veräussern oder das sonstige Verbreiten, Vermieten, Überlassen zum Gebrauch, die Werbung für und der Besitz zu Erwerbszwecken von Vorrichtungen, Erzeugnissen oder Bestandteilen sowie das Erbringen von Dienstleistungen, die:

a. Gegenstand einer Verkaufsförderung, Werbung oder Vermarktung mit dem Ziel der Umgehung wirksamer technischer Massnahmen sind;

b. abgesehen von der Umgehung wirksamer technischer Massnahmen nur einen begrenzten wirtschaftlichen Zweck oder Nutzen haben; oder

c. hauptsächlich entworfen, hergestellt, angepasst oder erbracht werden, um die Umgehung wirksamer technischer Massnahmen zu ermöglichen oder zu erleichtern.

⁴ Das Umgehungsverbot kann gegenüber denjenigen Personen nicht geltend gemacht werden, welche die Umgehung ausschliesslich zum Zweck einer gesetzlich erlaubten Verwendung vornehmen.

Vorbemerkung zum Titel 3a
Konventionsrechtliche Vorgabe und Regelungsbedarf

1   Der mit der Revision 2007 eingefügte Titel gehört zum Kern der Bestimmungen, welche mit der Ratifizierung der beiden WIPO-Abkommen von 1996 (→ Nr. 14 f.) umzusetzen waren. Diese führen ein neues Schutzinstrumentarium in das URG ein, das nicht das Urheberrecht selbst, sondern technische Vorkehrungen und Informationen, welche Rechteinhaber zum Zweck der Rechtswahrnehmung anwenden, zum *unmittelbaren Schutzgegenstand* hat. Nach WCT Art. 11 (→ Nr. 14, entspr. WPPT Art. 18 → Nr. 15) haben *die Vertragsparteien einen* **hinreichenden Rechtsschutz und wirksame Rechtsbehelfe gegen die Umgehung**

---

1   Eingefügt durch Art. 2 des BB vom 5. Okt. 2007 über die Genehmigung von zwei Abkommen der Weltorganisation für geistiges Eigentum und über die Änderung des Urheberrechtsgesetzes, in Kraft seit 1. Juli 2008 (AS 2008 2497).

technischer Vorkehrungen vorzusehen, von denen Urheber im Zusammenhang mit der Ausübung ihrer Rechte Gebrauch machen und die Handlungen in Bezug auf ihre Werke einschränken, die die betreffenden Urheber nicht erlaubt haben oder die gesetzlich nicht erlaubt sind. WCT Art. 12 (→ Nr. 14, entspr. WPPT Art. 19 → Nr. 15) verlangt zudem hinreichende und wirksame Rechtsbehelfe gegen die **Änderung oder Entfernung elektronischer Informationen,** die der Identifizierung des Werks, des Urhebers oder der Rechteinhaber dienen oder seine Nutzungsbedingungen festhalten, sowie gegen den Verkehr mit derart manipulierten Werkexemplaren (Botschaft 2006, S. 3397).

2   Hintergrund ist die Entwicklung der Technologien der Vervielfältigung, Verbreitung und Wiedergabe von Werken in den letzten Jahren. Sie hat einerseits dazu geführt, dass weithin jeder Werknutzer selbst über unaufwendige Mittel zur beliebig häufigen, vollkommen originalgetreuen Vervielfältigung ihm zugänglicher digitaler Werkexemplare sowie zu deren weltweiter elektronischer Verbreitung verfügen kann. Technische und institutionelle Hürden (Verlag, Druck, Fabrikation, Handel, Sendung), die im herkömmlichen Urheberrecht eine zentrale Rolle spielten (Vervielfältigungs-, Verbreitungs-, Senderecht), verlieren für die Verbreitung und Nutzung an Bedeutung. Gleichzeitig nimmt das Bedürfnis der Nutzer nach digitalem, zunehmend unkörperlichem Werkzugang zu. Andererseits hat diese Entwicklung Mittel geschaffen, durch technische Beschränkungen des Zugangs zum Werkdatensatz oder seines Gebrauchs (wie Zugangscodes, elektronische Abonnemente, Sperr- und Verfallsfunktionen) die mit diesem möglichen Nutzungen einzeln zu definieren und hierüber individuell abzurechnen (**Digital Rights Management, DRM**); dies auch in Bereichen, in denen solche individuelle Rechtswahrnehmung früher ohne unverhältnismässige Eingriffe (etwa in die Privatsphäre, Botschaft 1989, 541 f.; Botschaft 2006, 3426; URG Art. 19 N 12) nicht möglich gewesen wäre (vgl. auch Müller/Oertli/Auf der Maur, Rev. Art. 39a, N 21).

3   Ziel des *Rechtsschutzes* solcher technischer Massnahmen und Wahrnehmungsinformationen ist es einerseits, den Rechteinhabern trotz der Verlagerung grosser Teile der Werkvervielfältigung und -verbreitung in die Sphäre der Nutzer die Bewirtschaftung und Vergütung der Schutzgegenstände des Urheberrechts zu bewahren und dem weit erhöhten Risiko unkontrollierter und unrechtmässiger Verbreitung (Piraterie) zu begegnen (Botschaft 2006, 3395; bspw. Kopierschutz, elektronische Wasserzeichen). Andererseits bedurften die heute schon vielfältigen und sich rasch entwickelnden Verbreitungs- und Geschäftsmodelle rechtlicher Absicherung, welche Werke für bestimmte Nutzungen und gegen darauf abgestimmtes Entgelt zugänglich machen («pay-per-use»), Art und Umfang dieser Nutzungen durch technische Vorkehrungen v.a. an digitalen Werk-Datensätzen entsprechend beschränken und damit den herkömmlichen Verkehr mit physischen Werkexemplaren zunehmend ersetzen (Beispiele: Filmdownload zur befristeten Nutzung, «Video-on-Demand»; Abonnement elektronischer Zeitungen; Download von Musikdateien mit Abspiel- und Kopierbeschränkungen).

4   Gleichwohl sollte das neue Schutzinstrumentarium letztlich dem Schutz des bestehenden Urheberrechts dienen und dieses nicht substantiell erweitern (dazu Abs. 4, N 26 ff; Botschaft 2006, 3399, 3425 f.), was den Gesetzgeber vor Grundsatzentscheide stellte und Gegenstand tiefer Kontroversen war. Einerseits war ein Rechtsschutz technischer Massnahmen *als solcher* gefordert (N 1), der naturgemäss über den aus dem Urheberrecht ohnehin folgenden Rechtsschutz hinausgeht. Andererseits sah sich der Gesetzgeber veranlasst, bestehende Schranken

des Urheberrechts – namentlich jene, die den Werkgebrauch im öffentlichen Interesse ermöglichen – gegen die Aushebelung durch technische Massnahmen zu wahren (dazu N 6, 28; Botschaft BBl. 2006, 3426). Diese Erwägungen ändern nichts daran, dass Urheberrechtsschranken als solche einen *Anspruch* auf Werknutzung oder -zugang *nicht* begründen (URG 19 N 4).

Überblick über die Regelung

5   Der Gesetzgeber ist dem Vorbild der EU-Richtlinie 2001/29 (Art. 6 Abs. 1 und 2 → Nr. 18; Botschaft BBl. 2006, 3396, 3398, 3408) darin gefolgt, das **Verbot der Umgehung** technischer Massnahmen (**URG Art. 39a Abs. 1** i.V.m. 2) mit dem Verbot bestimmter **Vorfeldhandlungen** zu flankieren, um bereits mangels Verfügbarkeit der **Umgehungstechnologien** einen gewissen – faktischen – Schutz für umgehungsgefährdete Verbreitungsmodelle zu gewährleisten (**URG Art. 39a Abs. 3**; Botschaft BBl. 2006, 3425).

6   Die Frage, ob und welche **Schranken** gegenüber dem Rechtsschutz technischer Massnahmen *Vorrang haben* sollten, hat er unterschiedslos, insbesondere auch für die Privatkopie, zugunsten der Schranken beantwortet (Botschaft 2006, 3425; anders bspw. § 95b dUrhG – Vorrang nur privilegierter Schranken; § 90c öUrhG – keine Vorrangregelung). In der Folgefrage, wie der Vorrang der Schranken *auszugestalten* sei, hat er anstelle regulierter Zugangsrechte den (EU-Rechts-inkompatiblen, s. Richtlinie 2001/29 Art. 6 Abs. 4 → Nr. 18) Sonderweg eines **faktischen Selbsthilferechts** der Nutzer eingeschlagen (**URG Art. 39a Abs. 4**).

7   Im Hinblick auf die damit offensichtlich ungelösten Probleme hat er eine **Fachstelle** vorgesehen, die die Entwicklung beobachten und Konfliktlösungen erwirken soll (**URG Art. 39b**; Botschaft 2006, 3425). Dem Rechtsschutz technischer Massnahmen ist der Rechtsschutz der **Information zur Rechtswahrnehmung** beiseitegestellt (**URG Art. 39c**). Die Vorschriften sind ergänzt durch eine Bestimmung zur individualrechtlichen **Aktivlegitimation** (URG **Art. 62 Abs. 1bis**, dort N 5 ff.) und durch **Straftatbestände** (**URG Art. 69a**, dort N 1 f.).

Zu Art. 39a

Abs. 1: Umgehungsverbot

8   Abs. 1 enthält ein grundsätzliches, **umfassendes Verbot der Umgehung** *wirksamer technischer Massnahmen zum Schutz von Werken und anderen Schutzobjekten*. Die Formel verweist auf die Legaldefinition des Abs. 2 (N 11 ff.). Dem Verbot wohnt ein allgemeines **Unrechtsurteil** der verbotenen und nicht von der Einwilligung der aktivlegitimierten Personen gedeckten (URG 62 N 5; 69a N 3) Taten inne, das durch die Strafbarkeit (bei Vorsatz; URG Art. 69a Abs. 1 lit. a) konkretisiert wird. Zugleich schützt das Verbot, als deliktsrechtliches (OR Art. 41 ff.) Schutzgesetz, individuelle Rechtspositionen; insbesondere über die unwiderlegbare Vermutung einer Schutzrechtsgefährdung (Art. 62 Abs. 1*bis*, dort, N 5 f.), die eine Aktivlegitimation für Ansprüche nach URG Art. 61 ff. begründet (Botschaft 2006, 3427). Dieses Unrechtsurteil bildet u.a. den Hintergrund der Vorfeld-Verbote des URG Art. 39a Abs. 3 (s. ferner N 15; URG 69a N 7).

9   Die **Durchsetzbarkeit**, mithin die *Rechtsfolgen* des Umgehungsverbots, werden aber im Anwendungsbereich des Abs. 4 ausgeschlossen, das Verbot damit für weite Handlungsberei-

che de facto neutralisiert. Auch wo die Voraussetzungen des Abs. 4 nicht zweifelsfrei vorliegen, steht die Durchsetzung des Umgehungsverbots vor Beweisproblemen. Seine Durchsetzbarkeit über Fälle bspw. gewerbsmässiger Umgehung hinaus muss sich zeigen. Das im Verbot nach Abs. 1 enthaltene **Unrechtsurteil** (N 8, 26) wird dadurch aber *nicht entkräftet.*

10 **Umgehung** ist jede Form und Methode, sich den Zugriff auf das Werkexemplar bzw. die Werkdaten für jene Verwendungen zu verschaffen, welche die Massnahme hindern soll. Hierunter fallen sowohl das nicht bestimmungsgemässe *Überwinden* (bspw. durch manipulierte Eingaben, Ermittlung von Codes), als auch das vorübergehende oder endgültige *Ausschalten, Beseitigen, Unbrauchbarmachen* oder *Zerstören* der Massnahmen (Botschaft 2006, 3424). Auch wenn der Zugriff auf das ungeschützte Werkexemplar (Neben-)Effekt eines technischen Vorgangs ist, den die technischen Massnahmen als solchen nicht hindern (bspw., wenn ein kopiergeschützter Datenträger durch Zugriff auf einen funktionsgemässen, ungeschützten Datenstrom oder auf analoge Wiedergabesignale kopiert wird), kann eine Umgehung vorliegen, sofern der Nutzer hierbei ein Hindernis zu überwinden hat und dies der Bestimmung der angewendeten Massnahmen entspricht. Unerheblich ist, ob die Umgehung für eigene oder fremde Verwendungen vorgenommen wird (siehe aber Abs. 3 und N 27).

Abs. 2: Definition technischer Massnahmen

11 Nicht unter den Begriff – und damit nicht unter das Umgehungsverbot des Abs. 1 – fallen Vorkehrungen an Inhalten oder Gegenständen, die als solche weder Werke noch Gegenstände verwandter Schutzrechte sind (URG Art. 2, 5, 33, 36, 37; Botschaft, 3424). Auch an den wegen Ablauf der Schutzfrist (URG Art. 29 ff.) gemeinfreien Werken und Schutzgegenständen gibt es schlechterdings keine (urheberrechtlich) unerlaubten Verwendungen mehr; auch sie können deshalb nicht bestimmungsgemässer Gegenstand technischer Massnahmen i.S.v. Abs. 2 sein. Unberührt bleibt indes auch in diesen Fällen der allgemeine *Rechtsschutz des elektronischen Geschäftsverkehrs* (N 26; vgl. Botschaft 2006, 3425; Müller/Oertli/Auf der Maur, Art. 39/39a, N 25). Hingegen sind Werke und Schutzgegenstände stets taugliches Objekt solcher Massnahmen, sofern daran irgendein *urheberrechtliches Schutzrecht* besteht: Das Umgehungsverbot nach Abs. 1 gilt dann umfassend, für im Einzelnen gesetzlich erlaubte Verwendungen gilt Abs. 4.

12 Der Begriff der **technischen Massnahmen** ist technologieneutral (vgl. Müller/Oertli/Auf der Maur, Rev. Art. 39/39a, N 28); er ist insbesondere nicht auf die beispielhaft aufgezählten Mittel und Verfahren beschränkt. Jedes technische Mittel genügt, das Werkverwendungen, die grundsätzlich in ein Urheber- oder verwandtes Schutzrecht eingreifen können, zu hindern bestimmt ist. Die verbreitete Gegenüberstellung von Zugangs- und Nutzungsbeschränkungen (vgl. etwa Botschaft 2006, 3397, 3399, 3437; Müller/Oertli/Auf der Maur, Art. 39/39a, N 5) geht an der zunehmenden Vielfalt und Differenziertheit digitaler Verbreitungs- und Nutzungsmodelle vorbei.

13 **Wirksam** sind die Massnahmen, wenn sie eine *dieser Bestimmung gemässe Wirkung* entfalten (Botschaft 2006, 3424; auch EU-Richtlinie 2001/29, Art. 6 Abs. 3 → Nr. 18, verlangt, dass sie «*die Erreichung des Schutzziels sicherstellen*»). Aus dem Schutzgedanken des URG Art. 39a heraus kann es gerade nicht darauf ankommen, ob die Umgehung *überhaupt möglich* ist; auch nicht ob sie im Einzelfall (etwa für den mit besonderen Kenntnissen oder mit

Umgehungsmitteln, vgl. Abs. 3, ausgestatteten Nutzer) ohne grossen Aufwand erreichbar ist, sondern vielmehr, ob sie für den durchschnittlichen Nutzer ein nennenswertes Hindernis für jene Nutzungen darstellt, die bestimmungsgemäss behindert werden sollen (vgl. Müller/Oertli/Auf der Maur, Art. 39/39a, N 24). Das ist u.a. dann der Fall, wenn ihm hierzu *besondere Kenntnisse, technische Hilfsmittel oder Aufwand* abverlangt werden (vgl. Abs. 3).

14 Technische Massnahmen i.S.v. Abs. 2 müssen nicht **am Werkexemplar oder –datenträger** (anders als Wahrnehmungsinformation, URG Art. 39c Abs. 2 lit. a, dort N 7), sondern können auch **an einem Speicher- und Abspielgerät** angebracht sein oder (bspw. als Software) wirken (vgl. auch StGB Art. 150*bis* → Nr. 10). Ohnehin lässt die Konvergenz der Technologien die Abgrenzung kaum noch zu (URG 20 N 4). Auch hier kommt es allein auf die (grundsätzlich urheberrechtsbezogene) Schutzbestimmung und -wirkung an. Dass die Massnahme auch erlaubte Verwendungen hindern kann, steht ihrer Qualifikation nicht entgegen (vgl. Abs. 4). Kein Problem urheberrechtlichen Rechtsschutzes (sondern, je nachdem, des Datenschutz-, Persönlichkeits-, Sachen- oder Computerstrafrechts) ist die (Un-)Zulässigkeit selbsttätiger, auf Geräten der Nutzer installierter Software.

Abs. 3: Verbot von Vorbereitungshandlungen

15 Abs. 3 stellt, dem Vorbild der EU-Richtlinie 2001/29 folgend (→ Nr. 18; Botschaft BBl. 2006, 3408), ein flankierendes **Verbot von Vorbereitungshandlungen** in einem weiten Vorfeld der Umgehung auf. Es erfasst im Wesentlichen den gesamten öffentlichen Verkehr (von der Herstellung über Handel und sonstige Verbreitung sowie Werbung bis zum Besitz zu Erwerbszwecken) mit Umgehungstechnologien. Hintergrund ist die (abstrakte) Gefährdung des *Rechtsverkehrs* mit Urheber- und verwandten Schutzrechten, soweit er sich technischer Massnahmen bedient, durch die Verbreitung und Verfügbarkeit der Mittel zu deren Umgehung.

16 An das Verbot, das mit URG Art. 69a Abs. 1 lit. b umfassend strafbewehrt ist, knüpfen **individuelle Rechtspositionen** an (*Strafantragsbefugnis,* URG 69a Abs. 1; zivilrechtliche *Aktivlegitimation,* URG Art. 62 Abs. 1*bis*). Vor dem Hintergrund des abstrakten Gefährdungscharakters der Tathandlungen bedeutet dies, dass *jeder für die Gefährdung in Betracht Kommende,* d.h. im Geltungsbereich des Gesetzes jeder Inhaber oder Lizenznehmer von Urheber- oder verwandten Schutzrechten, der technische Massnahmen i.S.v. Abs. 2 anwendet oder anwenden lässt, die Legitimation für diese individuellen Rechte besitzt (so ausdrücklich die vergleichbare Regelung in § 90c Abs. 1 i.V.m. Abs. 3 öUrhG).

17 Die komplexe Struktur des Tatbestands geht auf die gleichlautende Formulierung der EU-Richtlinie 2001/29, Art. 6 Abs. 2 → Nr. 18, zurück. Sie verbindet einen **Obersatz**, welcher die tatbestandsmässigen Handlungen als solche aufzählt, mit drei *alternativen* **Qualifizierungstatbeständen**, welche die Gefährdung durch die Tathandlung unter dem Aspekt der *Publikumswirkung* **(lit. a)**, der *objektiven Eignung* **(lit. b)** und der *subjektiven Zwecksetzung* **(lit. c)** konkretisieren.

18 *Gegenstand des Verbots* sind *Umgehungstechnologien* in einem weiten, durch die einander ergänzenden Begriffe **Vorrichtungen, Erzeugnisse oder Bestandteile sowie das Erbringen von Dienstleistungen** umschriebenen Sinn, der sowohl gegenständliche (Apparate, Bauteile usw.), als auch ungegenständliche (Software, Programmschritte) Produkte sowie letztlich auch blosses Wissen (Anleitungen, Tricks, Algorithmen) einschliesst. Zur ver-

botsgegenständlichen Umgehungstechnologie werden diese dadurch, dass an ihnen einer der drei *Qualifikationstatbestände* erfüllt ist, welche jeweils eine spezifische Ausprägung der Gefährdung umschreiben (N 17):

19 **lit. a:** Sie sind Gegenstand einer **auf die Umgehung zielenden Verkaufsförderung, Werbung oder Vermarktung**; bspw. die Anpreisung oder sonstige Herausstellung der Eignung des Produkts zur Umgehung (N 10). Hierbei genügt es, wenn diese Eignung nur ein Nebeneffekt des Produkts ist; die Gefährdung liegt darin, dass das Publikum gezielt auf die Verwendbarkeit des Produkts zur Umgehung aufmerksam gemacht und sein Absatz damit stimuliert wird. Die umgehungsbezogene Vermarktung eines Produkts qualifiziert dieses *als solches* für die Verbote des Abs. 3. Unter der Voraussetzung solcher Vermarktung ist also nicht nur diese selbst, sondern sind alle Tathandlungen unrechtmässig.

20 **lit. b:** Sie haben, **abgesehen von der Umgehung, nur einen begrenzten wirtschaftlichen Zweck oder Nutzen**: Das Merkmal grenzt bei mehrfachfunktionalen Technologien («dual» bzw. «multiple use») die qualifizierten Umgehungstechnologien danach ab, dass schon aus ihrer Funktionsweise heraus die Gefährdung gegenüber der begrenzten sonstigen Verwendungsmöglichkeit so überwiegt, dass letztere eine untergeordnete Rolle spielen. Es bedarf einer Abwägung des Gefährdungspotentials gegenüber dem schützenswerten Interesse an der Vermarktung des Produkts hinsichtlich seiner *nicht umgehungsgefährdenden* Verwendungsmöglichkeiten. Ausser Betracht fällt hierbei die Verwendungsmöglichkeit für nach Abs. 4 sanktionslose (aber nach Abs. 1 gleichwohl unrechtmässige) Umgehungen zu erlaubten Zwecken; lit. b stellt auf die Umgehung technischer Massnahmen *als solche* ab (N 8).

21 **lit. c:** Sie wurden **hauptsächlich entworfen, hergestellt, angepasst oder erbracht, um die Umgehung wirksamer technischer Massnahmen zu ermöglichen oder zu erleichtern**: Wie unter lit. a, kommt es hier nicht darauf an, ob und in welchem Mass das Produkt auch anderweitig verwendbar ist; die Gefährdung folgt daraus, dass es gerade zu Zwecken der Umgehung entwickelt, hergestellt wird u.ä. Dies ist ein im Wesentlichen subjektiver Umstand, der indessen durch objektive Umstände indiziert sein kann. Wurde mit dem Produkt die überwiegende Zielsetzung verfolgt, ein Umgehungsmittel zu schaffen oder zu erbringen, dann kann auch eine anderweitige Verwendbarkeit dem Verbot nicht entgegengehalten werden.

22 Liegt einer der Qualifizierungstatbestände vor, so sind das **Herstellen** (gegenständliches Anfertigen der Produkte, aber etwa auch das Programmieren oder Vervielfältigen von Umgehungssoftware), das **Einführen** (aus dem Ausland, auch durch elektronischen Abruf von ausländischen Servern), das **Anbieten** (auch elektronisch auf Abruf), das **Veräussern** (auch die unentgeltliche Abgabe von Produktexemplaren) und **sonstige Verbreiten** – darunter das **Vermieten** und sonstige **Gebrauchsüberlassung**, wie das Verleihen, der Produkte, mithin praktisch jede Weitergabe an Dritte verboten, auch wenn sie nicht zu Erwerbszwecken (Umkehrschluss, N 24) stattfindet. Soweit Vorsatz erforderlich ist (Strafbarkeit nach Art. 69a Abs. 1 lit. b; Schadenersatz, neben Fahrlässigkeit), muss er sich auf alle Tatbestandsmerkmale, insbesondere auch die der lit. a, b oder c, erstrecken.

23 Verboten ist ferner die **Werbung** für jede nach lit. a–c Art qualifizierte Umgehungstechnologie; mithin einerseits die umgehungsbezogene Werbung i.s.v. lit. a, andererseits *jede* Wer-

bung für Produkte gemäss lit. b und c. Nicht erforderlich ist, dass dies in Form von Anzeigen oder Verkaufsprospekten geschieht; auch redaktionelle Beiträge können hierunter fallen, wenn sie die Grenze der sachlichen Information überschreiten und vom Publikum als Anpreisung oder Empfehlung aufgefasst werden; so etwa, wenn deutliche Hinweise auf die Verbote des URG Art. 39a Abs. 3 bzw. 1 fehlen.

24 Der **Besitz** der Umgehungstechnologie ist dann verboten, wenn er Erwerbszwecken dient, d.h., wenn er eine Tätigkeit ermöglicht, mit welcher Einkommen erzielt wird. Dies muss nicht die weitere Vermarktung der Technologie oder Erbringung von Hilfsleistungen, sondern kann auch eigene Umgehungshandlungen zu Erwerbszwecken betreffen.

25 Verboten sind umfassend auch **Dienstleistungen**, die den Produkten gemäss den lit. a bis c gleichkommen. Auf Erwerbszwecke kommt es nicht an. Damit sind auch die *Hilfe bei der Umgehung,* Ratschläge, die Bekanntgabe von Verfahrensweisen usw. selbständig verboten (ungeachtet dessen, dass sie Mittäterschaft, Anstiftung oder Beihilfe zur Umgehung darstellen können; N 8).

Abs. 4: Vorbehalt erlaubter Verwendungen

26 **Abs. 4** stellt für bestimmte Fälle der Umgehung die **Rechtsfolgenregel** auf, dass die Verbotssanktionen gegenüber den Umgehungstätern **nicht geltend gemacht werden** können. Abs. 4 steht mithin der Durchsetzbarkeit der Verbotsfolgen entgegen (Prozessvoraussetzung), enthält aber keine gesetzliche *Erlaubnis* der Umgehung (so auch Müller/Oertli/Auf der Maur, Art. 39/ 39a, N 35). Auch die nach Abs. 4 nicht sanktionierbare Umgehung bleibt *unrechtmässig,* Abs. 4 kann daher *nicht als Rechtfertigung* dienen, wenn mit der Umgehung zugleich ein anderer Verbotstatbestand, bspw. URG Art. 39a Abs. 3, 39c oder ein Straftatbestand nach StGB, erfüllt ist. In Betracht kommen, je nach den Umständen des Falles, die «Computerstrafnormen» des StGB (→ Nr. 10) Art. 143 (unbefugte Datenbeschaffung), 143*bis* (unbefugtes Eindringen in ein Datenverarbeitungssystem), 144*bis* (Datenbeschädigung), 147 (betrügerischer Missbrauch einer Datenverarbeitungsanlage; soweit mit Datenherrschaft einerseits, dem Urheberrecht andererseits nicht übereinstimmende Rechtsgüter geschützt sind, in echter Konkurrenz), sowie die allgemeinen Vermögensdelikte, bspw. StGB Art. 143 (unbefugte Datenbeschaffung), Art. 148 (Betrug) oder 150 (Erschleichen einer Leistung; hier ist geschütztes Rechtsgut das Vermögen und damit echte Konkurrenz möglich). Indessen sind diese Tatbestände auf den Schutz technischer Massnahmen bzw. auf den Immaterialgüterrechtsschutz nicht zugeschnitten und schlecht abgestimmt, woraus ein hohes Mass an Rechtsunsicherheit sowohl für den umgehungswilligen Nutzer als auch für den rechtsschutzbedürftigen Anbieter elektronischer Werknutzungen folgt. Jedenfalls steht Abs. 4 nach seinem Zweck dem allgemeinen Rechtsschutz des *elektronischen Geschäftsverkehrs,* der immaterialgüterrechtlich geschützte und nicht geschützte Geschäftsgegenstände nicht unterscheidet, nicht entgegen (Botschaft 2006, 3425).

27 Die Umgehung ist nur dann von den Verbotssanktionen befreit, wenn sie **ausschliesslich dem Zweck einer gesetzlich erlaubten Verwendung** diente. Das Gesetz beschränkt dies nicht auf die *eigene* Verwendung des Umgehungstäters (a.M. Müller/Oertli/Auf der Maur, Art. 39/39a, N 35); indessen bleibt eine Umgehung für Zwecke Dritter nur insoweit sanktionslos, als sie keinen der Tatbestände des Abs. 3 (etwa Dienstleistung zur Umgehung)

erfüllt; diese Tatbestände sind von der Freistellung nach Abs. 4 nicht erfasst (N 25). Nur wenn *keinerlei* anderer Zweck als der der erlaubten Werkverwendung, verfolgt wurde, bleibt die Umgehung ohne Rechtsfolgen. Jeder andere, auch untergeordnete, Zweck entzieht den Täter der Sanktionsfreiheit. Von den Rechtsfolgen ausgenommen ist nicht die Tat als solche, sondern der Täter, in dessen Person die Voraussetzungen des Abs. 4 vorliegen; Sanktionen gegen Mittäter, Anstifter oder Gehilfen bleiben möglich. An den Beweis des Verwendungszwecks sind keine zu hohen Anforderungen zu stellen, soll deren Nachweis insbesondere gegenüber «privat» auftretenden Tätern nicht praktisch vereitelt werden. Insbesondere steht dem Zweck ausschliesslich erlaubter Verwendungen nicht erst die Absicht, sondern schon die Inkaufnahme zukünftiger Rechtsverletzungen (Eventualvorsatz) entgegen (anders nach URG Art. 69a Abs. 1 lit. a). Dies kann bei praxisnaher Betrachtung durch objektive Umstände, besonders eine nachfolgende Rechtsverletzung (etwa die Verbreitung oder das Zugänglichmachen – Upload – der freigelegten Werkdaten) indiziert sein (Anscheinsbeweis).

28 **Gesetzlich erlaubte Verwendung** ist jede Verwendung, der *kein gesetzliches Ausschliesslichkeitsrecht* entgegensteht. Nicht oder nicht mehr als Werk oder nach verwandtem Schutzrecht geschützte Inhalte oder Gegenstände sind schon definitionsgemäss untaugliche Objekte technischer Massnahmen i.S.v. Abs. 2 (N 11). Abs. 4 betrifft die zufolge der Erschöpfung (URG Art. 12 Abs. 1) oder aufgrund bestimmter Schrankenbestimmungen *zulässigen* Handlungen: URG Art. 19 (Eigengebrauch), 21 Abs. 1 (Entschlüsselung von Computerprogrammen), 24 (Archivierungs- und Sicherungsexemplare), 24a (vorübergehende Vervielfältigungen), 24c (Vervielfältigung in Behinderten zugänglicher Form), 25 (Zitate), 26 (Kataloge), 27 (Panoramafreiheit), 28 (Tagesberichterstattung) und 35 (Verwendung von Ton-/Tonbildträgern, nur gegenüber den verwandten Schutzrechten). *Nicht gesetzlich erlaubt* sind Verwendungen, die aufgrund eines Ausschliesslichkeitsrechts **einer Einwilligung bedürfen**. Dies gilt sowohl für die individuellen Ausschliesslichkeitsrechte (URG Art. 10), als auch für Zwangslizenzen (URG Art. 23) sowie kollektivverwertungspflichtige Ausschliesslichkeitsrechte (URG Art. 22, 22a, 22b, 22c und 24b). Inwieweit hier mit der Erteilung der Einwilligung ein Anspruch auf den dafür notwendigen, technisch ungehinderten Werk- (Daten-)Zugriff verbunden ist, hängt von den konkreten Rechtsverhältnissen der Beteiligten ab; es ist im Zweifel anzunehmen, soweit die Einwilligung von jenem Rechteinhaber erteilt wird, der die technischen Massnahmen anwendet oder anwenden lässt. Eine Einwilligung in die *eigenmächtige Umgehung* ist, vor dem Hintergrund der Schutzinteressen (N 3) der Rechteinhaber oder Verwertungsgesellschaften und des Verbots nach Abs. 1, im Zweifel nicht anzunehmen.

29 Eine eigentliche Lücke im beabsichtigten Schutz elektronischer Verbreitungsmodelle reisst Abs. 4 im Hinblick auf jene Geschäfte, die auf der *technisch kontrollierten, beschränkten Nutzbarkeit* eines dem Nutzer in die Hände gegebenen Werkdatensatzes (bspw. der Filmdaten im Fall des befristeten *Video-on-Demand*, der «virtuellen Filmmiete») beruhen. Nutzer, die solche Werkdaten freilegen, um sich (unter missbräuchlicher Ausnutzung der nutzungsbezogenen Preisabstufung) eine dauerhafte Werkkopie zum privaten Gebrauch anzufertigen, können nicht nach Abs. 1 belangt werden. Vorbehalten bleiben andere Verbotstatbestände (wie StGB Art. 150 → Nr. 10), weswegen Rechtssicherheit für solche Nutzer nicht besteht. Die der gesetzlichen Lösung immanente Ex-post-Betrachtung der Umgehung (Botschaft 2006, 3424) bürdet den individuell Rechtsschutz Suchenden das Risiko der Undurchsetzbar-

keit auf und hindert so die Rechtswahrnehmung selbst für die nicht von Abs. 4 erfassten Fälle.

30 Die Lösung des URG für den Konflikt zwischen dem Rechtsschutz technischer Massnahmen und dem Freihaltebedürfnis der Schrankenregelungen stellt *international einen Sonderweg* dar. Das Recht der EU (Richtlinie 2001/29, Art. 6 Abs. 4 → Nr. 18) lässt Ansprüche der Schrankennutzer auf Beseitigung technischer Nutzungshindernisse, aber nicht deren eigenmächtige Umgehung zu (gerade für Online-Nutzungen, vgl. Erwägungsgrund 53). Der Zweck des Umgehungsverbots, technische Massnahmen und die davon abhängigen Verwertungsmodelle unter wirksamen Rechtsschutz zu stellen, ist durch diese Lösung und die damit verbundene Rechtsunsicherheit in Frage gestellt. Rechtssicherheit bietet Abs. 4 auch *für Nutzer* nicht, zieht man die komplexen Rechtsfragen in Betracht, die er voraussetzt (wie nur schon die Reichweite der einzelnen Schranken; URG 19 N 5 ff., 19). Selbst die *Signalwirkung,* die prinzipiell vom gesetzlichen Verbot unrechtmässiger Handlungen ausgeht und die allein bereits bei rechtstreuen Normadressaten rechtskonformes Verhalten und damit Rechtsschutz bewirken kann und soll, ist durch Abs. 4 entkräftet. Der Rechtsschutz geht letztlich nicht über dasjenige (im elektronischen Umfeld unvollkommene) Schutzdispositiv hinaus, welches bereits das herkömmliche Urheberrecht bietet (vgl. Botschaft 2006, 3424; N 4). Verfehlt ist damit auch die Rechtsangleichung an den europäischen Raum.

Art. 39b Beobachtungsstelle für technische Massnahmen

¹ Der Bundesrat setzt eine Fachstelle ein, die:

a. die Auswirkungen der technischen Massnahmen nach Artikel 39a Absatz 2 auf die in den Artikeln 19–28 geregelten Schranken des Urheberrechts beobachtet und darüber Bericht erstattet;

b. als Verbindungsstelle zwischen den Nutzer- und Konsumentenkreisen und den Anwendern und Anwenderinnen technischer Massnahmen dient und partnerschaftliche Lösungen fördert.

² Der Bundesrat regelt die Aufgaben und die Organisation der Fachstelle im Einzelnen. Wenn das durch die Schranken des Urheberrechts geschützte öffentliche Interesse es erfordert, kann er vorsehen, dass die Fachstelle Massnahmen verfügen kann.

Vorbemerkung

1 Da das aktuelle Gesetz für die offene Entwicklung der Verhältnisse von Urheberrecht und technischen Massnahmen keine abschliessende Lösung bereithalten kann, sieht es eine Fachstelle zur weiteren Beobachtung vor. Deren Einrichtung, Kompetenzen und Verfahrensregeln lässt es weitestgehend offen. Sie auszufüllen, obliegt dem Bundesrat. Die Regelung ist Gegenstand der Neufassung der URV (→ Nr. 2).

Aufgaben der Fachstelle

2 Das Gesetz weist der Fachstelle drei unmittelbare Aufgaben und Kompetenzen zu:
   1. die *Beobachtung* der Auswirkungen technischer Massnahmen auf die Schranken des Urheberrechts und
   2. den *Bericht* hierüber (beides Abs. 1 lit. a), sowie
   3. die *Mediation (Vermittlung)* zwischen den von den Entwicklungen betroffenen Kreisen der Werknutzer und der Anwender technischer Massnahmen (URG 39a N 8, 62 N 5; Rechteinhaber, Lizenznehmer), zur Vermittlung partnerschaftlicher Lösungen im Konfliktfall (lit. b).

Mit Abs. 2, Satz 2 kommt als vierte, ohne Änderung des Gesetzes *zukünftig* mögliche Aufgabe und Kompetenz die *Verfügung von Massnahmen* hinzu.

Beobachtung

3 Vorrangige und dominante Aufgabe der Fachstelle ist die **Beobachtung der Auswirkungen technischer Massnahmen auf die Schranken des Urheberrechts** (vgl. ihre Bezeichnung als Beobachtungsstelle [*observatoire* im Französischen] in der Überschrift des Artikels). Diese Beobachtungstätigkeit ist nicht auf *Missbräuche technischer Massnahmen* beschränkt. Das Gesetz verlangt eine untendenziöse Beobachtung der tatsächlichen Entwicklung. Der Gesetzgeber ging zu Recht davon aus, dass die Art und Richtung solcher Auswirkungen – Interessenkonflikte, Fehlentwicklungen, Missbräuche, Entwicklungshemmnisse u. dgl. – und der daraus abzuleitende Handlungsbedarf vorgängig nicht absehbar sind, sondern sich erst im Rahmen der Beobachtung zeigen wird. Nicht jede Nutzungsbeschränkung in Schrankenbereichen ist missbräuchlich (Botschaft, BBl. 2006, S. 3426). Konflikte können andererseits auch auf die Beanspruchung von Schrankenbestimmungen zurückgehen, welche von deren Zielsetzung (Botschaft, a.a.O.) oder von deren konventionsrechtlich (Drei-Stufen-Test; Art. 19 N 6) gebotener Auslegung nicht gedeckt ist; und schliesslich kann die Unvereinbarkeit von Schrankenbestimmungen und legitimen, gebräuchlichen Anwendungsfällen technischer Massnahmen gesetzgeberischen Handlungsbedarf zum Schutz solcher Modelle begründen.

Bericht

4 Die URV sieht daher in erster Linie eine **Berichtstätigkeit** der Fachstelle zuhanden des Bundesrats, also einer politischen Instanz, vor. Über Entscheidungsbefugnisse, mithin auch über eine Feststellungskompetenz zur Sach- oder Rechtslage mit bindender Wirkung für andere Behörden oder Gerichte, verfügt die Fachstelle nicht. Ihre Berichte sind expertengutachterlicher Natur. Darüber hinaus ist eine Berichtskompetenz zuhanden der Öffentlichkeit vorgesehen, die indes, soweit rechtlich geschützte Interessen Betroffener berührt sind, rechtsstaatlichen Verfahrensgrundsätzen genügen muss (N 8).

Vermittlung

5 Abs. 1 lit. b weist der Fachstelle bei Konflikten beteiligter Kreise Mediationsaufgaben, nicht aber eine Schieds- (Entscheidungs-)Kompetenz zu. Die Suche nach **partnerschaftlichen Lösungen** verbleibt in der Initiative und unter der Federführung der Betroffenen. Das ent-

spricht der gesetzgeberischen Absicht weitgehender Selbstregulierung (Botschaft 2006, 3425). Für solche Mediationen obliegt meist auch die Festlegung von Verfahrenregeln den Parteien.

Massnahmen

6   Das Gesetz erlaubt es dem Bundesrat, die Fachstelle nachträglich zur Verfügung von Massnahmen zu ermächtigen. Art und konkrete Voraussetzungen solcher **Massnahmen** bestimmt es nicht. Auch die URV sieht von einer Ermächtigung ab und lässt dies gleichfalls offen. In Betracht kommt jegliche Anordnung, die Gegenstand einer verwaltungsrechtlichen Verfügung (VwVG Art. 5) sein kann. Anwendbar sind dann die Verfahrens- und Rechtsmittelbestimmungen des allgemeinen Verwaltungsrechts des Bundes (siehe auch N 8). Voraussetzung bereits der Ermächtigung und dann der Massnahmen ist, dass das durch eine Schranke **geschützte öffentliche Interesse** dies erfordert (Abs. 2 Satz 2). Nur diese, nicht aber private Interessen können Massnahmen begründen. So kann ein «Anspruch» auf Nutzungen im privaten Bereich (s. URG 19 N 4) als solcher gegenüber technischen Massnahmen nicht Gegenstand von Massnahmen i.S.v. Abs. 2, Satz 2 sein (Botschaft 2006, 3426; vgl. auch Müller/Oertli/Auf der Maur, 39/ 39a, N 19 f., 39/ 39b N 9). Vorgängig sind also Abklärungen nach Abs. 1 lit. a und ein Mediationsversuch nach lit. b erforderlich.

Einrichtung der Fachstelle

7   Die Aufgaben der Fachstelle werden durch einen vom Bundesrat eingesetzten Beobachter wahrgenommen, der administrativ, bezüglich Kosten und Ressourcen dem Institut für Geistiges Eigentum (IGE, URG Art. 52, vgl. auch IGEG, SR 172.010.31; Art. 29 OV-EJPD, SR 172.213.1) zugeordnet ist. Die Botschaft 2006, 3426, sowie die Begründung zum Entwurf der Neufassung der URV hatten die Einrichtung der Fachstelle noch bei einer der beiden vorhandenen, mit «Aufsichtstätigkeit» im Bereich des Urheberrechts befassten Einrichtungen – dem IGE oder der Eidgenössischen Schiedskommission für die Verwertung von Urheberrechten und verwandten Schutzrechten (URG Art. 55) – vorgesehen. Die Fachstelle muss in jedem Fall dem gesetzgeberischen Vorrang der Selbstregulierung (Botschaft 2006, 3425) Rechnung tragen und die für eine Mediationstätigkeit notwendige Unvoreingenommenheit und Fachkompetenz (einschlägige technische, wirtschaftliche und rechtliche Sachkenntnis und Qualifikation, besonders betreffend elektronische, DRM-gestützte Verbreitungs- und Geschäftsmodelle, ihr Marketing, ihre kalkulatorischen Grundlagen und technischen Vorgänge) aufweisen.

Verfahrensanforderungen

8   Auch solange ihr die Kompetenz zu hoheitlichen Massnahmen fehlt, kann die Tätigkeit der Fachstelle rechtlich geschützte Interessen Betroffener berühren. Bereits das Aufgreifen von Konfliktfällen und deren Beobachtung, d.h. Informationsermittlung und -aufbereitung, und die Berichterstattung kann in solche Interessen eingreifen (Rufbeeinträchtigung, Störung der Geschäftstätigkeit, Auskunfts- und Beratungsaufwand). So wären von Verlautbarungen über bestimmte Geschäftspraktiken auf dem überschaubaren Schweizer Markt stets konkrete Unternehmen betroffen. Dies unterliegt daher den Anforderungen an rechtsstaatliches Handeln, darunter dem Grundsatz des öffentlichen Interesses (BV Art. 5 Abs. 2; Häfelin/Müller/

Uhlmann, Allgemeines Verwaltungsrecht, 5. Aufl., Zürich 2006, N 553 ff.) und dem Willkürverbot (BV Art. 9; a.a.O. N 524 ff.) und muss überprüfbar sein. Diese Tätigkeit ist deshalb an hinreichende Anhaltspunkte für einen Konflikt zu knüpfen. Im Vordergrund steht die Beeinträchtigung öffentlicher Interessen, denen eine Schranke gilt (vgl. Art. 39b Abs. 2 S. 2 URG; Botschaft, S. 3426). Dieser Massstab ist auch, und besonders, beim Aufgreifen von Verdachtsanzeigen Dritter anzulegen. Die Interessen Betroffener sind zu wahren. Auch soweit diese mangels Verfügung keine Parteistellung nach VwVG Art. 6 gegenüber der Fachstelle innehaben, ist ihnen rechtliches Gehör zu gewähren (VwVG Art. 29, a.a.O. N 1672 ff.; so zum Aufgreifen eines sie betreffenden mutmasslichen Konfliktfalls, zu laufenden Beobachtungen und Abklärungen, zu den Einlassungen Dritter, zu den Schlussfolgerungen der Fachstelle und zum Inhalt ihrer Berichte), gelten die Ausstandsregeln (VwVG Art. 10) und steht ihnen die Aufsichtsbeschwerde (VwVG Art. 71; a.a.O. N 1835 ff.) zu. Wo die Fachstelle bei ihren Abklärungen an Informationen aus der Geschäfts- oder Privatsphäre der betroffenen Unternehmen und Personen gelangt (bspw. die Technologie technischer Massnahmen, deren Kenntnis ihre Umgehung erleichtert), ist die Geheimhaltung sicherzustellen.

Art. 39c Schutz von Informationen für die Wahrnehmung von Rechten

¹ Informationen für die Wahrnehmung von Urheber- und verwandten Schutzrechten dürfen nicht entfernt oder geändert werden.

² Geschützt sind elektronische Informationen zur Identifizierung von Werken und anderen Schutzobjekten oder über Modalitäten und Bedingungen zu deren Verwendung sowie Zahlen oder Codes, die derartige Informationen darstellen, wenn ein solches Informationselement:

a. an einem Ton-, Tonbild- oder Datenträger angebracht ist; oder
b. im Zusammenhang mit einer unkörperlichen Wiedergabe eines Werkes oder eines anderen Schutzobjekts erscheint.

³ Werke oder andere Schutzobjekte, an denen Informationen für die Wahrnehmung von Urheber- und verwandten Schutzrechten entfernt oder geändert wurden, dürfen in dieser Form weder vervielfältigt, eingeführt, angeboten, veräussert oder sonstwie verbreitet noch gesendet, wahrnehmbar oder zugänglich gemacht werden.

1 Ein wirksamer Rechtsschutz für Informationen zur Rechtswahrnehmung ist, neben dem Rechtsschutz technischer Massnahmen, eine der Kernvorgaben der WIPO-Abkommen (URG Art. 39a N 1): WCT Art. 12 (→ Nr. 14; entspr. WPPT Art. 19 → Nr. 15) verlangt *hinreichende und wirksame Rechtsbehelfe gegen die unbefugte Entfernung oder Änderung elektronischer Informationen für die Wahrnehmung der Rechte sowie gegen die unbefugte Verbreitung, Einfuhr zur Verbreitung, Sendung, öffentliche Wiedergabe von Werken in Kenntnis des Umstands, dass elektronische Informationen für die Wahrnehmung der Rechte unbefugt entfernt oder geändert wurden.*

2 Die digitale Verkörperung von Werken und Schutzgegenständen und der Netzwerkzugang vereinfachen radikal deren Verbreitung. Eine effektive Wahrnehmung der Rechte erfordert es, dass die Werke (Werkdatensätze) und Rechteinhaber identifizierbar bleiben, die Herkunft und

Verbreitungswege solcher Werkdatensätze bei Verletzungen nachvollziehbar ist und Nutzungskonditionen, wie die Einwilligung in das Zugänglichmachen auf Abruf, erkennbar sind (vgl. EU-Richtlinie 2001/29, Erwägungsgrund 55 → Nr. 18). Unter anderem erleichtert dies den – anders oft kaum zu erbringenden – Beweis einer Rechtsverletzung oder Umgehung (N 8). Aus diesem Grund stellt das Gesetz die hierzu verwendete Information unter Rechtsschutz.

3 Der Begriff **Information** – im weitesten Sinn jede Nachricht, Auskunft oder Mitteilung – wird in der Rechtsordnung nicht einheitlich gebraucht (vgl. nur StGB Art. 161*bis*); er ist auch nicht ohne weiteres mit Daten (StGB Art. 143, 144*bis* → Nr. 10; DSG Art. 3 lit. a u.v.m.) gleichzusetzen. Er ist kontextbezogen, v.a. aus dem Normzweck, zu bestimmen: In Betracht kommen Zeichen, Codes, Programme, Signale, Markierungen u. dgl., sofern diesen relevante Angaben oder Kenntnisse zu entnehmen sind; entscheidend für den Schutz nach URG Art. 39c ist ihre bestimmungsgemässe Funktion für die **Wahrnehmung von Urheber- und verwandten Schutzrechten.** Insofern ist das Verbot in Abs. 1 weiter gefasst als die nähere Bestimmung des Schutzgegenstands in Abs. 2 (zum Verhältnis von Abs. 1 und 2. s. N 5). Nicht geschützt sind andere, ohne Zusammenhang mit der Rechtswahrnehmung verwendete Informationen.

4 Geschützte Informationen **dürfen nicht entfernt oder geändert werden, Abs. 1.** Verboten ist dem Normzweck gemäss jede Manipulation der Information, die ihren Zweck, die Rechtswahrnehmung zu ermöglichen oder zu erleichtern, vereitelt. Wie URG Art. 39a Abs. 1, enthält das Verbot ein generelles Unwerturteil der Manipulationshandlung, an welches ein Straftatbestand (Art. 69a Abs. 1 lit. c; dies bei Vorsatz und unter zusätzlichen subjektiven Tatbestandsmerkmalen, dort N 12), zugleich aber individuelle Rechte anknüpfen (Antragsbefugnis, URG Art. 69a Abs. 1; *Aktivlegitimation* über URG Art. 62 Abs. 1*bis*, dort N 5 und URG 39a N 8; deliktsrechtliches Schutzgesetz, URG 39a N 8). Rechteinhaber, die Wahrnehmungsinformationen gebrauchen oder gebrauchen lassen, können mit tatbestandausschliessender (URG Art. 69a Abs. 1: «unrechtmässig», dort N 3) Wirkung in die Manipulation *einwilligen* (vgl. auch WCT Art. 12 → Nr. 14: «unbefugt»).

5 **Abs. 2** bestimmt den vom Verbot des Abs. 1 erfassten Schutzbereich näher. Für den Diskrepanzbereich zwischen dem – weiter gefassten – Abs. 1 und der engeren Bestimmung in Abs. 2 stellt sich die Frage, ob letzterer den Schutzbereich nur konkretisiert oder abschliessend eingrenzt. Dies fragt sich einerseits für Fälle, die weder unter den Wortlaut von lit. a («angebracht»), noch den von lit. b («erscheinen») fassbar sind (dazu N 7), aber auch hinsichtlich der (aus den WIPO-Abkommen übernommenen) Eingrenzung auf **elektronische Informationen** (so Botschaft 2006, 3417). «Elektronisch» bietet auf dem heutigen Stand der technischen Entwicklung kein klares Abgrenzungskriterium, nachdem einerseits die Aufzeichnung und Übermittlung von Informationen in verschiedensten Technologien (Magnetik, Optik, Nanotechnologie) möglich oder denkbar ist, andererseits «Elektronik» aus der Herstellung und Wiedergabe der Werkexemplare und der Datenverarbeitung ohnehin kaum wegzudenken ist. Indessen stehen den elektronischen Informationen ohnehin als Alternative die – als solche nicht «elektronischen» – **Zahlen oder Codes** zur Seite (so wohl auch Müller/Oertli/Auf der Maur, Rev. Art. 39c N 4, 8). Der Normzweck verlangt Technologieunabhängigkeit. Dem gegenüber sollte die Einschränkung wohl hauptsächlich blosse Beschriftungen,

Etiketten am Werkexemplar oder Beilagen mit Hinweisen zur Rechtswahrnehmung vom strengen Manipulationsverbot ausnehmen. Abgrenzungsprobleme stellen sich dennoch (Bsp.: in die Bilder eines Filmnegativs oder -internegativs eingebrannte Markierungen).

6 Schutzfähiger Zweck der Information ist nicht nur die **Identifizierung von Werken und anderen «Schutzobjekten»** (gemeint sind die Gegenstände der verwandten Schutzrechte, URG Art. 33 ff.) als solche, sondern auch diejenige ihrer **Urheber und Rechteinhaber** (WCT Art. 12 → Nr. 14; Botschaft 2006, 3427); ferner Information betreffend die **Modalitäten und Bedingungen der Verwendung** des Gegenstands. Soweit sie «elektronisch» integriert sind, gilt dies auch für Rechtsschutzhinweise, etwa auf (un-)zulässige Nutzungen handelsüblicher DVDs in deren Vor- oder Abspann. *Anhand der Wirkungsweise* sind die nach URG Art. 39a geschützten codierten technischen Massnahmen von der nach Art. 39c geschützten blossen Information abzugrenzen, welche selbst keine Verwendungen *hindern* kann (dort N 13). Um geschützte Wahrnehmungsinformation handelt es sich auch, wo zu Wahrnehmungszwecken personenbezogene Daten über Nutzer gespeichert werden (bspw. beim Download in die damit hergestellte Werkkopie eingeschrieben werden; vgl. EU-Richtlinie 2001/29, Erwägungsgrund 57 → Nr. 18; und zwar unabhängig davon, ob dies nach anderen Vorschriften zulässig ist, URG Art. 39a N 14).

7 Um den Schutz zu geniessen, muss das Informationselement **an einem Ton-, Tonbild- oder Datenträger angebracht** sein (Abs. 2 lit. a) oder **im Zusammenhang mit einer unkörperlichen Wiedergabe eines Werkes oder eines anderen Schutzobjekts erscheinen** (lit. b). Die gleichfalls den WIPO-Abkommenstexten (WCT Art. 12 Abs. 2, letzter Teilsatz) entnommene Formel versucht, durch die Beschreibung der Informationsverwendung am *physischen* Werkexemplar und bei *unkörperlichen* Werkverwendungen (Sendung, Download) einen breiten Geltungsbereich zu umschreiben; vom Normzweck erfasste Information, die nicht im Wortsinn unter eine der Alternativen zu zählen wäre, ist deshalb nicht ohne weiteres auszuschliessen. Häufig sind es gerade unsichtbare Markierungen (wie Metadaten; vgl. Müller/Oertli/Auf der Maur, 39/ 39c N 8), die für die Zwecke gemäss Abs. 1 verwendet werden, und es kann auf die *Wahrnehmbarkeit beim Abspiel* auch nicht ankommen.

8 Das Manipulationsverbot der Abs. 1, 2 nimmt **Schrankennutzungen** *nicht* aus (so auch Müller/Oertli/Auf der Maur, 39/ 39c N 9). Der Gesetzgeber liess sich davon leiten, dass Wahrnehmungsinformationen Verwendungen nicht verhindern können (Botschaft 2006, S. 3427; N 6). Das Verbot gilt damit insbesondere auch im privaten Bereich (Art. 19 Abs. 1 lit. a); der Schutz der Privatsphäre ist hier, wie bei anderen Verboten der Rechtsordnung, durch Abwägung mit Rechtsverfolgungsmassnahmen im Einzelfall zu wahren. Vom Wortlaut und Normzweck der Art. 39a Abs. 1 und 4, Art. 39c *nicht gedeckt* ist die in der Botschaft (a.a.O.) vertretene Auffassung, die Beseitigung solcher Informationen *als Folge einer Umgehung technischer Massnahmen* sei im Tatbestand des Art. 39a Abs. 1 mit erfasst und damit in diesen Fällen auch das Verbot nach Art. 39c Abs. 1 von der Freistellung nach Art. 39a Abs. 4 *überlagert*. URG Art. 39c ist *kein Spezialfall* von URG Art. 39a, sondern ein selbständiger Rechtsbehelf (so schon die WIPO-Abkommen) mit eigenem Normzweck. Wird ein im Bereich von 39a Abs. 4 seiner technischen Schutzfunktionen entkleidetes Werkexemplar anschliessend rechtswidrig verbreitet oder zugänglich gemacht, so würde die Beseitigung der Wahrnehmungsinformation noch zu einer *zusätzlichen* Einbusse am Rechtsschutz führen (vgl.

auch Müller/Oertli/Auf der Maur, 39/ 39c N 9). Diesen Rechtsschutz sollen solche Wahrnehmungsinformationen gerade auch dann noch ermöglichen, wenn ein unrechtmässig gebrauchtes Werkexemplar zuvor rechtlich nicht kontrollierbare Wege gegangen ist, ggf. auch durch den Privatbereich des Rechtsverletzers.

9 **Abs. 3** verbietet die **Vervielfältigung, Verbreitung** sowie die **Sendung** und das **Zugänglichmachen** auf Abruf von Werken oder anderen Schutzobjekten, an denen Wahrnehmungsinformation manipuliert wurde, **in dieser Form.** Wie in URG Art. 39a Abs. 3 (N 15), liegt der Grund der Regelung in der (hier ggf. auch konkreten) Gefährdung des Verkehrs mit Urheberrechten durch die Werkexemplare, deren rechtmässige Verwendung sich nicht mehr feststellen oder nachvollziehen lässt. Hierfür ist es unerheblich, ob die Information bewusst geändert wurde; für Vorsatz und Fahrlässigkeit genügt das Wissen(-müssen), dass sie geändert wurde (vgl. WCT Art. 12 → Nr. 14; N 1).

4. Titel: Verwertungsgesellschaften

1. Kapitel: Der Bundesaufsicht unterstellte Verwertungsbereiche

Art. 40

¹ Der Bundesaufsicht sind unterstellt:

a. die Verwertung der ausschliesslichen Rechte zur Aufführung und Sendung nichttheatralischer Werke der Musik und zur Herstellung von Tonträgern oder Tonbildträgern solcher Werke;

a^{bis}. das Geltendmachen von ausschliesslichen Rechten nach den Artikeln 22, 22a-c und 24b;[1]

b. das Geltendmachen der in diesem Gesetz vorgesehenen Vergütungsansprüche nach den Artikeln 13, 20, 24c und 35.[2]

² Der Bundesrat kann weitere Verwertungsbereiche der Bundesaufsicht unterstellen, wenn es das öffentliche Interesse erfordert.

³ Die persönliche Verwertung der ausschliesslichen Rechte nach Absatz 1 Buchstabe a durch den Urheber oder die Urheberin oder deren Erben ist nicht der Bundesaufsicht unterstellt.[3]

---

1   Eingefügt durch Ziff. I des BG vom 5. Okt. 2007 über die Änderung des BG betreffend das Urheberrecht und verwandte Schutzrecht, in Kraft seit 1. Juli 2008 (AS 2008 2421).
2   Fassung gemäss Ziff. I des BG vom 5. Okt. 2007 über die Änderung des BG betreffend das Urheberrecht und verwandte Schutzrecht, in Kraft seit 1. Juli 2008 (AS 2008 2421).
3   Fassung gemäss Ziff. I des BG vom 5. Okt. 2007 über die Änderung des BG betreffend das Urheberrecht und verwandte Schutzrecht, in Kraft seit 1. Juli 2008 (AS 2008 2421).

4. Titel: Verwertungsgesellschaften

Vorbemerkungen zum 4. Titel: Verwertungsgesellschaften (Art. 40–60)

1 Der 4. Titel ersetzte das frühere BG betreffend die Verwertung von Urheberrechten (VerwertungsG) vom 25.09.1940 (siehe URG Art. 79 lit. b). Die kollektive Verwertung von Urheberrechten geschieht durch Verwertungsgesellschaften, die sich bestimmte Rechte der Urheber und der Leistungsschutzberechtigten zur Wahrnehmung übertragen lassen (**Wahrnehmungsverträge** → Nr. 31. Diese beinhaltet die treuhänderische Übertragung der vollen Rechteinhaberschaft auf die Verwertungsgesellschaft sowie deren Rechte und Pflichten bei der Wahrnehmung, dies mangels anderweitiger Bestimmung nach OR Art. 394 ff. (Barrelet/Egloff, URG 40 N 18), dies dann samt dem zwingenden Kündigungsrecht nach OR Art. 404 Abs. 1. Mangels Vertrages gilt, jedenfalls soweit die Rechte kollektivverwertungspflichtig sind, OR Art. 419 ff. Die Verwertungsgesellschaften schliessen darauf mit den Werknutzern **Einzel- oder Pauschalverträge über die Nutzungserlaubnis** ab, überwachen die Nutzung und ziehen die in den Verträgen bzw. – im Bereich der Bundesaufsicht – in genehmigten Tarifen (N 5) festgelegten Entgelte ein. Nach Massgabe feststehender Verteilungspläne (URG Art. 48 f.) schütten sie ihre Einnahmen an die Rechteinhaber aus, wobei sie einen Aufwendungsersatz sowie Mittel zum Zwecke der Sozialvorsorge und der Kulturförderung (URG Art. 48 Abs. 2) zurückbehalten.

2 Kollektivwahrnehmung unterzieht die Produkte geistigen Schaffens einer gewissen **Vergesellschaftung**, mit allen deren Vor- und Nachteilen. Sie kann und muss die individuelle Verwertung ergänzen, kann sie aber nicht ersetzen. Das Schutzrecht kann seine Funktion, das geistige Gut verkehrsfähig zu machen und für seine Bewertung und Verwertung einen Markt zu unterhalten, nur erfüllen, wenn es grundsätzlich umfassend gilt (URG 1 N 4). Nur die grundsätzlich individuelle Wahrnehmung gewährleistet demnach ein unabhängiges – d.h. stets auch frei finanziertes und dem Erfolgsrisiko ausgesetztes – Werkschaffen. Dem gemäss kommt ihr auch nach der Wertung des Gesetzes das Primat zu (URG Art. 9 Abs. 1, 10 Abs. 1, 11 Abs. 1).

3 Die kollektive Rechtswahrnehmung hat ihre **ergänzende Funktion** vor allem in Bereichen, in denen individuelle Wahrnehmung vor **Hindernissen** steht. Diese sind **teils tatsächlicher Natur**, so z.B. die Schwierigkeit für Rechteinhaber, Werknutzungen in bestimmten Bereichen überhaupt mit angemessenen Mitteln zu erfassen – hier bliebe das Urheberrecht ohne die mittelbare, kollektive Wahrnehmung schlicht ohnmächtig – oder aber umgekehrt die Schwierigkeit für Nutzer, von der Vielzahl betroffener Rechteinhaber die individuelle Einwilligung erlangen zu können (so etwa bei der Weitersendung, URG Art. 22). Diese Gründe für kollektive Wahrnehmung sind dem laufenden Wandel des Nutzerverhaltens und der (v.a. technischen) Nutzungsmöglichkeiten unterworfen: Waren es zum einen gerade technologische Neuerungen (die Funksendung, privat zugängliche Vervielfältigungstechnik wie Tonband- und Videorecorder, Kopierer und Scanner), die solche nicht kontrollierbaren Nutzungsbereiche schufen (vgl. Botschaft 1989, 538), ermöglicht es umgekehrt die sogenannte digitale Rechteverwaltung (Digital Rights Management, DRM) prinzipiell – entgegen verbreiteter Kritik –, über die Nutzung digitaler Werk-Datensätze auch z.B. im privaten Bereich individuell und nutzungsabhängig abzurechnen, damit die Verwertung von der Pauschalierung und vom Verwaltungsaufwand der Kollektivverwertung zu entlasten und das Verhältnis von (Vergü-

tungs-)Aufwand und (Nutzungs-)Vorteil auf marktgerechte, am konkreten Nutzerinteresse bemessene Verhältnisse zurückzuführen.

4 Teils sind die **Grenzen individueller Verwertung** aber **auch rechtlicher Natur**, nämlich dort, wo das Gesetz Konflikte mit gleich- oder höher gewerteten (Verfassungs-)Rechtsgütern dadurch löst, dass es der individuellen Rechtsausübung Schranken zieht (so im Fall des URG Art. 24c). Im einen wie im andern Fall werden die Verwertungsgesellschaften in Bereichen tätig, in denen das Gesetz dem Schutzrecht von vornherein Schranken zieht oder dies dem Kollektivverwertungszwang unterstellt (URG 19 N 4 zu den Schranken).

5 In diesen Bereichen untersteht die Wahrnehmung nach URG Art. 40 der **Bundesaufsicht** und damit einerseits der Aufsicht über den *Status und die Tätigkeit der Verwertungsgesellschaften* (URG Art. 41 ff., 51 ff.), der Tarifaufsicht nach URG Art. 55 ff. und dabei namentlich der *Angemessenheitskontrolle durch die Schiedskommission* nach URG Art. 60 (siehe aber N 11), sowie schliesslich der Verteilungsaufsicht (URG Art. 48 Abs. 1). Im Hinblick auf die Monopolstellung der Verwertungsgesellschaften ist die Wahrnehmung an das *Gleichbehandlungsgebot*, an *Regeln* (URG Art. 45 Abs. 2) und *Tarife* (URG Art. 46 ff.) gebunden und damit faktisch einem *Abschlusszwang* unterworfen. Art und Umfang der betroffenen Rechte und Vergütungsansprüche sind URG Art. 40 – nach Ergänzung und Richtigstellung durch die Revision 2007 – nunmehr (fast, N 14) vollständig zu entnehmen.

6 Darüber hinaus übernehmen die Verwertungsgesellschaften eine **kollektive Wahrnehmung** bestimmter Urheber- und Leistungsschutzrechte **auf freiwilliger Grundlage** – d.h., dass diese Wahrnehmung nicht gesetzlich vorgeschrieben ist, nicht der Bundesaufsicht und der Angemessenheitskontrolle untersteht (mit der – wichtigen – Ausnahme der Verwertung der Aufführungs-, Sende- und Ton-/Tonbildträger-Vervielfältigungsrechte an nichttheatralischer Musik nach URG Art. 40 Abs. 1 lit. a; N 11 ff.) und damit prinzipiell privater – allerdings eben kollektiver – Vereinbarung unterliegt. Indes ist sie in der Regel in den vorformulierten Mitgliedschaftsverträgen vorgesehen und – bis auf Ausnahmen und Rückrufsrechte – für Mitglieder nicht abdingbar; sie ist also mit der Mitgliedschaft in Kauf zu nehmen. Mit diesen Wahrnehmungsverträgen schaffen die Verwertungsgesellschaften also in Bereichen, die keinen gesetzlichen Schrankenbestimmungen unterliegen, eine diesen durchaus vergleichbare Lage für Nutzer (anders für die originären Rechteinhaber, N 11). In dieser Praxis haben die Verwertungsgesellschaften – und das ganze System der heutigen gesetzlichen Kollektivverwertung – ihren Ursprung (vgl. zur Geschichte der Kollektivverwertung Barrelet/Egloff, URG 40 N 1 f.). Zugleich besteht das Bestreben, sich neu entwickelnde und in ihrer wirtschaftlichen Bedeutung noch nicht ohne weiteres absehbare Nutzungen (in jüngster Zeit die Nutzungen über Datennetzwerke, z.B. Video-on-Demand) in solche Kollektivwahrnehmung einzubeziehen. Zum Umfang der auf heutigem Stand den schweizerischen Verwertungsgesellschaften auf dieser Basis übertragenen Rechte s. die beigefügten Mitgliedschafts- bzw. Wahrnehmungsverträge im Anhang (→ Nr. 31). In den Tarifen der Verwertungsgesellschaften werden die kollektivverwertungspflichtigen und die freiwillig wahrgenommenen Rechte für den Nutzer erkennbar getrennt.

7 Diese Rechte sind – soweit es das Repertoire der im wesentlichen schweizerischen Mitglieder dieser Verwertungsgesellschaften (dasjenige der Mitglieder ausländischer Schwestergesellschaften nur, sofern dort dieselben Rechte wahrgenommen werden; N 10) betrifft –

dem Individualrechtsverkehr durch **Vorausverfügung** entzogen. Sie können Dritten (Produzenten, Verlegern, Verwertern) nicht mehr übertragen oder lizenziert werden. Je nach Art und Umfang des Rechts, kann dies mit der üblichen Praxis des Individualrechtsverkehrs in Konflikt geraten – wenn bspw. dem Bedarf eines Filmproduzenten, für die Herstellung, Finanzierung und Auswertung des Films möglichst umfassend über die die Urheberrechte verfügen und diese nachweisen zu können (sog. Rechtekette oder *Chain of Title*), die Vorausverfügung wesentlicher Teil-Auswertungsrechte an eine Verwertungsgesellschaft gegenübersteht, die hernach als eigentliche Rechteinhaberin in der Lage ist, gegenüber jedem Glied der Auswertungskette zu intervenieren. Der Sinn und Nutzen kollektiver Rechtswahrnehmung auf freiwilliger Basis – prinzipiell Gegenstand von Verhandlungen zwischen Verwertungsgesellschaften und Verbänden der Urheber und der Produzenten bzw. Nutzer – ist demnach stets auch an den intakten Möglichkeiten der letzteren zu messen, die Werke individualrechtsgeschäftlich auszuwerten, d.h. in der Regel, sie zu finanzieren und so überhaupt zu ermöglichen.

8   Damit umfasst die **Bundesaufsicht** die drei in URG Art. 40 Abs. 1 aufgezählten Kategorien der Kollektivwahrnehmung: die (ursprünglich) *freiwillige* nur im Fall der lit. a; die der *gesetzlich kollektivverwertungspflichtigen Ausschliesslichkeitsrechte* nach dem neu eingefügten lit. a*bis* und die der reinen *Vergütungsansprüche* für Schrankennutzungen nach lit. b.

9   In der Schweiz sind die folgenden **Verwertungsgesellschaften** (Statuten → Nr. 30; Wahrnehmungsverträge → Nr. 31) tätig:

– die **SUISA**, eine Genossenschaft mit Sitz in Zürich und Niederlassung in Lausanne. Sie vertritt die Aufführungsrechte an *musikalischen Werken* mit oder ohne Text mit Ausnahme jener Werke, die für die Bühnen bestimmt sind und auch dort aufgeführt werden, also die sog. «kleinen Rechte» (Statuten 3.1, Vertrag 2.2, 3.1 ff.). Unter die kleinen Rechte fallen auch Ausschnitte aus Bühnenwerken, falls sie im Radio nicht mehr als 25 Sendeminuten und im Fernsehen nicht mehr als 15 Sendeminuten ausmachen (Verfügung des Bundesamtes der Justiz gemäss Entschliessung des Strassburger Europarats; Wahrnehmungsvertrag 2.2). Die SUISA nimmt seit 1980 auch die mechanischen Vervielfältigungsrechte wahr, die bis dahin von einer eigenen Gesellschaft, der MECHANLIZENZ, verwaltet wurden.

– die **PROLITTERIS**, eine Genossenschaft mit Sitz in Zürich. Sie befasst sich hauptsächlich mit den Sende-, Weitersende-, Reprographie- und mechanischen Rechten bei *dramatischen Werken* und *Werken der nichttheatralischen Literatur*, ferner verwertet sie verschiedene Nutzungsrechte auf dem Gebiete der *bildenden Kunst* und der *Photographie* (Statuten 2.1, 3.1, 3.4; Vertrag Ziff. 2).

– die **SUISSIMAGE**, eine Genossenschaft zur Wahrnehmung der Urheberrechte an *visuellen und audiovisuellen Werken* mit Sitz in Bern (Statuten 3.1; Vertrag 2.2 f., 3.2).

– die **SSA** (Société Suisse des Auteurs), eine Genossenschaft mit Sitz in Lausanne. Sie vertritt das Repertoire der französischen Société des Auteurs et Compositeurs Dramatiques (SACD) in der Schweiz sowie die Rechte anderer Autoren an *theatralischen, choreographischen und audiovisuellen Werken* im Wesentlichen in französischer Sprache (Statuten 3 Abs. 1,6; Vertrag 2.1, 3.1–3.3). Sie konkurriert in Teilbereichen mit der SUISSIMAGE (s. URG Art. 47).

- die **SWISSPERFORM,** ein Verein mit Sitz in Zürich, zuständig für *verwandte Schutzrechte (Interpreten-, Produzenten- und Senderrechte;* Statuten 2 Abs. 1, 3 Abs. 1; Vertrag Ziff. 2).

10 Die Verwertungsgesellschaften nehmen nicht nur die Rechte von Schweizer Bürgern, sondern auch die Rechte von Ausländern wahr. Sie schliessen zu diesem Zweck nicht nur Verträge mit einzelnen Ausländern, sondern vor allem mit ihren ausländischen «Schwestergesellschaften» **Gegenseitigkeitsverträge** (siehe URG 42 N 1 und URG Art. 45 Abs. 4), in denen die ausländischen Wahrnehmungsgesellschaften ihnen die von ihnen verwalteten Rechte kollektiv zur Wahrnehmung in der Schweiz und im Fürstentum Liechtenstein übertragen. Im Gegenzug erfolgt eine Übertragung der von den inländischen Verwertungsgesellschaften weltweit erworbenen Rechte zwecks Wahrnehmung im Ausland an die dortigen Verwertungsgesellschaften. Auf diese Weise ist die jeweilige nationale Verwertungsgesellschaft in der Lage, ein umfassendes sog. **Weltrepertoire** zur Nutzung anzubieten.

Zu Art. 40 Abs. 1 lit. a und Abs. 3

11 Die Verwertung der **Aufführungs-** (URG 10 N 14 und 40 N 13)**, der Sende-** (URG 10 N 20 f.) **und der Ton-/Tonbildträger-Vervielfältigungsrechte** (URG 10 N 7 f., 36 N 1) **an Werken der nichttheatralischen Musik** (N 10 ff.) ist im URG nicht ausdrücklich einer gesetzlichen Kollektivverwertungspflicht unterstellt. Sie war aber schon vor Inkrafttreten des URG «aufgrund von Sachzwängen oder allgemeiner Übung derart durchgesetzt» (und schon nach alter Rechtslage von der Vollziehungsverordnung zum Verwertungsgesetz erfasst; Botschaft 1989, 554; vgl. BGer 2A.288/2002 vom 24.03.2003, E. 3.2), dass sie vom Gesetzgeber als gegeben unterstellt und der Bundesaufsicht über die Kollektivwahrnehmung unterworfen wurde, zu deren Kernaufgaben sie tatsächlich zählt.

12 Davon ausgenommen ist lediglich die **persönliche Verwertung** im Rahmen von **Abs. 3**. Auch diese Ausnahme ist vor dem Hintergrund einerseits des Fehlens eines ausdrücklichen Kollektivverwertungszwangs, andererseits der durchgehenden Terminologie des URG zu sehen, die stets den Urheber nennt, wo im Ergebnis der Inhaber des (ggf. übertragenen) Urheberrechts gemeint ist (URG 1 N 4 f.; URG 16 N 4). Nach der wohl h.M. (N 11) kommt aber die Unterstellung unter die Bundesaufsicht im Ergebnis einer solchen zwingenden Kollektivverwertung gleich. Die individuelle Ausübung ist mit Abs. 3 nur den originären Urhebern und ihren Erben persönlich ermöglicht (auch in direkter Vertretung), nicht aber Inhabern abgeleiteter bzw. übertragener Rechte (wie z.B. Verlegern oder Produzenten; BGer 2A.288/2002 vom 24.03.2003, E. 3.4; Govoni/Stebler, SIWR II/1, 432). Immerhin können diese damit für diese Rechte die Verwertung jedenfalls ganz unterbinden (Müller/Oertli/Brem/Salvadé/Wild, URG 40 N 12, 19).

13 Im Einklang damit – und in Gegenüberstellung zum weitergehenden «Geltendmachen» nach lit. a*bis* und b –, ist unter **Verwertung** an dieser Stelle (wohl auch in URG Art. 22b Abs. 1, dort N 10; nicht ohne weiteres auch andernorts im URG – vgl. nur URG Art. 34 Abs. 4, dort N 12 – und schon gar nicht im tatsächlichen Sprachgebrauch, URG 10 N 2) nur die *direkte Einwilligung in Nutzungshandlungen*, nicht die *rechtsgeschäftliche Übertragung von Nut-*

zungsrechten zu verstehen (Botschaft 1989, 554; Govoni/Stebler, a.a.O.), ohne dass freilich die Grenze so zweifelsfrei, wie hier unterstellt, zu ziehen wäre. Jedenfalls fallen damit bspw. Verlags- und ähnliche Verträge mit «Vermittlern» über Aufführungs- und Senderechte nicht unter die Bundesaufsicht, die Erlaubnis der Aufführung oder Sendung gegenüber Nutzern hingegen aber wohl (Botschaft 1989, a.a.O.; Govoni/Stebler, a.a.O.).

14 Auch die *Verbreitung* der hiernach hergestellten Ton-/Tonbildträger und auch die *Weitersendung* und *öffentliche Wiedergabe* der hiernach gesendeten Werke unterliegen (soweit nicht schon nach URG Art. 22) der Bundesaufsicht nach URG Art. 40 Abs. 1 lit. a; ihr Fehlen in der Aufzählung wird als gesetzgeberisches Versehen betrachtet (zur Verbreitung Müller/Oertli/Brem/Salvadé/Wild, URG 40 N 9; zur Weitersendung Barrelet/Egloff, URG 40 N 8), das freilich – anders als jenes betreffend URG Art. 22 – in der Revision 2007 nicht bereinigt wurde. Nicht zur Aufführung i.S.v. URG Art. 40 Abs. 1 lit. a zählt das neu eingeführte Recht zum *Zugänglichmachen auf Abruf*, welches weder der Gesetzgeber noch die vorherige Praxis, auf die er sich stützte, im Sinn haben konnten (umstr.; vgl. die Nachweise bei Müller/Oertli/Brem/Salvadé/Wild, URG 40 N 7).

15 Nur **Werke der nichttheatralischen Musik** fallen unter lit. a (N 9): *Theatralische Musik* sind jedenfalls die zur szenischen, mit Rollen besetzten, vor allem aber bühnenmässigen Aufführung (musikdramatische wie Oper und Operette, ebenso Ballett), nicht hingegen die zur konzertanten Aufführung bestimmten Werke, selbst wenn sie gleichfalls Text und Musik zu einer Einheit verbinden (Lied, Oratorium; vgl. BGer 2A.288/2002 vom 24.03.2003, E. 3.2). Nicht hierunter fällt auch die Musik zu dramatischen Werken, sofern diese nicht das Werk in einer solchen Weise trägt, dass dieses in der Regel nicht ohne die Musik aufgeführt wird (so ggf. bei Theatermusik). Nach dem Urteil des BGer 2A.288/2002 vom 24.03.2003, E. 3.2, ist demnach auch die *Filmmusik*, für die das umstr. war (vgl. die Nachweise im zitierten Urteil und noch Barrelet/Egloff, URG 40 N 7), nichttheatralische Musik. Die historisch gewachsene Unterscheidung erscheint aus heutiger Sicht nicht willkürfrei; problematisch ist dabei die Einordnung neuer Werkgattungen oder -formen.

Zu Art. 40 Abs. 1 lit. abis

16 Gemäss lit. a*bis*, der mit der Revision 2007 eingefügt wurde, ist die Wahrnehmung derjenigen **Ausschliesslichkeitsrechte** der Bundesaufsicht unterstellt, die von Gesetzes wegen *zwingend an Verwertungsgesellschaften gebunden* ist. Auch der Kollektivverwertungszwang selbst wurde für diese Rechte mit der Revision neu angeordnet (URG 22a N 1), mit Ausnahme des bestehenden URG Art. 22, der unter Korrektur eines Redaktionsversehens in diese Kategorie übernommen wurde (URG 22 N 1; zugleich wurde in Abs. 3 klargestellt, dass der Vorbehalt zugunsten der Urheber und ihrer Erben sich nicht auch auf diese, sondern nur auf die in lit. a erwähnten Rechte bezieht). Anders als im Fall von lit. a, kann die Verwertungsgesellschaft diese Rechte auch dann ausüben, wenn sie zum Rechteinhaber nicht in einer Wahrnehmungs-Vertragbeziehung steht (BGE 124 III 489, E. 2.a). Im Einzelnen handelt es sich um:
– **URG Art. 22**: das Recht der zeitgleichen und unveränderten Weitersendung und Wiedergabe gesendeter Werke;

- **URG Art. 22a**: die Rechte zum Senden und zum Zugänglichmachen auf Abruf sogenannter Archivwerke der Sendeunternehmen sowie ihrer dazu erforderlichen Vervielfältigung;
- **URG Art. 22b**: die zur Verwertung sogenannt verwaister Werke benötigten Rechte;
- **URG Art. 22c**: das Recht, in Radio- und Fernsehsendungen enthaltene nichttheatralische Werke der Musik in Verbindung mit ihrer Sendung zugänglich zu machen;
- **URG Art. 24b**: das Vervielfältigungsrecht zu Sendezwecken.

Zu Art. 40 Abs. 1 lit. b

17 Unverändert untersteht der **Bundesaufsicht** die Geltendmachung der **gesetzlichen Vergütungsansprüche**:

- **URG 13 Abs. 1**: die Vermietungstantieme;
- **URG 20 Abs. 2**: die Kopiervergütung;
- **URG 20 Abs. 3**: die Leerträgervergütung;
- **URG 35 Abs. 1**: der Vergütungsanspruch der ausübenden Künstler;
- **URG 35 Abs. 2**: der Vergütungsanspruch der Hersteller von Ton- und Tonbildträgern (URG 35 N 5, 36 N 11).

Zu Art. 40 Abs. 2

18 Das Gesetz ermächtigt den Bundesrat zur Unterstellung weiterer Verwertungsbereiche unter die Bundesaufsicht. Dabei kann es nur um Bereiche etablierter freiwilliger Wahrnehmung gehen (so im Fall der Rechte nach URG Art. 40 Abs. 1 lit. a), denn die bestehenden Bereiche *gesetzlich zwingender* Kollektivwahrnehmung sind abschliessend aufgezählt und die Einführung neuer Kollektivzwänge muss dem Gesetzgeber vorbehalten bleiben (so auch Müller/Oertli/Brem/Salvadé/Wild, URG 40 N 17). Zu Recht wurde deshalb die zuvor auf dem Verordnungsweg (in URV Art. 17a a.F.) eingeführte Kollektivverwertungspflicht für die Herstellung und Verbreitung behindertengerechter (Sprach-)Werkexemplare (in modifizierter Form) in das Gesetz übernommen (URG Art. 24c, dort N 1). Die Unterstellung greift stets empfindlich in die Handels- und Gewerbefreiheit (Barrelet/Egloff, URG 40 N 11) und in den konventions- und v.a. verfassungsrechtlich gewährleisteten Eigentumsschutz (Vorbem. URG 1 N 3; URG 19 N 5 f.) ein. Dem Erfordernis des öffentlichen Interesses ist daher höchste Bedeutung beizumessen; die Unterstellung ist nur mit äusserster Zurückhaltung (Botschaft 1989, 554) in Erwägung zu ziehen – d.h., nach dem Verhältnismässigkeitsgrundsatz als *ultima ratio*. «Das öffentliche Interesse ist nicht das Interesse des Publikums» (Barrelet/Egloff, URG 40 N 13). Die heutige Praxis der freiwilligen Kollektivwahrnehmung lässt denn auch keinen Anlass für eine solche neuerliche Unterstellung erkennen. Die seinerzeitige Diskussion über eine Bundesaufsicht im Bereich der «Multimediawerke» (Barrelet/Egloff, URG 40 N 14a) – einer damals sehr vagen, heute bereits von der Praxis überholten Kategorie von Werken und/oder Nutzungsrechten bietet Anlass zur Vorsicht vor übereilten Eingriffen.

2. Kapitel: Bewilligung

Art. 41 Grundsatz

Wer Rechte verwertet, die der Bundesaufsicht unterstellt sind, braucht eine Bewilligung des Instituts für geistiges Eigentum[1].

1 Bei der Bewilligung handelt es sich im verwaltungsrechtlichen Sinne um eine **wirtschaftspolizeiliche Bewilligung** zum Schutz von Treu und Glauben im Geschäftsverkehr (vgl. Häfelin/Müller/Uhlmann, Allgemeines Verwaltungsrecht, 5. Aufl. 2006, Rz. 2523 ff.; gl.M. Barellet/Egloff, URG 41 N 4, Müller/Oertli/Brem/Salvadé/Wild, URG 41 N 2 und Vorbem. URG 40–60 N 3). Sie ist an die in URG Art. 42 Abs. 1 formulierten Voraussetzungen geknüpft und deshalb nicht übertragbar. Werden die Voraussetzungen erfüllt, besteht für den Gesuchsteller dem Grundsatz nach ein Rechtsanspruch auf Erteilung der Bewilligung (Häfelin/Müller/Uhlmann, a.a.O., Rz. 2534); allerdings wird dies durch URG Art. 42 Abs. 2 stark eingeschränkt, wonach in der Regel pro Werkkategorie und für die verwandten Schutzrechte je nur eine Bewilligung erteilt wird. In der Realität halten die Verwertungsgesellschaften deshalb eine wirtschaftliche (nicht aber rechtliche) Monopolstellung inne (URG 42 N 6; beachte aber KG Art. 3 Abs. 2 → Nr. 6, wodurch die Wettbewerbswirkung der Verwertungsgesellschaften vom Anwendungsbereich des KG ausgenommen ist). Die Bewilligung kann nach allgemeinen verwaltungsrechtlichen Grundsätzen auch entzogen werden, was URG Art. 43 Abs. 2 voraussetzt (hierzu Häfelin/Müller/Uhlmann, a.a.O., Rz. 2553). Da es sich bei der Bewilligung gerade *nicht* um eine Konzession handelt, ist deren Entzug juristisch auch nicht als Enteignung zu werten (a.M. Barellet/Egloff, URG 82 N 1).

2 Die **der Bundesaufsicht unterstellten Rechte** sind die in URG Art. 40 genannten Ausschliesslichkeitsrechte (Abs. 1 lit. a und a*bis*) und Vergütungsansprüche (Abs. 1 lit. b). Nehmen Verwertungsgesellschaften auch andere Rechte für ihre Mitglieder wahr, so ist diese Teiltätigkeit nicht bewilligungspflichtig, untersteht nicht der Aufsicht gemäss URG Art. 53, und die entsprechenden Tarife (bzw. Abschnitte eines Tarifs) sind auch nicht genehmigungspflichtig (URG 46 N 1, URG 55 N 1). Das Institut für geistiges Eigentum (IGE) hat derzeit Bewilligungen an die fünf Verwertungsgesellschaften SUISA, ProLitteris, Suissimage, Société Suisse des Auteurs (SSA) und Swissperform vergeben (Vorbem. URG 40 N 2).

3 Dem IGE obliegt neben der Bewilligung gemäss URG Art. 52 Abs. 1 **im gleichen Umfang** auch die **Aufsicht** über die Verwertungsgesellschaften.

---

1 Bezeichnung gemäss nicht veröffentlichtem BRB vom 19. Dez. 1997. Diese Änd. ist im ganzen Erlass berücksichtigt.

Art. 42 Voraussetzungen

¹ Bewilligungen erhalten nur Verwertungsgesellschaften, die:
a. nach schweizerischem Recht gegründet wurden, ihren Sitz in der Schweiz haben und ihre Geschäfte von der Schweiz aus führen;
b. die Verwertung von Urheberrechten oder verwandten Schutzrechten zum Hauptzweck haben;
c. allen Rechteinhabern und -inhaberinnen offen stehen;
d. den Urhebern und Urheberinnen und den ausübenden Künstlern und Künstlerinnen ein angemessenes Mitbestimmungsrecht einräumen;
e. für die Einhaltung der gesetzlichen Vorschriften, insbesondere aufgrund ihrer Statuten, Gewähr bieten;
f. eine wirksame und wirtschaftliche Verwertung erwarten lassen.

² In der Regel wird pro Werkkategorie und für die verwandten Schutzrechte je nur einer Gesellschaft eine Bewilligung erteilt.

Zu Abs. 1

1 «Buchstabe a soll den schweizerischen Charakter der Verwertungsgesellschaften sicherstellen. Die weltweite kollektive Urheberrechtsverwertung ist weitgehend auf dem **Territorialitätsprinzip** aufgebaut, wobei selbständige nationale Verwertungsgesellschaften untereinander ein Netz von **Gegenseitigkeitsverträgen** schaffen» (Botschaft 1989, 555; s. Vorbem. URG 40 N 3 und URG Art. 45 Abs. 4). Als Rechtsform kommen v.a. die Genossenschaft (SUISA, ProLitteris, SSA, Suissimage) oder der Verein (Swissperform) in Frage.

2 «Buchstabe b schliesst aus, dass sich Unternehmen der Urheberrechtsverwertung zuwenden können, deren Geschäftsfähigkeit schwergewichtig auf andern Gebieten liegt. Dies würde zu **Interessenkonflikten** führen» (Botschaft 1989, 555) und insbesondere die zuverlässige Überprüfung der Wirtschaftlichkeit der Verwaltung (URG Art. 45 Abs. 1) erschwaren.

3 Buchstabe c gewährleistet, dass die Verwertungsgesellschaften nicht nur den **Urhebern** (also den originären Rechteinhabern), sondern auch den **abgeleiteten Rechteinhabern**, insbesondere der Kulturindustrie und den Verlagen, offenstehen. Grundsätzlich stehen die Verwertungsgesellschaften auch **ausländischen Rechteinhabern** offen, zumindest als Auftraggeber. Dass ein Ausländer mit Sitz im Ausland auch Mitglied werden darf, kann aber von weiteren Bedingungen abhängig gemacht werden (so bspw. Ziff. 5.1 der Statuten der SUISA oder Ziff. 4.3 der Statuten der ProLitteris, wo eine besondere bzw. enge Verbundenheit mit der Schweiz verlangt wird → Nr. 30).

4 Buchstabe d geht noch über c hinaus und soll sicherstellen, dass die originären Rechteinhaber nicht nur Wahrnehmungsverträge abschliessen können, sondern auch ein echtes gesellschaftsrechtliches **Mitbestimmungsrecht** haben (vgl. Barrelet/Egloff, URG 42 N 7). Deshalb dürfen bspw. die Statuten der SUISA an den Statuswechsel von Auftraggeber zu Mitglied (N 3) keine allzu hohen Anforderungen stellen.

5 Die Buchstaben e und f sollen sicherstellen, dass die Verwertungsgesellschaften über zweckmässige Statuten verfügen, die in rechtlicher (lit. e) sowie organisatorischer, finanzieller und personeller Hinsicht (lit. f) Gewähr bieten für ihr **tatsächliches Funktionieren** zum Vorteil der Rechteinhaber sowie für die Erfüllung der gesetzlichen Rahmenbedingungen und ihres Auftrages.

Zu Abs. 2

6 Absatz 2 führt zu einem **faktischen Monopol** der zugelassenen Verwertungsgesellschaften, weil der Gesetzgeber davon ausgeht, «dass mehrere sich konkurrenzierende Gesellschaften regelmässig zu schweren Störungen im Rechtsverkehr führen» (Botschaft 1989, 556). Damit soll einer Zersplitterung der Rechte im Bereich der kollektiven Rechtswahrnehmung entgegengewirkt und gewährleistet werden, «dass sich das Nebeneinander mehrerer Gesellschaften nicht nachteilig auf die Werknutzer auswirkt».

7 Notwendige Folge der Monopolstellung der Verwertungsgesellschaften ist der vom Gesetzgeber aufgestellte **doppelte Kontrahierungszwang**: der **Wahrnehmungszwang** bzw. der Kontrahierungszwang nach innen, d.h. gegenüber den Rechteinhabern (URG Art. 42 Abs. 1 lit. c und URG Art. 44) und der **Abschlusszwang** bzw. der Kontrahierungszwang nach aussen, d.h. gegenüber den Nutzern (URG 45 N 1).

Art. 43 Dauer; Veröffentlichung

1 Die Bewilligung wird für fünf Jahre erteilt; sie kann jeweils für weitere fünf Jahre erneuert werden.

2 Erteilung, Erneuerung, Änderung, Entzug und Nichterneuerung der Bewilligung werden veröffentlicht.

1 Die Veröffentlichung erfolgt im Schweizerischen Handelsamtsblatt (SHAB).

3. Kapitel: Pflichten der Verwertungsgesellschaften

Art. 44 Verwertungspflicht

Die Verwertungsgesellschaften sind gegenüber den Rechteinhabern und -inhaberinnen verpflichtet, die zu ihrem Tätigkeitsgebiet gehörenden Rechte wahrzunehmen.

1 Gemeint sind sowohl die Urheberrechte als auch die verwandten Schutzrechte (AmtlBull StR 1991 290).

2 Beim **Wahrnehmungszwang** handelt es sich um einen Kontrahierungszwang nach innen gegenüber den Rechteinhabern (URG 42 N 7). Da die Urheber- und Leistungsschutzberechtigten eine Reihe ihrer Rechte nicht selbst wahrnehmen können, sei es aus faktischen Gründen, sei es, weil das Gesetz bestimmte Vergütungsansprüche für verwertungsgesellschaftspflichtig erklärt hat, sind sie darauf angewiesen, diese Rechte durch eine Verwertungsgesellschaft wahrnehmen

zu lassen. Daher wird den Verwertungsgesellschaften gegenüber den Rechteinhabern die Verpflichtung auferlegt, die statutengemäss zu ihrem Tätigkeitsbereich gehörenden Rechte wahrzunehmen, d.h. mit den Rechteinhabern entsprechende Wahrnehmungsverträge abzuschliessen. Näheres zum Wahrnehmungsvertrag bei Bernhard Wittweiler, Vertragsrecht in der kollektiven Verwertung, in: Streuli-Youssef, Urhebervertragsrecht S. 261 ff.

3 Die **Geschäftsführung ohne Auftrag** spielt im Bereich der kollektiven Rechtswahrnehmung eine wichtige Rolle, zumal die Verwertungsgesellschaften sich darauf stützen, um den Werknutzern ein lückenloses Werkrepertoire anbieten zu können, weil sie nie über alle Rechte auf dem entsprechenden Gebiet verfügen. Schranken werden der Geschäftsführung ohne Auftrag durch den Vorbehalt der persönlichen Rechtswahrnehmung (URG Art. 40 Abs. 3) sowie durch das Gebot der Gleichbehandlung (URG Art. 45 Abs. 2) gesetzt; sie darf naturgemäss auch nicht gegen den Willen des Berechtigten erfolgen. Gegenüber den Nutzern ist die Verwertungsgesellschaft verpflichtet, Auskunft darüber zu geben, ob sie die Rechte an einem bestimmten Werk wahrnimmt (Barrelet/Egloff, URG 44 N 4; so ist bspw. das Repertoire der SUISA online abrufbar). Ausserdem ist die Verwertungsgesellschaft dazu verpflichtet, die im Rahmen der Geschäftsführung ohne Auftrag eingenommenen Beträge nach Massgabe der in URG Art. 49 enthaltenen Verteilungsgrundsätze den Berechtigten zukommen zu lassen.

Art. 45 Grundsätze der Geschäftsführung

¹ Die Verwertungsgesellschaften müssen ihre Geschäfte nach den Grundsätzen einer geordneten und wirtschaftlichen Verwaltung führen.

² Sie müssen die Verwertung nach festen Regeln und nach dem Gebot der Gleichbehandlung besorgen.

³ Sie dürfen keinen eigenen Gewinn anstreben.

⁴ Sie schliessen nach Möglichkeit mit ausländischen Verwertungsgesellschaften Gegenseitigkeitsverträge ab.

Zu Abs. 1

1 Die Verwertungsgesellschaften verwalten treuhänderisch fremde Rechte und Gelder, weshalb sie das Verhältnis zwischen dem damit verbundenen Aufwand und den generierten Einnahmen nach dem **Massstab grösstmöglicher Effizienz** zu gestalten haben (siehe auch URG 42 N 5; URG Art. 49 Abs. 1–3). Pauschalisierte Verwertungsvereinbarungen und vereinfachte Verteilungen müssen deshalb grundsätzlich möglich sein, wenngleich dies sowohl für die Rechteinhaber als auch die Nutzer im Einzelfall häufig unbefriedigend ist und eine grosse Schwäche des Systems der kollektiven Rechtswahrnehmung darstellt.

Zu Abs. 2

2 Das **Gleichbehandlungsgebot** ergibt zusammen mit der Verwertungspflicht (URG Art. 44) einen faktischen **Kontrahierungszwang** gegenüber jedem potentiellen Nutzer auf der Grundlage von Tarifen (URG Art. 46 Abs. 1). Damit wird der Werknutzer gegen einen Monopolmissbrauch (siehe URG 42 N 6 f.) durch Diskriminierung geschützt.

Zu Abs. 3

3 Die Verwertungsgesellschaften müssen **Einnahmenüberschüsse** (Einnahmen abzüglich des Verwaltungsaufwands) vollumfänglich an die Rechteinhaber verteilen; eine Gewinnabschöpfung durch den Verwaltungsapparat ist unzulässig.

Zu Abs. 4

4 Absatz 4 hebt die Wichtigkeit des Abschlusses von **Gegenseitigkeitsverträgen** mit ausländischen Verwertungsgesellschaften hervor. Die konzessionierten Gesellschaften sind zum Abschluss solcher Verträge verpflichtet, soweit es sinnvoll und möglich ist (Vorbem. URG 40 N 3 und URG 42 N 1).

Art. 46 Tarifpflicht

¹ Die Verwertungsgesellschaften stellen für die von ihnen geforderten Vergütungen Tarife auf.
² Sie verhandeln über die Gestaltung der einzelnen Tarife mit den massgebenden Nutzerverbänden.
³ Sie legen die Tarife der Schiedskommission (Art. 55) zur Genehmigung vor und veröffentlichen die genehmigten Tarife.

Zu Abs. 1

1 Die **Tarifpflicht** konkretisiert die Gebote der Verwertung nach festen Regeln und der Gleichbehandlung (URG 45 Abs. 2). Durch die Tarife wird bekannt gegeben, zu welchen Konditionen die durch die Verwertungsgesellschaft wahrgenommenen Nutzungsrechte bzw. gesetzlichen Lizenzen in Anspruch genommen werden dürfen. Es handelt sich dabei aber nicht um eine Vertragsofferte i.S.v. OR Art. 3 ff. (Govoni/Stebler, SIWR II/1, 459 mit Verweisen auf die Praxis der ESchK). Die Tarifpflicht besteht nur hinsichtlich derjenigen Rechte, welche der Bundesaufsicht unterstellt sind (URG Art. 40 Abs. 1). Die genehmigten und publizierten Tarife sind amtliche Erlasse i.S.v. URG Art. 5 Abs. 1 lit. a und deshalb einem Urheberrechtsschutz nicht zugänglich (URG 5 N 2).

Zu Abs. 2

2 Gefordert sind nach Absatz 2 nicht nur konsultative Gespräche, sondern **ernsthafte Verhandlungen**, die mit der gebotenen Einlässlichkeit zu führen und zu dokumentieren sind (URV Art. 9 Abs. 3 → Nr. 2). Führen die Verhandlungen aber zu keinem Erfolg oder werden die Ergebnisse von den Nutzerverbänden abgelehnt, so ist die Verwertungsgesellschaft berechtigt, ohne weiteres ihre Tarife der Schiedskommission zur Genehmigung vorzulegen (URV Art. 10).

3 **Nutzerverbände** werden nach Praxis des Bundesgerichts als **massgebend** betrachtet, wenn sie 20–25% der vom Tarif betroffenen tatsächlichen Werknutzer vertreten (BGer 2A.183/2006 vom 08.09.2006 E. 2.2 = sic! 2007, 266; BGer 2A.142/1994 vom 24.03.1995 E. 1b). Die ESchK hingegen erachtet einen Nutzerverband als massgebend, wenn er in min-

destens einem Landesteil mindestens einen Drittel der vom Tarif betroffenen Branche vertritt (Govoni/Stebler, SIWR II/1, 462 mit Verweisen).

Zu Abs. 3

4 Die ESchK prüft im **Genehmigungsverfahren** (URV Art. 9 ff. → Nr. 2), ob der vorgelegte Tarif nach Aufbau und Inhalt angemessen ist und kann auch Änderungen vorschlagen bzw. vornehmen (URG Art. 59 Abs. 1 und 2, URG Art. 60, URV Art. 15). Im Fall der Genehmigung erfolgt die Veröffentlichung im **Schweizerischen Handelsamtsblatt** (SHAB).

Art. 47   Gemeinsamer Tarif

¹ Sind mehrere Verwertungsgesellschaften im gleichen Nutzungsbereich tätig, so stellen sie für die gleiche Verwendung von Werken oder Darbietungen einen gemeinsamen Tarif nach einheitlichen Grundsätzen auf und bezeichnen eine unter ihnen als gemeinsame Zahlstelle.

² Der Bundesrat kann weitere Vorschriften über ihre Zusammenarbeit erlassen.

Zu Abs. 1

1 Da sich der Zuständigkeitsbereich der Verwertungsgesellschaften überschneiden kann, soll die Bestimmung sicherstellen, dass der Rechtsverkehr für den Werknutzer nicht unzumutbar verkompliziert wird. Durch die Einführung eines **Gemeinsamen Tarifs** (GT) werden einerseits die Tarife der beteiligten Verwertungsgesellschaften in einem einzigen Dokument formell zusammengeführt und andererseits auch inhaltlich – soweit möglich – vereinheitlicht.

2 Voraussetzung für die Einführung eines Gemeinsamen Tarifs ist ein **Zusammenarbeitsvertrag**, worin u.a. eine der beteiligten Verwertungsgesellschaften zur gemeinsamen Inkassostelle bestimmt wird. Zusammenarbeitsverträge werden einerseits zwischen einzelnen Verwertungsgesellschaften abgeschlossen, wobei die in der Folge aufgestellten Gemeinsamen Tarife mit Buchstaben bezeichnet werden (derzeit GT C–Z). Andererseits regelt ein Zusammenarbeitsvertrag zwischen *sämtlichen* fünf Verwertungsgesellschaften die Wahrnehmung der folgenden Rechte und Vergütungsansprüche, die derzeit in den GT 1–9 (numerische Bezeichnung) umgesetzt sind:

- Verbreitung in Kabelnetzen,
- Weitersendung,
- schulische und betriebsinterne Nutzung,
- privates Überspielen,
- Vermieten von Werkexemplaren,
- öffentlicher Empfang und Wahrnehmbarmachung von Sendungen, Aufführungen von Ton- und Tonbildträgern zur allgemeinen Hintergrund-Unterhaltung.

Zu Abs. 2

3 Der Bundesrat hat von dieser **Verordnungskompetenz** bis heute noch keinen Gebrauch gemacht.

Art. 48 Grundlagen der Verteilung

¹ Die Verwertungsgesellschaften sind verpflichtet, ein Verteilungsreglement aufzustellen und es der Aufsichtsbehörde (Art. 52 Abs. 1) zur Genehmigung zu unterbreiten.

² Mit Zustimmung des obersten Organs der Gesellschaft können Teile des Verwertungserlöses zum Zweck der Sozialvorsorge und einer angemessenen Kulturförderung verwendet werden.

Zu Abs. 1

1 Das **Eidgenössische Institut für Geistiges Eigentum (IGE)** (URG Art. 52 Abs. 1) ist Aufsichtsbehörde. Der Genehmigung bedarf nicht nur der Erlass eines Verteilungsreglementes, sondern auch jede Änderung desselben (Barrelet/Egloff, URG 48 N 1). Der Genehmigungsentscheid ist eine Verfügung i.S.v. VwVG Art. 5, die nach URG Art. 74 Abs. 1 anfechtbar ist (BGer 2C.527/2007 vom 13.05.2008, E. 2.2).

2 Das Verteilungsreglement wird auf **Konformität mit den gesetzlichen Pflichten** der Verwertungsgesellschaften geprüft, insbesondere unter dem Aspekt der Grundsätze der geordneten und wirtschaftlichen Verwaltung (URG Art. 45 Abs. 1), der Verwertung nach festen Regeln und dem Gleichbehandlungsgebot (URG Art. 45 Abs. 2), des Verbots des Gewinnstrebens (URG Abs. 45 Abs. 3) und des Gebots der Effizienz (URG Art. 49). Geprüft wird ausserdem auf **Konformität mit den Statuten** der Verwertungsgesellschaft in Bezug auf den Erlass von Verteilungsvorschriften (Müller/Oertli/Brem/Salvadé/Wild, URG 48 N 3 mit Verweisen). Die **Kognition** des IGE beschränkt sich auf allfällige Rechtsverletzungen (inkl. Verletzung unbestimmter Rechtsbegriffe, Ermessensmissbrauch sowie Ermessensüberschreitung und -unterschreitung), nicht aber auf Angemessenheit (Barrelet/Egloff, URG 48 N 5; zur begrifflichen Unterscheidung vgl. Häfelin/Müller/Uhlmann, Allgemeines Verwaltungsrecht, 5. Aufl. 2006, Rz. 445 ff.).

Zu Abs. 2

3 Sämtliche Verwertungsgesellschaften machen von der Möglichkeit Gebrauch, einen Teil des Verwertungserlöses für die **Sozialvorsorge ihrer Mitglieder und die Kulturförderung** zu verwenden. In der Praxis hat sich eine Begrenzung gegen oben in der Höhe von 10% der Einnahmen eingebürgert. Gegenwärtig behalten die SUISA 2.5% (aus Aufführungs- und Sendetantiemen) für Kulturförderung und 7.5% für Fürsorgeleistungen, die ProLitteris CHF 50'000.– für Kulturförderung und 10% für Fürsorgeleistungen, die Suissimage 7% für Kulturförderung und 3% für Fürsorgeleistungen und die Swissperform ca. 10% für die Kultur- und Sozialfonds ein; die entsprechenden Abzüge der SSA schwanken jährlich.

4 Diese Kultur- und Sozialabzüge sind an sich zweckwidrig und stehen deshalb im **Widerspruch zum treuhänderischen Auftrag** der Verwertungsgesellschaft gegenüber den Rechteinhabern. Immerhin dürften aber unter dem Strich die schweizerischen Urheber und Leistungsschutzberechtigten in ihrer Gesamtheit davon profitieren, weil die Schweiz kulturwirtschaftlich ein Importland ist. Der weitaus überwiegende Teil der Verwertungseinnahmen

geht ins Ausland, wodurch die schweizerischen Kultur- und Sozialabzüge überwiegend von ausländischen Rechteinhabern finanziert werden.

Art. 49 Verteilung des Verwertungserlöses

¹ Die Verwertungsgesellschaften müssen den Verwertungserlös nach Massgabe des Ertrags der einzelnen Werke und Darbietungen verteilen. Sie haben zur Feststellung der Berechtigten alle ihnen zumutbaren Anstrengungen zu unternehmen.

² Ist diese Verteilung mit einem unzumutbaren Aufwand verbunden, so dürfen die Verwertungsgesellschaften das Ausmass des Ertrags schätzen; die Schätzungen müssen auf überprüfbaren und sachgerechten Gesichtspunkten beruhen.

³ Der Erlös soll zwischen den ursprünglichen Rechteinhabern und -inhaberinnen und andern Berechtigten so aufgeteilt werden, dass den Urhebern und Urheberinnen und den ausübenden Künstlern und Künstlerinnen in der Regel ein angemessener Anteil verbleibt. Eine andere Verteilung ist zulässig, wenn der Aufwand unzumutbar wäre.

⁴ Das Verteilungsreglement hebt vertragliche Abmachungen der ursprünglichen Rechteinhaber und -inhaberinnen mit Dritten nicht auf.

Zu Abs. 1

1 Absatz 1 enthält den **Grundsatz der ertragsbezogenen Verteilung**. Die Einnahmen aus einer bestimmten Werknutzung müssen (ausschliesslich) dem jeweiligen **Rechteinhaber** zukommen, zu dessen Identifikation die Verwertungsgesellschaft im Rahmen des Zumutbaren verpflichtet ist. Dies betrifft vor allem auch Rechteinhaber, die nicht Mitglied oder Auftraggeber sind; ihre Identität ist festzustellen und ihr Anteil ist ihnen nach den Grundsätzen der Geschäftsführung ohne Auftrag auszuzahlen (Barrelet/Egloff, URG 49 N 4; Govoni/Stebler, SIWR II/1, 471).

2 Nicht nur der Umfang der effektiv erfolgten Nutzung, sondern auch ihre qualitative **wirtschaftliche Relevanz** soll für die Verteilung massgeblich sein. So hat die Weitersendung eines zweistündigen Spielfilms eine höhere wirtschaftliche Relevanz als die Weitersendung von zwei Stunden Musik (Botschaft 1989, 559; vgl. weitere Beispiele und Verweise bei Barrelet/Egloff, URG 49 N 3; Müller/Oertli/Brem/Salvadé/Wild, URG 49 N 1; neu auch BGer 2C.527/2007 vom 13.05.2008, E. 10.4, betr. Ertragswert der Musik eines Werbespots).

3 Es wäre unter dem Aspekt des Grundsatzes der ertragsbezogenen Verteilung unzulässig, **Erträge aus einem bestimmten Nutzungsbereich** für einen anderen Nutzungsbereich zu verwenden, z.B. «die Einnahmen aus dem Verleih von Werken (URG Art. 13 Abs. 1) zur Erhöhung der Einnahmen aus der Photokopie (URG Art. 20 Abs. 2) zu verwenden; Ausnahmen sind nur aufgrund von Absatz 2 zulässig» (Botschaft 1989, 560). Hierzu auch BGer 2C.527/2007 vom 13.05.2008, E. 9.

Zu Abs. 2

4 Absatz 2 ist eine **Ausnahmeregel zu Absatz 1** und berücksichtigt, dass im Bereich der Massennutzung, bspw. bei Fotokopiergeräten oder Leerträgern (URG Art. 20), nicht jede Werkverwendung festgestellt und das betreffende Werk identifiziert werden kann. In diesen

Fällen soll daher die Verteilung aufgrund von Schätzungen zulässig sein. Allerdings müssen die Schätzungen auf überprüfbaren und sachgerechten Gesichtspunkten beruhen, wofür in aller Regel statistische Erhebungen gemacht werden müssen. Erforderlich ist, dass aufgrund der Schätzungskriterien ein Resultat erarbeitet wird, «das einer Verteilung nach Absatz 1 ähnlich ist. In gewissen Fällen wird es auch möglich sein, von einer Verwendungsart Rückschlüsse auf eine andere zu ziehen» (Botschaft 1989, 560).

Zu Abs. 3

5   Die Norm soll sicherstellen, dass aus den Verwertungsgesellschaften als Selbsthilfeorganisationen der Urheber (i.S.v. Werkschöpfer) nicht ein ausschliessliches Instrument der Inhaber abgeleiteter Urheberrechte (z.B. Verlage und Produktionsfirmen) wird, wodurch eine wesentliche Zielsetzung des Verwertungsrechts untergraben würde (Botschaft 1989, 560; Barrelet/Egloff, URG 49 N 8). Aus diesem Grunde soll bei der Aufteilung des Erlöses zwischen dem originären und derivativen Rechteinhaber Ersterem in der Regel ein **angemessener Anteil** verbleiben. Gemäss Satz 2 kann von dieser Regel abgewichen werden, wenn der Aufwand für ihre Befolgung unzumutbar wäre, die Botschaft 1989 nennt hierfür als Beispiel die Verteilung der Einnahmen aus der Fotokopie von wissenschaftlichen Zeitschriften (a.a.O., 560).

Zu Abs. 4

6   Absatz 4 stellt eine **Kollisionsnorm** für den Fall auf, dass das Verteilungsreglement eine andere Verteilung vorsieht als die vertragliche Abmachung zwischen dem Urheber und seinem Vertragspartner. Danach kann die Verwertungsgesellschaft die Verteilung grundsätzlich gestützt auf ihr Reglement vornehmen und muss davon nur abweichen, wenn der Rechteinhaber unter Bezugnahme auf die abweichende vertragliche Regelung dies ausdrücklich verlangt. Insofern bleibt die **Vertragsautonomie** der Parteien gewahrt (Botschaft 1989, 560 f.; teilweise a.M. Müller/Oertli/Brem/Salvadé/Wild, URG 49 N 6 ff.). Die Verwertungsgesellschaft kann aber auch am Verteilschlüssel ihres Verteilungsreglements festhalten und nicht auf Begehren eintreten, wonach im Einzelfall eine andere Aufteilung vertraglich vereinbart sei. In diesem Fall liegt es an den Vertragsparteien, der vereinbarten Aufteilung durch Ausgleichszahlungen nachzukommen (Barrelet/Egloff, URG 49 N 10; Wittweiler, in: Streuli-Youssef, Urhebervertragsrecht, S. 311, der annimmt, dass der reglementarische Verteilschlüssel teilweise zwingend ist; Müller/Oertli/Brem/Salvadé/Wild, URG 49 N 5 f.; vgl. bspw. SUISA-Verteilungsreglement 2007 Ziff. 2.1.1.1 ff.).

Art. 50   Auskunfts- und Rechenschaftspflicht

Die Verwertungsgesellschaften müssen der Aufsichtsbehörde alle Auskünfte erteilen und alle Unterlagen zur Verfügung stellen, die für die Durchführung der Aufsicht erforderlich sind, sowie jährlich in einem Geschäftsbericht Rechenschaft über ihre Tätigkeit ablegen.

1   Der Artikel statuiert für die Verwertungsgesellschaften drei Arten von Pflichten: Erstens sind sie der Aufsichtsbehörde gegenüber zur Erteilung von **Auskünften** verpflichtet, zweitens müssen sie verlangte **Unterlagen** zur Verfügung stellen. Die Verwertungsgesellschaften müssen

hinsichtlich beider Pflichten nicht nur auf Verlangen der Aufsichtsbehörde (rein reaktiv) tätig werden, sondern sie frühzeitig aktiv über wichtige Geschäfte informieren (Govoni/Stebler, SIWR II/1, 475). Die dritte Pflicht ist eine rein aktive: Die Verwertungsgesellschaften müssen von sich aus jährlich in einem Geschäftsbericht **Rechenschaft** über ihre Tätigkeit ablegen. Alle drei Pflichten bestehen nur im Rahmen derjenigen Tätigkeitsbereiche der Verwertungsgesellschaften, welche der Bewilligungs- und Aufsichtspflicht unterstellt sind (URG Art. 40 f. und 53; URG 41 N 2; Govoni/Stebler, a.a.O., 476; Barrelet/Egloff, URG 50 N 2).

2 Entgegen dem Wortlaut von URG Art. 53 Abs. 2 kann die Aufsichtbehörde über Einzelheiten hinsichtlich *aller* drei Pflichten **Weisungen** erteilen, nicht nur hinsichtlich der Auskunftspflicht (Barrelet/Egloff, URG 53 N 4; Müller/Oertli/Brem/Salvadé/Wild, URG 50 N 3), wovon sie in der Praxis auch Gebrauch macht (bspw. Erfordernis eines Revisionsberichts zum Geschäftsbericht, Barrelet/Egloff, URG 50 N 2; Govoni/Stebler, a.a.O., 476 f.). Als Aufsichtsbehörde fungiert das Eidgenössische Institut für Geistiges Eigentum **(IGE)** (URG Art. 52 Abs. 1).

4. Kapitel: Auskunftspflicht gegenüber den Verwertungsgesellschaften

Art. 51

¹ Soweit es ihnen zuzumuten ist, müssen die Werknutzer und -nutzerinnen den Verwertungsgesellschaften alle Auskünfte erteilen, welche diese für die Gestaltung und die Anwendung der Tarife sowie die Verteilung des Erlöses benötigen.

² Die Verwertungsgesellschaften sind verpflichtet, Geschäftsgeheimnisse zu wahren.

Zu Abs. 1

1 Die Norm trägt der Tatsache Rechnung, «dass im Bereich der Massennutzung von Werken die Festlegung und Erhebung der Vergütungen sowie deren Verteilung komplexe Probleme aufwirft, für deren Lösung namentlich statistische Angaben über die erfolgte Werknutzung erforderlich sind» (Botschaft 1989, 561). Für die Erhebung der relevanten Informationen ist die Mitwirkung der Nutzer meist unerlässlich.

2 Abs. 1 sieht deshalb eine allgemeine Auskunftspflicht für Werknutzer vor, welche privatrechtlicher Natur und durch die Verwertungsgesellschaften **zivilrechtlich einklagbar** ist. Die Auskunftspflicht besteht sowohl hinsichtlich der **Tarifanwendung** als auch schon der **Tarifgestaltung** und trifft im zweiten Fall die **Nutzerverbände** (Govoni/Stebler, SIWR II/1, 477). Für den Fall der Verletzung der Auskunftspflicht, namentlich bei absichtlich oder grobfahrlässig fehlender oder mangelhafter Mitwirkung von Werknutzern, können die Tarife **Sanktionen** vorsehen (Botschaft 1989, a.a.O.; BGer 2A.539/1996 vom 20.06.1997, E. 6 «Tarif S» = sic! 1998, 33); diese bestehen i.d.R. in der Verdoppelung der geschuldeten Vergütung. Zusätzlich sind auch strafrechtliche Sanktionen möglich (Urkundenfälschung, StGB Art. 251, oder Betrug, StGB Art. 146).

3   Die Auskunftspflicht besteht für die Werknutzer nur, «soweit es ihnen **zuzumuten** ist». Diese Grenze ist das Pendant zur Zumutbarkeitsschranke in URG Art. 49 Abs. 3 für die Verteilung der Einnahmen durch die Verwertungsgesellschaften (Govoni/Stebler, a.a.O., 478).

Zu Abs. 2

4   Der Begriff des **Geschäftsgeheimnisses** entspricht demjenigen von StGB Art. 162, weshalb auf die einschlägige Rechtsprechung verwiesen werden kann. Obwohl die Einordnung ins 4. Kapitel systematisch nahelegt, dass nur das Geschäftsgeheimnis der **Werknutzer** gemeint sein könnte, schützt die Bestimmung auch dasjenige der **Rechteinhaber** (Barrelet/Egloff, URG 51 N 7, mit Verweis auf die Materialien zum URG 1992).

5. Kapitel: Aufsicht über die Verwertungsgesellschaften
1. Abschnitt: Aufsicht über die Geschäftsführung

Art. 52   Aufsichtsbehörde

¹ Das Institut für geistiges Eigentum (Aufsichtsbehörde) beaufsichtigt die Verwertungsgesellschaften.

² …[1]

Vorbemerkungen zum 5. Kapitel: Aufsicht über die Verwertungsgesellschaften (Art. 52–60)

1   Da den Verwertungsgesellschaften durch das Gesetz und die Bewilligungspraxis wirtschaftlich de facto eine Monopolstellung eingeräumt wird (URG 41 N 1), ist eine effektive Aufsicht über deren Tätigkeit im Interesse sowohl der Rechteinhaber als auch der Nutzer unerlässlich: Das Gesetz sieht hierfür zwei gleichgestellte Instanzen mit getrennten Aufgabenkreisen vor: das **Eidgenössische Institut für Geistiges Eigentum** für die Aufsicht über die Geschäftsführung und die **Eidgenössische Schiedskommission** für die Aufsicht über die Tarife. Aufsichtsrechtlicher Natur sind URG Art. 52–60; hilfsweise sind URG Art. 44–50 für die Aufsicht relevant. URG Art. 51 ist demgegenüber privatrechtlicher Natur (Rekurskommission für Geistiges Eigentum vom 12.08.1996 «Programmdiskette» = sic! 1997, 43). Zu den **Rechtsbehelfen** s. URG Art. 74.

Zu Art. 52

2   Die Aufgaben des früheren BAGE werden heute durch das Eidgenössische Institut für Geistiges Eigentum (IGE) ausgeübt, s. Ziff. I der V vom 25. Okt. 1995, in Kraft seit 1. Jan. 1996 (AS **1995** 5156).

---

1   Aufgehoben durch Ziff. I des BG vom 5. Okt. 2007 über die Änderung des BG betreffend das Urheberrecht und verwandte Schutzrecht, in Kraft seit 1. Juli 2008 (AS 2008 2421).

3 Siehe zu den Kompetenzen auch:
- **URG Art. 41**: die Erteilung einer Konzession;
- **URG Art. 48**: die Genehmigung eines Verteilungsreglements;
- **URG Art. 50**: Auskunfts- und Rechenschaftspflicht der Verwertungsgesellschaften.

Art. 53 Umfang der Aufsicht

¹ Die Aufsichtsbehörde überwacht die Geschäftsführung der Verwertungsgesellschaften und sorgt dafür, dass sie ihren Pflichten nachkommen. Sie prüft und genehmigt den Geschäftsbericht.

² Sie kann über die Auskunftspflicht (Art. 50) Weisungen erlassen.

³ Zur Ausübung ihrer Befugnisse kann sie auch nicht zur Bundesverwaltung gehörende Beauftragte beiziehen; diese unterstehen der Schweigepflicht.

Zu Abs. 1

1 Das IGE überwacht namentlich die sich aus URG Art. 44 ff. ergebenden **Pflichten** und ob die Voraussetzungen für die **Bewilligung** nach URG Art. 42 fortdauernd eingehalten werden. Die Aufsicht erfolgt aus eigener Initiative, im Rahmen der Prüfung des jährlichen Geschäftsberichts (URG Art. 50) oder auf Anzeige hin (dazu Barrelet/Egloff, URG 53 N 3).

Zu Abs. 2

2 Entgegen dem Wortlaut beschränkt sich das **Weisungsrecht** nicht nur auf die Auskunftspflicht, sondern erstreckt sich auf alle Aspekte von URG Art. 50, namentlich auch auf die Herausgabe von Unterlagen und die Rechenschaftspflicht (URG 50 N 2).

Zu Abs. 3

3 «Aus Absatz 3 ergibt sich, dass bei der Aufsicht über die Verwertungsgesellschaften auch Bundesstellen beigezogen werden können. Es ist insbesondere vorgesehen, bei der Beaufsichtigung von Kulturfonds (siehe URG Art. 48 Abs. 2) auch das **Bundesamt für Kulturpflege** beizuziehen, um eine angemessene und zweckmässige Verwendung der entsprechenden Mittel sicherzustellen» (Botschaft 1989, 563).

4 Zur **Verletzung der Schweigepflicht** s. DSG Art. 35.

Art. 54 Massnahmen bei Pflichtverletzungen

¹ Kommt eine Verwertungsgesellschaft ihren Pflichten nicht nach, so setzt die Aufsichtsbehörde eine angemessene Frist zur Herstellung des rechtmässigen Zustandes; wird die Frist nicht eingehalten, so ergreift sie die notwendigen Massnahmen.

² Bei Ungehorsam gegen Verfügungen kann die Aufsichtsbehörde nach entsprechender Androhung die Bewilligung einschränken oder entziehen.

³ Die Aufsichtsbehörde kann rechtskräftige Verfügungen auf Kosten der Verwertungsgesellschaft veröffentlichen.

1   URG Art. 54 ist eine **Spezialregelung** zum allgemeinen Verwaltungsverfahrensrecht des Bundes, insbesondere zu VwVG Art. 39 ff. (vgl. auch VwVG Art. 4). Die **Fristsetzung** durch das IGE ist als solche nicht auf Rechtswirkungen ausgerichtet und deshalb keine Verfügung i.S.v. VwVG Art. 5. Das Erfordernis einer *angemessenen* Frist sowie *notwendiger* Massnahmen wiederholt und konkretisiert das **Verhältnismässigkeitsprinzip** von VwVG Art. 42 und BV Art. 5 Abs. 2.

2   Kommt die Verwertungsgesellschaft ihren Pflichten bis Ablauf der Frist nicht nach, greift das IGE zu angemessenen **Massnahmen**, die repressiver oder exekutorischer Natur sein können (vgl. im Einzelnen Govoni/Stebler, SIWR II/1, 483, sowie Häfelin/Müller/Uhlmann, Allgemeines Verwaltungsverfahrensrecht, 5. Aufl. 2006, Rz. 1134a ff.). Als äusserstes Mittel kann es gemäss Absatz 2 die Bewilligung (URG Art. 41) einschränken oder gar entziehen. Rechtskräftige Verfügungen kann das IGE im Schweizerischen Handelsamtsblatt (SHAB) kostenpflichtig veröffentlichen.

2. Abschnitt: Aufsicht über die Tarife

Art. 55   Eidgenössische Schiedskommission für die Verwertung von Urheberrechten und verwandten Schutzrechten

[1] Die Eidgenössische Schiedskommission für die Verwertung von Urheberrechten und verwandten Schutzrechten (Schiedskommission) ist zuständig für die Genehmigung der Tarife der Verwertungsgesellschaften (Art. 46).

[2] Der Bundesrat wählt die Mitglieder. Er regelt Organisation und Verfahren der Schiedskommission im Rahmen des Verwaltungsverfahrensgesetzes vom 20. Dezember 1968[1].

[3] Die Schiedskommission nimmt für ihre Entscheidungen keine Weisungen entgegen; das Personal des Kommissionssekretariates untersteht für diese Tätigkeit dem Kommissionspräsidenten beziehungsweise der Kommissionspräsidentin.

Zu Abs. 1

1   Die Tarife unterliegen der **sachlichen Zuständigkeit** der ESchK nur (die ESchK selbst spricht nicht ganz zutreffend von «Kognition» im Entscheid vom 13.12.1999 E. 3c «Synchronisationsrecht I» = sic! 2001, 25), falls und insofern sie die kollektive Verwertung von Nutzungsrechten regeln, welche der Bundesaufsicht unterstellt sind (URG 41 N 2 f.). Diese Rechtsfrage ist von der ESchK gegebenenfalls vorfrageweise zu prüfen (Müller/Oertli/Brem/Salvadé/Wild, URG 55 N 2, mit Verweisen), allerdings sind die ordentlichen Gerichte an ihre Beurteilung nicht gebunden (BGer 2A.256/1998 vom 02.02.1999 E. 4b «Tarif S II» = sic! 1999, 255; anders wiederum URG Art. 59 Abs. 3 hinsichtlich Angemessenheit).

1   SR 172.021

2 Da die ESchK i.S.v. PüG Art. 15 Abs. 1 zur **Preisüberwachung** auf dem Gebiet der kollektiven Verwertung ermächtigt ist, verbleiben dem eidgenössischen Preisüberwacher nur konsultative und unverbindliche Befugnisse und Rechte (PüG Art. 15 Abs. 2*bis* und *ter*, eingehend Barrelet/Egloff, URG 55 N 4, vgl. auch Müller/Oertli/Brem/Salvadé/Wild, URG 55 N 3 f.).

Zu Abs. 2

3 Zur **Wahl** der Mitglieder durch den Bundesrat und deren Rechtsstellung URV Art. 1 f. → Nr. 2; zur **Organisation** URV Art. 3–7; zum **Verfahren** URV Art. 9–16.

Zu Abs. 3

4 Die ESchK verfügt über **richterliche Unabhängigkeit** (vgl. eingehend Govoni/Stebler, SIWR II/1, 485 ff.).

Art. 56   Zusammensetzung der Schiedskommission

¹ Die Schiedskommission besteht aus dem Präsidenten beziehungsweise der Präsidentin, zwei beisitzenden Mitgliedern, zwei Ersatzleuten sowie weiteren Mitgliedern.

² Die weiteren Mitglieder werden von den Verwertungsgesellschaften und den massgebenden Nutzerverbänden von Werken und Darbietungen vorgeschlagen.

1 Die Schiedskommission verfügt derzeit (04.2008) über 28 Mitglieder. Die aktuelle Zusammensetzung kann im Internet auf www.eschk.ch eingesehen werden. Wahl und Rechtsstellung der Kommissionsmitglieder folgen URV Art. 1 und 2 (→ Nr. 2) und der Kommissionsverordnung (→ Nr. 7; ständige Kommission, dort Art. 4 lit. b; Behördenkommission, Art. 5 Abs. 3).

Art. 57   Besetzung für den Entscheid

¹ Die Schiedskommission entscheidet mit fünf Mitgliedern: dem Präsidenten beziehungsweise der Präsidentin, zwei beisitzenden Mitgliedern und zwei weiteren Mitgliedern.

² Der Präsident beziehungsweise die Präsidentin bezeichnet für jedes Geschäft die zwei weiteren Mitglieder, die sachkundig sein müssen. Dabei ist jeweils ein auf Vorschlag der Verwertungsgesellschaften und ein auf Vorschlag der Nutzerverbände gewähltes Mitglied zu berücksichtigen.

³ Die Zugehörigkeit eines der sachkundigen Mitglieder zu einer Verwertungsgesellschaft oder einem Nutzerverband ist für sich allein kein Ausstandsgrund.

1 Soweit die massgebenden Nutzerverbände dem Tarif zugestimmt haben und nicht ein Mitglied der Spruchkammer einen Antrag auf Einberufung einer Sitzung stellt, ergeht der Entscheid im **Zirkulationsverfahren**.

2 Ob die bezeichneten zwei weiteren Mitglieder tatsächlich **«sachkundig»** sind, liegt mangels gesetzlicher Überprüfungskriterien im Ermessen der vorschlagenden Verwertungsgesellschaft bzw. Nutzerorganisation. Das Erfordernis bleibt deshalb rechtlich belanglos.

3 Abgesehen von der Einschränkung in Absatz 3 gelten die **Ausstandsregeln** von VwVG Art. 10 Abs. 1.

Art. 58 Administrative Aufsicht

¹ Das Eidgenössische Justiz- und Polizeidepartement ist administrative Aufsichtsbehörde der Schiedskommission.

² Die Schiedskommission erstattet dem Departement alljährlich Bericht über ihre Geschäftsführung.

1 Die administrative Aufsicht ändert nichts an der richterlichen Unabhängigkeit der ESchK (URG 55 N 4) und bezieht sich nur auf Fragen der Verwaltungsorganisation und Finanzen sowie Personelles und Infrastrukturelles.

Art. 59 Tarifgenehmigung

¹ Die Schiedskommission genehmigt einen ihr vorgelegten Tarif, wenn er in seinem Aufbau und in den einzelnen Bestimmungen angemessen ist.

² Sie kann nach Anhörung der am Verfahren beteiligten Verwertungsgesellschaft und der Nutzerverbände (Art. 46 Abs. 2) Änderungen vornehmen.

³ Rechtskräftig genehmigte Tarife sind für die Gerichte verbindlich.

Zu Abs. 1

1 Mit dem URG 1992 wurde die Kognition der ESchK in Nachachtung eines bundesgerichtlichen Entscheids vom 07.03.1986 auf die Kontrolle der **Angemessenheit** eines Tarifs erweitert. Diese Kontrolle ist in zweierlei Hinsicht vorzunehmen: Einerseits ist der Tarif in seiner Gesamtheit hinsichtlich des Aufbaus, seiner inneren Logik und seiner Bedeutung zu prüfen; andererseits ist auch jede einzelne Bestimmung zu prüfen. Angemessenheit bedeutet nicht nur **finanzielle** sondern auch **sachlogische Angemessenheit**. Die finanziellen Kriterien sind in URG Art. 60 festgehalten, während sich die Beurteilung der sachlogischen Kriterien vorwiegend nach URG Art. 45 richtet. Das Bundesverwaltungsgericht als Rechtsmittelinstanz kann einen Entscheid der ESchK auch auf Angemessenheit des Tarifs überprüfen (VwVG Art. 49 lit. c i.V.m. VGG Art. 37).

Zu Abs. 2

2 Die ESchK ist befugt, **materielle Änderungen** an Tarifen vorzunehmen. Sie kann dies aber nur im Rahmen des Genehmigungsverfahrens nach Anhörung der Verwertungsgesellschaft und der massgebenden Nutzerverbände (zum Begriff s. URG 46 N 3) tun und nur bei streitigen Tarifen. Bevor die ESchK selbst eine Änderung vornimmt, muss sie zunächst der

Verwertungsgesellschaft die Gelegenheit geben, die Tarifvorlage selber so zu ändern, dass eine Genehmigung möglich ist (URV Art. 15 Abs. 1 → Nr. 2).

Zu Abs. 3

3   Die Regelung soll verhindern, dass «in einem Forderungsprozess gegen einen zahlungsunwilligen Werknutzer die Höhe der Vergütung anders beurteilt würde als in den von der Aufsichtsbehörde genehmigten und (...) vom Bundesgericht gutgeheissenen Tarifen» (Botschaft 1989, 564). Diese **Verbindlichkeit** besteht allerdings nur hinsichtlich der Frage der **Angemessenheit**. Anderen Gerichten – namentlich den Zivilgerichten – bleibt es unbenommen, eine **Rechtskontrolle** der rechtskräftig genehmigten Tarife vorzunehmen (URG 55 N 1). Sie sind insbesondere befugt und verpflichtet, darüber zu wachen, dass aus den Tarifen im Einzelfall keine gesetzwidrigen Vergütungsansprüche abgeleitet werden (BGE 125 III 141 E. 4.a.).

Art. 60   Grundsatz der Angemessenheit

¹ Bei der Festlegung der Entschädigung sind zu berücksichtigen:
a.   der aus der Nutzung des Werks, der Darbietung, des Ton- oder Tonbildträgers oder der Sendung erzielte Ertrag oder hilfsweise der mit der Nutzung verbundene Aufwand;
b.   die Art und Anzahl der benutzten Werke, Darbietungen, Ton- oder Tonbildträger oder Sendungen;
c.   das Verhältnis geschützter zu ungeschützten Werken, Darbietungen, Ton- oder Tonbildträgern oder Sendungen sowie zu anderen Leistungen.

² Die Entschädigung beträgt in der Regel höchstens zehn Prozent des Nutzungsertrags oder -aufwands für die Urheberrechte und höchstens drei Prozent für die verwandten Schutzrechte; sie ist jedoch so festzusetzen, dass die Berechtigten bei einer wirtschaftlichen Verwaltung ein angemessenes Entgelt erhalten.

³ Die Werkverwendungen nach Artikel 19 Absatz 1 Buchstabe b sind tariflich zu begünstigen.

Zu Abs. 1

1   Die Bestimmung, die ihre geltende Fassung erst im Parlament erhielt, stellt **allgemeine Kriterien** zur Konkretisierung der die Angemessenheitskontrolle nach URG Art. 59 im Hinblick auf die Entschädigungshöhe auf (AmtlBull StR 1991 294). Sie orientiert sich an früherer Usanz der Verwertungsgesellschaften und der Rspr. (Govoni/Stebler, SIWR II/1, 493, 497 ff. m.w.N.; zur Entwurfsfassung Botschaft 1989, 564; zur Anwendung BGer sic! 1998, 385 «Tarif Z»).

2   Bemessungsansatz ist grundsätzlich der **Ertrag** aus der vorgenommenen Nutzung, und zwar stets der **Bruttoertrag** (BGer 2A.311/2002 vom 29.01.2003, E. 2.2); das sind die gesamten Einnahmen oder Vorteile, die im engen Zusammenhang mit der Nutzung der immateriellen Leistung stehen, also bspw. der für eine Darbietung tatsächlich gezahlte Eintrittspreis, ohne

Abzug von Provisionen oder Vertriebsunkosten oder der Mehrwertsteuer (BGer, a.a.O., E. 2.3). Ertrag sind bspw. Verkaufs- oder Billetterlöse, Abonnemententgelte, die Gebührenanteile der SRG, Werbe- und Sponsoringerträge, Spenden, Beiträge, Subventionen; auch Einsparungen (Barrelet/Egloff, URG 60 N 11 f.; Müller/Oertli/Brem/Salvadé/Wild, URG 60 N 8, je m.w.N.).

3   Falls ein Ertrag nicht in Betracht kommt (nicht anfällt oder nicht ermittelbar ist; Müller/Oertli/Brem/Salvadé/Wild, URG 60 N 8), wird statt dessen der mit der Nutzung verbundene, d.h. durch den Vorgang, der die Nutzung impliziert, veranlasste **Aufwand** zur Bemessung herangezogen (Abs. 1 lit. a; Abs. 2; Müller/Oertli/Brem/Salvadé/Wild, URG 60 N 3), so etwa der Leerträgerpreis bei der Leerträgervergütung oder das Honorar des für ein Gratiskonzert engagierten Interpreten. Hinter beiden Bemessungsansätzen steht der Gedanke, die Rechteinhaber an dem Betrag zu beteiligen, den der Werkgenuss einem andern alles in allem wert war: Im einen Fall einem Dritten (z.B. Konsumenten) gegenüber dem Nutzer (z.B. dem Veranstalter), im andern Fall diesem selbst.

4   Auf den Ertrag oder Aufwand sind die weiteren Bemessungskriterien der **Abs. 1 lit. b und c**, die Regelhöchstsätze des **Abs. 2, 1. Teilsatz** und das Kontrollkriterium des **Abs. 2, 2. Teilsatz** anzuwenden. Nach **Abs. 1 lit. b** sind **Anzahl und Art der Werke und Leistungen** zu berücksichtigen, womit eine Annäherung an die Preisbildungsmomente am Markt versucht wird – so an die Komplexität und den Herstellungsaufwand der einzelnen Werkkategorien (nicht aber die Werkqualität; Govoni/Stebler, SIWR II/1, 500). Nach der Art der Werke wäre etwa zwischen (einfacheren) akustischen und (komplexeren) audiovisuellen Werken zu differenzieren (Müller/Oertli/Brem/Salvadé/Wild, URG 60 N 9 m.w.N.). Nach **lit. c** zu berücksichtigen ist, **in welchem Unfang** sich die Nutzung auf **geschützte Werke oder Leistungen** erstreckt. Diese *pro-rata-temporis*-Regel kann insbesondere bei zeitlich dauernden Nutzungen (bspw. Vorführungen oder Sendungen) auf die Anteile verschiedener Kategorien von Schutzrechten, die teils kollektiv, teils individuell abgegolten werden (bspw. Musikwerk und Choreographie, «Ballettregel») und auf das Verhältnis zu schutzrechtsfreien Anteilen angewendet werden (Govoni/Steber, SIWR II/1, 500; Müller/Oertli/Brem/Salvadé/Wild, URG 60 N 11). In seinen Grundzügen taugt es auch für andere Anknüpfungsgegenstände, etwa Ton-/Tonbildträger. Schliesslich wird, entsprechend der *pro-rata-temporis*-Regel des lit. c, auch zu berücksichtigen sein, in welchem Masse solche Werke und Schutzgegenstände unter *Anwendung technischer Massnahmen* verbreitet oder zugänglich gemacht werden, *soweit* dies bereits zu einer individuellen Vergütung für die der Kollektivverwertung unterstehenden Nutzungen (URG 20 N 2) und/oder zur Beschränkung ihrer Nutzbarkeit in diesen Bereichen führt (vgl. die entspr. ausdrückliche Bestimmung in der EU-Richtlinie 2001/29 Art. 5 Abs.2 lit. b → Nr. 18).

5   Der Kreis der Bemessungskriterien ist in URG Art. 60 *nicht abschliessend* erfasst (Müller/Oertli/Brem/Salvadé/Wild, URG 60 N 4). Konkrete **weitere Kriterien** sind jenes der *Kontinuität* zur Vermeidung sprunghafter Erhöhungen oder Senkungen von Vergütungssätzen (Müller/Oertli/Brem/Salvadé/Wild, URG 60 N 4), sowie die Möglichkeit, gemäss URG 45 Abs. 1 die Tarifbildung (auch) vom *Rechtsverfolgungs- und Inkassoaufwand* abhängig zu machen und entsprechende Aufschläge (oder Rabatte) vorzusehen (Barrelet/Egloff, URG 60 N 2). Hierunter fallen die *«Verletzerzuschläge»*, meist die Verdopplung des geltenden

Ansatzes, in den Tarifen für den Fall der Nutzung ohne vorgängige Einwilligung oder unter falschen Angaben (URG 62 N 17; Zulässigkeit offengelassen in BGE 122 III 463 E. 5.c; Barrelet/Egloff, URG 60 N 4). *Pauschalentschädigungen* können dann angesetzt werden, wenn die Angaben der Nutzer ausbleiben und die Nutzungen oder Einnahmen geschätzt werden müssen (BGE 124 III 141 «Pro Litteris» E. 4.b).

Zu Abs. 2

6   An den tarifgemäss festgestellten Bemessungsgrössen sollen die **Urheber in der Regel zu höchstens 10%, die Inhaber verwandter Schutzrechte daneben zu in der Regel höchstens 3%** beteiligt werden. Diese Grenzen stehen im Hinblick auf ihre Vereinbarkeit mit den konventionsrechtlich gewährleisteten Ausschliesslichkeitsrechten in der Kritik (vgl. Barrelet/Egloff, URG 60 N 6; Müller/Oertli/Brem/Salvadé/Wild, URG 60 N 13 f.). Die Anteile haben die Entschädigung für *alle Berechtigten*, ungeachtet ihrer Zahl im Einzelfall, zu decken (Barrelet/Egloff, URG 60 N 20). Nach einem bereits vor dem Inkrafttreten des Gesetzes geprägten Grundsatz gelten diese Limiten auch unabhängig von der *Werkgattung* oder *Nutzungsart*, sowie unabhängig davon, ob eine Nutzung eine oder mehrere Werkgattungen oder Arten geschützter Leistungen beansprucht (Govoni/Stebler, SIWR II/1, 494). Dies führt indes nicht im Umkehrschluss zu einer Reduktion des Tarifs, bei dem eine der Gattungen nicht impliziert ist (vgl. das Beispiel der Sendung einer Darbietung live oder unter Verwendung eines Tonträgers, wo derselbe Vergütungssatz einmal dem Interpreten allein zukommt, das andere Mal mit dem Produzenten zu teilen ist, URG Art. 35, bei Barrelet/Egloff, URG 60 N 17).

7   Die Kumulation der Vorgaben «**in der Regel**» und «**höchstens**» wird von der h.M. im Sinne eines *Höchst-* (und eben nicht eines Regel-)*Satzes* verstanden, der *im Ausnahmefall* überschritten werden kann (vgl. die Nachw. bei Müller/Oertli/Brem/Salvadé/Wild, URG 60 N 17). Damit soll v.a. auf die Entwicklung von Diskrepanzen im Verhältnis des zur Bemessung herangezogenen Aufwands (z.B. des Leerträgerpreises) und der damit ermöglichten Nutzung (Kapazität, Intensität) reagiert werden können (Botschaft 1989, 565; AmtlBull NR 1992 47). In der Praxis haben sich die Grenzen als kaum überwindbar erwiesen (Nachw. bei Govoni/Stebler, SIWR II/1, 499). Tatsächlich droht die Entwicklung der Speicher-, d.h. mehr oder weniger werknutzungstypischen Trägermedien, das mit der Leerträgerabgabe verfolgte Konzept der Entschädigung der Rechteinhaber für den Eigengebrauch (URG 20 N 1) auszuhebeln und das auf diesen Vergütungsanspruch reduzierte Recht wirtschaftlich zu entwerten: In der einen Richtung führt die Entwicklung der Speichermedien bspw. im Fall von Datenverarbeitungs-Festplatten zu einer Entkoppelung der Abgabe vom tatsächlichen Nutzungsverhalten und damit letztlich zu einer eher an der technischen Kapazität als an der potentiellen Werknutzung orientierten, steuerähnlichen Abgabe. In der andern Richtung gerät zugleich der Preis der Datenträger – auch und gerade in Bereichen mit etabliert intensiver Werknutzung (bspw. portablen Musik-Speicher- und Abspielgeräten, «iPod») – und mit ihm das Abgabevolumen ausser Verhältnis zur Speicherkapazität und zur tatsächlichen Nutzung, der praktisch beliebigen Verfügbarkeit ungekannter Mengen und Auswahl von Werken, Darbietungen und Produktionen (vgl. auch Barrelet/Egloff, URG 60 N 18 f.). Hinzu kommt drittens die Verlagerung der Werkverbreitung und -vervielfältigung aus herkömmlichen Bereichen des Exklusivrechts (Vorführung, Vertrieb von Werkexemplaren, Sendung usw.) in

4. Titel: Verwertungsgesellschaften Nr. 1 URG **Art. 60**

die Bereiche des Eigengebrauchs (URG 39a N 2 f.) und gar in jene unrechtmässiger Verbreitung und Zugangs zu kopierfähigen Werkdaten (URG 19 N 19), die nicht beliebig durch Preisbildung oder Volumensteigerung (bspw. im Online-Markt, der zudem den Unsicherheiten des mit URG Art. 39a Abs. 1 und 4, dort N 2 f., 9, 26, lückenhaften Umgehungsschutzes ausgesetzt ist) ausgeglichen werden kann und einen *Substanzverlust in der individuellen Rechtswahrnehmung* (wie rückgängige CD- und DVD-Verkäufe) zur Folge haben kann. Hinzu kommt, viertens, mit der Revision 2007 die gezielte Unterstellung weiterer Nutzungen unter den Kollektivverwertungszwang (URG 22a N 1), dies teils mit der erklärten (mit der Eigentumsgarantie der Bundesverfassung schwer zu vereinbarenden) Absicht, mittels der Limiten des URG Art. 60 Abs. 2 die Vergütungen hierfür vom Markt- auf ein tieferes Niveau zu drücken (URG Art. 24b, dort N 2, Botschaft 2006, 3431 f., AmtlBull StR 2006 1209).

8   Die Regelhöchstsätze hindern die hier nötige Flexibilität des Kollektivverwertungssystems und sind mit der zugrundeliegenden Anforderung – einer **Angemessenheitsprüfung** nach URG Art. 59 – im Grunde nicht vereinbar. Als Kriterium der Angemessenheit taugen sie deshalb gerade nicht. Wo tatsächliche Entwicklungen zur feststellbaren – auch schleichenden – Entwertung der Urheber- und Leistungsschutzrechte in ihrer Gesamtheit führen, gebieten es die Eigentumsgarantie der Bundesverfassung (URG Art. 1, 19 N 5) sowie die konventionsrechtliche Gewährleistung der betroffenen Rechte (Müller/Oertli/Brem/Salvadé/Wild, URG 60 N 13 f.; vgl. auch Barrelet/Egloff, URG 60 N 6, 18 f.), von der Möglichkeit der Abweichung nach oben («in der Regel»; dazu AmtlBull NR 1992 47; Govoni/Stebler, SIWR II/1, 499) tatsächlich Gebrauch zu machen. Auszurichten ist dies am Kontrollkriterium des Abs. 2, 2. Teilsatz, wonach **bei wirtschaftlicher Verwaltung eine angemessene Entschädigung** der Rechteinhaber gewährleistet sein muss. Zu bemessen ist dies an den möglichen Erträgen aus der marktüblichen individuellen Verwertung gleicher oder vergleichbarer Rechte, auch in internationalen Verhältnissen (Müller/Oertli/Brem/Salvadé/Wild, URG 60 N 4), und auch im Rückblick, wo – wie im Fall von URG Art. 24b – das Gesetz eine zuvor frei ausgehandelte Nutzung neu der zwingenden Kollektivverwertung unterstellt (dort N 1 f.)

Zu Abs. 3

9   Abs. 3 ist als spezifisches **Anliegen des Bildungswesens** und als **deutliche Ausnahme** gegenüber anderen, auch zur Entstehungszeit absehbaren öffentlichen Interessen in das Gesetz gelangt («In Absatz 3 haben wir einem Anliegen der Erziehungsdirektorenkonferenz Rechnung getragen. Es geht hier um die Werkverwendung im engen Bereich von Lehrern und Schülern im Unterricht»; AmtlBull StR 1991 294; der Entwurf hatte noch generell auf Gemeinnützigkeit abgestellt; Botschaft 1989, 629) und taugt daher nicht für die analoge Ausdehnung auf andere Nutzungsbereiche.

5. Titel: Rechtsschutz
1. Kapitel: Zivilrechtlicher Schutz

Art. 61 Feststellungsklage

Wer ein rechtliches Interesse nachweist, kann gerichtlich feststellen lassen, ob ein Recht oder Rechtsverhältnis nach diesem Gesetz vorhanden ist oder fehlt.

1 **Die Feststellungsklage** kann mit anderen Klagearten kumuliert werden oder auch nur ein Mittel zur Vorbereitung einer Urteilspublikation nach URG Art. 66 sein (z.B. KGer/GR ZFE 03 1 vom 16.02.2004, E. 2, publiziert auf www.kg-gr.ch, besucht am 01.02.2008).

2 Die Feststellungsklage ist zulässig, wenn der Kläger ein Interesse an sofortiger Feststellung des Bestehens oder Nichtbestehens eines Rechtsverhältnisses hat. Das Interesse kann tatsächlicher oder rechtlicher Art, muss jedoch erheblich sein. Es ist unter den drei Voraussetzungen gegeben, dass
   1. die **Ungewissheit** über die Rechtsbeziehung zwischen den Parteien durch die richterliche Feststellung behoben werden kann und
   2. deren Fortdauern dem Kläger **unzumutbar** ist.
   3. Ausserdem muss es dem Kläger unmöglich sein, eine Leistungsklage nach URG Art. 62 zu erheben (**Subsidiarität** der Feststellungsklage; BGE 123 III 49 E. 1a, bestätigt in BGer 4A.55/2007 vom 29.08.2007 E. 5.2.1, vgl. aber dort zit. a.M.; BGer 4C.290/2001 vom 08.11.2002, E. 1.1 = sic! 2003, 323; vgl. auch Vogel/Spühler, Grundriss des Zivilprozessrechts, 8. Aufl. 2006, § 7 N 23).

3 «**Aktivlegitimiert** sind nicht nur der Urheber und der Inhaber verwandter Schutzrechte, sondern auch jeder Dritte, der ein rechtliches Interesse nachweist; dies ist besonders bei der negativen Feststellungsklage von Bedeutung» (Botschaft 1989, 566). Das erforderliche Feststellungsinteresse hinsichtlich der **Rechtsbeziehung Dritter** ist aber nur ausnahmsweise gegeben, wenn Bestand und Inhalt der Rechtsbeziehung unter den Parteien vom Bestehen eines bestimmten Rechtsverhältnisses zwischen Dritten bzw. zwischen einer der Prozessparteien und Dritten abhängt (BGer 4A.55/2007 vom 29.08.2007, E. 5.2.1.; BGer 4C.290/2001 vom 08.11.2002, E. 1.3 = sic! 2003, 323).

4 Bei Zivilklagen gemäss URG Art. 61 ff. ist **passivlegitimiert**, wer in irgendeiner Weise an der behaupteten Urheberrechtsverletzung mitgewirkt hat (KGer/SG vom 24.11.1999, E. 2 «Porträtfotografie»= sic! 2000, 188).

Art. 62 Leistungsklagen

¹ Wer in seinem Urheber- oder verwandten Schutzrecht verletzt oder gefährdet wird, kann vom Gericht verlangen:
a. eine drohende Verletzung zu verbieten;
b. eine bestehende Verletzung zu beseitigen;

c. die beklagte Partei zu verpflichten, Herkunft und Menge der in ihrem Besitz befindlichen Gegenstände, die widerrechtlich hergestellt oder in Verkehr gebracht worden sind, anzugeben und Adressaten sowie Ausmass einer Weitergabe an gewerbliche Abnehmer und Abnehmerinnen zu nennen.[1]

¹*bis* Eine Gefährdung von Urheber- oder verwandten Schutzrechten liegt insbesondere vor bei Handlungen nach den Artikeln 39a Absätze 1 und 3 sowie 39c Absätze 1 und 3.[2]

² Vorbehalten bleiben die Klagen nach dem Obligationenrecht[3] auf Schadenersatz, auf Genugtuung sowie auf Herausgabe eines Gewinns entsprechend den Bestimmungen über die Geschäftsführung ohne Auftrag.

³ Wer über eine ausschliessliche Lizenz verfügt, ist selbständig zur Klage berechtigt, sofern dies im Lizenzvertrag nicht ausdrücklich ausgeschlossen worden ist. Alle Lizenznehmer und Lizenznehmerinnen können einer Verletzungsklage beitreten, um ihren eigenen Schaden geltend zu machen.[4]

Überblick

1   Vor allem in den **klagbaren Leistungsansprüchen** manifestiert sich das Urheberrecht als individuelles, klagbares absolutes Recht seiner Inhaber. URG Art. 62 konkretisiert diese Ansprüche im Hinblick auf die *Abwehr* und *Kompensation* von Verletzungen der im Urheberrecht gewährten Ausschliesslichkeitsrechte sowie von Verletzungen des flankierenden Rechtsschutzes technischer Massnahmen und der Wahrnehmungsinformationen. Aktivlegitimiert sind die *Inhaber des betroffenen (Teil-)Rechts* (BGE 113 II 190 E. I.1.b f., s. aber noch N 5 ff.; zur Aktivlegitimation mehrerer Rechteinhaber s. Urheber URG Art. 7, Interpreten URG Art. 34, Produzenten URG 36 N 5). Abs. 1 gewährt die **Abwehransprüche** auf **Unterlassung, Beseitigung** und (beschränkte) **Auskunft**: Hierfür genügt die objektive Rechtswidrigkeit; weder ist ein Verschulden erforderlich, noch ein Schadensnachweis (Botschaft 1989, 566). Auf allgemeinere Regeln können solche Ansprüche nur gestützt werden, soweit nicht das Urheberrecht als Spezialregelung vorgeht (s. auch URG 1 N 11). Dies gilt auch, soweit diese Ansprüche gestützt auf **Abs. 1bis** geltend gemacht werden. **Abs. 2** verweist für die **Wiedergutmachungs-** (reparatorischen) **Ansprüche**, v.a. den **Schadenersatz**, auf das allgemeine Obligationenrecht. Passivlegitimiert ist der Verletzer (Störer); für Mittäter, Anstifter und Gehilfen s. OR Art. 50. Mit den Ansprüchen aus dem Urheberrecht zeigen sich die praktischen Grenzen seiner privatrechtlichen Wahrnehmung, u.a. wegen der Schwierig-

---

1   Fassung gemäss Ziff. II des BG vom 22. Juni 2007 über die Änderung des BG betreffend die Erfindungspatente, in Kraft seit 1. Juli 2008 (AS 2008 2551).
2   Eingefügt durch Art. 2 des BB vom 5. Okt. 2007 über die Genehmigung von zwei Abkommen der Weltorganisation für geistiges Eigentum und über die Änderung des Urheberrechtsgesetzes, in Kraft seit 1. Juli 2008 (AS 2008 2497).
3   SR 220
4   Eingefügt durch Ziff. II des BG vom 22. Juni 2007 über die Änderung des BG betreffend die Erfindungspatente, in Kraft seit 1. Juli 2008 (AS 2008 2551).

keit des Schadensbeweises, der fehlenden Abschreckungswirkung der Schadenersatzforderung (N 14, 17), und besonders der Verlagerung der Verletzungshandlungen in das Internet, und damit teilweise ins Ausland und in die Anonymität (N 4; URG 18 N 19). Das erfordert den erweiterten Schutz durch das Strafrecht (URG Art. 67 ff.).

Zu Abs. 1

2 **Abs. 1 lit. a** gibt Anspruch auf die **Unterlassung** *drohender Verletzungshandlungen.* Voraussetzung ist ein hinreichendes, aktuelles Rechtsschutzinteresse. Dieses besteht bei der konkreten **Gefährdung** des Schutzrechts (Botschaft 1989, 566; zur abstrakten Gefährdung gemäss Abs. 1*bis* i.V.m. URG Art. 39a Abs. 3, 39c Abs. 3, N 8), d.h. wenn das Verhalten des Anspruchsgegners dessen *künftige* Verletzung ernsthaft befürchten lässt, sei es, weil eine Verletzung *bereits begangen* wurde und die damit indizierte *Wiederholungsgefahr* (David, SIWR I/2, 77 f.) *nicht ausgeräumt* ist (anders als bspw. im deutschen Recht, vgl. Schricker/Wild, dUrhG § 97 N 42 f. m.w.N., soll eine Unterlassungserklärung des Verletzers die Wiederholungsgefahr auch dann ausräumen, wenn dieser die Unterwerfung unter eine Konventionalstrafe verweigert (David, SIWR I/2, 78) oder weil konkrete Anhaltspunkte für die Besorgnis einer erstmaligen Begehung bestehen (BGer 4C. 238/2003 vom 02.06.2004, E. 2.2; BGE 116 II 357 E. 2a m.w.N.; 109 II 338, E. 3). Die Unterlassungsklage soll einerseits genügend weit gefasst sein, um die Verletzungs- bzw. Wiederholungsgefahr auch im Hinblick auf vergleichbare, abgewandelte Tathandlungen des Anspruchsgegners wirksam abzuwenden; andererseits muss sie im Hinblick auf ihre Vollstreckbarkeit auf das Verbot eines *genau umschriebenen* Verhaltens gerichtet sein (BGer 4C.138/2004 vom 01.04.2005; BGE 97 II 92).

3 Der Anspruch aus Abs. 1 lit. b richtet sich gegen die **Beseitigung** eines andauernden *rechtsverletzenden Zustands* (bspw. Beseitigung von Raubkopien, Sperrung einer Website mit rechtsverletzendem Inhalt, Richtigstellung der Autorschaft; hierunter grundsätzlich auch die Einziehung, URG Art. 63; David, SIWR I/2, 86 ff.).

4 Der in **lit. c** geregelte, strafbewehrte (URG Art. 67 und 69, je Abs. 1 lit. k) **Auskunftsanspruch** entspricht der Regelung in anderen Immaterialgüterrechtsgesetzen; er wurde zusammen mit diesen durch die Revision des PatG 2007 angepasst (Botschaft PatG 2006, 119). Ziel ist es, den Rechteinhabern zu der für die Wahrung ihrer Rechte benötigten Information zu verhelfen (vgl. Botschaft 1989, 566), die hier häufig nur aus der Sphäre des (potentiellen) Rechtsverletzers zu erlangen ist; u.a. Anhaltspunkte, die Rückschlüsse auf den Schaden zulassen. Entgegen dem zu engen Wortlaut kommt es auf *aktuellen* Besitz nicht an (Barrelet/Egloff, URG 65 N 9). Neu erstreckt der Auskunftsanspruch sich auch auf die *Menge* vorhandener oder erlangter Raubkopien sowie auf *Adressaten* und *Ausmass* ihrer Weitergabe an gewerbliche Abnehmer. Damit soll die gesamte Produktions- und Absatzkette für einen wirksamen Rechtsschutz nachvollziehbar gemacht werden (Botschaft PatG 2006, 120). Auch diese – dem gewerblichen Rechtsschutz entnommene – Neufassung bleibt indessen an Rechtsverletzungen im Verkehr mit *körperlichen Gegenständen* ausgerichtet; an der Wirklichkeit der *Urheberrechtsverletzung* durch unkörperliche Vorgänge, besonders im Internet, geht sie vorbei. Insbesondere die für den Rechtsschutz gegen Netzwerk-Rechtsverletzungen zentrale Information über die *Identität der Täter,* die regelmässig nur über die IP-Adresse

ihres Internetzugangs ermittelbar sind (vgl. dazu öOGH 11 Os 57/05z vom 26.07.2005), bleibt damit ungeregelt. Die Analogiefähigkeit des speziellen Auskunftsanspruchs aus lit. c ist zweifelhaft. Insbesondere richtet sich der Auskunftsanspruch gegen die (nach lit. a oder b) beklagte Person, mithin den manifesten oder potentiellen Verletzer; gegenüber Dritten, etwa Internet Service Providern, kommt er nur bei *Mittäterschaft* oder *Teilnahme* in Betracht. Ebenso fehlt die Auskunft über Umsätze (vgl. DesG Art. 41 Abs. 1 lit. c).

Zu Abs. 1bis

5 Anders als die urheber- und nachbarrechtlichen Schutzrechte (wie URG Art. 10, *«das Recht zu bestimmen»*, URG Art. 36 *«das ausschliessliche Recht»*), sind die Schutzrechte, welche technische Massnahmen und Wahrnehmungsinformation zum Gegenstand haben, in URG Art. 39a Abs. 1 und Abs. 3 und Art. 39c Abs. 1 und 3 als generelle Verbote formuliert (*«dürfen nicht»*, *«verboten sind»*, *«geschützt sind»*). Gleichwohl besteht an der individualrechtlichen **Aktivlegitimation** mit URG Art. 62 **Abs. 1bis** kein Zweifel (Botschaft 2006, 3427: *Leistungsklagen gemäss Abs. 1 beziehen sich auch auf den Schutz nach URG Art. 39a, 39c;* der VE 2004 hatte eine solche ausdrückliche Bestimmung der Aktivlegitimation noch nicht enthalten). Für die Verbotstatbestände der URG Art. 39a Abs. 1 und Art. 39c Abs. 1 folgt das individuelle Recht schon aus dem – dort ungeschriebenen (vgl. aber «unrechtmässig» in URG Art. 69a Abs. 1; dort N 3) – Tatbestandsmerkmal, wonach die Umgehung bzw. Manipulation verboten ist, wenn sie *ohne Einwilligung* der Rechteinhaber vorgenommen wird, welche technische Massnahmen oder Wahrnehmungsinformationen gebrauchen (URG 39a N 8). Diese können, indem sie solche Massnahmen oder Informationen gebrauchen, ebenso darauf verzichten, selbst über diese verfügen und daher auch in deren Umgehung bzw. Manipulation durch Dritte einwilligen, was eine Verletzung ausschliesst. Ist auch das Urheber- und verwandte Schutzrecht das *geschützte Rechtsgut,* so sind doch die durch das Verbot geschützten *Angriffsobjekte* die technischen Massnahmen bzw. die Wahrnehmungsinformationen selbst.

6 **Abs. 1bis** enthält die – unwiderlegbare – Vermutung, wonach die Widerhandlung gegen die Verbote der URG Art. 39a, 39c eine **Gefährdung** von Urheber- und verwandten Schutzrechten darstellt, und knüpft hieran die Aktivlegitimation. *Unwiderlegbar* ist die Vermutung, weil einerseits die genannten Verbote selbst vom Gesetz *vorbehaltlos* aufgestellt werden (vorbehalten ist allerdings die Einwilligung der Rechteinhaber, N 5; URG 39a N 8) und andererseits auch der Wortlaut des Abs. 1*bis* keinen Vorbehalt erkennen lässt. Zusätzliche Anhaltspunkte für eine drohende Verletzung dieser Rechte sind hiernach nicht erforderlich.

7 Das **Umgehungsverbot** nach **URG Art. 39a Abs. 1** und das **Manipulationsverbot** nach **URG Art. 39c Abs. 1** schützen konkrete **technische Massnahmen** bzw. **Wahrnehmungsinformationen** (und erfassen damit überwiegend konkrete Schutzrechtsgefährdungen), die indessen nicht notwendig an einem bestimmten Werkexemplar, sondern auch am Übertragungsweg oder an einem Abspielgerät für eine unbestimmte Zahl von Werken wirksam sein können (dann nur abstrakte Gefährdung; N 8). Auch ist es in der Praxis u.U. nicht der Rechteinhaber oder Lizenznehmer, sondern ein Dritter, z.B. der Betreiber einer Online-Handelsplattform, der technische Massnahmen oder Wahrnehmungsinformationen anwendet, um für die dort angebotenen Werke die Gefährdung der Rechte Dritter zu verringern. Auch hier obliegt aber der *urheberrechtliche* Rechtsschutz allein den *Inhabern* der betroffenen

Rechte bzw. den vertraglich – bzw. neu aufgrund von URG Art. 62 Abs. 3 (N 18) – aktivlegitimierten Inhabern ausschliesslicher Lizenzen: Nur diese Aktivlegitimierten können Nutzungen verbieten oder erlauben. Die Anknüpfung des Abs. 1*bis* an der Gefährdung der Urheber- und verwandten Schutzrechte stellt klar, dass auch nur sie gegen die Umgehung oder Manipulation nach URG Art 39a Abs. 1, 39c Abs. 1 vorgehen können (Botschaft 2006, 3427). Hierfür unerheblich ist es, ob sie die technischen Massnahmen selbst anwenden, durch Dritte anwenden lassen oder diese Anwendung gar nur dulden. *Urheberrechtlich* nicht aktivlegitimierte Dritte können die Umgehung oder die Manipulation der Wahrnehmungsinformation nicht selbständig erlauben und deren Verbot folglich nicht selbst durchsetzen. Ihr Interesse, die von ihnen technisch geschützten Vertriebswege nicht, auch nicht durch die Umgehungserlaubnis einzelner Rechteinhaber, unterlaufen und entwerten zu lassen, ist nicht Schutzgegenstand des *Urheberrechts* (wohl aber des allgemeinen Rechtsschutzes bspw. für den elektronischen Rechtsverkehr). Im übrigen kann das Verhältnis zwischen Anwendern technischer Massnahmen und Rechteinhabern in Bezug auf bestimmte Werke unter diesen vertraglich geregelt werden.

8   Die Verbote der **Vorfeldtaten nach URG Art. 39a Abs. 3, 39c Abs. 3** unterscheiden sich hiervon darin, dass diese *abstrakten Gefährdungstatbestände* mit einer konkreten, durch das Urheberrecht geschützten Rechtsposition bzw. deren konkreter Gefährdung gar nicht in Verbindung zu bringen sind. Indessen wollte der Gesetzgeber auch mit diesen Verboten individuelle Rechte begründen (Botschaft 2006, 3427; Gesetz und Botschaft machen keinen Unterschied zwischen jeweils Abs. 1 und 3 beider Artikel). Die Aktivlegitimation kommt hier *allen* von der *abstrakten Gefährdung* von Urheber- und verwandten Schutzrechten durch die Umgehung bzw. Manipulation *Betroffenen* zu, d.h. *allen* Rechteinhabern (und aktivlegitimierten Exklusivlizenznehmern, N 7, 18), welche im Geltungsbereich des Gesetzes technische Massnahmen bzw. Wahrnehmungsinformationen anwenden oder anwenden lassen (N 5, 7; so die vergleichbare, ausdrückliche Regelung in öUrhG § 90c Abs. 1 i.V.m. Abs. 3). Auch insoweit besteht kein *urheberrechtlicher* Rechtsschutz für solche Anwender technischer Massnahmen, die nicht selbst hinsichtlich der Urheber- oder verwandten Schutzrechte aktivlegitimiert sind (N 7).

9   **Passivlegitimiert** sind die Täter der nach URG Art. 39a, 39c verbotenen Handlungen; ferner Mittäter, Anstifter und Gehilfen (N 1; OR Art. 50), dies auch insoweit, als ein (Haupt-)Täter sich auf den Rechtsfolgenausschluss von URG Art. 39a Abs. 4 berufen kann, denn dieser lässt Tatbestandsverwirklichung und Widerrechtlichkeit unberührt.

10 Die mit Abs. 1*bis* begründete Aktivlegitimation gegen Verletzungen der Verbote der URG Art. 39a und 39c verweist auf die **Abwehransprüche wegen Gefährdung** aus URG Art. 62 Abs. 1 (zu kompensatorischen Ansprüchen s. N 11 ff.). Diese haben die Unterlassung einer drohenden *Verletzung* des Urheber- oder Nachbarrechts zum Gegenstand. Natürlicher Gegenstand eines auf das Umgehungs- bzw. Manipulationsverbot der URG Art. 39a Abs. 1 und 39c Abs. 1 gestützten Anspruchs ist aber die Unterlassung der *Umgehung oder Manipulation*, bzw. die Beseitigung ihrer Folgen (etwa des seines technischen Schutzes oder der Wahrnehmungsinformation entkleideten, potentiell gefährlichen Werkdatensatzes). Diese gilt nur durch Abs. 1*bis* als Gefährdung der Verletzung. Dies eröffnet den Anspruch aus Abs. 1 lit. a, was die Beseitigung des gefährdenden Zustands einschliesst: Bereits in anderen

Fällen der Gefährdung des Schutzrechts im Sinn von Abs. 1 folgt es aus dem Zweck des Schutzrechts, nicht erst die (zukünftige) Verletzung, sondern bereits jenes Geschehen zu verbieten bzw. jenen Zustand zu beseitigen, welche die konkrete Gefahr dieser Verletzung bewirken (N 7; Botschaft 1989, 566). Zweck des Abs. 1*bis* ist, dass sich die Leistungsklagen gemäss Absatz 1 auch *auf den Schutz* technischer Massnahmen und von Wahrnehmungsinformationen *beziehen* sollen (Botschaft 2006, 3427). Anspruch besteht deshalb auf die Unterlassung der Umgehung bzw. Manipulation selbst, die ja in URG Art. 39a Abs. 1, 39c Abs. 1 auch *als solche verboten* sind (und vom Aktivlegitimierten erlaubt werden könnten, N 5; URG 39a N 8). Deutlich ist das im Fall der *abstrakten* Gefährdungstatbestände der URG Art. 39a Abs. 3, 39c Abs. 3; die ausdrücklich gewährte Aktivlegitimation kann sich mangels Bezugs zu einem konkreten Urheber- oder verwandten Schutzrecht überhaupt nur gegen die gefährdenden Taten bzw. Zustände (bspw. den Import von Umgehungstools, die Werbung für solche) selbst richten.

Zu Abs. 2

11   **Abs. 2** verweist für die **Wiedergutmachungsansprüche** vollumfänglich auf die Bestimmungen des OR, begründet also *kein Spezialrecht.* Demgemäss enthält er weder einen abschliessenden Katalog der Ansprüche (vgl. nur Müller/Oertli/Müller, URG 62 N 5) noch möglicher Rechtsgrundlagen (Barrelet/Egloff, URG 62 N 11). Hingegen stellt er klar, dass die ausschliesslichen Urheber- und verwandten Schutzrechte (neben den Verwendungsrechten auch solche etwa nach URG Art. 15, dort N 5) und die Verbote der URG Art. 39a, 39c Schutzgesetze im Sinn des allgemeinen **Deliktsrechts** darstellen, deren Verletzung – vorbehaltlich der Einwilligung der Rechteinhaber – die Widerrechtlichkeit der Schädigung begründet (OR Art. 41 Abs. 1). So kann auch die Verletzung der selbständigen Verbote in URG Art. 39a, 39c i.V.m. URG Art. 62 Abs. 1*bis* Schadenersersatzansprüche begründen. Anspruch auf Genugtuung besteht im Rahmen von OR Art. 49.

12   Es gelten die allgemeinen Voraussetzungen des deliktsrechtlichen Schadenersatzanspruchs nach OR Art 41 ff. (BGE 132 III 379 E. 3.1): **Widerrechtlichkeit** (N 11), hier *durch die Verletzung der Schutzrechte bzw. Verbote* des URG; bezifferbarer **Schaden** (OR Art. 42) und schadensbegründender **Kausalzusammenhang** mit der Verletzung; **Verschulden**, d.h. Vorsatz oder Fahrlässigkeit (OR Art. 41 Abs. 1).

13   **Fahrlässig** ist die Rechtsverletzung, wenn der Verletzer die gebotene, verkehrsübliche Sorgfalt ausser Acht gelassen hat. Dabei ist die besonders hohe Verletzlichkeit der Urheber- und Leistungsschutzrechte zu berücksichtigen, welche weder in einer dem Besitz vergleichbaren Herrschaft (vgl. URG Art. 16 Abs. 3), noch in einem Register einen tatsächlichen Anhaltspunkt finden und deshalb auch *keinen gutgläubigen Erwerb* kennen (BGE 117 II 463 E. 3; URG 16 N 6). Zweifel an der Berechtigung eines Rechteinhabers, besonders auf einer dem Urheber nachgelagerten Stufe, oder eines Lizenznehmers können *tatsächlich* nur durch den lückenlosen Nachweis der Rechtekette ausgeräumt werden (URG 8 N 2, 16 N 6; zum dt. Recht Schricker/Wild, dUrhG § 97 N 52).

14   Eine erhebliche praktische Schwierigkeit liegt in der Bezifferung und im Beweis des durch die Verletzung verursachten **Schadens** in Form tatsächlicher Vermögenseinbusse, vor allem aber *entgangenen Gewinns.* Nach st. Rspr. steht dem Geschädigten deshalb alternativ zum **Ersatz**

des nachgewiesenen Schadens, gestützt auf das richterliche Ermessen nach OR Art. 42 Abs. 2, die Schadensbemessung anhand der üblichen Lizenzgebühr zu Gebote (**Lizenzanalogie**; BGE 132 III 379 E. 3.2.1, 3.4; 122 III 464 E. 5. b). Analogiefähig sind neben den Tarifen der Verwertungsgesellschaften oder von Branchenverbänden auch marktübliche Lizenzsätze für vergleichbare Nutzungen, soweit sich hierfür Beweis erbringen lässt. Allerdings verlangt das Bundesgericht auch insoweit den Nachweis eines Schadens dem Grunde nach, mindestens also die Bereitschaft des Rechteinhabers, grundsätzlich entgeltliche Nutzungslizenzen zu erteilen (BGE 132 III 379 E. 3.4).

15 Die Schadensermittlung anhand des vom Verletzer mit der Verletzung erzielten Gewinns (bspw. im deutschen Recht als wahlweise Methode anerkannt; dUrhG § 67 Abs. 1 Satz 2) wird von der h.M. in der Schweiz *abgelehnt*. Ein Anspruch auf **Herausgabe des Verletzergewinns** ist hiernach auf unechte Geschäftsführung ohne Auftrag (OR Art. 423) zu stützen (BGE 132 III 379 E. 3.2.3). Während der Herausgabeanspruch auch ohne Verschulden besteht, knüpft ihn das BGer an *Bösgläubigkeit* des Verletzers (BGer 4C.101/2003 vom 17.07.2003, E. 6.3 m.w.N.). Im zitierten Entscheid für Zweifel an der *Schutzfähigkeit* bzw. am Schutzbereich (Plagiatsfall) postuliert, ist diese Anforderung jedenfalls auf Zweifel über die *Inhaberschaft* eines fremden Urheberrechts wegen seiner Untauglichkeit für gutgläubigen Erwerb nicht übertragbar (oben N 13). Mit dem Gewinnherausgabeanspruch nicht kumulierbar ist Schadenersatz, der auf denselben Tatbestandselementen beruht wie die Geschäftsanmassung (BGE 97 II 177 f. und 98 II 325 ff.); so also nicht der nach Lizenzanalogie oder als entgangener Gewinn bezifferte Schaden; dem Ersatz anderer, auf andere Sachverhaltselemente begründeten Schadens steht das nicht entgegen (Botschaft 1989, 566; so bspw. hinsichtlich notwendiger Rechtsverfolgungskosten).

16 Die Wiedergutmachungsklagen **verjähren** nach den allgemeinen Bestimmungen, also jene auf deliktsrechtlichen Schadenersatz nach OR Art. 60 (so nach BGE 126 III 382 auch die auf OR Art. 423 Abs. 1 gestützte Klage auf Gewinnherausgabe), jene aus Vertrag (ebenso aus gesetzlicher Lizenz, BGE 124 III 370 E. 3.b.bb) nach OR Art. 127 ff.

17 Ein «**Verletzerzuschlag**» auf die Schadenersatzforderung, der gegenüber der üblichen Lizenz (N 14) den Eingriffscharakter der Nutzung berücksichtigt (vgl. öUrhG § 87 Abs. 3), ist von der Rspr. nur auf der Grundlage einer Vertragsbeziehung bestätigt, bei Anwendung von Tarifen einer Verwertungsgesellschaft (Verdopplung des Tarifs für Nutzung ohne zuvor eingeholte Einwilligung; URG 60 N 5) offengelassen, für ausservertragliche Ansprüche aber abgelehnt worden (BGE 122 III 463 E. 5.c.aa., cc m.w.N.; URG 60 N 5; Reto M. Jenny, Zum Verletzerzuschlag im schweizerischen Urheberrecht, sic! 2004, 651 ff.).

Zu Abs. 3

18 Ein praktisches Problem für die Wahrnehmung der Urheberrechte, insbesondere die Abwehr von Rechtsverletzungen, folgt aus der verbreiteten Praxis, für Nutzungen ausschliessliche «Lizenzen» zu erteilen. Diese werden überwiegend als bloss obligatorische Nutzungsgestattung, nicht als Verfügung über absolute (Teil-)Rechte betrachtet, was freilich eine Frage der Auslegung des konkreten Lizenzvertrags und als solche nicht an der Bezeichnung zu behaften ist (OR Art. 18 Abs. 1; URG 16 N 5; Weinmann, Conrad, Die Rechtsnatur der Lizenz, Bern 1996, 274 f., 500 ff., 570 ff.). Gleichwohl kann die Verletzungsabwehr an der Ungewissheit über

die **Aktivlegitimation von Lizenznehmern** (und der Distanz der oft ausländischen Rechteinhaber) scheitern.

Nach bisherigem Recht setzte eine solche Klagebefugnis ausschliesslicher Lizenznehmer (eine Aktivlegitimation nicht-ausschliesslicher Lizenznehmer fällt grundsätzlich ausser Betracht, weil diese Nutzungen durch Dritte zu dulden haben; vgl. auch Botschaft PatG 2006, 40, 130) die mindestens konkludente **Ermächtigung im Lizenzvertrag** zur Prozessführung im eigenen Namen voraus. Durch die **Übertragung** der betreffenden (Teil-)Rechte trat der Lizenznehmer insoweit in die Stellung des Urhebers und konnte sich entsprechend auf ein eigenes Klagerecht berufen (BGE 113 II 195; sie kommt u.a. dann in Betracht, wenn sie im Heimatrecht des Lizenzgebers gewöhnlich mit solchen Verträgen verbunden ist).

Der **neue Absatz 3 Satz 1** (eingeführt mit der Revision des PatG, nachdem bereits DesG Art. 35 Abs. 4, 38 Abs. 4 Entsprechendes enthielten; vgl. Botschaft PatG 2006, 40 f., 130) kommt dem Exklusivlizenznehmer mit einer **Auslegungsregel** entgegen, **wonach der Vertrag eine solche Ermächtigung enthält**, sofern sie nicht ausdrücklich ausgeschlossen ist (auch wenn sie als gesetzliche Prozessstandschaft verstanden würde, bliebe diese am Bestand und Inhalt des Vertrags gebunden, mit gleichem Ergebnis). Dies spart ihm auch im Zweifelsfall die Rücksprache beim Lizenzgeber. Diese Regel gilt indessen nur für die nach Inkrafttreten der Neuregelung (am 01.07.2008) abgeschlossenen oder «bestätigten» Verträge (URG 81a N 3 ff.). Für nicht «bestätigte» Altverträge bleibt es bei der alten Rechtslage. Für die Aktivlegitimation ist es notwendig und zugleich ausreichend, wenn die exklusive Lizenz an dem verletzten Teilrecht besteht. Die Aktivlegitimation dauert nur mit dem Vertrag und endet mit dessen Beendigung; insbesondere bestehen Unterlassungsansprüche nur für die Dauer der Lizenz; die Umstellung auf den Feststellungsanspruch folgt den Regeln des Prozessrechts, wobei das Rechtsschutzinteresse in der Regel – schon wegen der Verfahrenskostenentscheidung – besteht. Einmal durch die Verletzung begründete Schadenersatzansprüche bleiben vom Ende des Vertrags ohnehin unberührt.

19 **Absatz 3 Satz 2** eröffnet allen (insoweit: auch nicht-ausschliesslichen) Lizenznehmern den Beitritt zur Verletzungsklage, um *ihren eigenen Schaden* geltend zu machen. Weder wird ein beide Prozessparteien belastender (Hauptintervention), noch ein vom Verfahrensausgang abhängiger Anspruch (Nebenintervention), sondern ein selbständiger Anspruch im wesentlichen gestützt auf gleiche Tatsachen und Rechtsgründe geltend gemacht (einfache Streitgenossenschaft, vgl. ZPO/ZH § 40; Botschaft PatG 2007, 127). Die Bestimmung begründet damit einen bundesrechtlichen Anspruch auf Prozessbeitritt (vgl. BGE 115 II 365 für den Fall von OR Art. 273a). Es ist eine Lizenz gerade *am verletzten (Teil-)Recht* vorauszusetzen (N 1). Ein nicht-exklusiver Lizenznehmer, der Nutzungen Dritter aufgrund von Parallellizenzen zu dulden hätte, wird nur unter besonderen Umständen einen Schaden aus (vom Rechteinhaber) unerlaubten Nutzungen Dritter ableiten können.

20 **Absatz 3 gilt für sämtliche Ansprüche**, die an die urheberrechtliche Aktivlegitimation anknüpfen, also für jene aus Abs. 1, für die obligationenrechtlichen Ansprüche nach Abs. 2 (hier aber nicht für Abwehransprüche) sowie namentlich auch für die mit der Aktivlegitimation aus Abs. 1*bis* begründeten Ansprüche. Im Fall nur schuldrechtlicher Exklusivlizenz kann neben dem Exklusivlizenznehmer auch der Lizenzgeber – aus eigenem, bei ihm verbliebenem Recht (URG 16 N 5 lit. a) – klagen (nicht so, wenn ein Teilrecht mit absoluter Wirkung

übertragen wurde; s. 16 N 5 lit. b). Schon wegen der Beschränkung der Urteilswirkungen auf die Parteien des Rechtsstreits können und müssen Abwehr- (Beseitigungs-, Unterlassungs-)Ansprüche von beiden jeweils selbständig geltend gemacht werden; im Regelfall kommt einfache Streitgenossenschaft in Betracht. Gleichwohl können sich Probleme ergeben, die mit den Regeln des Prozessrechts zu lösen sind (bspw. bei separater Klage vor verschiedenen, für die Verletzungsklage zuständigen Gerichten und abweichenden Urteilen). Das Interesse des Lizenzgebers, sich einer Klage des Lizenznehmers zu widersetzen, ist durch die Abdingbarkeit der Klagebefugnis beim Vertragsschluss, für Altverträge durch das Erfordernis ihrer «Bestätigung» (URG 81a N 4 f.) gewahrt.

Art. 63 Einziehung im Zivilverfahren

[1] Das Gericht kann die Einziehung und Verwertung oder Vernichtung der widerrechtlich hergestellten Gegenstände oder der vorwiegend zu ihrer Herstellung dienenden Einrichtungen, Geräte und sonstigen Mittel anordnen.[1]

[2] Ausgenommen sind ausgeführte Werke der Baukunst.

Zu Abs. 1

1   Durch die Übernahme der analogen Regelung aus DesG Art. 36 wird das Gericht «explizit auch dazu ermächtigt» (Botschaft PatG 2006, 131), die Einziehung von vorwiegend der Herstellung widerrechtlicher Gegenstände dienenden **Einrichtungen**, Geräten und sonstigen Mitteln anzuordnen.

2   Wegen der im Zivilprozessrecht herrschenden Dispositionsmaxime darf das Gericht eine Einziehung nur auf **Parteiantrag** hin anordnen. Der Wortlaut ist diesbezüglich missverständlich. Eine Einziehung von Amtes wegen findet nur im strafrechtlichen Verfahren statt (StGB Art. 69 ff.).

3   Das Begehren um Einziehung dient zur Ergänzung einer Hauptklage, meist wohl der Beseitigungsklage nach URG Art. 62 Abs. 1 lit. b. Es handelt sich um eine Kann-Vorschrift, die dem Gericht auch beim Vorliegen der entsprechenden Voraussetzungen ein gewisses Ermessen (Entschliessungs- *und* Auswahlermessen) lässt. Die Einziehung ist ein Eingriff in die Eigentumsgarantie (BV Art. 26), weshalb das Prinzip der **Verhältnismässigkeit** (BV Art. 36 Abs. 3) zu beachten ist.

Zu Abs. 2

4   Als **«ausgeführt»** müssen bereits Bauwerke gelten, die in wesentlichen Teilen erstellt sind, auch wenn noch nicht von einer eigentlichen «Fertigstellung» gesprochen werden kann (OGer/TG PO.2000.3 vom 31.01.2001, E. 3b). Auch im Strafverfahren können ausgeführte Bauwerke nicht nach StGB Art. 69 eingezogen werden (URG Art. 72).

---

[1] Fassung gemäss Ziff. II des BG vom 22. Juni 2007 über die Änderung des BG betreffend die Erfindungspatente, in Kraft seit 1. Juli 2008 (AS 2008 2551).

5. Titel: Rechtsschutz

Art. 64 Einzige kantonale Instanz[1]

1–2 ...[2]

3 Die Kantone bezeichnen das Gericht, das für das ganze Kantonsgebiet als einzige kantonale Instanz für Zivilklagen zuständig ist.

1 Die **örtliche Zuständigkeit** bestimmt sich nach dem Gerichtsstandsgesetz (GestG). Gemäss GestG Art. 25 → Nr. 12 besteht für Verletzungsklagen ein Gerichtsstand am Wohnsitz oder Sitz der geschädigten Person oder des Beklagten oder am Handlungs- oder am Erfolgsort. Bestandesklagen sind nach h.L. am allgemeinen Gerichtsstand von GestG Art. 3 zu erheben.

2 Auch der bloss obligatorisch berechtigte Lizenznehmer kann sich auf GestG Art. 25 berufen, wenn ihm die Aktivlegitimation zum Vorgehen gegen Verletzungen des Urheberrechts zukommt (URG Art. 62 Abs. 3).

3 Die **grenzüberschreitenden** Fälle sind allgemein durch IPRG Art. 109 → Nr. 11, im Anwendungsbereich des LugÜ durch LugÜ Art. 2 und Art. 5 Ziff. 3 → Nr. 29 geregelt.

Zu Abs. 3

4 Der Hinweis auf eine einzige kantonale Gerichtsinstanz bezieht sich auf die **sachliche Zuständigkeit: Aargau** – Handelsgericht; **Appenzell A. Rh.** – Obergericht; **Appenzell I. Rh.** – Kantonsgericht; **Basel-Landschaft** – Obergericht; **Basel-Stadt** – Zivilgericht; **Bern** – Appellationshof; **Freiburg** – Tribunal Cantonal/Kantonsgericht; **Genf** – Cour de Justice; **Glarus** – Obergericht; **Graubünden** – Kantonsgericht; **Jura** – Tribunal Cantonal; **Luzern** – Obergericht; **Neuenburg** – Tribunal Cantonal; **Nidwalden** – Kantonsgericht; **Obwalden** – Kantonsgericht; **St. Gallen** – Kantonsgericht; **Schaffhausen** – Obergericht; **Schwyz** – Kantonsgericht; **Solothurn** – Obergericht; **Tessin** – Tribunale d'Appello; **Thurgau** – Obergericht; **Uri** – Obergericht; **Waadt** – Tribunal Cantonal; **Wallis** – Kantonsgericht; **Zürich** – Obergericht; **Zug** – Kantonsgericht (bzw. dessen Präsident bei Streitwert unter Fr. 8000.–).

5 In Sachverhalten, bei welchen Verletzungen einerseits von Urheberrecht, andererseits auch von (Arbeits-)Vertragsbestimmungen, Marken, Patenten oder UWG-Normen eingeklagt werden, kann die sachliche Zuständigkeit zu kniffligen Fragen führen und für die klagende Partei zu einem gewissen Risiko werden, da das angerufene Gericht die sachliche Zuständigkeit ablehnen kann, wenn es zum Schluss kommt, die urheberrechtlichen Fragen stünden eher im Hintergrund. Zwar steht dem Richter in solchen Fällen grundsätzlich die Möglichkeit zur sog. **«Kompetenzattraktion»** offen, doch ist dies gesetzlich nur in UWG Art. 12 ausdrücklich vorgesehen und die kantonale Praxis im Übrigen uneinheitlich (zum Thema: Johann Zürcher, Der Einzelrichter am Handelsgericht des Kantons Zürich, 1998, 16 ff.).

---

1 Fassung gemäss Anhang Ziff. 9 des Gerichtsstandsgesetzes vom 24. März 2000, in Kraft seit 1. Jan. 2001 (SR 272).
2 Aufgehoben durch Anhang Ziff. 9 des Gerichtsstandsgesetzes vom 24. März 2000 (SR 272).

Art. 65   Vorsorgliche Massnahmen

¹ Macht eine Person glaubhaft, dass sie in ihrem Urheber- oder verwandten Schutzrecht verletzt wird oder eine solche Verletzung befürchten muss und dass ihr aus der Verletzung ein nicht leicht wiedergutzumachender Nachteil droht, so kann sie die Anordnung vorsorglicher Massnahmen beantragen.

² Sie kann insbesondere verlangen, dass das Gericht Massnahmen zur Beweissicherung, zur Ermittlung der Herkunft widerrechtlich hergestellter oder in Verkehr gebrachter Gegenstände, zur Wahrung des bestehenden Zustandes oder zur vorläufigen Vollstreckung von Unterlassungs- und Beseitigungsansprüchen anordnet.

³ …¹

⁴ Im übrigen sind die Artikel 28*c*–28*f* des Zivilgesetzbuchs² sinngemäss anwendbar.

⁵ Artikel 62 Absatz 3 gilt sinngemäss.³

Zu Abs. 1

1   Die vorsorgliche Massnahme im Immaterialgüterrecht ist ein Institut des Bundesrechts. Die Bestimmungen von URG Art. 65 finden auf Massnahmebegehren sowohl vor als auch nach Rechtshängigkeit des ordentlichen Prozesses Anwendung. In Absatz 1 sind die **Voraussetzungen** geregelt (vgl. auch David, SIWR I/2, 165 ff.; Vogel/Spühler, Grundriss des Zivilprozessrechts, 8. Aufl. 2006, § 12 N 208 ff.):

   a)   Drohender, nicht leicht wieder gutzumachender Nachteil (sog. **Nachteilsprognose**): Ein solcher Nachteil liegt (nur) vor, wenn er später möglicherweise nicht mehr ermittelt, nicht mehr bemessen oder nicht mehr ersetzt werden kann. Nicht leicht wieder gut zu machen sind auch Schäden, die zwar nahe liegen, aber kaum beweisbar und noch weniger bezifferbar sind oder wenn der Verletzer wenig solvent erscheint. Zu nennen sind auch die negative Beeinflussung lizenzvertraglicher Beziehungen zu Dritten oder die Möglichkeit der Marktverwirrung (David, a.a.O., 179 f.). Grundsätzlich kommen vorsorgliche Massnahmen auch bei Verletzung der Verbote in URG Art. 39a Abs. 1 und 3 sowie URG Art. 39c Abs. 1 und 3 in Betracht.

   b)   Wahrscheinliche Begründetheit des Hauptbegehrens (sog. **Hauptsachenprognose**): Der Richter muss von der Darstellung des Gesuchstellers nicht restlos überzeugt sein. Es genügt bereits, wenn ihm objektive Anhaltspunkte dargelegt werden, nach denen eine erhebliche Wahrscheinlichkeit für den vorgebrachten Sachverhalt spricht (vgl. auch BGE 120 II 393 E. 4c).

   c)   Die Voraussetzungen a) und b) müssen **glaubhaft** gemacht werden. Der strikte Beweis ist nicht verlangt; selbstverständlich sind aber die tatsächlichen Voraussetzungen aus-

---

1   Aufgehoben durch Anhang Ziff. 9 des Gerichtsstandsgesetzes vom 24. März 2000 (SR 272).
2   SR 210
3   Eingefügt durch Ziff. II des BG vom 22. Juni 2007 über die Änderung des BG betreffend die Erfindungspatente, in Kraft seit 1. Juli 2008 (AS 2008 2551).

reichend zu substantiieren, was in der Praxis gerade in Massnahmeverfahren immer wieder vernachlässigt wird und zum Prozessverlust führt (vgl. OGer/ZH vom 23.03.2006 «PMS» = sic! 2006, 851; zur Glaubhaftmachung vgl. BGE 88 I 14, BGE 104 Ia 413; speziell zur Möglichkeit des Gegenbeweises auch BGE 120 II 393 E. 4b).

2 Eine vierte, ungeschriebene Voraussetzung für den Erlass vorsorglicher Massnahmen ist der Aspekt der **zeitlichen Dringlichkeit**. In Lehre und Rechtsprechung wird ein Rechtsschutzinteresse an vorsorglichen Massnahmen gelegentlich verneint, wenn mit der gerichtlichen Durchsetzung eines Rechtsanspruches allzu lange gezögert wird. Die Dringlichkeit ist dann zu bejahen, wenn ein ordentlicher Prozess deutlich länger dauern würde als das Massnahmeverfahren, wobei auf den Zeitpunkt der frühstmöglichen Klageeinleitung des ordentlichen Prozesses inkl. aufschiebender Rechtsmittel abzustellen ist. Durch sein Zuwarten verliert der Gesuchsteller zwar nicht seinen materiellrechtlichen Anspruch und die Möglichkeit zur Klage im ordentlichen Verfahren, jedoch kann sein Verhalten rechtsmissbräuchlich sein (KGer/SG ZZ.2006.36 vom 17.07.2007, E. III.4b mit Verweisen, publiziert auf www.gerichte.sg.ch, besucht am 30.01.2008).

Zu Abs. 2

3 Diese Aufzählung der möglichen **Arten** von vorsorglichen Massnahmen ist nicht abschliessend, sondern lediglich beispielhaft. Unzulässig ist aber jedenfalls eine vorsorgliche Urteilspublikation i.S.v. URG Art. 66 (KGer/BL vom 18.06.2003, E. 1i «Baupläne» = sic! 2004, 298).

Zu Abs. 3

4 Der **Gerichtsstand** bestimmt sich nach GestG Art. 33 (→ Nr. 12), im internationalen Verhältnis nach IPRG Art. 10 bzw. LugÜ Art. 24.

Zu Abs. 4

5 Dieser Verweis bedeutet u.a., dass auch **superprovisorische Massnahmen** ohne Anhörung der Gegenpartei verfügt werden können oder die Gutheissung eines Massnahmebegehrens von einer **Sicherheitsleistung** abhängig gemacht werden kann (ZGB Art. 28d Abs. 2 und 3 → Nr. 3). Ausserdem fallen vorsorglich angeordnete Massnahmen dahin, wenn der Gesuchsteller nicht innerhalb der richterlich festgesetzten **Frist**, spätestens aber binnen 30 Tagen, Klage erhebt (ZGB Art. 28e Abs. 2). Schliesslich trifft den Gesuchsteller eine verschuldensabhängige **Haftung** für ungerechtfertigte vorsorgliche Massnahmen (ZGB Art. 28f Abs. 1).

Zu Abs. 5

6 Hinsichtlich der Aktivlegitimation des Lizenznehmers gelten analog die Ausführungen unter URG 62 N 18 ff.

Art. 66   Veröffentlichung des Urteils

Das Gericht kann auf Antrag der obsiegenden Partei anordnen, dass das Urteil auf Kosten der anderen Partei veröffentlicht wird. Es bestimmt Art und Umfang der Veröffentlichung.

1   Die Urteilsveröffentlichung nach URG Art. 66 ist zu trennen von der allgemeinen Publikation von Urteilen des Bundesgerichts (nach BGG Art. 27 Abs. 1) und der kantonalen Gerichte. Abgesehen von der rechtlichen Grundlage besteht der wesentliche Unterschied darin, dass die Urteilsveröffentlichung nach URG Art. 66 gerade **nicht in anonymisierter Form** erfolgen soll, um dem Informationsbedürfnis (N 3) gerecht zu werden.

2   Es handelt sich um eine Kann-Vorschrift, die dem Gericht bei entsprechendem Rechtsbegehren ein erhebliches Entschliessungs- und Auswahlermessen zubilligt. Das Gericht hat eine Interessenabwägung vorzunehmen und sich am **Verhältnismässigkeitsprinzip** zu orientieren, dem insbesondere durch die Wahl des zweckmässigen Publikationsmittels und durch eine zeitliche Einschränkung der Ermächtigung zur Urteilspublikation Rechnung getragen werden kann. Der Adressatenkreis des Publikationsmittels sollte sich möglichst vollständig mit dem durch das Urteil direkt oder indirekt betroffenen Verkehrskreis decken.

3   Ein legitimes **Publikationsinteresse** besteht, wenn das Informationsbedürfnis des in seinem Urheberrecht Verletzten durch den Urteilsspruch allein nicht befriedigt wird (Wiedergutmachungs- und Störungsbeseitigungsfunktion) oder wenn weitere Verstösse befürchtet werden müssen (Wiederholungsgefahr). Kein schützenswertes Interesse besteht, wenn die Verletzung schon geraume Zeit zurückliegt, wenn sich die Verletzung nur vereinzelt in Verwechslungen manifestiert hat oder wenn die Angelegenheit überhaupt weder in Fachkreisen noch in der Öffentlichkeit Aufsehen erregt hat (BGer 4C.101/2005 vom 02.06.2005, E. 3.1 «Stoffmuster» = sic! 2005, 738 mit Verweisen; vgl. auch KGer/GR ZFE 03 1 vom 16.02.2004, E. 2, publiziert auf www.kg-gr.ch, besucht am 01.02.2008). Ebenfalls nicht schützenswert ist ein reines Genugtuungsinteresse (OGer/ZH vom 14.12.2005, E. 2.2 «Zitatrecht II» = sic! 2006, 467).

4   «Nicht nur der obsiegende Inhaber von Urheber- oder verwandten Schutzrechten, sondern auch der obsiegende Beklagte kann die Publikation verlangen» (Botschaft 1989, 568).

Art. 66a[1]   Mitteilung von Urteilen

Die Gerichte stellen rechtskräftige Urteile dem Institut in vollständiger Ausfertigung unentgeltlich zu.

1   Die Mitteilung sämtlicher rechtskräftigen Urteile in Fällen von Urheberrechtsverletzungen an das Eidg. Institut für Geistiges Eigentum (IGE) soll nach der Vorstellung des Gesetzgebers

---

1   Eingefügt durch Ziff. II des BG vom 22. Juni 2007 über die Änderung des BG betreffend die Erfindungspatente, in Kraft seit 1. Juli 2008 (AS 2008 2551).

«national wie international den erforderlichen **Informationsfluss im Kampf gegen Fälschung und Piraterie**» über das Institut sicherstellen (Botschaft PatG 2006, 37). Die Regelung soll insbesondere dem IGE ermöglichen, der Verpflichtung aus TRIPS Art. 63 (→ Nr. 16) zur Erfassung und Weiterleitung statistischer Daten zu immaterialgüterrechtlichen Entscheiden an das WTO-Sekretariat nachzukommen (Botschaft PatG 2006, 119).

2   Darüber hinaus wird die inhaltliche Analyse und Verarbeitung der zugestellten Urteile dem IGE die unerlässliche Praxisnähe im Hinblick auf die Ausarbeitung von **Gesetzesänderungen** erleichtern.

3   Nach der Vorstellung des Bundesrats macht das IGE die Urteile seinerseits **den Gerichten zugänglich** (Botschaft PatG 2006, 119). Wünschenswert wäre auch eine Veröffentlichung für die breite Öffentlichkeit, sofern die Urteile im Einzelfall auch in anonymisierter Form (angesichts der oft überschaubaren schweizerischen Verhältnisse) keine Rückschlüsse auf die Identität der Parteien zulassen.

4   Die Regelung differenziert nicht danach, ob im Urteil eine **Verletzung festgestellt** wurde oder nicht; vielmehr soll auch die gerichtliche Feststellung, dass eine **Handlung erlaubt** war, erfasst werden (Botschaft PatG 2006, 119). Erfasst sind ferner auch Schiedsgerichtsentscheide (ebd.). Vor diesem Hintergrund sind die Persönlichkeits- bzw. Geschäftsinteressen der (unterlegenen) Verletzungskläger strikt zu wahren, soll diesen doch die Wahrnehmung ihrer Rechte nicht durch Reputationsrisiken erschwert werden.

5   Mit der Einführung des URG Art. 66a wurde eine Regelung beabsichtigt, welche umfassend dem neuen Art. 70a PatG entsprechen sollte (Botschaft PatG 2006, 131). Letzterer zählt zu den «Gemeinsamen Bestimmungen für den zivilrechtlichen und strafrechtlichen Schutz» im 3. Titel, 1. Abschnitt des PatG. Zweifelsfrei sind hiernach **sowohl Zivil- als auch Strafurteile** dem IGE zuzustellen, wie dies hinsichtlich der Strafurteile schon Art. 3 Ziff. 3 der Verordnung des Bundesrats über die Mitteilung kantonaler Strafentscheide vom 10.11.2004 (SR 312.3) vorsieht.

2. Kapitel: Strafbestimmungen[1]

Art. 67   Urheberrechtsverletzung

[1] Auf Antrag der in ihren Rechten verletzten Person wird mit Freiheitsstrafe bis zu einem Jahr oder Geldstrafe bestraft, wer vorsätzlich und unrechtmässig:[2]

---

1   Ab 1. Jan. 2007 sind die angedrohten Strafen und die Verjährungsfristen in Anwendung von Art. 333 Abs. 2-6 des Strafgesetzbuches (SR 311.0) in der Fassung des BG vom 13. Dez. 2002 (AS 2006 3459) zu interpretieren beziehungsweise umzurechnen.
2   Fassung gemäss Art. 2 des BB vom 5. Okt. 2007 über die Genehmigung von zwei Abkommen der Weltorganisation für geistiges Eigentum und über die Änderung des Urheberrechtsgesetzes, in Kraft seit 1. Juli 2008 (AS 2008 2497).

a. ein Werk unter einer falschen oder einer andern als der vom Urheber oder von der Urheberin bestimmten Bezeichnung verwendet;
b. ein Werk veröffentlicht;
c. ein Werk ändert;
d. ein Werk zur Schaffung eines Werks zweiter Hand verwendet;
e. auf irgendeine Weise Werkexemplare herstellt;
f. Werkexemplare anbietet, veräussert oder sonst wie verbreitet;
g. ein Werk direkt oder mit Hilfe irgendwelcher Mittel vorträgt, aufführt, vorführt oder anderswo wahrnehmbar macht;
g^{bis}. ein Werk mit irgendwelchen Mitteln so zugänglich macht, dass Personen von Orten und zu Zeiten ihrer Wahl dazu Zugang haben;[1]
h. ein Werk durch Radio, Fernsehen oder ähnliche Verfahren, auch über Leitungen, sendet oder ein gesendetes Werk mittels technischer Einrichtungen, deren Träger nicht das ursprüngliche Sendeunternehmen ist, weitersendet;
i. ein zugänglich gemachtes, gesendetes oder weitergesendetes Werk wahrnehmbar macht;[2]
k. sich weigert, der zuständigen Behörde Herkunft und Menge der in seinem Besitz befindlichen Gegenstände, die widerrechtlich hergestellt oder in Verkehr gebracht worden sind, anzugeben und Adressaten sowie Ausmass einer Weitergabe an gewerbliche Abnehmer und Abnehmerinnen zu nennen;[3]
l. ein Computerprogramm vermietet.

² Wer eine Tat nach Absatz 1 gewerbsmässig begangen hat, wird von Amtes wegen verfolgt. Die Strafe ist Freiheitsstrafe bis zu fünf Jahren oder Geldstrafe. Mit der Freiheitsstrafe ist eine Geldstrafe zu verbinden.[4]

Vorbemerkung zu Art. 67 ff.

1 Mit den URG Art. 67–70 wird dem zivilrechtlichen Rechtsschutz gegen Verletzungen der durch das URG geschützten Rechte der – v.a. präventiv wirksamere – **Strafrechtsschutz** beiseite gestellt. Dies spiegelt die Schwere der Rechtsgutsverletzung durch unrechtmässige

---

1 Eingefügt durch Art. 2 des BB vom 5. Okt. 2007 über die Genehmigung von zwei Abkommen der Weltorganisation für geistiges Eigentum und über die Änderung des Urheberrechtsgesetzes, in Kraft seit 1. Juli 2008 (AS 2008 2497).
2 Fassung gemäss Art. 2 des BB vom 5. Okt. 2007 über die Genehmigung von zwei Abkommen der Weltorganisation für geistiges Eigentum und über die Änderung des Urheberrechtsgesetzes, in Kraft seit 1. Juli 2008 (AS 2008 2497).
3 Fassung gemäss Ziff. II des BG vom 22. Juni 2007 über die Änderung des BG betreffend die Erfindungspatente, in Kraft seit 1. Juli 2008 (AS 2008 2551).
4 Fassung gemäss Art. 2 des BB vom 5. Okt. 2007 über die Genehmigung von zwei Abkommen der Weltorganisation für geistiges Eigentum und über die Änderung des Urheberrechtsgesetzes, in Kraft seit 1. Juli 2008 (AS 2008 2497).

Eingriffe in die Urheber- und verwandten Schutzrechte, als Teil der durch die Bundesverfassung geschützten Eigentumsordnung, wider. Die Straftatbestände erfassen neben Verletzungen von Urheber- und verwandten Schutzrechten auch den Verstoss gegen die Verbote der URG Art. 39a und 39c betreffend technische Massnahmen und Wahrnehmungsinformationen (URG Art. 69a, dort N 1). Das von URG Art. 67–69a jeweils geschützte Rechtsgut ist die *individuelle Verfügungsmacht über das absolute* (im Fall von URG Art. 69a indes teilweise nur abstrakt gefährdete, s. dort N 2, 8) *Urheber- oder verwandte Schutzrecht* (Glarner, Andreas, Musikpiraterie im Internet: Urheberstrafrechtliche Betrachtungen, Bern 2002, S. 42; URG 69a N 1).

2   Die Verletzungen sind übereinstimmend nur bei **vorsätzlicher Begehung** strafbar, was Eventualvorsatz nach den Massstäben des allgemeinen Strafrechts (BGE 84 IV 127, E. 2; StGB Art. 12 Abs. 2 Satz 2) einschliesst (Glarner, a.a.O., 87 f.). Eventualvorsatz kann bspw. begründet sein, wenn der Täter die Verletzungshandlung nach einer an ihn gerichteten substantiierten Warnung fortsetzt (David, SIWR I/2, 220).

3   Mit Ausnahme des URG Art. 70 sind die Grundtatbestände (URG Art. 67 Abs. 1, 68, 69 Abs. 1 und 69a Abs. 1), der individualrechtlichen Konzeption des Urheberrechtsschutzes folgend (N 1; URG 69a N 2; Glarner, a.a.O., 69), **Antragsdelikte**. Antragsberechtigt ist der Träger des geschützten Rechtsguts (N 1), d.h. derjenige, der das verletzte oder bedrohte Recht *geltend machen kann* (David, SIWR I/2, 223; Glarner, a.a.O., 69 f.; Parallele zur zivilrechtlichen Aktivlegitimation, s. URG Art. 62, insbesondere auch dessen Abs. 1*bis* und 3; zur Besonderheit des Antragserfordernisses bei abstrakten Gefährdungsdelikten s. URG. 69a N 2; zur Antragsfrist StGB Art. 31). Das Antragserfordernis erlaubt die vergleichsweise Beilegung unter Rückzug des Antrags (StGB Art. 33); andererseits sind die Geschädigten in gewissen Kantonen den Risiken des Privatstrafverfahrens ausgesetzt (Müller/Oertli/David, Vorbem. URG 67–73 N 9). **Offizialdelikte** sind URG Art. 70 sowie die Rechtsverletzungen bei gewerbsmässiger Begehung gem. URG Art. 67 Abs. 2, 69 Abs. 2 und 69a Abs. 2 (N 19). Dies macht insbesondere in Fällen der Verletzung von Rechten verschiedener Inhaber deren Antrag entbehrlich (Botschaft 1989, 568).

4   Eine weitere, den URG Art. 67, 69 und 69a gemeinsame Konsequenz des Individualrechtsschutzes ist das besondere Tatbestandsmerkmal der **Unrechtmässigkeit** der Tat (zu seiner beschränkten Bedeutung für URG Art. 69a, dort N 3). Mit diesem Tatbestandsmerkmal bleibt zum einen die **Einwilligung** der *individuellen Rechtsgutträger* (N 3) in die Handlung vorbehalten: Nur die Nutzung *gegen deren Willen* erfüllt den Straftatbestand (Glarner, a.a.O., 76 f.; Schwarzenegger, Urheberstrafrecht und Filesharing in PZP-Netzwerken in: Schwarzenegger/Arter/Jörg (Hrsg.), Internet-Recht und Strafrecht, Bern 2005, S. 205 ff., 218; zum StGB BSK StGB II – Delnon/Rüdi, Art. 186 N 34). Zum andern und ebenfalls mit tatbestandsausschliessender Wirkung sind die Nutzungen gemäss URG Art. 67 und 69 vorbehalten, welche das Gesetz selbst im Rahmen einer **Schranke** (URG 19 N 1 ff.) dem Ausschliesslichkeitsrecht entzieht (Glarner, a.a.O., 75 f.), nicht indessen jene, bei denen das *Ausschliesslichkeitsrecht besteht*, aber einer Kollektivverwertungspflicht oder Zwangslizenz unterstellt ist (URG 19 N 4, 39a N 28). In URG Art. 69a treten an die Stelle dieses Tatbestandsausschlussgrundes die zusätzlichen, auf Schrankennutzungen bezogenen subjektiven Tatbestandsmerkmale (dort N 3).

5   Nach der **Strafandrohung** sind die Verletzungen der Urheber- und verwandten Schutzrechte *Vergehen* (StGB Art. 10 Abs. 3), bei gewerbsmässiger Begehung *Verbrechen* (N 19; StGB Art. 10 Abs. 2), diejenigen des Schutzes technischer Massnahmen bei nicht-gewerbsmässiger Begehung indessen nur *Übertretungen* (StGB Art. 103; dazu URG 69a N 5). Neben der Strafandrohung bietet das Strafrecht den Rechteinhabern Schutz durch die Möglichkeit der Einziehung des Deliktsguts und der Deliktswerkzeuge (StGB Art. 69 ff.).

6   Auch für das Urheberstrafrecht gelten die allgemeinen Bestimmungen des StGB (StGB Art. 333 Abs. 1), das sind dessen Erstes (Allgemeine Bestimmungen) und Drittes Buch (Einführung und Anwendung, einschliesslich der bundesrechtlichen Vorschriften zur **sachlichen und örtlichen Zuständigkeit**). Die örtliche Zuständigkeit für eine Urheberrechtsverletzung im Internet ist der Ort der Dateneinspeisung (BGer. sic! 1999, 635f. «Lyrics»). Bei Rechtsverletzungen in Medien gelten die besonderen Bestimmungen des Medienstrafrechts (StGB Art. 28, 322*bis*).

Zu Art. 67 Abs. 1

7   Die **Straftatbestände** stimmen im Wesentlichen mit den in den Artikeln 9–11 aufgezählten Werkverwendungsarten überein. Sie stehen untereinander sowie zu denen in URG Art. 69 in echter Konkurrenz (Glarner, a.a.O., 90 m.w.N.).

8   Dies gilt auch für den mit der Revision 2007 neu eingeführten Tatbestand in Abs. 1 lit. g*bis* (entsprechend der Ergänzung des URG Art. 10 Abs. 2 lit. c um das «*so zugänglich [...] machen, dass Personen von Orten und zu Zeiten ihrer Wahl dazu Zugang haben*») sowie die Erweiterung des Tatbestands in Abs. 1 lit. i um das Wahrnehmbarmachen *zugänglich gemachter* Werke. Diese Ergänzungen waren für den Strafrechtsschutz notwendig, soweit die betroffenen Rechte zuvor nicht (mit genügender Präzision) unter einen der bestehenden Tatbestände der URG Art. 10 Abs. 2 und demgemäss Art. 67 Abs. 1 subsumierbar waren (dies war umstr., s. URG 10 N 17 f.). Die Verletzung des Urheberrechts nach URG Art. 10 Abs. 1 genügte wegen des Legalitätsgrundsatzes nicht – dazu fehlt es an einem bestimmten Straftatbestand. Die Diskrepanz der (nicht nachgeführten) Formulierung «*mit Hilfe* irgendwelcher Mittel» in Abs. 1 lit. g mit der aktuellen Fassung von URG Art. 10 Abs. 2 lit. c ist bedeutungslos.

9   **Lit. a** stellt die Verwendung einer *«falschen»* oder einer *Bezeichnung des Werks* unter Strafe, die von der durch den Urheber bestimmten Bezeichnung abweicht. Die wohl h.L., bezieht den Tatbestand historisch, systematisch und teleologisch auf das Recht zur Bestimmung der *Urheberbezeichnung* aus URG Art. 9 Abs. 2, womit die unerlaubte Verwendung einer falschen Urheberbezeichnung strafbar wäre (h.M., vgl. Barrelet/Egloff, URG 67 N 5; Glarner, a.a.O., 43; Müller/Oertli/David, Vorbem. URG 67–73, N 16, URG 67 N 5 m.w.N.; der Botschaft 1989, 568, ist nichts Präzises zu entnehmen). Dass die *Urheber*bezeichnung nach URG Art. 9 Abs. 2 Schutzobjekt sei, ist indes auf den *Wortlaut* des Abs. 1 lit. a nicht zweifelsfrei zu stützen; seine Anwendung hierauf begegnet daher Bedenken nach dem Legalitäts- und dem Bestimmtheitsgrundsatz. Ein Schutz *anderer* Bezeichnungen des Werks (etwa des Titels) gegen Verfälschung ist indes im Gesetz nicht ausdrücklich vorgesehen (zum eigentlichen *Titelschutz* gegen die Verwendung durch Dritte s. URG 2 N 20); allenfalls wäre er urheberzivilrechtlich auf URG Art. 11 zu stützen. Wegen des Bestimmungsrechts aus URG Art. 9 Abs. 2 wäre auch

die «falsche» Bezeichnung zunächst diejenige, die von der vom Urheber vorgegebenen oder autorisierten abweicht; allerdings will das Gesetz auch dann, wenn der Urheber ein Pseudonym gewählt hat, die Verwendung seines wahren Namens nicht unter Strafe stellen. Nicht strafbar ist nach dem Wortlaut die blosse *Unterlassung der Urhebernennung* (Barrelet/Egloff a.a.O.; a.M. Müller/Oertli/David, URG 67 N 6).

10 **Lit. b** schützt das **Veröffentlichungsrecht**, URG Art. 9 Abs. 2. Unrechtmässig ist jede Werkverwendung, solange der Urheber dieses Recht nicht ausgeübt, bzw. soweit er nicht darüber verfügt hat (URG 9 N 10); auch die Schranken der Zitier- und Parodierfreiheit (URG Art. 25, 27) und des Eigengebrauchs (URG Art. 19 Abs. 1) setzen die tatsächliche Veröffentlichung (URG 9 N 13) voraus. Nicht strafbar sind Werkverwendungen zum Eigengebrauch (URG Art. 19 Abs. 1), soweit dabei der Personenkreis nicht überschritten wird, den der Urheber oder der Berechtigte selbst bestimmt hat (URG 9 N 13).

11 **Lit. c** schützt das **Änderungsrecht**, URG Art. 11 Abs. 1 (im Einzelnen URG 11 N 6), darunter auch die Übertragung des Werks in ein anderes Medium der Wahrnehmung (bspw. durch Photographie oder audiovisuelle Aufzeichnung), solange dabei kein neues Werk entsteht (**Werk zweiter Hand**; URG Art. 11 Abs. 1 lit. b). Letzteres ist durch **lit. d** erfasst. Auch die **Entstellung** (URG Art. 11 Abs. 2, dort N 9 ff.) ist je nachdem als unrechtmässige Änderung oder Bearbeitung strafbar. Zur Änderung oder Bearbeitung im Rahmen der Verwendung zum *Eigengebrauch* s. URG 19 N 20, 24. Kein besonderer Strafrechtsschutz besteht gegen die Verwendung für *Sammelwerke* (URG Art. 11 Abs. 1 lit. c; Müller/Oertli/David, URG 67 N 10); allerdings kann ein prägender, insbesondere entstellender Kontext eine Änderung darstellen (URG 11 N 10).

12 Zur **Herstellung von Werkexemplaren** i.S.v. **lit. e** s. URG 10 N 7; jede *Vervielfältigung* führt zur Entstehung eines Werkexemplars. Erfasst ist auch die *Speicherung* des Werkdatensatzes auf einem Datenträger, auch wenn der Datensatz selbst auf unkörperlichem Weg (durch Sendung, Abruf) bezogen wurde (Glarner, a.a.O., 97 f.; Schwarzenegger, a.a.O., S. 217). Auch die Bearbeitung (URG Art. 11 Abs. 1 lit. b) oder die Übertragung in ein anderes Medium der Wahrnehmung geht mit einer Vervielfältigung des Werks einher, sofern ihr Ergebnis gegenständlich fixiert ist (bspw. im Filmnegativ). Lit. e stellt (wie URG Art. 10 Abs. 2 lit. a) die Vervielfältigung auch, aber nicht allein im Hinblick auf anschliessende Verbreitung unter Schutz, sondern schützt eigenständige rechtliche Interessen, so etwa daran, dass keine Werkexemplare zur Kostenersparnis für Eigengebrauch produziert werden, wo das von der Schranke nicht gedeckt ist (URG Art. 19 Abs. 3, dort N 17, 32); daher stehen auch lit. e und f zueinander in *echter Konkurrenz* (a M. Glarner, a.a.O., 90 f. m.w.N.; s. noch URG 69 N 4, 9, 11).

13 Auch die **Verbreitung von Werkexemplaren** nach **lit. f** ist in jeder gegenständlichen Fixierung – auch auf Datenträgern – möglich. Keine Verbreitung, sondern Sendung (lit. h) bzw. Zugänglichmachen auf Abruf (lit. g*bis*) liegt aber vor, wenn nur die Information übermittelt und entgegengenommen wird (URG 10 N 11; a.M. Schwarzenegger, a.a.O.). Dabei entstandene neue Werkfixierungen unterliegen nicht der Erschöpfung, URG 12 N 1 f. Tatbestandsmässig ist jede nicht erlaubte **Veräusserung** (Eigentumswechsel) und sonstige **Verbreitung** (Besitzwechsel). Der Erschöpfung unterliegt das Verbreitungsrecht erst, nachdem das Werkexemplar mit der Einwilligung des Rechteinhabers *erstmals veräussert* wurde

(URG Art. 10 Abs. 2 lit. b i.V.m. Art. 12 Abs. 1; URG 10 N 9, 12 N 1 f.). Die Rechtmässigkeit seiner Herstellung allein (etwa bei Kopien, die unter einer Schrankenbestimmung, bspw. als Privatkopie nach URG Art. 19 Abs. 1 lit. a, angefertigt wurden) genügt nicht, weil es hier an der Einwilligung in das In-Verkehr-Setzen der Kopien gerade fehlt. Diese unterliegen uneingeschränkt dem Verbreitungsrecht. Verletzt wird dieses selbst, wenn das Exemplar nach der Weitergabe unter einer anderen Schrankenbestimmung genutzt werden soll (s. URG 12 N 2; insoweit a.M. Müller/Oertli/David, a.a.O.). Auch das Vermieten von Werkexemplaren ist eine Verbreitung und nur nach erfolgter Erschöpfung des Verbreitungsrechts erlaubt (URG 10 N 9; auch insoweit a.M. Müller/Oertli/David, URG 67 N 17). Auch die Widerhandlung gegen URG Art. 12 Abs. 1*bis* (z.B. durch Import, Verkauf, Vermietung) verletzt das – in diesem Fall abweichend von URG Art. 12 Abs. 1 nicht erschöpfte (URG 12 N 7) – Verbreitungsrecht und ist damit nach lit. f. strafbar. Strafbar ist bereits das **Anbieten** der Werkexemplare, sofern deren vollendete Veräusserung oder sonstige Verbreitung unrechtmässig wäre. Der Strafrechtsschutz erstreckt sich damit auf das Vorfeld der eigentlichen Rechtsverletzung; das Angebot, bspw. in einer Geschäftsauslage, in Prospekten oder im Internet, ist oft leichter beweisbar als die anschliessende, einzelne Transaktion. Es genügt das Angebot im Verständnis der angesprochenen Kreise – die einseitige Erklärung der Bereitschaft zur Überlassung an Einzelne oder eine Vielzahl auch unbestimmter Personen (Schwarzenegger, a.a.O. S. 220), mithin die ernstgemeinte *invitatio ad offerendum*; nicht erforderlich ist eine rechtsgeschäftliche Offerte.

14 Mit **lit. g** ist das **Recht der unkörperlichen Wiedergabe** mit den Tathandlungen strafbewehrt, welche URG Art. 10 Abs. 1 lit. c vor der Revision 2007 enthielt, also das **Vortrags-, Vorführungs- und Aufführungsrecht** (URG 10 N 13–15) sowie das hieran anknüpfende Wiedergaberecht (URG 10 N 16). Mit **lit. g***bis* in einem selbständigen Tatbestand gefasst ist das neu eingeführte Recht zum **Zugänglichmachen auf Abruf** (URG 10 N 17–19; zur Grenze der Analogiefähigkeit der lit. g Schwarzenegger, a.a.O., 224). Zugänglichmachen ist u.a. jeder sogenannte Upload eines Werks im Internet, bspw. in Peer-to-peer-Netzwerken oder auf öffentlich zugänglichen Websites. Er erfüllt den Tatbestand auch dann, wenn er die blosse Folge einer technischen Verknüpfung von Download- und Upload-Funktion in der benutzten Peer-to-peer-Client-Software ist (Schwarzenegger, a.a.O.). Umstr. ist, ob es sich um ein reines Tätigkeits- und Erfolgsdelikt (so Glarner, a.a.O., 144; vgl. zudem BSK StGB II – Roelli/Fleischanderl Art. 229 N 50) oder aber um ein Dauerdelikt handelt (so Schwarzenegger, a.a.O., 246). Von Bedeutung ist dies v.a. für die Gehilfenschaft, wo Tathandlungen und -beiträge stark fragmentiert sind, wie bspw. in Peer-to-peer-Netzwerken oder durch das Setzen bestimmter Links (etwa Hash-Links; vgl. Schwarzenegger, a.a.O., Glarner, a.a.O.). Im ersteren Fall wäre die Tat vollendet, wenn der rechtswidrige Zustand geschaffen ist, Dritten also der Zugriff auf die Werkdaten möglich ist. Das blosse Andauern des rechtswidrigen Zustands ist dann ohne weiteres Zutun des Täters keine Tatbegehung mehr (vgl. BSK StGB II – Roelli/Fleischanderl a.a.O.). Für eine dauerhafte Begehung jedenfalls im Einzelfall spricht es, wenn der Störer fortgesetzt die Herrschaft über die Zugänglichkeit des Werks ausübt (s. URG 10 N 19); mindestens, wenn er aktiv, bspw. durch Unterhalt und Wartung oder durch das Off- und wieder Online-Stellen des Servers, auf die Zugänglichkeit einwirkt. Zur Abgrenzung von der (Weiter-)Sendung s. URG 10 N 18.

Gestützt auf Art. 67 lit. e und f URG in Verbindung mit StGB Art. 25 hat das Kantonsgericht Graubünden den Setzer von Hash-Links sowie den Betreiber der Internet-Seite, auf welcher die Hash-Links gefunden werden konnten, der Gehilfenschaft für schuldig befunden. Für die Strafbarkeit des Gehilfen muss die Haupttat mindestens versucht sein, was gemäss KGer/GR beim Anklicken des Hash-Links durch den Haupttäter erfüllt ist, unabhängig davon, ob der Download darauf effektiv erfolgt (KGer/GR, Entscheide vom 27.07.2007 Nr. PS 06 05 und PS 06 06; sic! 2008, 205).

15 **Lit. h** bedroht das Ausschliesslichkeitsrecht sowohl zur Sendung als auch zur Weitersendung (URG Art. 10 Abs. 2 lit. d und e; dort N 20 ff.) mit Strafe: Die **Sendung**, d.h. die Übermittlung nicht lediglich unverändert übernommener, sondern selbst gestalteter oder veränderter Programmsignale (URG 10 N 20, 22 N 2, 37 N 2), fällt unabhängig von ihrer Reichweite unter das Ausschliesslichkeitsrecht. Auch das Weitersenderecht nach URG Art. 22 Abs. 1 ist, obwohl kollektivverwertungspflichtig, ein Ausschliesslichkeitsrecht; die **Weitersendung** ohne Einwilligung der zuständigen Verwertungsgesellschaft daher (ausgenommen die nach URG Art. 22 Abs. 2 erlaubte Weitersendung im kleinen Empfängerkreis) widerrechtlich. Zur Abgrenzung vom Zugänglichmachen auf Abruf s. URG 10 N 18. Die Verwendung im Handel erhältlicher Ton- oder Tonbildträger (URG Art. 35 Abs. 1, betreffend nur die Rechte der Interpreten und Hersteller) hat auf das Urheberrecht keinen Einfluss; hierfür muss die Einwilligung der Rechteinhaber bzw. ihrer Verwertungsgesellschaft eingeholt werden.

16 **Lit. i** bedroht die Verletzung des **Wiedergaberechts** aus URG Art. 10 Abs. 2 lit. f (URG 10 N 16) mit Strafe; dies schliesst die Wiedergabe *zugänglich gemachter* Werke ein. Unerheblich ist, ob das Werk durch Dritte oder den Täter und ob es recht- oder unrechtmässig gesendet oder zugänglich gemacht wurde. Vorbehalten bleibt Eigengebrauch, soweit er diese Verwendungsbefugnisse einschliesst (URG Art. 19 Abs. 1 lit. a und b; zu lit. c s. dort N 27).

17 Nicht eine Verletzung der Urheber-Verwendungsrechte aus URG Art. 10, sondern die Widerhandlung gegen gerichtliche Auskunftsanordnungen (**Auskunftsverweigerung**) nach URG Art. 62 Abs. 1 lit. c ist Gegenstand des Straftatbestands in **Abs. 1 lit. k**. Sie soll dem Auskunftsanspruch zur Durchsetzung verhelfen (Botschaft 1989, 568). StGB Art. 292 kann durch diesen spezielleren Tatbestand jedenfalls nicht über dessen Anwendungsbereich, die Auskunftsanordnungen nach URG Art. 62 Abs. 1 lit. c, hinaus verdrängt werden, insbesondere nicht bei Widerhandlung gegen Anordnungen nach URG Art. 62 Abs. 1 lit. a und b (a.M. Barrelet/Egloff, Art. 62 Abs. 10). Da in StGB Art. 292 (mit milderer Strafandrohung, aber als Offizialdelikt) mit der staatlichen Autorität (BSK StGB II – Riedo, Art. 292 N 11 ff., bes. 14) ein gänzlich anderes Rechtsgut geschützt ist als in URG Art. 67, steht StGB Art. 292 indes auch zu Abs. 1 lit. k in echter (Ideal-)Konkurrenz (N 1; so auch David, SIWR I/2, 84 m.w.N.). Die Erweiterungen des Auskunftsanspruchs des URG Art. 62 Abs. 1 lit. c aus der Revision des PatG 2007 wurden übernommen.

18 **Lit. l** bedroht die Widerhandlung gegen URG Art. 10 Abs. 3 mit Strafe. Hierzu und zum Verhältnis dieses Ausschliesslichkeitsrechts zum Verbreitungsrecht nach URG Art. 10 Abs. 2 lit. b s. URG 10 N 23.

Zu Abs. 2

19 **Gewerbsmässig** handelt der Täter, der – auch als Einzelperson und auch neben anderer (Haupt-)Erwerbstätigkeit – aus der deliktischen Tätigkeit regelmässige Einnahmen anstrebt, die einen namhaften Kostenbeitrag an seine Lebenshaltung leisten, und der nach Massgabe der für die Tat(en) aufgewendeten Zeit und Mittel und deren Häufung berufsmässig handelt (BGE 129 IV 253 E. 2.1; 116 IV 319 E.4). Siehe auch N 3, 5.

Art. 68   Unterlassung der Quellenangabe

Wer es vorsätzlich unterlässt, in den gesetzlich vorgesehenen Fällen (Art. 25 und 28) die benützte Quelle und, falls er in ihr genannt ist, den Urheber anzugeben, wird auf Antrag der in ihren Rechten verletzten Person mit Busse bestraft.

Art. 69   Verletzung von verwandten Schutzrechten

[1] Auf Antrag der in ihren Rechten verletzten Person wird mit Freiheitsstrafe bis zu einem Jahr oder Geldstrafe bestraft, wer vorsätzlich und unrechtmässig:[1]

a. eine Werkdarbietung durch Radio, Fernsehen oder ähnliche Verfahren, auch über Leitungen, sendet;

b. eine Werkdarbietung auf Ton-, Tonbild- oder Datenträger aufnimmt;

c. Vervielfältigungsexemplare einer Werkdarbietung anbietet, veräussert oder sonst wie verbreitet;

d. eine gesendete Werkdarbietung mittels technischer Einrichtungen, deren Träger nicht das ursprüngliche Sendeunternehmen ist, weitersendet;

e. eine zugänglich gemachte, gesendete oder weitergesendete Werkdarbietung wahrnehmbar macht;[2]

e*bis*. eine Werkdarbietung unter einem falschen oder einem anderen als dem vom ausübenden Künstler oder von der ausübenden Künstlerin bestimmten Künstlernamen verwendet;[3]

---

1   Fassung gemäss Art. 2 des BB vom 5. Okt. 2007 über die Genehmigung von zwei Abkommen der Weltorganisation für geistiges Eigentum und über die Änderung des Urheberrechtsgesetzes, in Kraft seit 1. Juli 2008 (AS 2008 2497).

2   Fassung gemäss Art. 2 des BB vom 5. Okt. 2007 über die Genehmigung von zwei Abkommen der Weltorganisation für geistiges Eigentum und über die Änderung des Urheberrechtsgesetzes, in Kraft seit 1. Juli 2008 (AS 2008 2497).

3   Eingefügt durch Art. 2 des BB vom 5. Okt. 2007 über die Genehmigung von zwei Abkommen der Weltorganisation für geistiges Eigentum und über die Änderung des Urheberrechtsgesetzes, in Kraft seit 1. Juli 2008 (AS 2008 2497).

5. Titel: Rechtsschutz Nr. 1 URG **Art. 69**

e*ter*. eine Werkdarbietung, einen Ton- oder Tonbildträger oder eine Sendung mit irgendwelchen Mitteln so zugänglich macht, dass Personen von Orten und zu Zeiten ihrer Wahl dazu Zugang haben;[1]

f. einen Ton- oder Tonbildträger vervielfältigt, die Vervielfältigungsexemplare anbietet, veräussert oder sonst wie verbreitet;

g. eine Sendung weitersendet;

h. eine Sendung auf Ton-, Tonbild- oder Datenträger aufnimmt;

i. eine auf Ton-, Tonbild- oder Datenträger festgelegte Sendung vervielfältigt oder solche Vervielfältigungsexemplare verbreitet;

k. sich weigert, der zuständigen Behörde Herkunft und Menge der in seinem Besitz befindlichen Träger einer nach Artikel 33, 36 oder 37 geschützten Leistung, die widerrechtlich hergestellt oder in Verkehr gebracht worden sind, anzugeben und Adressaten sowie Ausmass einer Weitergabe an gewerbliche Abnehmer und Abnehmerinnen zu nennen.[2]

[2] Wer eine Tat nach Absatz 1 gewerbsmässig begangen hat, wird von Amtes wegen verfolgt. Die Strafe ist Freiheitsstrafe bis zu fünf Jahren oder Geldstrafe. Mit der Freiheitsstrafe ist eine Geldstrafe zu verbinden.[3]

1 URG Art. 69 bedroht die Verletzung der **Ausschliesslichkeitsrechte der Inhaber verwandter Schutzrechte** in gleicher Weise mit Strafe, wie URG Art. 67 diejenige der Urheberrechte (URG 67 N 1). Zu den übereinstimmenden Grundzügen der Straftatbestände des Urheberrechts s. URG 67 N 2–6.

Zu Abs. 1

2 Die einzelnen Tatbestände des Abs. 1 lit. a bis i gelten jeweils der Verletzung der Ausschliesslichkeitsrechte der einzelnen betroffenen Rechteinhaber. Ihre Verletzung kann in echter (Ideal-)Konkurrenz neben diejenige der Urheberrechte an denjenigen Werken, die Gegenstand der Darbietung, Ton- oder Tonbildaufzeichnung oder Sendung sind, sowie neben diejenige anderer Tatbestände des URG Art. 69 treten (Glarner, zit. in URG 67 N 1, S. 90). *Geschütztes Rechtsgut* ist die Verfügungsmacht über die geschützten Leistung im Rahmen der Ausschliesslichkeitsrechte (Glarner, a.a.O., S. 46). Sein *Träger* der Rechteinhaber; antragsbefugt auch der Exklusivlizenznehmer (URG 67 N 3, 62 N 18). Die Einwilligung eines Rechteinhabers (bspw. Regisseurs eines Films) schliesst die Tatbestandsverwirklichung nur

---

1   Eingefügt durch Art. 2 des BB vom 5. Okt. 2007 über die Genehmigung von zwei Abkommen der Weltorganisation für geistiges Eigentum und über die Änderung des Urheberrechtsgesetzes, in Kraft seit 1. Juli 2008 (AS 2008 2497).

2   Fassung gemäss Ziff. II des BG vom 22. Juni 2007 über die Änderung des BG betreffend die Erfindungspatente, in Kraft seit 1. Juli 2008 (AS 2008 2497).

3   Fassung gemäss Art. 2 des BB vom 5. Okt. 2007 über die Genehmigung von zwei Abkommen der Weltorganisation für geistiges Eigentum und über die Änderung des Urheberrechtsgesetzes, in Kraft seit 1. Juli 2008 (AS 2008 2497).

hinsichtlich der Verletzung *seiner* Rechte aus (URG 67 N 4); die Verletzung der Rechte *anderer* Rechteinhaber (bspw. des Drehbuchautors und Komponisten aus URG Art. 10, des Produzenten aus URG Art. 36 und der Interpreten aus URG Art. 33) bleibt unrechtmässig. Die Schrankenbestimmungen der URG Art. 19 ff. gelten entsprechend (URG Art. 38); URG 67 N 4. Anders als für den Rechtsschutz der Interpreten, der an die Darbietung von Werken oder von Ausdrucksformen der Volkskunst gebunden ist (URG Art. 33 Abs. 1), besteht derjenige der Produzenten und Sendeunternehmen unabhängig von Art und Gegenstand ihrer Ton- oder Tonbildaufzeichnung oder Sendung.

3   **Lit. a** schützt das **Senderecht der Interpreten** (URG Art. 33 Abs. 2 lit. b); unbeachtlich ist, ob die Darbietung unmittelbar oder unter Verwendung einer Aufzeichnung gesendet wird (URG 33 N 15). **Lit. d** schützt das an die Sendung anknüpfende **Weitersenderecht** (sinngemäss URG 10 N 20 ff., 67 N 15; dazu URG Art. 22). Kein eigenes Senderecht an ihrer Produktion geniessen Hersteller (URG Art. 36); zum (Weiter-)Senderecht der Sendeunternehmen s. N 10.

4   **Lit. b** schützt das **Vervielfältigungsrecht der Interpreten** auf Ton-, Tonbild- und Datenträgern, allerdings im Wortlaut nur an der *Erstaufzeichnung* (so Barrelet/Egloff, URG 33 N 18; Müller/Oertli/David, URG 69 N 8). Eher unter lit. b, wenngleich mit bedenklicher Ungenauigkeit, als unter lit. c, wo hiervon keine Rede ist, fallen indes auch *weitere Vervielfältigungshandlungen* nach URG Art. 33 Abs. 2 lit. c (a.M. Barrelet/Egloff a.a.O.; Müller/Oertli/David a.a.O.). Zum Begriff der Vervielfältigung URG 10 N 7 f.; auch **Datenträger** sind Ton- oder Tonbildträger, sofern sie Ton- oder Tonbildaufzeichnung in Form von Daten (bspw. digitaler Signale) enthalten. Nur die Fixierung der Darbietung, welche deren Wahrnehmung als solche ermöglicht, ist Aufnahme; nicht also beschreibende oder in Zeichen übersetzte Aufzeichnung (bspw. Schrittfolge, s. URG 33 N 14; zum Schutz als Werk s. URG 2 N 16). Lit. b steht in echter Konkurrenz zu lit. c, URG 67 N 12.

5   **Lit. c** schützt das **Verbreitungsrecht der Interpreten** (URG Art. 33 Abs. 2 lit. d) an den gegenständlichen Aufzeichnungen (Vervielfältigungsexemplaren, N 4 und URG 10 N 7 f.) ihrer Darbietung. Der Erschöpfungsgrundsatz (URG Art. 12 Abs. 1) gilt entspr. (URG Art. 38; URG 12 N 1); nicht hingegen Art. 12 Abs. 1*bis* (im Umkehrschluss aus URG Art. 38; zudem steht nur Urhebern, nicht Interpreten das dort geschützte Aufführungsrecht zu).

6   **Lit. e** schützt das **Wiedergaberecht der Interpreten** (URG Art. 33 Abs. 2 lit. e) gegen Verletzungen dadurch, dass der zugänglich gemachten oder (weiter-)gesendeten *Darbietung*, ungeachtet, ob diese unmittelbar oder unter Verwendung einer Aufzeichnung gesendet oder zugänglich gemacht wurde (N 1; URG 33 N 13 sowie 10 N 16). Dass hiermit auch das Recht der **Sendeunternehmen** an der öffentlichen Wiedergabe ihrer *Sendungen* gedeckt sein soll (so Müller/Oertli/David, URG 69 N 12), begegnet Bedenken vor dem Hintergrund des Legalitätsprinzips: Jedenfalls ist dies nur der Fall, wenn Gegenstand der Sendung die Darbietung eines Werks ist («gesendete Werkdarbietung»), also sowohl Urheber- als auch Interpretenrechte betroffen sind. Liegt deren Einwilligung vor und ist allein das Recht des Sendeunternehmens verletzt, ist die Strafbarkeit dem Wortlaut nicht zweifelsfrei zu entnehmen.

7   **Lit. e*bis*** bedroht Widerhandlungen gegen das **Namensnennungsrecht** (URG Art. 33a Abs. 1) mit Strafe; und zwar die Verwendung der Werkdarbietung (auf jegliche Weise) unter

Verwendung eines falschen (dazu URG 67 N 9) oder eines andern als des vom Interpreten bestimmten Künstlernamens. Hieraus folgt, dass das Recht aus URG Art. 33a Abs. 1 *weiter reicht*, als dessen Formulierung erkennen lässt: Wie jenes der Urheber (URG Art. 9 Abs. 2, URG 67 N 9), gilt dieses Recht nicht nur der (namentlichen) Anerkennung der Interpreteneigenschaft, sondern gewährt ihnen ein eigentliches, durch Strafrecht geschütztes *Ausschliesslichkeitsrecht* über die Bestimmung, *ob und mit welchem* (Künstler-)Namen sie genannt werden sollen. Zweifelhaft ist auch hier, ob der Tatbestand auch das gänzliche Weglassen des Künstlernamens erfasst (so Müller/Oertli/David, URG 69 N 14; URG 67 N 9); der *Vorbehalt abweichender Praxis* beim Namensnennungsrecht (URG 33a N 3) kann zur Unklarheit über die Tatbestandsverwirklichung führen. Auch insoweit ist die Strafantragsbefugnis an die Aktivlegitimation zur Geltendmachung zivilrechtlicher Verletzungsansprüche gekoppelt (URG 67 N 3). Beim gemeinsamen Auftreten mehrerer Interpreten (URG Art. 34) gilt die dort festgesetzte Prozessstandschaft auch für die Strafverfolgung der Verletzung des Namensnennungsrechts. Das gilt freilich nicht ohne weiteres auch für dessen *Ausübung*, d.h. die Bestimmung des Künstlernamens, so dass das Namensnennungsrecht des einzelnen Interpreten nicht ohne weiteres durch die Verwendung eines Gruppennamens (z.B. Bandnamens) ausgeübt worden ist (s. aber URG 33a N 3).

8   **Lit. e*ter*** stellt zusammenfassend die Verletzung der ausschliesslichen Rechte der **Interpreten**, ihre Darbietung (URG Art. 33 Abs. 2 lit. a), der **Hersteller**, ihre Produktion (URG Art. 36 lit. b) und der **Sendeunternehmen**, ihre Sendungen (URG Art. 37 lit. e) **auf Abruf zugänglich zu machen** (URG 10 N 17–19, 67 N 14), unter Strafe.

9   **Lit. f** hat das ausschliessliche **Vervielfältigungs- und Verbreitungsrecht der Ton- und Tonbildträger-Hersteller** (URG Art. 36 lit. a) zum Gegenstand. Dazu URG 10 N 7–12, 36 N 8 f., 67 N 12 f.; zum *Anbieten s*. URG 67 N 13; zur *Erschöpfung* (URG Art. 12 Abs. 1 i.V.m. Art. 38) s. URG 12 N 1 ff., 69 N 5. Dass *Datenträger* hier (anders als in lit. b und h) nicht gesondert erwähnt sind, steht dem Verbreitungs- und Vervielfältigungsrecht nicht entgegen, soweit es sich auch dabei um Ton- oder Tonbildträger handelt (N 4). *Anders* als in URG Art. 67 Abs. 1 lit. e und f (URG 67 N 12) und in URG Art. 69 Abs. 1 lit. b und c (N 4), sind Vervielfältigung und Verbreitung hier nicht verschiedene Tatbestände, sondern Varianten desselben Tatbestands; sie stehen demnach nicht in echter Konkurrenz; zu begründen ist dies damit, dass hier der Piraterieschutz im Vordergrund stand (Glarner, a.a.O., 45). Zum Recht zum Zugänglichmachen auf Abruf s. lit. e*ter*, N 8; ein eigenes Senderecht steht den Herstellern nicht zu.

10 **Lit. g** stellt Widerhandlungen unter das Ausschliesslichkeitsrecht der **Sendeunternehmen** an der **Weitersendung** ihrer Sendungen unter Strafe. Auch dieses Recht kann (anders als in der EU, vgl. Art. 10 EU-Richtlinie 1993/83, URG 22 N 1, 37 N 7) in der Schweiz nur durch zugelassene Verwertungsgesellschaften wahrgenommen werden (URG Art. 22 i.V.m. Art. 38). Verletzt wird es demnach durch Weitersendung (URG 10 N 20, 67 N 15), wenn die Einwilligung der Verwertungsgesellschaft nicht eingeholt wurde.

11 **Lit. h und i** schützen das **Vervielfältigungsrecht der Sendeunternehmen** (URG Art. 37 lit. c) an ihren Sendungen, und zwar zum einen gegen die nicht erlaubte **Erstaufzeichnung** (lit. h) – bereits eine Vervielfältigung (URG 10 N 7) –, und zum andern gegen jede weitere Vervielfältigung, sei es der durch das Sendeunternehmen selbst oder durch Dritte angefertig-

ten Erstaufzeichnung (lit. i). Zu Datenträgern s. N 4. **Lit. i** schützt darüber hinaus deren **Verbreitungsrecht** an den Vervielfältigungsstücken (URG Art. 37 lit. d; zur *Erschöpfung* URG Art. 12 Abs. 1 i.V.m. Art. 38; URG 12 N 1 ff., 69 N 5). Das Verbreitungsrecht schliesst die Veräusserung und jede sonstige Art der Verbreitung ein (sinngemäss URG 10 N 9 ff.); das blosse *Anbieten* solcher Vervielfältigungsstücke, hier nicht erwähnt und nicht ohne weiteres Teil des Verbreitungsrechts (URG 67 N 13), ist hingegen wegen der Bindung an das Legalitätsprinzip (StGB Art. 1) *nicht strafbar*. Lit. h und i stehen zueinander in echter Konkurrenz (URG 67 N 12, 69 N 4), nicht aber die Tatbestandsvarianten in lit. i (N 9).

12 Zu **lit. k** s. URG 67 N 17.

Zu Abs. 2

13 Zu **Abs. 2**, gewerbsmässige Begehung: URG 67 N 19.

Art. 69a[1] Verletzung des Schutzes von technischen Massnahmen und von Informationen für die Wahrnehmung von Rechten

[1] Auf Antrag der in ihrem Schutz verletzten Person wird mit Busse bestraft, wer vorsätzlich und unrechtmässig:

a. wirksame technische Massnahmen nach Artikel 39a Absatz 2 mit der Absicht umgeht, eine gesetzlich unerlaubte Verwendung von Werken oder anderen Schutzobjekten vorzunehmen;

b. Vorrichtungen, Erzeugnisse oder Bestandteile herstellt, einführt, anbietet, veräussert oder sonst wie verbreitet, vermietet, zum Gebrauch überlässt, dafür wirbt oder zu Erwerbszwecken besitzt oder Dienstleistungen erbringt, die:
   1. Gegenstand einer Verkaufsförderung, Werbung oder Vermarktung mit dem Ziel der Umgehung wirksamer technischer Massnahmen sind,
   2. abgesehen von der Umgehung wirksamer technischer Massnahmen nur einen begrenzten wirtschaftlichen Zweck oder Nutzen haben, oder
   3. hauptsächlich entworfen, hergestellt, angepasst oder erbracht werden, um die Umgehung wirksamer technischer Massnahmen zu ermöglichen oder zu erleichtern;

c. elektronische Informationen zur Wahrnehmung der Urheber- und verwandten Schutzrechte nach Artikel 39c Absatz 2 entfernt oder ändert;

d. Werke oder andere Schutzobjekte, an denen Informationen über die Wahrnehmung von Rechten nach Artikel 39c Absatz 2 entfernt oder geändert wurden, vervielfältigt, einführt, anbietet, veräussert oder sonstwie verbreitet, sendet, wahrnehmbar oder zugänglich macht.

---

1 Eingefügt durch Art. 2 des BB vom 5. Okt. 2007 über die Genehmigung von zwei Abkommen der Weltorganisation für geistiges Eigentum und über die Änderung des Urheberrechtsgesetzes, in Kraft seit 1. Juli 2008 (AS 2008 2497).

² Wer eine Tat nach Absatz 1 gewerbsmässig begangen hat, wird von Amtes wegen verfolgt. Die Strafe ist Freiheitsstrafe bis zu einem Jahr oder Geldstrafe.

³ Handlungen nach Absatz 1 Buchstaben c und d sind nur strafbar, wenn sie von einer Person vorgenommen werden, der bekannt ist oder den Umständen nach bekannt sein muss, dass sie damit die Verletzung eines Urheber- oder verwandten Schutzrechts veranlasst, ermöglicht, erleichtert oder verschleiert.

Zu Abs. 1

1 URG Art. 69a ist eine vollständige Neuregelung zur Umsetzung von WCT und WPPT (→ Nr. 14 f.). Der hierfür mit der Revision 2007 eingeführte **Rechtsschutz von technischen Massnahmen und Wahrnehmungsinformationen,** namentlich die Verbote **nach URG Art. 39a Abs. 1 und 3 sowie Art. 39c Abs. 1 und 3,** erhielten mit Abs. 1 lit. a–d flankierenden strafrechtlichen Schutz. **Geschütztes Rechtsgut** sind nicht diese Massnahmen und Informationen als solche, sondern die Urheber- und verwandten Schutzrechte (Glarner, Andreas, Werknutzung im digitalen Zeitalter: Strafrechtliche Betrachtung zu Art. 19 Abs. 1 lit. a URG und zum Schutz technischer Massnahmen, sic! 2006, 641, i.f.: sic! 2006, S. 650), d.h. die Verfügungsmacht über das Werk oder den Gegenstand des verwandten Schutzrechts in Form des absoluten Rechts (URG Art. 39a N 4, Art. 62 N 5, 7 f., 67 N 1; Glarner, zit. in URG 67 N 1, S. 42). Der Rechtsschutz richtet sich hier nicht gegen eigentliche Verletzungen dieses Rechtsguts, sondern gegen Handlungen in deren Vorfeld, welche dieses *gefährden* (Glarner, sic! 2006, 648); sei dies *konkret* – im Hinblick auf die Rechte eines konkreten Rechtsgutsträgers – oder *abstrakt,* wo (wie in den Fällen des Abs. 1 lit. b) eine konkrete Verletzungsgefahr nicht ersichtlich ist.

2 Der *individualrechtlichen* Konzeption des Rechtsschutzes im URG (vgl. URG Art. 67 Abs. 1, 68, 69 Abs. 1; URG 67 N 1, 3 f.) entspricht es, dass die Strafbarkeit nach Abs. 1 an einen **Strafantrag** gebunden ist (Antragsdelikte). **Antragsbefugt** ist die **«in ihrem Schutz verletzte»** Person: Dies folgt dem Grundsatz des StGB Art. 30 Abs. 1, wonach jeder Verletzte, d.h. jeder materiellrechtliche Träger des verletzten Rechtsguts (BGE 128 IV 81, E. 3.a), antragsberechtigt ist. Dies sind jene Personen, die die betroffenen Urheber- und verwandten Schutzrechte *im eigenen Namen geltend machen können,* mithin Rechteinhaber und Exklusivlizenznehmer (URG 67 N 3; 62 N 5 f.). Der Besonderheit, dass durch die Vorfeld-Tathandlungen des URG Art. 69a das Rechtsgut (noch) gar nicht verletzt, nur erst gefährdet wird, versucht der Wortlaut gerecht zu werden, der die Befugnis an der «Verletzung» nicht des Rechtsguts, sondern seines «Schutzes» im Vorfeld durch die Verbote der URG Art. 39a, 39c (i.V.m. 62 Abs. 1*bis*) und 69a anknüpft. Dabei wird das Antragserfordernis ganz untypischerweise auch für *abstrakte Gefährdungsdelikte* in Kauf genommen, mithin ein Individualrecht wegen der Gefährdung unterstellt, das mangels ihrer Konkretisierung nur dem (gesamten) Kreis der *abstrakt Gefährdeten* zukommt, d.h. *aller Inhaber* und Exklusivlizenznehmer *von Urheber- und verwandten Schutzrechten,* die im Geltungsbereich des Gesetzes technische Massnahmen anwenden (lassen); nicht hingegen die Anwender solcher Massnahmen, die selbst kein geschütztes Recht geltend machen können (Glarner, a.a.O.). Im Ergebnis stimmt das mit dem Kreis der nach URG Art. 62 Abs. 1*bis* Aktivlegitimierten (URG 62 N 6, vgl. auch insoweit öUrhG § 90c Abs. 1 und 3) überein. Dies gilt namentlich für URG 69a

Abs. 1 lit. b, ebenso aber für Fälle, in denen die Verwirklichung eines der anderen Tatbestände nur zur *abstrakten* Rechtsgutgefährdung führt (bspw. wo Angriffsobjekt technische Massnahmen nicht am Werkexemplar, sondern am Übertragungsweg sind; URG 39a N 14).

3   **Unrechtmässig** ist die Tat, wenn sie *gegen den Willen des Trägers des geschützten Rechtsguts* (cf. BSK StGB II – Delnon/Rüdi, Art. 186 N 34), d.h. ohne *Einwilligung* der Rechteinhaber und Exklusivlizenznehmer erfolgt (Glarner, a.a.O., 76 f., Schwarzenegger, zit. in URG 67 N 4, S. 218 f.; s. auch URG 39a N 8). Auch dies entspricht der Konzeption der Verletzungstatbestände (vgl. URG Art. 67 Abs. 1, 69 Abs. 1), wo die Einwilligung der Rechteinhaber in die Verwendung von Werken oder Gegenständen verwandter Schutzrechte den Tatbestand ausschliesst (Glarner, a.a.O.). Indessen setzt es die Disposition des Einzelnen über den Rechtsgüterschutz voraus. Das Tatbestandsmerkmal geht also ins Leere bei *abstrakter* Gefährdung, wo er zwar hiernach die Strafverfolgung im eigenen Namen *geltend machen* (N 2), sie aber nicht *ausschliessen* kann. Anders als in den Verletzungstatbeständen der URG Art. 67 Abs. 1, 69 Abs. 1 schliessen auch *Schutzschranken* den Tatbestand nicht aus: Die Unrechtmässigkeit liegt hier nicht in einer *Verwendung* (in lit. a–c gehört eine solche nicht einmal zum Tatbestand, zu lit. d s. N 10), die *als solche* von einer Schranke gedeckt sein könnte. In den Tatbestand von lit. a fliesst die Frage einer (zukünftigen) Verwendung nur mit dem subjektiven Tatbestandsmerkmal der darauf gerichteten *Absicht* (N 7), in lit. c und d mit jenem des *Wissens oder Wissenmüssens* (N 12) ein; lit. b kommt ganz ohne Bezug zu Verwendungen aus. Über die genannten subjektiven Merkmale hinaus sind deshalb Schranken für die Unrechtmässigkeit der Tathandlungen bedeutungslos. Da die Unrechtmässigkeit schon mit dem Verbot begründet ist, hat ihre Erwähnung keine selbständige Bedeutung, wo eine Einwilligung nicht in Betracht kommt. Daran, dass Nutzungen im Schrankenbereich *dem Verbotsrecht entzogen* sind, aber auf diese und namentlich auf Werkzugang *kein Anspruch* besteht (Glarner, sic! 2006, 649; URG 19 N 4, 39a N 4), ändert die Vorschrift nichts.

4   Strafbar sind die Taten nur bei **Vorsatz** (auch dies übereinstimmend mit URG Art. 67–69), wofür Eventualvorsatz genügt (s. aber die zusätzlichen subjektiven Merkmale der Absicht, Abs. 1 lit. a, N 7, und des Wissens oder Wissenmüssens, Abs. 3, N 12).

5   Die Strafandrohung für Taten nach Abs. 1 ist **Busse**; es handelt sich um *Übertretungen* (StGB Art. 103). Dies soll Einklang mit der Bestimmung zum Schutz des elektronischen Geschäftsverkehrs in StGB Art. 150*bis* herstellen (Botschaft 2006, 3428), die indes allenfalls mit URG Art. 69a Abs. 1 lit. b vergleichbar ist. Der Wertungsunterschied zu den Verletzungstatbeständen des Urheberrechts (Freiheitsstrafe bis ein Jahr oder Geldstrafe, URG Art. 67 Abs. 1, 69 Abs. 1; mithin Vergehen, StGB Art. 10 Abs. 3), aber auch StGB Art. 143*bis* oder 150 (bis drei Jahre) oder 143 (bis fünf Jahre; Verbrechen) ist eklatant (→ Nr. 10). Folge der Strafandrohung ist, dass Taten nach URG Art. 69a Abs. 1 im (kantonalen) *Übertretungsstrafverfahren* in Zuständigkeit der Verwaltungsbehörden (und mit eingeschränkten prozessualen Zwangsmitteln) zu verfolgen sind (VStR, SR 313.0, Art. 20 f., 37 ff.; David, SIWR I/2, 220). Anders als in StGB Art. 150*bis* (Abs. 2) und den genannten Vergehen, ist der *Versuch,* v.a. aber die *Gehilfenschaft,* bspw. bei der Verbreitung von Umgehungstools über Netzwerke, nicht strafbar (StGB Art. 105 Abs. 2; s. aber lit. b, N 8).

6   Der **Tatbestand in lit. a** versieht das Umgehungsverbot des **URG Art. 39a Abs. 1** mit Strafandrohung; zu den Merkmalen der **wirksamen technischen Massnahmen** und der

Umgehung s. dort, N 10 ff. «Schutzobjekte» sind die *Gegenstände eines Urheber- oder verwandten Schutzrechts* (URG 39a N 4). Das Delikt ist mit der Handlung vollendet (Tätigkeitsdelikt), aber mit Blick auf die geschützten Urheberrechte nicht Verletzungs-, sondern *Gefährdungsdelikt* (N 2). Die Gefährdung wird sich in vielen Fällen konkretisieren lassen (N 2 f.; a.M. Glarner sic! 2006, 648), das ist aber nicht zwingend (URG 39a N 14); der Übergang ist fliessend (Glarner, a.a.O.); die Möglichkeit einer tatbestandsausschliessenden Einwilligung (N 3) und die Strafantragsbefugnis (N 2) sind damit nur im Einzelfall bestimmbar.

7   Der subjektive Tatbestand schliesst die **Absicht einer gesetzlich unerlaubten Verwendung** ein, mithin ein Merkmal, das der objektive Tatbestand nicht verlangt («überschiessende Innentendenz»). Konzipiert ist dieses als Gegenschluss zur *ausschliesslichen Absicht einer gesetzlich erlaubten Verwendung* in URG Art. 39a Abs. 4. Über jenen hinaus, ist hier die Strafbarkeit (nicht aber das Unrecht aus URG Art. 39a Abs. 1, s. dort N 9) bereits auf Tatbestandsebene aufgehoben. Es genügt nach Wortlaut und Systematik jede, auch diffuse, Verwendungsabsicht, die unerlaubte Verwendungen nicht ausschliesst (enger die Botschaft 2006, 3428, wonach die Umgehung auf die Vornahme einer unerlaubten Verwendung *«ausgerichtet»* sei). **«Gesetzlich unerlaubt»** ist diejenige Verwendung, die nicht *gesetzlich erlaubt* ist, d.h. die einem Ausschliesslichkeitsrecht des URG und damit der Einwilligung der Rechteinhaber oder einer Verwertungsgesellschaft unterliegt (URG 39a N 28). Nicht erforderlich ist die Absicht *eigener* Verwendung; es genügt die (hinreichend konkrete) Absicht, solchen Verwendungen Dritter Vorschub zu leisten. Die Absicht muss während der Tatbegehung gefasst sein. Nicht in den Tatbestand fällt die *nach* Vollendung geänderte Absicht; indessen können äussere Umstände, auch eine anschliessende Rechtsverletzung, die Absicht indizieren.

8   Der **Tatbestand in lit. b** bewehrt die Verbote des **URG Art. 39a Abs. 3** mit Strafe und stimmt mit jenem (und dessen Vorbild, EU-Richtlinie 2001/29, Art. 6 Abs. 2 → Nr. 18) überein; dies wurde in der parlamentarischen Beratung wiederhergestellt (so schon VE 2004; der Bundesratsentwurf hatte einen erheblich abweichenden Tatbestand vorgesehen; URG 39a Abs. 3, dort N 17). Er verbindet einen Grundtatbestand mit drei alternativen, die Tat als strafbar qualifizierenden Tatbestandsvarianten (zu den Einzelheiten s. URG 39a N 17 ff.). Er ist *jedenfalls abstraktes Gefährdungsdelikt* (Glarner, sic! 2006, 648; Müller/Oertli/David, URG 69/69a N 9). Zu Strafantragserfordernis und -befugnis s. N 2. Dem abstrakten Gefährdungscharakter gemäss, ist eine Absicht unerlaubter Verwendung (der Umgehungstechnologie) nicht Tatbestandsmerkmal (Müller/Oertli/David, a.a.O. N 12). Selbständig (nicht als Gehilfenschaft) und unabhängig vom Verwendungszweck eines Dritten, ist deshalb auch die **Dienstleistung zur Umgehung** strafbar, selbst wenn der Dritte sich auf URG Art. 39a Abs. 4 berufen kann. Bei der Strafbarkeit der **Werbung** für Umgehungsmittel in Publikationen (URG 39a N 23) sind die Bestimmungen des StGB-Medienstrafrechts zu beachten: Nach StGB Art. 28 ist primär allein der Autor des Artikels verantwortlich; nur subsidiär und nach dem selbständigen Straftatbestand des Art. 322*bis* können die redaktionell Verantwortlichen zur Verantwortung zu ziehen sein.

9   **Lit. c** enthält den Straftatbestand zum Verbot des **URG Art. 39c Abs. 1. Informationen «zur Wahrnehmung»** sind diejenigen nach URG Art. 39c Abs. 2 (dort N 3, 5). Angesichts

des ausdrücklichen Verweises auf die Legaldefinition und der Unbestimmtheit des Begriffs »elektronische Informationen« (URG 39c N 5) kann aus seiner Wiederholung im Straftatbestand nicht geschlossen werden, dass von den dort erwähnten Elementen *nur* die elektronischen Informationen, nicht aber die (ggf. nicht-elektronischen) Zahlen oder Codes unter den Straftatbestand fallen. Abweichend vom Verbot des URG Art. 39c Abs. 1 verlangt der Straftatbestand zusätzlich das Wissen oder Wissenmüssen (u.a.) der Erleichterung oder Verschleierung der Verletzung von Urheber- oder verwandten Schutzrechten durch die Tat (N 12).

10 **Lit. d** stellt, vorbehaltlich Abs. 3, sämtliche Handlungen nach URG **Art. 39c Abs. 3** unter Strafe. Tatbestandshandlungen sind *eigentliche Verwendungen* geschützter Werke mit der Besonderheit, dass spezifisches Angriffsobjekt hier Werkexemplare *mit manipulierter Wahrnehmungsinformation* sind. Damit stellt sich die Frage der Spezialität zu den URG Art. 67, 69, nach denen diese Nutzungshandlungen als solche strafbar sind: Vervielfältigen (URG Art. 67 Abs. 1 lit. e, 69 Abs. 1 lit. f und i); Anbieten, Veräussern und Verbreiten (URG Art. 67 Abs. 1 lit. f, 69 Abs. 1 lit. f und i); Sendung (URG Art. 67 Abs. 1 lit. h, 69 Abs. 1 lit. a); Wahrnehmbarmachen (URG Art. 67 Abs. 1 lit. g und i, 69 Abs. 1 lit. e) und Zugänglichmachen (URG Art. 67 Abs. 1 lit. g*bis*, 69 Abs. 1 lit. e*ter*). Entstehungsgeschichte und Zweck der Bestimmung und die systematische Einordnung in das URG im Zusammenhang mit dem Rechtsschutz nach dessen Titel 3a lassen es gleichwohl nicht zu, in URG Art. 69a Abs. 1 lit. d eine *Privilegierung* der Urheberrechtsverletzungen *mit* manipulierter Wahrnehmungsinformation – unter bedeutend tieferer Strafandrohung (N 5) – gegenüber jener *ohne* solche oder mit intakter Information zu sehen: Wie die anderen Tatbestände des URG Art. 69a Abs. 1, ist lit. d als *Vorfeldhandlung* konzipiert und setzt deshalb eine *unrechtmässige Verwendung* im Sinn der URG Art. 67, 69 nicht voraus. Anders als dort, gilt das Merkmal *unrechtmässig* hier nicht der Tathandlung, der *Verwendung,* die *als solche* gegen ein Ausschliesslichkeitsrecht verstösst, sofern sie nicht mit Einwilligung des Rechteinhabers oder im Bereich einer Schranke stattfindet. Das spezifische Unrecht liegt vielmehr allein im Merkmal der manipulierten Wahrnehmungsinformation, wo diese von der Einwilligung in die *Verwendung* (oder von der Schranke, N 5) nicht gedeckt ist. Mit diesem anderen Unrechtsgehalt ist URG Art. 69a Abs. 1 lit. d keine Spezialvorschrift zu URG Art. 67, 69, sondern kommt nur zur Anwendung, wo Urheber- und Leistungsschutzrechte nicht schon als solche verletzt sind.

Zu Abs. 2

11 Im Fall **gewerbsmässiger Begehung** (URG 67 N 19) wird die Tat zum **Offizialdelikt**, entfällt also das Antragserfordernis (N 2), und unterliegt einem erhöhten Strafmass (Vergehen; N 5). Wie im Grundtatbestand (und entgegen der Botschaft 2006, 3428), steht auch hier der Strafrahmen bei weitem nicht im Einklang mit demjenigen der Verletzungstatbestände URG Art. 67 Abs. 2, 69 Abs. 2 (dort jeweils bis fünf Jahre oder Geldstrafe).

Zu Abs. 3

12 **Abs. 3** verlangt für Taten nach lit. c und d (auch in Verbindung mit Abs. 2) zusätzlich, dass es dem Handelnden (selbst) **«bekannt ist oder nach den Umständen bekannt sein muss»**, dass die Tat die Verletzung eines Urheber- oder verwandten Schutzrechts veranlasst, ermöglicht, erleichtert oder verschleiert. Die Aufzählung umfasst einen weiten, im Ergebnis nicht konkretisierten Spielraum *potentieller* Begünstigung solcher Verletzungen (nach der

Botschaft 2006, 3428: *Vorschub leisten*). Im Vordergrund steht die Gefährdung *konkretisierbarer* Rechte (wo Wahrnehmungsinformation *an einem Werkexemplar* angebracht ist bzw. manipuliert wurde), wobei es weder auf die Kenntnis näherer Umstände, wie der Art der Rechte oder der Person des Rechteinhabers, noch die Absehbarkeit einer bestimmten Verletzungshandlung ankommen kann. Mit dem *Kennenmüssen* bezieht der Tatbestand Sorgfaltspflichten ein; der Sorgfaltsmassstab ist bei Manipulationen nach lit. c sowie in Fällen des lit. d, bei denen die Manipulation selbst bekannt ist, eher hoch anzusetzen; denn dass solche Informationen grundsätzlich dem Schutz gesetzlicher Rechte dienen, folgt aus dem Gesetz selbst und gehört daher zum allgemeinen Rechtsbewusstsein. Weniger streng kann der Massstab bei Handlungen nach lit. d an das Kennenmüssen einer vorangegangenen Manipulation anzulegen sein, wenn im Einzelfall der Handelnde zu dieser keinen eigenen Bezug hatte und sie nicht ohne weiteres ersichtlich ist.

13 **Konkurrenzen:** Das von StGB Art. 150, 150*bis* (→ Nr. 10) geschützte Rechtsgut ist das Vermögen (Glarner, sic! 2006, 650), dem hier das Rechtsgut der Verfügungsmacht über absolute Rechte gegenübersteht. Auch StGB Art. 143, 143*bis* schützen mit der *tatsächlichen Verfügungsmacht über Daten* (computerlesbare Informationen; BSK StGB II – Weissenberger, Art. 143 N 4 f., 143*bis* N 3; hierunter auch Werkdaten wie bspw. Text-, Ton- oder Tonbildaufzeichnungen) ein anderes Rechtsgut (a.M. Glarner, a.a.O., 649 f.) als die *rechtliche Herrschaftsmacht* über Werke (einschliesslich persönlichkeitsrechtlicher Komponenten; Glarner, Musikpiraterie, 41 f.); dies auch, wenn und soweit das *Angriffsobjekt* der «Computerstraftaten» und der URG Art. 69a Abs.2 lit. a und c übereinstimmen. Es besteht also, soweit Tathandlungen überhaupt beide Tatbestände erfüllen, *echte Konkurrenz.* Sowenig, wie die Schutzschranken *als solche* die Tatbestände nach URG Art. 69a ausschliessen (N 3) oder tatbestandsmässige Handlungen rechtfertigen (URG 39a N 26), rechtfertigen sie die allfällige Begehung konkurrierender Straftaten nach StGB.

Art. 70[1] Unerlaubte Geltendmachung von Rechten

Wer ohne erforderliche Bewilligung (Art. 41) Urheber- oder verwandte Schutzrechte geltend macht, deren Verwertung der Bundesaufsicht unterstellt ist (Art. 40), wird mit Busse bestraft.

1 Die Bestimmung ist bisher ohne Bedeutung geblieben (zu den Gründen s. Müller/Oertli/David, URG 70 N 1 ff.). Strafverfolgungsbehörde wäre das IGE (URG Art. 73 Abs. 2).

---

1 Fassung gemäss Ziff. II des BG vom 22. Juni 2007 über die Änderung des BG betreffend die Erfindungspatente, in Kraft seit 1. Juli 2008 (AS 2008 2551).

Art. 71   Widerhandlungen in Geschäftsbetrieben

Für Widerhandlungen in Geschäftsbetrieben, durch Beauftragte und dergleichen sind die Artikel 6 und 7 des Verwaltungsstrafrechtsgesetzes vom 22. März 1974[1] anwendbar.

1   Der Verweis auf Normen des Verwaltungsstrafrechts mag systemfremd anmuten, entspricht inhaltlich aber den Regelungen in MSchG Art. 67, DesG Art. 42 und UWG Art. 26.

Art. 72[2]   Einziehung im Strafverfahren

Ausgeführte Werke der Baukunst können nicht nach Artikel 69 des Strafgesetzbuches[3] eingezogen werden.

1   Im **Umkehrschluss** ergibt sich, dass Exemplare aller anderen Werkkategorien Gegenstand einer Einziehung sein können.

2   Als **«ausgeführt»** müssen bereits Bauwerke gelten, die in wesentlichen Teilen erstellt sind, auch wenn noch nicht von einer eigentlichen «Fertigstellung» gesprochen werden kann (OGer/TG PO.2000.3 vom 31.01.2001 E. 3b). Zum Zivilverfahren s. URG Art. 63 Abs. 2.

3   Die Einziehung ist ein Eingriff in die Eigentumsgarantie (BV Art. 26), weshalb das Prinzip der **Verhältnismässigkeit** (BV Art. 36 Abs. 3) zu beachten ist. Offensichtlich erachtet der Gesetzgeber die Einziehung von Bauwerken generell als unverhältnismässig (Müller/Oertli/David, URG 72 N 22).

Art. 73   Strafverfolgung

¹ Die Strafverfolgung ist Sache der Kantone.
² Widerhandlungen nach Artikel 70 werden vom Institut für geistiges Eigentum nach dem Verwaltungsstrafrechtsgesetz vom 22. März 1974[4] verfolgt und beurteilt.

1   Anders als im Zivilrecht (URG 64 Abs. 3) macht der Bundesgesetzgeber den Kantonen keine Vorschriften, wonach die Untersuchung und Beurteilung einer einzigen kantonalen Behörde oder Gerichtsinstanz überlassen werden muss. Die Kantone sind in ihrer **Organisation** deshalb **frei**. Mangels ausreichender einschlägiger Kenntnisse und Erfahrung herrscht bei den kantonalen Untersuchungsbehörden oft grosse Unsicherheit über die urheberrechtlichen Aspekte der Strafverfolgung.

---

1   SR 313.0
2   Fassung gemäss Ziff. II des BG vom 22. Juni 2007 über die Änderung des BG betreffend die Erfindungspatente, in Kraft seit 1. Juli 2008 (AS 2008 2551).
3   SR 311.0
4   SR 313.0

2 Bei Absatz 2 handelt es sich um eine Ausnahmeregelung zu Absatz 1. Die Zusammenlegung von Verfolgungs- und Spruchkompetenzen in einer einzigen Behörde verstösst gegen das **Prinzip der Gewaltenteilung** (BV Art. 30 Abs. 1 und EMRK Art. 6 Z. 1; vgl. Müller/Oertli/David, URG 73 N 5 f.).

3. Kapitel:[1] Beschwerde an das Bundesverwaltungsgericht

Art. 74

[1] Gegen Verfügungen der Aufsichtsbehörde und der Schiedskommission kann beim Bundesverwaltungsgericht Beschwerde geführt werden.

[2] Beschwerden gegen Verfügungen der Schiedskommission haben nur aufschiebende Wirkung, wenn der Instruktionsrichter des Bundesverwaltungsgerichts dies von Amtes wegen oder auf Antrag einer Partei anordnet.

Zu Abs. 1

1 Zum Begriff der Verfügung s. VwVG Art. 5. Kraft Verweis in VGG Art. 37 richten sich die **Voraussetzungen** zur Beschwerde und dessen Verfahren nach VwVG, insbesondere VwVG Art. 44 ff. (vgl. hierzu allgemein Häfelin/Müller/Uhlmann, Rz. 1905 ff.). Gegen den Entscheid des Bundesverwaltungsgerichts steht die Beschwerde in öffentlich-rechtlichen Angelegenheiten nach BGG Art. 82 ff. offen.

2 Die **Zuständigkeit des Bundesverwaltungsgerichts** (und letztlich der öffentlich-rechtlichen Abteilung des Bundesgerichts) führt immer wieder dazu, dass wichtige zivilrechtliche Streitpunkte, bspw. hinsichtlich Bestand und Tragweite eines Vergütungsanspruchs, vorfrageweise durch Verwaltungsrichter beurteilt werden. Die bisherige Qualität der Rechtsprechung ist zwar keineswegs zu beanstanden, jedoch birgt dieses System die Gefahr unterschiedlicher rechtlicher Auffassungen zwischen der zivilrechtlichen und öffentlich-rechtlichen Abteilung des Bundesgerichts bzw. des Bundesverwaltungsgericht.

Zu Abs. 2

3 Die Bestimmung ist eine **Ausnahme** zu VwVG Art. 55 Abs. 1, wonach Beschwerden grundsätzlich aufschiebende Wirkung zukommt. Die **Anordnungen des Instruktionsrichters** unterliegen innerhalb des Bundesverwaltungsgerichts keiner Beschwerde (VGG Art. 39 Abs. 1).

---

1 Fassung gemäss Anhang Ziff. 19 des Verwaltungsgerichtsgesetzes vom 17. Juni 2005, in Kraft seit 1. Jan. 2007 (SR 173.32).

4. Kapitel: Hilfeleistung der Zollverwaltung

Art. 75[1] Anzeige verdächtiger Waren

[1] Die Zollverwaltung ist ermächtigt, die Inhaber oder Inhaberinnen der Urheber- oder der verwandten Schutzrechte sowie die zugelassenen Verwertungsgesellschaften zu benachrichtigen, wenn der Verdacht besteht, dass die Ein-, Aus- oder Durchfuhr von Waren bevorsteht, deren Verbreitung gegen die in der Schweiz geltende Gesetzgebung über das Urheberrecht oder die verwandten Schutzrechte verstösst.

[2] In diesem Fall ist die Zollverwaltung ermächtigt, die Waren während drei Werktagen zurückzubehalten, damit die antragsberechtigten Personen einen Antrag nach Artikel 76 Absatz 1 stellen können.

Vorbemerkung zu Art. 75–77h

1   Die URG Art. 75 ff. wurden durch die Revision des PatG vom 22.06.2007 weitgehend neu gefasst und ergänzt; damit sollte eine **neue, wirksamere Regelung der Hilfeleistungen** der Zollverwaltung bei der Rechtswahrung in das URG wie auch andere immaterialgüterrechtliche Spezialgesetze eingeführt werden, wie sie zuvor bereits das DesG vorgesehen hatte (Botschaft PatG 2006, 36). Die Neuregelung übernimmt jene aus PatG Art. 86a–86k (Botschaft PatG 2006, 131). Zugleich ist die Angleichung an das Schutzniveau der EU zufolge der Richtlinie 2004/48 (→ Nr. 20, Rechtsdurchsetzung) bezweckt (Botschaft PatG 2006, 37).

2   Neu ist die Erstreckung ihres Anwendungsbereichs auch auf die **Durchfuhr rechtsverletzender Gegenstände**. Damit ist zugleich materiellrechtlich klargestellt, dass auch die Durchfuhr rechtsverletzender Waren, hier vor allem von *Werkexemplaren* (im Einzelnen N 5) das Verbreitungsrecht (URG 10 Abs. 2 lit. b, dort N 9 f.) verletzen kann (Botschaft PatG 2006, 36); einer Anpassung in URG Art. 10 bedarf es hier (anders als in PatG Art. 8 Abs. 2; Botsch. PatG 2006, 118; vor diesem Hintergrund wie hier wohl auch in URG Art. 33 Abs. 1 lit. d, 36 lit. a, 37 lit. d) wegen dessen Abs. 1 nicht. Soweit im schweizerischen Urheberrecht die weltweite Erschöpfung gilt (URG 12 Abs. 1, dort N 3), kommen jedoch auch bei der Durchfuhr nur Werkexemplare in Betracht, die bereits im Herkunftsland widerrechtlich hergestellt oder in Verkehr gesetzt wurden. Die Anknüpfung an der Erstinverkehrsetzung führt zum problematischen Ergebnis, dass die Durchfuhr durch die Schweiz auch dann rechtmässig wäre, wenn Werkexemplare aus einem Gebiet ausserhalb der EU über die Schweiz rechtswidrig in die EU oder nach rechtswidriger Durchfuhr durch die EU in die Schweiz eingeführt oder wiederum mit Destination EU hindurchgeführt werden; denn in der EU gilt die regionale, gemeinschaftsweite Erschöpfung (URG 12 N 3), womit die Ein- oder Durchfuhr ohne Einwilligung das Verbreitungsrecht verletzt.

---

1   Fassung gemäss Ziff. II des BG vom 22. Juni 2007 über die Änderung des BG betreffend die Erfindungspatente, in Kraft seit 1. Juli 2008 (AS 2008 2551).

3 Eine weitere, ebenfalls in allen Immaterialgüterrechtsgesetzen eingeführte Neuregelung ist **das vereinfachte Vernichtungsverfahren**; s. Art. 77c–77g.

Zu Art. 75

4 Diese Bestimmung enthält die Rechtsgrundlage für ein Eingreifen der Zollbehörden **(Hilfeleistung von Amts wegen)**, ohne ihnen jedoch die Pflicht aufzuerlegen, systematisch nach verdächtigen Sendungen zu suchen oder eine eigentliche Kontrolle vorzunehmen (Botschaft 1989, 570; Botschaft PatG 2006, 120 f., 131). Die Benachrichtigung soll dem Rechteinhaber ermöglichen, die notwendigen Vorkehren zur Wahrung seiner Rechte zu treffen (URG Art. 76). Die Zollverwaltung kann den Rechteinhaber, sofern dieser bekannt ist, auch ohne dessen Ersuchen von Verdachtsfällen der Rechtsverletzung benachrichtigen; sie muss aber unbekannte Rechteinhaber nicht ermitteln (wobei indessen die Schutz- bzw. Interessenverbände der Rechteinhaber behilflich sein können). Die Zollverwaltung hat ein Ermessen (Kann-Vorschrift), das sie indes willkürfrei und in Beachtung des Gleichbehandlungsprinzips auszuüben hat (BV Art. 8 f.); die Vorschrift geht deshalb über die blosse Entbindung vom Amtsgeheimnis hinaus (Müller/Oertli/Müller, URG 75 N 1).

5 Nach der Botschaft PatG 2006, 121 sollte der frühere Begriff *Sendungen* in den Spezialgesetzen, je nach deren Terminologie, durch *Waren* oder *Gegenstände* ersetzt werden; ersterer Begriff ist dem URG fremd, seine Verwendung in Art. 75 ff. ein redaktioneller Missgriff. Gegenstände sind in gleicher Bedeutung in URG Art. 62, 63, 65 erwähnt. **Waren** sind demnach alle **Gegenstände**, deren Verbreitung **gegen die in der Schweiz geltende Gesetzgebung über das Urheberrecht oder die verwandten Schutzrechte,** d.h. gegen das URG, verstösst: Dies sind Werkexemplare und Vervielfältigungen von Gegenständen verwandter Schutzrechte, bei *Verletzung der Verbreitungsrechte* nach URG Art. 10 Abs. 1 lit. b, 33 Abs. 2 lit. d, 36 lit. a, 37 lit. d; ferner *Mittel zur Umgehung technischer Massnahmen,* deren Einfuhr bzw. Verbreitung nach URG Art. 39a Abs. 3, und solche Werkexemplare und Vervielfältigungen von Gegenständen verwandter Schutzrechte, deren Einfuhr und Verbreitung *wegen manipulierter Wahrnehmungsinformation* gemäss URG Art. 39c Abs. 3 verboten ist. Zur Aktivlegitimation bei den abstrakten Gefährdungstatbeständen s. URG 62 N 8; stellvertretend für den grossen Kreis der danach betroffenen Rechteinhaber, aber auch im Übrigen, kommen etwa deren Schutz- bzw. Interessenverbände und die Verwertungsgesellschaften vertretungsweise als Adressaten der Benachrichtigung in Betracht. Zudem erlauben deren Datenbestände, durch Abgleich die rechtswidrige Einfuhr bestimmter Kategorien geschützter Gegenstände ohne grösseren Aufwand zu eruieren (bspw. DVD der noch gemäss Art. 12 Abs. 1*bis* geschützten Filme; URG 12 N 8). Auch der zunehmend bedeutsame *elektronische* Geschäftsverkehr mit Werkexemplaren, Umgehungsmitteln u. dgl. ist grundsätzlich erfasst. Codes, die Rückschlüsse auf die (Un-)Rechtmässigkeit einer Einfuhr zulassen, können Wahrnehmungsinformationen i.S.v. URG Art. 39c Abs. 2 sein; wurden sie entfernt, ist die Einfuhr bereits wegen URG Art. 39c Abs. 3 widerrechtlich.

6 Es genügt der **Verdacht**, dass die Ein-, Aus- oder Durchfuhr der Waren bevorsteht (Botschaft PatG, a.a.O.); zur Durchfuhr s. N 2.

7 Der neue Abs. 2 sieht eine **Frist von drei Tagen** vor, die dem Antragsberechtigten (URG Art. 76) die Entschliessung und die dafür nötigen Abklärungen erlauben soll. Diese Frist ist

dem Benachrichtigten formlos (bspw. auch per Fax oder E-Mail), aber, ähnlich einer Rechtsmittelbelehrung, ausdrücklich zu erklären und beginnt erst dann zu laufen (Botschaft PatG 2006, 121, 131). Nicht die tatsächliche Dauer des zollamtlichen Rückbehalts, sondern der Zugang der Nachricht bestimmt demnach die Frist. Die Interessen der Lieferanten und Destinatäre der Ware sind dadurch zu wahren, dass die Benachrichtigung unverzüglich ausgelöst wird.

Art. 76   Antrag auf Hilfeleistung

[1] Haben Inhaber oder Inhaberinnen beziehungsweise klageberechtigte Lizenznehmer oder Lizenznehmerinnen von Urheber- oder von verwandten Schutzrechten oder eine zugelassene Verwertungsgesellschaft konkrete Anhaltspunkte dafür, dass die Ein-, Aus- oder Durchfuhr von Waren bevorsteht, deren Verbreitung gegen die in der Schweiz geltende Gesetzgebung über das Urheberrecht oder die verwandten Schutzrechte verstösst, so können sie bei der Zollverwaltung schriftlich beantragen, die Freigabe der Waren zu verweigern.[1]

[2] Die Antragsteller haben alle ihnen greifbaren zweckdienlichen Angaben zu machen, welche die Zollverwaltung benötigt, um über den Antrag entscheiden zu können. Sie übergeben ihr namentlich eine genaue Beschreibung der Waren.

[3] Die Zollverwaltung entscheidet endgültig über den Antrag. Sie kann eine Gebühr zur Deckung der Verwaltungskosten erheben.[2]

1   Die Regelung bezweckt, dem Antragsteller in einem möglichst raschen und einfachen Verfahren die nötige Zeit zu verschaffen, um beim Zivilgericht vorsorgliche Massnahmen (Art. 65) oder auch eine (fristgemässe) strafrechtliche Beschlagnahme durch die Strafverfolgungsbehörde zu erwirken. Die Zollbehörde entscheidet endgültig, damit ihre rechtzeitigen Vorkehren nicht durch ein Beschwerdeverfahren vereitelt werden können (Botschaft PatG 2006, 121, 131). Mit der Revision des PatG wurde sie auf ausschliessliche (URG 62 Abs. 3) Lizenznehmer erstreckt (Botschaft PatG 2006, a.a.O.). Mit dem Antrag sind diejenigen Angaben zu machen, welche die Zollverwaltung für den Entscheid benötigt. Dazu gehört neben Angaben zur Identifizierbarkeit der betroffenen Gegenstände die Glaubhaftmachung der Aktivlegitimation, der Anhaltspunkte für eine Wahrscheinlichkeit widerrechtlicher Verbreitung und der Widerrechtlichkeit unter gegebenen Umständen. Eine Sicherheitsleistung ist grundsätzlich entbehrlich; im Regelfall genügt eine einfache Haftungserklärung des Antragstellers (URG Art. 77h Abs. 1).

2   Für Einzelheiten des Verfahrens s. URV Art. 18–21 → Nr. 2. Der deponierte, gebührenpflichtige (URV Art. 21) Antrag gilt im Regelfall für zwei Jahre und ist erneuerbar (URV Art. 19

---

1   Fassung gemäss Ziff. II des BG vom 22. Juni 2007 über die Änderung des BG betreffend die Erfindungspatente, in Kraft seit 1. Juli 2008 (AS 2008 2551).
2   Fassung gemäss Ziff. II des BG vom 22. Juni 2007 über die Änderung des BG betreffend die Erfindungspatente, in Kraft seit 1. Juli 2008 (AS 2008 2551).

Abs. 2); er kann auch kollektiv bspw. durch Schutzorganisationen von Rechteinhabern gestellt werden.

Art. 77[1] Zurückbehalten von Waren

1 Hat die Zollverwaltung aufgrund eines Antrags nach Artikel 76 Absatz 1 den begründeten Verdacht, dass die Ein-, Aus- oder Durchfuhr einer Ware gegen die in der Schweiz geltende Gesetzgebung über das Urheberrecht oder die verwandten Schutzrechte verstösst, so teilt sie dies einerseits dem Antragsteller oder der Antragstellerin und andererseits dem Anmelder, Besitzer oder Eigentümer beziehungsweise der Anmelderin, Besitzerin oder Eigentümerin der Ware mit.

2 Die Zollverwaltung behält die Ware bis höchstens zehn Werktage vom Zeitpunkt der Mitteilung nach Absatz 1 an zurück, damit der Antragsteller oder die Antragstellerin vorsorgliche Massnahmen erwirken kann.

3 In begründeten Fällen kann sie die Ware während höchstens zehn weiteren Werktagen zurückbehalten.

Zu Abs. 2

1 **Anmelder** ist die Person, welche die Ware zur Zollabfertigung anmeldet; **Besitzer** kann bspw. ein Spediteur sein (Botschaft PatG 2006, 122, 131). Bei der Behandlung von Einfuhren geringer Mengen («Kapillarimporte») ist zu beachten, dass es in Fällen von URG Art. 39a Abs. 3 und 39c Abs. 3 auf Eigengebrauch oder Gewerblichkeit nicht ankommt. Während dem Zurückbehalt nach **Abs. 2** kann der Antragsteller vorsorgliche Massnahmen vor Zivilgerichten erwirken (URG Art. 65), aber ggf. auch Strafverfolgungsbehörden einschalten (URG Art. 67, 69, 69a; StGB Art. 155). Die Dauer des Zurückbehalts von 10 Tagen (TRIPS Art. 55 → Nr. 16; Botschaft PatG 2006, a.a.O.) ist *auf begündeten Antrag* nach **Abs. 3** verlängerbar.

Art. 77a[2] Proben oder Muster

1 Während des Zurückbehaltens der Ware ist die Zollverwaltung ermächtigt, dem Antragsteller oder der Antragstellerin auf Antrag Proben oder Muster zur Prüfung zu übergeben oder zuzusenden oder ihm oder ihr die Besichtigung der zurückbehaltenen Ware zu gestatten.

2 Die Proben oder Muster werden auf Kosten des Antragstellers oder der Antragstellerin entnommen und versandt.

---

1 Fassung gemäss Ziff. II des BG vom 22. Juni 2007 über die Änderung des BG betreffend die Erfindungspatente, in Kraft seit 1. Juli 2008 (AS 2008 2551).
2 Eingefügt durch Ziff. II des BG vom 22. Juni 2007 über die Änderung des BG betreffend die Erfindungspatente, in Kraft seit 1. Juli 2008 (AS 2008 2551).

³ Sie müssen nach erfolgter Prüfung, soweit sinnvoll, zurückgegeben werden. Verbleiben Proben oder Muster beim Antragsteller oder bei der Antragstellerin, so unterliegen sie den Bestimmungen der Zollgesetzgebung.

1   Die Bestimmung gehört zur Neuregelung durch die Revision des PatG 2007 (Botsch. PatG 2006, 122, 131). Ziel ist es, dem Antragsteller möglichst viele Informationen über die verdächtige Ware zu übermitteln, damit er in Kenntnis aller relevanten Informationen über vorsorgliche Massnahmen entscheiden kann (a.a.O.). Die Besichtigungsmöglichkeit, schon bisher in URV Art. 20 Abs. 2 (→ Nr. 2) geregelt, findet sich nun im Gesetz. **Proben oder Muster** können im Fall von Urheberrechtsverletzungen bspw. einzelne Exemplare aus Massensendungen verdächtiger Gegenstände, ggf. aber auch abgefangene Einzelexemplare sein. Sie müssen, soweit sinnvoll, zurückgegeben werden. Nicht sinnvoll ist dies bspw., wenn sie durch Entnahme oder Analyse beschädigt wurden (a.a.O.; zur Haftung für widerrechtlich entstandenen Schaden s. URG Art. 77h). Ihren Verbleib beim Antragsteller kann bspw. ihre Verwendung als Anschauungsmaterial für gefälschte Waren (a.a.O.), ggf. aber auch ihr Beweiszweck (URG 77e N 1) begründen.

Art. 77b[1]   Wahrung von Fabrikations- und Geschäftsgeheimnissen

¹ Gleichzeitig mit der Benachrichtigung nach Artikel 77 Absatz 1 informiert die Zollverwaltung den Anmelder, Besitzer oder Eigentümer beziehungsweise die Anmelderin, Besitzerin oder Eigentümerin der Ware über die mögliche Übergabe von Proben oder Mustern beziehungsweise die Besichtigungsmöglichkeit nach Artikel 77a Absatz 1.

² Der Anmelder, Besitzer oder Eigentümer beziehungsweise die Anmelderin, Besitzerin oder Eigentümerin kann verlangen, zur Wahrung seiner beziehungsweise ihrer Fabrikations- oder Geschäftsgeheimnisse bei der Besichtigung anwesend zu sein.

³ Die Zollverwaltung kann auf begründeten Antrag des Anmelders, Besitzers oder Eigentümers beziehungsweise der Anmelderin, Besitzerin oder Eigentümerin die Übergabe von Proben oder Mustern verweigern.

1   Zu den Begriffen Anmelder, Besitzer, Proben oder Muster s. URG 77a N 1. Abs. 2 wahrt Interessen der vom Zurückbehalt und allfälliger Besichtigung Betroffenen; auch im Urheberrecht kommen in Sonderfällen Fabrikations- (bspw. beim Verdacht auf Umgehungsmittel) oder Geschäftsgeheimnisse (bspw. über Vertriebswege) in Betracht.

1   Eingefügt durch Ziff. II des BG vom 22. Juni 2007 über die Änderung des BG betreffend die Erfindungspatente, in Kraft seit 1. Juli 2008 (AS 2008 2551).

Art. 77c[1] Antrag auf Vernichtung der Ware

¹ Zusammen mit dem Antrag nach Artikel 76 Absatz 1 kann der Antragsteller oder die Antragstellerin der Zollverwaltung schriftlich beantragen, die Ware zu vernichten.

² Wird ein Antrag auf Vernichtung gestellt, so teilt die Zollverwaltung dies dem Anmelder, Besitzer oder Eigentümer beziehungsweise der Anmelderin, Besitzerin oder Eigentümerin der Ware im Rahmen der Mitteilung nach Artikel 77 Absatz 1 mit.

³ Der Antrag auf Vernichtung führt nicht dazu, dass die Fristen nach Artikel 77 Absätze 2 und 3 zur Erwirkung vorsorglicher Massnahmen verlängert werden.

1   Wie die anderen Immaterialgüterrechts-Spezialgesetze sieht das URG neu ein vereinfachtes Verfahren zur **Vernichtung von Pirateriegütern durch die Zollverwaltung** vor (Botschaft PatG 2006, 122 ff. vgl. PatG Art. 86f.). Es bietet namentlich dann eine wertvolle Alternative zum ordentlichen Vorgehen (Verfügung des Massnahme- oder Strafrichters), wenn sich weder der Versender noch der Empfänger der Ware in der Schweiz aufhält. Zweck ist es, rechtsverletzende Waren aus dem Verkehr zu ziehen und die daran Berechtigten dadurch um ihren unlauteren wirtschaftlichen Gewinn zu bringen und zugleich möglichen Lagerproblemen und -kosten zu begegnen (Botschaft PatG 2006, 122, 131). Dies soll damit auch für Fälle gewährleistet sein, in denen sich weder Versender noch Empfänger der Waren in der Schweiz aufhalten (Botschaft PatG 2006, a.a.O.)

2   Zum **Antrag auf Vernichtung** sind sowohl die Rechteinhaber als auch Exklusivlizenznehmer berechtigt (vgl. URG Art. 76 Abs. 1, Botschaft PatG 2006, 122, 131). **Abs. 3** folgt aus TRIPS Art. 55 → Nr. 16, wonach eine Zurückbehaltung über die Frist von 10 (in begründeten Fällen 20 Tagen) hinaus nur durch den zuständigen Massnahmerichter angeordnet werden kann. Parallel zum Vernichtungsantrag können, falls nicht schon der an der Ware Berechtigte selbst in die Vernichtung einwilligt, fristgerecht entsprechende vorsorgliche Massnahmen beantragt werden (Botschaft PatG 2006, 123; URG Art. 77d Abs. 1); freilich relativiert dies die Vorteile der schnellen und informellen Vernichtung durch die Zollbehörde. Es wäre gleichwohl ein Zivilprozess mit entsprechenden Kostenfolgen zu führen.

Art. 77d[2] Zustimmung

¹ Für die Vernichtung der Ware ist die Zustimmung des Anmelders, Besitzers oder Eigentümers beziehungsweise der Anmelderin, Besitzerin oder Eigentümerin erforderlich.

---

1   Eingefügt durch Ziff. II des BG vom 22. Juni 2007 über die Änderung des BG betreffend die Erfindungspatente, in Kraft seit 1. Juli 2008 (AS 2008 2551).
2   Eingefügt durch Ziff. II des BG vom 22. Juni 2007 über die Änderung des BG betreffend die Erfindungspatente, in Kraft seit 1. Juli 2008 (AS 2008 2551).

² Die Zustimmung gilt als erteilt, wenn der Anmelder, Besitzer oder Eigentümer beziehungsweise die Anmelderin, Besitzerin oder Eigentümerin die Vernichtung nicht innerhalb der Fristen nach Artikel 77 Absätze 2 und 3 ausdrücklich ablehnt.

1 «Grundsätzlich» erfordert die Vernichtung nach dem vereinfachten Verfahren (URG Art. 77c) die Einwilligung des an der Ware Berechtigten (Botsch. PatG 2006, 123, 131).

2 **Willigt er ein**, erlaubt dies nicht nur die Vernichtung, sondern hat zudem den Verlust seines Schadenersatzanspruchs für den Fall zur Folge, dass diese sich als unbegründet erweist (dies allerdings nur, wenn sie schriftlich erklärt wurde, Art. 77f). Ob er hierzu durch die Entlastung von den Vernichtungskosten (URG Art. 77g Abs. 1) motivierbar ist (so die Botschaft PatG, 2006, 124), scheint zweifelhaft, gilt dies doch auch, wenn er dem vereinfachten Vernichtungsverfahren nach Abs. 2 seinen Lauf lässt (vgl. nach URG Art. 77f N 2). Der Antragsteller bleibt im vereinfachten Verfahren der Vernichtung hinsichtlich ihrer Zulässigkeit sowie seines Haftungsrisikos (URG Art. 77f) vom Verhalten des Berechtigten abhängig.

3 **Lässt** der Berechtigte dem Verfahren **seinen Lauf**, ohne seine Einwilligung (ggf. konkludent) zu erteilen, so gilt diese nach Fristablauf (Frist gemäss URG Art. 77 Abs. 2 sowie ggf. Verlängerung nach Abs. 3) als erteilt (Abs. 2). Damit steht es der Vernichtung nicht entgegen, wenn sich der Berechtigte nicht vernehmen lässt (Botschaft PatG 2006, a.a.O.). Ein möglicher Schadenersatz bleibt ihm ebenso erhalten, wie wenn er die Einwilligung mündlich erteilt (URG 77f N 2).

4 **Widerspricht** der Berechtigte, so ist die Vernichtung im vereinfachten Verfahren selbst dann nicht zulässig, wenn sie begründet wäre (Botschaft PatG 2006, 124). Die Verletzten sind hier auf den Beseitigungsanspruch nach Art. 62 Abs. 1 lit. b bzw. auf die Einziehung im ordentlichen Strafverfahren (StGB Art. 69 ff.) verwiesen. Der Widerspruch ist *formlos, aber* **ausdrücklich** zu erklären.

Art. 77e[1] Beweismittel

Vor der Vernichtung der Ware entnimmt die Zollverwaltung Proben oder Muster und bewahrt sie als Beweismittel auf für allfällige Klagen auf Schadenersatz.

1 Die Proben und Muster dienen der nachträglichen Feststellung, ob die Vernichtung begründet war (Art. 77d Abs. 1). Damit ist die Entnahme bzw. Aufbewahrung entbehrlich, sobald sämtliche Berechtigten (Anmelder, Besitzer und/oder Eigentümer) der Vernichtung schriftlich zugestimmt haben (Art. 77d Abs. 2). In erster Linie hat der Antragsteller ein eigenes Interesse daran, solche Beweismittel zur Absicherung seines Vernichtungsantrags in Händen zu halten. Dies kann ggf. ein berechtigter Grund für ihn sein, seinerseits die ihm nach URG Art. 77a vorgelegten Proben und Muster entgegen der grundsätzlichen Rückgabepflicht einzubehalten

---

1 Eingefügt durch Ziff. II des BG vom 22. Juni 2007 über die Änderung des BG betreffend die Erfindungspatente, in Kraft seit 1. Juli 2008 (AS 2008 2551).

(URG 77a N 3); jedenfalls aber auch selbst solche Muster oder Proben bei der Vernichtung zu entnehmen.

Art. 77f[1] Schadenersatz

1 Erweist sich die Vernichtung der Ware als unbegründet, so haftet ausschliesslich der Antragsteller oder die Antragstellerin für den entstandenen Schaden.

2 Hat der Anmelder, Besitzer oder Eigentümer beziehungsweise die Anmelderin, Besitzerin oder Eigentümerin der Vernichtung schriftlich zugestimmt, so entstehen gegenüber dem Antragsteller oder der Antragstellerin auch dann keine Ansprüche auf Schadenersatz, wenn sich die Vernichtung später als unbegründet erweist.

1   Die Vorschrift enthält lediglich Haftungsausschlüsse, nicht aber einen selbständigen und insbesondere keinen verschuldensunabhängigen Haftungsgrund; **die Haftung beruht auf OR Art. 41 ff.** (Botschaft PatG 2006, 123) und folgt den allgemeinen Voraussetzungen des Deliktsrechts, insbesondere dem Verschulden. Da im gesetzlich vorgesehenen Vernichtungsantrag (URG Art. 77c) als solchem kein Unrecht liegen kann, stellt die Vorschrift auch selbst kein deliktsrechtliches Schutzgesetz dar; Haftungsgrund ist die Verletzung absoluter Rechte, in erster Linie des Eigentums. Hierbei schliesst Abs. 1 Schadenersatzansprüche *gegen andere* als den Antragsteller (insbesondere gegen die Zollverwaltung, a.a.O.), im Fall des Abs. 2 *überhaupt* aus.

2   Demnach setzt der **Schadenersatzanspruch** erstens voraus, dass die Vernichtung unbegründet war (und sich dies im Nachhinein, im Normalfall durch gerichtliche Feststellung, erweist); zweitens, dass der Berechtigte nicht *schriftlich* zugestimmt hat. Nicht ersichtlich ist, warum er dies *schriftlich* erklären (und sich damit um möglichen Schadenersatz bringen) sollte, ist doch seine Einwilligung nach URG Art. 77d Abs. 1 an keine Form gebunden, ja wird sogar nach dessen Abs. 2 nach blossem Zuwarten gesetzlich fingiert (dort N 2 f.).

Art. 77g[2] Kosten

1 Die Vernichtung der Ware erfolgt auf Kosten des Antragstellers oder der Antragstellerin.

2 Über die Kosten für die Entnahme und Aufbewahrung von Proben oder Mustern nach Artikel 77e entscheidet das Gericht im Zusammenhang mit der Beurteilung der Schadenersatzansprüche nach Artikel 77f Absatz 1.

---

1   Eingefügt durch Ziff. II des BG vom 22. Juni 2007 über die Änderung des BG betreffend die Erfindungspatente, in Kraft seit 1. Juli 2008 (AS 2008 2551).
2   Eingefügt durch Ziff. II des BG vom 22. Juni 2007 über die Änderung des BG betreffend die Erfindungspatente, in Kraft seit 1. Juli 2008 (AS 2008 2551).

¹ In der Kostenlast des Antragsstellers unterscheidet sich das vereinfachte Verfahren zur Vernichtung vom ordentlichen Verfahren: Unterliegt nämlich der an der Ware Berechtigte im Zivilverfahren oder wird vom Strafrichter für schuldig befunden und kommt es deshalb zur Vernichtung der Ware, trägt dieser in aller Regel als unterlegene bzw. verurteilte Partei die dadurch entstehenden Kosten. Indessen ist dem Gesetz nicht zu entnehmen, dass der Antragsteller diese Kosten nicht als Schadenersatz im Verletzungsprozess (URG Art. 62 Abs. 2) geltend machen könnte. Dieser Kostenlast zu entgehen, mag deshalb allenfalls den Berechtigten im Rahmen eines Vergleichs zur Einwilligung in die Vernichtung motivieren (URG 77d N 2 f.).

Art. 77h[1] Haftungserklärung und Schadenersatz

¹ Ist durch das Zurückbehalten der Ware ein Schaden zu befürchten, so kann die Zollverwaltung das Zurückbehalten davon abhängig machen, dass der Antragsteller oder die Antragstellerin ihr eine Haftungserklärung abgibt. An deren Stelle kann die Zollverwaltung vom Antragsteller oder von der Antragstellerin in begründeten Fällen eine angemessene Sicherheitsleistung verlangen.

² Der Antragsteller oder die Antragstellerin muss den Schaden, der durch das Zurückbehalten der Ware und die Entnahme von Proben oder Mustern entstanden ist, ersetzen, wenn vorsorgliche Massnahmen nicht angeordnet werden oder sich als unbegründet erweisen.

Zu Abs. 1

1   Der **Vorbehalt der Haftungserklärung** kann, muss aber nicht angebracht werden; gegenüber dem Verlangen einer Sicherheitsleistung, das besonders zu begründen ist, stellt er den Regelfall dar. Die Haftungserklärung oder Sicherheitsleistung gilt dem Schaden aus dem blossem Zurückbehalt der Waren, nicht aus deren unbegründeter Vernichtung (URG Art. 77f) und auch nicht aus der Entnahme von Mustern oder Proben (Abs. 2). Die Haftung setzt einen Antrag auf Zurückbehalt voraus (URG Art. 77; Botschaft PatG 2006, 124, 131).

Zu Abs. 2

2   Für Schäden, die auf die Entnahme von Proben oder Mustern zurückzuführen sind, begründet Absatz 2 **keine selbständige Ersatzpflicht** – sie folgt den OR Art. 41 ff. –, sondern stellt diese unter die *zusätzliche* Voraussetzung, dass der Zurückbehalt oder die Entnahme nicht im Zusammenhang mit begründeten vorsorglichen Massnahmen erfolgte.

---

1   Eingefügt durch Ziff. II des BG vom 22. Juni 2007 über die Änderung des BG betreffend die Erfindungspatente, in Kraft seit 1. Juli 2008 (AS 2008 2551).

6. Titel: Schlussbestimmungen
1. Kapitel: Vollzug und Aufhebung bisherigen Rechts

Art. 78 Ausführungsbestimmungen

Der Bundesrat erlässt die Ausführungsbestimmungen.

1 Das URG sieht an verschiedenen Stellen spezielle fakultative Kompetenzen des Bundesrates vor (URG Art. 23 Abs. 2, 40 Abs. 2, 47 Abs. 2). Darüber hinaus kann sich aber besonders beim vierten Teil die Notwendigkeit ergeben, Ausführungsbestimmungen allgemeiner Art zu erlassen. Daher: **Urheberrechtsverordnung (URV)** vom 26.04.1993 (SR 231.11 → Nr. 2).

Art. 79 Aufhebung von Bundesgesetzen

Es werden aufgehoben:
a. das Bundesgesetz vom 7. Dezember 1922[1] betreffend das Urheberrecht an Werken der Literatur und Kunst;
b. das Bundesgesetz vom 25. September 1940[2] betreffend die Verwertung von Urheberrechten.

2. Kapitel: Übergangsbestimmungen

Art. 80 Bestehende Schutzobjekte

1 Dieses Gesetz gilt auch für Werke, Darbietungen, Ton- und Tonbildträger sowie Sendungen, die vor seinem Inkrafttreten geschaffen waren.

2 War die Verwendung eines Werkes, einer Darbietung, eines Ton- und Tonbildträgers oder einer Sendung, die nach diesem Gesetz widerrechtlich wäre, bisher erlaubt, so darf sie vollendet werden, wenn sie vor dem Inkrafttreten dieses Gesetzes begonnen wurde.

Zu Abs. 1

1 Die Regelung und ihre Anwendung durch das Bundesgericht folgt den allgemeinen übergangsrechtlichen Grundsätzen, insbesondere dem **Verbot der echten Rückwirkung**, wonach neues Recht nicht auf (Verletzungs-)Tatbestände angewendet werden darf, die sich vor seinem Inkrafttreten *abschliessend* verwirklicht haben. Grundsätzlich zulässig – und in Absatz 1 für das URG wiederholt – ist hingegen die **unechte Rückwirkung**, bei der das

---

1 [BS 2 817; AS 1955 855]
2 [BS 2 834]

neue Recht auf Sachverhalte, die früher eingetreten sind *und noch andauern*, für die Zeit seit Inkrafttreten (ex nunc et pro futuro) angewendet wird (BGE 126 V 134 E. 2; BGE 124 III 266 E. 4e «Der Snob» mit Verweisen; BGer 4C.102/2000 vom 17.07.2000, E. 2a «Feuerlöschanlage» = sic! 2000, 586; ferner SchlT ZGB Art. 1 Abs. 1).

2   Mit Einführung des URG 1992 ist die **urheberrechtliche Schutzdauer** von 50 auf 70 Jahre verlängert worden. Die Rückwirkung bezieht sich nicht auf Werke, die nach dem URG 1922 zwar urheberrechtlich geschützt waren, deren Schutzdauer aber vor Inkrafttreten des URG 1992 abgelaufen war. Ein Wiederaufleben des Schutzes ist somit ausgeschlossen. Die Verlängerung der Schutzdauer von 50 auf 70 Jahre nach dem Tode des Urhebers ist nur auf jene Werke anwendbar, die im Zeitpunkt des Inkrafttretens der Verlängerung noch geschützt waren (BGE 124 III 266 E. 4i «Der Snob»; URG 29 N 6).

3   Die **verwandten Schutzrechte** sind hingegen mit dem URG 1992 überhaupt erst eingeführt worden. Es stellt sich deshalb kein besonderes übergangsrechtliches Problem. Der nachbarrechtliche Schutz besteht uneingeschränkt 50 Jahre nach dem jeweiligen Anknüpfungstatbestand von URG Art. 39 (Darbietung, Veröffentlichung, Herstellung oder Ausstrahlung), auch wenn sich dieser vor dem 1.07.1993 ereignet hat und das betreffende Schutzobjekt (Darbietung, Ton- bzw. Tonbildträger oder Sendung) bis zu jenem Zeitpunkt durch das URG nicht geschützt war. Analoges gilt für die Darbietung von **Ausdrucksformen der Volkskunst** (URG Art. 33), deren Schutz mit der Revision 2007 eingeführt wurde, obwohl sie im Gesetzestext nicht ausdrücklich erwähnt werden.

4   Absatz 1 gilt analog auch für **technische Massnahmen** und Wahrnehmungsinformationen nach URG Art. 39a ff. Ihr Schutz ist ab Inkrafttreten des 3a. Titels gewährleistet, unabhängig davon, ob die technischen Massnahmen oder Informationen zuvor oder danach angebracht bzw. die betreffenden Werkexemplare in Verkehr gebracht worden sind.

Zu Abs. 2

5   Es handelt sich um eine **Ausnahmebestimmung** zu Absatz 1, die Härtefälle abfedern soll, welche durch die Einführung eines neuen oder erweiterten Rechtsschutzes entstehen können. Der **Normzweck** besteht darin, «dass in guten Treuen getätigte Investitionen noch realisiert werden können» (Botschaft 1989, 571).

6   Der Ausnahmecharakter gebietet, die Norm **restriktiv** auszulegen (im Ergebnis offenbar a.M. Müller/Oertli, URG 80 N 18) – so ist gerade mit Rücksicht auf den Normzweck (N 3) erforderlich, dass die **Investition in die Werkverwendung in guten Treuen**, mithin zu einem Zeitpunkt geschah, als die Gesetzesänderung noch nicht absehbar war. Ein Indiz, dass eine Investition aber auch schon vorher nicht in guten Treuen getätigt worden war, kann darin erblickt werden, dass sie in ihrer Höhe unverhältnismässig erscheint. Zurückhaltung bei der Auslegung und Anwendung ist ebenfalls geboten, wenn der Gesetzestext sagt, dass bisher erlaubte und bereits begonnene Verwendungen **«vollendet»** werden dürfen. Offenbar dachte der Gesetzgeber des URG 1992 vorwiegend an den Wegfall der vormaligen Schutzausnahme zu Gunsten von Anthologien für den Schulgebrauch (URG 1922 Art. 27 Abs. 1 Ziff. 2) und wollte es lediglich den betroffenen Verlagen ermöglichen, bereits gedruckte Werkexemplare noch in Verkehr bringen zu können (Botschaft 1989, 571).

6. Titel: Schlussbestimmungen　　　　　　　　　　　　　　　Nr. 1 URG **Art. 81**

7　Absatz 2 bezieht sich nur auf *Verwendungen* geschützter Werke und Darbietungen etc. Auf **technische Massnahmen** nach URG Art. 39a ff. (bzw. Vorrichtungen etc. zu deren Umgehung) findet Absatz 2 nicht Anwendung, weil diese keine Verwendungsrechte einräumen.

Art. 81　Bestehende Verträge

¹ Vor Inkrafttreten dieses Gesetzes abgeschlossene Verträge über Urheber- oder verwandte Schutzrechte und aufgrund solcher Verträge getroffene Verfügungen bleiben nach dem bisherigen Recht wirksam.

² Soweit nichts anderes vereinbart ist, sind diese Verträge nicht anwendbar auf Rechte, die erst durch dieses Gesetz geschaffen werden.

1　Dieser Artikel regelt das Verhältnis zwischen bestehenden Verträgen und dem neuen Recht. Danach bleiben **vorbestehende Verträge grundsätzlich weiterhin gültig**. Dies gilt allerdings nur insofern, als das neue Recht für eine vertragliche Regelung überhaupt Raum lässt (BGer 4C.91/1998 vom 22.009.1998, E. 3c «Videothek II» = sic! 1999, 26). Wie im angeführten Bundesgerichtsentscheid betreffend die Vermietungstantieme (URG Art. 13) ist dies bspw. in jenen Konstellationen nicht der Fall, wo das neue Recht einen gesetzlichen Vergütungsanspruch einführt und diesen zwingend der Wahrnehmung durch Verwertungsgesellschaften unterstellt. Solche Konstellationen sind vertragsrechtlich nach den Regeln der Vertragsergänzung bzw. Vertragsanpassung an geänderte Umstände zu lösen. Ist hingegen die Bedeutung von Vertragsklauseln streitig, so sind diese im Lichte des alten, bei Vertragsschluss geltenden Rechts auszulegen (BGer 4C.448/1997 vom 25.08.1998, E. 3 «Clown» = sic! 1999, 119).

2　Absatz 2 bedeutet im Umkehrschluss, dass **vertragliche Vorausverfügungen** über Rechte, die künftig erst noch geschaffen werden, grundsätzlich zulässig sind; allerdings sind die Grenzen von ZGB Art. 27 zu beachten (→ Nr. 3; vgl. Wittweiler, in Streuli-Youssef, Urhebervertragsrecht, 301 ff., mit Verweisen).

Art. 81a[1]　Klagebefugnis von Lizenznehmern

Die Artikel 62 Absatz 3 und 65 Absatz 5 sind nur auf Lizenzverträge anwendbar, die nach Inkrafttreten der Änderung vom 22. Juni 2007 dieses Gesetzes abgeschlossen oder bestätigt worden sind.

1　URG Art. 62 Abs. 3 räumt in Satz 1 dem Exklusivlizenznehmer eine **selbständige, allerdings vertraglich abdingbare Klagebefugnis** (Aktivlegitimation) für Verletzungsklagen ein (URG 62 N 18). URG Art. 62 Abs. 3 Satz 2 eröffnet zudem allen, auch nicht-ausschliesslichen, Lizenznehmern den Beitritt zur Verletzungsklage, um *ihren eigenen Schaden* geltend zu

---

1　Eingefügt durch Ziff. II des BG vom 22. Juni 2007 über die Änderung des BG betreffend die Erfindungspatente, in Kraft seit 1. Juli 2008 (BBl 2007 4593, Referendumsvorlage).

machen (URG 62 N 19). URG Art. 65 Abs. 5 schliesslich erstreckt die Reichweite dieser Bestimmungen auf die Befugnis, den Erlass vorsorglicher Massnahmen zum Rechtsschutz zu erlassen (Art. 65 Abs. 1). Die Bestimmungen gelangten mit der Revision des PatG 2007 in das Gesetz. Die Botschaft PatG 2006 verweist hierzu auf DesG Art. 52 Abs. 4. Erläuterungen finden sich nicht.

2 Diesen Befugnissen ist es gemeinsam, dass sie den **Bestand eines Lizenzvertrages** voraussetzen (URG 62 N 18). Nach der intertemporalen Bestimmung des URG Art. 81a können diese Befugnisse der Lizenznehmer nur aus solchen Lizenzverträgen abgeleitet werden, die nach Inkrafttreten der Änderung, d.h. mit oder nach dem 01.07.2008, entweder abgeschlossen oder bestätigt worden sind. Die Klagebefugnis nach URG Art. 62 Abs. 3 Satz 1 bleibt so der Disposition der Vertragsparteien vorbehalten. Hierin stimmt sie mit der vorherigen Rechtslage überein, nach der es den Parteien unbenommen blieb, umgekehrt eine Prozessstandschaft für Verletzungsprozesse zu vereinbaren. Hieraus erklärt sich der Vorbehalt des Abschlusses oder der Bestätigung des Vertrages nach Inkrafttreten der Neuregelung: Der Gesetzgeber wollte, soweit ersichtlich, eine gesetzliche Bestimmung schaffen für den Fall, dass die Parteien zu dem Regelungspunkt keine Disposition treffen, nicht aber in eine – möglicherweise – zuvor bewusst getroffene Disposition eingreifen. Zweifelhaft bleibt der Zweck der intertemporalen Bestimmung aber im Hinblick auf jene Fälle, in denen die Parteien den Punkt gerade nicht geregelt, insbesondere nicht bewusst die geltende Rechtslage in ihre vertragliche Einigung einbezogen hatten; zudem im Hinblick auf den in URG Art. 62 Abs. 3 Satz 2 begründeten Anspruch auf Prozessbeitritt (URG 62 N 19). Ein Eingriff in frühere vertragliche Dispositionen zu diesem Punkt ist hier für den Regelfall schwer nachvollziehbar.

3 Für den neuen **Vertragsabschluss** ist demnach der Zeitpunkt der tatsächlichen rechtsgeschäftlichen Einigung massgebend; eine vereinbarte Rückwirkung des Vertrags ist unerheblich.

4 Für die Ableitung der Klagebefugnis aus **bestehenden Verträgen** verlangt das Gesetz deren **«Bestätigung»**, ohne näher zu erläutern, was damit gemeint ist. Für nicht bestätigte Verträge bleibt es bei der alten Rechtslage. Die «Bestätigung» eines bestehenden Vertrages ist, soweit ersichtlich, ein vertragsrechtliches Novum (vgl. aber schon DesG Art. 52 Abs. 4). Dies belässt die Parteien solcher Lizenzverträge im Ungewissen, welche Handlungen oder Erklärungen eine solche «Bestätigung», und folglich die Klagebefugnis, mit der nötigen Rechtssicherheit bewirken. Tatsächlich können solche Verträge bereits seit etlichen Jahren bestehen, kann der Gesprächskontakt zwischen ihren Parteien erschwert sein und es kann zu fürchten sein, dass ein Lizenzgeber ein Ersuchen um «Bestätigung» zum Anlass unerwünschter Nachverhandlung anderer Vertragspunkte nimmt. Ersichtlich *nicht gemeint* ist die erneute Einigung der Parteien über den vollen Vertragsinhalt – dies wäre ein neuer Abschluss. Andererseits genügt der blosse Fortbestand des Vertrages nicht, ist also eine zusätzliche Erklärung (bzw. ein Akt mit Erklärungswert) erforderlich (vgl. Staub, Roger/Obolensky, Annette/Jermann, Andreas, in: Staub, Roger/Celli, Alessandro L. [Hrsg.], Designrecht: Kommentar zum Bundesgesetz über den Schutz von Design, Zürich 2003, Art. 52 N 13). Die Anforderungen hieran sind am Zweck der Norm zu bemessen. Hiernach müsste der Lizenzgeber *in jenen Fällen, in denen das Fehlen der Klagebefugnis Teil seines Willensentschlusses und damit der rechtsgeschäftlichen Einigung war,* die Möglichkeit haben, hieran festzuhalten. Demnach

genügt jede Erklärung oder Handlung, welcher zu entnehmen ist, dass der Lizenzgeber auf dem Ausschluss der Klagebefugnis nicht beharrt, bzw. dass dieser Punkt für ihn keine Bedeutung hat (s. auch URG 62 N 20). Die Kenntnis der Rechtslage wäre dafür sowenig erforderlich, wie für den Vertragsschluss selbst. Wohl zu weit ginge es, eine Einigung über die Aktivlegitimation auch zu verlangen, wenn dem Altvertrag und sonstigen Erklärungen seiner Parteien zu entnehmen ist, dass der Lizenzgeber an diesem Punkt kein Interesse hat (so aber Michael A. Meer, Das neue Designgesetz – ein Überblick, in: AJP 2002, 935, 946).

5   Jedenfalls als Bestätigung zu gelten haben rechtsgeschäftliche Eingriffe in den Vertrag wie **Verlängerungen** (zufolge von Erklärungen der Parteien; nicht ohne weiteres bei einer mangels Kündigung vorgesehenen automatischen Verlängerung; Staub/Obolensky/Jermann, a.a.O.) oder **Änderungen**, ungeachtet, ob sie den Punkt der Klagebefugnis berührten oder dieser den Parteien auch nur bewusst war. Weniger ein rechtliches, als ein praktisches Gebot ist es letztlich, den Lizenzgeber auf die neue Rechtslage und auf seine Möglichkeit, dem Lizenznehmer die Klagebefugnis (weiterhin) zu verwehren, *aufmerksam zu machen* und dessen Einverständnis mit der Klagebefugnis in geeigneter Weise zu dokumentieren. Nur aus den Umständen des Einzelfalls und der Auslegung sämtlicher relevanter (ggf. stillschweigender) Erklärungen ist abzuleiten, in welchen Fällen bereits eine solche Benachrichtigung und das Schweigen des Lizenzgebers, oder gar schon die blosse Fortsetzung der Vertragsdurchführung, z.B. durch Erfüllungshandlungen, Abrechnungen, die Ausübung von Optionen usw., durch den Lizenznehmer oder (sinngemäss entspr. OR Art. 135 Ziff. 1) durch den Lizenzgeber bei unterstellter Kenntnis der neuen Rechtslage genügen und in welchen es einer ausdrücklichen Erklärung bedarf. Dabei ist auch zu berücksichtigen, ob es nach dem Vertragsinhalt oder der Art seiner Durchführung dem Lizenznehmer zuvor hierauf angekommen war oder nicht. In Zweifelsfällen ist eine gesicherte Klagebefugnis aus Altverträgen aber wohl auch mit der neuen Bestimmung nur durch Rückfrage beim Lizenzgeber zu erlangen.

Art. 82   Bewilligungen für die Verwertung von Urheberrechten

Die nach dem Bundesgesetz vom 25. September 1940[1] betreffend die Verwertung von Urheberrechten zugelassenen Verwertungsgesellschaften müssen innert sechs Monaten nach Inkrafttreten dieses Gesetzes um eine neue Bewilligung (Art. 41) nachsuchen.

1   Durch die Totalrevision und Einführung des URG 1992 wurden für die Bewilligungen der Verwertungsgesellschaften verschiedene inhaltliche Anpassungen erforderlich. Diese Bestimmung ermöglichte es, «unabhängig von der Geltungsdauer der altrechtlichen Bewilligungen sämtliche Bewilligungen unverzüglich und gleichzeitig nach neuem Recht neu zu erteilen und so namentlich die erforderliche Koordination zwischen den einzelnen Verwertungsgesellschaften sicherzustellen» (Botschaft 1989, 571). Mit der Erneuerung sämtlicher Bewilligungen ist die Norm **bedeutungslos** geworden.

---

1   [BS 2 834]

Art. 83 Tarife

¹ Nach altem Recht genehmigte Tarife der konzessionierten Verwertungsgesellschaften bleiben bis zum Ablauf ihrer Gültigkeitsdauer in Kraft.

² Vergütungen nach den Artikeln 13, 20 und 35 sind ab Inkrafttreten dieses Gesetzes geschuldet; sie können ab Genehmigung des entsprechenden Tarifes geltend gemacht werden.

1 Mit der Erneuerung sämtlicher Bewilligungen der Verwertungsgesellschaften ist Absatz 1 **bedeutungslos** geworden (URG 82 N 1). Der Ausdruck «konzessionierte Verwertungsgesellschaften» ist verunglückt, weil es sich bei der Bewilligung nach URG Art. 41 rechtlich nicht um eine Konzession sondern um eine wirtschaftspolizeiliche Bewilligung handelt (URG 41 N 1).

3. Kapitel: Referendum und Inkrafttreten

Art. 84

¹ Dieses Gesetz untersteht dem fakultativen Referendum.
² Der Bundesrat bestimmt das Inkrafttreten.

Datum des Inkrafttretens:[1] 1. Juli 1993
Art. 74 Abs. 1: 1. Januar 1994.

---

1   BRB vom 26. April 1993 (AS 1993 1820).

Nr. 2 — Verordnung über das Urheberrecht und verwandte Schutzrechte (Urheberrechtsverordnung, URV)

vom 26. April 1993 (Stand am 1. Juli 2008)

SR 231.11

Der Schweizerische Bundesrat,
gestützt auf die Artikel 39*b*, 55 Absatz 2 und 78 des Urheberrechtsgesetzes vom 9. Oktober 1992[1] (URG),
auf Artikel 2 Absatz 2 des Bundesgesetzes vom 24. März 1995[2] über Statut und Aufgaben des Eidgenössischen Instituts für Geistiges Eigentum (IGEG)
und auf Artikel 46*a* des Regierungs- und Verwaltungsorganisationsgesetzes vom 21. März 1997[3],
verordnet:

1. Kapitel: Eidgenössische Schiedskommission für die Verwertung von Urheberrechten und verwandten Schutzrechten

1. Abschnitt: Organisation

Art. 1 Wahl

[1] Bei der Wahl der Mitglieder der Eidgenössischen Schiedskommission für die Verwertung von Urheberrechten und verwandten Schutzrechten (Schiedskommission) sorgt der Bundesrat für eine ausgewogene personelle Zusammensetzung, welche die Fachkunde, die vier Sprachgemeinschaften, die Regionen des Landes sowie beide Geschlechter angemessen berücksichtigt.

[2] Der Bundesrat bezeichnet den Präsidenten oder die Präsidentin, die beisitzenden Mitglieder, deren Ersatzleute sowie die weiteren Mitglieder. Aus dem Kreis der beisitzenden Mitglieder wird der Vizepräsident beziehungsweise die Vizepräsidentin bestimmt.

[3] Das Eidgenössische Justiz- und Polizeidepartement (Departement) lässt Namen, Vornamen und Wohnort der erstmals gewählten Mitglieder im Bundesblatt veröffentlichen.

[4] Soweit für Wahlen und administrative Geschäfte der Bundesrat zuständig ist, stellt ihm das Departement Antrag.

---

[1] SR 231.1
[2] SR 172.010.31
[3] SR 172.010

Art. 2[1] Rechtsstellung

¹ Die Amtsdauer, das Ausscheiden aus der Schiedskommission und die Entschädigungsansprüche für Kommissionsmitglieder richten sich nach der Kommissionenverordnung vom 3. Juni 1996[2].

² Die Kommissionsmitglieder unterstehen dem Amtsgeheimnis.

Art. 3 Administrative Leitung

¹ Der Präsident oder die Präsidentin ist für die administrative Leitung der Schiedskommission zuständig. Bei Verhinderung übernimmt der Vizepräsident oder die Vizepräsidentin diese Aufgabe.

² Zur Unterstützung in der administrativen Tätigkeit kann das Sekretariat (Art. 4) beigezogen werden.

Art. 4 Sekretariat

¹ Das Departement bestellt im Einvernehmen mit dem Präsidenten oder der Präsidentin der Schiedskommission das Sekretariat der Schiedskommission, dem ein juristischer Sekretär oder eine juristische Sekretärin vorsteht. Es stellt die erforderliche Infrastruktur zur Verfügung.[3]

¹*bis* Das Arbeitsverhältnis des Sekretariatspersonals richtet sich nach der Personalgesetzgebung des Bundes.[4]

² Das Sekretariat ist in der Ausübung seiner Funktionen von den Verwaltungsbehörden unabhängig und nur an die Weisungen des Präsidenten oder der Präsidentin gebunden.

³ Der juristische Sekretär oder die juristische Sekretärin erfüllt insbesondere folgende Aufgaben:

a. Redaktion von Verfügungen, Vernehmlassungen und Mitteilungen an Parteien und Behörden;

b. Protokollführung;

c. Führung der Dokumentation, Information der Schiedskommission und redaktionelle Bearbeitung der für die Veröffentlichung geeigneten Entscheide.

⁴ Der juristische Sekretär oder die juristische Sekretärin hat in Verhandlungen, in denen er oder sie das Protokoll führt, beratende Stimme.

---

1 Fassung gemäss Ziff. I der V vom 21. Mai 2008, in Kraft seit 1. Juli 2008 (AS 2008 2427).
2 SR 172.31
3 Fassung gemäss Ziff. I der V vom 25. Okt. 1995, in Kraft seit 1. Jan. 1996 (AS 1995 5152).
4 Fassung gemäss Ziff. I der V vom 21. Mai 2008, in Kraft seit 1. Juli 2008 (AS 2008 2427).

Art. 5[1] Information

[1] Die Schiedskommission veröffentlicht ihre Entscheide von grundsätzlicher Bedeutung in amtlichen oder ausseramtlichen Organen, die der Information über die Verwaltungsrechtspflege dienen.

[2] Sie kann ihre Entscheide in einer Datenbank auf ihrer Website veröffentlichen.

Art. 6 Sitz

Die Schiedskommission hat ihren Sitz in Bern.

Art. 7[2] Rechnungsführung

Die Schiedskommission gilt für die Rechnungsführung als Verwaltungseinheit des Departements. Das Departement stellt die Einnahmen und die nach Personal- und Sachkosten gesonderten Ausgaben der Kommission in den Voranschlag ein.

Art. 8[3]

…

2. Abschnitt: Verfahren

Art. 9 Antragstellung

[1] Mit dem Antrag auf Genehmigung eines Tarifs reichen die Verwertungsgesellschaften die erforderlichen Unterlagen sowie einen kurzen Bericht über den Verlauf der Verhandlungen mit den massgebenden Nutzerverbänden (Art. 46 Abs. 2 URG) ein.

[2] Die Anträge auf Genehmigung eines neuen Tarifs müssen der Schiedskommission mindestens sieben Monate vor dem vorgesehenen Inkrafttreten vorgelegt werden. In begründeten Fällen kann der Präsident oder die Präsidentin von dieser Frist abweichen.

[3] Wurden die Verhandlungen nicht mit der gebotenen Einlässlichkeit geführt, so kann der Präsident oder die Präsidentin die Akten unter Ansetzung einer Frist zurückweisen.

Art. 10 Einleitung des Verfahrens

[1] Der Präsident oder die Präsidentin leitet das Genehmigungsverfahren ein, indem er oder sie gestützt auf Artikel 57 URG die Spruchkammer einsetzt und unter deren

---

1 Fassung gemäss Ziff. I der V vom 21. Mai 2008, in Kraft seit 1. Juli 2008 (AS 2008 2427).
2 Fassung gemäss Ziff. I der V vom 25. Okt. 1995, in Kraft seit 1. Jan. 1996 (AS 1995 5152).
3 Aufgehoben durch Ziff. I der V vom 25. Okt. 1995 (AS 1995 5152).

Mitgliedern Ausfertigungen der Eingaben samt Beilagen und allenfalls weitere Akten in Umlauf setzt.

² Der Präsident oder die Präsidentin stellt den Antrag auf Genehmigung eines Tarifs den massgebenden an den Verhandlungen mit den Verwertungsgesellschaften beteiligten Nutzerverbänden unter Ansetzung einer angemessenen Frist zur schriftlichen Vernehmlassung zu.

³ Geht aus dem Genehmigungsantrag eindeutig hervor, dass die Verhandlungen mit den massgebenden Nutzerverbänden (Art. 46 Abs. 2 URG) zu einer Einigung geführt haben, kann auf eine Vernehmlassung verzichtet werden.

Art. 11[1]   Zirkularbeschluss

Entscheide ergehen auf dem Zirkulationsweg, soweit die massgebenden Nutzerverbände dem Tarif zugestimmt haben und nicht ein Antrag eines Mitgliedes der Spruchkammer auf Einberufung einer Sitzung gestellt wird; Zwischenentscheide ergehen auf dem Zirkulationsweg.

Art. 12   Einberufung einer Sitzung

¹ Der Präsident oder die Präsidentin legt den Sitzungstermin fest, bietet die Mitglieder der Spruchkammer auf und teilt den am Verfahren beteiligten Verwertungsgesellschaften und Nutzerverbänden rechtzeitig den Zeitpunkt der Sitzung mit.

² Die Sitzungen finden in der Regel am Sitz der Schiedskommission (Art. 6) statt.

Art. 13   Anhörung

Die beteiligten Parteien haben das Recht auf mündliche Anhörung.

Art. 14   Beratung

¹ Führt die Anhörung nicht zu einer Einigung unter den Parteien, so schreitet die Spruchkammer unmittelbar zur Beratung.

² Die Beratung und die anschliessende Abstimmung finden unter Ausschluss der Parteien statt.

³ Bei Stimmengleichheit gibt der Präsident oder die Präsidentin den Stichentscheid.

Art. 15   Anpassung der Tarifvorlage

¹ Hält die Spruchkammer einen Tarif oder einzelne Bestimmungen eines Tarifes nicht für genehmigungsfähig, so gibt sie vor ihrem Entscheid der Verwertungsgesellschaft Gelegenheit, ihre Tarifvorlage so zu ändern, dass eine Genehmigung möglich ist.

---

1   Fassung gemäss Ziff. I der V vom 25. Okt. 1995, in Kraft seit 1. Jan. 1996 (AS 1995 5152).

² Macht die Verwertungsgesellschaft von dieser Möglichkeit keinen Gebrauch, so kann die Spruchkammer die notwendigen Änderungen selbst vornehmen (Art. 59 Abs. 2 URG).

Art. 16 Eröffnung des Entscheids

¹ Der Entscheid wird vom Präsidenten oder von der Präsidentin im Anschluss an die Beratung mündlich oder schriftlich im Dispositiv eröffnet.[1]

² Der Präsident oder die Präsidentin prüft und genehmigt die schriftliche Begründung selbständig; wirft die Abfassung Fragen auf, so können diese auf dem Zirkulationsweg den andern Mitgliedern der Spruchkammer zur Prüfung unterbreitet werden.[2]

³ Für den Beginn der Rechtsmittelfrist ist die Zustellung des schriftlich begründeten Entscheids massgebend.[3]

⁴ Im Entscheid werden die Mitglieder der Spruchkammer sowie der juristische Sekretär oder die juristische Sekretärin mit Namen genannt; der juristische Sekretär oder die juristische Sekretärin unterzeichnet den Entscheid neben dem Präsidenten oder der Präsidentin.

3. Abschnitt:[4] Gebühren

Art. 16a Gebühren und Auslagen

¹ Die Gebühren für die Prüfung und Genehmigung der Tarife der Verwertungsgesellschaften (Art. 55–60 URG) richten sich sinngemäss nach den Artikeln 1 Buchstabe a, 2 und 14–18 der Verordnung vom 10. September 1969[5] über Kosten und Entschädigungen im Verwaltungsverfahren.

² Für die Auslagen der Schiedskommission wird gesondert Rechnung gestellt. Als Auslagen gelten namentlich:

a. Taggelder und Entschädigungen;
b. Kosten für die Beweiserhebung, für wissenschaftliche Untersuchungen, für besondere Prüfungen und für die Beschaffung der notwendigen Informationen und Unterlagen;
c. Kosten für Arbeiten, welche die Schiedskommission durch Dritte ausführen lässt;
d. Übermittlungs- und Kommunikationskosten.

---

1   Fassung gemäss Ziff. I der V vom 25. Okt. 1995, in Kraft seit 1. Jan. 1996 (AS 1995 5152).
2   Fassung gemäss Ziff. I der V vom 25. Okt. 1995, in Kraft seit 1. Jan. 1996 (AS 1995 5152).
3   Fassung gemäss Ziff. I der V vom 25. Okt. 1995, in Kraft seit 1. Jan. 1996 (AS 1995 5152).
4   Eingefügt durch Ziff. I der V vom 21. Mai 2008, in Kraft seit 1. Juli 2008 (AS 2008 2427).
5   SR 172.041.0

Art. 16b Zahlungspflicht

¹ Die Verwertungsgesellschaft, die den Tarif zur Genehmigung vorlegt, muss die Gebühren und Auslagen bezahlen.

² Sind für dieselben Kosten mehrere Verwertungsgesellschaften zahlungspflichtig, so haften sie solidarisch.

³ Die Schiedskommission kann in begründeten Fällen den an einem Verfahren teilnehmenden Nutzerverbänden einen Teil der Kosten auferlegen.

Art. 16c Fälligkeit

Die Gebühren und Auslagen werden mit der Zustellung des schriftlich begründeten Entscheids fällig.

Art. 16d Anwendbarkeit der Allgemeinen Gebührenverordnung

Soweit diese Verordnung keine besondere Regelung enthält, gelten die Bestimmungen der Allgemeinen Gebührenverordnung vom 8. September 2004[1].

1*a*. Kapitel:[2] Beobachtungsstelle für technische Massnahmen

Art. 16e Organisation

¹ Die Beobachterin oder der Beobachter für technische Massnahmen nimmt die Aufgaben der Fachstelle nach Artikel 39*b* Absatz 1 URG wahr. Der Bundesrat wählt die Beobachterin oder den Beobachter.

² Die Beobachterin oder der Beobachter erfüllt ihre oder seine Aufgaben unabhängig und ist dem Eidgenössischen Institut für Geistiges Eigentum administrativ zugeordnet.

³ Die Beobachterin oder der Beobachter verfügt über ein Sekretariat, das vom Eidgenössischen Institut für Geistiges Eigentum geführt wird. Dieses trägt die Kosten der Fachstelle.

⁴ Die Fachstelle erhebt für ihre Tätigkeiten keine Gebühren.

Art. 16f Wahrnehmung der Aufgaben

¹ Die Fachstelle klärt aufgrund ihrer eigenen Beobachtungen (Art. 39*b* Abs. 1 Bst. a URG) oder gestützt auf Meldungen (Art. 16*g*) ab, ob Anhaltspunkte für eine missbräuchliche Anwendung technischer Massnahmen vorliegen.

---

1 SR 172.041.1
2 Eingefügt durch Ziff. I der V vom 21. Mai 2008, in Kraft seit 1. Juli 2008 (AS 2008 2427).

² Stellt sie solche Anhaltspunkte fest, so strebt sie als Verbindungsstelle (Art. 39*b* Abs. 1 Bst. b URG) mit den Betroffenen eine einvernehmliche Regelung an.

³ Sie erstattet dem Bundesrat periodisch Bericht und informiert die Öffentlichkeit in geeigneter Weise über ihre Tätigkeit; sie hat keine Entscheidungs- oder Weisungsbefugnis.

⁴ Zur Ausübung ihrer Befugnisse kann sie auch Beauftragte, die nicht der Bundesverwaltung angehören, beiziehen; diese unterstehen der Schweigepflicht.

Art. 16g Meldungen

¹ Wer vermutet, dass technische Massnahmen missbräuchlich angewendet werden, kann dies der Fachstelle schriftlich melden.

² Die Fachstelle bestätigt den Eingang der Meldung und prüft sie nach Artikel 16*f* Absatz 1.

³ Sie benachrichtigt die Betroffenen über das Ergebnis ihrer Abklärungen.

2. Kapitel: Schutz von Computerprogrammen

Art. 17

¹ Der nach Artikel 12 Absatz 2 URG zulässige Gebrauch eines Computerprogramms umfasst:
a. die bestimmungsgemässe Verwendung des Programms, zu der das Laden, Anzeigen, Ablaufen, Übertragen oder Speichern sowie die im Rahmen dieser Tätigkeiten erforderliche Herstellung eines Werkexemplares durch den rechtmässigen Erwerber oder die rechtmässige Erwerberin gehören;
b. das Beobachten des Funktionierens des Programms, das Untersuchen oder Testen desselben zum Zweck der Ermittlung der einem Programmelement zugrundeliegenden Ideen und Grundsätze, wenn dies im Rahmen der Handlungen zur bestimmungsgemässen Verwendung erfolgt.

² Nach Artikel 21 Absatz 1 URG erforderliche Informationen über Schnittstellen sind solche, die zur Herstellung der Interoperabilität eines unabhängig geschaffenen Programms mit anderen Programmen unerlässlich und dem Benutzer oder der Benutzerin von Programmen nicht ohne weiteres zugänglich sind.

³ Eine unzumutbare Beeinträchtigung der normalen Auswertung des Programms im Sinne von Artikel 21 Absatz 2 URG liegt insbesondere vor, wenn die im Rahmen der Entschlüsselung gewonnenen Schnittstelleninformationen für die Entwicklung, Herstellung oder Vermarktung eines Programms mit im wesentlichen ähnlicher Ausdrucksform verwendet werden.

Siehe zum 2. Kapitel: Schutz von Computerprogrammen auch URG 2 N 15; 12 N 9.

2a. Kapitel:[1] ...

3. Kapitel: Hilfeleistung der Zollverwaltung

Art. 18[2]   Umfang

Die Hilfeleistung der Zollverwaltung erstreckt sich auf die Ein- und Ausfuhr von Waren, bei denen der Verdacht besteht, dass ihre Verbreitung gegen die in der Schweiz geltende Gesetzgebung über das Urheberrecht oder die verwandten Schutzrechte verstösst, sowie auf die Lagerung solcher Waren in einem offenen Zolllager, einem Lager für Massengüter oder einem Zollfreilager.

Siehe zum 3. Kapitel: Hilfeleistung der Zollverwaltung auch URG Art. 75–77h.

Art. 19   Antrag auf Hilfeleistung

[1] Die Berechtigten müssen den Antrag auf Hilfeleistung bei der Oberzolldirektion stellen. In dringenden Fällen kann der Antrag unmittelbar bei derjenigen Zollstelle gestellt werden, bei der verdächtige Waren ein- oder ausgeführt werden sollen.[3]

[2] Der Antrag gilt während zwei Jahren, wenn er nicht für eine kürzere Geltungsdauer gestellt wird. Er kann erneuert werden.

Art. 20   Zurückbehalten von Waren

[1] Behält die Zollstelle Waren zurück, so verwahrt sie diese gegen Gebühr selbst oder gibt sie auf Kosten der Antragsteller oder der Antragstellerinnen einer Drittperson in Verwahrung.[4]

[2] Die Antragsteller oder die Antragstellerinnen sind berechtigt, die zurückbehaltenen Waren zu besichtigen. Die zur Verfügung über die Waren Berechtigten können an der Besichtigung teilnehmen.

---

[1] Eingefügt durch Anhang 2 Ziff. 3 der Behindertengleichstellungsverordnung vom 19. Nov. 2003, in Kraft seit 1. Jan. 2004 (SR 151.31). Aufgehoben durch Ziff. I der V vom 21. Mai 2008, in Kraft seit 1. Juli 2008 (AS 2008 2427).

[2] Fassung gemäss Anhang 4 Ziff. 1 der Zollverordnung vom 1. Nov. 2006, in Kraft seit 1. Mai 2007 (SR 631.01).

[3] Fassung gemäss Anhang 4 Ziff. 1 der Zollverordnung vom 1. Nov. 2006, in Kraft seit 1. Mai 2007 (SR 631.01).

[4] Fassung gemäss Anhang 4 Ziff. 1 der Zollverordnung vom 1. Nov. 2006, in Kraft seit 1. Mai 2007 (SR 631.01).

³ Steht schon vor Ablauf der Frist nach Artikel 77 Absatz 2 beziehungsweise Absatz 2*bis* URG fest, dass die Antragsteller oder Antragstellerinnen vorsorgliche Massnahmen nicht erwirken können, so werden die Waren sogleich freigegeben.[1]

Art. 21 Gebühren

Die Gebühren für die Behandlung des Antrags auf Hilfeleistung sowie für die Verwahrung zurückbehaltener Waren richten sich nach der Verordnung vom 22. August 1984[2] über die Gebühren der Zollverwaltung.

4. Kapitel:[3] ...

5. Kapitel:[4] Schlussbestimmungen

Art. 22 Aufhebung bisherigen Rechts

Es werden aufgehoben:

a. die Vollziehungsverordnung vom 7. Februar 1941[5] zum Bundesgesetz betreffend die Verwertung von Urheberrechten;
b. die Verordnung des EJPD vom 8. April 1982[6] über die Erteilung von Bewilligungen zur Verwertung von Urheberrechten;
c. das Reglement vom 22. Mai 1958[7] der Eidgenössischen Schiedskommission betreffend Verwertung von Urheberrechten.

Art. 23 Inkrafttreten

Diese Verordnung tritt am 1. Juli 1993 in Kraft.

---

1 Fassung gemäss Ziff. I der V vom 17. Mai 1995, in Kraft seit 1. Juli 1995 (AS 1995 1778).
2 [AS 1984 960, 2003 1126. AS 2007 1691 Art. 6]. Siehe heute: die V vom 4. April 2007 (SR 631.035).
3 Eingefügt durch Ziff. I der V vom 25. Okt. 1995, in Kraft seit 1. Jan. 1996 (AS 1995 5152). Aufgehoben durch Ziff. I der V vom 21. Mai 2008, in Kraft seit 1. Juli 2008 (AS 2008 2427).
4 Ursprünglich 4. Kapitel
5 [BS 2 836; AS 1956 1692, 1978 1692, 1982 523]
6 [AS 1982 525]
7 [AS 1958 273]

Nr. 3   Auszug aus dem Schweizerischen Zivilgesetzbuch (ZGB)

vom 10. Dezember 1907 (Stand am 1. Januar 2008)

SR 210

Erster Teil: Das Personenrecht
Erster Titel: Die natürlichen Personen
Erster Abschnitt: Das Recht der Persönlichkeit

Art. 27   B. Schutz der Persönlichkeit
             I. Vor übermässiger Bindung[1]

[1] Auf die Rechts- und Handlungsfähigkeit kann niemand ganz oder zum Teil verzichten.

[2] Niemand kann sich seiner Freiheit entäussern oder sich in ihrem Gebrauch in einem das Recht oder die Sittlichkeit verletzenden Grade beschränken.

Art. 28[2]   II. Gegen Verletzungen
             1. Grundsatz

[1] Wer in seiner Persönlichkeit widerrechtlich verletzt wird, kann zu seinem Schutz gegen jeden, der an der Verletzung mitwirkt, das Gericht anrufen.

[2] Eine Verletzung ist widerrechtlich, wenn sie nicht durch Einwilligung des Verletzten, durch ein überwiegendes privates oder öffentliches Interesse oder durch Gesetz gerechtfertigt ist.

Art. 28a[3]   2. Klage
              a. Im Allgemeinen

[1] Der Kläger kann dem Gericht beantragen:

1. eine drohende Verletzung zu verbieten;
2. eine bestehende Verletzung zu beseitigen;

---

[1] Fassung gemäss Ziff. I des BG vom 16. Dez. 1983, in Kraft seit 1. Juli 1985 (AS 1984 778 782; BBl 1982 II 636).

[2] Fassung gemäss Ziff. I des BG vom 16. Dez. 1983, in Kraft seit 1. Juli 1985 (AS 1984 778 782; BBl 1982 II 636).

[3] Eingefügt durch Ziff. I des BG vom 16. Dez. 1983, in Kraft seit 1. Juli 1985 (AS 1984 778 782; BBl 1982 II 636).

3. die Widerrechtlichkeit einer Verletzung festzustellen, wenn sich diese weiterhin störend auswirkt.

² Er kann insbesondere verlangen, dass eine Berichtigung oder das Urteil Dritten mitgeteilt oder veröffentlicht wird.

³ Vorbehalten bleiben die Klagen auf Schadenersatz und Genugtuung sowie auf Herausgabe eines Gewinns entsprechend den Bestimmungen über die Geschäftsführung ohne Auftrag.

Art. 28b[1]   b. Gewalt, Drohungen oder Nachstellungen

¹ Zum Schutz gegen Gewalt, Drohungen oder Nachstellungen kann die klagende Person dem Gericht beantragen, der verletzenden Person insbesondere zu verbieten:
1. sich ihr anzunähern oder sich in einem bestimmten Umkreis ihrer Wohnung aufzuhalten;
2. sich an bestimmten Orten, namentlich bestimmten Strassen, Plätzen oder Quartieren, aufzuhalten;
3. mit ihr Kontakt aufzunehmen, namentlich auf telefonischem, schriftlichem oder elektronischem Weg, oder sie in anderer Weise zu belästigen.

² Lebt die klagende Person mit der verletzenden Person in einer Wohnung zusammen, so kann sie dem Gericht zudem beantragen, die verletzende Person für eine bestimmte Zeit aus der Wohnung auszuweisen. Aus wichtigen Gründen kann diese Frist einmal verlängert werden.

³ Das Gericht kann, sofern dies nach den gesamten Umständen als gerechtfertigt erscheint, der klagenden Person:
1. für die ausschliessliche Benützung der Wohnung eine angemessene Entschädigung der verletzenden Person auferlegen; oder
2. mit Zustimmung des Vermieters die Rechte und Pflichten aus einem Mietvertrag allein übertragen.

⁴ Die Kantone bezeichnen eine Stelle, die im Krisenfall die sofortige Ausweisung der verletzenden Person aus der gemeinsamen Wohnung verfügen kann, und regeln das Verfahren.

---

1   Eingefügt durch Ziff. I des BG vom 16. Dez. 1983 (AS 1984 778; BBl 1982 II 636). Aufgehoben durch Anhang Ziff. 2 des Gerichtsstandsgesetzes vom 24. März 2000 (SR 272). Fassung gemäss Ziff. I des BG vom 23. Juni 2006 (Schutz der Persönlichkeit gegen Gewalt, Drohungen oder Nachstellungen), in Kraft seit 1. Juli 2007 (AS 2007 137 139; BBl 2005 6871 6897).

Art. 28c[1] 3. Vorsorgliche Massnahmen
a. Voraussetzungen[2]

[1] Wer glaubhaft macht, dass er in seiner Persönlichkeit widerrechtlich verletzt ist oder eine solche Verletzung befürchten muss und dass ihm aus der Verletzung ein nicht leicht wiedergutzumachender Nachteil droht, kann die Anordnung vorsorglicher Massnahmen verlangen.

[2] Das Gericht kann insbesondere:
1. die Verletzung vorsorglich verbieten oder beseitigen;
2. die notwendigen Massnahmen ergreifen, um Beweise zu sichern.

[3] Eine Verletzung durch periodisch erscheinende Medien kann das Gericht jedoch nur dann vorsorglich verbieten oder beseitigen, wenn sie einen besonders schweren Nachteil verursachen kann, offensichtlich kein Rechtfertigungsgrund vorliegt und die Massnahme nicht unverhältnismässig erscheint.

Art. 28d[3] b. Verfahren

[1] Das Gericht gibt dem Gesuchsgegner Gelegenheit, sich zu äussern.

[2] Ist es jedoch wegen dringender Gefahr nicht mehr möglich, den Gesuchsgegner vorgängig anzuhören, so kann das Gericht schon auf Einreichung des Gesuchs hin Massnahmen vorläufig anordnen, es sei denn, der Gesuchsteller habe sein Gesuch offensichtlich hinausgezögert. Diese Einschränkung gilt nicht bei vorläufigen Massnahmen zum Schutz gegen Gewalt, Drohungen oder Nachstellungen.[4]

[3] Kann eine vorsorgliche Massnahme dem Gesuchsgegner schaden, so kann das Gericht vom Gesuchsteller eine Sicherheitsleistung verlangen; dies gilt nicht für vorsorgliche Massnahmen zum Schutz gegen Gewalt, Drohungen oder Nachstellungen.[5]

---

1 Eingefügt durch Ziff. I des BG vom 16. Dez. 1983, in Kraft seit 1. Juli 1985 (AS 1984 778 782; BBl 1982 II 636).
2 Fassung gemäss Ziff. I des BG vom 23. Juni 2006 (Schutz der Persönlichkeit gegen Gewalt, Drohungen oder Nachstellungen), in Kraft seit 1. Juli 2007 (AS 2007 137 139; BBl 2005 6871 6897).
3 Eingefügt durch Ziff. I des BG vom 16. Dez. 1983, in Kraft seit 1. Juli 1985 (AS 1984 778 782; BBl 1982 II 636).
4 Zweiter Satz eingefügt durch Ziff. I des BG vom 23. Juni 2006 (Schutz der Persönlichkeit gegen Gewalt, Drohungen oder Nachstellungen), in Kraft seit 1. Juli 2007 (AS 2007 137 139; BBl 2005 6871 6897).
5 Fassung gemäss Ziff. I des BG vom 23. Juni 2006 (Schutz der Persönlichkeit gegen Gewalt, Drohungen oder Nachstellungen), in Kraft seit 1. Juli 2007 (AS 2007 137 139; BBl 2005 6871 6897).

Art. 28e[1] c. Vollstreckung

[1] Vorsorgliche Massnahmen werden in allen Kantonen wie Urteile vollstreckt.

[2] Vorsorgliche Massnahmen, die angeordnet werden, bevor die Klage rechtshängig ist, fallen dahin, wenn der Gesuchsteller nicht innerhalb der vom Gericht festgesetzten Frist, spätestens aber innert 30 Tagen, Klage erhebt.

Art. 28f[2] d. Schadenersatz

[1] Der Gesuchsteller hat den durch eine vorsorgliche Massnahme entstandenen Schaden zu ersetzen, wenn der Anspruch, für den sie bewilligt worden ist, nicht zu Recht bestanden hat; trifft ihn jedoch kein oder nur ein leichtes Verschulden, so kann das Gericht Begehren abweisen oder die Entschädigung herabsetzen.

[2] …[3]

[3] Eine bestellte Sicherheit ist freizugeben, wenn feststeht, dass keine Schadenersatzklage erhoben wird; bei Ungewissheit setzt das Gericht Frist zur Klage.

Art. 28g[4] 4. Recht auf Gegendarstellung
    a. Grundsatz[5]

[1] Wer durch Tatsachendarstellungen in periodisch erscheinenden Medien, insbesondere Presse, Radio und Fernsehen, in seiner Persönlichkeit unmittelbar betroffen ist, hat Anspruch auf Gegendarstellung.

[2] Kein Anspruch auf Gegendarstellung besteht, wenn über öffentliche Verhandlungen einer Behörde wahrheitsgetreu berichtet wurde und die betroffene Person an den Verhandlungen teilgenommen hat.

Art. 28h[6] b. Form und Inhalt

[1] Der Text der Gegendarstellung ist in knapper Form auf den Gegenstand der beanstandeten Darstellung zu beschränken.

---

1 Eingefügt durch Ziff. I des BG vom 16. Dez. 1983, in Kraft seit 1. Juli 1985 (AS 1984 778 782; BBl 1982 II 636).
2 Eingefügt durch Ziff. I des BG vom 16. Dez. 1983, in Kraft seit 1. Juli 1985 (AS 1984 778 782; BBl 1982 II 636).
3 Aufgehoben durch Anhang Ziff. 2 des Gerichtsstandsgesetzes vom 24. März 2000 (SR 272).
4 Eingefügt durch Ziff. I des BG vom 16. Dez. 1983, in Kraft seit 1. Juli 1985 (AS 1984 778 782; BBl 1982 II 636).
5 Fassung gemäss Ziff. I des BG vom 23. Juni 2006 (Schutz der Persönlichkeit gegen Gewalt, Drohungen oder Nachstellungen), in Kraft seit 1. Juli 2007 (AS 2007 137 139; BBl 2005 6871 6897).
6 Eingefügt durch Ziff. I des BG vom 16. Dez. 1983, in Kraft seit 1. Juli 1985 (AS 1984 778 782; BBl 1982 II 636).

² Die Gegendarstellung kann verweigert werden, wenn sie offensichtlich unrichtig ist oder wenn sie gegen das Recht oder die guten Sitten verstösst.

Art. 28i[1]   c. Verfahren

¹ Der Betroffene muss den Text der Gegendarstellung innert 20 Tagen, nachdem er von der beanstandeten Tatsachendarstellung Kenntnis erhalten hat, spätestens jedoch drei Monate nach der Verbreitung, an das Medienunternehmen absenden.

² Das Medienunternehmen teilt dem Betroffenen unverzüglich mit, wann es die Gegendarstellung veröffentlicht oder weshalb es sie zurückweist.

Art. 28k[2]   d. Veröffentlichung

¹ Die Gegendarstellung ist sobald als möglich zu veröffentlichen, und zwar so, dass sie den gleichen Personenkreis wie die beanstandete Tatsachendarstellung erreicht.

² Die Gegendarstellung ist als solche zu kennzeichnen; das Medienunternehmen darf dazu nur die Erklärung beifügen, ob es an seiner Tatsachendarstellung festhält oder auf welche Quellen es sich stützt.

³ Die Veröffentlichung der Gegendarstellung erfolgt kostenlos.

Art. 28l[3]   e. Anrufung des Gerichts

¹ Verhindert das Medienunternehmen die Ausübung des Gegendarstellungsrechts, verweigert es die Gegendarstellung oder veröffentlicht es diese nicht korrekt, so kann der Betroffene das Gericht anrufen.

² ...[4]

³ Das Gericht entscheidet unverzüglich aufgrund der verfügbaren Beweismittel.

⁴ Rechtsmittel haben keine aufschiebende Wirkung.

---

1   Eingefügt durch Ziff. I des BG vom 16. Dez. 1983, in Kraft seit 1. Juli 1985 (AS 1984 778 782; BBl 1982 II 636).
2   Eingefügt durch Ziff. I des BG vom 16. Dez. 1983, in Kraft seit 1. Juli 1985 (AS 1984 778 782; BBl 1982 II 636).
3   Eingefügt durch Ziff. I des BG vom 16. Dez. 1983, in Kraft seit 1. Juli 1985 (AS 1984 778 782; BBl 1982 II 636).
4   Aufgehoben durch Anhang Ziff. 2 des Gerichtsstandsgesetzes vom 24. März 2000 (SR 272).

Nr. 4 — Auszug aus dem Bundesgesetz betreffend die Ergänzung des Schweizerischen Zivilgesetzbuches (Fünfter Teil: Obligationenrecht, OR)

vom 30. März 1911 (Stand am 1. Januar 2008)

SR 220

Erste Abteilung: Allgemeine Bestimmungen

Fünfter Titel: Die Abtretung von Forderungen und die Schuldübernahme

Art. 164   A. Abtretung von Forderungen
I. Erfordernisse
1. Freiwillige Abtretung
a. Zulässigkeit

[1] Der Gläubiger kann eine ihm zustehende Forderung ohne Einwilligung des Schuldners an einen andern abtreten, soweit nicht Gesetz, Vereinbarung oder Natur des Rechtsverhältnisses entgegenstehen.

[2] Dem Dritten, der die Forderung im Vertrauen auf ein schriftliches Schuldbekenntnis erworben hat, das ein Verbot der Abtretung nicht enthält, kann der Schuldner die Einrede, dass die Abtretung durch Vereinbarung ausgeschlossen worden sei, nicht entgegensetzen.

Art. 165   b. Form des Vertrages

[1] Die Abtretung bedarf zu ihrer Gültigkeit der schriftlichen Form.

[2] Die Verpflichtung zum Abschluss eines Abtretungsvertrages kann formlos begründet werden.

Art. 166   2. Übergang kraft Gesetzes oder Richterspruchs

Bestimmen Gesetz oder richterliches Urteil, dass eine Forderung auf einen andern übergeht, so ist der Übergang Dritten gegenüber wirksam, ohne dass es einer besondern Form oder auch nur einer Willenserklärung des bisherigen Gläubigers bedarf.

Art. 167   II. Wirkung der Abtretung
1. Stellung des Schuldners
a. Zahlung in gutem Glauben

Wenn der Schuldner, bevor ihm der Abtretende oder der Erwerber die Abtretung angezeigt hat, in gutem Glauben an den frühern Gläubiger oder, im Falle mehrfacher

Abtretung, an einen im Rechte nachgehenden Erwerber Zahlung leistet, so ist er gültig befreit.

Art. 168 b. Verweigerung der Zahlung und Hinterlegung

¹ Ist die Frage, wem eine Forderung zustehe, streitig, so kann der Schuldner die Zahlung verweigern und sich durch gerichtliche Hinterlegung befreien.

² Zahlt der Schuldner, obschon er von dem Streite Kenntnis hat, so tut er es auf seine Gefahr.

³ Ist der Streit vor Gericht anhängig und die Schuld fällig, so kann jede Partei den Schuldner zur Hinterlegung anhalten.

Art. 169 c. Einreden des Schuldners

¹ Einreden, die der Forderung des Abtretenden entgegenstanden, kann der Schuldner auch gegen den Erwerber geltend machen, wenn sie schon zu der Zeit vorhanden waren, als er von der Abtretung Kenntnis erhielt.

² Ist eine Gegenforderung des Schuldners in diesem Zeitpunkt noch nicht fällig gewesen, so kann er sie dennoch zur Verrechnung bringen, wenn sie nicht später als die abgetretene Forderung fällig geworden ist.

Art. 170 2. Übergang der Vorzugs- und Nebenrechte, Urkunden und Beweismittel

¹ Mit der Forderung gehen die Vorzugs- und Nebenrechte über, mit Ausnahme derer, die untrennbar mit der Person des Abtretenden verknüpft sind.

² Der Abtretende ist verpflichtet, dem Erwerber die Schuldurkunde und alle vorhandenen Beweismittel auszuliefern und ihm die zur Geltendmachung der Forderung nötigen Aufschlüsse zu erteilen.

³ Es wird vermutet, dass mit der Hauptforderung auch die rückständigen Zinse auf den Erwerber übergehen.

Art. 171 3. Gewährleistung
  a. Im Allgemeinen

¹ Bei der entgeltlichen Abtretung haftet der Abtretende für den Bestand der Forderung zur Zeit der Abtretung.

² Für die Zahlungsfähigkeit des Schuldners dagegen haftet der Abtretende nur dann, wenn er sich dazu verpflichtet hat.

³ Bei der unentgeltlichen Abtretung haftet der Abtretende auch nicht für den Bestand der Forderung.

Art. 172 b. Bei Abtretung zahlungshalber

Hat ein Gläubiger seine Forderung zum Zwecke der Zahlung abgetreten ohne Bestimmung des Betrages, zu dem sie angerechnet werden soll, so muss der Erwerber sich nur diejenige Summe anrechnen lassen, die er vom Schuldner erhält oder bei gehöriger Sorgfalt hätte erhalten können.

Art. 173 c. Umfang der Haftung

[1] Der Abtretende haftet vermöge der Gewährleistung nur für den empfangenen Gegenwert nebst Zinsen und überdies für die Kosten der Abtretung und des erfolglosen Vorgehens gegen den Schuldner.

[2] Geht eine Forderung von Gesetzes wegen auf einen andern über, so haftet der bisherige Gläubiger weder für den Bestand der Forderung noch für die Zahlungsfähigkeit des Schuldners.

Art. 174 III. Besondere Bestimmungen

Wo das Gesetz für die Übertragung von Forderungen besondere Bestimmungen aufstellt, bleiben diese vorbehalten.

Zweite Abteilung: Die einzelnen Vertragsverhältnisse
Zwölfter Titel: Der Verlagsvertrag

Art. 380 A. Begriff

Durch den Verlagsvertrag verpflichten sich der Urheber eines literarischen oder künstlerischen Werkes oder seine Rechtsnachfolger (Verlaggeber), das Werk einem Verleger zum Zwecke der Herausgabe zu überlassen, der Verleger dagegen, das Werk zu vervielfältigen und in Vertrieb zu setzen.

Art. 381 B. Wirkungen
        I. Übertragung des Urheberrechts und Gewährleistung

[1] Die Rechte des Urhebers werden insoweit und auf so lange dem Verleger übertragen, als es für die Ausführung des Vertrages erforderlich ist.

[2] Der Verlaggeber hat dem Verleger dafür einzustehen, dass er zur Zeit des Vertragsabschlusses zu der Verlagsgabe berechtigt war, und wenn das Werk schutzfähig ist, dass er das Urheberrecht daran hatte.

[3] Er hat, wenn das Werk vorher ganz oder teilweise einem Dritten in Verlag gegeben oder sonst mit seinem Wissen veröffentlicht war, dem Verleger vor dem Vertragsabschlusse hievon Kenntnis zu geben.

Art. 382 II. Verfügung des Verlaggebers

¹ Solange die Auflagen des Werkes, zu denen der Verleger berechtigt ist, nicht vergriffen sind, darf der Verlaggeber weder über das Werk im Ganzen noch über dessen einzelne Teile zum Nachteil des Verlegers anderweitig verfügen.

² Zeitungsartikel und einzelne kleinere Aufsätze in Zeitschriften darf der Verlaggeber jederzeit weiter veröffentlichen.

³ Beiträge an Sammelwerke oder grössere Beiträge an Zeitschriften darf der Verlaggeber nicht vor Ablauf von drei Monaten nach dem vollständigen Erscheinen des Beitrages weiter veröffentlichen.

Art. 383 III. Bestimmung der Auflagen

¹ Wurde über die Anzahl der Auflagen nichts bestimmt, so ist der Verleger nur zu einer Auflage berechtigt.

² Die Stärke der Auflage wird, wenn darüber nichts vereinbart wurde, vom Verleger festgesetzt, er hat aber auf Verlangen des Verlaggebers wenigstens so viele Exemplare drucken zu lassen, als zu einem gehörigen Umsatz erforderlich sind, und darf nach Vollendung des ersten Druckes keine neuen Abdrücke veranstalten.

³ Wurde das Verlagsrecht für mehrere Auflagen oder für alle Auflagen übertragen und versäumt es der Verleger, eine neue Auflage zu veranstalten, nachdem die letzte vergriffen ist, so kann ihm der Verlaggeber gerichtlich eine Frist zur Herstellung einer neuen Auflage ansetzen lassen, nach deren fruchtlosem Ablauf der Verleger sein Recht verwirkt.

Art. 384 IV. Vervielfältigung und Vertrieb

¹ Der Verleger ist verpflichtet, das Werk ohne Kürzungen, ohne Zusätze und ohne Abänderungen in angemessener Ausstattung zu vervielfältigen, für gehörige Bekanntmachung zu sorgen und die üblichen Mittel für den Absatz zu verwenden.

² Die Preisbestimmung hängt von dem Ermessen des Verlegers ab, doch darf er nicht durch übermässige Preisforderung den Absatz erschweren.

Art. 385 V. Verbesserungen und Berichtigungen

¹ Der Urheber behält das Recht, Berichtigungen und Verbesserungen vorzunehmen, wenn sie nicht die Verlagsinteressen verletzen oder die Verantwortlichkeit des Verlegers steigern, ist aber für unvorhergesehene Kosten, die dadurch verursacht werden, Ersatz schuldig.

² Der Verleger darf keine neue Ausgabe oder Auflage machen und keinen neuen Abdruck vornehmen, ohne zuvor dem Urheber Gelegenheit zu geben, Verbesserungen anzubringen.

Art. 386 VI. Gesamtausgaben und Einzelausgaben

¹ Ist die besondere Ausgabe mehrerer einzelner Werke desselben Urhebers zum Verlag überlassen worden, so gibt dieses dem Verleger nicht auch das Recht, eine Gesamtausgabe dieser Werke zu veranstalten.

² Ebenso wenig hat der Verleger, dem eine Gesamtausgabe sämtlicher Werke oder einer ganzen Gattung von Werken desselben Urhebers überlassen worden ist, das Recht, von den einzelnen Werken besondere Ausgaben zu veranstalten.

Art. 387 VII. Übersetzungsrecht

Das Recht, eine Übersetzung des Werkes zu veranstalten, bleibt, wenn nichts anderes mit dem Verleger vereinbart ist, ausschliesslich dem Verlaggeber vorbehalten.

Art. 388 VIII. Honorar des Verlaggebers
  1. Höhe des Honorars

¹ Ein Honorar an den Verlaggeber gilt als vereinbart, wenn nach den Umständen die Überlassung des Werkes nur gegen ein Honorar zu erwarten war.

² Die Grösse desselben bestimmt der Richter auf das Gutachten von Sachverständigen.

³ Hat der Verleger das Recht zu mehreren Auflagen, so wird vermutet, dass für jede folgende von ihm veranstaltete Auflage dieselben Honorar- und übrigen Vertragsbedingungen gelten, wie für die erste Auflage.

Art. 389 2. Fälligkeit Abrechnung und Freiexemplare

¹ Das Honorar wird fällig, sobald das ganze Werk oder, wenn es in Abteilungen (Bänden, Heften, Blättern) erscheint, sobald die Abteilung gedruckt ist und ausgegeben werden kann.

² Wird das Honorar ganz oder teilweise von dem erwarteten Absatze abhängig gemacht, so ist der Verleger zu übungsgemässer Abrechnung und Nachweisung des Absatzes verpflichtet.

³ Der Verlaggeber hat mangels einer andern Abrede Anspruch auf die übliche Zahl von Freiexemplaren.

Art. 390 C. Beendigung
  I. Untergang des Werkes

¹ Geht das Werk nach seiner Ablieferung an den Verleger durch Zufall unter, so ist der Verleger gleichwohl zur Zahlung des Honorars verpflichtet.

² Besitzt der Urheber noch ein zweites Exemplar des untergegangenen Werkes, so hat er es dem Verleger zu überlassen, andernfalls ist er verpflichtet, das Werk wieder herzustellen, wenn ihm dies mit geringer Mühe möglich ist.

³ In beiden Fällen hat er Anspruch auf eine angemessene Entschädigung.

Art. 391 II. Untergang der Auflage

¹ Geht die vom Verleger bereits hergestellte Auflage des Werkes durch Zufall ganz oder zum Teile unter, bevor sie vertrieben worden ist, so ist der Verleger berechtigt, die untergegangenen Exemplare auf seine Kosten neu herzustellen, ohne dass der Verlaggeber ein neues Honorar dafür fordern kann.

² Der Verleger ist zur Wiederherstellung der untergegangenen Exemplare verpflichtet, wenn dies ohne unverhältnismässig hohe Kosten geschehen kann.

Art. 392 III. Endigungsgründe in der Person des Urhebers und des Verlegers

¹ Der Verlagsvertrag erlischt, wenn der Urheber vor der Vollendung des Werkes stirbt oder unfähig oder ohne sein Verschulden verhindert wird, es zu vollenden.

² Ausnahmsweise kann der Richter, wenn die ganze oder teilweise Fortsetzung des Vertragsverhältnisses möglich und billig erscheint, sie bewilligen und das Nötige anordnen.

³ Gerät der Verleger in Konkurs, so kann der Verlaggeber das Werk einem anderen Verleger übertragen, wenn ihm nicht für Erfüllung der zur Zeit der Konkurseröffnung noch nicht verfallenen Verlagsverbindlichkeiten Sicherheit geleistet wird.

Art. 393 D. Bearbeitung eines Werkes nach Plan des Verlegers

¹ Wenn einer oder mehrere Verfasser nach einem ihnen vom Verleger vorgelegten Plane die Bearbeitung eines Werkes übernehmen, so haben sie nur auf das bedungene Honorar Anspruch.

² Das Urheberrecht am Werke steht dem Verleger zu.

Nr. 5 Auszug aus dem Bundesgesetz gegen den unlauteren Wettbewerb (UWG)

vom 19. Dezember 1986 (Stand am 1. April 2007)

SR 241

2. Kapitel: Zivil- und prozessrechtliche Bestimmungen

1. Abschnitt: Widerrechtlichkeit des unlauteren Wettbewerbs

Art. 5   Verwertung fremder Leistung

Unlauter handelt insbesondere, wer:

a. ein ihm anvertrautes Arbeitsergebnis wie Offerten, Berechnungen oder Pläne unbefugt verwertet;

b. ein Arbeitsergebnis eines Dritten wie Offerten, Berechnungen oder Pläne verwertet, obwohl er wissen muss, dass es ihm unbefugterweise überlassen oder zugänglich gemacht worden ist;

c. das marktreife Arbeitsergebnis eines andern ohne angemessenen eigenen Aufwand durch technische Reproduktionsverfahren als solches übernimmt und verwertet.

Nr. 6 Auszug aus dem Bundesgesetz über Kartelle und andere Wettbewerbsbeschränkungen (Kartellgesetz, KG)

vom 6. Oktober 1995 (Stand am 13. Juni 2006)

SR 251

1. Kapitel: Allgemeine Bestimmungen

Art. 3 Verhältnis zu anderen Rechtsvorschriften

[1] Vorbehalten sind Vorschriften, soweit sie auf einem Markt für bestimmte Waren oder Leistungen Wettbewerb nicht zulassen, insbesondere Vorschriften:

a. die eine staatliche Markt- oder Preisordnung begründen;
b. die einzelne Unternehmen zur Erfüllung öffentlicher Aufgaben mit besonderen Rechten ausstatten.

[2] Nicht unter das Gesetz fallen Wettbewerbswirkungen, die sich ausschliesslich aus der Gesetzgebung über das geistige Eigentum ergeben. Hingegen unterliegen Einfuhrbeschränkungen, die sich auf Rechte des geistigen Eigentums stützen, der Beurteilung nach diesem Gesetz.[1]

[3] Verfahren zur Beurteilung von Wettbewerbsbeschränkungen nach diesem Gesetz gehen Verfahren nach dem Preisüberwachungsgesetz vom 20. Dezember 1985[2] vor, es sei denn die Wettbewerbskommission und der Preisüberwacher treffen gemeinsam eine gegenteilige Regelung.

2. Kapitel: Materiellrechtliche Bestimmungen
1. Abschnitt: Unzulässige Wettbewerbsbeschränkungen

Art. 6 Gerechtfertigte Arten von Wettbewerbsabreden

[1] In Verordnungen oder allgemeinen Bekanntmachungen können die Voraussetzungen umschrieben werden, unter denen einzelne Arten von Wettbewerbsabreden aus Gründen der wirtschaftlichen Effizienz in der Regel als gerechtfertigt gelten. Dabei werden insbesondere die folgenden Abreden in Betracht gezogen:

a. Abreden über die Zusammenarbeit bei der Forschung und Entwicklung;

---

1 Satz eingefügt durch Ziff. I des BG vom 20. Juni 2003, in Kraft seit 1. April 2004 (AS 2004 1385 1390; BBl 2002 2022 5506).
2 SR 942.20

b. Abreden über die Spezialisierung und Rationalisierung, einschliesslich diesbezügliche Abreden über den Gebrauch von Kalkulationshilfen;
c. Abreden über den ausschliesslichen Bezug oder Absatz bestimmter Waren oder Leistungen;
d. Abreden über die ausschliessliche Lizenzierung von Rechten des geistigen Eigentums;
e.[1] Abreden mit dem Zweck, die Wettbewerbsfähigkeit kleiner und mittlerer Unternehmen zu verbessern, sofern sie nur eine beschränkte Marktwirkung aufweisen.

² Verordnungen und allgemeine Bekanntmachungen können auch besondere Kooperationsformen in einzelnen Wirtschaftszweigen, namentlich Abreden über die rationelle Umsetzung von öffentlich-rechtlichen Vorschriften zum Schutze von Kunden oder Anlegern im Bereich der Finanzdienstleistungen, als in der Regel gerechtfertigte Wettbewerbsabreden bezeichnen.

³ Allgemeine Bekanntmachungen werden von der Wettbewerbskommission im Bundesblatt veröffentlicht. Verordnungen im Sinne der Absätze 1 und 2 werden vom Bundesrat erlassen.

Art. 8 Ausnahmsweise Zulassung aus überwiegenden öffentlichen Interessen

Wettbewerbsabreden und Verhaltensweisen marktbeherrschender Unternehmen, die von der zuständigen Behörde für unzulässig erklärt wurden, können vom Bundesrat auf Antrag der Beteiligten zugelassen werden, wenn sie in Ausnahmefällen notwendig sind, um überwiegende öffentliche Interessen zu verwirklichen.

---

1 Eingefügt durch Ziff. I des BG vom 20. Juni 2003, in Kraft seit 1. April 2004 (AS 2004 1385 1390; BBl 2002 2022 5506).

Nr. 7 Verordnung über ausserparlamentarische Kommissionen sowie Leitungsorgane und Vertretungen des Bundes (Kommissionenverordnung)

vom 3. Juni 1996 (Stand am 5. Dezember 2006)

SR 172.31

Der Schweizerische Bundesrat,

gestützt auf Artikel 57 Absatz 2 des Regierungs- und Verwaltungsorganisationsgesetzes vom 21. März 1997[1] (RVOG)[2]

verordnet:

1. Kapitel: Geltungsbereich

Art. 1

[1] Diese Verordnung gilt für:

a.[3] ausserparlamentarische Kommissionen sowie Rekurs- und Schiedskommissionen nach spezialgesetzlichen Bestimmungen;

b. Leitungsorgane von Betrieben und Anstalten des Bundes;

c. Vertretungen des Bundes in Organen Dritter.

[2] Sie gilt so weit, als andere Vorschriften des Bundesrechts keine besonderen Regelungen enthalten.

2. Kapitel: Ausserparlamentarische Kommissionen
1. Abschnitt: Begriff

Art. 2

[1] Ausserparlamentarische Kommissionen (Kommissionen) sind vom Bund eingesetzte Gremien, die für Regierung und Verwaltung öffentliche Aufgaben erfüllen.

AS 1996 1651
1 SR 172.010
2 Fassung gemäss Ziff. I der V vom 12. April 2000, in Kraft seit 1. Juni 2000 (AS 2000 1157).
3 Fassung gemäss Ziff. II 15 der V vom 8. Nov. 2006 über die Anpassung von Bundesratsverordnungen an die Totalrevision der Bundesrechtspflege, in Kraft seit 1. Jan. 2007 (AS 2006 4705).

² Nicht als Kommissionen gelten Arbeitsgruppen, die:
a. mehrheitlich aus Angehörigen der Bundesverwaltung bestehen; oder
b. auf informelle Weise zur Behandlung von Einzelfragen gebildet werden.

2. Abschnitt: Rechtsgrundlagen und Kommissionsarten

Art. 3[1]   Rechtsgrundlagen
Kommissionen werden durch Bundesgesetz oder Bundesbeschluss geschaffen oder gestützt auf Artikel 57 Absatz 2 des RVOG vom Bundesrat, von einem Departement oder von der Bundeskanzlei eingesetzt.

Art. 4   Ständige und nichtständige Kommissionen
Kommissionen können geschaffen werden:
a. auf bestimmte Zeit (nichtständige oder Ad-hoc-Kommissionen);
b. auf unbestimmte Zeit (ständige Kommissionen).

Art. 5   Verwaltungs- und Behördenkommissionen
¹ Kommissionen sind ihrer Funktion nach entweder Verwaltungs- oder Behördenkommissionen.
² Verwaltungskommissionen haben beratende und vorbereitende Funktion.
³ Behördenkommissionen sind mit Entscheidungsbefugnissen ausgestattet. Sie bedürfen einer entsprechenden gesetzlichen Grundlage.

3. Abschnitt: Zusammensetzung

Art. 6   Anzahl der Mitglieder
¹ Die Mitgliederzahl von Kommissionen ist möglichst klein zu halten.
² Kommissionen sollen höchstens 20 Mitglieder zählen. Abweichungen sind zu begründen.

Art. 7[2]   Wählbarkeit
Zum Mitglied einer Kommission ist wählbar, wer die Voraussetzungen für eine Anstellung in der Bundesverwaltung erfüllt.

---

1   Fassung gemäss Ziff. I der V vom 12. April 2000, in Kraft seit 1. Juni 2000 (AS 2000 1157).
2   Fassung gemäss Ziff. I der V vom 12. April 2000, in Kraft seit 1. Juni 2000 (AS 2000 1157).

Art. 8 Auswahl der Mitglieder

¹ Die Mitglieder der Kommissionen werden in erster Linie ausgewählt nach:
a. fachlicher Kompetenz;
b. Fähigkeit zur Zusammenarbeit in Gruppen;
c. zeitlicher Verfügbarkeit.

¹*bis* Stehen aufgrund des Auftrages der Kommission ethische Fragen zur Diskussion, so ist dies bei der Auswahl der Mitglieder zu berücksichtigen.[1]

² Mitglieder der Bundesversammlung werden nicht in Kommissionen gewählt. Ausnahmen sind zu begründen.

Art. 9 Ausgewogene Zusammensetzung

Kommissionen müssen nach Interessengruppen, Geschlechtern, Sprachen, Regionen und Altersgruppen ausgewogen zusammengesetzt sein.

Art. 10 Vertretung der Geschlechter

¹ Frauen und Männer müssen in einer Kommission mindestens mit je 30 Prozent vertreten sein. Längerfristig ist eine paritätische Vertretung beider Geschlechter anzustreben.

² Beträgt der Anteil der Frauen oder der Männer weniger als 30 Prozent, so verlangt die Bundeskanzlei vom zuständigen Departement eine schriftliche Begründung.

³ Für die Suche nach geeigneten weiblichen Kommissionsmitgliedern kann das Eidgenössische Büro für die Gleichstellung von Frau und Mann beigezogen werden.

4. Abschnitt: Einsetzung und Konstituierung

Art. 11 Einsetzungsverfügung

¹ Kommissionen werden durch Verfügung des Bundesrates, der Departementsvorsteherin oder des Departementsvorstehers beziehungsweise der Bundeskanzlerin oder des Bundeskanzlers eingesetzt.

² Die Einsetzungsverfügung hat insbesondere folgenden Inhalt:
a. sie umschreibt den Auftrag und gibt die Fristen für dessen Erfüllung an;
b. sie nennt die Mitglieder unter Angabe ihres Geburtsjahres, ihres Berufes und ihrer Funktion in der Kommission;
c. sie regelt die Organisation;
d. sie regelt die Berichterstattung und die Information der Öffentlichkeit;

---

1 Eingefügt durch Ziff. I der V vom 12. April 2000, in Kraft seit 1. Juni 2000 (AS 2000 1157).

e. sie umschreibt die Verwendungsrechte des Bundes an allenfalls entstehenden urheberrechtlich geschützten Werken und Verfahren;
f. sie regelt die Schweigepflicht;
g. sie regelt wenn nötig die Beziehungen der Kommission zu Kantonen und Parteien sowie zu anderen Organisationen;
h. sie weist die Sekretariatsarbeiten zu;
i. sie nennt die finanziellen Rahmenbedingungen, insbesondere die Kredite für besondere Aufträge und andere grosse Ausgabenposten;
k. sie regelt die Auskunftspflicht der Verwaltung gegenüber der Kommission;
l. sie bezeichnet allenfalls die Präsidentin oder den Präsidenten.

3 Von einer Einsetzungsverfügung kann abgesehen werden, wenn ein Erlass die entsprechenden Regelungen enthält.

Art. 12 Information

Das zuständige Departement oder die Bundeskanzlei informiert die Öffentlichkeit über die Einsetzung einer Kommission.

Art. 13 Konstituierung und interne Organisation

1 Die Kommission konstituiert sich nach der Einsetzung selbst.
2 Sie kann in einem Reglement ihre Organisation näher regeln.

5. Abschnitt: Amtsdauer, Amtszeit und Altersgrenze

Art. 14 Amtsdauer der Mitglieder ständiger Kommissionen

1 Die Amtsdauer der Mitglieder ständiger Kommissionen beträgt in der Regel vier Jahre. Sie fällt mit der Legislaturperiode der eidgenössischen Räte zusammen.[1]
2 Für jede neue Amtsdauer werden Gesamterneuerungswahlen durchgeführt.
3 Das Mandat von Kommissionsmitgliedern, die während der Amtsdauer gewählt werden, endet mit deren Ablauf.

Art. 15 Amtszeitbeschränkung für Mitglieder ständiger Kommissionen

1 Die Amtszeit der Mitglieder ständiger Kommissionen ist auf insgesamt zwölf Jahre beschränkt; sie endet mit dem Ablauf des entsprechenden Kalenderjahres.
2 Die Wahlbehörde kann in begründeten Einzelfällen die Amtszeit auf höchstens 16 Jahre verlängern.

---

1 Fassung gemäss Ziff. I der V vom 12. April 2000, in Kraft seit 1. Juni 2000 (AS 2000 1157).

³ Die Amtszeitbeschränkung gilt nicht für Bundesangestellte, deren Mitgliedschaft für die Aufgabenerfüllung erforderlich ist oder in einem andern Erlass zwingend vorgeschrieben wird.¹

Art. 16 Altersgrenze

¹ Die Mitglieder von Kommissionen können ihre Tätigkeit bis zum Ende des Jahres ausüben, in dem sie 70 Jahre alt werden.

² Erfordert die Arbeit der Kommission eine Vertretung der älteren Generation, so kann von der Altersgrenze nach Absatz 1 abgewichen werden.²

6. Abschnitt: Taggelder und Vergütungen

Art. 17

¹ Kommissionsmitglieder haben Anspruch auf Taggelder und auf Vergütungen. Der Präsidentin oder dem Präsidenten kann eine jährliche Entschädigung ausgerichtet werden.

² Das Eidgenössische Finanzdepartement legt die Modalitäten für die Ausrichtung der Taggelder fest; ein Taggeld darf höchstens 1000 Franken betragen. Vorbehalten bleibt die Zuständigkeit der Bundeskanzlei und der Departemente, im Einvernehmen mit dem Eidgenössischen Finanzdepartement besondere Regelungen zu erlassen. …³

³ Bedienstete des Bundes haben in der Regel keinen Anspruch auf Taggelder. Sie erhalten die dienstrechtlichen Vergütungen.

⁴ Das Eidgenössische Finanzdepartement regelt die Einzelheiten.

3. Kapitel: Leitungsorgane von Betrieben und Anstalten des Bundes sowie Vertretungen des Bundes in Organen Dritter

Art. 18 Anwendbare Bestimmungen

¹ Die Bestimmungen des 2. Kapitels über die Wählbarkeit (Art. 7), die Amtsdauer (Art. 14), die Amtszeitbeschränkung (Art. 15) und die Altersgrenze (Art. 16) gelten auch für:

---

[1] Eingefügt durch Ziff. I der V vom 12. April 2000, in Kraft seit 1. Juni 2000 (AS 2000 1157).
[2] Eingefügt durch Ziff. I der V vom 12. April 2000, in Kraft seit 1. Juni 2000 (AS 2000 1157).
[3] Satz aufgehoben durch Ziff. I der V vom 12. April 2000 (AS 2000 1157).

a.[1] die Mitglieder des ETH-Rates sowie des Verwaltungsrates der Schweizerischen Post;
b. die vom Bundesrat gewählten Mitglieder der Leitungsorgane weiterer öffentlich-rechtlicher Organisationen des Bundes (z. B. der Schweizerischen Unfallversicherungsanstalt und der Schweizerischen Nationalbank);
c. die vom Bundesrat, von den Departementen oder von der Bundeskanzlei gewählten Vertreterinnen und Vertreter des Bundes in Organisationen des öffentlichen oder des privaten Rechts (...[2]).

[2] Die Bestimmungen über die Auswahl der Mitglieder (Art. 8), die ausgewogene Zusammensetzung (Art. 9) und die Vertretung der Geschlechter (Art. 10) gelten sinngemäss.

Art. 19 Instruktionen

[1] Soweit sich aus der gesetzlichen Grundlage oder aus dem Auftrag keine besonderen Instruktionen ergeben, handeln die Vertreterinnen und Vertreter des Bundes in Organisationen des öffentlichen oder des privaten Rechts nach pflichtgemässem Ermessen.

[2] Sie holen besondere Instruktionen ein, wenn wichtige Interessen des Bundes berührt werden.

4. Kapitel: Schlussbestimmungen

Art. 20 Aufgaben der Bundeskanzlei

[1] Die Bundeskanzlei erlässt Weisungen für die Gesamterneuerungswahlen. Sie gibt diese den Geschäftsprüfungskommissionen der eidgenössischen Räte bekannt.

[2] Nach den Gesamterneuerungswahlen erstattet sie dem Bundesrat zuhanden der eidgenössischen Räte Bericht über die Zusammensetzung der ständigen Kommissionen.

[3] Sie kann ein Verzeichnis der Mitglieder der Kommissionen, der Leitungsorgane von Betrieben und Anstalten des Bundes sowie der Vertretungen des Bundes in Organen Dritter veröffentlichen und zu diesem Zweck eine öffentlich zugängliche Datenbank führen, die Namen, Vornamen, Geschlecht, Muttersprache, Geburtsjahr, Titel, Adresse und berufliche Funktion der betreffenden Personen enthält.

---

1   Fassung gemäss Ziff. II 9 der V vom 25. Nov. 1998, in Kraft seit 1. Jan. 1999 (AS 1999 704).
2   Beispiele aufgehoben durch Ziff. I der V vom 12. April 2000 (AS 2000 1157).

Art. 21 Aufhebung bisherigen Rechts

Es werden aufgehoben:

a. die Verordnung vom 2. März 1977[1] über ausserparlamentarische Kommissionen, Behörden und Vertretungen des Bundes;
b. die Verordnung vom 1. Oktober 1973[2] über die Entschädigungen für Kommissionsmitglieder, Experten und Beauftragte.

Art. 22 Änderung bisherigen Rechts

Die Verordnung vom 17. Juni 1991[3] über das Vernehmlassungsverfahren wird wie folgt geändert:

Art. 1 Abs. 2bis

…

Art. 23[4] Übergangsbestimmung

Die Amtsperiode ab 1. Januar 2001 endigt mit dem Ablauf der Legislaturperiode 2000–2003.

Art. 24 Inkrafttreten

Diese Verordnung tritt am 1. Juli 1996 in Kraft.

---

1 [AS 1977 549, 1983 842]
2 [AS 1973 1559, 1989 50, 1996 518 Art. 72 Ziff. 2]
3 [AS 1991 1632. AS 2005 4103 Art. 22]
4 Fassung gemäss Ziff. I der V vom 12. April 2000, in Kraft seit 1. Juni 2000 (AS 2000 1157).

Nr. 8 — Bundesgesetz über Filmproduktion und Filmkultur (Filmgesetz, FiG)

vom 14. Dezember 2001 (Stand am 13. Juni 2006)

SR 443.1

Die Bundesversammlung der Schweizerischen Eidgenossenschaft,
gestützt auf die Artikel 71 und 93 der Bundesverfassung[1],
nach Einsicht in die Botschaft des Bundesrates vom 18. September 2000[2],
beschliesst:

1. Kapitel: Allgemeine Bestimmungen

Art. 1 Zweck

Dieses Gesetz soll die Vielfalt und Qualität des Filmangebots sowie das Filmschaffen fördern und die Filmkultur stärken.

Art. 2 Begriffe

[1] Als Film gilt jede für die Wiedergabe festgehaltene gestaltete Folge von Bildern mit oder ohne Ton, die bei der Betrachtung den Eindruck einer Bewegung hervorruft, unabhängig vom gewählten technischen Aufnahme-, Speicher- oder Wiedergabeverfahren.

[2] Als Schweizer Film gilt ein Film, der:

a. zu einem wesentlichen Teil von einem Autor oder einer Autorin mit schweizerischer Nationalität oder mit Wohnsitz in der Schweiz realisiert wurde;

b. von einer natürlichen Person mit Wohnsitz oder von einer Unternehmung mit Sitz in der Schweiz produziert wurde, an deren Eigen- und Fremdkapital sowie deren Geschäftsleitung mehrheitlich Personen mit Wohnsitz in der Schweiz beteiligt sind; und

c. soweit als möglich mit künstlerischen und technischen Mitarbeitern und Mitarbeiterinnen schweizerischer Nationalität oder mit Wohnsitz in der Schweiz und durch filmtechnische Betriebe in der Schweiz hergestellt wurde.

AS 2002 1904
1   SR 101
2   BBl 2000 5429

2. Kapitel: Filmförderung

1. Abschnitt: Förderungsbereiche

Art. 3 Schweizerisches Filmschaffen

Der Bund unterstützt die kulturelle Ausstrahlung, die wirtschaftliche Leistungsfähigkeit, die Kontinuität und die Entwicklungsfähigkeit der unabhängigen schweizerischen Filmproduktion. Er kann zu diesem Zweck Finanzhilfen und andere Formen der Unterstützung leisten für die Entwicklung von Projekten sowie die Herstellung und die Verwertung von:

a. Schweizer Filmen;

b. zwischen der Schweiz und dem Ausland koproduzierten Filmen.

Art. 4 Vielfalt und Qualität des Filmangebots

Der Bund kann zur Förderung der kulturellen und sprachlichen Vielfalt und der Qualität des Filmangebots Finanzhilfen und andere Formen der Unterstützung leisten, insbesondere an den Verleih, die öffentliche Vorführung und den Vertrieb.

Art. 5 Filmkultur

Der Bund kann Finanzhilfen und andere Formen der Unterstützung leisten für:

a. die Verbreitung der Filmkultur und die Vertiefung des Filmverständnisses;

b. Filmfestivals, die einen wichtigen Beitrag für die nationale oder internationale Filmkultur leisten;

c. die Archivierung und Restaurierung von Filmen;

d. die Zusammenarbeit der verschiedenen Sektoren der Filmbranche;

e. weitere Institutionen und Bestrebungen, die einen wichtigen Beitrag für die Erhaltung, Entwicklung und Innovation der Filmproduktion und der Filmkultur in der Schweiz leisten;

f. die internationale Zusammenarbeit auf dem Gebiet des Films.

Art. 6 Aus- und Weiterbildung

Der Bund kann Finanzhilfen und andere Formen der Unterstützung leisten für die Aus- und Weiterbildung der in der Filmbranche Beschäftigten.

2. Abschnitt: Förderungsinstrumente

Art. 7 Auszeichnungen

Der Bund kann herausragende Leistungen in der Filmproduktion und Filmkultur mit Preisen und auf andere Weise auszeichnen.

Art. 8 Selektive und erfolgsabhängige Filmförderung

Die Finanzhilfen werden nach Qualitätskriterien (selektive Förderung) oder nach Erfolgskriterien (erfolgsabhängige Förderung) zugesprochen. Das zuständige Departement[1] (Departement) legt die Voraussetzungen, insbesondere die Reinvestitionsverpflichtungen, und das Verfahren fest.

Art. 9 Übertragung der Filmförderung an Institutionen

1 Der Bund kann einen Bereich der Filmförderung einer privatrechtlichen Organisation übertragen, wenn Dritte einen wichtigen Beitrag an die entsprechende Förderung leisten.

2 Der Bundesrat beschliesst im Einzelfall über den Grundsatz der Übertragung. Das Departement legt die Rahmenbedingungen fest und ernennt die Vertreter oder Vertreterinnen des Bundes.

3 Der Bund schliesst mit der Organisation einen Leistungsvertrag ab, der die gegenseitigen Verpflichtungen regelt. Der Leistungsvertrag sieht ein Schiedsgericht vor, das über Streitigkeiten zwischen der Organisation und den Berechtigten endgültig entscheidet.

Art. 10 Leistungsvereinbarungen

Der Bund kann mit juristischen Personen, die regelmässig Finanzhilfen beziehen, Leistungsvereinbarungen abschliessen.

3. Abschnitt: Förderungskonzepte und Evaluation

Art. 11 Förderungskonzepte

1 Das Departement regelt die Ausgestaltung der Filmförderung durch Förderungskonzepte.

2 Die Förderungskonzepte werden für die einzelnen Förderungsbereiche nach den Artikeln 3–6 sowie für die Auszeichnungen nach Artikel 7 erlassen. Sie umschreiben

---

[1] Zurzeit das Eidgenössische Departement des Innern.

die Ziele, die erreicht werden sollen, bezeichnen die Förderungsinstrumente und legen die massgeblichen Kriterien fest.

³ Die Förderungskonzepte werden für eine Gültigkeitsdauer von drei bis fünf Jahren erstellt.

Art. 12   Evaluation

¹ Die Zweckmässigkeit und Wirksamkeit der Förderungskonzepte und der Förderungsinstrumente wird regelmässig überprüft.

² Die Ergebnisse der Überprüfung werden veröffentlicht.

³ Das Departement regelt das Evaluationsverfahren.

4. Abschnitt: Finanzhilfen und andere Formen der Unterstützung

Art. 13   Formen der Finanzhilfe

Finanzhilfen werden als nicht rückzahlbare Geldleistungen, Zinszuschüsse, Bürgschaften oder bedingt rückzahlbare Darlehen ausgerichtet.

Art. 14   Entscheide über Finanzhilfen und andere Formen der Unterstützung

¹ Finanzhilfen und andere Formen der Unterstützung werden vom zuständigen Bundesamt[1] (Bundesamt) zugesprochen.

² Wenn es dem Bundesamt an Sachkenntnis mangelt, lässt es die Gesuche durch Fachkommissionen oder beauftragte Experten oder Expertinnen begutachten.

³ ...[2]

Art. 15   Bereitstellung und Verteilung der Mittel

¹ Die Bundesversammlung bewilligt mit einfachem Bundesbeschluss für eine mehrjährige Beitragsperiode einen Zahlungsrahmen für die Filmförderung nach den Artikeln 3 und 4.

² Einnahmen aus der Abgabe zur Förderung der Angebotsvielfalt, Beiträge von Fernsehveranstaltern sowie allfällige Leistungen und Zuwendungen Dritter werden in der Finanzrechnung vereinnahmt und zweckgebunden für die Filmförderung verwendet.

³ Das Bundesamt teilt die zur Verfügung stehenden Mittel jährlich den Förderungsbereichen nach den Artikeln 3–6 zu. Dabei berücksichtigt sie die Förderungs-

---

[1]   Zurzeit das Bundesamt für Kultur.
[2]   Aufgehoben durch Anhang Ziff. 41 des Verwaltungsgerichtsgesetzes vom 17. Juni 2005, mit Wirkung seit 1. Jan. 2007 (SR 173.32).

konzepte und legt in den jeweiligen Förderungsbereichen die Höchstbeiträge fest, die den einzelnen Projekten zugesprochen werden können.

5. Abschnitt: Ausschluss von der Filmförderung

Art. 16

¹ Keine Finanzhilfen erhalten:

a. Werbefilme;

b. Filme mit vorwiegend didaktischer Zielsetzung;

c. Auftragsproduktionen.

² Von der Filmförderung gänzlich ausgeschlossen sind insbesondere Filme, die:

a. die Menschenwürde verletzen;

b. Angehörige eines Geschlechts oder einer Gruppierung in erniedrigender Weise darstellen;

c. die Gewalt verherrlichen oder verharmlosen;

d. einen pornografischen Charakter haben.

3. Kapitel: Vorschriften zur Förderung der Vielfalt öffentlich vorgeführter Filme

1. Abschnitt: Massnahmen zu Gunsten der Vielfalt des Filmangebots

Art. 17 Grundsatz

¹ Verleih- und Vorführunternehmen haben in ihrer Tätigkeit zur Angebotsvielfalt beizutragen durch:

a. ihre Geschäftspolitik;

b. von der Branche vereinbarte Massnahmen.

² Zu den Massnahmen gehören Vereinbarungen, in denen sich Verleih- und Vorführunternehmen respektive deren Verbände verpflichten, die Programmation einer Kinoregion soweit als möglich vielfältig zu gestalten und auf Qualität auszurichten.

³ Vor dem Abschluss einer Branchenvereinbarung geben die beteiligten Verbände in Bezug auf die vorgesehenen Massnahmen zur Förderung der Angebots- und Sprachenvielfalt dem Departement Gelegenheit zur Stellungnahme.

Art. 18 Angebotsvielfalt

Die Angebotsvielfalt in einer Kinoregion ist gewährleistet, wenn die angebotenen Filme, der Anzahl der bespielten Leinwände und der Grösse der Kinoregion entsprechend, in genügender Anzahl aus verschiedenen Ländern stammen, unterschiedlichen Genres angehören und verschiedene Filmstile repräsentieren.

Art. 19 Sprachenvielfalt

[1] Die vom Bund unterstützten Filme müssen in mehr als einer Landessprache zur Verfügung stehen.

[2] Ein Unternehmen darf einen Filmtitel zur öffentlichen Erstaufführung nur dann verleihen, wenn es für das ganze Gebiet der Schweiz die Rechte für alle in der Schweiz zur Verwertung gelangenden Sprachversionen besitzt.

Art. 20 Evaluation und Nachbesserung

[1] Das Bundesamt evaluiert auf Grund der Angaben von Artikel 24 periodisch die Wirkung der Tätigkeiten und Massnahmen nach Artikel 17. Es veröffentlicht die Ergebnisse der Evaluation und gibt der Branche, insbesondere den Trägerorganisationen von Vereinbarungen nach Artikel 17 Absatz 3, Gelegenheit zur Stellungnahme.

[2] Stellt das Bundesamt bei der Evaluation fest, dass die Angebotsvielfalt in einer Kinoregion fehlt, fordert es die beteiligten Verleih- und Vorführunternehmen auf, innert angemessener Frist Massnahmen zur Wiederherstellung der Angebotsvielfalt zu treffen.

[3] In Bezug auf Verleih- und Vorführunternehmen, die eine Vereinbarung nach Artikel 17 Absatz 3 unterzeichnet haben, ergeht der Auftrag an die Trägerorganisation. Diese trifft selbstständig die notwendigen Massnahmen, um innert angemessener Frist die Angebotsvielfalt wiederherzustellen.

2. Abschnitt: Abgabe zur Förderung der Angebotsvielfalt

Art. 21 Abgabe

[1] Wird der gesetzmässige Zustand nicht innert angemessener Frist wiederhergestellt, so kann der Bund eine Abgabe erheben. Das Departement entscheidet über die Erhebung nach Anhörung der betroffenen Kreise und der Filmkommission (Art. 25).

[2] Der Abgabesatz beträgt höchstens 2 Franken pro Eintritt, bezogen auf die Eintritte, die von den betroffenen Verleih- und Vorführunternehmen in einer Kinoregion erzielt werden. Diese tragen, vorbehältlich Artikel 22, die Abgabe je zur Hälfte.

[3] Nach Abzug der Vollzugskosten wird der Ertrag der Abgabe für die Förderung der Angebotsvielfalt in Verleih und öffentlicher Vorführung in der entsprechenden Kinoregion verwendet.

[4] Die Abgabe kann so lange erhoben werden, bis der gesetzmässige Zustand wiederhergestellt ist.

Art. 22 Befreiung von der Abgabe

1 Verleih- und Vorführunternehmen können sich von der Errichtung der Abgabe dadurch befreien, dass sie sich dem Bund gegenüber förmlich verpflichten, einen besonderen Beitrag zur Vielfalt und Qualität des Filmangebots in einer Kinoregion zu leisten.

2 Bei verschuldeter Nichteinhaltung der Verpflichtung nach Absatz 1 ist die Abgabe voraussetzungslos geschuldet.

3. Abschnitt: Registrierungs- und Meldepflicht

Art. 23 Registrierungspflicht

1 Wer berufsmässig Filme öffentlich vorführt oder Filme zur öffentlichen Vorführung verleiht, muss sich vor Betriebsaufnahme in ein öffentliches Register des Bundes eintragen.

2 Registriert werden kann nur, wer Wohnsitz oder Sitz in der Schweiz hat.

3 Ist das Unternehmen eine juristische Person, so müssen die Mitglieder der Geschäftsleitung Wohnsitz in der Schweiz haben. Wechsel des leitenden Personals sind dem Bundesamt zu melden.

Art. 24 Meldepflichten

1 Die geförderten Produktionsunternehmen melden jährlich die Titel und die technischen Angaben sowie die Auswertungsergebnisse im In- und Ausland der von ihnen hergestellten Filme.

2 Die Verleihunternehmen melden monatlich die verliehenen Filmtitel, die Vorführorte, die bespielten Leinwände und die pro Filmtitel und Leinwand erreichten Eintritte.

3 Die Vorführunternehmen in den Schlüsselstädten melden wöchentlich, die übrigen Vorführunternehmen monatlich, die vorgeführten Filmtitel, die bespielten Leinwände und die pro Filmtitel und Leinwand erreichten Eintritte.

4 Die Meldungen erfolgen an den Bund oder an eine von ihm anerkannte Organisation.

5 Die Daten nach den Absätzen 2 und 3 werden periodisch veröffentlicht.

4. Kapitel: Kommissionen

Art. 25 Eidgenössische Filmkommission

1 Der Bundesrat setzt eine Eidgenössische Filmkommission (Filmkommission) ein, welche die Behörden in allen wichtigen Fragen der Filmkultur, der Filmpolitik und des Vollzugs dieses Gesetzes berät.

² Die Filmkommission ist insbesondere anzuhören:
a. zu den Ausführungsbestimmungen dieses Gesetzes, den Förderungskonzepten und den Verteilplänen;
b. zur Evaluation der Förderungskonzepte und Förderungsinstrumente;
c. zu den Ergebnissen der Evaluation der Angebots- und Sprachenvielfalt.

³ Der Bundesrat bestimmt die Zusammensetzung der Filmkommission. Er ernennt den Präsidenten oder die Präsidentin und die Mitglieder.

⁴ Das Departement regelt Organisation und Verfahren. Es kann Ausschüsse der Filmkommission vorsehen und mit bestimmten Aufgaben betrauen.

Art. 26 Fachkommissionen

¹ Das Departement setzt Fachkommissionen zur Begutachtung von Förderungsgesuchen ein.

² Es regelt Organisation und Verfahren.

5. Kapitel: Strafbestimmungen

Art. 27 Widerhandlung gegen die Registrierungspflicht

¹ Wer vorsätzlich der Registrierungspflicht nach Artikel 23 nicht nachkommt, wird mit Busse bestraft.

² Wird die Widerhandlung wiederholt begangen, so ist die Strafe Busse bis zu 20'000 Franken.

Art. 28 Widerhandlung gegen die Meldepflicht

¹ Wer es als Mitglied der Geschäftsleitung eines meldepflichtigen Unternehmens trotz Mahnung unterlässt, die geschuldeten Angaben nach Artikel 24 zu liefern oder vorsätzlich falsche Angaben macht, wird mit Busse bestraft.

² Wird die Widerhandlung wiederholt begangen, so ist die Strafe Busse bis zu 20'000 Franken.

Art. 29 Widerhandlung gegen die Vorschrift über die Sprachenvielfalt

¹ Wer vorsätzlich einen Filmtitel zur Erstauswertung verleiht, an welchem ein registriertes Unternehmen bereits die Rechte für den gleichen Auswertungsbereich erworben hat (Art. 19 Abs. 2), wird mit Busse bestraft.

² Wird die Widerhandlung wiederholt begangen, so ist die Strafe Busse bis zu 100'000 Franken.

Art. 30   Widerhandlung gegen die Vorschriften über die Abgaben

¹ Wer vorsätzlich eine Abgabe nach Artikel 21 hinterzieht oder sich oder einem anderen einen unrechtmässigen Abgabevorteil verschafft, wird mit Busse bis zum Dreifachen der hinterzogenen Abgabe oder des Vorteils bestraft.

² Die fahrlässige Begehung wird mit Busse bis zum Betrag der hinterzogenen Abgabe oder des Vorteils bestraft.

³ Kann der Abgabebetrag zahlenmässig nicht genau ermittelt werden, so wird er geschätzt.

⁴ Der Versuch, sich oder einem anderen einen unrechtmässigen Abgabevorteil zu verschaffen, ist strafbar.

Art. 31   Zuständigkeit für die Strafverfolgung

¹ Für die Verfolgung und die Beurteilung der strafbaren Handlung gilt das Bundesgesetz vom 22. März 1974[1] über das Verwaltungsstrafrecht.

² Verfolgende und urteilende Verwaltungsbehörde des Bundes ist das Departement.

6. Kapitel: Verfahren und internationale Zusammenarbeit

Art. 32[2]   Verfahren und Rechtsmittel

¹ Das Verfahren und die Rechtsmittel richten sich nach den allgemeinen Bestimmungen über die Bundesrechtspflege.

² Gegen Verfügungen des Bundesamtes über Finanzhilfen (Art. 14) kann beim Departement Beschwerde geführt werden.

³ In Beschwerdeverfahren gegen Verfügungen über Finanzhilfen ist die Rüge der Unangemessenheit unzulässig.

Art. 33   Internationale Zusammenarbeit

Zur Förderung der internationalen Beziehungen auf dem Gebiet des Films kann der Bundesrat völkerrechtliche und privatrechtliche Verträge abschliessen, namentlich über:

a. Koproduktionen;

b. die finanzielle Beteiligung an internationalen Produktionen;

c. die Promotion von Filmen;

---

1   SR 313.0
2   Fassung gemäss Anhang Ziff. 41 des Verwaltungsgerichtsgesetzes vom 17. Juni 2005, in Kraft seit 1. Jan. 2007 (SR 173.32).

d. kulturelle Bestrebungen im Bereich des Films;
e. die finanzielle Beteiligung an internationalen Förderungsmassnahmen.

7. Kapitel: Schlussbestimmungen

Art. 34 Vollzug

[1] Der Bundesrat erlässt die Ausführungsvorschriften, soweit dieses Gesetz keine andere Instanz bezeichnet.

[2] Der Bundesrat kann einzelne Vollzugsaufgaben privaten Organisationen übertragen.

Art. 35 Aufhebung bisherigen Rechts

Das Bundesgesetz vom 28. September 1962[1] über das Filmwesen wird aufgehoben.

Art. 36 Änderung bisherigen Rechts

Die nachstehenden Erlasse werden wie folgt geändert:

1. Bundesrechtspflegegesetz vom 16. Dezember 1943[2]
Art. 100 Abs. 1 Bst. q

...

2. Bundesgesetz vom 21. Juni 1991[3] über Radio und Fernsehen
Art. 31 Abs. 2 Bst. d und e

...

---

1 [AS 1962 1706, 1969 767 Ziff. II Abs. 1 Ziff. 6, 1970 509, 1974 1857 Anhang Ziff. 4, 1975 1801, 1987 1579, 1991 857 Anhang Ziff. 7, 1992 288 Anhang Ziff. 18]

2 [BS 3 531; AS 1948 485 Art. 86, 1955 871 Art. 118, 1959 902, 1969 737 Art. 80 Bst. b 767, 1977 237 Ziff. II 3 862 Art. 52 Ziff. 2 1323 Ziff. III, 1978 688 Art. 88 Ziff. 3 1450, 1979 42, 1980 31 Ziff. IV 1718 Art. 52 Ziff. 2 1819 Art. 12 Abs. 1, 1982 1676 Anhang Ziff. 13, 1983 1886 Art. 36 Ziff. 1, 1986 926 Art. 59 Ziff. 1, 1987 226 Ziff. II 1 1665 Ziff. II, 1988 1776 Anhang Ziff. II 1, 1989 504 Art. 33 Bst. a, 1990 938 Ziff. III Abs. 5, 1992 288, 1993 274 Art. 75 Ziff. 1 1945 Anhang Ziff. 1, 1995 1227 Anhang Ziff. 3 4093 Anhang Ziff. 4, 1996 508 Art. 36 750 Art. 17 1445 Anhang Ziff. 2 1498 Anhang Ziff. 2, 1997 1155 Anhang Ziff. 6 2465 Anhang Ziff. 5, 1998 2847 Anhang Ziff. 3 3033 Anhang Ziff. 2, 1999 1118 Anhang Ziff. 1 3071 Ziff. I 2, 2000 273 Anhang Ziff. 6 416 Ziff. I 1 2355 Anhang Ziff. 1 2719, 2001 114 Ziff. I 4 894 Art. 40 Ziff. 3 1029 Art. 11 Abs. 2, 2002 863 Art. 35 2767 Ziff. II 3988 Anhang Ziff. 1, 2003 2133 Anhang Ziff. 7 3543 Anhang Ziff. II 4 Bst. a 4557 Anhang Ziff. II 1, 2004 1985 Anhang Ziff. II 1 4719 Anhang Ziff. II 1, 2005 5685 Anhang Ziff. 7. AS 2006 1205 Art. 131 Abs. 1]

3 SR 784.40. Die hiernach aufgeführte Änd. ist eingefügt im genannten BG.

3. Bundesgesetz vom 9. Oktober 1992[1] über das Urheberrecht und verwandte Schutzrechte
Art. 12 Abs. 1bis

...

Art. 37 Referendum und Inkrafttreten

1 Dieses Gesetz untersteht dem fakultativen Referendum.
2 Der Bundesrat bestimmt das Inkrafttreten.

Datum des Inkrafttretens: 1. August 2002[2]

---

1 SR 231.1. Die hiernach aufgeführte Änd. ist eingefügt im genannten BG.
2 BRB vom 3. Juli 2002 (AS 2002 1914)

Nr. 9 — Bundesgesetz über den internationalen Kulturgütertransfer (Kulturgütertransfergesetz, KGTG)

vom 20. Juni 2003 (Stand am 3. Mai 2005)

SR 444.1

Die Bundesversammlung der Schweizerischen Eidgenossenschaft,

gestützt auf die Artikel 69 Absatz 2 und 95 Absatz 1 der Bundesverfassung[1],
in Ausführung der UNESCO-Konvention vom 14. November 1970[2]
über Massnahmen zum Verbot und zur Verhütung der rechtswidrigen Einfuhr, Ausfuhr und Übereignung von Kulturgut (UNESCO-Konvention 1970),
nach Einsicht in die Botschaft des Bundesrates vom 21. November 2001[3],
beschliesst:

1. Abschnitt: Allgemeine Bestimmungen

Art. 1 Gegenstand und Zweck

[1] Dieses Gesetz regelt die Einfuhr von Kulturgut in die Schweiz, seine Durch- und Ausfuhr sowie seine Rückführung aus der Schweiz.

[2] Mit diesem Gesetz will der Bund einen Beitrag zur Erhaltung des kulturellen Erbes der Menschheit leisten und Diebstahl, Plünderung und illegale Ein- und Ausfuhr von Kulturgut verhindern.

Art. 2 Begriffe

[1] Als *Kulturgut* gilt ein aus religiösen oder weltlichen Gründen für Archäologie, Vorgeschichte, Geschichte, Literatur, Kunst oder Wissenschaft bedeutungsvolles Gut, das einer der Kategorien nach Artikel 1 der UNESCO-Konvention 1970 angehört.

[2] Als *kulturelles Erbe* gilt die Gesamtheit der Kulturgüter, die einer der Kategorien nach Artikel 4 der UNESCO-Konvention 1970 angehören.

[3] Als *Vertragsstaaten* gelten Staaten, welche die UNESCO-Konvention 1970 ratifiziert haben.

[4] Als *Fachstelle* gilt die Verwaltungsstelle, die für den Vollzug der in Artikel 18 bezeichneten Aufgaben zuständig ist.

AS 2005 1869
1 SR 101
2 SR 0.444.1
3 BBl 2002 535

⁵ Als *rechtswidrige Einfuhr* gilt eine Einfuhr, die eine Vereinbarung im Sinne von Artikel 7 oder eine Massnahme im Sinne von Artikel 8 Absatz 1 Buchstabe a verletzt.

2. Abschnitt: Kulturgüterverzeichnisse

Art. 3 Bundesverzeichnis

¹ Kulturgüter im Eigentum des Bundes, die von wesentlicher Bedeutung für das kulturelle Erbe sind, werden im Bundesverzeichnis eingetragen.

² Die Eintragung bewirkt, dass:
a. das Kulturgut weder ersessen noch gutgläubig erworben werden kann;
b. der Herausgabeanspruch nicht verjährt;
c. die definitive Ausfuhr des Kulturguts aus der Schweiz verboten ist.

³ Der Eintrag eines Kulturgutes im Bundesverzeichnis kann gestrichen werden, sofern:
a. das Kulturgut seine wesentliche Bedeutung für das kulturelle Erbe eingebüsst hat;
b. die Zusammenführung zu Gunsten eines Ensembles dafür spricht;
c. der Bund sein Eigentum am Kulturgut verliert oder darauf verzichtet.

⁴ Die Fachstelle führt das Bundesverzeichnis in Form einer elektronischen Datenbank und veröffentlicht es.

Art. 4 Verzeichnisse der Kantone

¹ Zur Vereinfachung der Kontrolle an der Grenze können die Kantone, welche die Ausfuhr von Kulturgütern auf ihrem Gebiet regeln, mit der Datenbank des Bundes verbinden:
a. Verzeichnisse ihrer Kulturgüter;
b. Verzeichnisse der Kulturgüter von Privatpersonen, wenn diese ihre Einwilligung dazu gegeben haben.

² Die Kantone können erklären, dass Kulturgüter in ihren Verzeichnissen weder ersessen noch gutgläubig erworben werden können und dass der Herausgabeanspruch nicht verjährt.

3. Abschnitt: Ein- und Ausfuhr

Art. 5 Ausfuhrbewilligung für im Bundesverzeichnis eingetragenes Kulturgut

¹ Wer Kulturgut, das im Bundesverzeichnis eingetragen ist, aus der Schweiz ausführen will, braucht eine Bewilligung der Fachstelle.

² Die Bewilligung wird erteilt, wenn:
a. das Kulturgut vorübergehend ausgeführt wird; und
b. die Ausfuhr zum Zweck der Forschung, Konservierung, Ausstellung oder aus ähnlichen Gründen erfolgt.

Art. 6   Rückführungsansprüche der Schweiz

¹ Wurde Kulturgut, das im Bundesverzeichnis eingetragen ist, rechtswidrig aus der Schweiz ausgeführt, so macht der Bundesrat gegenüber anderen Vertragsstaaten Rückführungsansprüche geltend. Anfallende Entschädigungen und Kosten gehen zu Lasten des Bundes.

² Wurde Kulturgut, das in einem kantonalen Verzeichnis erfasst ist, rechtswidrig aus der Schweiz ausgeführt, so macht der Bundesrat auf Antrag des Kantons gegenüber anderen Vertragsstaaten Rückführungsansprüche geltend. Anfallende Entschädigungen und Kosten gehen zu Lasten des ersuchenden Kantons.

Art. 7   Vereinbarungen

¹ Zur Wahrung kultur- und aussenpolitischer Interessen und zur Sicherung des kulturellen Erbes kann der Bundesrat mit Vertragsstaaten Staatsverträge über die Einfuhr und die Rückführung von Kulturgut abschliessen (Vereinbarungen).

² Folgende Bedingungen müssen erfüllt sein:
a. Gegenstand der Vereinbarung muss ein Kulturgut von wesentlicher Bedeutung für das kulturelle Erbe des jeweiligen Vertragsstaates sein;
b. das Kulturgut muss im jeweiligen Vertragsstaat Ausfuhrbestimmungen unterliegen, die den Schutz des kulturellen Erbes bezwecken; und
c. der Vertragsstaat muss Gegenrecht gewähren.

Art. 8   Befristete Massnahmen

¹ Um das kulturelle Erbe eines Staates, das wegen ausserordentlicher Ereignisse gefährdet ist, vor Schaden zu bewahren, kann der Bundesrat:
a. die Ein-, Durch- und Ausfuhr von Kulturgut ermöglichen, an Bedingungen knüpfen, einschränken oder verbieten;
b. sich an gemeinsamen internationalen Aktionen im Sinne von Artikel 9 der UNESCO-Konvention 1970 beteiligen.

² Die Massnahmen sind zu befristen.

Art. 9   Rückführungsklagen auf Grund von Vereinbarungen

¹ Wer ein Kulturgut besitzt, das rechtswidrig in die Schweiz eingeführt worden ist, kann vom Staat, aus dem das Kulturgut rechtswidrig ausgeführt worden ist, auf Rückführung verklagt werden. Der klagende Staat hat insbesondere nachzuweisen,

dass das Kulturgut von wesentlicher Bedeutung für sein kulturelles Erbe ist und rechtswidrig eingeführt wurde.

² Das Gericht kann den Vollzug der Rückführung aussetzen, bis das Kulturgut bei einer Rückführung nicht mehr gefährdet ist.

³ Die Kosten der erforderlichen Massnahmen für die Sicherung, Erhaltung und Rückführung des Kulturguts trägt der klagende Staat.

⁴ Die Rückführungsklage des Staats verjährt ein Jahr nachdem seine Behörden Kenntnis erlangt haben, wo und bei wem sich das Kulturgut befindet, spätestens jedoch 30 Jahre nachdem das Kulturgut rechtswidrig ausgeführt worden ist.

⁵ Wer das Kulturgut in gutem Glauben erworben hat und es zurückgeben muss, hat im Zeitpunkt der Rückführung Anspruch auf eine Entschädigung, die sich am Kaufpreis und an den notwendigen und nützlichen Aufwendungen zur Bewahrung und Erhaltung des Kulturguts orientiert.

⁶ Die Entschädigung ist vom klagenden Staat zu entrichten. Bis zur Bezahlung der Entschädigung hat die Person, die das Kulturgut zurückgeben muss, ein Retentionsrecht an diesem.

4. Abschnitt: Rückgabegarantie

Art. 10 Antrag

Wird ein Kulturgut aus einem Vertragsstaat für eine Ausstellung an ein Museum oder eine andere kulturelle Einrichtung in der Schweiz vorübergehend ausgeliehen, so kann die leihnehmende Institution bei der Fachstelle beantragen, dass diese der leihgebenden Institution eine Rückgabegarantie für die im Leihvertrag vereinbarte Ausstellungsdauer erteilt.

Art. 11 Veröffentlichung und Einspracheverfahren

¹ Der Antrag wird im Bundesblatt veröffentlicht. Die Veröffentlichung enthält eine genaue Beschreibung des Kulturguts und seiner Herkunft.

² Erfüllt der Antrag die Bedingungen für die Erteilung einer Rückgabegarantie offensichtlich nicht, so wird er abgelehnt und nicht veröffentlicht.

³ Wer nach den Bestimmungen des Verwaltungsverfahrensgesetzes vom 20. Dezember 1968[1] Partei ist, kann innert 30 Tagen bei der Fachstelle schriftlich Einsprache erheben. Die Frist beginnt mit der Veröffentlichung.

⁴ Wer keine Einsprache erhoben hat, ist vom weiteren Verfahren ausgeschlossen.

---

1 SR 172.021

Art. 12 Erteilung

¹ Die Fachstelle entscheidet über den Antrag auf Erteilung einer Rückgabegarantie.

² Die Rückgabegarantie kann erteilt werden, wenn:
a. niemand mit Einsprache einen Eigentumstitel am Kulturgut geltend gemacht hat;
b. die Einfuhr des Kulturguts nicht rechtswidrig ist;
c. im Leihvertrag vereinbart ist, dass das Kulturgut nach Abschluss der Ausstellung in den Vertragsstaat zurückkehrt, aus dem es entliehen worden ist.

³ Der Bundesrat kann zusätzliche Voraussetzungen festlegen.

Art. 13 Wirkung

Die Rückgabegarantie bewirkt, dass Private und Behörden keine Rechtsansprüche auf das Kulturgut geltend machen können, solange sich das Kulturgut in der Schweiz befindet.

5. Abschnitt: Finanzhilfen zu Gunsten der Erhaltung des kulturellen Erbes

Art. 14

¹ Der Bund kann Finanzhilfen gewähren:
a. Museen oder ähnlichen Institutionen in der Schweiz für die vorübergehende treuhänderische Aufbewahrung und konservatorische Betreuung von Kulturgütern, die Teil des kulturellen Erbes anderer Staaten sind und die dort wegen ausserordentlicher Ereignisse gefährdet sind;
b. für Projekte zur Erhaltung des kulturellen Erbes in andern Vertragsstaaten;
c. in Ausnahmefällen, um die Wiedererlangung des kulturellen Erbes von Vertragsstaaten zu erleichtern.

² Finanzhilfen nach Absatz 1 Buchstabe a können nur ausgerichtet werden, wenn die treuhänderische Aufbewahrung:
a. im Einvernehmen mit den Behörden des anderen Staates stattfindet; oder
b. unter der Schirmherrschaft der UNESCO oder einer anderen internationalen Organisation zum Schutz von Kulturgut steht.

6. Abschnitt: Übertragung von Kulturgut

Art. 15 Übertragung an Institutionen des Bundes

1 Institutionen des Bundes dürfen keine Kulturgüter erwerben oder ausstellen, die:
a. gestohlen worden sind, gegen den Willen der Eigentümerin oder des Eigentümers abhanden gekommen sind oder rechtswidrig ausgegraben worden sind;
b. Teil des kulturellen Erbes eines Staates sind und rechtswidrig aus diesem ausgeführt worden sind.

2 Die Institutionen des Bundes, denen solche Güter angeboten werden, benachrichtigen unverzüglich die Fachstelle.

Art. 16 Sorgfaltspflichten

1 Im Kunsthandel und im Auktionswesen darf Kulturgut nur übertragen werden, wenn die übertragende Person nach den Umständen annehmen darf, dass das Kulturgut:
a. nicht gestohlen worden ist, nicht gegen den Willen der Eigentümerin oder des Eigentümers abhanden gekommen ist und nicht rechtswidrig ausgegraben worden ist;
b. nicht rechtswidrig eingeführt worden ist.

2 Die im Kunsthandel und im Auktionswesen tätigen Personen sind verpflichtet:
a. die Identität der einliefernden Personen oder der Verkäuferin oder des Verkäufers festzustellen und von diesen eine schriftliche Erklärung über deren Verfügungsberechtigung über das Kulturgut zu verlangen;
b. ihre Kundschaft über bestehende Ein- und Ausfuhrregelungen von Vertragsstaaten zu unterrichten;
c. über die Beschaffung von Kulturgut Buch zu führen und namentlich den Ursprung des Kulturgutes, soweit er bekannt ist, und den Namen und die Adresse der einliefernden Person oder der Verkäuferin oder des Verkäufers, die Beschreibung sowie den Ankaufspreis des Kulturguts aufzuzeichnen;
d. der Fachstelle alle nötigen Auskünfte über die Erfüllung dieser Sorgfaltspflichten zu erteilen.

3 Die Aufzeichnungen und Belege sind während 30 Jahren aufzubewahren. Artikel 962 Absatz 2 des Obligationenrechts[1] gilt sinngemäss.

---

1 SR 220

Art. 17 Kontrolle

¹ Um die Einhaltung der Sorgfaltspflichten zu kontrollieren, hat die Fachstelle Zutritt zu den Geschäftsräumen und Lager der im Kunsthandel und im Auktionswesen tätigen Personen.

² Wenn sie begründeten Verdacht hat, dass eine strafbare Handlung nach diesem Gesetz vorliegt, erstattet die Fachstelle der zuständigen Strafverfolgungsbehörde Anzeige.

7. Abschnitt: Behörden

Art. 18 Fachstelle

Für den Vollzug dieses Gesetzes bezeichnet der Bund eine Fachstelle, die namentlich folgende Aufgaben übernimmt:

a. sie berät und unterstützt die Bundesbehörden in Fragen des Kulturgütertransfers und koordiniert die Arbeiten;

b. sie berät die kantonalen Behörden in Fragen des Kulturgütertransfers und arbeitet mit ihnen zusammen;

c. sie vertritt die Schweiz gegenüber ausländischen Behörden in Fragen des Kulturgütertransfers;

d. sie arbeitet mit den Behörden anderer Staaten zusammen, um deren kulturelles Erbe zu sichern;

e. sie erteilt den im Kunsthandel und im Auktionswesen tätigen Personen sowie weiteren interessierten Kreisen Auskünfte in Fragen des Kulturgütertransfers;

f. sie führt eine Liste der Auskunftsstellen über gestohlen gemeldete Kulturgüter;

g. sie führt das Bundesverzeichnis in Form einer elektronischen Datenbank und veröffentlicht es (Art. 3);

h. sie erteilt Rückgabegarantien (Art. 10–13);

i. sie kontrolliert die Einhaltung der Sorgfaltspflichten der im Kunsthandel und Auktionswesen tätigen Personen (Art. 16 und 17).

Art. 19 Zoll

¹ Die Zollbehörden kontrollieren den Kulturgütertransfer an der Grenze.

² Sie sind ermächtigt, verdächtige Kulturgüter bei der Ein-, Durch- und Ausfuhr zurückzubehalten und den Strafverfolgungsbehörden Anzeige zu erstatten.

³ Die Einlagerung von Kulturgut in Zolllagern gilt als Einfuhr im Sinne dieses Gesetzes.

Art. 20 Strafverfolgungsbehörden

1 Besteht der Verdacht, dass Kulturgut gestohlen worden ist, gegen den Willen der Eigentümerin oder des Eigentümers abhanden gekommen ist oder rechtswidrig in die Schweiz eingeführt worden ist, so ordnen die zuständigen Strafverfolgungsbehörden seine Beschlagnahme an.

2 Jede Beschlagnahme muss unverzüglich der Fachstelle gemeldet werden.

8. Abschnitt: Amts- und Rechtshilfe

Art. 21 Amtshilfe in der Schweiz

Die zuständigen Behörden des Bundes, der Kantone und der Gemeinden geben einander und den jeweiligen Aufsichtsbehörden alle Daten bekannt, die für den Vollzug dieses Gesetzes notwendig sind.

Art. 22 Internationale Amts- und Rechtshilfe

1 Die für den Vollzug dieses Gesetzes zuständigen Bundesbehörden können mit den zuständigen ausländischen Behörden sowie mit internationalen Organisationen oder Gremien zusammenarbeiten und die Erhebungen koordinieren, sofern:

a. dies zum Vollzug dieses Gesetzes erforderlich ist; und

b. die ausländischen Behörden, internationalen Organisationen oder Gremien an das Amtsgeheimnis gebunden sind oder einer entsprechenden Verschwiegenheitspflicht unterliegen.

2 Sie können ausländische Behörden um Herausgabe der erforderlichen Daten ersuchen. Zu deren Erlangung können sie ihnen Daten bekannt geben, namentlich über:

a. Beschaffenheit, Menge, Bestimmungs- und Verwendungsort, Verwendungszweck sowie Empfängerinnen und Empfänger von Kulturgütern;

b. Personen, die an der Lieferung oder Vermittlung von Kulturgütern beteiligt sind;

c. die finanzielle Abwicklung der Transaktionen.

3 Die Bundesbehörden können die Daten nach Absatz 2 von sich aus oder auf Ersuchen des ausländischen Staates bekannt geben, wenn der betreffende Staat:

a. Gegenrecht hält;

b. zusichert, dass die Daten nur für Zwecke nach diesem Gesetz bearbeitet werden; und

c. zusichert, dass die Daten nur dann in einem Strafverfahren verwendet werden, wenn die Rechtshilfe in Strafsachen wegen der Art der Tat nicht ausgeschlossen wäre; in diesem Fall entscheidet vorgängig die zuständige Verwaltung des Bundes nach Rücksprache mit dem Bundesamt für Justiz, ob die Rechtshilfe in Strafsachen möglich ist.

Art. 23 Verhältnis zum Rechtshilfegesetz

Bei Widerhandlungen gegen dieses Gesetz kann den zuständigen ausländischen Behörden Rechtshilfe geleistet werden. Solche Widerhandlungen gelten nicht als währungs-, handels- oder wirtschaftspolitische Delikte im Sinne von Artikel 3 Absatz 3 des Rechtshilfegesetzes vom 20. März 1981[1]; dessen Verfahrensbestimmungen bleiben anwendbar.

9. Abschnitt: Strafbestimmungen

Art. 24 Vergehen

[1] Sofern die Tat nicht nach einer anderen Bestimmung mit höherer Strafe bedroht ist, wird mit Gefängnis bis zu einem Jahr oder Busse bis zu 100'000 Franken bestraft, wer vorsätzlich:

a. gestohlene oder gegen den Willen der Eigentümerin oder des Eigentümers abhanden gekommene Kulturgüter einführt, verkauft, vertreibt, vermittelt, erwirbt oder ausführt;

b. sich Grabungsfunde im Sinne von Artikel 724 des Zivilgesetzbuches[2] aneignet;

c. Kulturgüter rechtswidrig einführt oder bei der Ein- oder Durchfuhr unrichtig deklariert;

d. im Bundesverzeichnis erfasste Kulturgüter rechtswidrig ausführt oder bei der Ausfuhr unrichtig deklariert;

[2] Handelt die Täterin oder der Täter fahrlässig, so ist die Strafe Busse bis zu 20'000 Franken.

[3] Handelt die Täterin oder der Täter gewerbsmässig, so ist die Strafe Gefängnis bis zu zwei Jahren oder Busse bis zu 200'000 Franken.

Art. 25 Übertretungen

[1] Sofern die Tat nicht nach einer anderen Bestimmung mit höherer Strafe bedroht ist, wird mit Busse bis zu 20'000 Franken bestraft, wer im Kunsthandel oder Auktionswesen:

a. die Sorgfaltspflichten missachtet (Art. 16);

b. die Kontrolle vereitelt (Art. 17).

[2] Versuch und Gehilfenschaft sind strafbar.

[3] In leichten Fällen kann von der Bestrafung abgesehen werden.

---

[1] SR 351.1
[2] SR 210

Art. 26 Widerhandlung in Geschäftsbetrieben

Für Widerhandlungen in Geschäftsbetrieben gelten die Artikel 6 und 7 des Bundesgesetzes vom 22. März 1974[1] über das Verwaltungsstrafrecht.

Art. 27 Strafverfolgung

Für die Verfolgung und die Beurteilung der strafbaren Handlungen nach diesem Gesetz sind die Kantone zuständig.

Art. 28 Einziehung von Kulturgütern und Vermögenswerten

Die nach den Artikeln 58 und 59 des Strafgesetzbuches[2] eingezogenen Kulturgüter und Vermögenswerte fallen an den Bund. Der Bundesrat regelt ihre Verwendung. Er berücksichtigt dabei die Ziele dieses Gesetzes.

Art. 29 Mitteilungspflicht

Die Zollbehörden und die zuständigen Strafverfolgungsbehörden sind verpflichtet, Widerhandlungen gegen dieses Gesetz der Fachstelle mitzuteilen.

10. Abschnitt: Rechtsmittel und Datenschutz

Art. 30

[1] Das Verfahren für Beschwerden gegen Verfügungen nach diesem Gesetz richtet sich nach den allgemeinen Bestimmungen über die Bundesrechtspflege.

[2] Die Bearbeitung der Personendaten richtet sich nach der Gesetzgebung über den Datenschutz.

11. Abschnitt: Schlussbestimmungen

Art. 31 Vollzug

Der Bundesrat erlässt die Ausführungsbestimmungen.

Art. 32 Änderung bisherigen Rechts

Die nachstehenden Erlasse werden wie folgt geändert:

---

1 SR 313.0
2 SR 311.0

1. Zivilgesetzbuch[1]
Art. 724 Abs. 1 und 1bis

...

Art. 728 Abs. 1[ter2]

...

Art. 934 Abs. 1bis

...

2. Obligationenrecht[3]
Art. 196a

...

Art. 210 Abs. 1bis

...

3. Bundesgesetz vom 18. Dezember 1987[4] *über das Internationale Privatrecht*
Art. 98a

....

4. Bundesgesetz vom 1. Juli 1966[5] *über den Natur- und Heimatschutz*
Art. 24 Abs. 1 Bst. c

...

Art. 33   Verbot der Rückwirkung

Dieses Gesetz ist nicht rückwirkend anwendbar. Insbesondere findet es keine Anwendung auf Erwerbsvorgänge, die vor dessen Inkrafttreten stattgefunden haben.

Art. 34   Referendum und Inkrafttreten

[1] Dieses Gesetz untersteht dem fakultativen Referendum.
[2] Der Bundesrat bestimmt das Inkrafttreten.

Datum des Inkrafttretens: 1. Juni 2005[6]

---

[1] SR 210. Die hiernach aufgeführten Änd. sind eingefügt im genannten Erlass.
[2] Berichtigt von der Redaktionskommission der BVers (Art. 58 Abs. 1 ParlG; SR 171.10).
[3] SR 220. Die hiernach aufgeführten Änd. sind eingefügt im genannten Erlass.
[4] SR 291. Die hiernach aufgeführte Änd. ist eingefügt im genannten Erlass.
[5] SR 451. Die hiernach aufgeführte Änd. ist eingefügt im genannten Erlass.
[6] BRB vom 13. April 2005 (AS 2005 1881)

Nr. 10 Auszug aus dem Schweizerischen Strafgesetzbuch (StGB)

vom 21. Dezember 1937 (Stand am 1. Januar 2008)

SR 311.0

Zweites Buch: Besondere Bestimmungen
Zweiter Titel: Strafbare Handlungen gegen das Vermögen

Art. 143 Unbefugte Datenbeschaffung

1 Wer in der Absicht, sich oder einen andern unrechtmässig zu bereichern, sich oder einem andern elektronisch oder in vergleichbarer Weise gespeicherte oder übermittelte Daten beschafft, die nicht für ihn bestimmt und gegen seinen unbefugten Zugriff besonders gesichert sind, wird mit Freiheitsstrafe bis zu fünf Jahren oder Geldstrafe bestraft.

2 Die unbefugte Datenbeschaffung zum Nachteil eines Angehörigen oder Familiengenossen wird nur auf Antrag verfolgt.

Art. 143*bis* Unbefugtes Eindringen in ein Datenverarbeitungssystem

Wer ohne Bereicherungsabsicht auf dem Wege von Datenübertragungseinrichtungen unbefugterweise in ein fremdes, gegen seinen Zugriff besonders gesichertes Datenverarbeitungssystem eindringt, wird, auf Antrag, mit Freiheitsstrafe bis zu drei Jahren oder Geldstrafe bestraft.

[…]

Art. 144*bis* Datenbeschädigung

1. Wer unbefugt elektronisch oder in vergleichbarer Weise gespeicherte oder übermittelte Daten verändert, löscht oder unbrauchbar macht, wird, auf Antrag, mit Freiheitsstrafe bis zu drei Jahren oder Geldstrafe bestraft.

Hat der Täter einen grossen Schaden verursacht, so kann auf Freiheitsstrafe von einem Jahr bis zu fünf Jahren erkannt werden. Die Tat wird von Amtes wegen verfolgt.

2. Wer Programme, von denen er weiss oder annehmen muss, dass sie zu den in Ziffer 1 genannten Zwecken verwendet werden sollen, herstellt, einführt, in Verkehr bringt, anpreist, anbietet oder sonst wie zugänglich macht oder zu ihrer Herstellung Anleitung gibt, wird mit Freiheitsstrafe bis zu drei Jahren oder Geldstrafe bestraft.

Handelt der Täter gewerbsmässig, so kann auf Freiheitsstrafe von einem Jahr bis zu fünf Jahren erkannt werden.

[…]

Art. 147 Betrügerischer Missbrauch einer Datenverarbeitungsanlage

1 Wer in der Absicht, sich oder einen andern unrechtmässig zu bereichern, durch unrichtige, unvollständige oder unbefugte Verwendung von Daten oder in vergleichbarer Weise auf einen elektronischen oder vergleichbaren Datenverarbeitungs- oder Datenübermittlungsvorgang einwirkt und dadurch eine Vermögensverschiebung zum Schaden eines andern herbeiführt oder eine Vermögensverschiebung unmittelbar darnach verdeckt, wird mit Freiheitsstrafe bis zu fünf Jahren oder Geldstrafe bestraft.

2 Handelt der Täter gewerbsmässig, so wird er mit Freiheitsstrafe bis zu zehn Jahren oder Geldstrafe nicht unter 90 Tagessätzen bestraft.

3 Der betrügerische Missbrauch einer Datenverarbeitungsanlage zum Nachteil eines Angehörigen oder Familiengenossen wird nur auf Antrag verfolgt.

[...]

Art. 150 Erschleichen einer Leistung

Wer, ohne zu zahlen, eine Leistung erschleicht, von der er weiss, dass sie nur gegen Entgelt erbracht wird, namentlich indem er

ein öffentliches Verkehrsmittel benützt,

eine Aufführung, Ausstellung oder ähnliche Veranstaltung besucht,

eine Leistung, die eine Datenverarbeitungsanlage erbringt oder die ein Automat vermittelt, beansprucht,

wird, auf Antrag, mit Freiheitsstrafe bis zu drei Jahren oder Geldstrafe bestraft.

Art. 150*bis*[1] Herstellen und Inverkehrbringen von Materialien zur unbefugten Entschlüsselung codierter Angebote

1 Wer Geräte, deren Bestandteile oder Datenverarbeitungsprogramme, die zur unbefugten Entschlüsselung codierter Rundfunkprogramme oder Fernmeldedienste bestimmt und geeignet sind, herstellt, einführt, ausführt, durchführt, in Verkehr bringt oder installiert, wird, auf Antrag, mit Busse bestraft.[2]

2 Versuch und Gehilfenschaft sind strafbar.

---

[1] Eingefügt durch Anhang Ziff. 2 des Fernmeldegesetzes vom 30. April 1997, in Kraft seit 1. Jan. 1998 (SR 784.10).

[2] Strafdrohungen neu umschrieben gemäss Ziff. II 1 Abs. 16 des BG vom 13. Dez. 2002, in Kraft seit 1. Jan. 2007 (AS 2006 3459 3535; BBl 1999 1979).

Nr. 11 Auszug aus dem Bundesgesetz über das Internationale Privatrecht (IPRG)

vom 18. Dezember 1987 (Stand am 1. Januar 2008)

SR 291

1. Kapitel: Gemeinsame Bestimmungen
2. Abschnitt: Zuständigkeit

Art. 10 IX. Vorsorgliche Massnahmen

Die schweizerischen Gerichte oder Behörden können vorsorgliche Massnahmen treffen, auch wenn sie für die Entscheidung in der Sache selbst nicht zuständig sind.

8. Kapitel: Immaterialgüterrecht

Art. 109 I. Zuständigkeit

1 Für Klagen betreffend Immaterialgüterrechte sind die schweizerischen Gerichte am Wohnsitz des Beklagten zuständig. Fehlt ein solcher, so sind die schweizerischen Gerichte am Ort zuständig, wo der Schutz beansprucht wird. Ausgenommen sind Klagen betreffend die Gültigkeit oder die Eintragung von Immaterialgüterrechten im Ausland.

2 Können mehrere Beklagte in der Schweiz belangt werden und stützen sich die Ansprüche im wesentlichen auf die gleichen Tatsachen und Rechtsgründe, so kann bei jedem zuständigen Richter gegen alle geklagt werden; der zuerst angerufene Richter ist ausschliesslich zuständig.

3 Hat der Beklagte keinen Wohnsitz in der Schweiz, so sind für Klagen betreffend die Gültigkeit oder die Eintragung von Immaterialgüterrechten in der Schweiz die schweizerischen Gerichte am Geschäftssitz des im Register eingetragenen Vertreters oder, wenn ein solcher fehlt, diejenigen am Sitz der schweizerischen Registerbehörde zuständig.

Art. 110 II. Anwendbares Recht

1 Immaterialgüterrechte unterstehen dem Recht des Staates, für den der Schutz der Immaterialgüter beansprucht wird.

2 Für Ansprüche aus Verletzung von Immaterialgüterrechten können die Parteien nach Eintritt des schädigenden Ereignisses stets vereinbaren, dass das Recht am Gerichtsort anzuwenden ist.

3 Verträge über Immaterialgüterrechte unterstehen den Bestimmungen dieses Gesetzes über das auf obligationenrechtliche Verträge anzuwendende Recht (Art. 122).

Art. 111 III. Ausländische Entscheidungen

[1] Ausländische Entscheidungen betreffend Immaterialgüterrechte werden in der Schweiz anerkannt:

a. wenn sie im Staat ergangen sind, in dem der Beklagte seinen Wohnsitz hatte, oder

b. wenn sie im Staat ergangen sind, für den der Schutz der Immaterialgüter beansprucht wird, und der Beklagte keinen Wohnsitz in der Schweiz hat.

[2] Ausländische Entscheidungen betreffend Gültigkeit oder Eintragung von Immaterialgüterrechten werden nur anerkannt, wenn sie im Staat ergangen sind, für den der Schutz beansprucht wird, oder wenn sie dort anerkannt werden.

9. Kapitel: Obligationenrecht

1. Abschnitt: Verträge

Art. 121 d. Arbeitsverträge

[1] Der Arbeitsvertrag untersteht dem Recht des Staates, in dem der Arbeitnehmer gewöhnlich seine Arbeit verrichtet.

[2] Verrichtet der Arbeitnehmer seine Arbeit gewöhnlich in mehreren Staaten, so untersteht der Arbeitsvertrag dem Recht des Staates, in dem sich die Niederlassung oder, wenn eine solche fehlt, der Wohnsitz oder der gewöhnliche Aufenthalt des Arbeitgebers befindet.

[3] Die Parteien können den Arbeitsvertrag dem Recht des Staates unterstellen, in dem der Arbeitnehmer seinen gewöhnlichen Aufenthalt hat oder in dem der Arbeitgeber seine Niederlassung, seinen Wohnsitz oder seinen gewöhnlichen Aufenthalt hat.

Art. 122 e. Verträge über Immaterialgüterrechte

[1] Verträge über Immaterialgüterrechte unterstehen dem Recht des Staates, in dem derjenige, der das Immaterialgüterrecht überträgt oder die Benutzung an ihm einräumt, seinen gewöhnlichen Aufenthalt hat.

[2] Eine Rechtswahl ist zulässig.

[3] Verträge zwischen Arbeitgebern und Arbeitnehmern über Rechte an Immaterialgütern, die der Arbeitnehmer im Rahmen der Erfüllung des Arbeitsvertrages geschaffen hat, unterstehen dem auf den Arbeitsvertrag anwendbaren Recht.

Nr. 12 Auszug aus dem Bundesgesetz über den Gerichtsstand in Zivilsachen (Gerichtsstandsgesetz, GestG)

vom 24. März 2000 (Stand am 19. Dezember 2006)

SR 272

3. Kapitel: Besondere Gerichtsstände
6. Abschitt: Klagen aus unerlaubter Handlung

Art. 25 Grundsatz

Für Klagen aus unerlaubter Handlung ist das Gericht am Wohnsitz oder Sitz der geschädigten Person oder der beklagten Partei oder am Handlungs- oder am Erfolgsort zuständig.

4. Kapitel: Vorsorgliche Massnahmen

Art. 33

Für den Erlass vorsorglicher Massnahmen ist das Gericht am Ort, an dem die Zuständigkeit für die Hauptsache gegeben ist, oder am Ort, an dem die Massnahme vollstreckt werden soll, zwingend zuständig.

Nr. 13 Auszug aus dem Bundesgesetz über das Bundesgericht (Bundesgerichtsgesetz, BGG)

vom 17. Juni 2005 (Stand am 1. Januar 2008)

SR 173.110

3. Kapitel: Das Bundesgericht als ordentliche Beschwerdeinstanz

1. Abschnitt: Beschwerde in Zivilsachen

Art. 74 Streitwertgrenze

¹ In vermögensrechtlichen Angelegenheiten ist die Beschwerde nur zulässig, wenn der Streitwert mindestens beträgt:

a. 15'000 Franken in arbeits- und mietrechtlichen Fällen;
b. 30'000 Franken in allen übrigen Fällen.

² Erreicht der Streitwert den massgebenden Betrag nach Absatz 1 nicht, so ist die Beschwerde dennoch zulässig:

a. wenn sich eine Rechtsfrage von grundsätzlicher Bedeutung stellt;
b. wenn ein Bundesgesetz eine einzige kantonale Instanz vorschreibt;
c. gegen Entscheide der kantonalen Aufsichtsbehörden in Schuldbetreibungs- und Konkurssachen;
d. gegen Entscheide des Konkurs- und Nachlassrichters oder der Konkurs- und Nachlassrichterin.

Art. 75 Vorinstanzen

¹ Die Beschwerde ist zulässig gegen Entscheide letzter kantonaler Instanzen und des Bundesverwaltungsgerichts.

² Die Kantone setzen als letzte kantonale Instanzen obere Gerichte ein. Diese entscheiden als Rechtsmittelinstanzen; ausgenommen sind die Fälle, in denen:

a. ein Bundesgesetz eine einzige kantonale Instanz vorschreibt;
b. ein Fachgericht für handelsrechtliche Streitigkeiten als einzige kantonale Instanz entscheidet;
c. eine Klage mit einem Streitwert von mindestens 100'000 Franken nach dem kantonalen Recht mit Zustimmung aller Parteien direkt beim oberen Gericht eingereicht wurde.

Zwischenstaatliches Recht

Nr. 14 WIPO-Urheberrechtsvertrag (WCT)

vom 20. Dezember 1996

AS 2008 2503 (vorgesehen SR 0.231.16)
Übersetzung des französischen Originaltextes

Die Vertragsparteien,

in dem Wunsch, den Schutz der Rechte der Urheber an ihren Werken der Literatur und Kunst in möglichst wirksamer und gleichmässiger Weise fortzuentwickeln und aufrechtzuerhalten,

in Erkenntnis der Notwendigkeit, neue internationale Vorschriften einzuführen und die Auslegung bestehender Vorschriften zu präzisieren, damit für die durch wirtschaftliche, soziale, kulturelle und technische Entwicklungen entstehenden Fragen angemessene Lösungen gefunden werden können,

im Hinblick auf die tiefgreifenden Auswirkungen der Entwicklung und Annäherung der Informations- und Kommunikationstechnologien auf die Erschaffung und Nutzung von Werken der Literatur und Kunst,

unter Betonung der herausragenden Bedeutung des Urheberrechtsschutzes als Anreiz für das literarische und künstlerische Schaffen,

in Erkenntnis der Notwendigkeit, ein Gleichgewicht zwischen den Rechten der Urheber und dem umfassenderen öffentlichen Interesse, insbesondere Bildung, Forschung und Zugang zu Informationen, zu wahren, wie dies in der Berner Übereinkunft zum Ausdruck kommt,

sind wie folgt übereingekommen:

Art. 1 Verhältnis zur Berner Übereinkunft

1. Dieser Vertrag ist ein Sonderabkommen im Sinne des Artikels 20 der Berner Übereinkunft zum Schutz von Werken der Literatur und Kunst in bezug auf Vertragsparteien, die Länder des durch diese Übereinkunft geschaffenen Verbands sind. Dieser Vertrag steht weder in Verbindung mit anderen Verträgen als der Berner Übereinkunft, noch berührt er Rechte oder Pflichten aus anderen Verträgen.

2. Die zwischen den Vertragsparteien bestehenden Pflichten aus der Berner Übereinkunft zum Schutz von Werken der Literatur und Kunst werden durch diesen Vertrag nicht beeinträchtigt.

3. Berner Übereinkunft bezeichnet im folgenden die Pariser Fassung der Berner Übereinkunft zum Schutz von Werken der Literatur und Kunst vom 24. Juli 1971.

4. Die Vertragsparteien kommen den Artikeln 1–21 und dem Anhang der Berner Übereinkunft nach.

Art. 2 Umfang des Urheberrechtsschutzes

Der Urheberrechtsschutz erstreckt sich auf Ausdrucksformen und nicht auf Gedanken, Verfahren, Methoden oder mathematische Konzepte als solche.

Art. 3 Anwendung der Artikel 2–6 der Berner Übereinkunft

Die Vertragsparteien wenden die Bestimmungen der Artikel 2–6 der Berner Übereinkunft in bezug auf den nach diesem Vertrag gewährten Schutz entsprechend an.

Art. 4 Computerprogramme

Computerprogramme sind als Werke der Literatur im Sinne von Artikel 2 der Berner Übereinkunft geschützt. Dieser Schutz gilt für Computerprogramme unabhängig von der Art und Form ihres Ausdrucks.

Art. 5 Datensammlungen (Datenbanken)

Sammlungen von Daten oder anderem Material in jeder Form, die aufgrund der Auswahl oder Anordnung ihres Inhalts geistige Schöpfungen darstellen, sind als solche geschützt. Dieser Schutz erstreckt sich nicht auf die Daten oder das Material selbst und gilt unbeschadet eines an den Daten oder dem Material der Sammlung bestehenden Urheberrechts.

Art. 6 Verbreitungsrecht

1. Die Urheber von Werken der Literatur und Kunst haben das ausschliessliche Recht zu erlauben, dass das Original und Vervielfältigungsstücke ihrer Werke durch Verkauf oder sonstige Eigentumsübertragung der Öffentlichkeit zugänglich gemacht werden.

2. Dieser Vertrag berührt nicht die Freiheit der Vertragsparteien, gegebenenfalls zu bestimmen, unter welchen Voraussetzungen sich das Recht nach Absatz 1 nach dem ersten mit Erlaubnis des Urhebers erfolgten Verkaufs des Originals oder eines Vervielfältigungsstücks oder der ersten sonstigen Eigentumsübertragung erschöpft.

Art. 7 Vermietrecht

1. Die Urheber von

i. Computerprogrammen,

ii. Filmwerken und

iii. auf Tonträgern aufgenommenen Werken, wie sie im Recht der Vertragsparteien definiert sind,

haben das ausschliessliche Recht, die gewerbsmässige Vermietung der Originale oder Vervielfältigungsstücke ihrer Werke an die Öffentlichkeit zu erlauben.

2. Absatz 1 findet keine Anwendung

i. bei Computerprogrammen, wenn das Programm selbst nicht der wesentliche Gegenstand der Vermietung ist, und

ii. bei Filmwerken, sofern die gewerbsmässige Vermietung nicht zu einer weit verbreiteten Vervielfältigung dieser Werke geführt hat, die das ausschliessliche Vervielfältigungsrecht erheblich beeinträchtigt.

3. Eine Vertragspartei, in deren Gebiet seit dem 15. April 1994 eine Regelung in Kraft ist, die für Urheber eine angemessene Vergütung für die Vermietung von Vervielfältigungsstücken ihrer auf Tonträgern aufgenommenen Werke vorsieht, kann diese Regelung unbeschadet der Bestimmungen von Absatz 1 beibehalten, sofern die gewerbsmässige Vermietung der auf Tonträgern aufgenommenen Werke das ausschliessliche Vervielfältigungsrecht der Urheber nicht erheblich beeinträchtigt.

Art. 8 Recht der öffentlichen Wiedergabe

Unbeschadet der Bestimmungen von Artikel 11 Absatz 1 Ziffer 2, Artikel 11*bis* Absatz 1 Ziffern 1 und 2, Artikel 11*ter* Absatz 1 Ziffer 2, Artikel 14 Absatz 1 Ziffer 2 und Artikel 14*bis* Absatz 1 der Berner Übereinkunft haben die Urheber von Werken der Literatur und Kunst das ausschliessliche Recht, die öffentliche drahtlose oder drahtgebundene Wiedergabe ihrer Werke zu erlauben, einschliesslich der Zugänglichmachung ihrer Werke in der Weise, dass sie Mitgliedern der Öffentlichkeit an Orten und zu Zeiten ihrer Wahl zugänglich sind.

Art. 9 Schutzdauer für Werke der Photographie

Die Vertragsparteien wenden die Bestimmungen von Artikel 7 Absatz 4 der Berner Übereinkunft nicht auf Werke der Photographie an.

Art. 10 Beschränkungen und Ausnahmen

1. Die Vertragsparteien können in ihren Rechtsvorschriften in bezug auf die den Urhebern von Werken der Literatur und Kunst nach diesem Vertrag gewährten Rechte Beschränkungen oder Ausnahmen in bestimmten Sonderfällen vorsehen, die weder die normale Verwertung der Werke beeinträchtigen, noch die berechtigten Interessen der Urheber unzumutbar verletzen.

2. Bei der Anwendung der Berner Übereinkunft begrenzen die Vertragsparteien in bezug auf die darin vorgesehenen Rechte Beschränkungen oder Ausnahmen auf bestimmte Sonderfälle, die weder die normale Verwertung der Werke beeinträchtigen, noch die berechtigten Interessen der Urheber unzumutbar verletzen.

Art. 11 Pflichten in bezug auf technische Vorkehrungen

Die Vertragsparteien sehen einen hinreichenden Rechtsschutz und wirksame Rechtsbehelfe gegen die Umgehung wirksamer technischer Vorkehrungen vor, von denen Urheber im Zusammenhang mit der Ausübung ihrer Rechte nach diesem Vertrag oder der Berner Übereinkunft Gebrauch machen und die Handlungen in bezug auf ihre Werke einschränken, die die betreffenden Urheber nicht erlaubt haben oder die gesetzlich nicht zulässig sind.

Art. 12 Pflichten in bezug auf Informationen für die Wahrnehmung der Rechte

1. Die Vertragsparteien sehen hinreichende und wirksame Rechtsbehelfe gegen Personen vor, die wissentlich eine der nachstehenden Handlungen vornehmen, obwohl ihnen bekannt ist oder in bezug auf zivilrechtliche Rechtsbehelfe den Umständen nach bekannt sein muss, dass diese Handlung die Verletzung eines unter diesen Vertrag oder die Berner Übereinkunft fallenden Rechts herbeiführen, ermöglichen, erleichtern oder verbergen wird:

i. unbefugte Entfernung oder Änderung elektronischer Informationen für die Wahrnehmung der Rechte;

ii. unbefugte Verbreitung, Einfuhr zur Verbreitung, Sendung, öffentliche Wiedergabe von Werken oder Vervielfältigungsstücken von Werken in Kenntnis des Umstands, dass elektronische Informationen für die Wahrnehmung der Rechte unbefugt entfernt oder geändert wurden.

2. Im Sinne dieses Artikels sind «Informationen für die Wahrnehmung der Rechte» Informationen, die das Werk, den Urheber des Werks, den Inhaber eines Rechts an diesem Werk identifizieren, oder Informationen über die Nutzungsbedingungen des Werks sowie Zahlen oder Codes, die derartige Informationen darstellen, wenn irgendeines dieser Informationselemente an einem Vervielfältigungsstück eines Werks angebracht ist oder im Zusammenhang mit der öffentlichen Wiedergabe eines Werks erscheint.

Art. 13 Anwendung in zeitlicher Hinsicht

Die Vertragsparteien wenden Artikel 18 der Berner Übereinkunft auf alle in diesem Vertrag vorgesehenen Schutzgüter an.

Art. 14 Rechtsdurchsetzung

1. Die Vertragsparteien verpflichten sich, in Übereinstimmung mit ihren Rechtsordnungen die notwendigen Massnahmen zu ergreifen, um die Anwendung dieses Vertrags sicherzustellen.

2. Die Vertragsparteien stellen sicher, dass in ihren Rechtsordnungen Verfahren zur Rechtsdurchsetzung verfügbar sind, um ein wirksames Vorgehen gegen jede Verletzung von unter diesen Vertrag fallenden Rechten zu ermöglichen, einschliesslich Eilverfahren zur Verhinderung von Verletzungshandlungen und Rechtsbehelfen zur Abschreckung von weiteren Verletzungshandlungen.

Art. 15 Die Versammlung

1. a. Die Vertragsparteien haben eine Versammlung.
   b. Jede Vertragspartei wird durch einen Delegierten vertreten, der von Stellvertretern, Beratern und Sachverständigen unterstützt werden kann.
   c. Die Kosten jeder Delegation werden von der Vertragspartei getragen, die sie entsandt hat. Die Versammlung kann die Weltorganisation für geistiges Eigentum (im folgenden als «WIPO» bezeichnet) um finanzielle Unterstützung bitten, um die Teilnahme von Delegationen von Vertragsparteien zu erleichtern, die nach der bestehenden Übung der Generalversammlung der Vereinten Nationen als Entwicklungsländer angesehen werden oder die Länder im Übergang zur Marktwirtschaft sind.
2. a. Die Versammlung behandelt Fragen, die die Erhaltung und Entwicklung sowie die Anwendung und Durchführung dieses Vertrags betreffen.
   b. Die Versammlung nimmt in bezug auf die Zulassung bestimmter zwischenstaatlicher Organisationen als Vertragspartei die ihr nach Artikel 17 Absatz 2 übertragene Aufgabe wahr.
   c. Die Versammlung beschliesst die Einberufung einer diplomatischen Konferenz zur Revision dieses Vertrags und erteilt dem Generaldirektor der WIPO die notwendigen Weisungen für die Vorbereitung einer solchen Konferenz.
3. a. Jede Vertragspartei, die ein Staat ist, verfügt über eine Stimme und stimmt nur in ihrem Namen ab.
   b. Eine Vertragspartei, die eine zwischenstaatliche Organisation ist, kann anstelle ihrer Mitgliedstaaten an der Abstimmung teilnehmen und verfügt hierzu über eine Anzahl von Stimmen, die der Anzahl ihrer Mitgliedstaaten entspricht, die Vertragspartei dieses Vertrags sind. Eine zwischenstaatliche Organisation kann nicht an der Abstimmung teilnehmen, wenn einer ihrer Mitgliedstaaten sein Stimmrecht ausübt und umgekehrt.

4. Die Versammlung tritt nach Einberufung durch den Generaldirektor der WIPO alle zwei Jahre einmal zu einer ordentlichen Tagung zusammen.

5. Die Versammlung gibt sich eine Geschäftsordnung, in der unter anderem die Einberufung ausserordentlicher Tagungen, die Voraussetzungen für die Beschlussfähigkeit und vorbehaltlich der Bestimmungen dieses Vertrags die Mehrheitserfordernisse für die verschiedenen Arten von Beschlüssen geregelt sind.

Art. 16 Das Internationale Büro

Das Internationale Büro der WIPO nimmt die Verwaltungsaufgaben im Rahmen dieses Vertrags wahr.

Art. 17 Qualifikation als Vertragspartei

1. Jeder Mitgliedstaat der WIPO kann Vertragspartei dieses Vertrags werden.
2. Die Versammlung kann beschliessen, jede zwischenstaatliche Organisation als Vertragspartei zuzulassen, die erklärt, für die durch diesen Vertrag geregelten Bereiche zuständig zu sein, über diesbezügliche Vorschriften, die für alle ihre Mitgliedstaaten bindend sind, zu verfügen und in Übereinstimmung mit ihrer Geschäftsordnung ordnungsgemäss ermächtigt worden zu sein, Vertragspartei zu werden.
3. Die Europäische Gemeinschaft, die auf der Diplomatischen Konferenz, auf der dieser Vertrag angenommen wurde, die in Absatz 2 bezeichnete Erklärung abgegeben hat, kann Vertragspartei dieses Vertrags werden.

Art. 18 Rechte und Pflichten nach dem Vertrag

Sofern dieser Vertrag nicht ausdrücklich etwas anderes bestimmt, gelten für jede Vertragspartei alle Rechte und Pflichten nach diesem Vertrag.

Art. 19 Unterzeichnung des Vertrags

Dieser Vertrag liegt bis zum 31. Dezember 1997 zur Unterzeichnung durch jeden Mitgliedstaat der WIPO und durch die Europäische Gemeinschaft auf.

Art. 20 Inkrafttreten des Vertrags

Dieser Vertrag tritt drei Monate nach Hinterlegung der dreissigsten Ratifikationsoder Beitrittsurkunde beim Generaldirektor der WIPO in Kraft.

Art. 21 Inkrafttreten des Vertrags für eine Vertragspartei

Dieser Vertrag bindet

i. die dreissig Staaten im Sinne von Artikel 20 ab dem Tag, an dem dieser Vertrag in Kraft getreten ist;
ii. jeden anderen Staat nach Ablauf von drei Monaten nach Hinterlegung seiner Urkunde beim Generaldirektor der WIPO;
iii. die Europäische Gemeinschaft nach Ablauf von drei Monaten nach Hinterlegung ihrer Ratifikations- oder Beitrittsurkunde, wenn diese Urkunde nach Inkrafttreten dieses Vertrags nach Artikel 20 hinterlegt worden ist, oder drei Monate nach Inkrafttreten dieses Vertrags, wenn die Urkunde vor Inkrafttreten des Vertrags hinterlegt worden ist;
iv. jede andere zwischenstaatliche Organisation, die als Vertragspartei dieses Vertrags zugelassen wird, nach Ablauf von drei Monaten nach Hinterlegung ihrer Beitrittsurkunde.

Art. 22 Vorbehalte

Vorbehalte zu diesem Vertrag sind nicht zulässig.

Art. 23 Kündigung des Vertrags

Dieser Vertrag kann von jeder Vertragspartei durch eine an den Generaldirektor der WIPO gerichtete Notifikation gekündigt werden. Die Kündigung wird ein Jahr nach dem Tag wirksam, an dem die Notifikation beim Generaldirektor der WIPO eingegangen ist.

Art. 24 Vertragssprachen

1. Dieser Vertrag wird in einer Urschrift in englischer, arabischer, chinesischer, französischer, russischer und spanischer Sprache unterzeichnet, wobei jede Fassung gleichermassen verbindlich ist.

2. Ein amtlicher Wortlaut in einer anderen als der in Absatz 1 genannten Sprachen wird durch den Generaldirektor der WIPO auf Ersuchen einer interessierten Vertragspartei nach Konsultation mit allen interessierten Vertragsparteien erstellt. «Interessierte Vertragspartei» im Sinne dieses Absatzes bedeutet einen Mitgliedstaat der WIPO, dessen Amtssprache oder eine von dessen Amtssprachen betroffen ist, sowie die Europäische Gemeinschaft und jede andere zwischenstaatliche Organisation, die Vertragspartei dieses Vertrags werden kann, wenn eine ihrer Amtssprachen betroffen ist.

Art. 25 Verwahrer

Verwahrer dieses Vertrags ist der Generaldirektor der WIPO.

Vereinbarte Erklärungen

Zu Art. 1 Abs. 4

Das Vervielfältigungsrecht nach Artikel 9 der Berner Übereinkunft und die darunter fallenden Ausnahmen finden in vollem Umfang im digitalen Bereich Anwendung, insbesondere auf die Verwendung von Werken in digitaler Form. Die elektronische Speicherung eines geschützten Werks in digitaler Form gilt als Vervielfältigung im Sinne von Artikel 9 der Berner Übereinkunft.

Zu Art. 3

Zur Anwendung von Artikel 3 dieses Vertrags ist der Ausdruck «Verbandsland» in den Artikeln 2–6 der Berner Übereinkunft so zu verstehen, als bezeichne er eine Vertragspartei dieses Vertrags, wenn diese Artikel der Berner Übereinkunft im Zusammenhang mit dem durch den vorliegenden Vertrag gewährten Schutz angewandt werden. In gleicher Weise ist der Ausdruck «verbandsfremdes Land» in den betreffenden Artikeln der Berner Übereinkunft so zu verstehen, als bezeichne er ein

Land, das nicht Vertragspartei dieses Vertrags ist. Der Ausdruck «diese Übereinkunft» in Artikel 2 Absatz 8, Artikel 2*bis* Absatz 2, Artikel 3, 4 und 5 der Berner Übereinkunft ist sowohl als Verweis auf die Berner Übereinkunft als auch als Verweis auf diesen Vertrag zu verstehen. Der Verweis in den Artikeln 3–6 der Berner Übereinkunft auf die «einem Verbandsland angehörenden» Personen bezeichnet, wenn diese Artikel im Zusammenhang mit diesem Vertrag angewandt werden, in bezug auf eine zwischenstaatliche Organisation, die Vertragspartei dieses Vertrags ist, einen Angehörigen einer der Länder, die Mitglieder dieser Organisation sind.

Zu Art. 4

Der Schutzumfang für Computerprogramme nach Artikel 4 im Artikel 2 dieses Vertrags steht im Einklang mit Artikel 2 der Berner Übereinkunft und entspricht den einschlägigen Bestimmungen des TRIPS-Übereinkommens.

Zu Art. 5

Der Schutzumfang für Datensammlungen (Datenbanken) nach Artikel 5 im Artikel 2 dieses Vertrags steht im Einklang mit Artikel 2 der Berner Übereinkunft und entspricht den einschlägigen Bestimmungen des TRIPS-Übereinkommens.

Zu den Art. 6 und 7

Die in diesen Artikeln im Zusammenhang mit dem Verbreitungs- und Vermietrecht verwendeten Ausdrücke «Vervielfältigungsstücke» und «Original und Vervielfältigungsstücke» beziehen sich ausschliesslich auf Vervielfältigungsstücke, die als körperliche Gegenstände in Verkehr gebracht werden können.

Zu Art. 7

Artikel 7 Absatz 1 verpflichtet die Vertragsparteien nicht, Urhebern, denen nach dem Recht der Vertragsparteien keine Rechte in bezug auf Tonträgern gewährt werden, ein ausschliessliches Recht auf gewerbsmässige Vermietung einzuräumen. Die Verpflichtung des Artikels 7 Absatz 1 steht im Einklang mit Artikel 14 Absatz 4 des TRIPS-Übereinkommens.

Zu Art. 8

Die Bereitstellung der materiellen Voraussetzungen, die eine Wiedergabe ermöglichen oder bewirken, stellt für sich genommen keine Wiedergabe im Sinne dieses Vertrags oder der Berner Übereinkunft dar. Artikel 10 steht einer Anwendung von Artikel 11*bis* Absatz 2 der Berner Übereinkunft durch die Vertragsparteien nicht entgegen.

Zu Art. 10

Die Bestimmungen des Artikels 10 erlauben den Vertragsparteien, die in ihren Rechtsvorschriften bestehenden Ausnahmen und Beschränkungen, die nach der Berner Übereinkunft als zulässig angesehen werden, auf digitale Technologien anzuwenden und in angemessener Form auszudehnen. Diese Bestimmungen sind gleichermassen dahin auszulegen, dass sie den Vertragsparteien erlauben, neue Ausnahmen und Beschränkungen zu konzipieren, die für Digitalnetze angemessen sind.

Der Anwendungsbereich der nach der Berner Übereinkunft zulässigen Ausnahmen und Beschränkungen wird durch Artikel 10 Absatz 2 weder reduziert noch erweitert.

Zu Art. 12

Der Verweis auf die «Verletzung eines durch diesen Vertrag oder die Berner Übereinkunft geschützten Rechts» schliesst sowohl ausschliessliche Rechte als auch Vergütungsrechte ein.

Die Vertragsparteien können sich nicht auf diesen Artikel berufen, um Verwertungssysteme zu entwerfen oder einzuführen, die Förmlichkeiten vorschreiben, die nach der Berner Übereinkunft oder diesem Vertrag nicht zulässig sind und den freien Warenverkehr unterbinden oder den Genuss von Rechten verhindern, die dieser Vertrag gewährleistet.

Nr. 15 WIPO-Vertrag über Darbietungen und Tonträger (WPPT)

vom 20. Dezember 1996

AS 2008 2515 (vorgesehen SR 0.231.174)
Übersetzung des französischen Originaltextes

Die Vertragsparteien,

in dem Wunsch, den Rechtsschutz für ausübende Künstler und Hersteller von Tonträgern in möglichst wirksamer und gleichmässiger Weise fortzuentwickeln und aufrechtzuerhalten,

in Erkenntnis der Notwendigkeit, neue internationale Vorschriften einzuführen, damit für die durch wirtschaftliche, soziale, kulturelle und technische Entwicklungen entstehenden Fragen angemessene Lösungen gefunden werden können,

im Hinblick auf die tiefgreifenden Auswirkungen der Entwicklung und Annäherung der Informations- und Kommunikationstechnologien auf die Produktion und Nutzung von Darbietungen und Tonträgern,

in Erkenntnis der Notwendigkeit, ein Gleichgewicht zwischen den Rechten der ausübenden Künstler und Tonträgerherstellern und dem umfassenderen öffentlichen Interesse, insbesondere Bildung, Forschung und Zugang zu Informationen, zu wahren,

sind wie folgt übereingekommen:

Kapitel I: Allgemeine Bestimmungen

Art. 1   Verhältnis zu anderen Übereinkünften

1. Die zwischen den Vertragsparteien bestehenden Pflichten aus dem am 26. Oktober 1961 in Rom geschlossenen Internationalen Abkommen über den Schutz der ausübenden Künstler, der Hersteller von Tonträgern und der Sendeunternehmen (nachstehend «Rom-Abkommen») werden durch diesen Vertrag nicht beeinträchtigt.

2. Der durch diesen Vertrag vorgesehene Schutz lässt den Schutz der Urheberrechte an Werken der Literatur und Kunst unberührt und beeinträchtigt ihn in keiner Weise. Daher darf keine Bestimmung dieses Vertrags in einer Weise ausgelegt werden, die diesem Schutz Abbruch tut.

3. Dieser Vertrag steht weder in Verbindung mit anderen Verträgen, noch berührt er Rechte oder Pflichten aus anderen Verträgen.

Art. 2 Begriffsbestimmungen

Im Sinne dieses Vertrags

a. sind «ausübende Künstler» Schauspieler, Sänger, Musiker, Tänzer und andere Personen, die Werke der Literatur und Kunst oder Ausdrucksformen der Volkskunst aufführen, singen, vortragen, vorlesen, spielen, interpretieren oder auf andere Weise darbieten;

b. bedeutet «Tonträger» die Festlegung der Töne einer Darbietung oder anderer Töne oder einer Darstellung von Tönen ausser in Form einer Festlegung, die Bestandteil eines Filmwerks oder eines anderen audiovisuellen Werks ist;

c. bedeutet «Festlegung» die Verkörperung von Tönen oder von Darstellungen von Tönen in einer Weise, dass sie mittels einer Vorrichtung wahrgenommen, vervielfältigt oder wiedergegeben werden können;

d. bedeutet «Hersteller von Tonträgern» die natürliche oder juristische Person, die die erste Festlegung der Töne einer Darbietung oder anderer Töne oder der Darstellung von Tönen eigenverantwortlich veranlasst;

e. bedeutet «Veröffentlichung» einer festgelegten Darbietung oder eines Tonträgers das Angebot einer genügenden Anzahl von Vervielfältigungsstücken der festgelegten Darbietung oder des Tonträgers an die Öffentlichkeit mit Zustimmung des Rechteinhabers;

f. bedeutet «Sendung» die drahtlose Übertragung von Tönen oder von Bildern und Tönen oder deren Darstellungen zum Zwecke des Empfangs durch die Öffentlichkeit; die Übertragung über Satellit ist ebenfalls «Sendung»; die Übertragung verschlüsselter Signale ist eine «Sendung», soweit die Mittel zur Entschlüsselung der Öffentlichkeit von dem Sendeunternehmen oder mit dessen Zustimmung zur Verfügung gestellt werden;

g. bedeutet «öffentliche Wiedergabe» einer Darbietung oder eines Tonträgers die öffentliche Übertragung der Töne einer Darbietung oder der auf einem Tonträger festgelegten Töne oder Darstellungen von Tönen auf einem anderen Wege als durch Sendung. Im Sinne von Artikel 15 umfasst «öffentliche Wiedergabe» das öffentliche Hörbarmachen der auf einem Tonträger festgelegten Töne oder Darstellungen von Tönen.

Art. 3 Schutzberechtigte nach dem Vertrag

1. Die Vertragsparteien gewähren den ausübenden Künstlern und Herstellern von Tonträgern, die Angehörige anderer Vertragsparteien sind, den in diesem Vertrag vorgesehenen Schutz.

2. Als Angehörige anderer Vertragsparteien gelten die ausübenden Künstler und Hersteller von Tonträgern, die nach den Kriterien des Rom-Abkommens schutzberechtigt wären, wenn alle Parteien dieses Vertrags Vertragsstaaten des Rom-Abkommens wären. Die Vertragsparteien wenden hinsichtlich dieser Berechtigungskriterien die entsprechenden Begriffsbestimmungen in Artikel 2 dieses Vertrags an.

3. Jede Vertragspartei, die von den Möglichkeiten des Artikels 5 Absatz 3 des Rom-Abkommens oder für die Zwecke des Artikels 5 des Rom-Abkommens von Artikel 17 des Abkommens Gebrauch macht, richtet nach Massgabe dieser Bestimmungen eine Notifikation an den Generaldirektor der Weltorganisation für geistiges Eigentum (WIPO).

Art. 4 Inländerbehandlung

1. Jede Vertragspartei gewährt den Angehörigen anderer Vertragsparteien im Sinne von Artikel 3 Absatz 2 die Behandlung, die sie ihren eigenen Angehörigen in bezug auf die nach diesem Vertrag ausdrücklich gewährten ausschliesslichen Rechte und das Recht auf angemessene Vergütung gemäss Artikel 15 gewährt.

2. Die Verpflichtung nach Absatz 1 gilt nicht, soweit eine andere Vertragspartei von den Vorbehalten nach Artikel 15 Absatz 3 Gebrauch macht.

Kapitel II: Rechte der ausübenden Künstler

Art. 5 Persönlichkeitsrechte

1. Unabhängig von ihren wirtschaftlichen Rechten haben ausübende Künstler auch nach Abtretung dieser Rechte in bezug auf ihre hörbaren Live-Darbietungen oder auf Tonträgern festgelegten Darbietungen das Recht auf Namensnennung, sofern die Unterlassung der Namensnennung nicht durch die Art der Nutzung der Darbietung geboten ist, und können gegen jede Entstellung, Verstümmelung oder sonstige Änderung ihrer Darbietungen, die ihrem Ruf abträglich wäre, Einspruch erheben.

2. Die Rechte der ausübenden Künstler nach Absatz 1 bestehen nach ihrem Tod mindestens bis zum Erlöschen der wirtschaftlichen Rechte fort und können von den Personen oder Institutionen wahrgenommen werden, die nach dem Recht der Vertragspartei, in deren Gebiet der Schutz beansprucht wird, hierzu befugt sind. Die Vertragsparteien, deren Recht zum Zeitpunkt der Ratifikation dieses Vertrags oder des Beitritts zu diesem Vertrag keinen Schutz für sämtliche in Absatz 1 genannten Rechte der ausübenden Künstler nach deren Ableben vorsieht, können bestimmen, dass einige dieser Rechte nach dem Tod nicht fortbestehen.

3. Die Möglichkeiten des Rechtsschutzes zur Wahrung der nach diesem Artikel gewährten Rechte bestimmen sich nach dem Recht der Vertragspartei, in deren Gebiet der Schutz beansprucht wird.

Art. 6 Wirtschaftliche Rechte der ausübenden Künstler an ihren nicht festgelegten Darbietungen

Ausübende Künstler haben in Bezug auf ihre Darbietungen das ausschliessliche Recht zu erlauben:

i. die Sendung und die öffentliche Wiedergabe ihrer nicht festgelegten Darbietungen, sofern es sich nicht bereits um eine gesendete Darbietung handelt, und
ii. die Festlegung ihrer nicht festgelegten Darbietungen.

Art. 7 Vervielfältigungsrecht

Ausübende Künstler haben das ausschliessliche Recht, jede unmittelbare oder mittelbare Vervielfältigung ihrer auf Tonträger festgelegten Darbietungen zu erlauben.

Art. 8 Verbreitungsrecht

1. Ausübende Künstler haben das ausschliessliche Recht zu erlauben, dass das Original und Vervielfältigungsstücke ihrer auf Tonträgern festgelegten Darbietungen durch Verkauf oder sonstige Eigentumsübertragung der Öffentlichkeit zugänglich gemacht werden.
2. Dieser Vertrag berührt nicht die Freiheit der Vertragsparteien, gegebenenfalls zu bestimmen, unter welchen Voraussetzungen sich das Recht nach Absatz 1 nach dem ersten mit Erlaubnis des ausübenden Künstlers erfolgten Verkaufs des Originals oder eines Vervielfältigungsstücks oder der ersten sonstigen Eigentumsübertragung erschöpft.

Art. 9 Vermietrecht

1. Ausübende Künstler haben das ausschliessliche Recht, die gewerbsmässige Vermietung des Originals und der Vervielfältigungsstücke ihrer auf Tonträgern festgelegten Darbietungen nach Massgabe der Rechtsvorschriften der Vertragsparteien zu erlauben, auch wenn das Original und die Vervielfältigungsstücke bereits mit allgemeiner oder ausdrücklicher Erlaubnis des ausübenden Künstlers verbreitet worden sind.
2. Eine Vertragspartei, in deren Gebiet seit dem 15. April 1994 eine Regelung in Kraft ist, die für ausübende Künstler eine angemessene Vergütung für die Vermietung von Vervielfältigungsstücken ihrer auf Tonträger festgelegten Darbietungen vorsieht, kann diese Regelung unbeschadet der Bestimmungen von Absatz 1 beibehalten, sofern die gewerbsmässige Vermietung von Tonträgern das ausschliessliche Vervielfältigungsrecht der ausübenden Künstler nicht erheblich beeinträchtigt.

Art. 10 Recht auf Zugänglichmachung festgelegter Darbietungen

Ausübende Künstler haben das ausschliessliche Recht zu erlauben, dass ihre auf Tonträgern festgelegten Darbietungen drahtgebunden oder drahtlos in einer Weise der Öffentlichkeit zugänglich gemacht werden, dass sie Mitgliedern der Öffentlichkeit an Orten und zu Zeiten ihrer Wahl zugänglich sind.

Kapitel III: Rechte der Tonträgerhersteller

Art. 11 Vervielfältigungsrecht

Die Hersteller von Tonträgern haben das ausschliessliche Recht, jede unmittelbare oder mittelbare Vervielfältigung ihrer Tonträger zu erlauben.

Art. 12 Verbreitungsrecht

1. Die Hersteller von Tonträgern haben das ausschliessliche Recht zu erlauben, dass das Original und Vervielfältigungsstücke ihrer Tonträger durch Verkauf oder sonstige Eigentumsübertragung der Öffentlichkeit zugänglich gemacht werden.
2. Dieser Vertrag berührt nicht die Freiheit der Vertragsparteien, gegebenenfalls zu bestimmen, unter welchen Voraussetzungen sich das Recht nach Absatz 1 nach dem ersten mit Erlaubnis des Tonträgerherstellers erfolgten Verkaufs des Originals oder eines Vervielfältigungsstücks oder der ersten sonstigen Eigentumsübertragung erschöpft.

Art. 13 Vermietrecht

1. Die Hersteller von Tonträgern haben das ausschliessliche Recht, die gewerbsmässige Vermietung des Originals und der Vervielfältigungsstücke ihrer Tonträger zu erlauben, auch wenn das Original und die Vervielfältigungsstücke bereits mit allgemeiner oder besonderer Erlaubnis des Herstellers verbreitet worden sind.
2. Eine Vertragspartei, in deren Gebiet seit dem 15. April 1994 eine Regelung in Kraft ist, die für Tonträgerhersteller eine angemessene Vergütung für die Vermietung von Vervielfältigungsstücken ihrer Tonträger vorsieht, kann diese Regelung unbeschadet der Bestimmungen von Absatz 1 beibehalten, sofern die gewerbsmässige Vermietung von Tonträgern das ausschliessliche Vervielfältigungsrecht der Tonträgerhersteller nicht erheblich beeinträchtigt.

Art. 14 Recht auf Zugänglichmachung von Tonträgern

Die Hersteller von Tonträgern haben das ausschliessliche Recht zu erlauben, dass ihre Tonträger drahtgebunden oder drahtlos in einer Weise der Öffentlichkeit zugänglich gemacht werden, dass sie Mitgliedern der Öffentlichkeit an Orten und zu Zeiten ihrer Wahl zugänglich sind.

Kapitel IV: Gemeinsame Bestimmungen

Art. 15   Vergütungsrecht für Sendung und öffentliche Wiedergabe

1. Werden zu gewerblichen Zwecken veröffentliche Tonträger unmittelbar oder mittelbar für eine Sendung oder öffentliche Wiedergabe benutzt, so haben ausübende Künstler und Tonträgerhersteller Anspruch auf eine einzige angemessene Vergütung.
2. Die Vertragsparteien können in ihren Rechtsvorschriften bestimmen, dass der ausübende Künstler oder der Tonträgerhersteller oder beide von dem Benutzer die Zahlung der einzigen angemessenen Vergütung verlangen. Die Vertragsparteien können Rechtsvorschriften erlassen, die in Ermangelung einer Vereinbarung zwischen dem ausübenden Künstler und dem Tonträgerhersteller die Bedingungen festlegen, nach denen die einzige angemessene Vergütung zwischen ausübenden Künstlern und Tonträgerherstellern aufzuteilen ist.
3. Jede Vertragspartei kann in einer beim Generaldirektor der WIPO hinterlegten Notifikation erklären, dass sie die Bestimmungen in Absatz 1 nur in bezug auf bestimmte Nutzungsarten anwenden oder die Anwendung in einer anderen Weise einschränken wird oder dass sie diese Bestimmungen überhaupt nicht anwenden wird.
4. Tonträger, die drahtgebunden oder drahtlos in einer Weise der Öffentlichkeit zugänglich gemacht wurden, dass sie Mitgliedern der Öffentlichkeit an Orten und zu Zeiten ihrer Wahl zugänglich sind, gelten im Sinne dieses Artikels als zu gewerblichen Zwecken veröffentlicht.

Art. 16   Beschränkungen und Ausnahmen

1. Die Vertragsparteien können in ihren Rechtsvorschriften in bezug auf den Schutz der ausübenden Künstler und der Hersteller von Tonträgern Beschränkungen und Ausnahmen gleicher Art vorsehen, wie sie in ihren Rechtsvorschriften im Zusammenhang mit dem Schutz des Urheberrechts an Werken der Literatur und Kunst vorgesehen sind.
2. Die Vertragsparteien begrenzen die Beschränkungen und Ausnahmen in bezug auf die in diesem Vertrag vorgesehenen Rechte auf bestimmte Sonderfälle, die weder die normale Verwertung der Darbietung oder des Tonträgers beeinträchtigen noch die berechtigten Interessen der ausübenden Künstler oder Tonträgerhersteller unzumutbar verletzen.

Art. 17   Schutzdauer

1. Die Dauer des den ausübenden Künstlern nach diesem Vertrag zu gewährenden Schutzes beträgt mindestens 50 Jahre, gerechnet vom Ende des Jahres, in dem die Darbietung auf einem Tonträger festgelegt wurde.
2. Die Dauer des den Tonträgerherstellern nach diesem Vertrag zu gewährenden Schutzes beträgt mindestens 50 Jahre, gerechnet vom Ende des Jahres, in dem der

Tonträger veröffentlicht wurde, oder, falls er innerhalb von 50 Jahren nach seiner Festlegung nicht veröffentlicht wurde, 50 Jahre, gerechnet vom Ende des Jahres, in dem er festgelegt wurde.

Art. 18   Pflichten in bezug auf technische Vorkehrungen

Die Vertragsparteien sehen einen hinreichenden Rechtsschutz und wirksame Rechtsbehelfe gegen die Umgehung wirksamer technischer Vorkehrungen vor, von denen ausübende Künstler oder Tonträgerhersteller im Zusammenhang mit der Ausübung ihrer Rechte nach diesem Vertrag Gebrauch machen und die Handlungen in bezug auf ihre Darbietungen oder Tonträger einschränken, die der betreffende ausübende Künstler oder Tonträgerhersteller nicht erlaubt hat oder die gesetzlich nicht zulässig sind.

Art. 19   Pflichten in bezug auf Informationen für die Wahrnehmung der Rechte

1. Die Vertragsparteien sehen hinreichende und wirksame Rechtsbehelfe gegen Personen vor, die wissentlich eine der nachstehenden Handlungen vornehmen, obwohl ihnen bekannt ist oder in bezug auf zivilrechtliche Rechtsbehelfe den Umständen nach bekannt sein muss, dass diese Handlung die Verletzung eines unter diesen Vertrag fallenden Rechts herbeiführen, ermöglichen, erleichtern oder verbergen wird:

i. unbefugte Entfernung oder Änderung elektronischer Informationen für die Wahrnehmung der Rechte;

ii. unbefugte Verbreitung, Einfuhr zur Verbreitung, Sendung, öffentliche Wiedergabe oder Zugänglichmachung von Darbietungen, Vervielfältigungsstücken festgelegter Darbietungen oder Tonträgern in Kenntnis des Umstands, dass elektronische Informationen für die Wahrnehmung der Rechte unbefugt entfernt oder geändert wurden.

2. Im Sinne dieses Artikels sind «Informationen für die Wahrnehmung der Rechte» Informationen, die den ausübenden Künstler, seine Darbietung, den Hersteller des Tonträgers, den Tonträger, den Inhaber eines Rechts an der Darbietung oder an dem Tonträger identifizieren, oder Informationen über die Nutzungsbedingungen einer Darbietung oder eines Tonträgers oder Zahlen oder Codes, die derartige Informationen darstellen, wenn irgendeines dieses Informationselemente an einem Vervielfältigungsstück einer festgelegten Darbietung oder einem Tonträger angebracht ist oder im Zusammenhang mit der öffentlichen Wiedergabe oder Zugänglichmachung einer festgelegten Darbietung oder eines Tonträgers erscheint.

Art. 20   Formvorschriften

Der Genuss und die Ausübung der in diesem Vertrag vorgesehenen Rechte unterliegen keinerlei Formvorschriften.

Art. 21 Vorbehalte

Mit Ausnahme des Artikels 15 Absatz 3 sind Vorbehalte zu diesem Vertrag nicht zulässig.

Art. 22 Anwendung in zeitlicher Hinsicht

1. Die Vertragsparteien wenden Artikel 18 der Berner Übereinkunft entsprechend auf die nach diesem Vertrag vorgesehenen Rechte der ausübenden Künstler und Tonträgerhersteller an.
2. Unbeschadet des Absatzes 1 kann eine Vertragspartei die Anwendung des Artikels 5 dieses Vertrags auf Darbietungen beschränken, die nach Inkrafttreten dieses Vertrags für die betreffende Vertragspartei stattgefunden haben.

Art. 23 Rechtsdurchsetzung

1. Die Vertragsparteien verpflichten sich, in Übereinstimmung mit ihren Rechtsordnungen die notwendigen Massnahmen zu ergreifen, um die Anwendung dieses Vertrags sicherzustellen.
2. Die Vertragsparteien stellen sicher, dass in ihren Rechtsordnungen Verfahren zur Rechtsdurchsetzung verfügbar sind, um ein wirksames Vorgehen gegen jede Verletzung von unter diesen Vertrag fallenden Rechten zu ermöglichen, einschliesslich Eilverfahren zur Verhinderung von Verletzungshandlungen und Rechtsbehelfen zur Abschreckung von weiteren Verletzungshandlungen.

Kapitel V: Verwaltungs- und Schlussbestimmungen

Art. 24 Die Versammlung

1. a. Die Vertragsparteien haben eine Versammlung.
   b. Jede Vertragspartei wird durch einen Delegierten vertreten, der von Stellvertretern, Beratern und Sachverständigen unterstützt werden kann.
   c. Die Kosten jeder Delegation werden von der Vertragspartei getragen, die sie entsandt hat. Die Versammlung kann die WIPO um finanzielle Unterstützung bitten, um die Teilnahme von Delegationen von Vertragsparteien zu erleichtern, die nach der bestehenden Übung der Generalversammlung der Vereinten Nationen als Entwicklungsländer angesehen werden oder die Länder im Übergang zur Marktwirtschaft sind.
2. a. Die Versammlung behandelt Fragen, die die Erhaltung und Entwicklung sowie die Anwendung und Durchführung dieses Vertrags betreffen.
   b. Die Versammlung nimmt in bezug auf die Zulassung bestimmter zwischenstaatlicher Organisationen als Vertragspartei die ihr nach Artikel 26 Absatz 2 übertragene Aufgabe wahr.

c. Die Versammlung beschliesst die Einberufung einer diplomatischen Konferenz zur Revision dieses Vertrags und erteilt dem Generaldirektor der WIPO die notwendigen Weisungen für die Vorbereitung einer solchen Konferenz.

3. a. Jede Vertragspartei, die ein Staat ist, verfügt über eine Stimme und stimmt nur in ihrem Namen ab.

b. Eine Vertragspartei, die eine zwischenstaatliche Organisation ist, kann anstelle ihrer Mitgliedstaaten an der Abstimmung teilnehmen und verfügt über eine Anzahl von Stimmen, die der Anzahl ihrer Mitgliedstaaten entspricht, die Vertragspartei dieses Vertrags sind. Eine zwischenstaatliche Organisation kann nicht an der Abstimmung teilnehmen, wenn einer ihrer Mitgliedstaaten sein Stimmrecht ausübt und umgekehrt.

4. Die Versammlung tritt nach Einberufung durch den Generaldirektor der WIPO alle zwei Jahre einmal zu einer ordentlichen Tagung zusammen.

5. Die Versammlung gibt sich eine Geschäftsordnung, in der unter anderem die Einberufung ausserordentlicher Tagungen, die Voraussetzungen für die Beschlussfähigkeit und vorbehaltlich der Bestimmungen dieses Vertrags die Mehrheitserfordernisse für die verschiedenen Arten von Beschlüssen geregelt sind.

Art. 25   Das Internationale Büro

Das Internationale Büro der WIPO nimmt die Verwaltungsaufgaben im Rahmen dieses Vertrags wahr.

Art. 26   Qualifikation als Vertragspartei

1. Jeder Mitgliedstaat der WIPO kann Vertragspartei dieses Vertrags werden.

2. Die Versammlung kann beschliessen, jede zwischenstaatliche Organisation als Vertragspartei zuzulassen, die erklärt, für die durch diesen Vertrag geregelten Bereiche zuständig zu sein, über diesbezügliche Vorschriften, die für alle ihre Mitgliedstaaten bindend sind, zu verfügen und in Übereinstimmung mit ihrer Geschäftsordnung ordnungsgemäss ermächtigt worden zu sein, Vertragspartei zu werden.

3. Die Europäische Gemeinschaft, die auf der Diplomatischen Konferenz, auf der dieser Vertrag angenommen wurde, die in Absatz 2 bezeichnete Erklärung abgegeben hat, kann Vertragspartei dieses Vertrags werden.

Art. 27   Rechte und Pflichten nach dem Vertrag

Sofern dieser Vertrag nicht ausdrücklich etwas anderes bestimmt, gelten für jede Vertragspartei alle Rechte und Pflichten nach diesem Vertrag.

Art. 28   Unterzeichnung des Vertrags

Dieser Vertrag liegt bis zum 31. Dezember 1997 zur Unterzeichnung durch jeden Mitgliedstaat der WIPO und durch die Europäische Gemeinschaft auf.

Art. 29 Inkrafttreten des Vertrags

Dieser Vertrag tritt drei Monate nach Hinterlegung der dreissigsten Ratifikations- oder Beitrittsurkunde beim Generaldirektor der WIPO in Kraft.

Art. 30 Inkrafttreten des Vertrags für eine Vertragspartei

Dieser Vertrag bindet

i. die dreissig Staaten im Sinne von Artikel 29 ab dem Tag, an dem dieser Vertrag in Kraft getreten ist;
ii. jeden anderen Staat nach Ablauf von drei Monaten nach Hinterlegung seiner Urkunde beim Generaldirektor der WIPO;
iii. die Europäische Gemeinschaft nach Ablauf von drei Monaten nach Hinterlegung ihrer Ratifikations- oder Beitrittsurkunde, wenn diese Urkunde nach Inkrafttreten dieses Vertrags nach Artikel 29 hinterlegt worden ist, oder drei Monate nach Inkrafttrreten dieses Vertrags, wenn die Urkunde vor Inkrafttreten des Vertrags hinterlegt worden ist;
iv. jede andere zwischenstaatliche Organisation, die als Vertragspartei dieses Vertrags zugelassen wird, nach Ablauf von drei Monaten nach Hinterlegung ihrer Beitrittsurkunde.

Art. 31 Kündigung des Vertrags

Dieser Vertrag kann von jeder Vertragspartei durch eine an den Generaldirektor der WIPO gerichtete Notifikation gekündigt werden. Die Kündigung wird ein Jahr nach dem Tag wirksam, an dem die Notifikation beim Generaldirektor der WIPO eingegangen ist.

Art. 32 Vertragssprachen

1. Dieser Vertrag wird in einer Urschrift in englischer, arabischer, chinesischer, französischer, russischer und spanischer Sprache unterzeichnet, wobei jeder Wortlaut gleichermassen verbindlich ist.

2. Ein amtlicher Wortlaut in einer anderen als der in Absatz 1 genannten Sprachen wird durch den Generaldirektor der WIPO auf Ersuchen einer interessierten Vertragspartei nach Konsultation mit allen interessierten Vertragsparteien erstellt. «Interessierte Vertragspartei» im Sinne dieses Absatzes bedeutet einen Mitgliedstaat der WIPO, dessen Amtssprache oder eine von dessen Amtssprachen betroffen ist, sowie die Europäische Gemeinschaft und jede andere zwischenstaatliche Organisation, die Vertragspartei dieses Vertrags werden kann, wenn eine ihrer Amtssprachen betroffen ist.

Art. 33 Verwahrer
Verwahrer dieses Vertrags ist der Generaldirektor der WIPO.

Vereinbarte Erklärungen

Zu Art. 1 Abs. 2
Artikel 1 Absatz 2 präzisiert das Verhältnis zwischen Rechten an Tonträgern im Sinne dieses Vertrags und dem Urheberrecht an in Tonträgern verkörperten Werken. In Fällen, in denen sowohl die Zustimmung des Urhebers eines in einen Tonträger eingefügten Werks als auch die Zustimmung des ausübenden Künstlers oder Herstellers, der Rechte an dem Tonträger besitzt, erforderlich ist, wird das Erfordernis der Zustimmung des Urhebers nicht deshalb hinfällig, weil auch die Zustimmung des ausübenden Künstlers oder Herstellers erforderlich ist und umgekehrt.

Artikel 1 Absatz 2 hindert einen Vertragsstaat nicht daran, einem ausübenden Künstler oder Tonträgerhersteller ausschliessliche Rechte zu gewähren, die über die nach diesem Vertrag zu gewährenden Rechte hinausgehen.

Zu Art. 2 Bst. b
Die Tonträgerdefinition in Artikel 2 Buchstabe b lässt nicht darauf schliessen, dass Rechte an einem Tonträger durch ihre Einfügung in ein Filmwerk oder in ein anderes audiovisuelles Werk in irgendeiner Weise beeinträchtigt werden.

Zu Art. 2 Bst. e und die Art. 8, 9, 12 und 13
Die in diesen Artikeln im Zusammenhang mit dem Verbreitungs- und Vermietrecht verwendeten Ausdrücke «Vervielfältigungsstücke» und «Original und Vervielfältigungsstücke» beziehen sich ausschliesslich auf Vervielfältigungsstücke, die als körperliche Gegenstände in Verkehr gebracht werden können.

Zu Art. 3
Der Verweis in den Artikeln 5 Buchstabe a und 16 Buchstabe a Ziffer iv des Rom-Abkommens auf «Angehöriger eines anderen vertragschliessenden Staates» bezeichnet, wenn er sich auf diesen Vertrag bezieht, im Hinblick auf eine zwischenstaatliche Organisation, die Partei dieses Vertrags ist, einen Angehörigen eines der Staaten, die Mitglieder dieser Organisation sind.

Zu Art. 3 Abs. 2
Im Sinne von Artikel 3 Absatz 2 bedeutet Festlegung die Fertigstellung des Master-Bands.

Zu den Art. 7, 11 und 16
Das in den Artikeln 7 und 11 niedergelegte Vervielfältigungsrecht mit den in Artikel 16 aufgeführten zulässigen Ausnahmen findet in vollem Umfang im digitalen Bereich

Anwendung, insbesondere auf die Verwendung von Darbietungen und Tonträgern in digitaler Form. Die elektronische Speicherung einer geschützten Darbietung oder eines geschützten Tonträgers in digitaler Form gilt als Vervielfältigung im Sinne dieser Artikel.

Zu Art. 15

Der Umfang der Sende- und Wiedergaberechte, die ausübende Künstler und Tonträgerhersteller im Zeitalter der Digitaltechnik in Anspruch nehmen können, ist in Artikel 15 nicht vollständig geregelt. Die Delegationen waren nicht in der Lage, einen Konsens über die verschiedenen Vorschläge zu den unter bestimmten Voraussetzungen zu gewährenden Ausschliesslichkeitsrechten oder zu Rechten, die ohne die Möglichkeit eines Vorbehalts gewährt werden, herbeizuführen und haben diese Frage daher einer künftigen Regelung vorbehalten.

Artikel 15 steht der Gewährung des Rechts nicht entgegen, das dieser Artikel den Interpreten der Volkskunst und den Tonträgerherstellern, die Volkskunst aufzeichnen, einräumt, wenn diese Tonträger nicht zu gewerblichen Zwecken veröffentlicht worden sind.

Zu Art. 16

Die vereinbarte Erklärung zu Artikel 10 (Beschränkungen und Ausnahmen) des WIPO-Urheberrechtsvertrags gilt mutatis mutandis ebenfalls für Artikel 16 (Beschränkungen und Ausnahmen) des WIPO-Vertrags über Darbietungen und Tonträger.

Zu Art. 19

Die vereinbarte Erklärung zu Artikel 12 (Pflichten in bezug auf Informationen für die Wahrnehmung der Rechte) des WIPO-Urheberrechtsvertrags gilt mutatis mutandis ebenfalls für Artikel 19 (Pflichten in bezug auf Informationen für die Wahrnehmung der Rechte) des WIPO-Vertrags über Darbietungen und Tonträger.

Nr. 16 Anhang 1C aus dem Abkommen zur Errichtung der Welthandelsorganisation (TRIPS)

Stand am 8. März 2005

SR 0.632.20

Abkommen über handelsbezogene Aspekte der Rechte an geistigem Eigentum

Die Mitglieder

in dem Wunsch, die Verzerrungen und Behinderungen des internationalen Handels zu verringern, und unter Berücksichtigung der Notwendigkeit, einen wirksamen und ausreichenden Schutz der Rechte an geistigem Eigentum zu fördern sowie sicherzustellen, dass die Massnahmen und Verfahren zur Durchsetzung der Rechte an geistigem Eigentum nicht selbst zu Schranken für den rechtmässigen Handel werden,

in der Erkenntnis, dass es zu diesem Zweck neuer Regeln und Disziplinen bedarf

a) für die Anwendbarkeit der Grundsätze des GATT 1994 und der einschlägigen internationalen Übereinkünfte über geistiges Eigentum,

b) für die Aufstellung angemessener Normen und Grundsätze betreffend die Verfügbarkeit, den Umfang und die Ausübung der handelsbezogenen Rechte an geistigem Eigentum,

c) für die Bereitstellung wirksamer und angemessener Mittel zur Durchsetzung der handelsbezogenen Rechte an geistigem Eigentum unter Berücksichtigung der Unterschiede in den Rechtssystemen der einzelnen Länder,

d) für die Bereitstellung wirksamer und schneller Verfahren für die multilaterale Vermeidung und Beilegung von Streitigkeiten zwischen Regierungen und

e) für Übergangsbestimmungen, durch die eine möglichst umfassende Beteiligung an den Ergebnissen der Verhandlungen erreicht werden soll,

in Erkenntnis der Notwendigkeit eines multilateralen Rahmens von Grundsätzen, Regeln und Disziplinen für den internationalen Handel mit nachgeahmten Waren,

in der Erkenntnis, dass die Rechte an geistigem Eigentum private Rechte sind,

in Erkenntnis der den Systemen der Mitglieder für den Schutz des geistigen Eigentums zugrundeliegenden, der öffentlichen Ordnung dienenden Ziele, einschliesslich der entwicklungs- und technologiepolitischen Ziele,

in Erkenntnis des besonderen Bedürfnisses der am wenigsten entwickelten Mitgliedstaaten, über möglichst grosse Flexibilität zu verfügen, die es ihnen ermöglicht, bei der innerstaatlichen Durchführung von Gesetzen und sonstigen Vorschriften eine gesunde und tragfähige technologische Grundlage zu schaffen,

unter Betonung der Bedeutung des Abbaus von Spannungen durch die verstärkte Verpflichtung, handelsbezogene Streitigkeiten über geistiges Eigentum in multilateralen Verfahren zu lösen, in dem Wunsch, eine der gegenseitigen Unterstützung dienende Beziehung zwischen der WTO und der Weltorganisation für geistiges Eigentum (im folgenden «WIPO» genannt) sowie anderen einschlägigen internationalen Organisationen herzustellen –

sind wie folgt übereingekommen:

Teil I: Allgemeine Bestimmungen und Grundsätze

Art. 1   Art und Umfang der Verpflichtungen

1. Die Mitglieder setzen die Bestimmungen dieses Abkommens um. Die Mitglieder können in ihr Recht einen umfassenderen Schutz als den in diesem Abkommen geforderten aufnehmen, sofern dieser Schutz dem Abkommen nicht zuwiderläuft; sie sind dazu aber nicht verpflichtet. Es steht den Mitgliedern frei, die geeignete Methode für die Umsetzung der Bestimmungen des Abkommens in ihr eigenes Rechtssystem und in ihre eigene Rechtspraxis festzulegen.

2. Der Begriff «geistiges Eigentum» im Sinne dieses Abkommens umfasst alle Arten des geistigen Eigentums, die Gegenstand der Abschnitte 1–7 von Teil II sind.

3. Die Mitglieder gewähren den Staatsangehörigen der anderen Mitglieder die in diesem Abkommen vorgesehene Behandlung.[1] In bezug auf das betreffende Recht an geistigem Eigentum sind unter den Staatsangehörigen der anderen Mitglieder diejenigen natürlichen oder juristischen Personen zu verstehen, welche die Voraussetzungen für die Schutzfähigkeit der Pariser Verbandsübereinkunft (1967), der Berner Übereinkunft (1971), des Rom-Abkommens und des Vertrags über den Schutz des geistigen Eigentums an integrierten Schaltkreisen erfüllen würden, wenn alle Mitglieder der WTO Mitglieder dieser Übereinkünfte wären.[2] Ein Mitglied, das von den in Artikel 5 Absatz 3 oder in Artikel 6 Absatz 2 des Rom-Abkommens

---

[1]   «Staatsangehöriger» im Sinne dieses Abkommens ist im Fall eines eigenen Zollgebiets, das Mitglied der WTO ist, eine natürliche oder juristische Person, die ihren Wohnsitz oder eine tatsächliche und effektive gewerbliche oder geschäftliche Niederlassung in diesem Zollgebiet hat.

[2]   In diesem Abkommen bedeutet «Pariser Verbandsübereinkunft» die Pariser Verbandsübereinkunft zum Schutz des gewerblichen Eigentums; «Pariser Verbandsübereinkunft (1967)» bedeutet die Stockholmer Fassung dieser Übereinkunft vom 14. Juli 1967 (SR 0.232.04). «Berner Übereinkunft» bedeutet die Berner Übereinkunft zum Schutz von Werken der Literatur und Kunst; «Berner Übereinkunft (1971)» bedeutet die Pariser Fassung dieser Übereinkunft vom 24. Juli 1971 (SR 0.231.15). «Rom-Abkommen» bedeutet das am 26. Oktober 1961 (SR 0.231.171) in Rom angenommene Internationale Abkommen über den Schutz der ausübenden Künstler, der Hersteller von Tonträgern und der Sendeunternehmen. «Vertrag über den Schutz des geistigen Eigentums an integrierten Schaltkreisen» (IPIC-Vertrag) bedeutet den am 26. Mai 1989 in Washington angenommenen Vertrag über den Schutz des geistigen Eigentums an integrierten Schaltkreisen. «WTO-Abkommen» bedeutet das Abkommen zur Errichtung der Welthandelsorganisation.

vorgesehenen Möglichkeiten Gebrauch macht, nimmt eine Notifikation gemäss diesen Bestimmungen an den Rat für handelsbezogene Aspekte der Rechte an geistigem Eigentum («Rat für TRIPS») vor.

Art. 2 Übereinkünfte über geistiges Eigentum

1. In bezug auf die Teile II, III und IV dieses Abkommens befolgen die Mitglieder die Artikel 1–12 sowie 19 der Pariser Verbandsübereinkunft (1967).

2. Die Teile I–IV dieses Abkommens setzen die nach der Pariser Verbandsübereinkunft, der Berner Übereinkunft, dem Rom-Abkommen und dem Vertrag über den Schutz des geistigen Eigentums an integrierten Schaltkreisen bestehenden Verpflichtungen der Mitglieder untereinander nicht ausser Kraft.

Art. 3 Inländerbehandlung

1. Die Mitglieder gewähren den Staatsangehörigen der anderen Mitglieder eine Behandlung, die diese gegenüber ihren eigenen Staatsangehörigen in bezug auf den Schutz[1] des geistigen Eigentums nicht benachteiligt, vorbehaltlich der bereits in der Pariser Verbandsübereinkunft (1967), der Berner Übereinkunft (1971), dem Rom-Abkommen oder dem Vertrag über den Schutz des geistigen Eigentums an integrierten Schaltkreisen vorgesehenen Ausnahmen. In bezug auf die ausübenden Künstler, die Hersteller von Tonträgern und die Sendeunternehmen gilt diese Verpflichtung nur für die in diesem Abkommen vorgesehenen Rechte. Ein Mitglied, dass von den in Artikel 6 der Berner Übereinkunft (1971) oder in Artikel 16 Absatz 1 Buchstabe b des Rom-Abkommens vorgesehenen Möglichkeiten Gebrauch macht, nimmt eine Notifikation nach diesen Bestimmungen an den Rat für TRIPS vor.

2. Die Mitglieder dürfen in bezug auf Gerichts- und Verwaltungsverfahren, einschliesslich der Bestimmung einer Zustellungsanschrift und der Bestellung eines Vertreters im Hoheitsbereich eines Mitglieds, von den nach Absatz 1 zulässigen Ausnahmen nur Gebrauch machen, wenn diese notwendig sind, um die Einhaltung von Gesetzen und sonstigen Vorschriften sicherzustellen, die mit den Bestimmungen dieses Abkommens nicht unvereinbar sind, und wenn diese Praktiken nicht so angewandt werden, dass sie versteckte Handelsbeschränkungen darstellen.

Art. 4 Meistbegünstigung

In bezug auf den Schutz des geistigen Eigentums werden alle Vorteile, Vergünstigungen, Vorrechte oder Befreiungen, die ein Mitglied den Staatsangehörigen eines anderen Landes gewährt, unmittelbar und bedingungslos den Staatsangehörigen

---

1 Im Sinne der Artikel 3 und 4 schliesst «Schutz» die Angelegenheiten ein, welche die Verfügbarkeit, den Erwerb, den Umfang, die Aufrechterhaltung und die Durchsetzung der Rechte an geistigem Eigentum betreffen, sowie diejenigen Angelegenheiten, welche die Ausübung der in diesem Abkommen ausdrücklich behandelten Rechte an geistigem Eigentum betreffen.

aller anderen Mitglieder gewährt. Von dieser Verpflichtung ausgenommen sind Vorteile, Vergünstigungen, Vorrechte und Befreiungen, die von einem Mitglied gewährt werden und

a) die sich aus internationalen Übereinkünften über Rechtshilfe oder Vollstreckung ableiten, die allgemeiner Art sind und sich nicht vor allem auf den Schutz des geistigen Eigentums beschränken;

b) die im Einklang mit den Bestimmungen der Berner Übereinkunft (1971) oder des Rom-Abkommens gewährt werden, die zulassen, dass die gewährte Behandlung nicht von der Inländerbehandlung, sondern von der in einem anderen Land gewährten Behandlung abhängig gemacht wird;

c) die sich auf die in diesem Abkommen nicht vorgesehenen Rechte der ausübenden Künstler, der Hersteller von Tonträgern und der Sendeunternehmen beziehen;

d) die sich aus internationalen Übereinkünften über den Schutz des geistigen Eigentums ableiten, die vor Inkrafttreten des WTO-Abkommens in Kraft getreten sind, vorausgesetzt, dass diese Übereinkünfte dem Rat für TRIPS notifiziert werden und keine willkürliche oder ungerechtfertigte Diskriminierung der Staatsangehörigen der anderen Mitglieder darstellen.

Art. 5 Mehrseitige Übereinkünfte über den Erwerb oder die Aufrechterhaltung des Schutzes

Die Verpflichtungen nach den Artikeln 3 und 4 gelten nicht für Verfahren, die in mehrseitigen, unter der Schirmherrschaft der WIPO geschlossenen Übereinkünften über den Erwerb oder die Aufrechterhaltung von Rechten an geistigem Eigentum vorgesehen sind.

Art. 6 Erschöpfung

Zum Zwecke der Streitbeilegung nach diesem Abkommen darf dieses Abkommen vorbehaltlich der Artikel 3 und 4 nicht dazu verwendet werden, die Frage der Erschöpfung der Rechte an geistigem Eigentum zu behandeln.

Art. 7 Ziele

Der Schutz und die Durchsetzung der Rechte an geistigem Eigentum sollen zur Förderung der technischen Innovation sowie zum Transfer und zur Verbreitung von Technologie beitragen, dem beiderseitigen Vorteil der Produzenten und der Nutzer technischen Wissens dienen, auf eine dem gesellschaftlichen und wirtschaftlichen Wohl zuträgliche Weise erfolgen und zu einem Gleichgewicht der Rechte und Pflichten führen.

Art. 8 Grundsätze

1. Die Mitglieder können bei der Ausarbeitung oder Änderung ihrer Gesetze und sonstigen Vorschriften die Massnahmen treffen, die zum Schutz der öffentlichen Gesundheit und der Ernährung sowie zur Förderung des öffentlichen Interesses in den für ihre sozioökonomische und technologische Entwicklung entscheidend wichtigen Sektoren notwendig sind, sofern diese Massnahmen mit diesem Abkommen vereinbar sind.

2. Geeignete Massnahmen, die mit diesem Abkommen vereinbar sein müssen, können nötig sein, um den Missbrauch von Rechten an geistigem Eigentum durch den Rechteinhaber oder den Rückgriff auf Praktiken, die den Handel unangemessen beschränken oder den internationalen Technologietransfer nachteilig beeinflussen, zu verhindern.

Teil II: Normen über die Verfügbarkeit, den Umfang und die Ausübung der Rechte an geistigem Eigentum
Abschnitt 1: Urheberrecht und verwandte Schutzrechte

Art. 9 Verhältnis zur Berner Übereinkunft

1. Die Mitglieder befolgen die Artikel 1–21 der Berner Übereinkunft (1971) und deren Anhang. Die Mitglieder haben jedoch aus dem Abkommen keine Rechte oder Pflichten in bezug auf die nach Artikel 6*bis* der Berner Übereinkunft (1971) gewährten oder die daraus abgeleiteten Rechte.

2. Der urheberrechtliche Schutz erstreckt sich auf Ausdrucksformen, nicht aber auf Ideen, Verfahren, Arbeitsweisen oder mathematische Konzepte als solche.

Art. 10 Computerprogramme und Datensammlungen

1. Computerprogramme in Quellcode oder Programmcode werden als Werke der Literatur nach der Berner Übereinkunft (1971) geschützt.

2. Sammlungen von Daten oder sonstigem Material in maschinenlesbarer oder anderer Form, die aufgrund der Auswahl oder der Anordnung ihres Inhalts geistige Schöpfungen darstellen, werden als solche geschützt. Dieser Schutz, der sich nicht auf die Daten oder das Material selbst erstreckt, lässt ein an den Daten oder an dem Material selbst bestehendes Urheberrecht unberührt.

Art. 11 Vermietrechte

Zumindest für Computerprogramme und Filmwerke gewähren die Mitglieder den Urhebern und ihren Rechtsnachfolgern das Recht, die gewerbliche Vermietung von Originalen oder Kopien ihrer urheberrechtlich geschützten Werke an die Öffentlichkeit zu erlauben oder zu untersagen. Die Mitglieder sind hierzu bei Filmwerken nur verpflichtet, wenn deren Vermietung zu einem umfangreichen Kopieren dieser Werke geführt hat, welches das den Urhebern und ihren Rechtsnachfolgern in diesem Mitgliedstaat gewährte ausschliessliche Recht auf Vervielfältigung erheblich beeinträchtigt. Bei Computerprogrammen gilt diese Verpflichtung nicht für Vermietungen, bei denen das Programm selbst nicht der wesentliche Gegenstand der Vermietung ist.

Art. 12 Schutzdauer

Wird die Dauer des Schutzes eines Werkes, das kein photographisches Werk und kein Werk der angewandten Kunst ist, auf einer anderen Grundlage als jener der Lebensdauer einer natürlichen Person berechnet, so muss die Schutzdauer mindestens 50 Jahre, vom Ende des Jahres der erlaubten Veröffentlichung an gerechnet, oder, falls es innerhalb von 50 Jahren seit der Herstellung des Werkes zu keiner erlaubten Veröffentlichung kommt, 50 Jahre, vom Ende des Jahres der Herstellung an gerechnet, betragen.

Art. 13 Beschränkungen und Ausnahmen

Die Mitglieder grenzen Beschränkungen und Ausnahmen von ausschliesslichen Rechten auf bestimmte Sonderfälle ein, die weder die normale Verwertung des Werkes beeinträchtigen noch die berechtigten Interessen des Rechteinhabers unangemessen verletzen.

Art. 14 Schutz der ausübenden Künstler, der Hersteller von Tonträgern (Tonaufnahmen) und der Sendeunternehmen

1. In bezug auf die Aufzeichnung ihrer Darbietung auf einem Tonträger haben die ausübenden Künstler die Möglichkeit, folgende Handlungen zu untersagen, wenn diese ohne ihre Erlaubnis vorgenommen werden: die Aufzeichnung ihrer nicht aufgezeichneten Darbietung und die Vervielfältigung einer solchen Aufzeichnung. Die ausübenden Künstler haben auch die Möglichkeit, folgende Handlungen zu untersagen, wenn diese ohne ihre Erlaubnis vorgenommen werden: die Sendung und die öffentliche Wiedergabe ihrer Live-Darbietung.

2. Die Hersteller von Tonträgern haben das Recht, die unmittelbare oder mittelbare Vervielfältigung ihrer Tonträger zu erlauben oder zu untersagen.

3. Die Sendeunternehmen haben das Recht, folgende Handlungen zu untersagen, wenn diese ohne ihre Erlaubnis vorgenommen werden: die Aufzeichnung, die Vervielfältigung von Aufzeichnungen und die Weitersendung ihrer Sendungen sowie die öffentliche Wiedergabe ihrer Fernsehsendungen. Die Mitglieder, die den Sendeunternehmen diese Rechte nicht gewähren, bieten den Inhabern des Urheberrechts bei Sendungen die Möglichkeit, die genannten Handlungen vorbehaltlich der Bestimmungen der Berner Übereinkunft (1971) zu untersagen.

4. Die Bestimmungen des Artikels 11 über Computerprogramme finden entsprechende Anwendung auf die Hersteller von Tonträgern und die sonstigen Inhaber der Rechte an Tonträgern nach dem Recht des Mitglieds. Ist am 15. April 1994 in einem Mitgliedstaat zugunsten der Rechteinhaber ein System der angemessenen Vergütung für die Vermietung von Tonträgern in Kraft, so kann der Mitgliedstaat dieses System beibehalten, sofern nicht die gewerbliche Vermietung der Tonträger die ausschliesslichen Rechte der Rechteinhaber auf Vervielfältigung erheblich beeinträchtigt.

5. Die Dauer des den ausübenden Künstlern und den Herstellern von Tonträgern nach diesem Abkommen zu gewährenden Schutzes muss mindestens 50 Jahre, vom Ende des Jahres der Aufzeichnung oder der Darbietung an gerechnet, betragen. Die Dauer des aufgrund von Absatz 3 zu gewährenden Schutzes muss mindestens 20 Jahre, vom Ende des Jahres der Sendung an gerechnet, betragen.

6. Die Mitglieder können in bezug auf die nach den Absätzen 1, 2 und 3 gewährten Rechte in dem vom Rom-Abkommen zugelassenen Umfang Bedingungen, Beschränkungen, Ausnahmen und Vorbehalte vorsehen. Jedoch findet Artikel 18 der Berner Übereinkunft (1971) sinngemäss auch auf die Rechte der ausübenden Künstler und der Hersteller von Tonträgern an Tonträgern Anwendung.

Abschnitt 2: Marken

Art. 15 Gegenstand des Schutzes

1. Alle Zeichen und alle Zeichenkombinationen, die geeignet sind, die Waren oder Dienstleistungen eines Unternehmens von denen anderer Unternehmen zu unterscheiden, können eine Marke darstellen. Solche Zeichen, insbesondere Wörter einschliesslich Personennamen, Buchstaben, Zahlen, Bildelemente und Farbverbindungen, sowie alle Kombinationen dieser Zeichen sind als Marken eintragungsfähig. Sind die Zeichen ihrem Wesen nach nicht geeignet, die betreffenden Waren oder Dienstleistungen zu unterscheiden, so können die Mitglieder ihre Eintragungsfähigkeit von ihrer durch Benutzung erworbenen Unterscheidungskraft abhängig machen. Die Mitglieder dürfen die visuelle Wahrnehmbarkeit der Zeichen zur Voraussetzung für die Eintragung machen.

2. Absatz 1 hindert ein Mitglied nicht daran, die Eintragung einer Marke aus anderen Gründen abzulehnen, sofern diese nicht im Widerspruch zu den Bestimmungen der Pariser Verbandsübereinkunft (1967) stehen.

3. Die Mitglieder können die Eintragungsfähigkeit von der Benutzung abhängig machen. Die tatsächliche Benutzung einer Marke darf jedoch keine Voraussetzung für die Einreichung eines Antrags auf Eintragung sein. Ein Antrag darf nicht allein aus dem Grund abgelehnt werden, dass die beabsichtigte Benutzung nicht vor Ablauf von drei Jahren seit Antragstellung stattgefunden hat.

4. Die Art der Waren oder der Dienstleistungen, für welche die Marke gelten soll, darf kein Hindernis für die Eintragung der Marke darstellen.

5. Die Mitglieder veröffentlichen alle Marken entweder vor ihrer Eintragung oder umgehend nach ihrer Eintragung und sehen eine angemessene Möglichkeit vor, Anträge auf Löschung der Eintragung zu stellen. Darüber hinaus können die Mitglieder die Möglichkeit vorsehen, gegen die Eintragung einer Marke Widerspruch einzulegen.

Art. 16   Rechte aus der Marke

1. Der Inhaber einer eingetragenen Marke hat das ausschliessliche Recht, allen Dritten zu untersagen, ohne seine Zustimmung im geschäftlichen Verkehr identische oder ähnliche Zeichen für Waren oder Dienstleistungen zu benutzen, die identisch mit denen oder ähnlich denen sind, für welche die Marke eingetragen ist, wenn diese Benutzung eine Verwechslungsgefahr zur Folge hätte. Bei Benutzung eines identischen Zeichens für identische Waren oder Dienstleistungen wird die Verwechslungsgefahr vermutet. Die vorstehend beschriebenen Rechte beeinträchtigen weder bestehende ältere Rechte noch die Möglichkeit der Mitglieder, Rechte aufgrund der Benutzung vorzusehen.

2. Artikel 6*bis* der Pariser Verbandsübereinkunft (1967) findet sinngemäss auf Dienstleistungen Anwendung. Bei der Entscheidung, ob eine Marke notorisch bekannt ist, berücksichtigen die Mitglieder die Bekanntheit der Marke im betreffenden Teil der Öffentlichkeit, einschliesslich der Bekanntheit im betreffenden Mitgliedstaat, die infolge der Werbung für die Marke erlangt wurde.

3. Artikel 6*bis* der Pariser Verbandsübereinkunft (1967) findet sinngemäss auf diejenigen Waren und Dienstleistungen Anwendung, die denen, für welche die Marke eingetragen ist, nicht ähnlich sind, sofern die Benutzung dieser Marke im Zusammenhang mit diesen Waren oder Dienstleistungen auf eine Verbindung zwischen diesen Waren oder Dienstleistungen und dem Inhaber der eingetragenen Marke hinweisen würde und die Interessen des Inhabers der eingetragenen Marke durch diese Benutzung beeinträchtigt werden könnten.

Art. 17   Ausnahmen

Die Mitglieder können begrenzte Ausnahmen von den Rechten aus der Marke vorsehen, etwa was die angemessene Verwendung beschreibender Angaben betrifft, sofern bei diesen Ausnahmen die berechtigten Interessen des Inhabers der Marke und Dritter berücksichtigt werden.

Art. 18   Schutzdauer

Die Laufzeit der ersten Eintragung und jeder Verlängerung der Eintragung einer Marke beträgt mindestens sieben Jahre. Die Eintragung einer Marke kann unbegrenzt verlängert werden.

Art. 19   Erfordernis der Benutzung

1. Wird für die Aufrechterhaltung einer Eintragung die Benutzung verlangt, so darf die Eintragung erst gelöscht werden, wenn sie während drei Jahren ununterbrochen nicht benutzt wurde und der Inhaber der Marke keine triftigen Gründe vorbringt, an der Benutzung gehindert worden zu sein. Umstände, die unabhängig vom Willen des Inhabers eintreten und ein Hindernis für die Benutzung der Marke darstellen, wie etwa Einfuhrbeschränkungen oder sonstige staatliche Vorschriften für die durch die Marke geschützten Waren oder Dienstleistungen, werden als triftige Gründe für die Nichtbenutzung anerkannt.

2. Die Benutzung einer Marke durch einen Dritten wird in bezug auf die Aufrechterhaltung der Eintragung als Benutzung der Marke anerkannt, wenn sie der Kontrolle des Markeninhabers untersteht.

Art. 20   Sonstige Erfordernisse

Die Benutzung einer Marke im geschäftlichen Verkehr darf nicht ungerechtfertigt durch besondere Erfordernisse erschwert werden, wie etwa die gleichzeitige Benutzung mit einer anderen Marke, die Benutzung in einer besonderen Form oder die Benutzung auf eine Weise, die ihre Kraft zur Unterscheidung der Waren oder Dienstleistungen eines Unternehmens von denen anderer Unternehmen beeinträchtigt. Dies schliesst nicht das Erfordernis aus, die Marke, welche das die Waren oder Dienstleistungen herstellende Unternehmen kennzeichnet, zusammen, aber ohne Verbindung mit der Marke zu benutzen, welche die betreffenden besonderen Waren oder Dienstleistungen dieses Unternehmens unterscheidet.

Art. 21   Lizenzerteilung und Abtretung

Die Mitglieder können die Bedingungen für die Erteilung von Lizenzen auf und die Übertragung von Marken mit der Massgabe festlegen, dass Zwangslizenzen auf Marken nicht zulässig sind und dass der Inhaber einer eingetragenen Marke berechtigt ist, die Marke unabhängig von der Übertragung des Geschäftsbetriebs, zu dem die Marke gehört, zu übertragen.

Abschnitt 3: Geographische Angaben

Art. 22   Schutz geographischer Angaben

1. Geographische Angaben im Sinne dieses Abkommens sind Angaben, die eine Ware als aus dem Hoheitsgebiet eines Mitglieds oder aus einer Region oder aus einem Ort in diesem Hoheitsgebiet stammend kennzeichnen, wenn eine bestimmte Qualität, ein bestimmter Ruf oder ein anderes bestimmtes Merkmal der Ware im wesentlichen seinem geographischen Ursprung zuzuschreiben ist.

2. In bezug auf geographische Angaben sehen die Mitglieder die rechtlichen Mittel vor, mit denen die beteiligten Parteien folgendes untersagen können:
a) die Verwendung eines Hinweises in der Bezeichnung oder der Aufmachung einer Ware, der auf eine hinsichtlich des geographischen Ursprungs der Ware die Öffentlichkeit irreführende Weise angibt oder nahelegt, dass die betreffende Ware ihren Ursprung in einem anderen geographischen Gebiet als dem wahren Ursprungsort hat;
b) jede Verwendung, die unlauteren Wettbewerb im Sinne von Artikel 10*bis* der Pariser Verbandsübereinkunft (1967) darstellt.

3. Die Mitglieder lehnen von Amts wegen, sofern ihre Rechtsvorschriften dies zulassen, oder auf Antrag einer beteiligten Partei die Eintragung einer Marke, die eine geographische Angabe enthält oder aus ihr besteht, für Waren, die ihren Ursprung nicht in dem angegebenen Gebiet haben, ab oder erklären sie für ungültig, wenn die Verwendung der Angabe in der Marke für solche Waren im betreffenden Mitgliedstaat geeignet ist, die Öffentlichkeit hinsichtlich des wahren Ursprungsorts irrezuführen.

4. Der Schutz nach den Absätzen 1, 2 und 3 kann auch gegen geographische Angaben angewandt werden, die zwar hinsichtlich des Ursprungsgebiets, der Ursprungsregion oder des Ursprungsorts der Waren dem Buchstaben nach wahr sind, in der Öffentlichkeit aber den falschen Eindruck hervorrufen, dass die Waren ihren Ursprung in einem anderen Gebiet haben.

Art. 23 Zusätzlicher Schutz für geographische Angaben für Weine und Spirituosen

1. Die Mitglieder sehen die rechtlichen Mittel vor, mit denen die beteiligten Parteien untersagen können, dass geographische Angaben zur Kennzeichnung von Weinen für Weine verwendet werden, die ihren Ursprung nicht in dem durch die betreffende geographische Angabe bezeichneten Ort haben, oder dass geographische Angaben zur Kennzeichnung von Spirituosen für Spirituosen verwendet werden, die ihren Ursprung nicht in dem durch die betreffende geographische Angabe bezeichneten Ort haben, selbst wenn der wahre Ursprung der Waren angegeben oder die geographische Angabe in der Übersetzung verwendet oder von Ausdrücken wie «Art», «Typ», «Stil», «Imitation» oder ähnlichem begleitet wird.[1]

2. Die Eintragung einer Marke für Weine, die eine geographische Angabe enthält oder aus ihr besteht, durch die Weine gekennzeichnet werden, oder einer Marke für Spirituosen, die eine geographische Angabe enthält oder aus ihr besteht, durch die Spirituosen gekennzeichnet werden, wird in bezug auf Weine oder Spirituosen, die diesen Ursprung nicht haben, von Amtes wegen, sofern die Rechtsvorschriften des

---

[1] Abweichend von Artikel 42 Satz 1 können die Mitglieder in bezug auf diese Verpflichtungen statt dessen die Durchsetzung durch Verwaltungsmassnahmen vorsehen.

Mitglieds dies zulassen, oder auf Antrag einer beteiligten Partei abgelehnt oder für ungültig erklärt.

3. Im Fall gleichlautender geographischer Angaben für Weine wird für jede Angabe vorbehaltlich des Artikels 22 Absatz 4 Schutz gewährt. Die Mitglieder legen die konkreten Bedingungen fest, unter denen die betreffenden gleichlautenden Angaben voneinander abgegrenzt werden, und berücksichtigen dabei, dass die betroffenen Produzenten angemessen behandelt und die Konsumenten nicht irregeführt werden.

4. Um den Schutz geographischer Angaben für Weine zu erleichtern, werden im Rat für TRIPS Verhandlungen über die Errichtung eines multilateralen Systems der Notifikation und der Eintragung geographischer Angaben für Weine geführt, die in den am System beteiligten Mitgliedstaaten schutzfähig sind.

Art. 24 Internationale Verhandlungen; Ausnahmen

1. Die Mitglieder vereinbaren, in Verhandlungen einzutreten, die darauf abzielen, den Schutz einzelner geographischer Angaben nach Artikel 23 zu verstärken. Ein Mitglied kann sich nicht auf die Absätze 4–8 berufen, um die Führung von Verhandlungen oder den Abschluss zweiseitiger oder mehrseitiger Vereinbarungen zu verweigern. Die Mitglieder sind bereit, im Rahmen der Verhandlungen die Weitergeltung dieser Bestimmungen für einzelne geographische Angaben in Betracht zu ziehen, deren Verwendung Gegenstand der Verhandlungen war.

2. Der Rat für TRIPS überprüft die Umsetzung der Bestimmungen dieses Abschnitts; die erste Überprüfung findet innerhalb von zwei Jahren nach Inkrafttreten des WTO-Abkommens statt. Alle Fragen, welche die Einhaltung der sich aus diesen Bestimmungen ergebenden Verpflichtungen betreffen, können dem Rat zur Kenntnis gebracht werden; dieser konsultiert auf Antrag eines Mitglieds ein oder mehrere Mitglieder zu den Fragen, bei denen es nicht möglich war, durch zweiseitige oder mehrseitige Konsultationen zwischen den betroffenen Mitgliedern eine befriedigende Lösung zu finden. Der Rat trifft die Massnahmen, die vereinbart worden sind, um das Funktionieren dieses Abschnitts zu erleichtern und die Erreichung seiner Ziele zu fördern.

3. Bei der Umsetzung dieses Abschnitts behalten die Mitglieder den Schutz geographischer Angaben, der im betreffenden Mitgliedstaat unmittelbar vor Inkrafttreten des WTO-Abkommens bestand, mindestens bei.

4. Dieser Abschnitt verpflichtet ein Mitglied nicht, die fortgesetzte und gleichartige Verwendung einer bestimmten geographischen Angabe eines anderen Mitglieds, durch die Weine oder Spirituosen gekennzeichnet werden, im Zusammenhang mit Waren oder Dienstleistungen durch seine Staatsangehörigen oder Gebietsansässigen zu untersagen, wenn sie diese geographische Angabe im Hoheitsgebiet des Mitglieds für dieselben oder verwandte Waren oder Dienstleistungen ohne Unterbrechung entweder a) vor dem 15. April 1994 mindestens zehn Jahre lang oder b) vor diesem Tag gutgläubig verwendet haben.

5. Wurde eine Marke gutgläubig angemeldet oder eingetragen oder wurden Rechte an einer Marke durch gutgläubige Benutzung erworben,

a) bevor diese Bestimmungen in diesem Mitgliedstaat im Sinne von Teil VI Anwendung finden oder

b) bevor die geographische Angabe in ihrem Ursprungsland geschützt ist,

so dürfen die zur Umsetzung dieses Abschnitts getroffenen Massnahmen die Eintragungsfähigkeit oder die Gültigkeit der Eintragung einer Marke oder das Recht auf Benutzung einer Marke nicht aufgrund der Tatsache beeinträchtigen, dass die Marke mit einer geographischen Angabe identisch oder ihr ähnlich ist.

6. Dieser Abschnitt verpflichtet ein Mitglied nicht, seine Bestimmungen auf eine geographische Angabe eines anderen Mitglieds für Waren oder Dienstleistungen anzuwenden, für welche die einschlägige Angabe identisch mit dem Ausdruck ist, der im Hoheitsgebiet des Mitglieds in der Alltagssprache die übliche Bezeichnung dieser Waren und Dienstleistungen ist. Dieser Abschnitt verpflichtet ein Mitglied nicht, seine Bestimmungen auf eine geographische Angabe eines anderen Mitglieds für Erzeugnisse des Rebstocks anzuwenden, für welche die einschlägige Angabe identisch mit der üblichen Bezeichnung einer Rebsorte ist, die bei Inkrafttreten des WTO-Abkommens im Hoheitsgebiet des Mitglieds besteht.

7. Die Mitglieder können vorsehen, dass ein nach diesem Abschnitt im Zusammenhang mit der Benutzung oder der Eintragung einer Marke gestellter Antrag innerhalb von fünf Jahren einzureichen ist, nachdem die entgegenstehende Verwendung der geschützten Angabe in diesem Mitglied allgemein bekannt geworden ist oder nachdem die Marke in diesem Mitgliedstaat eingetragen worden ist, sofern die Marke zu diesem Zeitpunkt veröffentlicht ist, falls dieser Zeitpunkt vor dem Zeitpunkt liegt, an dem die entgegenstehende Verwendung in diesem Mitgliedstaat allgemein bekannt geworden ist, sofern die geographische Angabe nicht bösgläubig verwendet oder eingetragen wird.

8. Dieser Abschnitt beeinträchtigt nicht das Recht einer Person, im geschäftlichen Verkehr ihren Namen oder den Namen ihres Geschäftsvorgängers zu verwenden, sofern dieser Name nicht in einer die Öffentlichkeit irreführenden Weise verwendet wird.

9. Nach diesem Abkommen besteht keine Verpflichtung, geographische Angaben zu schützen, die in ihrem Ursprungsland nicht oder nicht mehr geschützt sind oder in diesem Land ungebräuchlich geworden sind.

Abschnitt 4: Gewerbliche Muster

Art. 25 Schutzvoraussetzungen

1. Die Mitglieder sehen den Schutz unabhängig geschaffener gewerblicher Muster vor, die neu oder originell sind. Die Mitglieder können bestimmen, dass Muster nicht als neu oder originell gelten, wenn sie sich von bekannten Mustern oder von Kombi-

nationen bekannter Merkmale von Mustern nicht wesentlich unterscheiden. Die Mitglieder können bestimmen, dass sich dieser Schutz nicht auf Muster erstreckt, die im wesentlichen aufgrund technischer oder funktioneller Erwägungen vorgegeben sind.

2. Die Mitglieder stellen sicher, dass die Voraussetzungen für die Gewährung des Schutzes für Textilmuster, insbesondere hinsichtlich Kosten, Prüfung oder Veröffentlichung, die Möglichkeit, diesen Schutz zu beantragen und zu erlangen, nicht unangemessen beeinträchtigen. Es steht den Mitgliedern frei, dieser Verpflichtung durch musterrechtliche oder urheberrechtliche Vorschriften nachzukommen.

Art. 26 Schutz

1. Der Inhaber eines geschützten gewerblichen Musters hat das Recht, Dritten zu untersagen, ohne seine Zustimmung Waren herzustellen, zu verkaufen oder einzuführen, die ein Muster tragen oder enthalten, das eine Nachmachung oder eine Nachahmung des geschützten Musters ist, sofern diese Handlungen gewerblichen Zwecken dienen.

2. Die Mitglieder können begrenzte Ausnahmen vom Schutz gewerblicher Muster vorsehen, sofern diese Ausnahmen weder die normale Verwertung der geschützten gewerblichen Muster noch die berechtigten Interessen des Inhabers des geschützten Musters unangemessen beeinträchtigen und dabei die berechtigten Interessen Dritter berücksichtigt werden.

3. Die Schutzdauer muss mindestens zehn Jahre betragen.

Abschnitt 5: Patente

Art. 27 Patentfähiger Gegenstand

1. Vorbehaltlich der Absätze 2 und 3 werden Patente für Erfindungen, ob es sich um Erzeugnisse oder Verfahren handelt, auf allen Gebieten der Technik erteilt, sofern sie neu sind, auf einer erfinderischen Tätigkeit beruhen und gewerblich anwendbar sind.[1] Vorbehaltlich des Artikels 65 Absatz 4, des Artikels 70 Absatz 8 und des Absatzes 3 erfolgt die Erteilung von Patenten und die Ausübung von Patentrechten unabhängig vom Ort der Erfindung, vom Gebiet der Technik oder davon, ob die Erzeugnisse eingeführt oder im Land selber hergestellt werden.

2. Die Mitglieder können Erfindungen von der Patentierbarkeit ausschliessen, wenn die Verhinderung ihrer gewerblichen Verwertung in ihrem Hoheitsgebiet zum Schutz der öffentlichen Ordnung oder der guten Sitten einschliesslich des Schutzes des

---

1 Für die Zwecke dieses Artikels können die Mitglieder die Ausdrücke «erfinderische Tätigkeit» und «gewerblich anwendbar» als Synonyme der Ausdrücke «nicht naheliegend» beziehungsweise «nützlich» betrachten.

Lebens oder der Gesundheit von Menschen, Tieren oder Pflanzen oder zur Vermeidung einer schweren Schädigung der Umwelt notwendig ist, sofern der Ausschluss nicht allein deshalb vorgenommen wird, weil das Landesrecht die Verwertung verbietet.

3. Die Mitglieder können von der Patentierbarkeit auch ausschliessen:
a) diagnostische, therapeutische und chirurgische Verfahren für die Behandlung von Menschen oder Tieren;
b) Pflanzen und Tiere mit Ausnahme von Mikroorganismen sowie im wesentlichen biologische Verfahren zur Züchtung von Pflanzen oder Tieren mit Ausnahme von nichtbiologischen und mikrobiologischen Verfahren. Die Mitglieder sehen jedoch den Schutz von Pflanzensorten entweder durch Patente oder durch ein wirksames System sui generis oder durch eine Verbindung beider vor. Die Bestimmungen dieses Buchstabens werden vier Jahre nach Inkrafttreten des WTO-Abkommens überprüft.

Art. 28 Rechte aus dem Patent

1. Ein Patent verleiht seinem Inhaber die folgenden ausschliesslichen Rechte:
a) wenn der Gegenstand des Patents ein Erzeugnis ist, Dritten zu untersagen, ohne Zustimmung des Inhabers folgende Handlungen vorzunehmen: das Herstellen, das Benutzen, das Anbieten, das Verkaufen und die diesen Zwecken dienende Einfuhr[1] des Erzeugnisses;
b) wenn der Gegenstand des Patents ein Verfahren ist, Dritten zu untersagen, ohne Zustimmung des Inhabers das Verfahren anzuwenden und folgende Handlungen vorzunehmen: das Benutzen, das Anbieten, das Verkaufen und die diesen Zwecken dienende Einfuhr zumindest des durch das Verfahren unmittelbar hergestellten Erzeugnisses.

2. Der Patentinhaber ist auch berechtigt, das Patent rechtsgeschäftlich oder auf dem Wege der Rechtsnachfolge zu übertragen und Lizenzverträge zu schliessen.

Art. 29 Bedingungen für Patentanmelder

1. Die Mitglieder verlangen vom Anmelder eines Patents, die Erfindung so deutlich und vollständig zu offenbaren, dass eine Fachperson sie ausführen kann, und sie können vom Anmelder verlangen, die nach Wissen des Erfinders am Tag der Anmeldung oder, wenn Priorität in Anspruch genommen wird, am Prioritätstag der Anmeldung beste Art der Ausführung der Erfindung anzugeben.

2. Die Mitglieder können vom Anmelder eines Patents verlangen, Angaben über entsprechende von ihm angemeldete oder erteilte Auslandpatente zu machen.

---

1 Dieses Recht unterliegt wie alle anderen nach diesem Abkommen gewährten Rechte in bezug auf Benutzung, Verkauf, Einfuhr oder sonstiges Verbreiten von Waren den Bestimmungen von Artikel 6.

Art. 30 Ausnahmen von den Rechten aus dem Patent

Die Mitglieder können begrenzte Ausnahmen von den ausschliesslichen Rechten aus dem Patent vorsehen, sofern diese Ausnahmen weder die normale Verwertung des Patents noch die berechtigten Interessen des Patentinhabers unangemessen beeinträchtigen und dabei die berechtigten Interessen Dritter berücksichtigt werden.

Art. 31 Sonstige Benutzung ohne Erlaubnis des Rechteinhabers

Lässt das Recht eines Mitglieds die sonstige Benutzung[1] des Gegenstands eines Patents ohne Erlaubnis des Rechteinhabers zu, einschliesslich der Benutzung durch die Regierung oder durch von der Regierung ermächtigte Dritte, so sind die folgenden Bestimmungen zu beachten:

a) Die Erlaubnis zu einer solchen Benutzung ist nach den Umständen des Einzelfalls zu prüfen;

b) eine solche Benutzung darf nur erlaubt werden, wenn derjenige, der die Benutzung beabsichtigt, sich vor der Benutzung darum bemüht hat, die Erlaubnis des Rechteinhabers zu angemessenen, geschäftsüblichen Bedingungen zu erhalten, und wenn diese Bemühungen innerhalb einer angemessenen Frist ohne Erfolg geblieben sind. Ein Mitglied kann im Fall des nationalen Notstands oder sonstiger Umstände von äusserster Dringlichkeit oder in Fällen der öffentlichen, nichtgewerblichen Benutzung auf dieses Erfordernis verzichten. Im Fall des nationalen Notstands oder sonstiger Umstände von äusserster Dringlichkeit ist jedoch der Rechteinhaber zu benachrichtigen, sobald dies durchführbar ist. Wenn im Fall der öffentlichen, nichtgewerblichen Benutzung die Regierung oder der Unternehmer, ohne eine Patentnachforschung vorgenommen zu haben, weiss oder aufgrund der Umstände wissen muss, dass ein gültiges Patent von der oder für die Regierung benutzt wird oder benutzt werden wird, ist der Rechteinhaber umgehend zu benachrichtigen;

c) Umfang und Dauer einer solchen Benutzung sind auf den Zweck zu begrenzen, für den sie erlaubt wurde; handelt es sich um Halbleitertechnik, so darf sie nur zur öffentlichen, nichtgewerblichen Benutzung erfolgen oder um eine in einem Gerichts- oder Verwaltungsverfahren festgestellte wettbewerbswidrige Praxis abzustellen;

d) eine solche Benutzung ist keine ausschliessliche;

e) eine solche Benutzung kann nicht einem anderen übertragen werden, es sei denn, dass sie zusammen mit dem Teil des Unternehmens oder des Goodwills übertragen wird, dem diese Benutzung zusteht;

f) eine solche Benutzung ist vorwiegend für die Versorgung des Binnenmarkts des Mitglieds, das sie zulässt, zu erlauben;

---

1 «Sonstige Benutzung» ist eine andere als die nach Artikel 30 erlaubte Benutzung.

g) die Erlaubnis zu einer solchen Benutzung unterliegt vorbehaltlich eines angemessenen Schutzes der berechtigten Interessen der ermächtigten Personen der Aufhebung, sofern und sobald die Umstände, die zu ihr geführt haben, nicht mehr bestehen und voraussichtlich nicht wieder eintreten. Die zuständige Behörde ist befugt, auf begründeten Antrag hin den Fortbestand dieser Umstände zu überprüfen;

h) dem Rechteinhaber ist eine nach den Umständen des Einzelfalls angemessene Vergütung zu zahlen, wobei der wirtschaftliche Wert der Erlaubnis zu berücksichtigen ist;

i) die Rechtsgültigkeit des Entscheids über die Erlaubnis zu einer solchen Benutzung unterliegt der Überprüfung durch ein Gericht oder einer sonstigen unabhängigen Überprüfung durch eine gesonderte übergeordnete Behörde des Mitglieds;

j) der Entscheid über die für eine solche Benutzung vorgesehene Vergütung unterliegt der Überprüfung durch ein Gericht oder einer sonstigen unabhängigen Überprüfung durch eine gesonderte übergeordnete Behörde des Mitglieds;

k) die Mitglieder sind nicht verpflichtet, die unter den Buchstaben b und f festgelegten Bedingungen anzuwenden, wenn eine solche Benutzung erlaubt wird, um eine in einem Gerichts- oder Verwaltungsverfahren festgestellte wettbewerbswidrige Praxis abzustellen. Die Notwendigkeit, eine wettbewerbswidrige Praxis zu berichtigen, kann in diesem Fall bei der Festsetzung der Höhe der Vergütung berücksichtigt werden. Die zuständigen Behörden sind befugt, die Aufhebung der Erlaubnis abzulehnen, sofern und sobald damit gerechnet werden muss, dass die Umstände, die zur Erlaubnis geführt haben, wieder eintreten;

l) wird eine solche Benutzung erlaubt, um die Verwertung eines Patents («zweites Patent») zu ermöglichen, das nicht verwertet werden kann, ohne ein anderes Patent («erstes Patent») zu verletzen, so gelten zusätzlich folgende Bedingungen:

　　i) Die im zweiten Patent beanspruchte Erfindung muss gegenüber der im ersten Patent beanspruchten Erfindung einen namhaften technischen Fortschritt von erheblicher wirtschaftlicher Bedeutung darstellen;

　　ii) der Inhaber des ersten Patents hat Anspruch darauf, zu angemessenen Bedingungen eine Gegenlizenz für die Benutzung der im zweiten Patent beanspruchten Erfindung zu erhalten; und

　　iii) die Benutzungserlaubnis betreffend das erste Patent ist nicht übertragbar, es sei denn, dass sie zusammen mit dem zweiten Patent übertragen wird.

Art. 32 Widerruf/Nichtigerklärung

Es ist die Möglichkeit vorzusehen, den Entscheid, mit dem ein Patent widerrufen oder für nichtig erklärt wird, gerichtlich überprüfen zu lassen.

Art. 33 Schutzdauer

Die Schutzdauer muss mindestens zwanzig Jahre vom Tag der Anmeldung an betragen.[1]

Art. 34 Verfahrenspatente: Beweislast

1. Ist ein Verfahren zur Herstellung eines Erzeugnisses Gegenstand des Patents, so sind in Zivilverfahren wegen Verletzung der in Artikel 28 Absatz 1 Buchstabe b genannten Rechte des Inhabers die Justizbehörden befugt, dem Beklagten den Nachweis aufzuerlegen, dass sich das Verfahren für die Herstellung eines identischen Erzeugnisses von dem patentierten Verfahren unterscheidet. Daher sehen die Mitglieder vor, dass ein identisches Erzeugnis, das ohne Zustimmung des Patentinhabers hergestellt wurde, bis zum Beweis des Gegenteils als durch das patentierte Verfahren hergestellt gilt, wenn zumindest einer der nachstehenden Umstände gegeben ist:

a) das durch das patentierte Verfahren hergestellte Erzeugnis ist neu;
b) das identische Erzeugnis wurde mit grosser Wahrscheinlichkeit durch das Verfahren hergestellt, und es ist dem Inhaber des Patents trotz angemessener Bemühungen nicht gelungen, das tatsächlich angewandte Verfahren festzustellen.

2. Es steht den Mitgliedern frei vorzusehen, dass die Beweislast nach Absatz 1 dem angeblichen Zuwiderhandelnden nur dann auferlegt wird, wenn die unter Buchstabe a genannte Bedingung erfüllt ist, oder nur dann, wenn die unter Buchstabe b genannte Bedingung erfüllt ist.

3. Bei der Erbringung des Beweises des Gegenteils ist das berechtigte Interesse des Beklagten am Schutz seiner Fabrikations- und Geschäftsgeheimnisse zu berücksichtigen.

---

1 Es herrscht Einigkeit darüber, dass diejenigen Mitglieder, deren System kein Hauptpatent kennt, vorsehen können, dass die Schutzdauer ab dem Tag der Anmeldung im Hauptpatentsystem gerechnet wird.

Abschnitt 6: Layout-Designs (Topographien) integrierter Schaltkreise

Art. 35 Verhältnis zum IPIC-Vertrag

Die Mitglieder vereinbaren, den Schutz der Layout-Designs (Topographien) integrierter Schaltkreise (im folgenden «Layout-Designs» genannt) nach den Artikeln 2–7 (mit Ausnahme von Artikel 6 Absatz 3), 12 und 16 Absatz 3 des Vertrags über den Schutz des geistigen Eigentums an integrierten Schaltkreisen zu gewähren und darüber hinaus die nachstehenden Bestimmungen einzuhalten.

Art. 36 Schutzumfang

Vorbehaltlich des Artikels 37 Absatz 1 betrachten die Mitglieder die folgenden Handlungen als rechtswidrig, wenn sie ohne Erlaubnis des Rechteinhabers[1] vorgenommen werden: die Einfuhr, das Verkaufen oder das sonstige Verbreiten eines geschützten Layout-Designs, eines integrierten Schaltkreises, in dem ein geschütztes Layout-Design enthalten ist, oder einer Ware, in der ein solcher integrierter Schaltkreis enthalten ist, zu gewerblichen Zwecken, allerdings nur soweit sie weiterhin ein rechtswidrig nachgebildetes Layout-Design enthält.

Art. 37 Handlungen, die nicht der Erlaubnis des Rechteinhabers bedürfen

1. Abweichend von Artikel 36 betrachten die Mitglieder eine Handlung nach Artikel 36 in bezug auf einen integrierten Schaltkreis, in dem ein rechtswidrig nachgebildetes Layout-Design enthalten ist, oder eine Ware, in der ein solcher integrierter Schaltkreis enthalten ist, nicht als rechtswidrig, wenn die Person, die diese Handlung vornimmt oder anordnet, beim Erwerb des integrierten Schaltkreises oder der Ware, in der ein solcher integrierter Schaltkreis enthalten ist, nicht weiss und nicht aufgrund der Umstände wissen muss, dass darin ein rechtswidrig nachgebildetes Layout-Design enthalten ist. Die Mitglieder erlassen Bestimmungen, nach denen diese Person nach dem Zeitpunkt, zu dem sie hinreichende Kenntnis davon erlangt hat, dass das Layout-Design rechtswidrig nachgebildet wurde, die genannten Handlungen in bezug auf den vorhandenen und den vor diesem Zeitpunkt bestellten Bestand vornehmen darf, jedoch an den Rechteinhaber einen Betrag zu zahlen hat, der einer angemessenen Lizenzgebühr entspricht, wie sie aufgrund eines frei ausgehandelten Lizenzvertrags über ein solches Layout-Design zu zahlen wäre.

2. Die in Artikel 31 Buchstaben a–k aufgeführten Bedingungen sind im Fall von Zwangslizenzen an Layout-Designs oder ihrer Benutzung durch oder für die Regierung ohne Erlaubnis des Rechteinhabers sinngemäss anwendbar.

---

1 Der Begriff «Rechteinhaber» in diesem Abschnitt ist gleichbedeutend mit dem Begriff «Inhaber des Rechts» im IPIC-Vertrag.

Art. 38 Schutzdauer

1. In den Mitgliedstaaten, in denen die Eintragung als Schutzvoraussetzung vorgeschrieben ist, muss die Schutzdauer für Layout-Designs mindestens 10 Jahre vom Tag der Anmeldung an oder seit der ersten gewerblichen Verwertung, wo auch immer auf der Welt diese stattfindet, betragen.
2. In den Mitgliedstaaten, in denen die Eintragung nicht als Schutzvoraussetzung vorgeschrieben ist, muss die Schutzdauer für Layout-Designs mindestens 10 Jahre von der ersten gewerblichen Verwertung an betragen, wo auch immer auf der Welt diese stattfindet.
3. Abweichend von den Absätzen 1 und 2 können die Mitglieder vorsehen, dass der Schutz 15 Jahre nach der Schaffung des Layout-Designs erlischt.

Abschnitt 7: Schutz vertraulicher Informationen

Art. 39

1. Zur Gewährleistung eines wirksamen Schutzes gegen unlauteren Wettbewerb entsprechend Artikel 10*bis* der Pariser Verbandsübereinkunft (1967) schützen die Mitglieder vertrauliche Informationen nach Massgabe von Absatz 2 und dem Staat oder den staatlichen Stellen vorgelegte Angaben nach Massgabe von Absatz 3.
2. Natürliche und juristische Personen haben die Möglichkeit zu untersagen, dass Informationen, die sich rechtmässig in ihrer Verfügungsgewalt befinden, ohne ihre Zustimmung in einer gegen die redliche Geschäftspraxis verstossenden Weise[1] Dritten preisgegeben oder von diesen erworben oder verwendet werden, solange diese Informationen
a) in dem Sinne geheim sind, dass sie weder in ihrer Gesamtheit noch in der genauen Anordnung und Zusammenstellung ihrer Bestandteile den Angehörigen der Kreise, die sich normalerweise mit den betreffenden Informationen befassen, allgemein bekannt oder leicht zugänglich sind;
b) einen Marktwert haben, weil sie geheim sind; und
c) Gegenstand von den Umständen entsprechenden Geheimhaltungsmassnahmen durch die Person gewesen sind, in deren Verfügungsgewalt sie sich rechtmässig befinden.

---

1   Im Sinne dieser Bestimmung wird unter «eine gegen die redliche Geschäftspraxis verstossende Weise» zumindest eine Verhaltensweise wie Vertragsverletzung, Verletzung der Geheimhaltungspflicht und Verleitung hierzu verstanden, die den Erwerb vertraulicher Informationen durch Dritte einschliesst, die wussten oder grob fahrlässig nicht wussten, dass eine solche Verhaltensweise beim Erwerb eine Rolle spielte.

3. Schreiben die Mitglieder als Voraussetzung für die Marktzulassung von pharmazeutischen oder agrochemischen Erzeugnissen, in denen neue chemische Stoffe verwendet werden, die Vorlage vertraulicher Testergebnisse oder sonstiger Angaben vor, deren Erstellung erhebliche Anstrengungen erfordert, so schützen sie diese Angaben vor unlauterer gewerblicher Verwendung. Darüber hinaus schützen die Mitglieder diese Angaben vor Preisgabe, sofern diese nicht zum Schutz der Öffentlichkeit notwendig ist oder sofern nicht Massnahmen zum Schutz der Angaben vor unlauterer gewerblicher Verwendung getroffen werden.

Abschnitt 8: Kontrolle wettbewerbswidriger Praktiken in vertraglichen Lizenzen

Art. 40

1. Die Mitglieder sind sich darüber einig, dass gewisse Praktiken und Bedingungen bei der Erteilung von Lizenzen auf Rechte an geistigem Eigentum, die den Wettbewerb beschränken, nachteilige Auswirkungen auf den Handel haben und den Transfer und die Verbreitung von Technologie behindern können.

2. Das Abkommen hindert die Mitglieder nicht daran, in ihren Rechtsvorschriften Lizenzerteilungspraktiken und -bedingungen aufzuführen, die in besonderen Fällen einen Missbrauch von Rechten an geistigem Eigentum darstellen und eine nachteilige Auswirkung auf den Wettbewerb auf dem einschlägigen Markt haben können. Wie vorstehend vorgesehen, können die Mitglieder im Einklang mit den übrigen Bestimmungen des Abkommens geeignete Massnahmen treffen, um unter Berücksichtigung ihrer einschlägigen Gesetze und sonstigen Vorschriften solche Praktiken, zu denen beispielsweise Bedingungen für die ausschliessliche Rückübertragung von Lizenzen, Bedingungen, welche die Anfechtung der Rechtsgültigkeit verhindern, und die zwangsweise Zusammenfassung von Lizenzen gehören können, zu verhindern oder zu kontrollieren.

3. Jedes Mitglied nimmt auf Ersuchen Konsultationen mit einem anderen Mitglied auf, das Grund zu der Annahme hat, dass ein Inhaber eines Rechts an geistigem Eigentum, der Staatsangehöriger oder Gebietsansässiger des Mitglieds ist, an welches das Ersuchen um Konsultationen gerichtet wird, Praktiken ausübt, welche die den Gegenstand dieses Abschnitts betreffenden Gesetze und sonstigen Vorschriften des ersuchenden Mitglieds verletzen, und das die Einhaltung dieser Rechtsvorschriften unbeschadet rechtlicher Schritte und unbeschadet der vollen Freiheit des endgültigen Entscheides beider Mitglieder zu gewährleisten wünscht. Das ersuchte Mitglied gewährt dem ersuchenden Mitglied eine umfassende und wohlwollende Prüfung und gibt ihm angemessene Gelegenheit zu Konsultationen; es arbeitet mit ihm zusammen, indem es vorbehaltlich des innerstaatlichen Rechts und des Abschlusses von beide Seiten befriedigenden Vereinbarungen über die Wahrung der Vertraulichkeit durch das ersuchende Mitglied diesem öffentlich zugängliche nicht-

vertrauliche Informationen, welche für die betreffende Frage von Bedeutung sind, sowie andere ihm vorliegende Informationen zur Verfügung stellt.

4. Einem Mitglied, gegen dessen Staatsangehörige oder Gebietsansässige in einem anderen Mitgliedstaat ein Verfahren wegen einer angeblichen Verletzung der den Gegenstand dieses Abschnitts betreffenden Gesetze und sonstigen Vorschriften dieses anderen Mitglieds eingeleitet wurde, gibt das andere Mitglied auf Ersuchen Gelegenheit zu Konsultationen zu den Bedingungen nach Absatz 3.

Teil III: Durchsetzung der Rechte an geistigem Eigentum
Abschnitt 1: Allgemeine Pflichten

Art. 41

1. Die Mitglieder stellen sicher, dass ihr Recht die in diesem Teil aufgeführten Verfahren zur Rechtsdurchsetzung vorsieht, um ein wirksames Vorgehen gegen jede Verletzung von unter das Abkommen fallenden Rechten an geistigem Eigentum einschliesslich schneller Abhilfemassnahmen zur Verhinderung von Verletzungen und Abhilfemassnahmen zur Abschreckung von weiteren Verletzungen zu ermöglichen. Diese Verfahren sind so anzuwenden, dass die Errichtung von Schranken für den rechtmässigen Handel vermieden wird und dass der Schutz vor ihrem Missbrauch gewährleistet ist.

2. Die Verfahren zur Durchsetzung von Rechten an geistigem Eigentum müssen gerecht und billig sein. Sie dürfen weder unnötig kompliziert oder kostspielig sein noch unangemessene Fristen oder ungerechtfertigte Verzögerungen mit sich bringen.

3. Die Sachentscheide sind vorzugsweise schriftlich abzufassen und mit Gründen zu versehen. Sie müssen zumindest den Verfahrensparteien ohne ungehörige Verzögerung zugänglich gemacht werden. Die Sachentscheide dürfen sich nur auf Beweise stützen, zu denen die Parteien sich äussern konnten.

4. Die Verfahrensparteien müssen die Möglichkeit haben, gegen abschliessende Entscheide der Verwaltungsbehörden und, vorbehaltlich der Zuständigkeitsbestimmungen im Recht des Mitglieds in bezug auf die Bedeutung eines Falles, zumindest auch die rechtlichen Aspekte der erstinstanzlichen Sachentscheide der Gerichte durch eine Justizbehörde überprüfen zu lassen. Es besteht jedoch keine Verpflichtung, eine Möglichkeit zur Überprüfung von Freisprüchen in Strafsachen vorzusehen.

5. Es herrscht Einigkeit darüber, dass dieser Teil weder die Verpflichtung begründet, ein gerichtliches System für die Durchsetzung der Rechte an geistigem Eigentum getrennt von demjenigen für die Durchsetzung des Rechts im allgemeinen zu schaffen, noch die Möglichkeit der Mitglieder berührt, ihr Recht im allgemeinen durchzusetzen. Dieser Teil begründet keine Verpflichtung, ein eigenes, von der Durch-

setzung des Rechts im allgemeinen getrenntes gerichtliches System zur Durchsetzung der Rechte an geistigem Eigentum vorzusehen.

Abschnitt 2: Zivil- und verwaltungsrechtliche Verfahren und Abhilfemassnahmen

Art. 42   Gerechte und billige Verfahren

Die Mitglieder machen den Rechteinhabern[1] Zivilverfahren für die Durchsetzung der unter dieses Abkommen fallenden Rechte an geistigem Eigentum zugänglich. Die beklagte Partei hat Anspruch auf rechtzeitige schriftliche Benachrichtigung, die genügend Einzelheiten einschliesslich der Anspruchsgrundlage enthalten muss. Den Parteien ist zu gestatten, sich durch einen unabhängigen Prozessbevollmächtigten vertreten zu lassen, und es darf ihnen in den Verfahren keine unzumutbare Pflicht zum persönlichen Erscheinen auferlegt werden. Die Parteien dieser Verfahren sind berechtigt, ihre Behauptungen zu substantiieren und alle zweckdienlichen Beweismittel beizubringen. In den Verfahren sind Mittel vorzusehen, mit denen vertrauliche Informationen gekennzeichnet und geschützt werden, sofern dies nicht den verfassungsrechtlichen Vorschriften widerspricht.

Art. 43   Beweismittel

1. Hat eine Partei als Beleg für ihre Behauptungen in angemessener Weise verfügbare Beweismittel beigebracht und Beweismittel benannt, die sich in der Verfügungsgewalt der Gegenpartei befinden, so sind die Justizbehörden befugt anzuordnen, dass diese Beweismittel von der Gegenpartei beigebracht werden, gegebenenfalls mit gewissen Auflagen zum Schutz vertraulicher Informationen.

2. Für die Fälle, in denen eine Verfahrenspartei absichtlich und ohne triftigen Grund den Zugang zu notwendigen Informationen verweigert oder diese nicht innerhalb einer angemessenen Frist beibringt oder auf andere Weise ein Verfahren zur Durchsetzung eines Rechts wesentlich behindert, können die Mitglieder die Justizbehörden ermächtigen, auf der Grundlage der diesen vorliegenden Informationen, einschliesslich der Klageschrift und des Vorbringens der durch die Verweigerung des Zugangs zu den Informationen beeinträchtigten Partei, positive oder negative vorläufige oder endgültige Entscheide zu treffen; zuvor ist den Parteien Gelegenheit zu geben, sich zu dem Vorbringen oder den Beweismitteln zu äussern.

---

1   In diesem Teil gelten als «Rechteinhaber» auch Verbände und Vereinigungen, die rechtlich befugt sind, solche Rechte geltend zu machen.

Art. 44 Unterlassungsanordnungen

1. Die Justizbehörden sind befugt, eine Partei anzuweisen, von einer Verletzung abzulassen, unter anderem um zu verhindern, dass eingeführte Waren, die ein Recht an geistigem Eigentum verletzen, unmittelbar nach ihrer Verzollung in die Handelswege ihres Zuständigkeitsbereichs gelangen. Die Mitglieder sind nicht verpflichtet, diese Befugnis für einen geschützten Gegenstand zu erteilen, der von einer Person erworben oder bestellt wird, bevor sie weiss oder aufgrund der Umstände wissen muss, dass der Handel mit diesem Gegenstand ein Recht an geistigem Eigentum verletzt.

2. Sofern die Bestimmungen von Teil II über die Benutzung ohne Erlaubnis des Rechteinhabers durch die Regierung oder durch von der Regierung ermächtigte Dritte eingehalten werden, können die Mitglieder abweichend von den übrigen Bestimmungen von Teil III die gegen eine solche Benutzung zur Verfügung stehenden Abhilfemassnahmen auf die Zahlung einer Vergütung gemäss Artikel 31 Buchstabe h beschränken. In anderen Fällen finden die in diesem Teil festgelegten Abhilfemassnahmen Anwendung, oder es sind, falls diese Abhilfemassnahmen mit dem Recht des Mitglieds unvereinbar sind, Feststellungsurteile und angemessene Entschädigung vorzusehen.

Art. 45 Schadensersatz

1. Die Justizbehörden sind befugt, den Zuwiderhandelnden anzuweisen, dem Rechteinhaber den Schadensersatz zu leisten, der als Ausgleich für den Schaden angemessen ist, den der Rechteinhaber aufgrund der Verletzung seines Rechts an geistigem Eigentum durch den Zuwiderhandelnden erlitten hat, der wusste oder aufgrund der Umstände wissen musste, dass er eine Verletzung beging.

2. Die Justizbehörden sind ferner befugt, den Zuwiderhandelnden anzuweisen, dem Rechteinhaber die Kosten zu erstatten, zu denen auch angemessene Anwaltskosten gehören können. Gegebenenfalls können die Mitglieder die Justizbehörden ermächtigen, die Herausgabe der Gewinne und/oder die Leistung eines zuvor festgesetzten Schadensersatzes selbst dann anzuordnen, wenn der Zuwiderhandelnde nicht wusste oder nicht aufgrund der Umstände wissen musste, dass er eine Verletzung beging.

Art. 46 Sonstige Abhilfemassnahmen

Um wirksam von Verletzungen abzuschrecken, sind die Justizbehörden befugt anzuordnen, dass über Waren, die nach ihren Feststellungen ein Recht verletzen, ohne Entschädigung ausserhalb der Handelswege so verfügt wird, dass dem Rechteinhaber kein Schaden entstehen kann, oder dass sie vernichtet oder zerstört werden, sofern dies nicht den verfassungsrechtlichen Erfordernissen zuwiderläuft. Die Justizbehörden sind ferner befugt anzuordnen, dass über Materialien und Werkzeuge, die vorwiegend zur Herstellung der rechtsverletzenden Waren verwendet wurden, ohne Entschädigung ausserhalb der Handelswege so verfügt wird, dass die

Gefahr weiterer Verletzungen möglichst gering gehalten wird. Bei der Prüfung entsprechender Anträge sind die Notwendigkeit eines angemessenen Verhältnisses zwischen der Schwere der Verletzung und den angeordneten Abhilfemassnahmen sowie die Interessen Dritter zu berücksichtigen. Bei nachgeahmten Markenwaren ist die blosse Entfernung der rechtswidrig angebrachten Marke für die Überlassung der Waren in die Handelswege nur in Ausnahmefällen ausreichend.

Art. 47   Recht auf Auskunft

Die Mitglieder können vorsehen, dass die Justizbehörden befugt sind, den Zuwiderhandelnden anzuweisen, den Rechteinhaber von der Identität Dritter, die an der Herstellung und an der Verbreitung der rechtsverletzenden Waren oder Dienstleistungen beteiligt sind, und von ihren Verbreitungswegen in Kenntnis zu setzen, sofern diese Massnahme der Schwere der Verletzung angemessen ist.

Art. 48   Entschädigung des Beklagten

1. Die Justizbehörden sind befugt, eine Partei, auf deren Antrag Massnahmen getroffen wurden und die Verfahren zur Rechtsdurchsetzung missbräuchlich benutzt hat, anzuweisen, einer zu Unrecht mit einem Verbot oder einer Beschränkung belegten Partei angemessenen Ersatz für den durch einen solchen Missbrauch erlittenen Schaden zu leisten. Die Justizbehörden sind ferner befugt, den Antragsteller anzuweisen, dem Beklagten die Kosten zu erstatten, zu denen auch angemessene Anwaltskosten gehören können.

2. In bezug auf die Anwendung von Rechtsvorschriften über den Schutz oder die Durchsetzung der Rechte an geistigem Eigentum stellen die Mitglieder Behörden und Beamte von der Haftung nur frei, wenn sie bei der Anwendung dieser Rechtsvorschriften gutgläubig gehandelt oder zu handeln beabsichtigt haben.

Art. 49   Verwaltungsrechtliche Verfahren

Soweit in verwaltungsrechtlichen Verfahren als Folge von Sachentscheiden zivilrechtliche Abhilfemassnahmen angeordnet werden können, müssen diese Verfahren Grundsätzen entsprechen, die im wesentlichen den in diesem Abschnitt dargelegten Grundsätzen gleichwertig sind.

Abschnitt 3: Vorsorgliche Massnahmen

Art. 50

1. Die Justizbehörden sind befugt, umgehende und wirksame vorsorgliche Massnahmen anzuordnen,

   a) um die Verletzung eines Rechts an geistigem Eigentum zu verhindern und um insbesondere zu verhindern, dass Waren, einschliesslich eingeführter Waren unmittelbar nach der Verzollung, in die Handelswege ihres Zuständigkeitsbereichs gelangen;

b) um Beweise für die behauptete Verletzung zu sichern.

2. Die Justizbehörden sind befugt, soweit angebracht, vorsorgliche Massnahmen ohne Anhörung der anderen Partei zu treffen, insbesondere wenn wahrscheinlich ist, dass dem Rechteinhaber durch eine Verzögerung ein nicht wiedergutzumachender Schaden entsteht, oder wenn nachweislich die Gefahr besteht, dass Beweismittel vernichtet werden.

3. Die Justizbehörden sind befugt, vom Antragsteller zu verlangen, soweit zumutbar, Beweismittel beizubringen, um sich mit hinreichender Sicherheit davon überzeugen zu können, dass der Antragsteller der Inhaber des Rechts ist und dass das Recht des Antragstellers verletzt wird oder dass eine solche Verletzung droht; sie können vom Antragsteller eine Kaution oder eine gleichwertige Sicherheit verlangen, die ausreicht, um den Beklagten zu schützen und einem Missbrauch vorzubeugen.

4. Werden vorsorgliche Massnahmen ohne Anhörung der anderen Partei getroffen, so sind sie den betroffenen Parteien spätestens unverzüglich nach der Durchführung der Massnahmen mitzuteilen. Der Beklagte kann eine Überprüfung der Massnahmen, die das Recht zur Äusserung einschliesst, beantragen, die innerhalb einer angemessenen Frist nach der Mitteilung feststellen soll, ob die Massnahmen geändert, aufgehoben oder bestätigt werden.

5. Vom Antragsteller kann verlangt werden, weitere Auskünfte zu geben, die für die Sicherung der Identität der betreffenden Waren durch die Behörde, welche die vorsorglichen Massnahmen durchführt, notwendig sind.

6. Unbeschadet des Absatzes 4 werden aufgrund der Absätze 1 und 2 getroffene vorsorgliche Massnahmen auf Antrag des Beklagten aufgehoben oder auf andere Weise ausser Kraft gesetzt, falls ein zu einem Sachentscheid führendes Verfahren nicht innerhalb einer angemessenen Frist eingeleitet wird; diese wird entweder von der die Massnahme anordnenden Justizbehörde festgesetzt, sofern dies nach dem Recht des Mitglieds zulässig ist; ohne eine solche Festsetzung beträgt die Frist höchstens 20 Arbeitstage oder 31 Kalendertage, sofern letzterer Zeitraum der längere ist.

7. Werden vorsorgliche Massnahmen aufgehoben oder werden sie aufgrund einer Handlung oder einer Unterlassung des Antragstellers hinfällig oder wird in der Folge festgestellt, dass keine Verletzung eines Rechts an geistigem Eigentum vorlag oder drohte, so sind die Justizbehörden befugt, auf Antrag des Beklagten den Antragsteller anzuweisen, dem Beklagten angemessenen Ersatz für den durch diese Massnahmen entstandenen Schaden zu leisten.

8. Soweit in verwaltungsrechtlichen Verfahren vorsorgliche Massnahmen angeordnet werden können, müssen diese Verfahren Grundsätzen entsprechen, die im wesentlichen den in diesem Abschnitt dargelegten Grundsätzen gleichwertig sind.

Abschnitt 4: Besondere Voraussetzungen für Massnahmen an der Grenze[1]

Art. 51 Aussetzung der Freigabe durch die Zollbehörden

Die Mitglieder sehen nach den nachstehenden Bestimmungen Verfahren[2] vor, in denen ein Rechteinhaber, der triftige Gründe zu der Annahme hat, dass es zur Einfuhr von nachgeahmten Markenwaren oder unerlaubt hergestellten urheberrechtlich geschützten Waren[3] kommen kann, bei den zuständigen Verwaltungs- oder Justizbehörden schriftlich beantragen kann, dass die Zollbehörden die Freigabe dieser Waren aussetzen. Die Mitglieder können vorsehen, dass ein solcher Antrag auch in bezug auf Waren gestellt werden kann, bei denen es um andere Verletzungen von Rechten an geistigem Eigentum geht, sofern die Voraussetzungen dieses Abschnitts erfüllt sind. Die Mitglieder können ferner entsprechende Verfahren für die Aussetzung der Freigabe von Waren, die für die Ausfuhr aus ihrem Hoheitsgebiet bestimmt sind, durch die Zollbehörden vorsehen.

Art. 52 Antrag

Die Rechteinhaber, welche die Verfahren nach Artikel 51 einleiten wollen, müssen angemessene Beweise beibringen, um die zuständigen Behörden davon zu überzeugen, dass nach dem Recht des Einfuhrlands Verdacht besteht, dass eine Verletzung ihres Rechts an geistigem Eigentum vorliegt, sowie eine hinreichend genaue Beschreibung der Waren liefern, die sie für die Zollbehörden leicht erkennbar macht. Die zuständigen Behörden teilen dem Antragsteller innerhalb einer angemessenen Frist mit, ob sie den Antrag annehmen und für welchen Zeitraum die Zollbehörden

---

1 Hat ein Mitglied die Überwachung des Verkehrs mit Waren über seine Grenze mit einem anderen Mitglied, mit dem es Teil einer Zollunion ist, im wesentlichen abgebaut, so braucht es die Bestimmungen dieses Abschnitts an der betreffenden Grenze nicht anzuwenden.
2 Es herrscht Einigkeit darüber, dass keine Verpflichtung besteht, diese Verfahren auf die Einfuhr von Waren, die in einem anderen Land vom Rechteinhaber oder mit seiner Zustimmung in den Verkehr gebracht wurden, oder auf Transitwaren anzuwenden.
3 Im Sinne des Abkommens sind:
a) «nachgeahmte Markenwaren» Waren einschliesslich ihrer Verpackung, die ohne Erlaubnis eine Marke tragen, die mit einer rechtsgültig für solche Waren eingetragenen Marke identisch ist oder die sich in ihren wesentlichen Merkmalen nicht von einer solchen Marke unterscheiden lässt, und die dadurch nach dem Recht des Einfuhrlands die Rechte des Inhabers der betreffenden Marke verletzen;
b) «unerlaubt hergestellte urheberrechtlich geschützte Waren» Waren, die ohne Zustimmung des Rechteinhabers oder der vom Rechteinhaber im Herstellungsland ordnungsgemäss bevollmächtigten Person hergestellte Kopien sind, die unmittelbar oder mittelbar von einem Gegenstand gemacht wurden, dessen Kopieren nach dem Recht des Einfuhrlands die Verletzung eines Urheberrechts oder eines verwandten Schutzrechts darstellt.

Massnahmen treffen werden, sofern von den zuständigen Behörden ein Zeitraum festgelegt worden ist.

Art. 53 Kaution oder gleichwertige Sicherheit

1. Die zuständigen Behörden sind befugt, vom Antragsteller eine Kaution oder eine gleichwertige Sicherheit zu verlangen, die ausreicht, um den Beklagten und die zuständigen Behörden zu schützen und einem Missbrauch vorzubeugen. Die Kaution oder die entsprechende Sicherheitsleistung darf nicht unangemessen von der Inanspruchnahme dieser Verfahren abschrecken.

2. Wird in Anwendung der Bestimmungen dieses Abschnitts die Freigabe von Waren, für die gewerbliche Muster, Patente, Layout-Designs oder vertrauliche Informationen verwendet wurden, von den Zollbehörden aufgrund eines nicht von einer Justizbehörde oder einer sonstigen unabhängigen Behörde getroffenen Entscheids ausgesetzt und ist die in Artikel 55 vorgesehene Frist abgelaufen, ohne dass die ordnungsgemäss ermächtigte Behörde eine vorläufige Massnahme getroffen hat, und sind alle anderen Voraussetzungen für die Einfuhr erfüllt, so hat der Eigentümer, der Importeur oder der Empfänger dieser Waren Anspruch auf deren Freigabe gegen Leistung einer Sicherheit in einer Höhe, die zum Schutz des Rechteinhabers vor einer Verletzung ausreicht. Die Leistung der Sicherheit berührt nicht die Inanspruchnahme anderer Abhilfemassnahmen durch den Rechteinhaber, wobei davon ausgegangen wird, dass die Sicherheit freigegeben wird, falls der Rechteinhaber die Durchsetzung des Rechts nicht innerhalb einer angemessenen Frist weiterverfolgt.

Art. 54 Mitteilung der Aussetzung

Dem Importeur und dem Antragsteller wird die Aussetzung der Freigabe von Waren gemäss Artikel 51 umgehend mitgeteilt.

Art. 55 Dauer der Aussetzung

Werden die Zollbehörden nicht innerhalb von 10 Arbeitstagen, nachdem dem Antragsteller die Mitteilung der Aussetzung zugestellt worden ist, davon in Kenntnis gesetzt, dass von einer anderen Partei als dem Beklagten ein zu einem Sachentscheid führendes Verfahren eingeleitet worden ist oder dass die ordnungsgemäss ermächtigte Behörde vorsorgliche Massnahmen zur Verlängerung der Aussetzung der Freigabe der Waren getroffen hat, so sind die Waren freizugeben, sofern alle anderen Voraussetzungen für die Einfuhr oder die Ausfuhr erfüllt sind; gegebenenfalls kann diese Frist um weitere 10 Arbeitstage verlängert werden. Ist ein zu einem Sachentscheid führendes Verfahren eingeleitet worden, so kann der Beklagte eine Überprüfung, die das Recht zur Äusserung einschliesst, beantragen, die innerhalb einer angemessenen Frist feststellen soll, ob die Massnahmen geändert, aufgehoben oder bestätigt werden. Abweichend von diesen Bestimmungen findet Artikel 50 Absatz 6 Anwendung, wenn die Aussetzung der Freigabe von Waren aufgrund einer vorsorglichen gerichtlichen Massnahme durchgeführt oder fortgesetzt wird.

Art. 56 Entschädigung des Importeurs und des Eigentümers der Waren

Die zuständigen Behörden sind befugt, den Antragsteller anzuweisen, dem Importeur, dem Empfänger und dem Eigentümer der Waren angemessenen Ersatz für den durch die rechtswidrige Zurückhaltung von Waren oder durch die Zurückhaltung von gemäss Artikel 55 freigegebenen Waren entstandenen Schaden zu leisten.

Art. 57 Recht auf Beschau und Auskunft

Unbeschadet des Schutzes vertraulicher Informationen ermächtigen die Mitglieder die zuständigen Behörden, dem Rechteinhaber hinreichend Gelegenheit zu geben, die von den Zollbehörden zurückgehaltenen Waren besichtigen zu lassen, damit der Rechteinhaber seine Behauptungen substantiieren kann. Die zuständigen Behörden sind ferner befugt, dem Importeur eine entsprechende Gelegenheit zu geben, diese Waren besichtigen zu lassen. Für die Fälle, in denen ein positiver Sachentscheid ergeht, können die Mitglieder die zuständigen Behörden ermächtigen, dem Rechteinhaber die Namen und die Anschriften des Absenders, des Importeurs und des Empfängers sowie die Menge der betreffenden Waren mitzuteilen.

Art. 58 Tätigwerden von Amtes wegen

Weisen die Mitglieder die zuständigen Behörden an, von sich aus tätig zu werden und die Freigabe der Waren auszusetzen, bei denen ihnen ein Beweis des ersten Anscheins für eine Verletzung eines Rechts an geistigem Eigentum vorliegt,

a) so können die zuständigen Behörden jederzeit beim Rechteinhaber Auskünfte einholen, die ihnen bei der Ausübung dieser Befugnisse helfen können;

b) so wird dem Importeur und dem Rechteinhaber die Aussetzung umgehend mitgeteilt. Hat der Importeur bei den zuständigen Behörden ein Rechtsmittel gegen die Aussetzung eingelegt, so sind für die Aussetzung die Bedingungen nach Artikel 55 sinngemäss anwendbar;

c) so stellen die Mitglieder Behörden und Beamte von der Haftung nur frei, wenn ihre Handlungen in gutem Glauben vorgenommen wurden oder beabsichtigt waren.

Art. 59 Abhilfemassnahmen

Unbeschadet anderer Möglichkeiten des Rechteinhabers zur Durchsetzung seines Rechts und vorbehaltlich des Rechts des Beklagten, die Überprüfung durch eine Justizbehörde zu beantragen, sind die zuständigen Behörden befugt, die Vernichtung oder Zerstörung der rechtsverletzenden Waren oder die Verfügung über sie nach den Grundsätzen von Artikel 46 anzuordnen. Bei nachgeahmten Markenwaren gestatten die Behörden nicht die Wiederausfuhr der rechtsverletzenden Waren in unverändertem Zustand und unterstellen sie nur in Ausnahmefällen einem anderen Zollverfahren.

Art. 60 Einfuhren geringer Mengen

Die Mitglieder können geringe, nicht zum Handel geeignete Mengen von Waren, die sich im persönlichen Gepäck von Reisenden oder in Kleinsendungen befinden, von der Anwendung der vorstehenden Bestimmungen ausnehmen.

Abschnitt 5: Strafverfahren

Art. 61

Die Mitglieder sehen Strafverfahren und Strafen vor, die zumindest bei gewerbsmässiger vorsätzlicher Nachahmung von Markenwaren und bei gewerbsmässiger vorsätzlicher unerlaubter Herstellung urheberrechtlich geschützter Waren Anwendung finden. Die vorzusehenden Rechtsfolgen umfassen Freiheits- und/oder Geldstrafen, die ausreichen, um abschreckend zu wirken, und dem Strafmass entsprechen, das bei entsprechend schweren Straftaten angewandt wird. Gegebenenfalls umfassen die vorzusehenden Rechtsfolgen auch die Beschlagnahmung, die Einziehung und die Vernichtung oder Zerstörung der rechtsverletzenden Waren und der Materialien und Werkzeuge, die vorwiegend zur Begehung der Straftat verwendet wurden. Die Mitglieder können Strafverfahren und Strafen für andere Fälle der Verletzung von Rechten an geistigem Eigentum vorsehen, insbesondere wenn die Handlungen vorsätzlich und gewerbsmässig begangen werden.

Teil IV: Erwerb und Aufrechterhaltung der Rechte an geistigem Eigentum und damit zusammenhängende Verfahren inter partes

Art. 62

1. Die Mitglieder können als Voraussetzung für den Erwerb oder die Aufrechterhaltung der in Teil II Abschnitte 2–6 vorgesehenen Rechte an geistigem Eigentum die Einhaltung angemessener Verfahren und Formalitäten vorschreiben. Diese Verfahren und Formalitäten müssen mit den Bestimmungen dieses Abkommens vereinbar sein.

2. Setzt der Erwerb eines Rechts an geistigem Eigentum die Gewährung oder die Eintragung des Rechts voraus, so stellen die Mitglieder sicher, dass vorbehaltlich der Erfüllung der inhaltlichen Voraussetzungen für den Erwerb des Rechts die Verfahren für die Gewährung oder die Eintragung des Rechts innerhalb einer angemessenen Frist ermöglichen, um eine ungerechtfertigte Verkürzung der Schutzdauer zu vermeiden.

3. Artikel 4 der Pariser Verbandsübereinkunft (1967) ist auf Dienstleistungsmarken sinngemäss anwendbar.

4. Die Verfahren für den Erwerb und die Aufrechterhaltung von Rechten an geistigem Eigentum und, sofern im Recht des Mitglieds vorgesehen, die verwaltungsrechtliche Aufhebung und die Verfahren inter partes wie Widerspruch, Aufhebung und Löschung unterliegen den in Artikel 41 Absätze 2 und 3 dargelegten allgemeinen Grundsätzen.

5. Die abschliessenden Verwaltungsentscheide in den Verfahren nach Absatz 4 unterliegen der Überprüfung durch eine Justizbehörde oder eine justizähnliche Behörde. Es besteht jedoch keine Verpflichtung, die Möglichkeit zu einer solchen Überprüfung von Entscheiden für die Fälle des erfolglosen Widerspruchs und der verwaltungsrechtlichen Aufhebung vorzusehen, sofern die Gründe für diese Verfahren Gegenstand von Anfechtungsverfahren sein können.

Teil V: Vermeidung und Beilegung von Streitigkeiten

Art. 63 Transparenz

1. Die Gesetze und die sonstigen Vorschriften sowie die allgemein anwendbaren abschliessenden Gerichts- und Verwaltungsentscheide, die in einem Mitgliedstaat in bezug auf den Gegenstand des Abkommens (die Verfügbarkeit, der Umfang, der Erwerb und die Durchsetzung der Rechte an geistigem Eigentum sowie die Verhütung ihres Missbrauchs) in Kraft sind, werden in einer Landessprache veröffentlicht oder, wenn eine solche Veröffentlichung nicht durchführbar ist, auf eine Weise öffentlich zugänglich gemacht, die es den Regierungen und den Rechteinhabern ermöglicht, sich damit vertraut zu machen. Die in Kraft befindlichen Vereinbarungen zwischen der Regierung oder einer staatlichen Stelle eines Mitglieds und der Regierung oder einer staatlichen Stelle eines anderen Mitglieds über den Gegenstand des Abkommens werden ebenfalls veröffentlicht.

2. Die Mitglieder notifizieren dem Rat für TRIPS die in Absatz 1 genannten Gesetze und sonstigen Vorschriften, um den Rat bei seiner Überprüfung des Funktionierens dieses Abkommens zu unterstützen. Der Rat ist bestrebt, die Belastung der Mitglieder durch die Erfüllung dieser Verpflichtung möglichst gering zu halten, und kann beschliessen, auf die Verpflichtung zur Notifikation dieser Gesetze und sonstigen Vorschriften an den Rat zu verzichten, falls Konsultationen mit der WIPO über die Errichtung eines gemeinsamen Registers für diese Gesetze und sonstigen Vorschriften erfolgreich sind. In diesem Zusammenhang berücksichtigt der Rat auch die im Hinblick auf die Notifikationen erforderlichen Massnahmen, die sich gemäss den Verpflichtungen des Abkommens aus Artikel 6ter der Pariser Verbandsübereinkunft (1967) ergeben.

3. Die Mitglieder sind bereit, in Beantwortung eines schriftlichen Ersuchens eines anderen Mitglieds die in Absatz 1 genannten Informationen zur Verfügung zu stellen. Ein Mitglied, das Grund zur Annahme hat, dass ein bestimmter Gerichts- oder Verwaltungsentscheid oder eine zweiseitige Vereinbarung auf dem Gebiet der

Rechte an geistigem Eigentum seine Rechte aus diesem Abkommen berührt, kann schriftlich darum ersuchen, Zugang zu diesen Gerichts- oder Verwaltungsentscheiden oder zweiseitigen Vereinbarungen zu erhalten oder über deren Inhalt hinreichend ausführlich unterrichtet zu werden.

4. Die Absätze 1, 2 und 3 verpflichten die Mitglieder nicht, vertrauliche Informationen preiszugeben, wenn dies die Durchsetzung des Rechts behindern oder auf andere Weise dem öffentlichen Interesse zuwiderlaufen oder die berechtigten Geschäftsinteressen einzelner öffentlicher oder privater Unternehmen beeinträchtigen würde.

Art. 64 Streitbeilegung

1. Die Bestimmungen der Artikel XXII und XXIII des GATT 1994 in der Fassung der Streitbeilegungsvereinbarung finden auf die Konsultationen und die Streitbeilegung nach diesem Abkommen Anwendung, sofern in diesem Abkommen nichts anderes bestimmt ist.

2. Artikel XXIII Absatz 1 Buchstaben b und c des GATT 1994 findet auf die Streitbeilegung nach diesem Abkommen während fünf Jahren nach Inkrafttreten des WTO-Abkommens keine Anwendung.

3. Während des in Absatz 2 genannten Zeitraums prüft der Rat für TRIPS den Anwendungsbereich und die Modalitäten der Beschwerden der in Artikel XXIII Absatz 1 Buchstaben b und c des GATT 1994 vorgesehenen Art, die aufgrund dieses Abkommens eingelegt werden, und legt seine Empfehlungen der Ministerkonferenz zur Annahme vor. Die Beschlüsse der Ministerkonferenz zur Annahme dieser Empfehlungen oder zur Verlängerung des in Absatz 2 genannten Zeitraums können nur durch Konsens gefasst werden, und die angenommenen Empfehlungen werden für alle Mitglieder ohne ein weiteres förmliches Annahmeverfahren rechtswirksam.

Teil VI: Übergangsbestimmungen

Art. 65 Übergangsbestimmungen

1. Vorbehaltlich der Absätze 2, 3 und 4 sind die Mitglieder nicht verpflichtet, die Bestimmungen des Abkommens vor Ablauf einer allgemeinen Frist von einem Jahr nach Inkrafttreten des WTO-Abkommens anzuwenden.

2. Die Entwicklungsland-Mitglieder sind berechtigt, die in Absatz 1 festgelegte Frist der Anwendung der Bestimmungen des Abkommens mit Ausnahme der Artikel 3, 4 und 5 um vier Jahre zu verlängern.

3. Andere Mitglieder, die sich im Übergang von der Planwirtschaft zur Marktwirtschaft befinden, die eine Strukturreform ihres Systems des geistigen Eigentums durchführen und die bei der Ausarbeitung und Umsetzung von Gesetzen und sonsti-

gen Vorschriften über geistiges Eigentum besonderen Problemen gegenüberstehen, können ebenfalls die in Absatz 2 vorgesehene Frist in Anspruch nehmen.

4. Soweit die Entwicklungsland-Mitglieder durch das Abkommen verpflichtet werden, den Patentschutz für Waren auf Gebiete der Technik auszudehnen, die in ihrem Hoheitsgebiet am Tag der allgemeinen Anwendung des Abkommens durch diese Mitglieder im Sinne von Absatz 2 nicht schutzfähig sind, können sie die Anwendung der Bestimmungen von Teil II Abschnitt 5 über Erzeugnispatente auf diese Gebiete der Technik um weitere fünf Jahre verlängern.

5. Die Mitglieder, die eine Übergangsfrist nach den Absätzen 1, 2, 3 oder 4 in Anspruch nehmen, sorgen dafür, dass die während dieser Frist vorgenommenen Änderungen ihrer Gesetze und sonstigen Vorschriften sowie ihrer Praxis die Vereinbarkeit mit diesem Abkommen nicht verringert.

Art. 66 Am wenigsten entwickelte Mitgliedstaaten

1. In Anbetracht der besonderen Bedürfnisse und Erfordernisse der am wenigsten entwickelten Mitgliedstaaten, ihrer wirtschaftlichen, finanziellen und administrativen Zwänge sowie ihres Bedürfnisses nach Flexibilität bei der Schaffung einer tragfähigen technologischen Grundlage sind diese Mitglieder während zehn Jahren nach dem Tag der Anwendung im Sinne von Artikel 65 Absatz 1 nicht verpflichtet, die Bestimmungen des Abkommens mit Ausnahme der Artikel 3, 4 und 5 anzuwenden. Der Rat für TRIPS verlängert diese Frist auf ordnungsgemäss begründeten Antrag eines der am wenigsten entwickelten Mitgliedstaaten.

2. Die Industrieland-Mitglieder sehen für die Unternehmen und Einrichtungen in ihrem Hoheitsgebiet Anreize vor, um den Transfer von Technologie in die am wenigsten entwickelten Mitgliedstaaten zu fördern und zu unterstützen, damit diese in den Stand gesetzt werden, eine gesunde und tragfähige technologische Grundlage zu schaffen.

Art. 67 Technische Zusammenarbeit

Um die Umsetzung des Abkommens zu erleichtern, sehen die Industrieland-Mitglieder auf Antrag und zu gegenseitig vereinbarten Bedingungen eine technische und finanzielle Zusammenarbeit zugunsten der Entwicklungsland-Mitglieder und der am wenigsten entwickelten Mitgliedsländer vor. Diese Zusammenarbeit umfasst die Unterstützung bei der Ausarbeitung von Gesetzen und sonstigen Vorschriften zum Schutz und zur Durchsetzung der Rechte an geistigem Eigentum sowie zur Verhinderung ihres Missbrauchs wie auch die Unterstützung bei der Errichtung und Stärkung der für diese Angelegenheiten zuständigen innerstaatlichen Ämter und Einrichtungen, einschliesslich der Ausbildung der Mitarbeiter.

Teil VII: Institutionelle Bestimmungen; Schlussbestimmungen

Art. 68 Rat für handelsbezogene Aspekte der Rechte an geistigem Eigentum

Der Rat für TRIPS überwacht das Funktionieren des Abkommens und insbesondere die Erfüllung der sich hieraus ergebenden Verpflichtungen durch die Mitglieder und gibt den Mitgliedern Gelegenheit zu Konsultationen über mit den handelsbezogenen Aspekten der Rechte an geistigem Eigentum zusammenhängende Fragen. Er nimmt alle sonstigen Aufgaben wahr, die ihm von den Mitgliedern übertragen werden, und gewährt ihnen insbesondere im Rahmen der Streitbeilegung jede erbetene Unterstützung. Der Rat für TRIPS kann bei der Wahrnehmung seiner Aufgaben jede seines Erachtens geeignete Quelle konsultieren und dort Auskünfte einholen. In Konsultationen mit der WIPO bemüht sich der Rat, innerhalb eines Jahres nach seinem ersten Zusammentreten geeignete Vereinbarungen über eine Zusammenarbeit mit Gremien dieser Organisation zu treffen.

Art. 69 Internationale Zusammenarbeit

Die Mitglieder vereinbaren eine Zusammenarbeit, um den internationalen Handel mit Waren, die Rechte an geistigem Eigentum verletzen, zu unterbinden. Zu diesem Zweck errichten sie Kontaktstellen in ihren Verwaltungen, die sie einander notifizieren, und sind sie zum Austausch von Informationen über den Handel mit rechtsverletzenden Waren bereit. Insbesondere fördern sie den Informationsaustausch und die Zusammenarbeit zwischen den Zollbehörden im Hinblick auf den Handel mit nachgeahmten Markenwaren und unerlaubt hergestellten urheberrechtlich geschützten Waren.

Art. 70 Schutz vorhandener Gegenstände

1. Dieses Abkommen begründet keine Verpflichtungen in bezug auf Handlungen, die vor dem Tag der Anwendung des Abkommens durch das betreffende Mitglied vorgenommen werden.

2. Sofern in diesem Abkommen nichts anderes bestimmt ist, begründet das Abkommen keine Verpflichtungen in bezug auf sämtliche Gegenstände, die am Tag der Anwendung des Abkommens durch den betreffenden Mitgliedstaat vorhanden und an diesem Tag in diesem Mitgliedstaat geschützt sind oder die die Schutzvoraussetzungen des Abkommens erfüllen oder in der Folge erfüllen werden. In bezug auf diesen Absatz und die Absätze 3 und 4 bestimmen sich die urheberrechtlichen Verpflichtungen in bezug auf die vorhandenen Werke ausschliesslich nach Artikel 18 der Berner Übereinkunft (1971) und die Verpflichtungen in bezug auf die Rechte der Hersteller von Tonträgern und der ausübenden Künstler an den vorhandenen Tonträgern ausschliesslich nach Artikel 18 der Berner Übereinkunft (1971), wie er durch Artikel 14 Absatz 6 für anwendbar erklärt wird.

3. Es besteht keine Verpflichtung, den Schutz eines Gegenstands wiederherzustellen, der am Tag der Anwendung dieses Abkommens durch das betreffende Mitglied Allgemeingut ist.

4. Bei Handlungen in bezug auf bestimmte, einen geschützten Gegenstand enthaltende Gegenstände, die nach den diesem Abkommen entsprechenden Rechtsvorschriften rechtsverletzend werden, die vor der Anwendung des WTO-Abkommens durch das betreffende Mitglied begonnen oder für die vor der Anwendung erhebliche Investitionen getätigt wurden, können die Mitglieder eine Beschränkung der dem Rechteinhaber zur Verfügung stehenden Abhilfemassnahmen gegen die Fortsetzung dieser Handlungen nach Eintritt der Anwendung dieses Abkommens durch das betreffende Mitglied vorsehen. In diesen Fällen sehen die Mitglieder jedoch zumindest die Zahlung einer angemessenen Vergütung vor.

5. Die Mitglieder sind nicht verpflichtet, Artikel 11 und Artikel 14 Absatz 4 auf Originale und Kopien anzuwenden, die vor der Anwendung dieses Abkommens durch das betreffende Mitglied erworben wurden.

6. Die Mitglieder sind nicht verpflichtet, Artikel 31 oder das Erfordernis von Artikel 27 Absatz 1, wonach Patentrechte unabhängig vom Gebiet der Technik ausgeübt werden können, auf eine Benutzung ohne Erlaubnis des Rechteinhabers anzuwenden, wenn die Erlaubnis zu einer solchen Benutzung von den Behörden vor dem Tag erteilt wurde, an dem das Abkommen bekannt wurde.

7. Bei den Rechten an geistigem Eigentum, deren Schutz die Eintragung voraussetzt, dürfen Anträge auf Schutz, die bei Eintritt der Anwendung dieses Abkommens durch das betreffende Mitglied anhängig sind, zur Erweiterung des Schutzes nach Massgabe des Abkommens geändert wird. Diese Änderungen dürfen keine neuen Gegenstände umfassen.

8. Sieht ein Mitglied bei Inkrafttreten des WTO-Abkommens keinen seinen Verpflichtungen aus Artikel 27 entsprechenden Patentschutz für pharmazeutische und agrochemische Erzeugnisse vor,

a) so sieht es unbeschadet der Bestimmungen von Teil VI ab Inkrafttreten des WTO-Abkommens eine Möglichkeit für die Einreichung von Anmeldungen von Patenten für diese Erfindungen vor;

b) so wendet es auf diese Anmeldungen ab Eintritt der Anwendung des Abkommens die in diesem Abkommen festgelegten Voraussetzungen für die Patentfähigkeit so an, als wären diese Voraussetzungen am Tag der Anmeldung in diesem Mitgliedstaat oder, falls Priorität zur Verfügung steht und beansprucht wird, am Prioritätstag der Anmeldung angewandt worden; und

c) so sieht es Patentschutz nach Massgabe des Abkommens ab Erteilung des Patents und für den Rest der nach Artikel 33 vom Tag der Anmeldung an gerechneten Schutzdauer für die Anmeldungen vor, welche die unter Buchstabe b genannten Schutzvoraussetzungen erfüllen.

9. Ist ein Erzeugnis in einem Mitgliedstaat Gegenstand einer Patentanmeldung nach Absatz 8 Buchstabe a, so werden abweichend von den Bestimmungen von Teil VI

ausschliessliche Vermarktungsrechte für eine Dauer von fünf Jahren nach Erlangung der Marktzulassung in diesem Mitgliedstaat oder bis zur Erteilung oder Verweigerung eines Erzeugnispatents in diesem Mitgliedstaat, sofern letztere die kürzere Frist ist, gewährt, sofern nach Inkrafttreten des WTO-Abkommens in einem anderen Mitgliedstaat eine Patentanmeldung eingereicht und ein Patent für dieses Erzeugnis erteilt und die Marktzulassung in diesem anderen Mitgliedstaat erlangt wurde.

Art. 71 Überprüfung und Änderung

1. Der Rat für TRIPS überprüft die Umsetzung des Abkommens nach Ablauf der in Artikel 65 Absatz 2 genannten Übergangsfrist. Der Rat überprüft sie unter Berücksichtigung der gemachten Erfahrungen zwei Jahre nach diesem Tag und danach in gleichen zeitlichen Abständen. Der Rat kann gegebenenfalls auch aufgrund neuer Entwicklungen, die eine Änderung des Abkommens rechtfertigen könnten, Überprüfungen vornehmen.

2. Änderungen, die lediglich der Anpassung an einen höheren Schutzgrad für Rechte an geistigem Eigentum dienen, der in anderen multilateralen Übereinkünften erreicht wurde und in Kraft ist und der nach Massgabe dieser Übereinkünfte von allen Mitgliedern der WTO angenommen wurde, können gemäss Artikel X Absatz 6 des WTO-Abkommens auf der Grundlage eines vom Rat für TRIPS im Konsensverfahren beschlossenen Vorschlags zur weiteren Veranlassung an die Ministerkonferenz überwiesen werden.

Art. 72 Vorbehalte

Vorbehalte zu diesem Abkommen sind nicht ohne Zustimmung der anderen Mitglieder zulässig.

Art. 73 Ausnahmen aus Sicherheitsgründen

Das Abkommen ist nicht so auszulegen,

a) als verpflichte es ein Mitglied, Informationen zur Verfügung zu stellen, deren Preisgabe seines Erachtens seinen wesentlichen Sicherheitsinteressen zuwiderläuft; oder

b) als hindere es ein Mitglied daran, die Massnahmen zu treffen, die seines Erachtens zum Schutz seiner wesentlichen Sicherheitsinteressen notwendig sind

   i) in bezug auf spaltbares Material oder auf das Material, aus dem dieses gewonnen wird;

   ii) in bezug auf den Handel mit Waffen, Munition und Kriegsgerät und auf den Handel mit anderen Waren und anderem Material, der unmittelbar oder mittelbar der Versorgung einer militärischen Einrichtung dient;

   iii) in Zeiten eines Krieges oder eines anderen Notstands in den internationalen Beziehungen; oder

c) als hindere es ein Mitglied daran, entsprechend seinen Verpflichtungen aus der Charta der Vereinten Nationen zur Wahrung des Weltfriedens und der internationalen Sicherheit Massnahmen zu treffen.

Nr. 17 — Auszug aus dem Übereinkommen zur Errichtung der Europäischen Freihandelsassoziation (EFTA)

Stand am 19. April 2007

SR 0.632.31

Kapitel I: Zielsetzung

Art. 2 Zielsetzung

Die Assoziation hat zum Ziel

[…]

g) in Übereinstimmung mit den höchsten internationalen Standards einen angemessenen Schutz der Geistigen Eigentumsrechte sicherzustellen.

Kapitel VII: Schutz des Geistigen Eigentums

Art. 19

1. Die Mitgliedstaaten erteilen und gewährleisten einen angemessenen und wirksamen Schutz der Rechte an Geistigem Eigentum. Sie treffen Massnahmen zum Schutze dieser Rechte vor Verletzung, Fälschung und Nachahmung in Übereinstimmung mit den Vorschriften dieses Artikels des Anhangs J und den darin erwähnten internationalen Übereinkommen.

[…]

Nr. 18 Richtlinie 2001/29/EG des Europäischen Parlaments und des Rates zur Harmonisierung bestimmter Aspekte des Urheberrechts und der verwandten Schutzrechte in der Informationsgesellschaft

vom 22. Mai 2001

ABl. L 167 vom 22. Juni 2001, S. 10;
berichtigt gemäss ABl. L 6 vom 10. Januar 2002, S. 71

DAS EUROPÄISCHE PARLAMENT UND DER RAT DER EUROPÄISCHEN UNION –

gestützt auf den Vertrag zur Gründung der Europäischen Gemeinschaft, insbesondere auf Artikel 47 Absatz 2, Artikel 55 und Artikel 95,
auf Vorschlag der Kommission[1],
nach Stellungnahme des Wirtschafts- und Sozialausschusses[2], gemäß dem Verfahren des Artikels 251 des Vertrags[3], in Erwägung nachstehender Gründe:

(1) Der Vertrag sieht die Schaffung eines Binnenmarkts und die Einführung einer Regelung vor, die den Wettbewerb innerhalb des Binnenmarkts vor Verzerrungen schützt. Die Harmonisierung der Rechtsvorschriften der Mitgliedstaaten über das Urheberrecht und die verwandten Schutzrechte trägt zur Erreichung dieser Ziele bei.

(2) Der Europäische Rat hat auf seiner Tagung in Korfu am 24. und 25. Juni 1994 die Notwendigkeit der Schaffung eines allgemeinen und flexiblen Ordnungsrahmens auf Gemeinschaftsebene für die Förderung der Entwicklung der Informationsgesellschaft in Europa hervorgehoben. Hierzu ist unter anderem ein Binnenmarkt für neue Produkte und Dienstleistungen erforderlich. Wichtige gemeinschaftsrechtliche Bestimmungen, mit denen ein derartiger Ordnungsrahmen sichergestellt werden sollte, wurden bereits eingeführt, in anderen Fällen steht ihre Annahme bevor. In diesem Zusammenhang spielen das Urheberrecht und die verwandten Schutzrechte eine bedeutende Rolle, da sie die Entwicklung und den Vertrieb neuer Produkte und Dienstleistungen und die Schaffung und Verwertung ihres schöpferischen Inhalts schützen und fördern.

(3) Die vorgeschlagene Harmonisierung trägt zur Verwirklichung der vier Freiheiten des Binnenmarkts bei und steht im Zusammenhang mit der Beachtung der tra-

---

1 ABl. C 108 vom 7.4.1998, S. 6, und ABl. C 180 vom 25.6.1999, S. 6.
2 ABl. C 407 vom 28.12.1998, S. 30.
3 Stellungnahme des Europäischen Parlaments vom 10. Februar 1999 (ABl. C 150 vom 28.5.1999, S. 171), Gemeinsamer Standpunkt des Rates vom 28. September 2000 (ABl. C 344 vom 1.12.2000, S. 1) und Beschluss des Europäischen Parlaments vom 14. Februar 2001 (noch nicht im Amtsblatt veröffentlicht). Beschluss des Rates vom 9. April 2001.

genden Grundsätze des Rechts, insbesondere des Eigentums einschließlich des geistigen Eigentums, der freien Meinungsäußerung und des Gemeinwohls.

(4) Ein harmonisierter Rechtsrahmen zum Schutz des Urheberrechts und der verwandten Schutzrechte wird durch erhöhte Rechtssicherheit und durch die Wahrung eines hohen Schutzniveaus im Bereich des geistigen Eigentums substantielle Investitionen in Kreativität und Innovation einschließlich der Netzinfrastruktur fördern und somit zu Wachstum und erhöhter Wettbewerbsfähigkeit der europäischen Industrie beitragen, und zwar sowohl bei den Inhalten und der Informationstechnologie als auch allgemeiner in weiten Teilen der Industrie und des Kultursektors. Auf diese Weise können Arbeitsplätze erhalten und neue Arbeitsplätze geschaffen werden.

(5) Die technische Entwicklung hat die Möglichkeiten für das geistige Schaffen, die Produktion und die Verwertung vervielfacht und diversifiziert. Wenn auch kein Bedarf an neuen Konzepten für den Schutz des geistigen Eigentums besteht, so sollten die Bestimmungen im Bereich des Urheberrechts und der verwandten Schutzrechte doch angepasst und ergänzt werden, um den wirtschaftlichen Gegebenheiten, z.B. den neuen Formen der Verwertung, in angemessener Weise Rechnung zu tragen.

(6) Ohne Harmonisierung auf Gemeinschaftsebene könnten Gesetzgebungsinitiativen auf einzelstaatlicher Ebene, die in einigen Mitgliedstaaten bereits in die Wege geleitet worden sind, um den technischen Herausforderungen zu begegnen, erhebliche Unterschiede im Rechtsschutz und dadurch Beschränkungen des freien Verkehrs von Dienstleistungen und Produkten mit urheberrechtlichem Gehalt zur Folge haben, was zu einer Zersplitterung des Binnenmarkts und zu rechtlicher Inkohärenz führen würde. Derartige rechtliche Unterschiede und Unsicherheiten werden sich im Zuge der weiteren Entwicklung der Informationsgesellschaft, in deren Gefolge die grenzüberschreitende Verwertung des geistigen Eigentums bereits stark zugenommen hat, noch stärker auswirken. Diese Entwicklung wird und sollte fortschreiten. Erhebliche rechtliche Unterschiede und Unsicherheiten in Bezug auf den Rechtsschutz können die Erzielung von Größenvorteilen für neue Produkte und Dienstleistungen mit urheber- und leistungsschutzrechtlichem Gehalt beschränken.

(7) Der bestehende Gemeinschaftsrechtsrahmen zum Schutz des Urheberrechts und der verwandten Schutzrechte ist daher anzupassen und zu ergänzen, soweit dies für das reibungslose Funktionieren des Binnenmarkts erforderlich ist. Zu diesem Zweck sollten diejenigen einzelstaatlichen Rechtsvorschriften über das Urheberrecht und die verwandten Schutzrechte, die sich von Mitgliedstaat zu Mitgliedstaat beträchtlich unterscheiden oder eine derartige Rechtsunsicherheit bewirken, dass der Binnenmarkt in seiner Funktionsfähigkeit beeinträchtigt und die Informationsgesellschaft in Europa in ihrer Entwicklung behindert wird, angepasst und uneinheitliches Vorgehen der Mitgliedstaaten gegenüber technischen Entwicklungen vermieden werden, während Unterschiede, die das

Funktionieren des Binnenmarkts nicht beeinträchtigen, nicht beseitigt oder verhindert zu werden brauchen.

(8) Angesichts der verschiedenen sozialen, gesellschaftlichen und kulturellen Auswirkungen der Informationsgesellschaft ist die Besonderheit des Inhalts von Produkten und Dienstleistungen zu berücksichtigen.

(9) Jede Harmonisierung des Urheberrechts und der verwandten Schutzrechte muss von einem hohen Schutzniveau ausgehen, da diese Rechte für das geistige Schaffen wesentlich sind. Ihr Schutz trägt dazu bei, die Erhaltung und Entwicklung kreativer Tätigkeit im Interesse der Urheber, ausübenden Künstler, Hersteller, Verbraucher, von Kultur und Wirtschaft sowie der breiten Öffentlichkeit sicherzustellen. Das geistige Eigentum ist daher als Bestandteil des Eigentums anerkannt worden.

(10) Wenn Urheber und ausübende Künstler weiter schöpferisch und künstlerisch tätig sein sollen, müssen sie für die Nutzung ihrer Werke eine angemessene Vergütung erhalten, was ebenso für die Produzenten gilt, damit diese die Werke finanzieren können. Um Produkte wie Tonträger, Filme oder Multimediaprodukte herstellen und Dienstleistungen, z.B. Dienste auf Abruf, anbieten zu können, sind beträchtliche Investitionen erforderlich. Nur wenn die Rechte des geistigen Eigentums angemessen geschützt werden, kann eine angemessene Vergütung der Rechteinhaber gewährleistet und ein zufrieden stellender Ertrag dieser Investitionen sichergestellt werden.

(11) Eine rigorose und wirksame Regelung zum Schutz der Urheberrechte und verwandten Schutzrechte ist eines der wichtigsten Instrumente, um die notwendigen Mittel für das kulturelle Schaffen in Europa zu garantieren und die Unabhängigkeit und Würde der Urheber und ausübenden Künstler zu wahren.

(12) Ein angemessener Schutz von urheberrechtlich geschützten Werken und sonstigen Schutzgegenständen ist auch kulturell gesehen von großer Bedeutung. Nach Artikel 151 des Vertrags hat die Gemeinschaft bei ihrer Tätigkeit den kulturellen Aspekten Rechnung zu tragen.

(13) Gemeinsame Forschungsanstrengungen und die kohärente Anwendung technischer Maßnahmen zum Schutz von Werken und sonstigen Schutzgegenständen und zur Sicherstellung der nötigen Informationen über die Schutzrechte auf europäischer Ebene sind von grundlegender Bedeutung, weil das Endziel dieser Maßnahmen die Umsetzung der in den Rechtsvorschriften enthaltenen Grundsätze und Garantien ist.

(14) Ziel dieser Richtlinie ist es auch, Lernen und kulturelle Aktivitäten durch den Schutz von Werken und sonstigen Schutzgegenständen zu fördern; hierbei müssen allerdings Ausnahmen oder Beschränkungen im öffentlichen Interesse für den Bereich Ausbildung und Unterricht vorgesehen werden.

(15) Die Diplomatische Konferenz, die unter der Schirmherrschaft der Weltorganisation für geistiges Eigentum (WIPO) im Dezember 1996 stattfand, führte zur Annahme von zwei neuen Verträgen, dem WIPO-Urheberrechtsvertrag und dem

WIPO-Vertrag über Darbietungen und Tonträger, die den Schutz der Urheber bzw. der ausübenden Künstler und Tonträgerhersteller zum Gegenstand haben. In diesen Verträgen wird der internationale Schutz des Urheberrechts und der verwandten Schutzrechte, nicht zuletzt in Bezug auf die sog. «digitale Agenda», auf den neuesten Stand gebracht; gleichzeitig werden die Möglichkeiten zur Bekämpfung der Piraterie weltweit verbessert. Die Gemeinschaft und die meisten Mitgliedstaaten haben die Verträge bereits unterzeichnet, und inzwischen wurde mit den Vorbereitungen zu ihrer Genehmigung bzw. Ratifizierung durch die Gemeinschaft und die Mitgliedstaaten begonnen. Die vorliegende Richtlinie dient auch dazu, einigen dieser neuen internationalen Verpflichtungen nachzukommen.

(16) Die Haftung für Handlungen im Netzwerk-Umfeld betrifft nicht nur das Urheberrecht und die verwandten Schutzrechte, sondern auch andere Bereiche wie Verleumdung, irreführende Werbung, oder Verletzung von Warenzeichen, und wird horizontal in der Richtlinie 2000/31/EG des Europäischen Parlaments und des Rates vom 8. Juni 2000 über bestimmte rechtliche Aspekte der Dienste der Informationsgesellschaft, insbesondere des elektronischen Geschäftsverkehrs, im Binnenmarkt («Richtlinie über den elektronischen Geschäftsverkehr»)[1] geregelt, die verschiedene rechtliche Aspekte der Dienste der Informationsgesellschaft, einschließlich des elektronischen Geschäftsverkehrs, präzisiert und harmonisiert. Die vorliegende Richtlinie sollte in einem ähnlichen Zeitrahmen wie die Richtlinie über den elektronischen Geschäftsverkehr umgesetzt werden, da jene Richtlinie einen einheitlichen Rahmen für die Grundsätze und Vorschriften vorgibt, die auch für wichtige Teilbereiche der vorliegenden Richtlinie gelten. Die vorliegende Richtlinie berührt nicht die Bestimmungen der genannten Richtlinie zu Fragen der Haftung.

(17) Insbesondere aufgrund der durch die Digitaltechnik bedingten Erfordernisse muss sichergestellt werden, dass die Verwertungsgesellschaften im Hinblick auf die Beachtung der Wettbewerbsregeln ihre Tätigkeit stärker rationalisieren und für mehr Transparenz sorgen.

(18) Diese Richtlinie berührt nicht die Regelungen der betroffenen Mitgliedstaaten für die Verwaltung von Rechten, beispielsweise der erweiterten kollektiven Lizenzen.

(19) Die Urheberpersönlichkeitsrechte sind im Einklang mit den Rechtsvorschriften der Mitgliedstaaten und den Bestimmungen der Berner Übereinkunft zum Schutz von Werken der Literatur und der Kunst, des WIPO-Urheberrechtsvertrags und des WIPO-Vertrags über Darbietungen und Tonträger auszuüben. Sie bleiben deshalb außerhalb des Anwendungsbereichs dieser Richtlinie.

---

1   ABl. L 178 vom 17.7.2000, S. 1.

(20) Die vorliegende Richtlinie beruht auf den Grundsätzen und Bestimmungen, die in den einschlägigen geltenden Richtlinien bereits festgeschrieben sind, und zwar insbesondere in den Richtlinien 91/250/EWG[1], 92/100/EWG[2], 93/83/EWG[3], 93/98/EWG[4] und 96/9/EG[5]. Die betreffenden Grundsätze und Bestimmungen werden fortentwickelt und in den Rahmen der Informationsgesellschaft eingeordnet. Die Bestimmungen dieser Richtlinie sollten unbeschadet der genannten Richtlinien gelten, sofern diese Richtlinie nichts anderes bestimmt.

(21) Diese Richtlinie sollte den Umfang der unter das Vervielfältigungsrecht fallenden Handlungen in Bezug auf die verschiedenen Begünstigten bestimmen. Dabei sollte der gemeinschaftliche Besitzstand zugrunde gelegt werden. Um die Rechtssicherheit im Binnenmarkt zu gewährleisten, muss die Definition dieser Handlungen weit gefasst sein.

(22) Die Verwirklichung des Ziels, die Verbreitung der Kultur zu fördern, darf nicht durch Verzicht auf einen rigorosen Schutz der Urheberrechte oder durch Duldung der unrechtmäßigen Verbreitung von nachgeahmten oder gefälschten Werken erfolgen.

(23) Mit dieser Richtlinie sollte das für die öffentliche Wiedergabe geltende Urheberrecht weiter harmonisiert werden. Dieses Recht sollte im weiten Sinne verstanden werden, nämlich dahin gehend, dass es jegliche Wiedergabe an die Öffentlichkeit umfasst, die an dem Ort, an dem die Wiedergabe ihren Ursprung nimmt, nicht anwesend ist. Dieses Recht sollte jegliche entsprechende drahtgebundene oder drahtlose öffentliche Übertragung oder Weiterverbreitung eines Werks, einschließlich der Rundfunkübertragung, umfassen. Dieses Recht sollte für keine weiteren Handlungen gelten.

(24) Das Recht der öffentlichen Zugänglichmachung von Schutzgegenständen nach Artikel 3 Absatz 2 sollte dahin gehend verstanden werden, dass es alle Handlungen der Zugänglichmachung derartiger Schutzgegenstände für Mitglieder der Öffentlichkeit umfasst, die an dem Ort, an dem die Zugänglichmachung ihren Ursprung nimmt, nicht anwesend sind; dieses Recht gilt für keine weiteren Handlungen.

---

1 Richtlinie 91/250/EWG des Rates vom 14. Mai 1991 über den Rechtsschutz von Computerprogrammen (ABl. L 122 vom 17.5.1991, S. 42). Richtlinie geändert durch die Richtlinie 93/98/EWG.

2 Richtlinie 92/100/EWG des Rates vom 19. November 1992 über das Vermietrecht und Verleihrecht sowie bestimmte dem Urheberrecht verwandte Schutzrechte im Bereich des geistigen Eigentums (ABl. L 346 vom 27.11.1992, S. 61). Richtlinie geändert durch die Richtlinie 93/98/EWG.

3 Richtlinie 93/83/EWG des Rates vom 27. September 1993 zur Koordinierung bestimmter urheber- und leistungsschutzrechtlicher Vorschriften betreffend Satellitenrundfunk und Kabelweiterverbreitung (ABl. L 248 vom 6.10.1993, S. 15).

4 Richtlinie 93/98/EWG des Rates vom 29. Oktober 1993 zur Harmonisierung der Schutzdauer des Urheberrechts und bestimmter verwandter Schutzrechte (ABl. L 290 vom 24.11.1993, S. 9).

5 Richtlinie 96/9/EG des Europäischen Parlaments und des Rates vom 11. März 1996 über den rechtlichen Schutz von Datenbanken (ABl. L 77 vom 27.3.1996, S. 20).

(25) Die Rechtsunsicherheit hinsichtlich der Art und des Umfangs des Schutzes der netzvermittelten Übertragung der urheberrechtlich geschützten Werke und der durch verwandte Schutzrechte geschützten Gegenstände auf Abruf sollte durch einen harmonisierten Rechtsschutz auf Gemeinschaftsebene beseitigt werden. Es sollte klargestellt werden, dass alle durch diese Richtlinie anerkannten Rechteinhaber das ausschließliche Recht haben sollten, urheberrechtlich geschützte Werke und sonstige Schutzgegenstände im Wege der interaktiven Übertragung auf Abruf für die Öffentlichkeit zugänglich zu machen. Derartige interaktive Übertragungen auf Abruf zeichnen sich dadurch aus, dass sie Mitgliedern der Öffentlichkeit von Orten und zu Zeiten ihrer Wahl zugänglich sind.

(26) In Bezug auf Radio- und Fernsehproduktionen, die Musik aus gewerblichen Tonträgern enthalten und von den Sendeunternehmen auf Abruf angeboten werden, sind Vereinbarungen über Sammellizenzen zu fördern, um die Klärung im Zusammenhang mit den betreffenden Rechten zu erleichtern.

(27) Die bloße Bereitstellung der Einrichtungen, die eine Wiedergabe ermöglichen oder bewirken, stellt selbst keine Wiedergabe im Sinne dieser Richtlinie dar.

(28) Der unter diese Richtlinie fallende Urheberrechtsschutz schließt auch das ausschließliche Recht ein, die Verbreitung eines in einem Gegenstand verkörperten Werks zu kontrollieren. Mit dem Erstverkauf des Originals oder dem Erstverkauf von Vervielfältigungsstücken des Originals in der Gemeinschaft durch den Rechteinhaber oder mit dessen Zustimmung erschöpft sich das Recht, den Wiederverkauf dieses Gegenstands innerhalb der Gemeinschaft zu kontrollieren. Dies gilt jedoch nicht, wenn das Original oder Vervielfältigungsstücke des Originals durch den Rechteinhaber oder mit dessen Zustimmung außerhalb der Gemeinschaft verkauft werden. Die Vermiet- und Verleihrechte für Urheber wurden in der Richtlinie 92/100/EWG niedergelegt. Das durch die vorliegende Richtlinie gewährte Verbreitungsrecht lässt die Bestimmungen über die Vermiet- und Verleihrechte in Kapitel I jener Richtlinie unberührt.

(29) Die Frage der Erschöpfung stellt sich weder bei Dienstleistungen allgemein noch bei Online-Diensten im Besonderen. Dies gilt auch für materielle Vervielfältigungsstücke eines Werks oder eines sonstigen Schutzgegenstands, die durch den Nutzer eines solchen Dienstes mit Zustimmung des Rechteinhabers hergestellt worden sind. Dasselbe gilt daher auch für die Vermietung oder den Verleih des Originals oder von Vervielfältigungsstücken eines Werks oder eines sonstigen Schutzgegenstands, bei denen es sich dem Wesen nach um Dienstleistungen handelt. Anders als bei CD-ROM oder CD-I, wo das geistige Eigentum in einem materiellen Träger, d.h. einem Gegenstand, verkörpert ist, ist jede Bereitstellung eines Online-Dienstes im Grunde eine Handlung, die zustimmungsbedürftig ist, wenn das Urheberrecht oder ein verwandtes Schutzrecht dies vorsieht.

(30) Die von dieser Richtlinie erfassten Rechte können unbeschadet der einschlägigen einzelstaatlichen Rechtsvorschriften über das Urheberrecht und die ver-

wandten Schutzrechte übertragen oder abgetreten werden oder Gegenstand vertraglicher Lizenzen sein.

(31) Es muss ein angemessener Rechts- und Interessenausgleich zwischen den verschiedenen Kategorien von Rechteinhabern sowie zwischen den verschiedenen Kategorien von Rechteinhabern und Nutzern von Schutzgegenständen gesichert werden. Die von den Mitgliedstaaten festgelegten Ausnahmen und Beschränkungen in Bezug auf Schutzrechte müssen vor dem Hintergrund der neuen elektronischen Medien neu bewertet werden. Bestehende Unterschiede bei den Ausnahmen und Beschränkungen in Bezug auf bestimmte zustimmungsbedürftige Handlungen haben unmittelbare negative Auswirkungen auf das Funktionieren des Binnenmarkts im Bereich des Urheberrechts und der verwandten Schutzrechte. Diese Unterschiede könnten sich mit der Weiterentwicklung der grenzüberschreitenden Verwertung von Werken und den zunehmenden grenzüberschreitenden Tätigkeiten durchaus noch deutlicher ausprägen. Um ein reibungsloses Funktionieren des Binnenmarkts zu gewährleisten, sollten diese Ausnahmen und Beschränkungen einheitlicher definiert werden. Dabei sollte sich der Grad ihrer Harmonisierung nach ihrer Wirkung auf die Funktionsfähigkeit des Binnenmarkts bestimmen.

(32) Die Ausnahmen und Beschränkungen in Bezug auf das Vervielfältigungsrecht und das Recht der öffentlichen Wiedergabe sind in dieser Richtlinie erschöpfend aufgeführt. Einige Ausnahmen oder Beschränkungen gelten, soweit dies angemessen erscheint, nur für das Vervielfältigungsrecht. Diese Liste trägt den unterschiedlichen Rechtstraditionen in den Mitgliedstaaten Rechnung und soll gleichzeitig die Funktionsfähigkeit des Binnenmarkts sichern. Die Mitgliedstaaten sollten diese Ausnahmen und Beschränkungen in kohärenter Weise anwenden; dies wird bei der zukünftigen Überprüfung der Umsetzungsvorschriften besonders berücksichtigt werden.

(33) Eine Ausnahme vom ausschließlichen Vervielfältigungsrecht sollte für bestimmte vorübergehende Vervielfältigungshandlungen gewährt werden, die flüchtige oder begleitende Vervielfältigungen sind, als integraler und wesentlicher Teil eines technischen Verfahrens erfolgen und ausschließlich dem Ziel dienen, entweder die effiziente Übertragung in einem Netz zwischen Dritten durch einen Vermittler oder die rechtmäßige Nutzung eines Werks oder sonstiger Schutzgegenstände zu ermöglichen. Die betreffenden Vervielfältigungshandlungen sollten keinen eigenen wirtschaftlichen Wert besitzen. Soweit diese Voraussetzungen erfüllt sind, erfasst diese Ausnahme auch Handlungen, die das «Browsing» sowie Handlungen des «Caching» ermöglichen; dies schließt Handlungen ein, die das effiziente Funktionieren der Übertragungssysteme ermöglichen, sofern der Vermittler die Information nicht verändert und nicht die erlaubte Anwendung von Technologien zur Sammlung von Daten über die Nutzung der Information, die von der gewerblichen Wirtschaft weithin anerkannt und verwendet werden, beeinträchtigt. Eine Nutzung sollte als recht-

mäßig gelten, soweit sie vom Rechteinhaber zugelassen bzw. nicht durch Gesetze beschränkt ist.

(34) Die Mitgliedstaaten sollten die Möglichkeit erhalten, Ausnahmen oder Beschränkungen für bestimmte Fälle, etwa für Unterrichtszwecke und wissenschaftliche Zwecke, zugunsten öffentlicher Einrichtungen wie Bibliotheken und Archive, zu Zwecken der Berichterstattung über Tagesereignisse, für Zitate, für die Nutzung durch behinderte Menschen, für Zwecke der öffentlichen Sicherheit und für die Nutzung in Verwaltungs- und Gerichtsverfahren vorzusehen.

(35) In bestimmten Fällen von Ausnahmen oder Beschränkungen sollten Rechteinhaber einen gerechten Ausgleich erhalten, damit ihnen die Nutzung ihrer geschützten Werke oder sonstigen Schutzgegenstände angemessen vergütet wird. Bei der Festlegung der Form, der Einzelheiten und der etwaigen Höhe dieses gerechten Ausgleichs sollten die besonderen Umstände eines jeden Falls berücksichtigt werden. Für die Bewertung dieser Umstände könnte der sich aus der betreffenden Handlung für die Rechteinhaber ergebende etwaige Schaden als brauchbares Kriterium herangezogen werden. In Fällen, in denen Rechteinhaber bereits Zahlungen in anderer Form erhalten haben, z.B. als Teil einer Lizenzgebühr, kann gegebenenfalls keine spezifische oder getrennte Zahlung fällig sein. Hinsichtlich der Höhe des gerechten Ausgleichs sollte der Grad des Einsatzes technischer Schutzmaßnahmen gemäß dieser Richtlinie in vollem Umfang berücksichtigt werden. In bestimmten Situationen, in denen dem Rechteinhaber nur ein geringfügiger Nachteil entstünde, kann sich gegebenenfalls keine Zahlungsverpflichtung ergeben.

(36) Die Mitgliedstaaten können einen gerechten Ausgleich für die Rechteinhaber auch in den Fällen vorsehen, in denen sie die fakultativen Bestimmungen über die Ausnahmen oder Beschränkungen, die einen derartigen Ausgleich nicht vorschreiben, anwenden.

(37) Die bestehenden nationalen Regelungen über die Reprographie schaffen keine größeren Hindernisse für den Binnenmarkt. Die Mitgliedstaaten sollten die Möglichkeit haben, eine Ausnahme oder Beschränkung für die Reprographie vorzusehen.

(38) Die Mitgliedstaaten sollten die Möglichkeit erhalten, unter Sicherstellung eines gerechten Ausgleichs eine Ausnahme oder Beschränkung in Bezug auf das Vervielfältigungsrecht für bestimmte Arten der Vervielfältigung von Ton-, Bild- und audiovisuellem Material zu privaten Zwecken vorzusehen. Dazu kann die Einführung oder Beibehaltung von Vergütungsregelungen gehören, die Nachteile für Rechteinhaber ausgleichen sollen. Wenngleich die zwischen diesen Vergütungsregelungen bestehenden Unterschiede das Funktionieren des Binnenmarkts beeinträchtigen, dürften sie sich, soweit sie sich auf die analoge private Vervielfältigung beziehen, auf die Entwicklung der Informationsgesellschaft nicht nennenswert auswirken. Die digitale private Vervielfältigung dürfte hingegen eine weitere Verbreitung finden und größere wirtschaftliche

Bedeutung erlangen. Daher sollte den Unterschieden zwischen digitaler und analoger privater Vervielfältigung gebührend Rechnung getragen und hinsichtlich bestimmter Punkte zwischen ihnen unterschieden werden.

(39) Bei der Anwendung der Ausnahme oder Beschränkung für Privatkopien sollten die Mitgliedstaaten die technologischen und wirtschaftlichen Entwicklungen, insbesondere in Bezug auf die digitale Privatkopie und auf Vergütungssysteme, gebührend berücksichtigen, wenn wirksame technische Schutzmaßnahmen verfügbar sind. Entsprechende Ausnahmen oder Beschränkungen sollten weder den Einsatz technischer Maßnahmen noch deren Durchsetzung im Falle einer Umgehung dieser Maßnahmen behindern.

(40) Die Mitgliedstaaten können eine Ausnahme oder Beschränkung zugunsten bestimmter nicht kommerzieller Einrichtungen, wie der Öffentlichkeit zugängliche Bibliotheken und ähnliche Einrichtungen sowie Archive, vorsehen. Jedoch sollte diese Ausnahme oder Beschränkung auf bestimmte durch das Vervielfältigungsrecht erfasste Sonderfälle begrenzt werden. Eine Nutzung im Zusammenhang mit der Online-Lieferung von geschützten Werken oder sonstigen Schutzgegenständen sollte nicht unter diese Ausnahme fallen. Die Möglichkeit, dass die Mitgliedstaaten Ausnahmen vom ausschließlichen öffentlichen Verleihrecht gemäß Artikel 5 der Richtlinie 92/100/EWG vorsehen, bleibt von dieser Richtlinie unberührt. Spezifische Verträge und Lizenzen, die diesen Einrichtungen und ihrer Zweckbestimmung zur Verbreitung der Kultur in ausgewogener Weise zugute kommen, sollten daher unterstützt werden.

(41) Bei Anwendung der Ausnahme oder Beschränkung für ephemere Aufzeichnungen, die von Sendeunternehmen vorgenommen werden, wird davon ausgegangen, dass zu den eigenen Mitteln des Sendeunternehmens auch die Mittel einer Person zählen, die im Namen oder unter der Verantwortung des Sendeunternehmens handelt.

(42) Bei Anwendung der Ausnahme oder Beschränkung für nicht kommerzielle Unterrichtszwecke und nicht kommerzielle wissenschaftliche Forschungszwecke einschließlich Fernunterricht sollte die nicht kommerzielle Art der betreffenden Tätigkeit durch diese Tätigkeit als solche bestimmt sein. Die organisatorische Struktur und die Finanzierung der betreffenden Einrichtung sind in dieser Hinsicht keine maßgeblichen Faktoren.

(43) Die Mitgliedstaaten sollten in jedem Fall alle erforderlichen Maßnahmen ergreifen, um für Personen mit Behinderungen, die ihnen die Nutzung der Werke selbst erschweren, den Zugang zu diesen Werken zu erleichtern, und dabei ihr besonderes Augenmerk auf zugängliche Formate richten.

(44) Bei der Anwendung der Ausnahmen und Beschränkungen im Sinne dieser Richtlinie sollten die internationalen Verpflichtungen beachtet werden. Solche Ausnahmen und Beschränkungen dürfen nicht auf eine Weise angewandt werden, dass die berechtigten Interessen der Rechteinhaber verletzt werden oder die normale Verwertung ihrer Werke oder sonstigen Schutzgegenstände beein-

trächtigt wird. Die von den Mitgliedstaaten festgelegten Ausnahmen oder Beschränkungen sollten insbesondere die gesteigerte wirtschaftliche Bedeutung, die solche Ausnahmen oder Beschränkungen im neuen elektronischen Umfeld erlangen können, angemessen berücksichtigen. Daher ist der Umfang bestimmter Ausnahmen oder Beschränkungen bei bestimmten neuen Formen der Nutzung urheberrechtlich geschützter Werke und sonstiger Schutzgegenstände möglicherweise noch enger zu begrenzen.

(45) Die in Artikel 5 Absätze 2, 3 und 4 vorgesehenen Ausnahmen und Beschränkungen sollten jedoch vertraglichen Beziehungen zur Sicherstellung eines gerechten Ausgleichs für die Rechteinhaber nicht entgegenstehen, soweit dies nach innerstaatlichem Recht zulässig ist.

(46) Die Einschaltung einer Schlichtungsinstanz könnte Nutzern und Rechteinhabern für die Beilegung ihrer Streitigkeiten hilfreich sein. Die Kommission sollte gemeinsam mit den Mitgliedstaaten im Rahmen des Kontaktausschusses eine Untersuchung über neue rechtliche Möglichkeiten durchführen, mit denen Streitigkeiten im Bereich des Urheberrechts und der verwandten Schutzrechte beigelegt werden können.

(47) Im Zuge der technischen Entwicklung werden Rechteinhaber von technischen Maßnahmen Gebrauch machen können, die dazu bestimmt sind, die Verhinderung oder Einschränkung von Handlungen zu erreichen, die von den Inhabern von Urheberrechten oder verwandten Schutzrechten oder des Sui-generis-Rechts an Datenbanken nicht genehmigt worden sind. Es besteht jedoch die Gefahr, dass die Umgehung des durch diese Vorrichtungen geschaffenen technischen Schutzes durch rechtswidrige Handlungen ermöglicht oder erleichtert wird. Um ein uneinheitliches rechtliches Vorgehen zu vermeiden, das den Binnenmarkt in seiner Funktion beeinträchtigen könnte, muss der rechtliche Schutz vor der Umgehung wirksamer technischer Maßnahmen und vor der Bereitstellung entsprechender Vorrichtungen und Produkte bzw. der Erbringung entsprechender Dienstleistungen harmonisiert werden.

(48) Dieser Rechtsschutz sollte für technische Maßnahmen gelten, die wirksam Handlungen beschränken, die von den Inhabern von Urheberrechten oder verwandten Schutzrechten oder des Sui-generis-Rechts an Datenbanken nicht genehmigt worden sind, ohne jedoch den normalen Betrieb elektronischer Geräte und deren technische Entwicklung zu behindern. Dieser Rechtsschutz verpflichtet nicht dazu, Vorrichtungen, Produkte, Komponenten oder Dienstleistungen zu entwerfen, die den technischen Maßnahmen entsprechen, solange diese Vorrichtungen, Produkte, Komponenten oder Dienstleistungen nicht in anderer Weise unter das Verbot des Artikels 6 fallen. Dieser Rechtsschutz sollte auch das Verhältnismäßigkeitsprinzip berücksichtigen, und es sollten nicht jene Vorrichtungen oder Handlungen untersagt werden, deren wirtschaftlicher Zweck und Nutzen nicht in der Umgehung technischer Schutzvorkehrungen besteht. Insbesondere dürfen die Forschungsarbeiten im Bereich der Verschlüsselungstechniken dadurch nicht behindert werden.

(49) Der Rechtsschutz technischer Maßnahmen lässt einzelstaatliche Rechtsvorschriften unberührt, die den privaten Besitz von Vorrichtungen, Erzeugnissen oder Bestandteilen zur Umgehung technischer Maßnahmen untersagen.

(50) Ein solcher harmonisierter Rechtsschutz lässt die speziellen Schutzbestimmungen gemäß der Richtlinie 91/250/EWG unberührt. Er sollte insbesondere nicht auf den Schutz der in Verbindung mit Computerprogrammen verwendeten technischen Maßnahmen Anwendung finden, der ausschließlich in jener Richtlinie behandelt wird. Er sollte die Entwicklung oder Verwendung anderer Mittel zur Umgehung technischer Maßnahmen, die erforderlich sind, um Handlungen nach Artikel 5 Absatz 3 oder Artikel 6 der Richtlinie 91/250/EWG zu ermöglichen, nicht aufhalten oder verhindern. Artikel 5 und 6 jener Richtlinie sehen ausschließlich Ausnahmen von den auf Computerprogramme anwendbaren ausschließlichen Rechten vor.

(51) Der Rechtsschutz technischer Maßnahmen gilt unbeschadet des in Artikel 5 zum Ausdruck kommenden Gesichtspunkts des Allgemeininteresses sowie unbeschadet der öffentlichen Sicherheit. Die Mitgliedstaaten sollten freiwillige Maßnahmen der Rechteinhaber, einschließlich des Abschlusses und der Umsetzung von Vereinbarungen zwischen Rechteinhabern und anderen interessierten Parteien, fördern, mit denen dafür Sorge getragen wird, dass die Ziele bestimmter Ausnahmen oder Beschränkungen, die im Einklang mit dieser Richtlinie in einzelstaatlichen Rechtsvorschriften vorgesehen sind, erreicht werden können. Werden innerhalb einer angemessenen Frist keine derartigen freiwilligen Maßnahmen oder Vereinbarungen getroffen, sollten die Mitgliedstaaten angemessene Maßnahmen ergreifen, um zu gewährleisten, dass die Rechteinhaber durch Änderung einer schon angewandten technischen Maßnahme oder durch andere Mittel den von derartigen Ausnahmen oder Beschränkungen Begünstigten geeignete Mittel für die Inanspruchnahme dieser Ausnahmen oder Beschränkungen an die Hand geben. Damit jedoch bei derartigen Maßnahmen, die von den Rechteinhabern, auch im Rahmen von Vereinbarungen, oder von einem Mitgliedstaat ergriffen werden, kein Missbrauch entsteht, sollten alle technischen Maßnahmen Rechtsschutz genießen, die bei der Umsetzung derartiger Maßnahmen zur Anwendung kommen.

(52) Bei der Umsetzung einer Ausnahme oder einer Beschränkung im Hinblick auf Vervielfältigungen zum privaten Gebrauch nach Artikel 5 Absatz 2 Buchstabe b) sollten die Mitgliedstaaten auch die Anwendung freiwilliger Maßnahmen fördern, mit denen dafür Sorge getragen wird, dass die Ziele derartiger Ausnahmen oder Beschränkungen erreicht werden können. Werden innerhalb einer angemessenen Frist keine derartigen freiwilligen Maßnahmen zur Ermöglichung von Vervielfältigungen zum privaten Gebrauch getroffen, können die Mitgliedstaaten Maßnahmen ergreifen, damit die Begünstigten der betreffenden Ausnahme oder Beschränkung sie tatsächlich nutzen können. Freiwillige Maßnahmen des Rechteinhabers, einschließlich etwaiger Vereinbarungen zwischen Rechteinhabern und interessierten Parteien, sowie Maßnahmen der Mitglied-

staaten stehen solchen technischen Maßnahmen der Rechteinhaber nicht entgegen, die mit den im nationalen Recht vorgesehenen Ausnahmen und Beschränkungen in Bezug auf Vervielfältigungen zum privaten Gebrauch nach Artikel 5 Absatz 2 Buchstabe b) vereinbar sind, wobei der Bedingung des gerechten Ausgleichs nach jener Bestimmung und der Möglichkeit einer Differenzierung zwischen verschiedenen Anwendungsbedingungen nach Artikel 5 Absatz 5, wie z.B. Überwachung der Anzahl der Vervielfältigungen, Rechnung zu tragen ist. Damit bei derartigen Maßnahmen kein Missbrauch entsteht, sollten alle technischen Schutzmaßnahmen Rechtsschutz genießen, die bei der Umsetzung derartiger Maßnahmen zur Anwendung kommen.

(53) Der Schutz technischer Maßnahmen sollte ein sicheres Umfeld gewährleisten für die Erbringung interaktiver Dienste auf Abruf in der Weise, dass Mitgliedern der Öffentlichkeit Werke und andere Schutzgegenstände von Orten und zu Zeiten ihrer Wahl zugänglich sind. Werden entsprechende Dienste auf der Grundlage von vertraglichen Vereinbarungen erbracht, sollte Artikel 6 Absatz 4 Unterabsätze 1 und 2 keine Anwendung finden. Nicht interaktive Formen der Online-Nutzung sollten im Anwendungsbereich dieser Vorschriften verbleiben.

(54) Die internationale Normung technischer Identifizierungssysteme für Werke und sonstige Schutzgegenstände in digitalem Format hat große Fortschritte gemacht. In einer sich ausweitenden Netzwerkumgebung könnten Unterschiede zwischen technischen Maßnahmen zur Inkompatibilität der Systeme innerhalb der Gemeinschaft führen. Kompatibilität und Interoperabilität der verschiedenen Systeme sollten gefördert werden. Es erscheint in hohem Maße wünschenswert, die Entwicklung weltweiter Systeme zu fördern.

(55) Die technische Entwicklung wird die Verbreitung von Werken, insbesondere die Verbreitung über Netze erleichtern, und dies bedeutet, dass Rechteinhaber das Werk oder den sonstigen Schutzgegenstand, den Urheber und jeden sonstigen Leistungsschutzberechtigten genauer identifizieren und Informationen über die entsprechenden Nutzungsbedingungen mitteilen müssen, um die Wahrnehmung der mit dem Werk bzw. dem Schutzgegenstand verbundenen Rechte zu erleichtern. Rechteinhaber sollten darin bestärkt werden, Kennzeichnungen zu verwenden, aus denen bei der Eingabe von Werken oder sonstigen Schutzgegenständen in Netze zusätzlich zu den genannten Informationen unter anderem hervorgeht, dass sie ihre Erlaubnis erteilt haben.

(56) Es besteht jedoch die Gefahr, dass rechtswidrige Handlungen vorgenommen werden, um die Informationen für die elektronische Wahrnehmung der Urheberrechte zu entfernen oder zu verändern oder Werke oder sonstige Schutzgegenstände, aus denen diese Informationen ohne Erlaubnis entfernt wurden, in sonstiger Weise zu verbreiten, zu Verbreitungszwecken einzuführen, zu senden, öffentlich wiederzugeben oder der Öffentlichkeit zugänglich zu machen. Um ein uneinheitliches rechtliches Vorgehen zu vermeiden, das den Binnenmarkt in seiner Funktion beeinträchtigen könnte, muss der rechtliche Schutz vor solchen Handlungen harmonisiert werden.

(57) Die genannten Informationssysteme für die Wahrnehmung der Rechte sind je nach Auslegung in der Lage, gleichzeitig personenbezogene Daten über die individuelle Nutzung von Schutzgegenständen zu verarbeiten und Online-Aktivitäten nachzuvollziehen. Die technischen Funktionen dieser Vorrichtungen sollten dem Schutz der Privatsphäre gemäß der Richtlinie 95/46/EG des Europäischen Parlaments und des Rates vom 24. Oktober 1995 zum Schutz natürlicher Personen bei der Verarbeitung personenbezogener Daten und zum freien Datenverkehr[1] gerecht werden.

(58) Die Mitgliedstaaten sollten wirksame Sanktionen und Rechtsbehelfe bei Zuwiderhandlungen gegen die in dieser Richtlinie festgelegten Rechte und Pflichten vorsehen. Sie sollten alle erforderlichen Maßnahmen treffen, um die Anwendung dieser Sanktionen und Rechtsbehelfe sicherzustellen. Die vorgesehenen Sanktionen müssen wirksam, verhältnismäßig und abschreckend sein und die Möglichkeit einschließen, Schadenersatz und/oder eine gerichtliche Anordnung sowie gegebenenfalls die Beschlagnahme von rechtswidrigem Material zu beantragen.

(59) Insbesondere in der digitalen Technik können die Dienste von Vermittlern immer stärker von Dritten für Rechtsverstöße genutzt werden. Oftmals sind diese Vermittler selbst am besten in der Lage, diesen Verstößen ein Ende zu setzen. Daher sollten die Rechteinhaber – unbeschadet anderer zur Verfügung stehender Sanktionen und Rechtsbehelfe – die Möglichkeit haben, eine gerichtliche Anordnung gegen einen Vermittler zu beantragen, der die Rechtsverletzung eines Dritten in Bezug auf ein geschütztes Werk oder einen anderen Schutzgegenstand in einem Netz überträgt. Diese Möglichkeit sollte auch dann bestehen, wenn die Handlungen des Vermittlers nach Artikel 5 freigestellt sind. Die Bedingungen und Modalitäten für eine derartige gerichtliche Anordnung sollten im nationalen Recht der Mitgliedstaaten geregelt werden.

(60) Der durch diese Richtlinie gewährte Schutz sollte die nationalen und gemeinschaftlichen Rechtsvorschriften in anderen Bereichen wie gewerbliches Eigentum, Datenschutz, Zugangskontrolle, Zugang zu öffentlichen Dokumenten und den Grundsatz der Chronologie der Auswertung in den Medien, die sich auf den Schutz des Urheberrechts oder verwandter Rechte auswirken, unberührt lassen.

(61) Um den Bestimmungen des WIPO-Vertrags über Darbietungen und Tonträger nachzukommen, sollten die Richtlinien 92/100/EWG und 93/98/EWG geändert werden –

HABEN FOLGENDE RICHTLINIE ERLASSEN:

---

[1] ABl. L 281 vom 23.11.1995, S. 31.

Kapitel I: Ziel und Anwendungsbereich

Artikel 1 Anwendungsbereich

(1) Gegenstand dieser Richtlinie ist der rechtliche Schutz des Urheberrechts und der verwandten Schutzrechte im Rahmen des Binnenmarkts, insbesondere in Bezug auf die Informationsgesellschaft.

(2) Außer in den in Artikel 11 genannten Fällen lässt diese Richtlinie die bestehenden gemeinschaftsrechtlichen Bestimmungen über folgende Bereiche unberührt und beeinträchtigt sie in keiner Weise:
a) über den rechtlichen Schutz von Computerprogrammen;
b) über das Vermietrecht, das Verleihrecht und bestimmte dem Urheberrecht verwandte Schutzrechte im Bereich des geistigen Eigentums;
c) über das Urheberrecht und die verwandten Schutzrechte im Bereich des Satellitenrundfunks und der Kabelweiterverbreitung;
d) über die Dauer des Schutzes des Urheberrechts und bestimmter verwandter Schutzrechte;
e) über den rechtlichen Schutz von Datenbanken.

Kapitel II: Rechte und Ausnahmen

Artikel 2 Vervielfältigungsrecht

Die Mitgliedstaaten sehen für folgende Personen das ausschließliche Recht vor, die unmittelbare oder mittelbare, vorübergehende oder dauerhafte Vervielfältigung auf jede Art und Weise und in jeder Form ganz oder teilweise zu erlauben oder zu verbieten:
a) für die Urheber in Bezug auf ihre Werke,
b) für die ausübenden Künstler in Bezug auf die Aufzeichnungen ihrer Darbietungen,
c) für die Tonträgerhersteller in Bezug auf ihre Tonträger,
d) für die Hersteller der erstmaligen Aufzeichnungen von Filmen in Bezug auf das Original und die Vervielfältigungsstücke ihrer Filme,
e) für die Sendeunternehmen in Bezug auf die Aufzeichnungen ihrer Sendungen, unabhängig davon, ob diese Sendungen drahtgebunden oder drahtlos, über Kabel oder Satellit übertragen werden.

Artikel 3 Recht der öffentlichen Wiedergabe von Werken und Recht der öffentlichen Zugänglichmachung sonstiger Schutzgegenstände

(1) Die Mitgliedstaaten sehen vor, dass den Urhebern das ausschließliche Recht zusteht, die drahtgebundene oder drahtlose öffentliche Wiedergabe ihrer Werke einschließlich der öffentlichen Zugänglichmachung der Werke in der Weise, dass sie Mitgliedern der Öffentlichkeit von Orten und zu Zeiten ihrer Wahl zugänglich sind, zu erlauben oder zu verbieten.

(2) Die Mitgliedstaaten sehen für folgende Personen das ausschließliche Recht vor, zu erlauben oder zu verbieten, dass die nachstehend genannten Schutzgegenstände drahtgebunden oder drahtlos in einer Weise der Öffentlichkeit zugänglich gemacht werden, dass sie Mitgliedern der Öffentlichkeit von Orten und zu Zeiten ihrer Wahl zugänglich sind:

a) für die ausübenden Künstler in Bezug auf die Aufzeichnungen ihrer Darbietungen;
b) für die Tonträgerhersteller in Bezug auf ihre Tonträger;
c) für die Hersteller der erstmaligen Aufzeichnungen von Filmen in Bezug auf das Original und auf Vervielfältigungsstücke ihrer Filme;
d) für die Sendeunternehmen in Bezug auf die Aufzeichnungen ihrer Sendungen, unabhängig davon, ob diese Sendungen drahtgebunden oder drahtlos, über Kabel oder Satellit übertragen werden.

(3) Die in den Absätzen 1 und 2 bezeichneten Rechte erschöpfen sich nicht mit den in diesem Artikel genannten Handlungen der öffentlichen Wiedergabe oder der Zugänglichmachung für die Öffentlichkeit.

Artikel 4 Verbreitungsrecht

(1) Die Mitgliedstaaten sehen vor, dass den Urhebern in Bezug auf das Original ihrer Werke oder auf Vervielfältigungsstücke davon das ausschließliche Recht zusteht, die Verbreitung an die Öffentlichkeit in beliebiger Form durch Verkauf oder auf sonstige Weise zu erlauben oder zu verbieten.

(2) Das Verbreitungsrecht erschöpft sich in der Gemeinschaft in Bezug auf das Original oder auf Vervielfältigungsstücke eines Werks nur, wenn der Erstverkauf dieses Gegenstands oder eine andere erstmalige Eigentumsübertragung in der Gemeinschaft durch den Rechteinhaber oder mit dessen Zustimmung erfolgt.

Artikel 5 Ausnahmen und Beschränkungen

(1) Die in Artikel 2 bezeichneten vorübergehenden Vervielfältigungshandlungen, die flüchtig oder begleitend sind und einen integralen und wesentlichen Teil eines technischen Verfahrens darstellen und deren alleiniger Zweck es ist,

a) eine Übertragung in einem Netz zwischen Dritten durch einen Vermittler oder
b) eine rechtmäßige Nutzung

eines Werks oder sonstigen Schutzgegenstands zu ermöglichen, und die keine eigenständige wirtschaftliche Bedeutung haben, werden von dem in Artikel 2 vorgesehenen Vervielfältigungsrecht ausgenommen.

(2) Die Mitgliedstaaten können in den folgenden Fällen Ausnahmen oder Beschränkungen in Bezug auf das in Artikel 2 vorgesehene Vervielfältigungsrecht vorsehen:

a) in Bezug auf Vervielfältigungen auf Papier oder einem ähnlichen Träger mittels beliebiger fotomechanischer Verfahren oder anderer Verfahren mit ähnlicher Wirkung, mit Ausnahme von Notenblättern und unter der Bedingung, dass die Rechteinhaber einen gerechten Ausgleich erhalten;

b) in Bezug auf Vervielfältigungen auf beliebigen Trägern durch eine natürliche Person zum privaten Gebrauch und weder für direkte noch indirekte kommerzielle Zwecke unter der Bedingung, dass die Rechteinhaber einen gerechten Ausgleich erhalten, wobei berücksichtigt wird, ob technische Maßnahmen gemäß Artikel 6 auf das betreffende Werk oder den betreffenden Schutzgegenstand angewendet wurden;

c) in Bezug auf bestimmte Vervielfältigungshandlungen von öffentlich zugänglichen Bibliotheken, Bildungseinrichtungen oder Museen oder von Archiven, die keinen unmittelbaren oder mittelbaren wirtschaftlichen oder kommerziellen Zweck verfolgen;

d) in Bezug auf ephemere Aufzeichnungen von Werken, die von Sendeunternehmen mit eigenen Mitteln und für eigene Sendungen vorgenommen worden sind; aufgrund ihres außergewöhnlichen Dokumentationscharakters kann die Aufbewahrung dieser Aufzeichnungen in amtlichen Archiven erlaubt werden;

e) in Bezug auf Vervielfältigungen von Sendungen, die von nicht kommerziellen sozialen Einrichtungen wie Krankenhäusern oder Haftanstalten angefertigt wurden, unter der Bedingung, dass die Rechteinhaber einen gerechten Ausgleich erhalten.

(3) Die Mitgliedstaaten können in den folgenden Fällen Ausnahmen oder Beschränkungen in Bezug auf die in den Artikeln 2 und 3 vorgesehenen Rechte vorsehen:

a) für die Nutzung ausschließlich zur Veranschaulichung im Unterricht oder für Zwecke der wissenschaftlichen Forschung, sofern – außer in Fällen, in denen sich dies als unmöglich erweist – die Quelle, einschließlich des Namens des Urhebers, wann immer dies möglich ist, angegeben wird und soweit dies zur Verfolgung nicht kommerzieller Zwecke gerechtfertigt ist;

b) für die Nutzung zugunsten behinderter Personen, wenn die Nutzung mit der Behinderung unmittelbar in Zusammenhang steht und nicht kommerzieller Art ist, soweit es die betreffende Behinderung erfordert;

c) für die Vervielfältigung durch die Presse, die öffentliche Wiedergabe oder die Zugänglichmachung von veröffentlichten Artikeln zu Tagesfragen wirtschaftlicher, politischer oder religiöser Natur oder von gesendeten Werken oder sonstigen Schutzgegenständen dieser Art, sofern eine solche Nutzung nicht ausdrücklich vorbehalten ist und sofern die Quelle, einschließlich des Namens des Urhebers, angegeben wird, oder die Nutzung von Werken oder sonstigen Schutzgegenständen in Verbindung mit der Berichterstattung über Tagesereignisse, soweit es der Informationszweck rechtfertigt und sofern – außer in Fällen, in denen sich dies als unmöglich erweist – die Quelle, einschließlich des Namens des Urhebers, angegeben wird;

d) für Zitate zu Zwecken wie Kritik oder Rezensionen, sofern sie ein Werk oder einen sonstigen Schutzgegenstand betreffen, das bzw. der der Öffentlichkeit bereits rechtmäßig zugänglich gemacht wurde, sofern – außer in Fällen, in denen sich dies als unmöglich erweist – die Quelle, einschließlich des Namens des Urhebers, angegeben wird und sofern die Nutzung den anständigen Gepflogenheiten entspricht und in ihrem Umfang durch den besonderen Zweck gerechtfertigt ist;

e) für die Nutzung zu Zwecken der öffentlichen Sicherheit oder zur Sicherstellung des ordnungsgemäßen Ablaufs von Verwaltungsverfahren, parlamentarischen Verfahren oder Gerichtsverfahren oder der Berichterstattung darüber;

f) für die Nutzung von politischen Reden oder von Auszügen aus öffentlichen Vorträgen oder ähnlichen Werken oder Schutzgegenständen, soweit der Informationszweck dies rechtfertigt und sofern – außer in Fällen, in denen sich dies als unmöglich erweist – die Quelle, einschließlich des Namens des Urhebers, angegeben wird;

g) für die Nutzung bei religiösen Veranstaltungen oder offiziellen, von einer Behörde durchgeführten Veranstaltungen;

h) für die Nutzung von Werken wie Werken der Baukunst oder Plastiken, die dazu angefertigt wurden, sich bleibend an öffentlichen Orten zu befinden;

i) für die beiläufige Einbeziehung eines Werks oder sonstigen Schutzgegenstands in anderes Material;

j) für die Nutzung zum Zwecke der Werbung für die öffentliche Ausstellung oder den öffentlichen Verkauf von künstlerischen Werken in dem zur Förderung der betreffenden Veranstaltung erforderlichen Ausmaß unter Ausschluss jeglicher anderer kommerzieller Nutzung;

k) für die Nutzung zum Zwecke von Karikaturen, Parodien oder Pastiches;

l) für die Nutzung im Zusammenhang mit der Vorführung oder Reparatur von Geräten;

m) für die Nutzung eines künstlerischen Werks in Form eines Gebäudes bzw. einer Zeichnung oder eines Plans eines Gebäudes zum Zwecke des Wiederaufbaus des Gebäudes;

n) für die Nutzung von Werken und sonstigen Schutzgegenständen, für die keine Regelungen über Verkauf und Lizenzen gelten und die sich in den Sammlungen der Einrichtungen gemäß Absatz 2 Buchstabe c) befinden, durch ihre Wiedergabe oder Zugänglichmachung für einzelne Mitglieder der Öffentlichkeit zu

Zwecken der Forschung und privater Studien auf eigens hierfür eingerichteten Terminals in den Räumlichkeiten der genannten Einrichtungen;

o) für die Nutzung in bestimmten anderen Fällen von geringer Bedeutung, soweit solche Ausnahmen oder Beschränkungen bereits in einzelstaatlichen Rechtsvorschriften vorgesehen sind und sofern sie nur analoge Nutzungen betreffen und den freien Waren- und Dienstleistungsverkehr in der Gemeinschaft nicht berühren; dies gilt unbeschadet der anderen in diesem Artikel enthaltenen Ausnahmen und Beschränkungen.

(4) Wenn die Mitgliedstaaten gemäß Absatz 2 oder 3 eine Ausnahme oder Beschränkung in Bezug auf das Vervielfältigungsrecht vorsehen können, können sie entsprechend auch eine Ausnahme oder Beschränkung in Bezug auf das Verbreitungsrecht im Sinne von Artikel 4 zulassen, soweit diese Ausnahme durch den Zweck der erlaubten Vervielfältigung gerechtfertigt ist.

(5) Die in den Absätzen 1, 2, 3 und 4 genannten Ausnahmen und Beschränkungen dürfen nur in bestimmten Sonderfällen angewandt werden, in denen die normale Verwertung des Werks oder des sonstigen Schutzgegenstands nicht beeinträchtigt wird und die berechtigten Interessen des Rechteinhabers nicht ungebührlich verletzt werden.

Kapitel III: Schutz von technischen Massnahmen und von Informationen für die Wahrnehmung der Rechte

Artikel 6 Pflichten in Bezug auf technische Maßnahmen

(1) Die Mitgliedstaaten sehen einen angemessenen Rechtsschutz gegen die Umgehung wirksamer technischer Maßnahmen durch eine Person vor, der bekannt ist oder den Umständen nach bekannt sein muss, dass sie dieses Ziel verfolgt.

(2) Die Mitgliedstaaten sehen einen angemessenen Rechtsschutz gegen die Herstellung, die Einfuhr, die Verbreitung, den Verkauf, die Vermietung, die Werbung im Hinblick auf Verkauf oder Vermietung und den Besitz zu kommerziellen Zwecken von Vorrichtungen, Erzeugnissen oder Bestandteilen sowie die Erbringung von Dienstleistungen vor,

a) die Gegenstand einer Verkaufsförderung, Werbung oder Vermarktung mit dem Ziel der Umgehung wirksamer technischer Maßnahmen sind oder

b) die, abgesehen von der Umgehung wirksamer technischer Maßnahmen, nur einen begrenzten wirtschaftlichen Zweck oder Nutzen haben oder

c) die hauptsächlich entworfen, hergestellt, angepasst oder erbracht werden, um die Umgehung wirksamer technischer Maßnahmen zu ermöglichen oder zu erleichtern.

(3) Im Sinne dieser Richtlinie bezeichnet der Ausdruck «technische Maßnahmen» alle Technologien, Vorrichtungen oder Bestandteile, die im normalen Betrieb dazu

bestimmt sind, Werke oder sonstige Schutzgegenstände betreffende Handlungen zu verhindern oder einzuschränken, die nicht von der Person genehmigt worden sind, die Inhaber der Urheberrechte oder der dem Urheberrecht verwandten gesetzlich geschützten Schutzrechte oder des in Kapitel III der Richtlinie 96/9/EG verankerten Sui-generis-Rechts ist. Technische Maßnahmen sind als «wirksam» anzusehen, soweit die Nutzung eines geschützten Werks oder eines sonstigen Schutzgegenstands von den Rechteinhabern durch eine Zugangskontrolle oder einen Schutzmechanismus wie Verschlüsselung, Verzerrung oder sonstige Umwandlung des Werks oder sonstigen Schutzgegenstands oder einen Mechanismus zur Kontrolle der Vervielfältigung, die die Erreichung des Schutzziels sicherstellen, unter Kontrolle gehalten wird.

(4) Werden von Seiten der Rechteinhaber freiwillige Maßnahmen, einschließlich Vereinbarungen zwischen den Rechteinhabern und anderen betroffenen Parteien, nicht ergriffen, so treffen die Mitgliedstaaten ungeachtet des Rechtsschutzes nach Absatz 1 geeignete Maßnahmen, um sicherzustellen, dass die Rechteinhaber dem Begünstigten einer im nationalen Recht gemäß Artikel 5 Absatz 2 Buchstaben a), c), d), oder e) oder Absatz 3 Buchstaben a), b) oder e) vorgesehenen Ausnahme oder Beschränkung die Mittel zur Nutzung der betreffenden Ausnahme oder Beschränkung in dem für die Nutzung der betreffenden Ausnahme oder Beschränkung erforderlichen Maße zur Verfügung stellen, soweit der betreffende Begünstigte rechtmäßig Zugang zu dem geschützten Werk oder Schutzgegenstand hat.

Ein Mitgliedstaat kann derartige Maßnahmen auch in Bezug auf den Begünstigten einer Ausnahme oder Beschränkung gemäß Artikel 5 Absatz 2 Buchstabe b) treffen, sofern die Vervielfältigung zum privaten Gebrauch nicht bereits durch die Rechteinhaber in dem für die Nutzung der betreffenden Ausnahme oder Beschränkung erforderlichen Maße gemäß Artikel 5 Absatz 2 Buchstabe b) und Absatz 5 ermöglicht worden ist; der Rechteinhaber kann dadurch nicht gehindert werden, geeignete Maßnahmen in Bezug auf die Zahl der Vervielfältigungen gemäß diesen Bestimmungen zu ergreifen.

Die von den Rechteinhabern freiwillig angewandten technischen Maßnahmen, einschließlich der zur Umsetzung freiwilliger Vereinbarungen angewandten Maßnahmen, und die technischen Maßnahmen, die zur Umsetzung der von den Mitgliedstaaten getroffenen Maßnahmen angewandt werden, genießen den Rechtsschutz nach Absatz 1.

Die Unterabsätze 1 und 2 gelten nicht für Werke und sonstige Schutzgegenstände, die der Öffentlichkeit aufgrund einer vertraglichen Vereinbarung in einer Weise zugänglich gemacht werden, dass sie Mitgliedern der Öffentlichkeit von Orten und zu Zeiten ihrer Wahl zugänglich sind.

Wenn dieser Artikel im Zusammenhang mit der Richtlinie 92/100/EWG und 96/9/EG angewandt wird, so findet dieser Absatz entsprechende Anwendung.

Artikel 7 Pflichten in Bezug auf Informationen für die Rechtewahrnehmung

(1) Die Mitgliedstaaten sehen einen angemessenen rechtlichen Schutz gegen Personen vor, die wissentlich unbefugt eine der nachstehenden Handlungen vornehmen, wobei ihnen bekannt ist oder den Umständen nach bekannt sein muss, dass sie dadurch die Verletzung von Urheberrechten oder dem Urheberrecht verwandten gesetzlich geschützten Schutzrechten oder die Verletzung des in Kapitel III der Richtlinie 96/9/EG vorgesehenen Sui-generis-Rechts veranlassen, ermöglichen, erleichtern oder verschleiern:

a) die Entfernung oder Änderung elektronischer Informationen für die Wahrnehmung der Rechte,

b) die Verbreitung, Einfuhr zur Verbreitung, Sendung, öffentliche Wiedergabe oder öffentliche Zugänglichmachung von Werken oder sonstigen unter diese Richtlinie oder unter Kapitel III der Richtlinie 96/9/EG fallenden Schutzgegenständen, bei denen elektronische Informationen für die Wahrnehmung der Rechte unbefugt entfernt oder geändert wurden.

(2) Im Sinne dieser Richtlinie bezeichnet der Ausdruck «Informationen für die Rechtewahrnehmung» die von Rechteinhabern stammenden Informationen, die die in dieser Richtlinie bezeichneten Werke oder Schutzgegenstände oder die durch das in Kapitel III der Richtlinie 96/9/EG vorgesehene Sui-generis-Recht geschützten Werke oder Schutzgegenstände, den Urheber oder jeden anderen Rechteinhaber identifizieren, oder Informationen über die Modalitäten und Bedingungen für die Nutzung der Werke oder Schutzgegenstände sowie die Zahlen oder Codes, durch die derartige Informationen ausgedrückt werden.

Unterabsatz 1 gilt, wenn irgendeine der betreffenden Informationen an einem Vervielfältigungsstück eines Werks oder eines sonstigen Schutzgegenstands, der in dieser Richtlinie genannt wird oder unter das in Kapitel III der Richtlinie 96/9/EG vorgesehene Sui-generis-Recht fällt, angebracht wird oder im Zusammenhang mit der öffentlichen Wiedergabe eines solchen Werks oder Schutzgegenstands erscheint.

Kapitel IV: Allgemeine Bestimmungen

Artikel 8 Sanktionen und Rechtsbehelfe

(1) Die Mitgliedstaaten sehen bei Verletzungen der in dieser Richtlinie festgelegten Rechte und Pflichten angemessene Sanktionen und Rechtsbehelfe vor und treffen alle notwendigen Maßnahmen, um deren Anwendung sicherzustellen. Die betreffenden Sanktionen müssen wirksam, verhältnismäßig und abschreckend sein.

(2) Jeder Mitgliedstaat trifft die erforderlichen Maßnahmen, um sicherzustellen, dass Rechteinhaber, deren Interessen durch eine in seinem Hoheitsgebiet begangene Rechtsverletzung beeinträchtigt werden, Klage auf Schadenersatz erheben und/oder eine gerichtliche Anordnung sowie gegebenenfalls die Beschlagnahme von rechts-

widrigem Material sowie von Vorrichtungen, Erzeugnissen oder Bestandteilen im Sinne des Artikels 6 Absatz 2 beantragen können.

(3) Die Mitgliedstaaten stellen sicher, dass die Rechteinhaber gerichtliche Anordnungen gegen Vermittler beantragen können, deren Dienste von einem Dritten zur Verletzung eines Urheberrechts oder verwandter Schutzrechte genutzt werden.

Artikel 9 Weitere Anwendung anderer Rechtsvorschriften

Diese Richtlinie lässt andere Rechtsvorschriften insbesondere in folgenden Bereichen unberührt: Patentrechte, Marken, Musterrechte, Gebrauchsmuster, Topographien von Halbleitererzeugnissen, typographische Schriftzeichen, Zugangskontrolle, Zugang zum Kabel von Sendediensten, Schutz nationalen Kulturguts, Anforderungen im Bereich gesetzlicher Hinterlegungspflichten, Rechtsvorschriften über Wettbewerbsbeschränkungen und unlauteren Wettbewerb, Betriebsgeheimnisse, Sicherheit, Vertraulichkeit, Datenschutz und Schutz der Privatsphäre, Zugang zu öffentlichen Dokumenten sowie Vertragsrecht.

Artikel 10 Zeitliche Anwendbarkeit

(1) Die Vorschriften dieser Richtlinie finden auf alle von ihr erfassten Werke und Schutzgegenstände Anwendung, die am 22. Dezember 2002 durch die Rechtsvorschriften der Mitgliedstaaten auf dem Gebiet des Urheberrechts und der verwandten Schutzrechte geschützt sind oder die die Schutzkriterien im Sinne dieser Richtlinie oder der in Artikel 1 Absatz 2 genannten Bestimmungen erfüllen.

(2) Die Richtlinie berührt Handlungen und Rechte nicht, die vor dem 22. Dezember 2002 abgeschlossen bzw. erworben wurden.

Artikel 11 Technische Anpassungen

(1) Die Richtlinie 92/100/EWG wird wie folgt geändert:

a) Artikel 7 wird gestrichen.

b) Artikel 10 Absatz 3 erhält folgende Fassung:

«(3) Die Beschränkungen dürfen nur in bestimmten Sonderfällen angewandt werden, in denen die normale Verwertung des Schutzgegenstands nicht beeinträchtigt wird und die berechtigten Interessen des Rechteinhabers nicht ungebührlich verletzt werden.»

(2) Artikel 3 Absatz 2 der Richtlinie 93/98/EWG erhält folgende Fassung:

«(2) Die Rechte der Hersteller von Tonträgern erlöschen fünfzig Jahre nach der Aufzeichnung. Wurde jedoch der Tonträger innerhalb dieser Frist rechtmäßig veröffentlicht, so erlöschen diese Rechte fünfzig Jahre nach der ersten rechtmäßigen Veröffentlichung. Wurde der Tonträger innerhalb der in Satz 1 genannten Frist nicht rechtmäßig veröffentlicht und wurde der Tonträger innerhalb dieser Frist rechtmäßig

öffentlich wiedergegeben, so erlöschen diese Rechte fünfzig Jahre nach der ersten rechtmäßigen öffentlichen Wiedergabe.

Sind jedoch die Rechte der Hersteller von Tonträgern aufgrund des Ablaufs der Schutzfrist gemäß dem vorliegenden Absatz in seiner Fassung vor der Änderung durch die Richtlinie 2001/29/EG des Europäischen Parlaments und des Rates vom 22. Mai 2001 zur Harmonisierung bestimmter Aspekte des Urheberrechts und der verwandten Schutzrechte in der Informationsgesellschaft (ABl. L 167 vom 22.6.2001, S. 10.) am 22. Dezember 2002 nicht mehr geschützt, so bewirkt dieser Absatz nicht, dass jene Rechte erneut geschützt sind.»

Artikel 12 Schlussbestimmungen

(1) Spätestens am 22. Dezember 2004 und danach alle drei Jahre unterbreitet die Kommission dem Europäischen Parlament, dem Rat und dem Wirtschafts- und Sozialausschuss einen Bericht über die Anwendung dieser Richtlinie, in dem sie unter anderem auf der Grundlage der von den Mitgliedstaaten mitgeteilten Informationen insbesondere die Anwendung der Artikel 5, 6 und 8 anhand der Entwicklung des digitalen Marktes prüft. Im Falle des Artikels 6 prüft sie insbesondere, ob dieser ein ausreichendes Schutzniveau sicherstellt und ob sich der Einsatz wirksamer technischer Maßnahmen nachteilig auf gesetzlich erlaubte Handlungen auswirkt. Erforderlichenfalls legt sie – insbesondere um das Funktionieren des Binnenmarkts im Sinne von Artikel 14 des Vertrags sicherzustellen – entsprechende Änderungsvorschläge zu dieser Richtlinie vor.

(2) Der Schutz der dem Urheberrecht verwandten Schutzrechte im Sinne dieser Richtlinie lässt den Schutz des Urheberrechts unberührt und beeinträchtigt ihn in keiner Weise.

(3) Es wird ein Kontaktausschuss eingesetzt. Dieser Ausschuss setzt sich aus Vertretern der zuständigen Behörden der Mitgliedstaaten zusammen. In ihm führt ein Vertreter der Kommission den Vorsitz, und er tritt entweder auf Initiative des Vorsitzenden oder auf Antrag der Delegation eines Mitgliedstaats zusammen.

(4) Der Ausschuss hat folgende Aufgaben:

a) Prüfung der Auswirkungen dieser Richtlinie auf den Binnenmarkt und Benennung etwaiger Schwierigkeiten;

b) Durchführung von Konsultationen zu allen mit der Anwendung dieser Richtlinie zusammenhängenden Fragen;

c) Erleichterung des Informationsaustauschs über einschlägige Entwicklungen in der Gesetzgebung und Rechtsprechung sowie über die einschlägigen wirtschaftlichen, sozialen, kulturellen und technischen Entwicklungen;

d) Wahrnehmung der Funktion eines Forums zur Bewertung des digitalen Markts für Werke und andere Gegenstände, einschließlich Privatkopien und der Verwendung technischer Maßnahmen.

Artikel 13 Umsetzung

(1) Die Mitgliedstaaten erlassen die erforderlichen Rechts- und Verwaltungsvorschriften, um dieser Richtlinie vor dem 22. Dezember 2002 nachzukommen. Sie setzen die Kommission hiervon unverzüglich in Kenntnis.

Wenn die Mitgliedstaaten diese Vorschriften erlassen, nehmen sie in den Vorschriften selbst oder durch einen Hinweis bei der amtlichen Veröffentlichung auf diese Richtlinie Bezug. Die Mitgliedstaaten regeln die Einzelheiten dieser Bezugnahme.

(2) Die Mitgliedstaaten teilen der Kommission den Wortlaut der innerstaatlichen Rechtsvorschriften mit, die sie auf dem unter diese Richtlinie fallenden Gebiet erlassen.

Artikel 14 Inkrafttreten

Diese Richtlinie tritt am Tag ihrer Veröffentlichung im Amtsblatt der Europäischen Gemeinschaften in Kraft.

Artikel 15 Adressaten

Diese Richtlinie ist an die Mitgliedstaaten gerichtet.

Nr. 19 — Richtlinie 2006/115/EG des Europäischen Parlaments und des Rates zum Vermietrecht und Verleihrecht sowie zu bestimmten dem Urheberrecht verwandten Schutzrechten im Bereich des geistigen Eigentums (kodifizierte Fassung)

vom 12. Dezember 2006

ABl. L 376 vom 27. Dezember 2006, S. 28

DAS EUROPÄISCHE PARLAMENT UND DER RAT DER EUROPÄISCHEN UNION –

gestützt auf den Vertrag zur Gründung der Europäischen Gemeinschaft, insbesondere auf Artikel 47 Absatz 2, Artikel 55 und Artikel 95,

auf Vorschlag der Kommission,

nach Stellungnahme des Europäischen Wirtschafts- und Sozialausschusses,

gemäß dem Verfahren des Artikels 251 des Vertrags[1],

in Erwägung nachstehender Gründe:

(1) Die Richtlinie 92/100/EWG des Rates vom 19. November 1992 zum Vermietrecht und Verleihrecht sowie zu bestimmten dem Urheberrecht verwandten Schutzrechten im Bereich des geistigen Eigentums[2] ist mehrfach und in wesentlichen Punkten geändert worden[3]. Aus Gründen der Übersichtlichkeit und Klarheit empfiehlt es sich, die genannte Richtlinie zu kodifizieren.

(2) Das Vermieten und Verleihen von urheberrechtlich geschützten Werken und Gegenständen der verwandten Schutzrechte spielt insbesondere für die Urheber und die ausübenden Künstler sowie für die Hersteller von Tonträgern und Filmen eine immer wichtigere Rolle. Die Piraterie stellt eine zunehmende Bedrohung dar.

(3) Dem angemessenen Schutz von urheberrechtlich geschützten Werken und Gegenständen der verwandten Schutzrechte durch Vermiet- und Verleihrechte sowie dem Schutz von Gegenständen der verwandten Schutzrechte durch das Aufzeichnungsrecht, Verbreitungsrecht, Senderecht und Recht der öffentlichen Wiedergabe kommt daher eine grundlegende Bedeutung für die wirtschaftliche und kulturelle Entwicklung der Gemeinschaft zu.

(4) Der Schutz, den das Urheberrecht und verwandte Schutzrechte gewähren, muss an neue wirtschaftliche Entwicklungen, wie z. B. an neue Nutzungsarten, angepasst werden.

---

1 Stellungnahme des Europäischen Parlaments vom 12. Oktober 2006 (noch nicht im Amtsblatt veröffentlicht).
2 ABl. L 346 vom 27.11.1992, S. 61. Zuletzt geändert durch die Richtlinie 2001/29/EG des Europäischen Parlaments und des Rates (ABl. L 167 vom 22.6.2001, S. 10).
3 Siehe Anhang I Teil A *(nicht abgedruckt)*.

(5) Um ihre Tätigkeit ausüben zu können, bedürfen Urheber und ausübende Künstler eines angemessenen Einkommens als Grundlage für weiteres schöpferisches und künstlerisches Arbeiten. Die insbesondere für die Herstellung von Tonträgern und Filmen erforderlichen Investitionen sind außerordentlich hoch und risikoreich. Die Möglichkeit, ein solches Einkommen sicherzustellen und solche Investitionen abzusichern, kann nur durch einen angemessenen Rechtsschutz für die jeweils betroffenen Rechteinhaber wirkungsvoll gewährleistet werden.

(6) Diese schöpferischen, künstlerischen und unternehmerischen Tätigkeiten sind großenteils selbständige Tätigkeiten. Die Ausübung dieser Tätigkeiten sollte durch die Schaffung eines gemeinschaftsweit harmonisierten Rechtsschutzes erleichtert werden. Soweit diese Tätigkeiten hauptsächlich Dienstleistungen darstellen, sollte ihre Erbringung durch einen gemeinschaftsweit harmonisierten rechtlichen Rahmen erleichtert werden.

(7) Die Angleichung der Rechtsvorschriften der Mitgliedstaaten sollte in der Weise erfolgen, dass die Rechtsvorschriften nicht in Widerspruch zu den internationalen Übereinkommen stehen, auf denen das Urheberrecht und die verwandten Schutzrechte in vielen Mitgliedstaaten beruhen.

(8) Der rechtliche Rahmen der Gemeinschaft in Bezug auf das Vermiet- und Verleihrecht und bestimmte verwandte Schutzrechte kann sich darauf beschränken festzulegen, dass die Mitgliedstaaten Rechte in Bezug auf das Vermieten und Verleihen für bestimmte Gruppen von Rechteinhabern vorsehen und ferner die Rechte der Aufzeichnung, Verbreitung, Sendung und öffentlichen Wiedergabe festlegen, die bestimmten Gruppen von Rechteinhabern im Bereich der verwandten Schutzrechte zustehen.

(9) Es ist erforderlich, die Begriffe «Vermietung» und «Verleihen» im Sinne dieser Richtlinie zu definieren.

(10) Der Klarheit halber ist es wünschenswert, von «Vermietung» und «Verleihen» im Sinne dieser Richtlinie bestimmte Formen der Überlassung, z. B. die Überlassung von Tonträgern und Filmen zur öffentlichen Vorführung oder Sendung sowie die Überlassung zu Ausstellungszwecken oder zur Einsichtnahme an Ort und Stelle auszuschließen. «Verleihen» im Sinne dieser Richtlinie sollte nicht die Überlassung zwischen der Öffentlichkeit zugänglichen Einrichtungen umfassen.

(11) Wird bei einem Verleihen durch eine der Öffentlichkeit zugängliche Einrichtung ein Entgelt gezahlt, dessen Betrag das für die Deckung der Verwaltungskosten der Einrichtung erforderliche Maß nicht überschreitet, so liegt keine unmittelbare oder mittelbare wirtschaftliche oder kommerzielle Nutzung im Sinne dieser Richtlinie vor.

(12) Es wird eine Regelung benötigt, durch die ein unverzichtbares Recht auf angemessene Vergütung für die Urheber und ausübenden Künstler gewährleistet wird, denen zugleich die Möglichkeit erhalten bleiben muss, mit der Wahrnehmung dieses Rechts an ihrer Stelle tätig werdende Verwertungsgesellschaften zu beauftragen.

(13) Die angemessene Vergütung kann in Form einer oder mehrerer Zahlungen jederzeit bei Abschluss des Vertrages oder später entrichtet werden. Sie sollte dem Umfang des Beitrages der beteiligten Urheber und ausübenden Künstler zum Tonträger bzw. Film Rechnung tragen.

(14) Die Rechte zumindest der Urheber müssen außerdem in Bezug auf das öffentliche Verleihwesen durch Einführung einer Sonderregelung geschützt werden. Jedoch sollten Ausnahmen vom ausschließlichen öffentlichen Verleihrecht insbesondere mit Artikel 12 des Vertrags vereinbar sein.

(15) Die Bestimmungen dieser Richtlinie zu verwandten Schutzrechten sollten die Mitgliedstaaten nicht daran hindern, den in dieser Richtlinie vorgesehenen Vermutungsgrundsatz hinsichtlich Einzel- oder Tarifvereinbarungen über eine Filmproduktion, die von ausübenden Künstlern mit einem Filmproduzenten abgeschlossen werden, auf diese ausschließlichen Schutzrechte auszudehnen. Darüber hinaus sollten diese Bestimmungen die Mitgliedstaaten nicht daran hindern, für die in den entsprechenden Bestimmungen dieser Richtlinie genannten ausschließlichen Rechte der ausübenden Künstler eine widerlegbare Vermutung der Einwilligung in die Auswertung vorzusehen, sofern eine solche Vermutung mit dem Internationalen Abkommen über den Schutz der ausübenden Künstler, der Hersteller von Tonträgern und der Sendeunternehmen (im Folgenden «Rom-Abkommen» genannt) vereinbar ist.

(16) Die Mitgliedstaaten sollten einen weiterreichenden Schutz für Inhaber von verwandten Schutzrechten vorsehen können, als er in dieser Richtlinie hinsichtlich der öffentlichen Sendung und Wiedergabe vorgeschrieben ist.

(17) Die harmonisierten Vermiet- und Verleihrechte und der harmonisierte Schutz im Bereich der dem Urheberrecht verwandten Schutzrechte dürfen nicht in einer Weise ausgeübt werden, die eine verschleierte Beschränkung des Handels zwischen den Mitgliedstaaten darstellt oder dem in dem Urteil des Gerichtshofs in der Rechtssache «Cinéthèque gegen FNCF»[1] anerkannten Grundsatz der Chronologie der Auswertung in den Medien zuwiderläuft.

(18) Diese Richtlinie sollte die Verpflichtungen der Mitgliedstaaten hinsichtlich der in Anhang I Teil B[2] genannten Fristen für die Umsetzung der dort genannten Richtlinien in innerstaatliches Recht unberührt lassen –

HAT FOLGENDE RICHTLINIE ERLASSEN:

---

1 Verbundene Rechtssachen 60/84 und 61/84, Slg. 1985, 2605.
2 *Nicht abgedruckt.*

Kapitel I: Vermiet- und Verleihrecht

Artikel 1 Regelungszweck

(1) In Übereinstimmung mit den Bestimmungen dieses Kapitels sehen die Mitgliedstaaten vorbehaltlich Artikel 6 das Recht vor, die Vermietung und das Verleihen von Originalen und Vervielfältigungsstücken urheberrechtlich geschützter Werke und anderer in Artikel 3 Absatz 1 bezeichneter Schutzgegenstände zu erlauben oder zu verbieten.

(2) Die in Absatz 1 genannten Rechte werden weder durch die Veräußerung von in Artikel 3 Absatz 1 bezeichneten Originalen und Vervielfältigungsstücken von urheberrechtlich geschützten Werken und anderen Schutzgegenständen noch durch andere darauf bezogene Verbreitungshandlungen erschöpft.

Artikel 2 Begriffsbestimmungen

(1) Für die Zwecke dieser Richtlinie gelten die folgenden Begriffsbestimmungen:

a) «Vermietung» ist die zeitlich begrenzte Gebrauchsüberlassung zu unmittelbarem oder mittelbarem wirtschaftlichen oder kommerziellen Nutzen;

b) «Verleihen» ist die zeitlich begrenzte Gebrauchsüberlassung, die nicht einem unmittelbaren oder mittelbaren wirtschaftlichen oder kommerziellen Nutzen dient und durch der Öffentlichkeit zugängliche Einrichtungen vorgenommen wird;

c) «Film» bezeichnet vertonte oder nicht vertonte Filmwerke, audiovisuelle Werke oder Laufbilder.

(2) Der Hauptregisseur eines Filmwerks oder audiovisuellen Werks gilt als sein Urheber oder als einer seiner Urheber. Die Mitgliedstaaten können vorsehen, dass weitere Personen als Miturheber gelten.

Artikel 3 Rechteinhaber und Gegenstand des Vermiet- und Verleihrechts

(1) Das ausschließliche Recht, die Vermietung und das Verleihen zu erlauben oder zu verbieten, steht folgenden Personen zu:

a) dem Urheber in Bezug auf das Original und auf Vervielfältigungsstücke seines Werkes;

b) dem ausübenden Künstler in Bezug auf Aufzeichnungen seiner Darbietung;

c) dem Tonträgerhersteller in Bezug auf seine Tonträger;

d) dem Hersteller der erstmaligen Aufzeichnung eines Films in Bezug auf das Original und auf Vervielfältigungsstücke seines Films.

(2) Vermiet- und Verleihrechte an Bauwerken und Werken der angewandten Kunst fallen nicht unter diese Richtlinie.

(3) Die in Absatz 1 bezeichneten Rechte können übertragen oder abgetreten werden oder Gegenstand vertraglicher Lizenzen sein.

(4) Schließen ausübende Künstler mit einem Filmproduzenten einen Vertrag als Einzel- oder Tarifvereinbarung über eine Filmproduktion ab, so wird unbeschadet des Absatzes 6 vermutet, dass der unter diesen Vertrag fallende ausübende Künstler, sofern in den Vertragsbestimmungen nichts anderes vorgesehen ist, sein Vermietrecht vorbehaltlich Artikel 5 abgetreten hat.

(5) Die Mitgliedstaaten können eine ähnliche Vermutung wie in Absatz 4 in Bezug auf die Urheber vorsehen.

(6) Die Mitgliedstaaten können vorsehen, dass die Unterzeichnung des zwischen einem ausübenden Künstler und einem Filmproduzenten geschlossenen Vertrages über eine Filmproduktion als eine Ermächtigung zur Vermietung zu betrachten ist, sofern der Vertrag eine angemessene Vergütung im Sinne von Artikel 5 vorsieht. Die Mitgliedstaaten können ferner vorsehen, dass dieser Absatz sinngemäß auch für die Rechte des Kapitels II gilt.

Artikel 4 Vermietung von Computerprogrammen

Artikel 4 Buchstabe c der Richtlinie 91/250/EWG des Rates vom 14. Mai 1991 über den Rechtsschutz von Computerprogrammen[1] bleibt unberührt.

Artikel 5 Unverzichtbares Recht auf angemessene Vergütung

(1) Hat ein Urheber oder ein ausübender Künstler sein Vermietrecht an einem Tonträger oder an dem Original oder einem Vervielfältigungsstück eines Films an einen Tonträgerhersteller oder Filmproduzenten übertragen oder abgetreten, so behält er den Anspruch auf eine angemessene Vergütung für die Vermietung.

(2) Auf den Anspruch auf eine angemessene Vergütung für die Vermietung kann der Urheber oder ausübende Künstler nicht verzichten.

(3) Die Wahrnehmung dieses Anspruchs auf eine angemessene Vergütung kann Verwertungsgesellschaften, die Urheber oder ausübende Künstler vertreten, übertragen werden.

(4) Die Mitgliedstaaten können regeln, ob und in welchem Umfang zur Auflage gemacht werden kann, daß der Anspruch auf eine angemessene Vergütung durch eine Verwertungsgesellschaft wahrgenommen werden muss, und gegenüber wem diese Vergütung gefordert oder eingezogen werden darf.

---

1   ABl. L 122 vom 17.5.1991, S. 42. Geändert durch die Richtlinie 93/98/EWG (ABl. L 290 vom 24.11.1993, S. 9).

Artikel 6 Ausnahme vom ausschliesslichen öffentlichen Verleihrecht

(1) Die Mitgliedstaaten können hinsichtlich des öffentlichen Verleihwesens Ausnahmen von dem ausschliesslichen Recht nach Artikel 1 vorsehen, sofern zumindest die Urheber eine Vergütung für dieses Verleihen erhalten. Es steht den Mitgliedstaaten frei, diese Vergütung entsprechend ihren kulturpolitischen Zielsetzungen festzusetzen.

(2) Bringen die Mitgliedstaaten das ausschliessliche Verleihrecht nach Artikel 1 in bezug auf Tonträger, Filme und Computerprogramme nicht zur Anwendung, so führen sie eine Vergütung zumindest für die Urheber ein.

(3) Die Mitgliedstaaten können bestimmte Kategorien von Einrichtungen von der Zahlung der Vergütung im Sinne der Absätze 1 und 2 ausnehmen.

Kapitel II: Dem Urheberrecht verwandte Schutzrechte

Artikel 7 Aufzeichnungsrecht

(1) Die Mitgliedstaaten sehen für ausübende Künstler das ausschliessliche Recht vor, die Aufzeichnung ihrer Darbietungen zu erlauben oder zu verbieten.

(2) Die Mitgliedstaaten sehen für Sendeunternehmen das ausschliessliche Recht vor, die Aufzeichnung ihrer Sendungen zu erlauben oder zu verbieten, unabhängig davon, ob es sich hierbei um drahtlose oder drahtgebundene, über Kabel oder durch Satelliten vermittelte Sendungen handelt.

(3) Einem weiterverbreitenden Kabelsendeunternehmen, das lediglich Sendungen anderer Sendeunternehmen über Kabel weiterverbreitet, steht das Recht nach Absatz 2 jedoch nicht zu.

Artikel 8 Öffentliche Sendung und Wiedergabe

(1) Die Mitgliedstaaten sehen für ausübende Künstler das ausschliessliche Recht vor, drahtlos übertragene Rundfunksendungen und die öffentliche Wiedergabe ihrer Darbietungen zu erlauben oder zu verbieten, es sei denn, die Darbietung ist selbst bereits eine gesendete Darbietung oder beruht auf einer Aufzeichnung.

(2) Die Mitgliedstaaten sehen ein Recht vor, das bei Nutzung eines zu Handelszwecken veröffentlichten Tonträgers oder eines Vervielfältigungsstücks eines solchen Tonträgers für drahtlos übertragene Rundfunksendungen oder eine öffentliche Wiedergabe die Zahlung einer einzigen angemessenen Vergütung durch den Nutzer und die Aufteilung dieser Vergütung auf die ausübenden Künstler und die Tonträgerhersteller gewährleistet. Besteht zwischen den ausübenden Künstlern und den Tonträgerherstellern kein diesbezügliches Einvernehmen, so können die Bedingungen, nach denen die Vergütung unter ihnen aufzuteilen ist, von den Mitgliedstaaten festgelegt werden.

(3) Die Mitgliedstaaten sehen für Sendeunternehmen das ausschliessliche Recht vor, die drahtlose Weitersendung ihrer Sendungen sowie die öffentliche Wiedergabe ihrer Sendungen, wenn die betreffende Wiedergabe an Orten stattfindet, die der Öffentlichkeit gegen Zahlung eines Eintrittsgeldes zugänglich sind, zu erlauben oder zu verbieten.

Artikel 9 Verbreitungsrecht

(1) Die Mitgliedstaaten sehen das ausschließliche Recht, die in den Buchstaben a bis d genannten Schutzgegenstände sowie Kopien davon der Öffentlichkeit im Wege der Veräußerung oder auf sonstige Weise zur Verfügung zu stellen (nachstehend «Verbreitungsrecht» genannt), wie folgt vor:

a) für ausübende Künstler in Bezug auf die Aufzeichnungen ihrer Darbietungen;
b) für Tonträgerhersteller in Bezug auf ihre Tonträger;
c) für Hersteller der erstmaligen Aufzeichnung von Filmen in Bezug auf das Original und auf Vervielfältigungsstücke ihrer Filme;
d) für Sendeunternehmen in Bezug auf die Aufzeichnungen ihrer Sendungen nach Maßgabe von Artikel 7 Absatz 2.

(2) Das Verbreitungsrecht in der Gemeinschaft hinsichtlich eines der in Absatz 1 genannten Gegenstände erschöpft sich nur mit dem Erstverkauf des Gegenstands in der Gemeinschaft durch den Rechteinhaber oder mit seiner Zustimmung.

(3) Die besonderen Bestimmungen des Kapitels I, insbesondere die des Artikels 1 Absatz 2, werden durch das Verbreitungsrecht nicht berührt.

(4) Das Verbreitungsrecht kann übertragen oder abgetreten werden oder Gegenstand vertraglicher Lizenzen sein.

Artikel 10 Beschränkung der Rechte

(1) Die Mitgliedstaaten können Beschränkungen der in diesem Kapitel genannten Rechte in folgenden Fällen vorsehen:

a) für eine private Benutzung;
b) für eine Benutzung kurzer Bruchstücke anlässlich der Berichterstattung über Tagesereignisse;
c) für eine ephemere Aufzeichnung, die von einem Sendeunternehmen mit seinen eigenen Mitteln und für seine eigenen Sendungen vorgenommen wird;
d) für eine Benutzung, die ausschliesslich Zwecken des Unterrichts oder der wissenschaftlichen Forschung dient.

(2) Unbeschadet des Absatzes 1 kann jeder Mitgliedstaat für den Schutz der ausübenden Künstler, Tonträgerhersteller, Sendeunternehmen und Hersteller der erstmaligen Aufzeichnungen von Filmen Beschränkungen der gleichen Art vorsehen, wie sie für den Schutz des Urheberrechts an Werken der Literatur und der Kunst vorgesehen sind.

Zwangslizenzen können jedoch nur insoweit vorgesehen werden, als sie mit den Bestimmungen des Rom-Abkommens vereinbar sind.

(3) Die in den Absätzen 1 und 2 genannten Beschränkungen dürfen nur in bestimmten Sonderfällen angewandt werden, in denen die normale Verwertung des Schutzgegenstands nicht beeinträchtigt wird und die berechtigten Interessen des Rechteinhabers nicht ungebührlich verletzt werden.

Kapitel III: Gemeinsame Vorschriften

Artikel 11 Zeitliche Anwendbarkeit

(1) Diese Richtlinie findet auf alle von dieser Richtlinie erfassten urheberrechtlich geschützten Werke, Darbietungen, Tonträger, Sendungen und erstmaligen Aufzeichnungen von Filmen Anwendung, deren Schutz durch die Rechtsvorschriften der Mitgliedstaaten auf dem Gebiet des Urheberrechts und der verwandten Schutzrechte am 1. Juli 1994 noch bestand oder die zu diesem Zeitpunkt die Schutzkriterien im Sinne dieser Richtlinie erfüllten.

(2) Diese Richtlinie findet unbeschadet etwaiger vor dem 1. Juli 1994 erfolgter Nutzungshandlungen Anwendung.

(3) Die Mitgliedstaaten können vorsehen, dass davon auszugehen ist, dass die Rechteinhaber die Vermietung oder das Verleihen eines in Artikel 3 Absatz 1 Buchstaben a bis d bezeichneten Gegenstands gestattet haben, wenn dieser nachweislich vor dem 1. Juli 1994 Dritten zu den genannten Zwecken überlassen oder erworben worden ist.

Die Mitgliedstaaten können insbesondere im Falle von Digitalaufnahmen jedoch vorsehen, dass die Rechteinhaber einen Anspruch auf eine angemessene Vergütung für die Vermietung oder das Verleihen des betreffenden Gegenstands haben.

(4) Die Mitgliedstaaten brauchen Artikel 2 Absatz 2 auf vor dem 1. Juli 1994 geschaffene Filmwerke und audiovisuelle Werke nicht anzuwenden.

(5) Unbeschadet des Absatzes 3 und vorbehaltlich des Absatzes 7 werden Verträge, die vor dem 19. November 1992 geschlossen worden sind, von dieser Richtlinie nicht berührt.

(6) Vorbehaltlich des Absatzes 7 können die Mitgliedstaaten vorsehen, dass bei Rechteinhabern, die gemäß den zur Umsetzung dieser Richtlinie erlassenen nationalen Rechtsvorschriften neue Rechte erwerben und vor dem 1. Juli 1994 einer Nutzung zugestimmt haben, davon ausgegangen wird, dass sie die neuen ausschließlichen Rechte abgetreten haben.

(7) Bei vor dem 1. Juli 1994 geschlossenen Verträgen kommt das unverzichtbare Recht auf eine angemessene Vergütung gemäß Artikel 5 nur zur Anwendung, wenn die Urheber oder die ausübenden Künstler oder deren Vertreter vor dem 1. Januar 1997 einen entsprechenden Antrag gestellt haben. Können sich die Rechteinhaber

nicht über die Höhe der Vergütung einigen, so können die Mitgliedstaaten die Höhe der angemessenen Vergütung festsetzen.

Artikel 12 Beziehung zwischen Urheberrecht und verwandten Schutzrechten
Der Schutz von dem Urheberrecht verwandten Schutzrechten gemäss dieser Richtlinie lässt den Schutz der Urheberrechte unberührt und beeinträchtigt ihn in keiner Weise.

Artikel 13 Mitteilung
Die Mitgliedstaaten teilen der Kommission die wichtigsten innerstaatlichen Rechtsvorschriften mit, die sie auf dem unter diese Richtlinie fallenden Gebiet erlassen.

Artikel 14 Aufhebung
Die Richtlinie 92/100/EWG wird unbeschadet der Verpflichtungen der Mitgliedstaaten hinsichtlich der in Anhang I Teil B[1] genannten Fristen für die Umsetzung der dort genannten Richtlinien in innerstaatliches Recht aufgehoben.

Verweisungen auf die aufgehobene Richtlinie gelten als Verweisungen auf die vorliegende Richtlinie und sind nach Maßgabe der Entsprechungstabelle in Anhang II[2] zu lesen.

Artikel 15 Inkrafttreten
Diese Richtlinie tritt am zwanzigsten Tag nach ihrer Veröffentlichung im Amtsblatt der Europäischen Union in Kraft.

Artikel 16
Diese Richtlinie ist an die Mitgliedstaaten gerichtet.

---

[1] *Nicht abgedruckt.*
[2] *Nicht abgedruckt.*

Nr. 20 Richtlinie 2004/48/EG des Europäischen Parlaments und des Rates zur Durchsetzung der Rechte des geistigen Eigentums

vom 29. April 2004

ABl. L 157 vom 30. April 2004, S. 45;
berichtigt durch ABl. L 195 vom 2. Juni 2004, S. 16
berichtigt durch ABl. L 207 vom 4. August 2007, S. 27
(Text von Bedeutung für den EWR)

DAS EUROPÄISCHE PARLAMENT UND DER RAT DER EUROPÄISCHEN UNION –

gestützt auf den Vertrag zur Gründung der Europäischen Gemeinschaft, insbesondere auf Artikel 95,
auf Vorschlag der Kommission,
nach Stellungnahme des Europäischen Wirtschafts- und Sozialausschusses[1],
nach Anhörung des Ausschusses der Regionen,
gemäß dem Verfahren des Artikels 251 des Vertrags[2],
in Erwägung nachstehender Gründe:

(1) Damit der Binnenmarkt verwirklicht wird, müssen Beschränkungen des freien Warenverkehrs und Wettbewerbsverzerrungen beseitigt werden, und es muss ein Umfeld geschaffen werden, das Innovationen und Investitionen begünstigt. Vor diesem Hintergrund ist der Schutz geistigen Eigentums ein wesentliches Kriterium für den Erfolg des Binnenmarkts. Der Schutz geistigen Eigentums ist nicht nur für die Förderung von Innovation und kreativem Schaffen wichtig, sondern auch für die Entwicklung des Arbeitsmarkts und die Verbesserung der Wettbewerbsfähigkeit.

(2) Der Schutz geistigen Eigentums soll Erfinder oder Schöpfer in die Lage versetzen, einen rechtmäßigen Gewinn aus ihren Erfindungen oder Werkschöpfungen zu ziehen. Er soll auch die weitestgehende Verbreitung der Werke, Ideen und neuen Erkenntnisse ermöglichen. Andererseits soll er weder die freie Meinungsäußerung noch den freien Informationsverkehr, noch den Schutz personenbezogener Daten behindern; dies gilt auch für das Internet.

(3) Ohne wirksame Instrumente zur Durchsetzung der Rechte des geistigen Eigentums werden jedoch Innovation und kreatives Schaffen gebremst und Investitionen verhindert. Daher ist darauf zu achten, dass das materielle Recht auf dem Gebiet des geistigen Eigentums, das heute weitgehend Teil des gemeinschaftlichen Besitzstands ist, in der Gemeinschaft wirksam angewandt wird. Daher sind

---

1 ABl. C 32 vom 5.2.2004, S. 15.
2 Stellungnahme des Europäischen Parlaments vom 9. März 2004 (noch nicht im Amtsblatt erschienen) und Beschluss des Rates vom 26. April 2004.

die Instrumente zur Durchsetzung der Rechte des geistigen Eigentums von zentraler Bedeutung für den Erfolg des Binnenmarkts.

(4) Auf internationaler Ebene sind alle Mitgliedstaaten – wie auch die Gemeinschaft selbst in Fragen, die in ihre Zuständigkeit fallen – an das durch den Beschluss 94/800/EG des Rates[1] gebilligte Übereinkommen über handelsbezogene Aspekte der Rechte des geistigen Eigentums (TRIPS-Übereinkommen), das im Rahmen der multilateralen Verhandlungen der Uruguay-Runde geschlossen wurde, gebunden.

(5) Das TRIPS-Übereinkommen enthält vornehmlich Bestimmungen über die Instrumente zur Durchsetzung der Rechte des geistigen Eigentums, die gemeinsame, international gültige Normen sind und in allen Mitgliedstaaten umgesetzt wurden. Diese Richtlinie sollte die völkerrechtlichen Verpflichtungen der Mitgliedstaaten einschließlich derjenigen aufgrund des TRIPS-Übereinkommens unberührt lassen.

(6) Es bestehen weitere internationale Übereinkünfte, denen alle Mitgliedstaaten beigetreten sind und die ebenfalls Vorschriften über Instrumente zur Durchsetzung der Rechte des geistigen Eigentums enthalten. Dazu zählen in erster Linie die Pariser Verbandsübereinkunft zum Schutz des gewerblichen Eigentums, die Berner Übereinkunft zum Schutz von Werken der Literatur und Kunst und das Rom-Abkommen über den Schutz der ausübenden Künstler, der Hersteller von Tonträgern und der Sendeunternehmen.

(7) Aus den Sondierungen der Kommission zu dieser Frage hat sich ergeben, dass ungeachtet des TRIPS-Übereinkommens weiterhin zwischen den Mitgliedstaaten große Unterschiede bei den Instrumenten zur Durchsetzung der Rechte des geistigen Eigentums bestehen. So gibt es z.B. beträchtliche Diskrepanzen bei den Durchführungsbestimmungen für einstweilige Maßnahmen, die insbesondere zur Sicherung von Beweismitteln verhängt werden, bei der Berechnung von Schadensersatz oder bei den Durchführungsbestimmungen für Verfahren zur Beendigung von Verstößen gegen Rechte des geistigen Eigentums. In einigen Mitgliedstaaten stehen Maßnahmen, Verfahren und Rechtsbehelfe wie das Auskunftsrecht und der Rückruf rechtsverletzender Ware vom Markt auf Kosten des Verletzers nicht zur Verfügung.

(8) Die Unterschiede zwischen den Regelungen der Mitgliedstaaten hinsichtlich der Instrumente zur Durchsetzung der Rechte des geistigen Eigentums beeinträchtigen das reibungslose Funktionieren des Binnenmarktes und verhindern, dass die bestehenden Rechte des geistigen Eigentums überall in der Gemeinschaft in demselben Grad geschützt sind. Diese Situation wirkt sich nachteilig auf die Freizügigkeit im Binnenmarkt aus und behindert die Entstehung eines Umfelds, das einen gesunden Wettbewerb begünstigt.

---

1   ABl. L 336 vom 23.12.1994, S. 1.

(9) Die derzeitigen Unterschiede schwächen außerdem das materielle Recht auf dem Gebiet des geistigen Eigentums und führen zu einer Fragmentierung des Binnenmarktes in diesem Bereich. Dies untergräbt das Vertrauen der Wirtschaft in den Binnenmarkt und bremst somit Investitionen in Innovation und geistige Schöpfungen. Verletzungen von Rechten des geistigen Eigentums stehen immer häufiger in Verbindung mit dem organisierten Verbrechen. Die verstärkte Nutzung des Internet ermöglicht einen sofortigen globalen Vertrieb von Raubkopien. Die wirksame Durchsetzung des materiellen Rechts auf dem Gebiet des geistigen Eigentums bedarf eines gezielten Vorgehens auf Gemeinschaftsebene. Die Angleichung der diesbezüglichen Rechtsvorschriften der Mitgliedstaaten ist somit eine notwendige Voraussetzung für das reibungslose Funktionieren des Binnenmarktes.

(10) Mit dieser Richtlinie sollen diese Rechtsvorschriften einander angenähert werden, um ein hohes, gleichwertiges und homogenes Schutzniveau für geistiges Eigentum im Binnenmarkt zu gewährleisten.

(11) Diese Richtlinie verfolgt weder das Ziel, die Vorschriften im Bereich der justiziellen Zusammenarbeit, der gerichtlichen Zuständigkeit oder der Anerkennung und Vollstreckung von Entscheidungen in Zivil- und Handelssachen zu harmonisieren, noch das Ziel, Fragen des anwendbaren Rechts zu behandeln. Es gibt bereits gemeinschaftliche Instrumente, die diese Angelegenheiten auf allgemeiner Ebene regeln; sie gelten prinzipiell auch für das geistige Eigentum.

(12) Diese Richtlinie darf die Anwendung der Wettbewerbsvorschriften, insbesondere der Artikel 81 und 82 des Vertrags, nicht berühren. Die in dieser Richtlinie vorgesehenen Maßnahmen dürfen nicht dazu verwendet werden, den Wettbewerb entgegen den Vorschriften des Vertrags unzulässig einzuschränken.

(13) Der Anwendungsbereich dieser Richtlinie muss so breit wie möglich gewählt werden, damit er alle Rechte des geistigen Eigentums erfasst, die den diesbezüglichen Gemeinschaftsvorschriften und/oder den Rechtsvorschriften der jeweiligen Mitgliedstaaten unterliegen. Dieses Erfordernis hindert die Mitgliedstaaten jedoch nicht daran, die Bestimmungen dieser Richtlinie bei Bedarf zu innerstaatlichen Zwecken auf Handlungen auszuweiten, die den unlauteren Wettbewerb einschließlich der Produktpiraterie oder vergleichbare Tätigkeiten betreffen.

(14) Nur bei in gewerblichem Ausmaß vorgenommenen Rechtsverletzungen müssen die Maßnahmen nach Artikel 6 Absatz 2, Artikel 8 Absatz 1 und Artikel 9 Absatz 2 angewandt werden. Unbeschadet davon können die Mitgliedstaaten diese Maßnahmen auch bei anderen Rechtsverletzungen anwenden. In gewerblichem Ausmaß vorgenommene Rechtsverletzungen zeichnen sich dadurch aus, dass sie zwecks Erlangung eines unmittelbaren oder mittelbaren wirtschaftlichen oder kommerziellen Vorteils vorgenommen werden; dies schließt in der Regel Handlungen aus, die in gutem Glauben von Endverbrauchern vorgenommen werden.

(15) Diese Richtlinie sollte das materielle Recht auf dem Gebiet des geistigen Eigentums, nämlich die Richtlinie 95/46/EG des Europäischen Parlaments und des Rates vom 24. Oktober 1995 zum Schutz natürlicher Personen bei der Verarbeitung personenbezogener Daten und zum freien Datenverkehr[1], die Richtlinie 1999/93/ EG des Europäischen Parlaments und des Rates vom 13. Dezember 1999 über gemeinschaftliche Rahmenbedingungen für elektronische Signaturen[2] und die Richtlinie 2000/31/EG des Europäischen Parlaments und des Rates vom 8. Juni 2000 über bestimmte rechtliche Aspekte der Dienste der Informationsgesellschaft, insbesondere des elektronischen Geschäftsverkehrs, im Binnenmarkt[3] nicht berühren.

(16) Diese Richtlinie sollte die gemeinschaftlichen Sonderbestimmungen zur Durchsetzung der Rechte und Ausnahmeregelungen auf dem Gebiet des Urheberrechts und der verwandten Schutzrechte, insbesondere die Bestimmungen der Richtlinie 91/250/EWG des Rates vom 14. Mai 1991 über den Rechtsschutz von Computerprogrammen[4] und der Richtlinie 2001/29/EG des Europäischen Parlaments und des Rates vom 22. Mai 2001 zur Harmonisierung bestimmter Aspekte des Urheberrechts und der verwandten Schutzrechte in der Informationsgesellschaft[5], unberührt lassen.

(17) Die in dieser Richtlinie vorgesehenen Maßnahmen, Verfahren und Rechtsbehelfe sollten in jedem Einzelfall so bestimmt werden, dass den spezifischen Merkmalen dieses Falles, einschließlich der Sonderaspekte jedes Rechts an geistigem Eigentum und gegebenenfalls des vorsätzlichen oder nicht vorsätzlichen Charakters der Rechtsverletzung gebührend Rechnung getragen wird.

(18) Die Befugnis, die Anwendung dieser Maßnahmen, Verfahren und Rechtsbehelfe zu beantragen, sollte nicht nur den eigentlichen Rechteinhabern eingeräumt werden, sondern auch Personen, die ein unmittelbares Interesse haben und klagebefugt sind, soweit dies nach den Bestimmungen des anwendbaren Rechts zulässig ist und mit ihnen im Einklang steht; hierzu können auch Berufsorganisationen gehören, die mit der Verwertung der Rechte oder mit der Wahrnehmung kollektiver und individueller Interessen betraut sind.

(19) Da das Urheberrecht ab dem Zeitpunkt der Werkschöpfung besteht und nicht förmlich eingetragen werden muss, ist es angezeigt, die in Artikel 15 der Berner Übereinkunft enthaltene Bestimmung zu übernehmen, wonach eine Rechtsvermutung dahin gehend besteht, dass der Urheber eines Werkes der Literatur und

---

1 ABl. L 281 vom 23.11.1995, S. 31. Richtlinie geändert durch die Verordnung (EG) Nr. 1882/2003 (ABl. L 284 vom 31.10.2003, S. 1).
2 ABl. L 13 vom 19.1.2000, S. 12.
3 ABl. L 178 vom 17.7.2000, S. 1.
4 ABl. L 122 vom 17.5.1991, S. 42. Richtlinie geändert durch die Richtlinie 93/98/EWG (ABl. L 290 vom 24.11.1993, S 9).
5 ABl. L 167 vom 22.6.2001, S. 10.

Kunst die Person ist, deren Name auf dem Werkstück angegeben ist. Eine entsprechende Rechtsvermutung sollte auf die Inhaber verwandter Rechte Anwendung finden, da die Bemühung, Rechte durchzusetzen und Produktpiraterie zu bekämpfen, häufig von Inhabern verwandter Rechte, etwa den Herstellern von Tonträgern, unternommen wird.

(20) Da Beweismittel für die Feststellung einer Verletzung der Rechte des geistigen Eigentums von zentraler Bedeutung sind, muss sichergestellt werden, dass wirksame Mittel zur Vorlage, zur Erlangung und zur Sicherung von Beweismitteln zur Verfügung stehen. Die Verfahren sollten den Rechten der Verteidigung Rechnung tragen und die erforderlichen Sicherheiten einschließlich des Schutzes vertraulicher Informationen bieten. Bei in gewerblichem Ausmaß vorgenommenen Rechtsverletzungen ist es ferner wichtig, dass die Gerichte gegebenenfalls die Übergabe von Bank-, Finanz- und Handelsunterlagen anordnen können, die sich in der Verfügungsgewalt des angeblichen Verletzers befinden.

(21) In einigen Mitgliedstaaten gibt es andere Maßnahmen zur Sicherstellung eines hohen Schutzniveaus; diese sollten in allen Mitgliedstaaten verfügbar sein. Dies gilt für das Recht auf Auskunft über die Herkunft rechtsverletzender Waren und Dienstleistungen, über die Vertriebswege sowie über die Identität Dritter, die an der Rechtsverletzung beteiligt sind.

(22) Ferner sind einstweilige Maßnahmen unabdingbar, die unter Wahrung des Anspruchs auf rechtliches Gehör und der Verhältnismäßigkeit der einstweiligen Maßnahme mit Blick auf die besonderen Umstände des Einzelfalles, sowie vorbehaltlich der Sicherheiten, die erforderlich sind, um dem Antragsgegner im Falle eines ungerechtfertigten Antrags den entstandenen Schaden und etwaige Unkosten zu ersetzen, die unverzügliche Beendigung der Verletzung ermöglichen, ohne dass eine Entscheidung in der Sache abgewartet werden muss. Diese Maßnahmen sind vor allem dann gerechtfertigt, wenn jegliche Verzögerung nachweislich einen nicht wieder gutzumachenden Schaden für den Inhaber eines Rechts des geistigen Eigentums mit sich bringen würde.

(23) Unbeschadet anderer verfügbarer Maßnahmen, Verfahren und Rechtsbehelfe sollten Rechteinhaber die Möglichkeit haben, eine gerichtliche Anordnung gegen eine Mittelsperson zu beantragen, deren Dienste von einem Dritten dazu genutzt werden, das gewerbliche Schutzrecht des Rechteinhabers zu verletzen. Die Voraussetzungen und Verfahren für derartige Anordnungen sollten Gegenstand der einzelstaatlichen Rechtsvorschriften der Mitgliedstaaten bleiben. Was Verletzungen des Urheberrechts oder verwandter Schutzrechte betrifft, so gewährt die Richtlinie 2001/29/EG bereits ein umfassendes Maß an Harmonisierung. Artikel 8 Absatz 3 der Richtlinie 2001/29/EG sollte daher von dieser Richtlinie unberührt bleiben.

(24) Je nach Sachlage und sofern es die Umstände rechtfertigen, sollten die zu ergreifenden Maßnahmen, Verfahren und Rechtsbehelfe Verbotsmaßnahmen beinhalten, die eine erneute Verletzung von Rechten des geistigen Eigentums

verhindern. Darüber hinaus sollten Abhilfemaßnahmen vorgesehen werden, deren Kosten gegebenenfalls dem Verletzer angelastet werden und die beinhalten können, dass Waren, durch die ein Recht verletzt wird, und gegebenenfalls auch die Materialien und Geräte, die vorwiegend zur Schaffung oder Herstellung dieser Waren gedient haben, zurückgerufen, endgültig aus den Vertriebswegen entfernt oder vernichtet werden. Diese Abhilfemaßnahmen sollten den Interessen Dritter, insbesondere der in gutem Glauben handelnden Verbraucher und privaten Parteien, Rechnung tragen.

(25) In Fällen, in denen eine Rechtsverletzung weder vorsätzlich noch fahrlässig erfolgt ist und die in dieser Richtlinie vorgesehenen Abhilfemaßnahmen oder gerichtlichen Anordnungen unangemessen wären, sollten die Mitgliedstaaten die Möglichkeit vorsehen können, dass in geeigneten Fällen als Ersatzmaßnahme die Zahlung einer Abfindung an den Geschädigten angeordnet wird. Wenn jedoch die kommerzielle Nutzung der nachgeahmten Waren oder die Erbringung von Dienstleistungen andere Rechtsvorschriften als die Vorschriften auf dem Gebiet des geistigen Eigentums verletzt oder ein möglicher Nachteil für den Verbraucher entsteht, sollte die Nutzung der Ware bzw. die Erbringung der Dienstleistung untersagt bleiben.

(26) Um den Schaden auszugleichen, den ein Verletzer von Rechten des geistigen Eigentums verursacht hat, der wusste oder vernünftigerweise hätte wissen müssen, dass er eine Verletzungshandlung vornahm, sollten bei der Festsetzung der Höhe des an den Rechteinhaber zu zahlenden Schadensersatzes alle einschlägigen Aspekte berücksichtigt werden, wie z.B. Gewinneinbußen des Rechteinhabers oder zu Unrecht erzielte Gewinne des Verletzers sowie gegebenenfalls der immaterielle Schaden, der dem Rechteinhaber entstanden ist. Ersatzweise, etwa wenn die Höhe des tatsächlich verursachten Schadens schwierig zu beziffern wäre, kann die Höhe des Schadens aus Kriterien wie z.B. der Vergütung oder den Gebühren, die der Verletzer hätte entrichten müssen, wenn er die Erlaubnis zur Nutzung des besagten Rechts eingeholt hätte, abgeleitet werden. Bezweckt wird dabei nicht die Einführung einer Verpflichtung zu einem als Strafe angelegten Schadensersatz, sondern eine Ausgleichsentschädigung für den Rechteinhaber auf objektiver Grundlage unter Berücksichtigung der ihm entstandenen Kosten, z.B. im Zusammenhang mit der Feststellung der Rechtsverletzung und ihrer Verursacher.

(27) Die Entscheidungen in Verfahren wegen Verletzungen von Rechten des geistigen Eigentums sollten veröffentlicht werden, um künftige Verletzer abzuschrecken und zur Sensibilisierung der breiten Öffentlichkeit beizutragen.

(28) Zusätzlich zu den zivil- und verwaltungsrechtlichen Maßnahmen, Verfahren und Rechtsbehelfen, die in dieser Richtlinie vorgesehen sind, stellen in geeigneten Fällen auch strafrechtliche Sanktionen ein Mittel zur Durchsetzung der Rechte des geistigen Eigentums dar.

(29) Die Industrie sollte sich aktiv am Kampf gegen Produktpiraterie und Nachahmung beteiligen. Die Entwicklung von Verhaltenskodizes in den direkt betroffenen Kreisen ist ein weiteres Mittel zur Ergänzung des Rechtsrahmens. Die Mitgliedstaaten sollten in Zusammenarbeit mit der Kommission die Ausarbeitung von Verhaltenskodizes im Allgemeinen fördern. Die Kontrolle der Herstellung optischer Speicherplatten, vornehmlich mittels eines Identifikationscodes auf Platten, die in der Gemeinschaft gefertigt werden, trägt zur Eindämmung der Verletzung der Rechte geistigen Eigentums in diesem Wirtschaftszweig bei, der in hohem Maß von Produktpiraterie betroffen ist. Diese technischen Schutzmaßnahmen dürfen jedoch nicht zu dem Zweck missbraucht werden, die Märkte gegeneinander abzuschotten und Parallelimporte zu kontrollieren.

(30) Um die einheitliche Anwendung der Bestimmungen dieser Richtlinie zu erleichtern, empfiehlt es sich, Mechanismen für die Zusammenarbeit und den Informationsaustausch vorzusehen, die einerseits die Zusammenarbeit zwischen den Mitgliedstaaten untereinander, andererseits zwischen ihnen und der Kommission fördern, insbesondere durch die Schaffung eines Netzes von Korrespondenzstellen, die von den Mitgliedstaaten benannt werden, und durch die regelmäßige Erstellung von Berichten, in denen die Umsetzung dieser Richtlinie und die Wirksamkeit der von den verschiedenen einzelstaatlichen Stellen ergriffenen Maßnahmen bewertet wird.

(31) Da aus den genannten Gründen das Ziel der vorliegenden Richtlinie auf Ebene der Mitgliedstaaten nicht ausreichend erreicht werden kann und daher besser auf Gemeinschaftsebene zu erreichen ist, kann die Gemeinschaft im Einklang mit dem in Artikel 5 des Vertrags niedergelegten Subsidiaritätsprinzip tätig werden. Entsprechend dem in demselben Artikel genannten Verhältnismäßigkeitsprinzip geht diese Richtlinie nicht über das für die Erreichung dieses Ziels erforderliche Maß hinaus.

(32) Diese Richtlinie steht im Einklang mit den Grundrechten und Grundsätzen, die insbesondere mit der Charta der Grundrechte der Europäischen Union anerkannt wurden. In besonderer Weise soll diese Richtlinie im Einklang mit Artikel 17 Absatz 2 der Charta die uneingeschränkte Achtung geistigen Eigentums sicherstellen –

HABEN FOLGENDE RICHTLINIE ERLASSEN:

Kapitel I: Ziel und Anwendungsbereich

Artikel 1 Gegenstand

Diese Richtlinie betrifft die Maßnahmen, Verfahren und Rechtsbehelfe, die erforderlich sind, um die Durchsetzung der Rechte des geistigen Eigentums sicherzustellen. Im Sinne dieser Richtlinie umfasst der Begriff «Rechte des geistigen Eigentums» auch die gewerblichen Schutzrechte.

Artikel 2 Anwendungsbereich

(1) Unbeschadet etwaiger Instrumente in den Rechtsvorschriften der Gemeinschaft oder der Mitgliedstaaten, die für die Rechteinhaber günstiger sind, finden die in dieser Richtlinie vorgesehenen Maßnahmen, Verfahren und Rechtsbehelfe gemäß Artikel 3 auf jede Verletzung von Rechten des geistigen Eigentums, die im Gemeinschaftsrecht und/oder im innerstaatlichen Recht des betreffenden Mitgliedstaats vorgesehen sind, Anwendung.

(2) Diese Richtlinie gilt unbeschadet der besonderen Bestimmungen zur Gewährleistung der Rechte und Ausnahmen, die in der Gemeinschaftsgesetzgebung auf dem Gebiet des Urheberrechts und der verwandten Schutzrechte vorgesehen sind, namentlich in der Richtlinie 91/250/EWG, insbesondere in Artikel 7, und der Richtlinie 2001/29/EG, insbesondere in den Artikeln 2 bis 6 und Artikel 8.

(3) Diese Richtlinie berührt nicht:

a) die gemeinschaftlichen Bestimmungen zum materiellen Recht auf dem Gebiet des geistigen Eigentums, die Richtlinie 95/46/EG, die Richtlinie 1999/93/EG und die Richtlinie 2000/31/EG im Allgemeinen und insbesondere deren Artikel 12 bis 15;

b) die sich aus internationalen Übereinkünften für die Mitgliedstaaten ergebenden Verpflichtungen, insbesondere solche aus dem TRIPS-Übereinkommen, einschließlich solcher betreffend strafrechtliche Verfahren und Strafen;

c) innerstaatliche Vorschriften der Mitgliedstaaten betreffend strafrechtliche Verfahren und Strafen bei Verletzung von Rechten des geistigen Eigentums.

Kapitel II: Maßnahmen, Verfahren und Rechtsbehelfe

Abschnitt 1: Allgemeine Bestimmungen

Artikel 3 Allgemeine Verpflichtung

(1) Die Mitgliedstaaten sehen die Maßnahmen, Verfahren und Rechtsbehelfe vor, die zur Durchsetzung der Rechte des geistigen Eigentums, auf die diese Richtlinie abstellt, erforderlich sind. Diese Maßnahmen, Verfahren und Rechtsbehelfe müssen fair und gerecht sein, außerdem dürfen sie nicht unnötig kompliziert oder kostspielig sein und keine unangemessenen Fristen oder ungerechtfertigten Verzögerungen mit sich bringen.

(2) Diese Maßnahmen, Verfahren und Rechtsbehelfe müssen darüber hinaus wirksam, verhältnismäßig und abschreckend sein und so angewendet werden, dass die Einrichtung von Schranken für den rechtmäßigen Handel vermieden wird und die Gewähr gegen ihren Missbrauch gegeben ist.

Artikel 4 Zur Beantragung der Maßnahmen, Verfahren und Rechtsbehelfe befugte Personen

Die Mitgliedstaaten räumen den folgenden Personen das Recht ein, die in diesem Kapitel vorgesehenen Maßnahmen, Verfahren und Rechtsbehelfe zu beantragen:
a) den Inhabern der Rechte des geistigen Eigentums im Einklang mit den Bestimmungen des anwendbaren Rechts,
b) allen anderen Personen, die zur Nutzung solcher Rechte befugt sind, insbesondere Lizenznehmern, soweit dies nach den Bestimmungen des anwendbaren Rechts zulässig ist und mit ihnen im Einklang steht,
c) Verwertungsgesellschaften mit ordnungsgemäß anerkannter Befugnis zur Vertretung von Inhabern von Rechten des geistigen Eigentums, soweit dies nach den Bestimmungen des anwendbaren Rechts zulässig ist und mit ihnen im Einklang steht,
d) Berufsorganisationen mit ordnungsgemäß anerkannter Befugnis zur Vertretung von Inhabern von Rechten des geistigen Eigentum, soweit dies nach den Bestimmungen des anwendbaren Rechts zulässig ist und mit ihnen im Einklang steht.

Artikel 5 Urheber- oder Inhabervermutung

Zum Zwecke der Anwendung der in dieser Richtlinie vorgesehenen Maßnahmen, Verfahren und Rechtsbehelfe gilt Folgendes:
a) Damit der Urheber eines Werkes der Literatur und Kunst mangels Gegenbeweises als solcher gilt und infolgedessen Verletzungsverfahren anstrengen kann, genügt es, dass sein Name in der üblichen Weise auf dem Werkstück angegeben ist.
b) Die Bestimmung des Buchstabens a) gilt entsprechend für Inhaber von dem Urheberrecht verwandten Schutzrechten in Bezug auf ihre Schutzgegenstände.

Abschnitt 2: Beweise

Artikel 6 Beweise

(1) Die Mitgliedstaaten stellen sicher, dass die zuständigen Gerichte auf Antrag einer Partei, die alle vernünftigerweise verfügbaren Beweismittel zur hinreichenden Begründung ihrer Ansprüche vorgelegt und die in der Verfügungsgewalt der gegnerischen Partei befindlichen Beweismittel zur Begründung ihrer Ansprüche bezeichnet hat, die Vorlage dieser Beweismittel durch die gegnerische Partei anordnen können, sofern der Schutz vertraulicher Informationen gewährleistet wird. Für die Zwecke dieses Absatzes können die Mitgliedstaaten vorsehen, dass eine angemessen große Auswahl aus einer erheblichen Anzahl von Kopien eines Werks oder eines anderen

geschützten Gegenstands von den zuständigen Gerichten als glaubhafter Nachweis angesehen wird.

(2) Im Falle einer in gewerblichem Ausmaß begangenen Rechtsverletzung räumen die Mitgliedstaaten den zuständigen Gerichten unter den gleichen Voraussetzungen die Möglichkeit ein, in geeigneten Fällen auf Antrag einer Partei die Übermittlung von in der Verfügungsgewalt der gegnerischen Partei befindlichen Bank-, Finanz- oder Handelsunterlagen anzuordnen, sofern der Schutz vertraulicher Informationen gewährleistet wird.

Artikel 7 Maßnahmen zur Beweissicherung

(1) Die Mitgliedstaaten stellen sicher, dass die zuständigen Gerichte selbst vor Einleitung eines Verfahrens in der Sache auf Antrag einer Partei, die alle vernünftigerweise verfügbaren Beweismittel zur Begründung ihrer Ansprüche, dass ihre Rechte an geistigem Eigentum verletzt worden sind oder verletzt zu werden drohen, vorgelegt hat, schnelle und wirksame einstweilige Maßnahmen zur Sicherung der rechtserheblichen Beweismittel hinsichtlich der behaupteten Verletzung anordnen können, sofern der Schutz vertraulicher Informationen gewährleistet wird. Derartige Maßnahmen können die ausführliche Beschreibung mit oder ohne Einbehaltung von Mustern oder die dingliche Beschlagnahme der rechtsverletzenden Ware sowie gegebenenfalls der für die Herstellung und/oder den Vertrieb dieser Waren notwendigen Werkstoffe und Geräte und der zugehörigen Unterlagen umfassen. Diese Maßnahmen werden gegebenenfalls ohne Anhörung der anderen Partei getroffen, insbesondere dann, wenn durch eine Verzögerung dem Rechteinhaber wahrscheinlich ein nicht wieder gutzumachender Schaden entstünde, oder wenn nachweislich die Gefahr besteht, dass Beweise vernichtet werden.

Wenn Maßnahmen zur Beweissicherung ohne Anhörung der anderen Partei getroffen wurden, sind die betroffenen Parteien spätestens unverzüglich nach der Vollziehung der Maßnahmen davon in Kenntnis zu setzen. Auf Antrag der betroffenen Parteien findet eine Prüfung, die das Recht zur Stellungnahme einschließt, mit dem Ziel statt, innerhalb einer angemessenen Frist nach der Mitteilung der Maßnahmen zu entscheiden, ob diese abgeändert, aufgehoben oder bestätigt werden sollen.

(2) Die Mitgliedstaaten stellen sicher, dass die Maßnahmen zur Beweissicherung an die Stellung einer angemessenen Kaution oder entsprechenden Sicherheit durch den Antragsteller geknüpft werden können, um eine Entschädigung des Antragsgegners wie in Absatz 4 vorgesehen sicherzustellen.

(3) Die Mitgliedstaaten stellen sicher, dass die Maßnahmen zur Beweissicherung auf Antrag des Antragsgegners unbeschadet etwaiger Schadensersatzforderungen aufgehoben oder auf andere Weise außer Kraft gesetzt werden, wenn der Antragsteller nicht innerhalb einer angemessenen Frist – die entweder von dem die Maßnahmen anordnenden Gericht festgelegt wird, sofern dies nach dem Recht des Mitgliedstaats zulässig ist, oder, wenn es nicht zu einer solchen Festlegung kommt, 20 Arbeitstage

oder 31 Kalendertage, wobei der längere der beiden Zeiträume gilt, nicht überschreitet – bei dem zuständigen Gericht das Verfahren einleitet, das zu einer Sachentscheidung führt.

(4) Werden Maßnahmen zur Beweissicherung aufgehoben oder werden sie auf Grund einer Handlung oder Unterlassung des Antragstellers hinfällig, oder wird in der Folge festgestellt, dass keine Verletzung oder drohende Verletzung eines Rechts des geistigen Eigentums vorlag, so sind die Gerichte befugt, auf Antrag des Antragsgegners anzuordnen, dass der Antragsteller dem Antragsgegner angemessenen Ersatz für durch diese Maßnahmen entstandenen Schaden zu leisten hat.

(5) Die Mitgliedstaaten können Maßnahmen zum Schutz der Identität von Zeugen ergreifen.

Abschnitt 3: Recht auf Auskunft

Artikel 8   Recht auf Auskunft

(1) Die Mitgliedstaaten stellen sicher, dass die zuständigen Gerichte im Zusammenhang mit einem Verfahren wegen Verletzung eines Rechts des geistigen Eigentums auf einen begründeten und die Verhältnismäßigkeit wahrenden Antrag des Klägers hin anordnen können, dass Auskünfte über den Ursprung und die Vertriebswege von Waren oder Dienstleistungen, die ein Recht des geistigen Eigentums verletzen, von dem Verletzer und/oder jeder anderen Person erteilt werden, die

a) nachweislich rechtsverletzende Ware in gewerblichem Ausmaß in ihrem Besitz hatte,

b) nachweislich rechtsverletzende Dienstleistungen in gewerblichem Ausmaß in Anspruch nahm,

c) nachweislich für rechtsverletzende Tätigkeiten genutzte Dienstleistungen in gewerblichem Ausmaß erbrachte,

oder

d) nach den Angaben einer in Buchstabe a), b) oder c) genannten Person an der Herstellung, Erzeugung oder am Vertrieb solcher Waren bzw. an der Erbringung solcher Dienstleistungen beteiligt war.

(2) Die Auskünfte nach Absatz 1 erstrecken sich, soweit angebracht, auf

a) die Namen und Adressen der Hersteller, Erzeuger, Vertreiber, Lieferer und anderer Vorbesitzer der Waren oder Dienstleistungen sowie der gewerblichen Abnehmer und Verkaufsstellen, für die sie bestimmt waren;

b) Angaben über die Mengen der hergestellten, erzeugten, ausgelieferten, erhaltenen oder bestellten Waren und über die Preise, die für die betreffenden Waren oder Dienstleistungen gezahlt wurden.

(3) Die Absätze 1 und 2 gelten unbeschadet anderer gesetzlicher Bestimmungen, die

a) dem Rechteinhaber weiter gehende Auskunftsrechte einräumen,

b) die Verwendung der gemäß diesem Artikel erteilten Auskünfte in straf- oder zivilrechtlichen Verfahren regeln,
c) die Haftung wegen Missbrauchs des Auskunftsrechts regeln,
d) die Verweigerung von Auskünften zulassen, mit denen die in Absatz 1 genannte Person gezwungen würde, ihre Beteiligung oder die Beteiligung enger Verwandter an einer Verletzung eines Rechts des geistigen Eigentums zuzugeben, oder
e) den Schutz der Vertraulichkeit von Informationsquellen oder die Verarbeitung personenbezogener Daten regeln.

Abschnitt 4: Einstweilige Maßnahmen und Sicherungsmaßnahmen

Artikel 9 Einstweilige Maßnahmen und Sicherungsmaßnahmen

(1) Die Mitgliedstaaten stellen sicher, dass die zuständigen Gerichte die Möglichkeit haben, auf Antrag des Antragstellers

a) gegen den angeblichen Verletzer eine einstweilige Maßnahme anzuordnen, um eine drohende Verletzung eines Rechts des geistigen Eigentums zu verhindern oder einstweilig und, sofern die einzelstaatlichen Rechtsvorschriften dies vorsehen, in geeigneten Fällen unter Verhängung von Zwangsgeldern die Fortsetzung angeblicher Verletzungen dieses Rechts zu untersagen oder die Fortsetzung an die Stellung von Sicherheiten zu knüpfen, die die Entschädigung des Rechteinhabers sicherstellen sollen; eine einstweilige Maßnahme kann unter den gleichen Voraussetzungen auch gegen eine Mittelsperson angeordnet werden, deren Dienste von einem Dritten zwecks Verletzung eines Rechts des geistigen Eigentums in Anspruch genommen werden; Anordnungen gegen Mittelspersonen, deren Dienste von einem Dritten zwecks Verletzung eines Urheberrechts oder eines verwandten Schutzrechts in Anspruch genommen werden, fallen unter die Richtlinie 2001/29/EG;
b) die Beschlagnahme oder Herausgabe der Waren, bei denen der Verdacht auf Verletzung eines Rechts des geistigen Eigentums besteht, anzuordnen, um deren Inverkehrbringen und Umlauf auf den Vertriebswegen zu verhindern.

(2) Im Falle von Rechtsverletzungen in gewerblichem Ausmaß stellen die Mitgliedstaaten sicher, dass die zuständigen Gerichte die Möglichkeit haben, die vorsorgliche Beschlagnahme beweglichen und unbeweglichen Vermögens des angeblichen Verletzers einschließlich der Sperrung seiner Bankkonten und der Beschlagnahme sonstiger Vermögenswerte anzuordnen, wenn die geschädigte Partei glaubhaft macht, dass die Erfüllung ihrer Schadensersatzforderung fraglich ist. Zu diesem Zweck können die zuständigen Behörden die Übermittlung von Bank-, Finanz- oder Handelsunterlagen oder einen geeigneten Zugang zu den entsprechenden Unterlagen anordnen.

(3) Im Falle der Maßnahmen nach den Absätzen 1 und 2 müssen die Gerichte befugt sein, dem Antragsteller aufzuerlegen, alle vernünftigerweise verfügbaren Beweise vorzulegen, um sich mit ausreichender Sicherheit davon überzeugen zu können, dass der Antragsteller der Rechteinhaber ist und dass das Recht des Antragstellers verletzt wird oder dass eine solche Verletzung droht.

(4) Die Mitgliedstaaten stellen sicher, dass die einstweiligen Maßnahmen nach den Absätzen 1 und 2 in geeigneten Fällen ohne Anhörung der anderen Partei angeordnet werden können, insbesondere dann, wenn durch eine Verzögerung dem Rechteinhaber ein nicht wieder gutzumachender Schaden entstehen würde. In diesem Fall sind die Parteien spätestens unverzüglich nach der Vollziehung der Maßnahmen davon in Kenntnis zu setzen.

Auf Antrag des Antragsgegners findet eine Prüfung, die das Recht zur Stellungnahme einschließt, mit dem Ziel statt, innerhalb einer angemessenen Frist nach der Mitteilung der Maßnahmen zu entscheiden, ob diese abgeändert, aufgehoben oder bestätigt werden sollen.

(5) Die Mitgliedstaaten stellen sicher, dass die einstweiligen Maßnahmen nach den Absätzen 1 und 2 auf Antrag des Antragsgegners aufgehoben oder auf andere Weise außer Kraft gesetzt werden, wenn der Antragsteller nicht innerhalb einer angemessenen Frist – die entweder von dem die Maßnahmen anordnenden Gericht festgelegt wird, sofern dies nach dem Recht des Mitgliedstaats zulässig ist, oder, wenn es nicht zu einer solchen Festlegung kommt, 20 Arbeitstage oder 31 Kalendertage, wobei der längere der beiden Zeiträume gilt, nicht überschreitet – bei dem zuständigen Gericht das Verfahren einleitet, das zu einer Sachentscheidung führt.

(6) Die zuständigen Gerichte können die einstweiligen Maßnahmen nach den Absätzen 1 und 2 an die Stellung einer angemessenen Kaution oder die Leistung einer entsprechenden Sicherheit durch den Antragsteller knüpfen, um eine etwaige Entschädigung des Antragsgegners gemäß Absatz 7 sicherzustellen.

(7) Werden einstweilige Maßnahmen aufgehoben oder werden sie auf Grund einer Handlung oder Unterlassung des Antragstellers hinfällig, oder wird in der Folge festgestellt, dass keine Verletzung oder drohende Verletzung eines Rechts des geistigen Eigentums vorlag, so sind die Gerichte befugt, auf Antrag des Antragsgegners anzuordnen, dass der Antragsteller dem Antragsgegner angemessenen Ersatz für durch diese Maßnahmen entstandenen Schaden zu leisten hat.

Abschnitt 5: Maßnahmen aufgrund einer Sachentscheidung

Artikel 10 Abhilfemaßnahmen

(1) Die Mitgliedstaaten stellen sicher, dass die zuständigen Gerichte auf Antrag des Antragstellers anordnen können, dass in Bezug auf Waren, die nach ihren Feststellungen ein Recht des geistigen Eigentums verletzen, und gegebenenfalls in Bezug auf Materialien und Geräte, die vorwiegend zur Schaffung oder Herstellung dieser

Waren gedient haben, unbeschadet etwaiger Schadensersatzansprüche des Rechteinhabers aus der Verletzung sowie ohne Entschädigung irgendwelcher Art geeignete Maßnahmen getroffen werden. Zu diesen Maßnahmen gehören
a) der Rückruf aus den Vertriebswegen,
b) das endgültige Entfernen aus den Vertriebswegen oder
c) die Vernichtung.
(2) Die Gerichte ordnen an, dass die betreffenden Maßnahmen auf Kosten des Verletzers durchgeführt werden, es sei denn, es werden besondere Gründe geltend gemacht, die dagegen sprechen.
(3) Bei der Prüfung eines Antrags auf Anordnung von Abhilfemaßnahmen sind die Notwendigkeit eines angemessenen Verhältnisses zwischen der Schwere der Verletzung und den angeordneten Abhilfemaßnahmen sowie die Interessen Dritter zu berücksichtigen.

Artikel 11 Gerichtliche Anordnungen

Die Mitgliedstaaten stellen sicher, dass die zuständigen Gerichte bei Feststellung einer Verletzung eines Rechts des geistigen Eigentums eine Anordnung gegen den Verletzer erlassen können, die ihm die weitere Verletzung des betreffenden Rechts untersagt. Sofern dies nach dem Recht eines Mitgliedstaats vorgesehen ist, werden im Falle einer Missachtung dieser Anordnung in geeigneten Fällen Zwangsgelder verhängt, um die Einhaltung der Anordnung zu gewährleisten. Unbeschadet des Artikels 8 Absatz 3 der Richtlinie 2001/29/EG stellen die Mitgliedstaaten ferner sicher, dass die Rechteinhaber eine Anordnung gegen Mittelspersonen beantragen können, deren Dienste von einem Dritten zwecks Verletzung eines Rechts des geistigen Eigentums in Anspruch genommen werden.

Artikel 12 Ersatzmaßnahmen

Die Mitgliedstaaten können vorsehen, dass die zuständigen Gerichte in entsprechenden Fällen und auf Antrag der Person, der die in diesem Abschnitt vorgesehenen Maßnahmen auferlegt werden könnten, anordnen können, dass anstelle der Anwendung der genannten Maßnahmen eine Abfindung an die geschädigte Partei zu zahlen ist, sofern die betreffende Person weder vorsätzlich noch fahrlässig gehandelt hat, ihr aus der Durchführung der betreffenden Maßnahmen ein unverhältnismäßig großer Schaden entstehen würde und die Zahlung einer Abfindung an die geschädigte Partei als angemessene Entschädigung erscheint.

Abschnitt 6: Schadensersatz und Rechtskosten

Artikel 13 Schadensersatz

(1) Die Mitgliedstaaten stellen sicher, dass die zuständigen Gerichte auf Antrag der geschädigten Partei anordnen, dass der Verletzer, der wusste oder vernünftigerweise hätte wissen müssen, dass er eine Verletzungshandlung vornahm, dem Rechteinhaber zum Ausgleich des von diesem wegen der Rechtsverletzung erlittenen tatsächlichen Schadens angemessenen Schadensersatz zu leisten hat.

Bei der Festsetzung des Schadensersatzes verfahren die Gerichte wie folgt:

a) Sie berücksichtigen alle in Frage kommenden Aspekte, wie die negativen wirtschaftlichen Auswirkungen, einschließlich der Gewinneinbußen für die geschädigte Partei und der zu Unrecht erzielten Gewinne des Verletzers, sowie in geeigneten Fällen auch andere als die rein wirtschaftlichen Faktoren, wie den immateriellen Schaden für den Rechteinhaber,

oder

b) sie können stattdessen in geeigneten Fällen den Schadensersatz als Pauschalbetrag festsetzen, und zwar auf der Grundlage von Faktoren wie mindestens dem Betrag der Vergütung oder Gebühr, die der Verletzer hätte entrichten müssen, wenn er die Erlaubnis zur Nutzung des betreffenden Rechts des geistigen Eigentums eingeholt hätte.

(2) Für Fälle, in denen der Verletzer eine Verletzungshandlung vorgenommen hat, ohne dass er dies wusste oder vernünftigerweise hätte wissen müssen, können die Mitgliedstaaten die Möglichkeit vorsehen, dass die Gerichte die Herausgabe der Gewinne oder die Zahlung von Schadensersatz anordnen, dessen Höhe im Voraus festgesetzt werden kann.

Artikel 14 Prozesskosten

Die Mitgliedstaaten stellen sicher, dass die Prozesskosten und sonstigen Kosten der obsiegenden Partei in der Regel, soweit sie zumutbar und angemessen sind, von der unterlegenen Partei getragen werden, sofern Billigkeitsgründe dem nicht entgegenstehen.

Abschnitt 7: Veröffentlichung

Artikel 15 Veröffentlichung von Gerichtsentscheidungen

Die Mitgliedstaaten stellen sicher, dass die Gerichte bei Verfahren wegen Verletzung von Rechten des geistigen Eigentums auf Antrag des Antragstellers und auf Kosten des Verletzers geeignete Maßnahmen zur Verbreitung von Informationen über die betreffende Entscheidung, einschließlich der Bekanntmachung und der vollständigen oder teilweisen Veröffentlichung, anordnen können. Die Mitgliedstaaten können andere, den besonderen Umständen angemessene Zusatzmaßnahmen, einschließlich öffentlichkeitswirksamer Anzeigen, vorsehen.

Kapitel III: Sanktionen der Mitgliedstaaten

Artikel 16 Sanktionen der Mitgliedstaaten

Unbeschadet der in dieser Richtlinie vorgesehenen zivil- und verwaltungsrechtlichen Maßnahmen, Verfahren und Rechtsbehelfe können die Mitgliedstaaten in Fällen von Verletzungen von Rechten des geistigen Eigentums andere angemessene Sanktionen vorsehen.

Kapitel IV: Verhaltenskodizes und Verwaltungszusammenarbeit

Artikel 17 Verhaltenskodizes

Die Mitgliedstaaten wirken darauf hin, dass

a) die Unternehmens- und Berufsverbände oder -organisationen auf Gemeinschaftsebene Verhaltenskodizes ausarbeiten, die zum Schutz der Rechte des geistigen Eigentums beitragen, insbesondere indem die Anbringung eines Codes auf optischen Speicherplatten empfohlen wird, der den Ort ihrer Herstellung erkennen lässt;

b) der Kommission die Entwürfe innerstaatlicher oder gemeinschaftsweiter Verhaltenskodizes und etwaige Gutachten über deren Anwendung übermittelt werden.

Artikel 18 Bewertung

(1) Jeder Mitgliedstaat legt der Kommission drei Jahre nach Ablauf der in Artikel 20 Absatz 1 genannten Frist einen Bericht über die Umsetzung dieser Richtlinie vor.

Anhand dieser Berichte erstellt die Kommission einen Bericht über die Anwendung dieser Richtlinie, einschließlich einer Bewertung der Wirksamkeit der ergriffenen Maßnahmen sowie einer Bewertung der Auswirkungen der Richtlinie auf die Innovation und die Entwicklung der Informationsgesellschaft. Dieser Bericht wird dem Europäischen Parlament, dem Rat und dem Europäischen Wirtschafts- und Sozialausschuss vorgelegt. Soweit erforderlich, legt die Kommission unter Berücksichtigung der Entwicklung des Gemeinschaftsrechts zusammen mit dem Bericht Vorschläge zur Änderung dieser Richtlinie vor.

(2) Die Mitgliedstaaten lassen der Kommission bei der Erstellung des in Absatz 1 Unterabsatz 2 genannten Berichts jede benötigte Hilfe und Unterstützung zukommen.

Artikel 19 Informationsaustausch und Korrespondenzstellen

Zur Förderung der Zusammenarbeit, einschließlich des Informationsaustauschs, der Mitgliedstaaten untereinander sowie zwischen den Mitgliedstaaten und der Kommission benennt jeder Mitgliedstaat mindestens eine nationale Korrespondenzstelle für alle die Durchführung der in dieser Richtlinie vorgesehenen Maßnahmen betreffenden Fragen. Jeder Mitgliedstaat teilt die Kontaktadressen seiner Korrespondenzstelle(n) den anderen Mitgliedstaaten und der Kommission mit.

Kapitel V: Schlussbestimmungen

Artikel 20 Umsetzung

(1) Die Mitgliedstaaten setzen die Rechts- und Verwaltungsvorschriften in Kraft, die erforderlich sind, um dieser Richtlinie spätestens ab dem 29. April 2006 nachzukommen. Sie setzen die Kommission unverzüglich davon in Kenntnis.

Wenn die Mitgliedstaaten diese Vorschriften erlassen, nehmen sie in den Vorschriften selbst oder durch einen Hinweis bei der amtlichen Veröffentlichung auf diese Richtlinie Bezug. Die Mitgliedstaaten regeln die Einzelheiten der Bezugnahme.

(2) Die Mitgliedstaaten teilen der Kommission den Wortlaut der innerstaatlichen Rechtsvorschriften mit, die sie auf dem unter diese Richtlinie fallenden Gebiet erlassen.

Artikel 21 Inkrafttreten

Diese Richtlinie tritt am zwanzigsten Tag nach ihrer Veröffentlichung im Amtsblatt der Europäischen Union in Kraft.

Artikel 22 Adressaten

Diese Richtlinie ist an die Mitgliedstaaten gerichtet.

Nr. 21 Auszug aus dem Übereinkommen des Europarates über Computerkriminalität

abgeschlossen in Budapest am 23. November 2001

bereinigte Übersetzung
zwischen Deutschland, Österreich und der Schweiz abgestimmte Fassung

Kapitel I: Begriffsbestimmungen

Artikel 1 Begriffsbestimmungen

Im Sinne dieses Übereinkommens bedeutet

a. «Computersystem» eine Vorrichtung oder eine Gruppe miteinander verbundener oder zusammenhängender Vorrichtungen, die einzeln oder zu mehreren auf der Grundlage eines Programms automatische Datenverarbeitung durchführen;

b. «Computerdaten» jede Darstellung von Tatsachen, Informationen oder Konzepten in einer für die Verarbeitung in einem Computersystem geeigneten Form einschließlich eines Programms, das die Ausführung einer Funktion durch ein Computersystem auslösen kann;

c. «Diensteanbieter»
   i jede öffentliche oder private Stelle, die es Nutzern ihres Dienstes ermöglicht, mit Hilfe eines Computersystems zu kommunizieren;
   ii jede andere Stelle, die für einen solchen Kommunikationsdienst oder für seine Nutzer Computerdaten verarbeitet oder speichert;

d. «Verkehrsdaten» alle Computerdaten in Zusammenhang mit einer Kommunikation unter Nutzung eines Computersystems, die von einem Computersystem, das Teil der Kommunikationskette war, erzeugt wurden und aus denen der Ursprung, das Ziel, der Leitweg, die Uhrzeit, das Datum, der Umfang oder die Dauer der Kommunikation oder die Art des für die Kommunikation benutzten Dienstes hervorgeht.

Kapitel II: Innerstaatlich zu treffende Maßnahmen
Abschnitt 1: Materielles Strafrecht
Titel 1: Straftaten gegen die Vertraulichkeit, Unversehrtheit und Verfügbarkeit von Computerdaten und -systemen

Artikel 2 Rechtswidriger Zugang

Jede Vertragspartei trifft die erforderlichen gesetzgeberischen und anderen Maßnahmen, um den unbefugten Zugang zu einem Computersystem als Ganzem oder zu einem Teil davon, wenn vorsätzlich begangen, nach ihrem innerstaatlichen Recht als Straftat zu umschreiben. Eine Vertragspartei kann als Voraussetzung vorsehen, dass die Straftat unter Verletzung von Sicherheitsmaßnahmen, in der Absicht, Computerdaten zu erlangen, in anderer unredlicher Absicht oder in Zusammenhang mit einem Computersystem, das mit einem anderen Computersystem verbunden ist, begangen worden sein muss.

Artikel 3 Rechtswidriges Abfangen

Jede Vertragspartei trifft die erforderlichen gesetzgeberischen und anderen Maßnahmen, um das mit technischen Hilfsmitteln bewirkte unbefugte Abfangen nichtöffentlicher Computerdatenübermittlungen an ein Computersystem, aus einem Computersystem oder innerhalb eines Computersystems einschließlich elektromagnetischer Abstrahlungen aus einem Computersystem, das Träger solcher Computerdaten ist, wenn vorsätzlich begangen, nach ihrem innerstaatlichen Recht als Straftat zu umschreiben. Eine Vertragspartei kann als Voraussetzung vorsehen, dass die Straftat in unredlicher Absicht oder in Zusammenhang mit einem Computersystem, das mit einem anderen Computersystem verbunden ist, begangen worden sein muss.

Artikel 4 Eingriff in Daten

[1] Jede Vertragspartei trifft die erforderlichen gesetzgeberischen und anderen Maßnahmen, um das unbefugte Beschädigen, Löschen, Beeinträchtigen, Verändern oder Unterdrücken von Computerdaten, wenn vorsätzlich begangen, nach ihrem innerstaatlichen Recht als Straftat zu umschreiben.

[2] Eine Vertragspartei kann sich das Recht vorbehalten, als Voraussetzung vorzusehen, dass das in Absatz 1 beschriebene Verhalten zu einem schweren Schaden geführt haben muss.

Artikel 5 Eingriff in ein System

Jede Vertragspartei trifft die erforderlichen gesetzgeberischen und anderen Maßnahmen, um die unbefugte schwere Behinderung des Betriebs eines Computersystems durch Eingeben, Übermitteln, Beschädigen, Löschen, Beeinträchtigen, Verändern oder Unterdrücken von Computerdaten, wenn vorsätzlich begangen, nach ihrem innerstaatlichen Recht als Straftat zu umschreiben.

Artikel 6 Missbrauch von Vorrichtungen

[1] Jede Vertragspartei trifft die erforderlichen gesetzgeberischen und anderen Maßnahmen, um folgende Handlungen, wenn vorsätzlich und unbefugt begangen, nach ihrem innerstaatlichen Recht als Straftaten zu umschreiben:

a. das Herstellen, Verkaufen, Beschaffen zwecks Gebrauchs, Einführen, Verbreiten oder anderweitige Verfügbarmachen

　　i　einer Vorrichtung einschließlich eines Computerprogramms, die in erster Linie dafür ausgelegt oder hergerichtet worden ist, eine nach den Artikeln 2 bis 5 umschriebene Straftat zu begehen;

　　ii　eines Computerpassworts, eines Zugangscodes oder ähnlicher Daten, die den Zugang zu einem Computersystem als Ganzem oder zu einem Teil davon ermöglichen,

mit dem Vorsatz, sie zur Begehung einer nach den Artikeln 2 bis 5 umschriebenen Straftat zu verwenden, und

b. den Besitz eines unter Buchstabe a Ziffer i oder ii bezeichneten Mittels mit dem Vorsatz, es zur Begehung einer nach den Artikeln 2 bis 5 umschriebenen Straftat zu verwenden. Eine Vertragspartei kann als gesetzliche Voraussetzung vorsehen, dass die strafrechtliche Verantwortlichkeit erst mit Besitz einer bestimmten Anzahl dieser Mittel eintritt.

[2] Dieser Artikel darf nicht so ausgelegt werden, als begründe er die strafrechtliche Verantwortlichkeit in Fällen, in denen das Herstellen, Verkaufen, Beschaffen zwecks Gebrauchs, Einführen, Verbreiten oder anderweitige Verfügbarmachen oder der Besitz nach Absatz 1 nicht zum Zweck der Begehung einer nach den Artikeln 2 bis 5 umschriebenen Straftat, sondern beispielsweise zum genehmigten Testen oder zum Schutz eines Computersystems erfolgt.

[3] Jede Vertragspartei kann sich das Recht vorbehalten, Absatz 1 nicht anzuwenden, sofern der Vorbehalt nicht das Verkaufen, Verbreiten oder anderweitige Verfügbarmachen der in Absatz 1 Buchstabe a Ziffer ii bezeichneten Mittel betrifft.

Titel 2: Computerbezogene Straftaten

Artikel 7 Computerbezogene Fälschung

Jede Vertragspartei trifft die erforderlichen gesetzgeberischen und anderen Maßnahmen, um folgende Handlungen, wenn vorsätzlich und unbefugt begangen, nach ihrem innerstaatlichen Recht als Straftat zu umschreiben: das zu unechten Daten führende Eingeben, Verändern, Löschen oder Unterdrücken von Computerdaten in der Absicht, dass diese Daten für rechtliche Zwecke so angesehen oder einer Handlung zugrunde gelegt werden, als wären sie echt, gleichviel, ob die Daten unmittelbar lesbar und verständlich sind. Eine Vertragspartei kann als Voraussetzung vorsehen, dass die strafrechtliche Verantwortlichkeit erst in Verbindung mit einer betrügerischen oder ähnlichen unredlichen Absicht eintritt.

Artikel 8 Computerbezogener Betrug

Jede Vertragspartei trifft die erforderlichen gesetzgeberischen und anderen Maßnahmen, um folgende Handlung, wenn vorsätzlich und unbefugt begangen, nach ihrem innerstaatlichen Recht als Straftat zu umschreiben: die Beschädigung des Vermögens eines anderen durch

a. Eingeben, Verändern, Löschen oder Unterdrücken von Computerdaten;

b. Eingreifen in den Betrieb eines Computersystems

in der betrügerischen oder unredlichen Absicht, sich oder einem anderen unbefugt einen wirtschaftlichen Vorteil zu verschaffen.

[...]

Titel 4: Straftaten in Zusammenhang mit Verletzungen des Urheberrechts und verwandter Schutzrechte

Artikel 10 Straftaten in Zusammenhang mit Verletzungen des Urheberrechts und verwandter Schutzrechte

[1] Jede Vertragspartei trifft die erforderlichen gesetzgeberischen und anderen Maßnahmen, um Urheberrechtsverletzungen, wie sie im Recht dieser Vertragspartei aufgrund ihrer Verpflichtungen nach der Pariser Fassung der Berner Übereinkunft zum Schutz von Werken der Literatur und Kunst vom 24. Juli 1971, dem Übereinkommen über handelsbezogene Aspekte der Rechte des geistigen Eigentums und dem WIPO-Urheberrechtsvertrag festgelegt sind, mit Ausnahme der nach diesen Übereinkünften verliehenen Urheberpersönlichkeitsrechte, wenn diese Handlungen vorsätzlich, in gewerbsmäßigem Umfang und mittels eines Computersystems begangen werden, nach ihrem innerstaatlichen Recht als Straftaten zu umschreiben.

[2] Jede Vertragspartei trifft die erforderlichen gesetzgeberischen und anderen Maßnahmen, um Verletzungen verwandter Schutzrechte, wie sie im Recht dieser Vertragspartei aufgrund ihrer Verpflichtungen nach dem Internationalen Abkommen über den Schutz der ausübenden Künstler, der Hersteller von Tonträgern und der Sendeunternehmen (Abkommen von Rom), dem Übereinkommen über handelsbezogene Aspekte der Rechte des geistigen Eigentums und dem WIPO-Vertrag über Darbietungen und Tonträger festgelegt sind, mit Ausnahme der nach diesen Übereinkünften verliehenen Urheberpersönlichkeitsrechte, wenn diese Handlungen vorsätzlich, in gewerbsmäßigem Umfang und mittels eines Computersystems begangen werden, nach ihrem innerstaatlichen Recht als Straftaten zu umschreiben.

³ Eine Vertragspartei kann sich das Recht vorbehalten, eine strafrechtliche Verantwortlichkeit nach den Absätzen 1 und 2 unter einer begrenzten Zahl von Umständen nicht vorzusehen, sofern andere wirksame Abhilfen zur Verfügung stehen und dieser Vorbehalt die internationalen Verpflichtungen dieser Vertragspartei aus den in den Absätzen 1 und 2 genannten völkerrechtlichen Übereinkünften nicht beeinträchtigt.

Titel 5: Weitere Formen der Verantwortlichkeit und Sanktionen

Artikel 11 Versuch und Beihilfe oder Anstiftung

¹ Jede Vertragspartei trifft die erforderlichen gesetzgeberischen und anderen Maßnahmen, um die vorsätzliche Beihilfe oder Anstiftung zur Begehung einer nach den Artikeln 2 bis 10 umschriebenen Straftat mit dem Vorsatz, dass eine solche Straftat begangen werde, nach ihrem innerstaatlichen Recht als Straftat zu umschreiben.

² Jede Vertragspartei trifft die erforderlichen gesetzgeberischen und anderen Maßnahmen, um den Versuch der Begehung einer nach den Artikeln 3 bis 5 sowie 7, 8 und 9 Absatz 1 Buchstaben a und c umschriebenen Straftat, wenn vorsätzlich begangen, nach ihrem innerstaatlichen Recht als Straftat zu umschreiben.

³ Jede Vertragspartei kann sich das Recht vorbehalten, Absatz 2 ganz oder teilweise nicht anzuwenden.

Artikel 12 Verantwortlichkeit juristischer Personen

¹ Jede Vertragspartei trifft die erforderlichen gesetzgeberischen und anderen Maßnahmen, um sicherzustellen, dass juristische Personen für eine nach diesem Übereinkommen umschriebene Straftat verantwortlich gemacht werden können, die zu ihren Gunsten von einer natürlichen Person begangen wird, die entweder allein oder als Teil eines Organs der juristischen Person handelt und die eine Führungsposition innerhalb der juristischen Person innehat aufgrund

a. einer Vertretungsmacht für die juristische Person;
b. einer Befugnis, Entscheidungen im Namen der juristischen Person zu treffen;
c. einer Kontrollbefugnis innerhalb der juristischen Person.

² Neben den in Absatz 1 bereits vorgesehenen Fällen trifft jede Vertragspartei die erforderlichen Maßnahmen, um sicherzustellen, dass eine juristische Person verantwortlich gemacht werden kann, wenn mangelnde Überwachung oder Kontrolle durch eine in Absatz 1 genannte natürliche Person die Begehung einer nach diesem Übereinkommen umschriebenen Straftat zugunsten der juristischen Person durch eine ihr unterstellte natürliche Person ermöglicht hat.

³ Vorbehaltlich der Rechtsgrundsätze der Vertragspartei kann die Verantwortlichkeit einer juristischen Person straf-, zivil- oder verwaltungsrechtlicher Art sein.

⁴ Diese Verantwortlichkeit berührt nicht die strafrechtliche Verantwortlichkeit der natürlichen Personen, welche die Straftat begangen haben.

Artikel 13 Sanktionen und Maßnahmen

¹ Jede Vertragspartei trifft die erforderlichen gesetzgeberischen und anderen Maßnahmen, um sicherzustellen, dass die nach den Artikeln 2 bis 11 umschriebenen Straftaten mit wirksamen, verhältnismäßigen und abschreckenden Sanktionen, einschließlich Freiheitsentziehung, bedroht werden.

² Jede Vertragspartei stellt sicher, dass juristische Personen, die nach Artikel 12 verantwortlich gemacht werden, wirksamen, verhältnismäßigen und abschreckenden strafrechtlichen oder nichtstrafrechtlichen Sanktionen oder Maßnahmen, einschließlich Geldsanktionen, unterliegen.

Nr. 22 Berner Übereinkunft zum Schutz von Werken der Literatur und Kunst, revidiert in Paris am 24. Juli 1971 (RBÜ)

Abgeschlossen in Paris am 24. Juli 1971
Von der Bundesversammlung genehmigt am 4. Juni 1992[1]
Schweizerische Ratifikationsurkunde hinterlegt am 25. Juni 1993
In Kraft getreten für die Schweiz am 25. September 1993
Stand am 28. Februar 2006

SR 0.231.15

Die Verbandsländer,

gleichermassen von dem Wunsch geleitet, die Rechte der Urheber an ihren Werken der Literatur und Kunst in möglichst wirksamer und gleichmässiger Weise zu schützen,

in Anerkennung der Bedeutung der Arbeitsergebnisse der 1967 in Stockholm abgehaltenen Revisionskonferenz

haben beschlossen, die von der Stockholmer Konferenz angenommene Fassung dieser Übereinkunft[2] unter unveränderter Beibehaltung der Artikel 1–20 und 22–26 zu revidieren.

Die unterzeichneten Bevollmächtigten haben daher nach Vorlage ihrer in guter und gehöriger Form befundenen Vollmachten folgendes vereinbart:

Art. 1

Die Länder, auf die diese Übereinkunft Anwendung findet, bilden einen Verband zum Schutz der Rechte der Urheber an ihren Werken der Literatur und Kunst.

Art. 2

1) Die Bezeichnung «Werke der Literatur und Kunst» umfasst alle Erzeugnisse auf dem Gebiet der Literatur, Wissenschaft und Kunst, ohne Rücksicht auf die Art und Form des Ausdrucks, wie: Bücher, Broschüren und andere Schriftwerke; Vorträge, Ansprachen, Predigten und andere Werke gleicher Art; dramatische oder dramatisch-musikalische Werke; choreographische Werke und Pantomimen; musikalische Kompositionen mit oder ohne Text; Filmwerke einschliesslich der Werke, die durch ein ähnliches Verfahren wie Filmwerke hervorgebracht sind; Werke der zeichnenden Kunst, der Malerei, der Baukunst, der Bildhauerei, Stiche und Lithographien; photo-

---

AS 1993 2659; BB1 1989 III 477, amtlicher deutscher Text gemäss Artikel 37 Absatz 1 Buchstabe b)
1   Art. 1 Abs. 1 Bst. a des BB vom 4. Juni 1992 (AS 1993 2634).
2   SR 0.231.14

graphische Werke, denen Werke gleichgestellt sind, die durch ein der Photographie ähnliches Verfahren hervorgebracht sind; Werke der angewandten Kunst; Illustrationen, geographische Karten; Pläne, Skizzen und Darstellungen plastischer Art auf den Gebieten der Geographie, Topographie, Architektur oder Wissenschaft.

2) Der Gesetzgebung der Verbandsländer bleibt jedoch vorbehalten, die Werke der Literatur und Kunst oder eine oder mehrere Arten davon nur zu schützen, wenn sie auf einem materiellen Träger festgelegt sind.

3) Den gleichen Schutz wie Originalwerke geniessen, unbeschadet der Rechte des Urhebers des Originalwerks, die Übersetzungen, Bearbeitungen, musikalischen Arrangements und andere Umarbeitungen eines Werkes der Literatur oder Kunst.

4) Der Gesetzgebung der Verbandsländer bleibt vorbehalten, den Schutz amtlicher Texte auf dem Gebiet der Gesetzgebung, Verwaltung und Rechtsprechung sowie der amtlichen Übersetzungen dieser Texte zu bestimmen.

5) Sammlungen von Werken der Literatur oder Kunst, wie zum Beispiel Enzyklopädien und Anthologien, die wegen der Auswahl oder der Anordnung des Stoffes geistige Schöpfungen darstellen, sind als solche geschützt, unbeschadet der Rechte der Urheber an jedem der einzelnen der Werke, die Bestandteile dieser Sammlungen sind.

6) Die oben genannten Werke geniessen Schutz in allen Verbandsländern. Dieser Schutz besteht zugunsten des Urhebers und seiner Rechtsnachfolger oder sonstiger Inhaber ausschliesslicher Werknutzungsrechte.

7) Unbeschadet des Artikels 7 Absatz 4) bleibt der Gesetzgebung der Verbandsländer vorbehalten, den Anwendungsbereich der Gesetze, die die Werke der angewandten Kunst und die gewerblichen Muster und Modelle betreffen, sowie die Voraussetzungen des Schutzes dieser Werke, Muster und Modelle festzulegen. Für Werke, die im Ursprungsland nur als Muster und Modelle geschützt werden, kann in einem anderen Verbandsland nur der besondere Schutz beansprucht werden, der in diesem Land den Mustern und Modellen gewährt wird, wird jedoch in diesem Land kein solcher besonderer Schutz gewährt, so sind diese Werke als Werke der Kunst zu schützen.

8) Der Schutz dieser Übereinkunft besteht nicht für Tagesneuigkeiten oder vermischte Nachrichten, die einfache Zeitungsmitteilungen darstellen.

Art. 2bis

1) Der Gesetzgebung der Verbandsländer bleibt vorbehalten, politische Reden und Reden in Gerichtsverhandlungen teilweise oder ganz von dem in Artikel 2 vorgesehenen Schutz auszuschliessen.

2) Ebenso bleibt der Gesetzgebung der Verbandsländer vorbehalten zu bestimmen, unter welchen Voraussetzungen Vorträge, Ansprachen und andere in der Öffentlichkeit dargebotene Werke gleicher Art durch die Presse vervielfältigt, durch Rundfunk gesendet, mittels Draht an die Öffentlichkeit übertragen werden und in den Fällen

des Artikels 11*bis* Absatz 1) öffentlich wiedergegeben werden dürfen, wenn eine solche Benützung durch den Informationszweck gerechtfertigt ist.

3) Der Urheber geniesst jedoch das ausschliessliche Recht, seine in den Absätzen 1) und 2) genannten Werke in Sammlungen zu vereinigen.

Art. 3

1) Aufgrund dieser Übereinkunft sind geschützt:
a) die einem Verbandsland angehörenden Urheber für ihre veröffentlichten und unveröffentlichten Werke;
b) die keinem Verbandsland angehörenden Urheber für die Werke, die sie zum ersten Mal in einem Verbandsland oder gleichzeitig in einem verbandsfremden und in einem Verbandsland veröffentlichen.

2) Die Urheber, die keinem Verbandsland angehören, jedoch ihren gewöhnlichen Aufenthalt in einem Verbandsland haben, sind für die Anwendung dieser Übereinkunft den Urhebern gleichgestellt, die diesem Land angehören.

3) Unter «veröffentlichten Werken» sind die mit Zustimmung ihrer Urheber erschienenen Werke zu verstehen, ohne Rücksicht auf die Art der Herstellung der Werkstücke, die je nach der Natur des Werkes in einer Weise zur Verfügung der Öffentlichkeit gestellt sein müssen, die deren normalen Bedarf befriedigt. Eine Veröffentlichung stellen nicht dar: die Aufführung eines dramatischen, dramatischmusikalischen oder musikalischen Werkes, die Vorführung eines Filmwerks, der öffentliche Vortrag eines literarischen Werkes, die Übertragung oder die Rundfunksendung von Werken der Literatur oder Kunst, die Ausstellung eines Werkes der bildenden Künste und die Errichtung eines Werkes der Baukunst.

4) Als gleichzeitig in mehreren Ländern veröffentlicht gilt jedes Werk, das innerhalb von 30 Tagen seit der ersten Veröffentlichung in zwei oder mehr Ländern erschienen ist.

Art. 4

Auch wenn die Voraussetzungen des Artikels 3 nicht vorliegen, sind durch diese Übereinkunft geschützt:
a) die Urheber von Filmwerken, deren Hersteller seinen Sitz oder seinen gewöhnlichen Aufenthalt in einem Verbandsland hat;
b) die Urheber von Werken der Baukunst, die in einem Verbandsland errichtet sind, oder von Werken der graphischen und plastischen Künste, die Bestandteile eines in einem Verbandsland gelegenen Grundstücks sind.

Art. 5

1) Die Urheber geniessen für die Werke, für die sie durch diese Übereinkunft geschützt sind, in allen Verbandsländern mit Ausnahme des Ursprungslands des

Werkes die Rechte, die die einschlägigen Gesetze den inländischen Urhebern gegenwärtig gewähren oder in Zukunft gewähren werden, sowie die in dieser Übereinkunft besonders gewährten Rechte.

2) Der Genuss und die Ausübung dieser Rechte sind nicht an die Erfüllung irgendwelcher Förmlichkeiten gebunden; dieser Genuss und diese Ausübung sind unabhängig vom Bestehen des Schutzes im Ursprungsland des Werkes. Infolgedessen richten sich der Umfang des Schutzes sowie die dem Urheber zur Wahrung seiner Rechte zustehenden Rechtsbehelfe ausschliesslich nach den Rechtsvorschriften des Landes, in dem der Schutz beansprucht wird, soweit diese Übereinkunft nichts anderes bestimmt.

3) Der Schutz im Ursprungsland richtet sich nach den innerstaatlichen Rechtsvorschriften. Gehört der Urheber eines aufgrund dieser Übereinkunft geschützten Werkes nicht dem Ursprungsland des Werkes an, so hat er in diesem Land die gleichen Rechte wie die inländischen Urheber.

4) Als Ursprungsland gilt:

a) für die zum ersten Mal in einem Verbandsland veröffentlichten Werke dieses Land; handelt es sich jedoch um Werke, die gleichzeitig in mehreren Verbandsländern mit verschiedener Schutzdauer veröffentlicht wurden, das Land, dessen innerstaatliche Rechtsvorschriften die kürzeste Schutzdauer gewähren;

b) für die gleichzeitig in einem verbandsfremden Land und in einem Verbandsland veröffentlichten Werke dieses letzte Land;

c) für die nicht veröffentlichten oder die zum ersten Mal in einem verbandsfremden Land veröffentlichten Werke, die nicht gleichzeitig in einem Verbandsland veröffentlicht wurden, das Verbandsland, dem der Urheber angehört, jedoch ist Ursprungsland,

   i) wenn es sich um Filmwerke handelt, deren Hersteller seinen Sitz oder seinen gewöhnlichen Aufenthalt in einem Verbandsland hat, dieses Land und,

   ii) wenn es sich um Werke der Baukunst, die in einem Verbandsland errichtet sind, oder um Werke der graphischen und plastischen Künste handelt, die Bestandteile eines in einem Verbandsland gelegenen Grundstücks sind, dieses Land.

Art. 6

1) Wenn ein verbandsfremdes Land die Werke der einem Verbandsland angehörenden Urheber nicht genügend schützt, kann dieses letzte Land den Schutz der Werke einschränken, deren Urheber im Zeitpunkt der ersten Veröffentlichung dieser Werke Angehörige des verbandsfremden Landes sind und ihren gewöhnlichen Aufenthalt nicht in einem Verbandsland haben. Wenn das Land der ersten Veröffentlichung von dieser Befugnis Gebrauch macht, sind die anderen Verbandsländer nicht gehalten, den Werken, die in dieser Weise einer besonderen Behandlung unterworfen sind, einen weitergehenden Schutz zu gewähren als das Land der ersten Veröffentlichung.

2) Keine nach Absatz 1) festgesetzte Einschränkung darf die Rechte beeinträchtigen, die ein Urheber an einem Werk erworben hat, das in einem Verbandsland vor dem Inkrafttreten dieser Einschränkung veröffentlicht worden ist.

3) Die Verbandsländer, die nach diesem Artikel den Schutz der Rechte der Urheber einschränken, notifizieren dies dem Generaldirektor der Weltorganisation für geistiges Eigentum (im folgenden als «der Generaldirektor» bezeichnet) durch eine schriftliche Erklärung; darin sind die Länder, denen gegenüber der Schutz eingeschränkt wird, und die Einschränkungen anzugeben, denen die Rechte der diesen Ländern angehörenden Urheber unterworfen werden. Der Generaldirektor teilt dies allen Verbandsländern unverzüglich mit.

Art. 6bis

1) Unabhängig von seinen vermögensrechtlichen Befugnissen und selbst nach deren Abtretung behält der Urheber das Recht, die Urheberschaft am Werk für sich in Anspruch zu nehmen und sich jeder Entstellung, Verstümmelung, sonstigen Änderung oder Beeinträchtigung des Werkes zu widersetzen, die seiner Ehre oder seinem Ruf nachteilig sein könnten.

2) Die dem Urheber nach Absatz 1) gewährten Rechte bleiben nach seinem Tod wenigstens bis zum Erlöschen der vermögensrechtlichen Befugnisse in Kraft und werden von den Personen oder Institutionen ausgeübt, die nach den Rechtsvorschriften des Landes, in dem der Schutz beansprucht wird, hierzu berufen sind. Die Länder, deren Rechtsvorschriften im Zeitpunkt der Ratifikation dieser Fassung der Übereinkunft oder des Beitritts zu ihr keine Bestimmungen zum Schutz aller nach Absatz 1) gewährten Rechte nach dem Tod des Urhebers enthalten, sind jedoch befugt vorzusehen, dass einzelne dieser Rechte nach dem Tod des Urhebers nicht aufrechterhalten bleiben.

3) Die zur Wahrung der in diesem Artikel gewährten Rechte erforderlichen Rechtsbehelfe richten sich nach den Rechtsvorschriften des Landes, in dem der Schutz beansprucht wird.

Art. 7

1) Die Dauer des durch diese Übereinkunft gewährten Schutzes umfasst das Leben des Urhebers und 50 Jahre nach seinem Tod.

2) Für Filmwerke sind die Verbandsländer jedoch befugt vorzusehen, dass die Schutzdauer 50 Jahre nach dem Zeitpunkt endet, in dem das Werk mit Zustimmung des Urhebers der Öffentlichkeit zugänglich gemacht worden ist, oder, wenn ein solches Ereignis nicht innerhalb von 50 Jahren nach der Herstellung eines solchen Werkes eintritt, 50 Jahre nach der Herstellung.

3) Für anonyme und pseudonyme Werke endet die durch diese Übereinkunft gewährte Schutzdauer 50 Jahre, nachdem das Werk erlaubterweise der Öffentlichkeit zugänglich gemacht worden ist. Wenn jedoch das vom Urheber angenommene

Pseudonym keinerlei Zweifel über die Identität des Urhebers zulässt, richtet sich die Schutzdauer nach Absatz 1). Wenn der Urheber eines anonymen oder pseudonymen Werkes während der oben angegebenen Frist seine Identität offenbart, richtet sich die Schutzdauer gleichfalls nach Absatz 1). Die Verbandsländer sind nicht gehalten, anonyme oder pseudonyme Werke zu schützen, bei denen aller Grund zu der Annahme besteht, dass ihr Urheber seit 50 Jahren tot ist.

4) Der Gesetzgebung der Verbandsländer bleibt vorbehalten, die Schutzdauer für Werke der Photographie und für als Kunstwerke geschützte Werke der angewandten Kunst festzusetzen; diese Dauer darf jedoch nicht weniger als 25 Jahre seit der Herstellung eines solchen Werkes betragen.

5) Die sich an den Tod des Urhebers anschliessende Schutzfrist und die in den Absätzen 2), 3) und 4) vorgesehenen Fristen beginnen mit dem Tod oder dem in diesen Absätzen angegebenen Ereignis zu laufen, doch wird die Dauer dieser Fristen erst vom 1. Januar des Jahres an gerechnet, das auf den Tod oder das genannte Ereignis folgt.

6) Die Verbandsländer sind befugt, eine längere als die in den vorhergehenden Absätzen vorgesehene Schutzdauer zu gewähren.

7) Die Verbandsländer, die durch die Fassung von Rom dieser Übereinkunft[1] gebunden sind und die in ihren bei der Unterzeichnung der vorliegenden Fassung der Übereinkunft geltenden Rechtsvorschriften kürzere Schutzfristen gewähren, als in den vorhergehenden Absätzen vorgesehen sind, sind befugt, sie beim Beitritt zu dieser Fassung oder bei deren Ratifikation beizubehalten.

8) In allen Fällen richtet sich die Dauer nach dem Gesetz des Landes, in dem der Schutz beansprucht wird; jedoch überschreitet sie, sofern die Rechtsvorschriften dieses Landes nichts anderes bestimmen, nicht die im Ursprungsland des Werkes festgesetzte Dauer.

Art. 7bis

Die Bestimmungen des Artikels 7 sind ebenfalls anwendbar, wenn das Urheberrecht den Miturhebern eines Werkes gemeinschaftlich zusteht, wobei die an den Tod des Urhebers anknüpfenden Fristen vom Zeitpunkt des Todes des letzten überlebenden Miturhebers an gerechnet werden.

Art. 8

Die Urheber von Werken der Literatur und Kunst, die durch diese Übereinkunft geschützt sind, geniessen während der ganzen Dauer ihrer Rechte am Originalwerk das ausschliessliche Recht, ihre Werke zu übersetzen oder deren Übersetzung zu erlauben.

---

1 SR 0.231.12

Art. 9

1) Die Urheber von Werken der Literatur und Kunst, die durch diese Übereinkunft geschützt sind, geniessen das ausschliessliche Recht, die Vervielfältigung dieser Werke zu erlauben, gleichviel, auf welche Art und in welcher Form sie vorgenommen wird.

2) Der Gesetzgebung der Verbandsländer bleibt vorbehalten, die Vervielfältigung in gewissen Sonderfällen unter der Voraussetzung zu gestatten, dass eine solche Vervielfältigung weder die normale Auswertung des Werkes beeinträchtigt noch die berechtigten Interessen des Urhebers unzumutbar verletzt.

3) Jede Aufnahme auf einen Bild- oder Tonträger gilt als Vervielfältigung im Sinne dieser Übereinkunft.

Art. 10

1) Zitate aus einem der Öffentlichkeit bereits erlaubterweise zugänglich gemachten Werk sind zulässig, sofern sie anständigen Gepflogenheiten entsprechen und in ihrem Umfang durch den Zweck gerechtfertigt sind, einschliesslich der Zitate aus Zeitungs- und Zeitschriftenartikeln in Form von Presseübersichten.

2) Der Gesetzgebung der Verbandsländer und den zwischen ihnen bestehenden oder in Zukunft abzuschliessenden Sonderabkommen bleibt vorbehalten, die Benützung von Werken der Literatur oder Kunst in dem durch den Zweck gerechtfertigten Umfang zur Veranschaulichung des Unterrichts durch Veröffentlichungen, Rundfunksendungen oder Aufnahmen auf Bild oder Tonträger zu gestatten, sofern eine solche Benützung anständigen Gepflogenheiten entspricht.

3) Werden Werke nach den Absätzen 1) und 2) benützt, so ist die Quelle zu erwähnen sowie der Name des Urhebers, wenn dieser Name in der Quelle angegeben ist.

Art. 10bis

1) Der Gesetzgebung der Verbandsländer bleibt vorbehalten, die Vervielfältigung durch die Presse, die Rundfunksendung oder die Übertragung mittels Draht an die Öffentlichkeit von Artikeln über Tagesfragen wirtschaftlicher, politischer oder religiöser Natur, die in Zeitungen oder Zeitschriften veröffentlicht worden sind, oder von durch Rundfunk gesendeten Werken gleicher Art zu erlauben, falls die Vervielfältigung, die Rundfunksendung oder die genannte Übertragung nicht ausdrücklich vorbehalten ist. Jedoch muss die Quelle immer deutlich angegeben werden; die Rechtsfolgen der Unterlassung dieser Angabe werden durch die Rechtsvorschriften des Landes bestimmt, in dem der Schutz beansprucht wird.

2) Ebenso bleibt der Gesetzgebung der Verbandsländer vorbehalten zu bestimmen, unter welchen Voraussetzungen anlässlich der Berichterstattung über Tagesereignisse durch Photographie oder Film oder im Weg der Rundfunksendung oder Übertragung mittels Draht an die Öffentlichkeit Werke der Literatur oder Kunst, die im Verlauf des Ereignisses sichtbar oder hörbar werden, in dem durch den Informations-

zweck gerechtfertigten Umfang vervielfältigt und der Öffentlichkeit zugänglich gemacht werden dürfen.

Art. 11

1) Die Urheber von dramatischen, dramatisch-musikalischen und musikalischen Werken geniessen das ausschliessliche Recht zu erlauben:
1. die öffentliche Aufführung ihrer Werke einschliesslich der öffentlichen Aufführung durch irgendein Mittel oder Verfahren,
2. die öffentliche Übertragung der Aufführung ihrer Werke durch irgendein Mittel.

2) Die gleichen Rechte werden den Urhebern dramatischer oder dramatisch-musikalischer Werke während der ganzen Dauer ihrer Rechte am Originalwerk hinsichtlich der Übersetzung ihrer Werke gewährt.

Art. 11bis

1) Die Urheber von Werken der Literatur und Kunst geniessen das ausschliessliche Recht zu erlauben:
1. die Rundfunksendung ihrer Werke oder die öffentliche Wiedergabe der Werke durch irgendein anderes Mittel zur drahtlosen Verbreitung von Zeichen, Tönen oder Bildern,
2. jede öffentliche Wiedergabe des durch Rundfunk gesendeten Werkes mit oder ohne Draht, wenn diese Wiedergabe von einem anderen als dem ursprünglichen Sendeunternehmen vorgenommen wird,
3. die öffentliche Wiedergabe des durch Rundfunk gesendeten Werkes durch Lautsprecher oder irgendeine andere ähnliche Vorrichtung zur Übertragung von Zeichen, Tönen oder Bildern.

2) Der Gesetzgebung der Verbandsländer bleibt vorbehalten, die Voraussetzungen für die Ausübung der in Absatz 1) erwähnten Rechte festzulegen, doch beschränkt sich die Wirkung dieser Voraussetzungen ausschliesslich auf das Hoheitsgebiet des Landes, das sie festgelegt hat. Sie dürfen in keinem Fall das Urheberpersönlichkeitsrecht oder den Anspruch des Urhebers auf eine angemessene Vergütung beeinträchtigen, die mangels gütlicher Einigung durch die zuständige Behörde festgesetzt wird.

3) Sofern keine gegenteilige Vereinbarung vorliegt, schliesst eine nach Absatz 1) gewährte Erlaubnis nicht die Erlaubnis ein, das durch Rundfunk gesendete Werk auf Bild- oder Tonträger aufzunehmen. Der Gesetzgebung der Verbandsländer bleibt jedoch vorbehalten, Bestimmungen über die von einem Sendeunternehmen mit seinen eigenen Mitteln und für seine eigenen Sendungen vorgenommenen ephemeren Aufnahmen auf Bild- oder Tonträger zu erlassen. Diese Gesetzgebung kann erlauben, dass die Bild- oder Tonträger aufgrund ihres aussergewöhnlichen Dokumentationscharakters in amtlichen Archiven aufbewahrt werden.

Art. 11ter

1) Die Urheber von Werken der Literatur geniessen das ausschliessliche Recht zu erlauben:
1. den öffentlichen Vortrag ihrer Werke einschliesslich des öffentlichen Vortrags durch irgendein Mittel oder Verfahren,
2. die öffentliche Übertragung des Vortrags ihrer Werke durch irgendein Mittel.

2) Die gleichen Rechte werden den Urhebern von Werken der Literatur während der ganzen Dauer ihrer Rechte am Originalwerk hinsichtlich der Übersetzung ihrer Werke gewährt.

Art. 12

Die Urheber von Werken der Literatur oder Kunst geniessen das ausschliessliche Recht, Bearbeitungen, Arrangements und andere Umarbeitungen ihrer Werke zu erlauben.

Art. 13

1) Jedes Verbandsland kann für seinen Bereich Vorbehalte und Voraussetzungen festlegen für das ausschliessliche Recht des Urhebers eines musikalischen Werkes und des Urhebers eines Textes, dessen Aufnahme auf einen Tonträger zusammen mit dem musikalischen Werk dieser Urheber bereits gestattet hat, die Aufnahme des musikalischen Werkes und gegebenenfalls des Textes auf Tonträger zu erlauben; doch beschränkt sich die Wirkung aller derartigen Vorbehalte und Voraussetzungen ausschliesslich auf das Hoheitsgebiet des Landes, das sie festgelegt hat; sie dürfen in keinem Fall den Anspruch des Urhebers auf eine angemessene Vergütung beeinträchtigen, die mangels gütlicher Einigung durch die zuständige Behörde festgesetzt wird.

2) Tonträger, auf die musikalische Werke in einem Verbandsland nach Artikel 13 Absatz 3) der am 2. Juni 1928[1] in Rom und am 26. Juni 1948[2] in Brüssel unterzeichneten Fassungen dieser Übereinkunft aufgenommen worden sind, können in diesem Land bis zum Ablauf einer Frist von zwei Jahren seit dem Zeitpunkt, in dem dieses Land durch die vorliegende Fassung gebunden wird, ohne Zustimmung des Urhebers des musikalischen Werkes vervielfältigt werden.

3) Tonträger, die nach den Absätzen 1) und 2) hergestellt und ohne Erlaubnis der Beteiligten in ein Land eingeführt worden sind, in dem sie nicht erlaubt sind, können dort beschlagnahmt werden.

---

[1] SR 0.231.12
[2] SR 0.231.13

Art. 14

1) Die Urheber von Werken der Literatur oder Kunst haben das ausschliessliche Recht zu erlauben:
1. die filmische Bearbeitung und Vervielfältigung dieser Werke und das Inverkehrbringen der auf diese Weise bearbeiteten oder vervielfältigten Werke,
2. die öffentliche Vorführung und die Übertragung mittels Draht an die Öffentlichkeit der auf diese Weise bearbeiteten oder vervielfältigten Werke.

2) Die Bearbeitung von Filmwerken, die auf Werken der Literatur oder Kunst beruhen, in irgendeine andere künstlerische Form bedarf, unbeschadet der Erlaubnis ihrer Urheber, der Erlaubnis der Urheber der Originalwerke.

3) Artikel 13 Absatz 1) ist nicht anwendbar.

Art. 14bis

1) Unbeschadet der Rechte des Urhebers jedes etwa bearbeiteten oder vervielfältigten Werkes wird das Filmwerk wie ein Originalwerk geschützt. Der Inhaber des Urheberrechts am Filmwerk geniesst die gleichen Rechte wie der Urheber eines Originalwerks einschliesslich der in Artikel 14 genannten Rechte.

2) a) Der Gesetzgebung des Landes, in dem der Schutz beansprucht wird, bleibt vorbehalten, die Inhaber des Urheberrechts am Filmwerk zu bestimmen.

b) In den Verbandsländern jedoch, deren innerstaatliche Rechtsvorschriften als solche Inhaber auch Urheber anerkennen, die Beiträge zur Herstellung des Filmwerks geleistet haben, können sich diese, wenn sie sich zur Leistung solcher Beiträge verpflichtet haben, mangels gegenteiliger oder besonderer Vereinbarung der Vervielfältigung, dem Inverkehrbringen, der öffentlichen Vorführung, der Übertragung mittels Draht an die Öffentlichkeit, der Rundfunksendung, der öffentlichen Wiedergabe, dem Versehen mit Untertiteln und der Textsynchronisation des Filmswerks nicht widersetzen.

c) Die Frage, ob für die Anwendung des Buchstaben b) die Form der dort genannten Verpflichtung in einem schriftlichen Vertrag oder in einem gleichwertigen Schriftstück bestehen muss, wird durch die Rechtsvorschriften des Verbandslands geregelt, in dem der Hersteller des Filmwerks seinen Sitz oder seinen gewöhnlichen Aufenthalt hat. Die Rechtsvorschriften des Verbandslands, in dem der Schutz beansprucht wird, können jedoch vorsehen, dass diese Verpflichtung durch einen schriftlichen Vertrag oder durch ein gleichwertiges Schriftstück begründet sein muss. Die Länder, die von dieser Befugnis Gebrauch machen, müssen dies dem Generaldirektor durch eine schriftliche Erklärung notifizieren, der sie unverzüglich allen anderen Verbandsländern mitteilt.

d) Als «gegenteilige oder besondere Vereinbarung» gilt jede einschränkende Bestimmung, die in der vorgenannten Verpflichtung gegebenenfalls enthalten ist.

3) Sofern die innerstaatlichen Rechtsvorschriften nichts anderes vorsehen, ist Absatz 2) Buchstabe b) weder auf die Urheber der Drehbücher, der Dialoge und der musika-

lischen Werke anwendbar, die für die Herstellung des Filmwerks geschaffen worden sind, noch auf dessen Hauptregisseur. Die Verbandsländer jedoch, deren Rechtsvorschriften keine Bestimmungen über die Anwendung des Absatzes 2) Buchstabe b) auf den Hauptregisseur vorsehen, müssen dies dem Generaldirektor durch eine schriftliche Erklärung notifizieren, der sie unverzüglich allen anderen Verbandsländern mitteilt.

Art. 14ter

1) Hinsichtlich der Originale von Werken der bildenden Künste und der Originalhandschriften der Schriftsteller und Komponisten geniesst der Urheber – oder nach seinem Tod die von den innerstaatlichen Rechtsvorschriften dazu berufenen Personen oder Institutionen – ein unveräusserliches Recht auf Beteiligung am Erlös aus Verkäufen eines solchen Werkstücks nach der ersten Veräusserung durch den Urheber.

2) Der in Absatz 1) vorgesehene Schutz kann in jedem Verbandsland nur beansprucht werden, sofern die Heimatgesetzgebung des Urhebers diesen Schutz anerkennt und soweit es die Rechtsvorschriften des Landes zulassen, in dem dieser Schutz beansprucht wird.

3) Das Verfahren und das Ausmass der Beteiligung werden von den Rechtsvorschriften der einzelnen Länder bestimmt.

Art. 15

1) Damit der Urheber der durch diese Übereinkunft geschützten Werke der Literatur und Kunst mangels Gegenbeweises als solche gelten und infolgedessen vor den Gerichten der Verbandsländer zur Verfolgung der unbefugten Vervielfältiger zugelassen werden, genügt es, dass der Name in der üblichen Weise auf dem Werkstück angegeben ist. Dieser Absatz ist anwendbar, selbst wenn dieser Name ein Pseudonym ist. sofern das vom Urheber angenommene Pseudonym keinen Zweifel über seine Identität aufkommen lässt.

2) Als Hersteller des Filmwerks gilt mangels Gegenbeweises die natürliche oder juristische Person, deren Name in der üblichen Weise auf dem Werkstück angegeben ist.

3) Bei den anonymen Werken und bei den nicht unter Absatz 1) fallenden pseudonymen Werken gilt der Verleger, dessen Name auf dem Werkstück angegeben ist, ohne weiteren Beweis als berechtigt, den Urheber zu vertreten; in dieser Eigenschaft ist er befugt, dessen Rechte wahrzunehmen und geltend zu machen. Die Bestimmung dieses Absatzes ist nicht mehr anwendbar, sobald der Urheber seine Identität offenbart und seine Berechtigung nachgewiesen hat.

4) a) Für die nicht veröffentlichten Werke, deren Urheber unbekannt ist, bei denen jedoch aller Grund zu der Annahme besteht, dass ihr Urheber Angehöriger eines Verbandslands ist, kann die Gesetzgebung dieses Landes die zuständige Be-

hörde bezeichnen, die diesen Urheber vertritt und berechtigt ist, dessen Rechte in den Verbandsländern wahrzunehmen und geltend zu machen.

b) Die Verbandsländer, die nach dieser Bestimmung eine solche Bezeichnung vornehmen, notifizieren dies dem Generaldirektor durch eine schriftliche Erklärung, in der alle Angaben über die bezeichnete Behörde enthalten sein müssen. Der Generaldirektor teilt diese Erklärung allen anderen Verbandsländern unverzüglich mit.

Art. 16

1) Jedes unbefugt hergestellte Werkstück kann in den Verbandsländern, in denen das Originalwerk Anspruch auf gesetzlichen Schutz hat, beschlagnahmt werden.

2) Die Bestimmungen des Absatzes 1) sind auch auf Vervielfältigungsstücke anwendbar, die aus einem Land stammen, in dem das Werk nicht oder nicht mehr geschützt ist.

3) Die Beschlagnahme findet nach den Rechtsvorschriften jedes Landes statt.

Art. 17

Die Bestimmungen dieser Übereinkunft können in keiner Beziehung das der Regierung jedes Verbandslands zustehende Recht beeinträchtigen, durch Massnahmen der Gesetzgebung oder inneren Verwaltung die Verbreitung, die Aufführung oder das Ausstellen von Werken oder Erzeugnissen jeder Art zu gestatten, zu überwachen oder zu untersagen, für die die zuständige Behörde dieses Recht auszuüben hat.

Art. 18

1) Diese Übereinkunft gilt für alle Werke, die bei ihrem Inkrafttreten noch nicht infolge Ablaufs der Schutzdauer im Ursprungsland Gemeingut geworden sind.

2) Ist jedoch ein Werk infolge Ablaufs der Schutzfrist, die ihm vorher zustand, in dem Land, in dem der Schutz beansprucht wird, Gemeingut geworden, so erlangt es dort nicht von neuem Schutz.

3) Die Anwendung dieses Grundsatzes richtet sich nach den Bestimmungen der zwischen Verbandsländern zu diesem Zweck abgeschlossenen oder abzuschliessenden besonderen Übereinkünfte. Mangels solcher Bestimmungen legen die betreffenden Länder, jedes für sich, die Art und Weise dieser Anwendung fest.

4) Die vorstehenden Bestimmungen gelten auch, wenn ein Land dem Verband neu beitritt, sowie für den Fall, dass der Schutz nach Artikel 7 oder durch Verzicht auf Vorbehalte ausgedehnt wird.

Art. 19

Die Bestimmungen dieser Übereinkunft hindern nicht daran, die Anwendung von weitergehenden Bestimmungen zu beanspruchen, die durch die Gesetzgebung eines Verbandslands etwa erlassen werden.

Art. 20

Die Regierungen der Verbandsländer behalten sich das Recht vor, Sonderabkommen miteinander insoweit zu treffen, als diese den Urhebern Rechte verleihen, die über die ihnen durch diese Übereinkunft gewährten Rechte hinausgehen oder andere Bestimmungen enthalten, die dieser Übereinkunft nicht zuwiderlaufen. Die Bestimmungen bestehender Abkommen, die den angegebenen Voraussetzungen entsprechen, bleiben anwendbar.

Art. 21

1) Besondere Bestimmungen für Entwicklungsländer sind im Anhang enthalten.

2) Vorbehaltlich des Artikels 28 Absatz 1) Buchstabe b) ist der Anhang ein integrierender Bestandteil dieser Fassung der Übereinkunft.

Art. 22

1) a) Der Verband hat eine Versammlung, die sich aus den durch die Artikel 22–26 gebundenen Verbandsländern zusammensetzt.
 b) Die Regierung jedes Landes wird durch einen Delegierten vertreten, der von Stellvertretern, Beratern und Sachverständigen unterstützt werden kann.
 c) Die Kosten jeder Delegation werden von der Regierung getragen, die sie entsandt hat.

2) a) Die Versammlung
 i) behandelt alle Fragen betreffend die Erhaltung und die Entwicklung des Verbands sowie die Anwendung dieser Übereinkunft;
 ii) erteilt dem Internationalen Büro für geistiges Eigentum (im folgenden als «das Internationale Büro» bezeichnet), das in dem Übereinkommen zur Errichtung der Weltorganisation für geistiges Eigentum[1] (im folgenden als «die Organisation» bezeichnet) vorgesehen ist, Weisungen für die Vorbereitung der Revisionskonferenzen unter gebührender Berücksichtigung der Stellungnahmen der Verbandsländer, die durch die Artikel 22–26 nicht gebunden sind;

---

1 SR 0.230

iii) prüft und billigt die Berichte und die Tätigkeit des Generaldirektors der Organisation betreffend den Verband und erteilt ihm alle zweckdienlichen Weisungen in Fragen, die in die Zuständigkeit des Verbands fallen;

iv) wählt die Mitglieder des Exekutivausschusses der Versammlung;

v) prüft und billigt die Berichte und die Tätigkeit ihres Exekutivausschusses und erteilt ihm Weisungen;

vi) legt das Programm fest, beschliesst den Zweijahres-Haushaltsplan des Verbands und billigt seine Rechnungsabschlüsse;

vii) beschliesst die Finanzvorschriften des Verbands;

viii) bildet die Sachverständigenausschüsse und Arbeitsgruppen, die sie zur Verwirklichung der Ziele des Verbands für zweckdienlich hält;

ix) bestimmt, welche Nichtmitgliedländer des Verbands, welche zwischenstaatlichen und welche internationalen nichtstaatlichen Organisationen zu ihren Sitzungen als Beobachter zugelassen werden;

x) beschliesst Änderungen der Artikel 22–26;

xi) nimmt jede andere Handlung vor, die zur Erreichung der Ziele des Verbands geeignet ist;

xii) nimmt alle anderen Aufgaben wahr, die sich aus dieser Übereinkunft ergeben;

xiii) übt vorbehaltlich ihres Einverständnisses die ihr durch das Übereinkommen zur Errichtung der Organisation übertragenen Rechte aus.

b) Über Fragen, die auch für andere von der Organisation verwaltete Verbände von Interesse sind, entscheidet die Versammlung nach Anhörung des Koordinierungsausschusses der Organisation.

3) a) Jedes Mitgliedland der Versammlung verfügt über eine Stimme.

b) Die Hälfte der Mitgliedländer der Versammlung bildet das Quorum (die für die Beschlussfähigkeit erforderliche Mindestzahl).

c) Ungeachtet des Buchstaben b) kann die Versammlung Beschlüsse fassen, wenn während einer Tagung die Zahl der vertretenen Länder zwar weniger als die Hälfte, aber mindestens ein Drittel der Mitgliedländer der Versammlung beträgt; jedoch werden diese Beschlüsse mit Ausnahme der Beschlüsse über das Verfahren der Versammlung nur dann wirksam, wenn die folgenden Bedingungen erfüllt sind: Das Internationale Büro teilt diese Beschlüsse den Mitgliedländern der Versammlung mit, die nicht vertreten waren, und lädt sie ein, innerhalb einer Frist von drei Monaten vom Zeitpunkt der Mitteilung an schriftlich ihre Stimme oder Stimmenthaltung bekannt zu geben. Entspricht nach Ablauf der Frist die Zahl der Länder, die auf diese Weise ihre Stimme oder Stimmenthaltung bekannt gegeben haben, mindestens der Zahl der Länder, die für die Erreichung des Quorums während der Tagung gefehlt hatte, so werden die Beschlüsse wirksam, sofern gleichzeitig die erforderliche Mehrheit noch vorhanden ist.

d) Vorbehaltlich des Artikels 26 Absatz 2) fasst die Versammlung ihre Beschlüsse mit einer Mehrheit von zwei Dritteln der abgegebenen Stimmen.
e) Stimmenthaltung gilt nicht als Stimmabgabe.
f) Ein Delegierter kann nur ein Land vertreten und nur in dessen Namen abstimmen.
g) Die Verbandsländer, die nicht Mitglied der Versammlung sind, werden zu den Sitzungen der Versammlung als Beobachter zugelassen.

4) a) Die Versammlung tritt nach Einberufung durch den Generaldirektor alle zwei Jahre einmal zu einer ordentlichen Tagung zusammen, und zwar, abgesehen von aussergewöhnlichen Fällen, zu derselben Zeit und an demselben Ort wie die Generalversammlung der Organisation.
b) Die Versammlung tritt nach Einberufung durch den Generaldirektor zu einer ausserordentlichen Tagung zusammen, wenn der Exekutivausschuss oder ein Viertel der Mitgliedländer der Versammlung es verlangt.

5) Die Versammlung gibt sich eine Geschäftsordnung.

Art. 23

1) Die Versammlung hat einen Exekutivausschuss.
2) a) Der Exekutivausschuss setzt sich aus den von der Versammlung aus dem Kreis ihrer Mitgliedländer gewählten Ländern zusammen. Ausserdem hat das Land, in dessen Hoheitsgebiet die Organisation ihren Sitz hat, vorbehaltlich des Artikels 25 Absatz 7) Buchstabe b) ex officio einen Sitz im Ausschuss.
b) Die Regierung jedes Mitgliedlands des Exekutivausschusses wird durch einen Delegierten vertreten, der von Stellvertretern, Beratern und Sachverständigen unterstützt werden kann.
c) Die Kosten jeder Delegation werden von der Regierung getragen, die sie entsandt hat.

3) Die Zahl der Mitgliedländer des Exekutivausschusses entspricht einem Viertel der Zahl der Mitgliedländer der Versammlung. Bei der Berechnung der zu vergebenden Sitze wird der nach Teilung durch vier verbleibende Rest nicht berücksichtigt.

4) Bei der Wahl der Mitglieder des Exekutivausschusses trägt die Versammlung einer angemessenen geographischen Verteilung und der Notwendigkeit Rechnung, dass unter den Ländern des Exekutivausschusses Vertragsländer der Sonderabkommen sind, die im Rahmen des Verbands errichtet werden könnten.

5) a) Die Mitglieder des Exekutivausschusses üben ihr Amt vom Schluss der Tagung der Versammlung, in deren Verlauf sie gewählt worden sind, bis zum Ende der darauf folgenden ordentlichen Tagung der Versammlung aus.
b) Höchstens zwei Drittel der Mitglieder des Exekutivausschusses können wieder gewählt werden.

c) Die Versammlung regelt die Einzelheiten der Wahl und der etwaigen Wiederwahl der Mitglieder des Exekutivausschusses.

6) a) Der Exekutivausschuss
   i) bereitet den Entwurf der Tagesordnung der Versammlung vor;
   ii) unterbreitet der Versammlung Vorschläge zu den vom Generaldirektor vorbereiteten Entwürfen des Programms und des Zweijahres-Haushaltsplans des Verbands;
   iii) unterbreitet der Versammlung mit entsprechenden Bemerkungen die periodischen Berichte des Generaldirektors und die jährlichen Berichte über die Rechnungsprüfung;
   iv) trifft alle zweckdienlichen Massnahmen zur Durchführung des Programms des Verbands durch den Generaldirektor in Übereinstimmung mit den Beschlüssen der Versammlung und unter Berücksichtigung der zwischen zwei ordentlichen Tagungen der Versammlung eintretenden Umstände;
   v) nimmt alle anderen Aufgaben wahr, die ihm im Rahmen dieser Übereinkunft übertragen werden.

b) Über Fragen, die auch für andere von der Organisation verwaltete Verbände von Interesse sind, entscheidet der Exekutivausschuss nach Anhörung des Koordinierungsausschusses der Organisation.

7) a) Der Exekutivausschuss tritt nach Einberufung durch den Generaldirektor jedes Jahr einmal zu einer ordentlichen Tagung zusammen, und zwar möglichst zu derselben Zeit und an demselben Ort wie der Koordinierungsausschuss der Organisation.

b) Der Exekutivausschuss tritt nach Einberufung durch den Generaldirektor zu einer ausserordentlichen Tagung zusammen, entweder auf Initiative des Generaldirektors oder wenn der Vorsitzende oder ein Viertel der Mitglieder des Exekutivausschusses es verlangt.

8) a) Jedes Mitgliedland des Exekutivausschusses verfügt über eine Stimme.

b) Die Hälfte der Mitgliedländer des Exekutivausschusses bildet das Quorum.

c) Die Beschlüsse werden mit einfacher Mehrheit der abgegebenen Stimmen gefasst.

d) Stimmenthaltung gilt nicht als Stimmabgabe.

e) Ein Delegierter kann nur ein Land vertreten und nur in dessen Namen abstimmen.

9) Die Verbandsländer, die nicht Mitglied des Exekutivausschusses sind, werden zu dessen Sitzungen als Beobachter zugelassen.

10) Der Exekutivausschuss gibt sich eine Geschäftsordnung.

Art. 24

1) a) Die Verwaltungsaufgaben des Verbands werden vom Internationalen Büro wahrgenommen, das an die Stelle des mit dem Verbandsbüro der internationalen Übereinkunft zum Schutz des gewerblichen Eigentums[1] vereinigten Büros des Verbands tritt.

b) Das Internationale Büro besorgt insbesondere das Sekretariat der verschiedenen Organe des Verbands.

c) Der Generaldirektor der Organisation ist der höchste Beamte des Verbands und vertritt den Verband.

2) Das Internationale Büro sammelt und veröffentlicht Informationen über den Schutz des Urheberrechts. Jedes Verbandsland teilt so bald wie möglich dem Internationalen Büro alle neuen Gesetze und anderen amtlichen Texte mit, die den Schutz des Urheberrechts betreffen.

3) Das Internationale Büro gibt eine monatlich erscheinende Zeitschrift heraus.

4) Das Internationale Büro erteilt jedem Verbandsland auf Verlangen Auskünfte über Fragen betreffend den Schutz des Urheberrechts.

5) Das Internationale Büro unternimmt Untersuchungen und leistet Dienste zur Erleichterung des Schutzes des Urheberrechts.

6) Der Generaldirektor und die von ihm bestimmten Mitglieder des Personals nehmen ohne Stimmrecht an allen Sitzungen der Versammlung, des Exekutivausschusses und aller anderen Sachverständigenausschüsse oder Arbeitsgruppen teil. Der Generaldirektor oder ein von ihm bestimmtes Mitglied des Personals ist von Amts wegen Sekretär dieser Organe.

7) a) Das Internationale Büro bereitet nach den Weisungen der Versammlung und in Zusammenarbeit mit dem Exekutivausschuss die Konferenzen zur Revision der Bestimmungen der Übereinkunft mit Ausnahme der Artikel 22–26 vor.

b) Das Internationale Büro kann bei der Vorbereitung der Revisionskonferenzen zwischenstaatliche sowie internationale nichtstaatliche Organisationen konsultieren.

c) Der Generaldirektor und die von ihm bestimmten Personen nehmen ohne Stimmrecht an den Beratungen dieser Konferenzen teil.

8) Das Internationale Büro nimmt alle anderen Aufgaben wahr, die ihm übertragen werden.

---

[1] SR 0.232.0I/.04

Art. 25

1) a) Der Verband hat einen Haushaltsplan.
   b) Der Haushaltsplan des Verbands umfasst die eigenen Einnahmen und Ausgaben des Verbands, dessen Beitrag zum Haushaltsplan der gemeinsamen Ausgaben der Verbände sowie gegebenenfalls den dem Haushaltsplan der Konferenz der Organisation zur Verfügung gestellten Betrag.
   c) Als gemeinsame Ausgaben der Verbände gelten die Ausgaben, die nicht ausschliesslich dem Verband, sondern auch einem oder mehreren anderen von der Organisation verwalteten Verbände zuzurechnen sind. Der Anteil des Verbands an diesen gemeinsamen Ausgaben entspricht dem Interesse, das der Verband an ihnen hat.

2) Der Haushaltsplan des Verbands wird unter Berücksichtigung der Notwendigkeit seiner Abstimmung mit den Haushaltsplänen der anderen von der Organisation verwalteten Verbände aufgestellt.

3) Der Haushaltsplan des Verbands umfasst folgende Einnahmen:
   i) Beiträge der Verbandsländer;
   ii) Gebühren und Beträge für Dienstleistungen des Internationalen Büros im Rahmen des Verbands;
   iii) Verkaufserlöse und andere Einkünfte aus Veröffentlichungen des Internationalen Büros, die den Verband betreffen;
   iv) Schenkungen, Vermächtnisse und Zuwendungen;
   v) Mieten, Zinsen, und andere verschiedene Einkünfte.

4) a) Jedes Verbandsland wird zur Bestimmung seines Beitrags zum Haushaltsplan in eine Klasse eingestuft und zahlt seine Jahresbeiträge auf der Grundlage einer Zahl von Einheiten, die wie folgt festgesetzt wird:

   Klasse I   25   Klasse V   5
   Klasse II   20   Klasse VI   3
   Klasse III 15   Klasse VII 1
   Klasse IV   10

   b) Falls es dies nicht schon früher getan hat, gibt jedes Land gleichzeitig mit der Hinterlegung seiner Ratifikations- oder Beitrittsurkunde die Klasse an, in die es eingestuft zu werden wünscht. Es kann die Klasse wechseln. Wählt es eine niedrigere Klasse, so hat es dies der Versammlung auf einer ihrer ordentlichen Tagungen mitzuteilen. Ein solcher Wechsel wird zu Beginn des auf diese Tagung folgenden Kalenderjahrs wirksam.
   c) Der Jahresbeitrag jedes Landes besteht aus einem Betrag, der in demselben Verhältnis zu der Summe der Jahresbeiträge aller Länder zum Haushaltsplan des Verbands steht wie die Zahl der Einheiten der Klasse, in die das Land eingestuft ist, zur Summe der Einheiten aller Länder.
   d) Die Beiträge werden am 1. Januar jedes Jahres fällig.

e) Ein Land, das mit der Zahlung seiner Beiträge im Rückstand ist, kann sein Stimmrecht in keinem der Organe des Verbands, denen es als Mitglied angehört, ausüben, wenn der rückständige Betrag die Summe der von ihm für die zwei vorhergehenden vollen Jahre geschuldeten Beiträge erreicht oder übersteigt. Jedoch kann jedes dieser Organe einem solchen Land gestatten, das Stimmrecht in diesem Organ weiter auszuüben, wenn und solange es überzeugt ist, dass der Zahlungsrückstand eine Folge aussergewöhnlicher und unabwendbarer Umstände ist.

f) Wird der Haushaltsplan nicht vor Beginn eines neuen Rechnungsjahrs beschlossen, so wird der Haushaltsplan des Vorjahrs nach Massgabe der Finanzvorschriften übernommen.

5) Die Höhe der Gebühren und Beträge für Dienstleistungen des Internationalen Büros im Rahmen des Verbands wird vom Generaldirektor festgesetzt, der der Versammlung und dem Exekutivausschuss darüber berichtet.

6) a) Der Verband hat einen Betriebsmittelfonds, der durch eine einmalige Zahlung jedes Verbandslands gebildet wird. Reicht der Fonds nicht mehr aus, so beschliesst die Versammlung seine Erhöhung.

b) Die Höhe der erstmaligen Zahlung jedes Landes zu diesem Fonds oder sein Anteil an dessen Erhöhung ist proportional zu dem Beitrag dieses Landes für das Jahr, in dem der Fonds gebildet oder die Erhöhung beschlossen wird.

c) Dieses Verhältnis und die Zahlungsbedingungen werden von der Versammlung auf Vorschlag des Generaldirektors und nach Äusserung des Koordinierungsausschusses der Organisation festgesetzt.

7) a) Das Abkommen über den Sitz, das mit dem Land geschlossen wird, in dessen Hoheitsgebiet die Organisation ihren Sitz hat, sieht vor, dass dieses Land Vorschüsse gewährt, wenn der Betriebsmittelfonds nicht ausreicht. Die Höhe dieser Vorschüsse und die Bedingungen, unter denen sie gewährt werden, sind in jedem Fall Gegenstand besonderer Vereinbarungen zwischen diesem Land und der Organisation. Solange dieses Land verpflichtet ist, Vorschüsse zu gewähren, hat es *ex officio* einen Sitz im Exekutivausschuss.

b) Das unter Buchstabe a) bezeichnete Land und die Organisation sind berechtigt, die Verpflichtung zur Gewährung von Vorschüssen durch schriftliche Notifikation zu kündigen. Die Kündigung wird drei Jahre nach Ablauf des Jahres wirksam, in dem sie notifiziert worden ist.

8) Die Rechnungsprüfung wird nach Massgabe der Finanzvorschriften von einem oder mehreren Verbandsländern oder von aussenstehenden Rechnungsprüfern vorgenommen, die mit ihrer Zustimmung von der Versammlung bestimmt werden.

Art. 26

1) Vorschläge zur Änderung der Artikel 22, 23, 24, 25 und dieses Artikels können von jedem Mitgliedland der Versammlung, vom Exekutivausschuss oder vom Generaldirektor vorgelegt werden. Diese Vorschläge werden vom Generaldirektor mindestens sechs Monate, bevor sie in der Versammlung beraten werden, den Mitgliedländern der Versammlung mitgeteilt.

2) Jede Änderung der in Absatz 1) bezeichneten Artikel wird von der Versammlung beschlossen. Der Beschluss erfordert drei Viertel der abgegebenen Stimmen; jede Änderung des Artikels 22 und dieses Absatzes erfordert jedoch vier Fünftel der abgegebenen Stimmen.

3) Jede Änderung der in Absatz 1) bezeichneten Artikel tritt einen Monat nach dem Zeitpunkt in Kraft, zu dem die schriftlichen Notifikationen der verfassungsmässig zustandegekommenen Annahme des Änderungsvorschlags von drei Vierteln der Länder, die im Zeitpunkt der Beschlussfassung über die Änderung Mitglied der Versammlung waren, beim Generaldirektor eingegangen sind. Jede auf diese Weise angenommene Änderung der genannten Artikel bindet alle Länder, die im Zeitpunkt des Inkrafttretens der Änderung Mitglied der Versammlung sind oder später Mitglied werden; jedoch bindet eine Änderung, die die finanziellen Verpflichtungen der Verbandsländer erweitert, nur die Länder, die die Annahme dieser Änderung notifiziert haben.

Art. 27

1) Diese Übereinkunft soll Revisionen unterzogen werden, um Verbesserungen herbeizuführen, die geeignet sind, das System des Verbands zu vervollkommnen.

2) Zu diesem Zweck werden der Reihe nach in einem der Verbandsländer Konferenzen zwischen den Delegierten dieser Länder stattfinden.

3) Vorbehaltlich des für die Änderung der Artikel 22–26 massgebenden Artikels 26 bedarf jede Revision dieser Fassung der Übereinkunft einschliesslich des Anhangs der Einstimmigkeit unter den abgegebenen Stimmen.

Art. 28

1) a) Jedes Verbandsland kann diese Fassung der Übereinkunft ratifizieren, wenn es sie unterzeichnet hat, oder ihr beitreten, wenn es sie nicht unterzeichnet hat. Die Ratifikations- oder Beitrittsurkunden werden beim Generaldirektor hinterlegt.

b) Jedes Verbandsland kann in seiner Ratifikations- oder Beitrittsurkunde erklären, dass sich seine Ratifikation oder sein Beitritt nicht auf die Artikel 1–21 und den Anhang erstreckt; hat jedoch ein Verbandsland bereits eine Erklärung nach Artikel VI Absatz 1) des Anhangs abgegeben, so kann es in der Urkunde nur erklären, dass sich seine Ratifikation oder sein Beitritt nicht auf die Artikel 1–20 erstreckt.

c) Jedes Verbandsland, das gemäss Buchstabe b) die dort bezeichneten Bestimmungen von der Wirkung seiner Ratifikation oder seines Beitritts ausgenommen hat, kann zu jedem späteren Zeitpunkt erklären, dass es die Wirkung seiner Ratifikation oder seines Beitritts auf diese Bestimmungen erstreckt. Eine solche Erklärung wird beim Generaldirektor hinterlegt.

2) a) Die Artikel 1–21 und der Anhang treten drei Monate nach Erfüllung der beiden folgenden Voraussetzungen in Kraft:
   i) mindestens fünf Verbandsländer haben diese Fassung der Übereinkunft ohne Erklärung nach Absatz 1) Buchstabe b) ratifiziert oder sind ihr ohne eine solche Erklärung beigetreten;
   ii) Frankreich, Spanien, das Vereinigte Königreich von Grossbritannien und Nordirland und die Vereinigten Staaten von Amerika sind durch das in Paris am 24. Juli 1971[1] revidierte Welturheberrechtsabkommen gebunden.
   b) Das Inkrafttreten nach Buchstabe a) ist für diejenigen Verbandsländer wirksam, die ihre Ratifikations- oder Beitrittsurkunden ohne Erklärung nach Absatz 1) Buchstabe b) und mindestens drei Monate vor dem Inkrafttreten hinterlegt haben.
   c) Für jedes Verbandsland, auf das Buchstabe b) nicht anwendbar ist und das ohne Abgabe einer Erklärung nach Absatz 1) Buchstabe b) diese Fassung der Übereinkunft ratifiziert oder ihr beitritt, treten die Artikel 1–21 und der Anhang drei Monate nach dem Zeitpunkt in Kraft, in dem der Generaldirektor die Hinterlegung der betreffenden Ratifikations- oder Beitrittsurkunde notifiziert, sofern nicht in der hinterlegten Urkunde ein späterer Zeitpunkt angegeben ist. In diesem Fall treten die Artikel 1–21 und der Anhang für dieses Land zu dem angegebenen Zeitpunkt in Kraft.
   d) Die Buchstaben a)–c) berühren die Anwendung des Artikels VI des Anhangs nicht.

3) Für jedes Verbandsland, das mit oder ohne Erklärung nach Absatz 1) Buchstabe b) diese Fassung der Übereinkunft ratifiziert oder ihr beitritt, treten die Artikel 22–38 drei Monate nach dem Zeitpunkt in Kraft, in dem der Generaldirektor die Hinterlegung der betreffenden Ratifikations- oder Beitrittsurkunde notifiziert, sofern nicht in der hinterlegten Urkunde ein späterer Zeitpunkt angegeben ist. In diesem Fall treten die Artikel 22–38 für dieses Land zu dem angegebenen Zeitpunkt in Kraft.

Art. 29

1) Jedes verbandsfremde Land kann dieser Fassung der Übereinkunft beitreten und dadurch Vertragspartei dieser Übereinkunft und Mitglied des Verbands werden. Die Beitrittsurkunden werden beim Generaldirektor hinterlegt.

---

[1] SR 0.231.01

2) a) Vorbehaltlich des Buchstaben b) tritt diese Übereinkunft für jedes verbandsfremde Land drei Monate nach dem Zeitpunkt in Kraft, in dem der Generaldirektor die Hinterlegung der betreffenden Beitrittsurkunde notifiziert, sofern nicht in der hinterlegten Urkunde ein späterer Zeitpunkt angegeben ist. In diesem Fall tritt die Übereinkunft für dieses Land zu dem angegebenen Zeitpunkt in Kraft.

b) Tritt diese Übereinkunft gemäss Buchstabe a) für ein verbandsfremdes Land vor dem Zeitpunkt in Kraft, in dem die Artikel 1–21 und der Anhang gemäss Artikel 28 Absatz 2) Buchstabe a) in Kraft treten, so ist dieses Land in der Zwischenzeit statt durch die Artikel 1–21 und den Anhang durch die Artikel 1–20 der Brüsseler Fassung dieser Übereinkunft[1] gebunden.

Art. 29bis

Die Ratifikation dieser Fassung der Übereinkunft oder der Beitritt zu ihr durch ein Land, das nicht durch die Artikel 22–38 der Stockholmer Fassung dieser Übereinkunft[2] gebunden ist, gilt, und zwar einzig und allein zum Zweck der Anwendung des Artikels 14 Absatz 2) des Übereinkommens zur Errichtung der Organisation[3], als Ratifikation der Stockholmer Fassung oder als Beitritt zu ihr mit der in ihrem Artikel 28 Absatz 1) Buchstabe b) Ziffer 1) vorgesehenen Beschränkung.

Art. 30

1) Vorbehaltlich der durch Absatz 2) dieses Artikels, durch Artikel 28 Absatz 1) Buchstabe b) und Artikel 33 Absatz 2) sowie durch den Anhang zugelassenen Ausnahmen bewirkt die Ratifikation oder der Beitritt von Rechts wegen die Annahme aller Bestimmungen und die Zulassung zu allen Vorteilen dieser Übereinkunft.

2) a) Jedes Verbandsland, das diese Fassung der Übereinkunft ratifiziert oder ihr beitritt, kann vorbehaltlich des Artikels V Absatz 2) des Anhangs die früher erklärten Vorbehalte aufrechterhalten, sofern es bei der Hinterlegung seiner Ratifikations- oder Beitrittsurkunde eine entsprechende Erklärung abgibt.

b) Jedes verbandsfremde Land kann vorbehaltlich des Artikels V Absatz 2) des Anhangs beim Beitritt zu dieser Übereinkunft erklären, dass es den das Übersetzungsrecht betreffenden Artikel 8 dieser Fassung wenigstens vorläufig durch die Bestimmungen des Artikels 5 der im Jahre 1896 in Paris vervollständigten Verbandsübereinkunft von 1886[4] ersetzen will, wobei Einverständnis darüber besteht, dass diese Bestimmungen nur auf Übersetzungen in eine in diesem Land allgemein gebräuchliche Sprache anwendbar sind. Vorbehaltlich des Artikels 1 Absatz 6) Buchstabe b) des Anhangs ist jedes Verbandsland befugt, hinsichtlich

---

1   SR 0.231.13
2   SR 0.231.14
3   SR 0.230
4   [AS 10 219, 16 611; BS 11 931 945]

des Übersetzungsrechts an Werken, deren Ursprungsland von einem solchen Vorbehalt Gebrauch macht, den Schutz anzuwenden, der dem vom Ursprungsland gewährten Schutz entspricht.

c) Jedes Land kann solche Vorbehalte jederzeit durch eine an den Generaldirektor gerichtete Notifikation zurückziehen.

Art. 31

1) Jedes Land kann in seiner Ratifikations- oder Beitrittsurkunde erklären oder zu jedem späteren Zeitpunkt dem Generaldirektor schriftlich notifizieren, dass diese Übereinkunft auf alle oder einzelne in der Erklärung oder Notifikation bezeichnete Gebiete anwendbar ist, für deren auswärtige Beziehungen es verantwortlich ist.

2) Jedes Land, das eine solche Erklärung oder eine solche Notifikation abgegeben hat, kann dem Generaldirektor jederzeit notifizieren, dass diese Übereinkunft auf alle oder einzelne dieser Gebiete nicht mehr anwendbar ist.

3) a) Jede in der Ratifikations- oder Beitrittsurkunde abgegebene Erklärung gemäss Absatz 1) wird gleichzeitig mit der Ratifikation oder dem Beitritt und jede Notifikation gemäss Absatz 1) wird drei Monate nach ihrer Notifizierung durch den Generaldirektor wirksam.

b) Jede Notifikation gemäss Absatz 2) wird zwölf Monate nach ihrem Eingang beim Generaldirektor wirksam.

4) Dieser Artikel darf nicht dahin ausgelegt werden, dass er für ein Verbandsland die Anerkennung oder stillschweigende Hinnahme der tatsächlichen Lage eines Gebiets in sich schliesst, auf das diese Übereinkunft durch ein anderes Verbandsland aufgrund einer Erklärung nach Absatz 1) anwendbar gemacht wird.

Art. 32

1) Diese Fassung der Übereinkunft ersetzt in den Beziehungen zwischen den Verbandsländern und in dem Umfang, in dem sie anwendbar ist, die Berner Übereinkunft vom 9. September 1886[1] und die folgenden revidierten Fassungen dieser Übereinkunft[2]. Die früheren Fassungen bleiben in ihrer Gesamtheit oder in dem Umfang, in dem diese Fassung sie nicht gemäss dem ersten Satz ersetzt, in den Beziehungen zu den Verbandsländern anwendbar, die diese Fassung der Übereinkunft weder ratifizieren noch ihr beitreten.

2) Die verbandsfremden Länder, die Vertragsparteien dieser Fassung der Übereinkunft werden, wenden sie vorbehaltlich des Absatzes 3) im Verhältnis zu jedem Verbandsland an, das nicht durch diese Fassung der Übereinkunft gebunden ist oder das zwar durch diese Fassung gebunden ist, aber die in Artikel 28 Absatz 1) Buch-

---

1 [AS 10 219, 16 611, BS 11 931 945]
2 SR 0.231.12/.14

stabe b) vorgesehene Erklärung abgegeben hat. Diese Länder lassen es zu, dass ein solches Verbandsland in seinen Beziehungen zu ihnen

i) die Bestimmungen der jüngsten Fassung der Übereinkunft, durch die es gebunden ist, anwendet und

ii) vorbehaltlich des Artikels 1 Absatz 6) des Anhangs befugt ist, den Schutz dem in dieser Fassung der Übereinkunft vorgesehenen Stand anzupassen.

3) Jedes Land, das eine der im Anhang vorgesehenen Befugnisse in Anspruch genommen hat, kann die diese Befugnis betreffenden Bestimmungen des Anhangs in seinen Beziehungen zu jedem anderen Verbandsland anwenden, das nicht durch diese Fassung der Übereinkunft gebunden ist, aber die Anwendung dieser Bestimmungen zugelassen hat.

Art. 33

1) Jede Streitigkeit zwischen zwei oder mehr Verbandsländern über die Auslegung oder Anwendung dieser Übereinkunft, die nicht auf dem Verhandlungsweg beigelegt wird, kann von jedem beteiligten Land durch eine dem Statut des Internationalen Gerichtshofs entsprechende Klage diesem Gerichtshof zur Entscheidung vorgelegt werden, sofern die beteiligten Länder keine andere Regelung vereinbaren. Das Land, das die Streitigkeit vor diesen Gerichtshof bringt, hat dies dem Internationalen Büro mitzuteilen; das Büro setzt die anderen Verbandsländer davon in Kenntnis.

2) Jedes Land kann bei der Unterzeichnung dieser Fassung der Übereinkunft oder bei der Hinterlegung seiner Ratifikations- oder Beitrittsurkunde erklären, dass es sich durch Absatz 1) nicht als gebunden betrachtet. Auf Streitigkeiten zwischen einem solchen Land und jedem anderen Verbandsland ist Absatz 1) nicht anwendbar.

3) Jedes Land, das eine Erklärung gemäss Absatz 2) abgegeben hat, kann sie jederzeit durch eine an den Generaldirektor gerichtete Notifikation zurückziehen.

Art. 34

1) Vorbehaltlich des Artikels 29*bis* kann kein Land nach Inkrafttreten der Artikel 1–21 und des Anhangs frühere Fassungen dieser Übereinkunft ratifizieren noch ihnen beitreten.

2) Nach Inkrafttreten der Artikel 1–21 und des Anhangs kann kein Land eine Erklärung gemäss Artikel 5 des der Stockholmer Fassung dieser Übereinkunft[1] beigefügten Protokolls betreffend die Entwicklungsländer abgeben.

---

1 SR 0.231.14

Art. 35

1) Diese Übereinkunft bleibt ohne zeitliche Begrenzung in Kraft.

2) Jedes Land kann diese Fassung der Übereinkunft durch eine an den Generaldirektor gerichtete Notifikation kündigen. Diese Kündigung gilt auch als Kündigung aller früheren Fassungen und hat nur Wirkung für das Land, das sie erklärt hat; für die übrigen Verbandsländer bleibt die Übereinkunft in Kraft und wirksam.

3) Die Kündigung wird ein Jahr nach dem Tag wirksam, an dem die Notifikation beim Generaldirektor eingegangen ist.

4) Das in diesem Artikel vorgesehene Kündigungsrecht kann von einem Land nicht vor Ablauf von fünf Jahren nach dem Zeitpunkt ausgeübt werden, in dem es Mitglied des Verbands geworden ist.

Art. 36

1) Jedes Vertragsland dieser Übereinkunft verpflichtet sich, gemäss seiner Verfassung die notwendigen Massnahmen zu ergreifen, um die Anwendung dieser Übereinkunft zu gewährleisten.

2) Es besteht Einverständnis darüber, dass jedes Land in dem Zeitpunkt, in dem es durch diese Übereinkunft gebunden wird, nach seinen innerstaatlichen Rechtsvorschriften in der Lage sein muss, den Bestimmungen dieser Übereinkunft Wirkung zu verleihen.

Art. 37

1) a) Diese Fassung der Übereinkunft wird in einer einzigen Ausfertigung in englischer und französischer Sprache unterzeichnet und vorbehaltlich des Absatzes 2) beim Generaldirektor hinterlegt.

b) Amtliche Texte werden vom Generaldirektor nach Konsultierung der beteiligten Regierungen in arabischer, deutscher, italienischer, portugiesischer und spanischer Sprache sowie in anderen Sprachen hergestellt, die die Versammlung bestimmen kann.

c) Bei Streitigkeiten über die Auslegung der verschiedenen Texte ist der französische Text massgebend.

2) Diese Fassung der Übereinkunft liegt bis 31. Januar 1972 zur Unterzeichnung auf. Bis zu diesem Datum bleibt die in Absatz 1) Buchstabe a) bezeichnete Ausfertigung bei der Regierung der Französischen Republik hinterlegt.

3) Der Generaldirektor übermittelt zwei beglaubigte Abschriften des unterzeichneten Textes dieser Fassung der Übereinkunft den Regierungen aller Verbandsländer und der Regierung jedes anderen Landes, die es verlangt.

4) Der Generaldirektor lässt diese Fassung der Übereinkunft beim Sekretariat der Vereinten Nationen registrieren.

5) Der Generaldirektor notifiziert den Regierungen aller Verbandsländer die Unterzeichnungen, die Hinterlegungen von Ratifikations- oder Beitrittsurkunden sowie die in diesen Urkunden enthaltenen oder gemäss Artikel 28 Absatz 1) Buchstabe c), Artikel 30 Absatz 2) Buchstaben a) und b) und Artikel 33 Absatz 2) abgegebenen Erklärungen, das Inkrafttreten aller Bestimmungen dieser Fassung der Übereinkunft, die Notifikationen von Kündigungen und die Notifikationen gemäss Artikel 30 Absatz 2) Buchstabe c), Artikel 31 Absätze 1) und 2), Artikel 33 Absatz 3) und Artikel 38 Absatz 1) sowie die im Anhang vorgesehenen Notifikationen.

Art. 38

1) Verbandsländer, die diese Fassung der Übereinkunft weder ratifiziert haben noch ihr beigetreten sind und die nicht durch die Artikel 22–26 der Stockholmer Fassung dieser Übereinkunft[1] gebunden sind, können, wenn sie dies wünschen, bis zum 26. April 1975 die in diesen Artikeln vorgesehenen Rechte so ausüben, als wären sie durch diese Artikel gebunden. Jedes Land, das diese Rechte auszuüben wünscht, hinterlegt zu diesem Zweck beim Generaldirektor eine schriftliche Notifikation, die im Zeitpunkt ihres Eingangs wirksam wird. Solche Länder gelten bis zu dem genannten Tag als Mitglieder der Versammlung.

2) Solange nicht alle Verbandsländer Mitglieder der Organisation geworden sind, handelt das Internationale Büro der Organisation zugleich als Büro des Verbands und der Generaldirektor als Direktor dieses Büros.

3) Sobald alle Verbandsländer Mitglieder der Organisation geworden sind, gehen die Rechte und Verpflichtungen sowie das Vermögen des Büros des Verbands auf das Internationale Büro der Organisation über.

Anhang

Art. I

1) Jedes Land, das nach der bestehenden Übung der Generalversammlung der Vereinten Nationen als Entwicklungsland angesehen wird und das diese Fassung der Übereinkunft, deren integrierender Bestandteil dieser Anhang ist, ratifiziert oder ihr beitritt und das sich aufgrund seiner wirtschaftlichen Lage und seiner sozialen oder kulturellen Bedürfnisse nicht sogleich imstande sieht, den Schutz aller in dieser Fassung der Übereinkunft vorgesehenen Rechte zu gewährleisten, kann durch eine bei Hinterlegung seiner Ratifikations- oder Beitrittsurkunde oder, vorbehaltlich des Artikels V Absatz 1) Buchstabe c), zu jedem späteren Zeitpunkt beim Generaldirektor hinterlegte Notifikation erklären, dass es die in Artikel II oder die in Artikel III vorgesehene Befugnis oder beide Befugnisse in Anspruch nimmt. Es kann, statt die in

---

1 SR 0.231.14

Artikel II vorgesehene Befugnis in Anspruch zu nehmen, eine Erklärung nach Artikel V Absatz 1) Buchstabe a) abgeben.

2) a) Jede Erklärung nach Absatz 1), die vor Ablauf einer mit Inkrafttreten der Artikel 1–21 und dieses Anhangs gemäss Artikel 28 Absatz 2) beginnenden Frist von zehn Jahren notifiziert wird, ist bis zum Ablauf dieser Frist wirksam. Sie kann ganz oder teilweise für jeweils weitere zehn Jahre durch eine frühestens 15 und spätestens drei Monate vor Ende der laufenden Zehnjahresfrist beim Generaldirektor zu hinterlegende Notifikation erneuert werden.

b) Jede Erklärung nach Absatz 1), die nach Ablauf einer mit Inkrafttreten der Artikel 1–21 und dieses Anhangs gemäss Artikel 28 Absatz 2) beginnenden Frist von zehn Jahren notifiziert wird, ist bis zum Ablauf der dann laufenden Zehnjahresfrist wirksam. Sie kann gemäss Buchstabe a) zweiter Satz erneuert werden.

3) Ein Verbandsland, das nicht länger als Entwicklungsland im Sinn von Absatz 1) angesehen wird, ist nicht mehr berechtigt, seine Erklärung gemäss Absatz 2) zu erneuern; gleichviel, ob dieses Land seine Erklärung förmlich zurückzieht oder nicht, verliert es die Möglichkeit, die in Absatz 1) genannten Befugnisse in Anspruch zu nehmen, entweder nach Ablauf der laufenden Zehnjahresfrist oder drei Jahre nach dem Zeitpunkt, in dem das Land nicht mehr als Entwicklungsland angesehen wird, wobei die später endende Frist massgebend ist.

4) Sind in dem Zeitpunkt, in dem eine gemäss den Absätzen 1) oder 2) abgegebene Erklärung ihre Wirkung verliert, noch Werkstücke vorrätig, die aufgrund einer nach diesem Anhang gewährten Lizenz hergestellt worden sind, so dürfen sie weiterhin in Verkehr gebracht werden, bis der Vorrat erschöpft ist.

5) Jedes Land, das durch diese Fassung der Übereinkunft gebunden ist und nach Artikel 31 Absatz 1) eine Erklärung oder eine Notifikation über die Anwendung dieser Fassung der Übereinkunft auf ein bestimmtes Gebiet abgegeben hat, dessen Lage als der Lage der in Absatz 1) bezeichneten Länder analog erachtet werden kann, kann für dieses Gebiet die Erklärung gemäss Absatz 1) abgeben und die Notifikation der Erneuerung gemäss Absatz 2) hinterlegen. Solange eine solche Erklärung oder Notifikation wirksam ist, sind die Bestimmungen dieses Anhangs auf das Gebiet, für das die Erklärung abgegeben oder die Notifikation hinterlegt worden ist, anwendbar.

6) a) Nimmt ein Verbandsland eine der in Absatz 1) vorgesehenen Befugnisse in Anspruch, so berechtigt dies die anderen Verbandsländer nicht, den Werken, deren Ursprungsland dieses Verbandsland ist, weniger Schutz zu gewähren, als sie nach den Artikeln 1–20 zu gewähren haben.

b) Die in Artikel 30 Absatz 2) Buchstabe b) zweiter Satz vorgesehene Befugnis, Schutz nur nach Massgabe der Gegenseitigkeit zu gewähren, darf bis zu dem Zeitpunkt, in dem die nach Artikel I Absatz 3) massgebende Frist abläuft, nicht in Bezug auf Werke ausgeübt werden, deren Ursprungsland eine Erklärung gemäss Artikel V Absatz 1) Buchstabe a) abgegeben hat.

Art. II

1) Jedes Land, das erklärt hat, es werde die in diesem Artikel vorgesehene Befugnis in Anspruch nehmen, ist berechtigt, für Werke, die im Druck oder in einer entsprechenden Vervielfältigungsform veröffentlicht worden sind, das in Artikel 8 vorgesehene ausschliessliche Übersetzungsrecht durch ein System nicht ausschliesslicher und unübertragbarer Lizenzen zu ersetzen, die von der zuständigen Behörde unter den folgenden Voraussetzungen und gemäss Artikel IV erteilt werden.

2) a) Ist vom Inhaber des Übersetzungsrechts oder mit seiner Erlaubnis innerhalb einer Frist von drei Jahren oder einer längeren, in den innerstaatlichen Rechtsvorschriften des Landes festgelegten Frist seit der ersten Veröffentlichung eines Werkes eine Übersetzung des Werkes in eine in diesem Land allgemein gebräuchliche Sprache nicht veröffentlicht worden, so kann jeder Angehörige des Landes eine Lizenz zur Übersetzung des Werkes in diese Sprache und zur Veröffentlichung der Übersetzung im Druck oder in einer entsprechenden Vervielfältigungsform erhalten; Absatz 3) bleibt vorbehalten.

b) Eine Lizenz kann aufgrund dieses Artikels auch erteilt werden, wenn alle Ausgaben der in der betreffenden Sprache veröffentlichten Übersetzung vergriffen sind.

3) a) Für Übersetzungen in eine Sprache, die nicht in einem oder mehreren der entwickelten Länder, die Mitglieder des Verbands sind, allgemein gebräuchlich ist, wird die in Absatz 2) Buchstabe a) genannte Frist von drei Jahren durch eine Frist von einem Jahr ersetzt.

b) Jedes in Absatz 1) bezeichnete Land kann aufgrund einer einstimmigen Vereinbarung mit den entwickelten Ländern, die Mitglieder des Verbands sind und in denen dieselbe Sprache allgemein gebräuchlich ist, für Übersetzungen in diese Sprache die in Absatz 2) Buchstabe a) genannte Frist von drei Jahren durch eine kürzere, in der Vereinbarung festgelegte Frist ersetzen, die aber nicht weniger als ein Jahr betragen darf. Der erste Satz ist jedoch auf Übersetzungen in die englische, französische oder spanische Sprache nicht anwendbar. Jede derartige Vereinbarung wird dem Generaldirektor von den Regierungen, die sie getroffen haben, notifiziert.

4) a) Nach diesem Artikel darf eine nach drei Jahren erwirkbare Lizenz erst nach Ablauf einer weiteren Frist von sechs Monaten und eine nach einem Jahr erwirkbare Lizenz erst nach Ablauf einer weiteren Frist von neun Monaten erteilt werden, beginnend

   i) in dem Zeitpunkt, in dem der Antragsteller die in Artikel IV Absatz 1) vorgesehenen Erfordernisse erfüllt, oder,

   ii) sofern der Inhaber des Übersetzungsrechts oder seine Anschrift unbekannt ist, in dem Zeitpunkt, in dem der Antragsteller, wie in Artikel IV Absatz 2) vorgesehen, Abschriften seines bei der zuständigen Behörde gestellten Lizenzantrags absendet.

b) Wird vom Inhaber des Übersetzungsrechts oder mit seiner Erlaubnis innerhalb der genannten Frist von sechs oder neun Monaten eine Übersetzung in die Sprache veröffentlicht, für die die Lizenz beantragt worden ist, so darf keine Lizenz nach diesem Artikel erteilt werden.

5) Eine Lizenz nach diesem Artikel darf nur für Unterrichts-, Studien- oder Forschungszwecke erteilt werden.

6) Wird eine Übersetzung des Werkes vom Inhaber des Übersetzungsrechts oder mit seiner Erlaubnis zu einem Preis veröffentlicht, der dem für vergleichbare Werke in dem Land üblichen Preis entspricht, so erlischt jede nach diesem Artikel erteilte Lizenz, sofern diese Übersetzung in derselben Sprache abgefasst ist und im wesentlichen den gleichen Inhalt hat wie die aufgrund der Lizenz veröffentlichte Übersetzung. Werkstücke, die bereits vor Erlöschen der Lizenz hergestellt worden sind, dürfen weiterhin in Verkehr gebracht werden, bis der Vorrat erschöpft ist.

7) Für Werke, die vorwiegend aus Abbildungen bestehen, darf eine Lizenz zur Herstellung und Veröffentlichung einer Übersetzung des Textes und zur Vervielfältigung und Veröffentlichung der Abbildungen nur erteilt werden, wenn auch die Voraussetzungen des Artikels III erfüllt sind.

8) Aufgrund dieses Artikels darf keine Lizenz erteilt werden, wenn der Urheber alle Werkstücke aus dem Verkehr gezogen hat.

9) a) Eine Lizenz zur Übersetzung eines Werkes, das im Druck oder in einer entsprechenden Vervielfältigungsform veröffentlicht worden ist, kann auch jedem Sendeunternehmen, das seinen Sitz in einem in Absatz 1) bezeichneten Land hat, auf seinen an die zuständige Behörde dieses Landes gerichteten Antrag erteilt werden, sofern alle folgenden Bedingungen erfüllt sind:

　i)　die Übersetzung wird anhand eines Werkstücks angefertigt, das in Übereinstimmung mit den Rechtsvorschriften dieses Landes hergestellt und erworben wurde;

　ii)　die Übersetzung ist nur für den Gebrauch in Rundfunksendungen bestimmt, die ausschliesslich dem Unterricht oder der Verbreitung wissenschaftlicher oder technischer Forschungsergebnisse an Sachverständige eines bestimmten Berufs dienen;

　iii)　die Übersetzung wird ausschliesslich zu den unter Ziffer ii) bezeichneten Zwecken in rechtmässig ausgestrahlten Rundfunksendungen benutzt, die für Empfänge im Hoheitsgebiet dieses Landes bestimmt sind, einschliesslich der Rundfunksendungen, die mit Hilfe von rechtmässig und ausschliesslich für diese Sendungen hergestellten Aufnahmen auf Bild- oder Tonträger ausgestrahlt werden;

　iv)　der Gebrauch der Übersetzung darf keinen Erwerbszwecken dienen.

b) Aufnahmen einer Übersetzung auf Bild- oder Tonträger, die von einem Sendeunternehmen aufgrund einer nach diesem Absatz erteilten Lizenz angefertigt worden ist, dürfen mit Zustimmung dieses Unternehmens zu den in Buchstabe

a) genannten Zwecken und Bedingungen auch von anderen Sendeunternehmen benutzt werden, die ihren Sitz in dem Land haben, dessen zuständige Behörde die Lizenz erteilt hat.

c) Sofern alle in Buchstabe a) aufgeführten Merkmale und Bedingungen erfüllt sind, kann einem Sendeunternehmen auch eine Lizenz zur Übersetzung des Textes einer audiovisuellen Festlegung erteilt werden, die selbst ausschliesslich für den Gebrauch im Zusammenhang mit systematischem Unterricht hergestellt und veröffentlicht worden ist.

d) Vorbehaltlich der Buchstaben a)–c) sind die vorausgehenden Absätze auf die Erteilung und die Ausübung jeder Lizenz anzuwenden, die aufgrund dieses Absatzes erteilt wird.

Art. III

1) Jedes Land, das erklärt hat, es werde die in diesem Artikel vorgesehene Befugnis in Anspruch nehmen, ist berechtigt, das in Artikel 9 vorgesehene ausschliessliche Vervielfältigungsrecht durch ein System nicht ausschliesslicher und unübertragbarer Lizenzen zu ersetzen, die von der zuständigen Behörde unter den folgenden Voraussetzungen und gemäss Artikel IV erteilt werden.

2) a) Sind Werkstücke einer bestimmten Ausgabe eines Werkes, auf das dieser Artikel gemäss Absatz 7) anwendbar ist, innerhalb

  i) der in Absatz 3) festgelegten und vom Zeitpunkt der ersten Veröffentlichung einer bestimmten Ausgabe an zu berechnenden Frist oder

  ii) einer längeren, in den innerstaatlichen Rechtsvorschriften des in Absatz 1) bezeichneten Landes festgelegten und von demselben Zeitpunkt an zu berechnenden Frist in diesem Land vom Inhaber des Vervielfältigungsrechts oder mit seiner Erlaubnis zu einem Preis, der dem dort für vergleichbare Werke üblichen Preis entspricht, der Allgemeinheit oder für den Gebrauch im Zusammenhang mit systematischem Unterricht nicht zum Kauf angeboten worden, so kann jeder Angehörige dieses Landes eine Lizenz erhalten, die Ausgabe zu diesem oder einem niedrigeren Preis für den Gebrauch im Zusammenhang mit systematischem Unterricht zu vervielfältigen und zu veröffentlichen.

b) Eine Lizenz zur Vervielfältigung und Veröffentlichung einer Ausgabe, die, wie in Buchstabe a) beschrieben, in Verkehr gebracht worden ist, kann unter den in diesem Artikel vorgesehenen Voraussetzungen auch erteilt werden, wenn nach Ablauf der massgebenden Frist in dem Land mit Erlaubnis des Rechteinhabers hergestellte Werkstücke dieser Ausgabe zu einem Preis, der dem dort für vergleichbare Werke üblichen Preis entspricht, sechs Monate lang für die Allgemeinheit oder für den Gebrauch im Zusammenhang mit systematischem Unterricht nicht mehr zum Verkauf standen.

3) Die in Absatz 2) Buchstabe a) Ziffer i) bezeichnete Frist beträgt fünf Jahre; dagegen beträgt sie

    i)   drei Jahre für Werke aus den Bereichen der Naturwissenschaften, Mathematik und Technik und

    ii)   sieben Jahre für Romane, Gedichte und Dramen sowie für musikalische Werke und Kunstbücher.

4) a) Eine nach drei Jahren erwirkbare Lizenz darf nach diesem Artikel erst nach Ablauf einer Frist von sechs Monaten erteilt werden, beginnend

    i)   in dem Zeitpunkt, in dem der Antragsteller die in Artikel IV Absatz 1) vorgesehenen Erfordernisse erfüllt, oder

    ii)   sofern der Inhaber des Vervielfältigungsrechts oder seine Anschrift unbekannt ist, in dem Zeitpunkt, in dem der Antragsteller, wie in Artikel IV Absatz 2) vorgesehen, Abschriften seines bei der zuständigen Behörde gestellten Lizenzantrags absendet.

b) Sind Lizenzen nach anderen Fristen erwirkbar und ist Artikel IV Absatz 2) anzuwenden, so darf eine Lizenz nicht vor Ablauf einer Frist von drei Monaten seit Absendung der Abschriften des Lizenzantrags erteilt werden.

c) Werden innerhalb der in den Buchstaben a) und b) genannten Fristen von sechs oder drei Monaten Werkstücke der Ausgabe, wie in Absatz 2) Buchstabe a) beschrieben, zum Kauf angeboten, so darf keine Lizenz nach diesem Artikel erteilt werden.

d) Keine Lizenz wird erteilt, wenn der Urheber alle Werkstücke der Ausgabe, die für eine Lizenz zur Vervielfältigung und Veröffentlichung beantragt worden ist, aus dem Verkehr gezogen hat.

5) Eine Lizenz zur Vervielfältigung und Veröffentlichung der Übersetzung eines Werkes wird nach diesem Artikel nicht erteilt,

    i)   wenn die Übersetzung nicht vom Inhaber des Übersetzungsrechts oder mit seiner Erlaubnis veröffentlicht worden ist oder

    ii)   wenn die Übersetzung nicht in einer Sprache abgefasst ist, die in dem Land, in dem die Lizenz beantragt worden ist, allgemein gebräuchlich ist.

6) Werden vom Inhaber des Vervielfältigungsrechts oder mit seiner Erlaubnis Werkstücke der Ausgabe eines Werkes in dem in Absatz 1) bezeichneten Land der Allgemeinheit oder für den Gebrauch im Zusammenhang mit systematischem Unterricht zu einem Preis, der dem für vergleichbare Werke dort üblichen Preis entspricht, zum Kauf angeboten, so erlischt jede nach diesem Artikel erteilte Lizenz, sofern diese Ausgabe in derselben Sprache abgefasst ist und im wesentlichen den gleichen Inhalt hat wie die aufgrund der Lizenz veröffentlichte Ausgabe. Werkstücke, die bereits vor Erlöschen der Lizenz hergestellt worden sind, dürfen weiterhin in Verkehr gebracht werden, bis der Vorrat erschöpft ist.

7) a) Vorbehaltlich des Buchstaben b) ist dieser Artikel nur auf Werke anwendbar, die im Druck oder in einer entsprechenden Vervielfältigungsform veröffentlicht worden sind.

b) Dieser Artikel ist auch auf die audiovisuelle Vervielfältigung rechtmässig hergestellter audiovisueller Festlegungen, soweit sie selbst geschützte Werke sind oder geschützte Werke enthalten, und auf die Übersetzung des in ihnen enthaltenen Textes in eine Sprache anwendbar, die in dem Land, in dem die Lizenz beantragt worden ist, allgemein gebräuchlich ist, immer vorausgesetzt, dass die betreffenden audiovisuellen Festlegungen ausschliesslich für den Gebrauch im Zusammenhang mit systematischem Unterricht hergestellt und veröffentlicht worden sind.

Art. IV

1) Eine Lizenz nach Artikel II oder III darf nur erteilt werden, wenn der Antragsteller gemäss den Rechtsvorschriften des betreffenden Landes nachweist, dass er um die Erlaubnis des Rechteinhabers je nachdem zur Übersetzung des Werkes und zur Veröffentlichung der Übersetzung oder zur Vervielfältigung und Veröffentlichung der Ausgabe ersucht und diese nicht erhalten hat oder dass er den Rechteinhaber trotz gehöriger Bemühungen nicht ausfindig machen konnte. Gleichzeitig mit dem Gesuch an den Rechteinhaber hat der Antragsteller jedes in Absatz 2) bezeichnete nationale oder internationale Informationszentrum zu unterrichten.

2) Vermag der Antragsteller den Rechteinhaber nicht ausfindig zu machen, so hat er eine Abschrift seines an die zuständige Behörde gerichteten Lizenzantrags mit eingeschriebener Luftpost dem Verleger, dessen Name auf dem Werk angegeben ist, und jedem nationalen oder internationalen Informationszentrum zu senden, das gegebenenfalls von der Regierung des Landes, in dem der Verleger vermutlich den Mittelpunkt seiner Geschäftstätigkeit hat, in einer beim Generaldirektor hinterlegten Notifikation bezeichnet worden ist.

3) Der Name des Urhebers ist auf allen Werkstücken einer Übersetzung oder einer Vervielfältigung, die aufgrund einer nach Artikel II oder III erteilten Lizenz veröffentlicht wird, anzugeben. Der Titel des Werkes ist auf allen Werkstücken aufzuführen. Bei einer Übersetzung ist jedenfalls der Originaltitel auf allen Werkstücken anzugeben.

4) a) Eine nach Artikel II oder III erteilte Lizenz erstreckt sich nicht auf die Ausfuhr von Werkstücken und berechtigt je nachdem nur zur Veröffentlichung der Übersetzung oder der Vervielfältigung im Hoheitsgebiet des Landes, in dem die Lizenz beantragt worden ist.

b) Für die Anwendung des Buchstaben a) wird auch der Versand von Werkstücken von einem Gebiet nach dem Land, das für dieses Gebiet eine Erklärung nach Artikel I Absatz 5) abgegeben hat, als Ausfuhr angesehen.

c) Versendet eine staatliche oder andere öffentliche Stelle eines Landes, das nach Artikel II eine Lizenz zur Übersetzung in eine andere als die englische, französische oder spanische Sprache erteilt hat, Werkstücke der unter dieser Lizenz veröffentlichten Übersetzungen in ein anderes Land, so wird dieser Versand nicht als Ausfuhr im Sinn von Buchstabe a) angesehen, sofern alle folgenden Voraussetzungen erfüllt sind:

i) die Empfänger sind Einzelpersonen, die dem Land, dessen zuständige Behörde die Lizenz erteilt hat, angehören, oder Zusammenschlüsse solcher Einzelpersonen;

ii) die Werkstücke sind nur für Unterrichts-, Studien- oder Forschungszwecke bestimmt;

iii) der Versand der Werkstücke und ihre spätere Verteilung an die Empfänger dienen keinen Erwerbszwecken;

iv) das Land, in das die Werkstücke gesandt werden, hat mit dem Land, dessen zuständige Behörde die Lizenz erteilt hat, eine Vereinbarung getroffen, die den Empfang, die Verteilung oder beides gestattet, und die Regierung dieses Landes hat dem Generaldirektor die Vereinbarung notifiziert.

5) Alle Werkstücke, die aufgrund einer nach Artikel II oder III erteilten Lizenz veröffentlicht werden, haben in der betreffenden Sprache einen Vermerk zu tragen, dass sie nur in dem Land oder Gebiet, auf das sich die Lizenz bezieht, in Verkehr gebracht werden dürfen.

6) a) Auf nationaler Ebene ist dafür zu sorgen, dass

i) die Lizenz zugunsten des Inhabers des Übersetzungsrechts oder des Inhabers des Vervielfältigungsrechts eine angemessene Vergütung vorsieht, die der bei frei vereinbarten Lizenzen zwischen Personen in den beiden betreffenden Ländern üblichen Vergütung entspricht, und

ii) Zahlung und Transfer der Vergütung sichergestellt werden; bestehen nationale Devisenbeschränkungen, so hat die zuständige Behörde unter Zuhilfenahme internationaler Einrichtungen alles ihr Mögliche zu tun, um den Transfer der Vergütung in international konvertierbarer Währung oder gleichgestellten Zahlungsmitteln sicherzustellen.

b) Die innerstaatliche Gesetzgebung hat eine getreue Übersetzung des Werkes oder eine genaue Wiedergabe der Ausgabe zu gewährleisten.

Art. V

1) a) Jedes Land, das zu erklären berechtigt ist, es werde die in Artikel II vorgesehene Befugnis in Anspruch nehmen, kann stattdessen bei der Ratifikation oder beim Beitritt zu dieser Fassung,

i) sofern es ein Land ist, auf das Artikel 30 Absatz 2) Buchstabe a) zutrifft, hinsichtlich des Übersetzungsrechts eine Erklärung nach dieser Bestimmung abgeben;

ii) sofern es ein Land ist, auf das Artikel 30 Absatz 2) Buchstabe a) nicht zutrifft, und selbst wenn es sich nicht um ein verbandsfremdes Land handelt, die in Artikel 30 Absatz 2) Buchstabe b) erster Satz vorgesehene Erklärung abgeben.

b) Eine nach diesem Absatz abgegebene Erklärung bleibt für ein Land, das nicht länger als Entwicklungsland im Sinn von Artikel I Absatz 1) angesehen wird, bis zu dem Zeitpunkt wirksam, in dem die nach Artikel 1 Absatz 3) massgebende Frist abläuft.

c) Ein Land, das eine Erklärung nach diesem Absatz abgegeben hat, kann die in Artikel II vorgesehene Befugnis nicht mehr in Anspruch nehmen, selbst wenn es die Erklärung zurückzieht.

2) Vorbehaltlich des Absatzes 3) kann ein Land, das die in Artikel II vorgesehene Befugnis in Anspruch genommen hat, keine Erklärung nach Absatz 1) mehr abgeben.

3) Ein Land, das nicht länger als Entwicklungsland im Sinn von Artikel I Absatz 1) angesehen wird, kann, obwohl es kein verbandsfremdes Land ist, bis zu zwei Jahren vor Ablauf der nach Artikel I Absatz 3) massgebenden Frist die in Artikel 30 Absatz 2) Buchstabe b) erster Satz vorgesehene Erklärung abgeben. Diese Erklärung wird in dem Zeitpunkt wirksam, in dem die nach Artikel I Absatz 3) massgebende Frist abläuft.

Art. VI

1) Ein Verbandsland kann vom Zeitpunkt der Unterzeichnung dieser Fassung der Übereinkunft an jederzeit, bevor es durch die Artikel 1–21 und diesen Anhang gebunden ist,

i) erklären – sofern es berechtigt wäre, die in Artikel I Absatz 1) bezeichneten Befugnisse in Anspruch zu nehmen, wenn es durch die Artikel 1–21 und diesen Anhang gebunden wäre –, dass es die Artikel II oder III oder beide Artikel auf Werke anwenden wird, deren Ursprungsland ein Land ist, das gemäss Ziffer ii) die Anwendung dieser Artikel auf solche Werke zulässt oder das durch die Artikel 1–21 und diesen Anhang gebunden ist; die Erklärung kann sich statt auf Artikel II auf Artikel V beziehen;

ii) erklären, dass es die Anwendung dieses Anhangs auf Werke, deren Ursprungsland es ist, durch die Länder zulässt, die eine Erklärung nach Ziffer i) abgegeben oder eine Notifikation nach Artikel I hinterlegt haben.

2) Jede Erklärung nach Absatz 1) muss schriftlich abgefasst und beim Generaldirektor hinterlegt werden. Sie wird im Zeitpunkt ihrer Hinterlegung wirksam.

Zu Urkund dessen *haben die hierzu gehörig bevollmächtigten Unterzeichneten diese Fassung der Übereinkunft unterschrieben.*
Geschehen zu Paris am 24. Juli 1971.

(Es folgen die Unterschriften)

Geltungsbereich am 1. November 2005

Vertragsstaaten	Ratifikation Beitritt (B) Nachfolgeerklärung (N)		Inkrafttreten	
Ägypten*	2. März	1977 B	7. Juni	1977
Albanien	2. Dezember	1993 B	6. März	1994
Algerien*	19. Januar	1998 B	19. April	1998
Andorra	2. März	2004 B	2. Juni	2004
Antigua und Barbuda	17. Dezember	1999 B	17. März	2000
Äquatorialguinea	26. März	1997 B	26. Juni	1997
Argentinien	8. Juli	1980 B	8. Oktober	1980[a]
			19. Februar	2000[b]
Armenien	19. Juli	2000 B	19. Oktober	2000
Aserbaidschan	4. März	1999 B	4. Juni	1999
Australien	28. November	1977 B	1. März	1978
Bahamas*	4. Oktober	1976 B	8. Januar	1977[a]
Bahrain*	29. November	1996 B	2. März	1997
Bangladesch*	4. Februar	1999 B	4. Mai	1999
Barbados	16. März	1983 B	30. Juli	1983
Belarus	12. September	1997 B	12. Dezember	1997
Belgien	29. Juni	1999	29. September	1999
Belize	17. März	2000 B	17. Juni	2000
Benin	9. Dezember	1974 B	12. März	1975
Bhutan	25. August	2004 B	25. November	2004
Bolivien	4. August	1993 B	4. November	1993
Bosnien und Herzegowina*	2. Juni	1993 N	1. März	1992
Botsuana	15. Januar	1998 B	15. April	1998
Brasilien	14. Januar	1975	20. April	1975
Bulgarien	30. August	1974	4. Dezember	1974
Burkina Faso	20. Oktober	1975 B	24. Januar	1976
Chile	25. März	1975 B	10. Juli	1975
China*	10. Juli	1992 B	15. Oktober	1992
Hongkong	7. Juli	1997	1. Juli	1997
Macau	1. November	1999	20. Dezember	1999
Costa Rica	3. März	1978 B	10. Juni	1978
Côte d'Ivoire	1. Februar	1974	4. Mai	1974[a]
			10. Oktober	1974[b]
Dänemark	30. März	1979	30. Juni	1979
Deutschland**	18. Oktober	1973	22. Januar	1974[a]
			10. Oktober	1974[b]
Dominica	7. Mai	1999 B	7. August	1999
Dominikanische Republik	24. September	1997 B	24. Dezember	1997

Vertragsstaaten	Ratifikation Beitritt (B) Nachfolgeerklärung (N)		Inkrafttreten	
Dschibuti	13. Februar	2002 B	13. Mai	2002
Ecuador	8. Juli	1991 B	9. Oktober	1991
El Salvador	18. November	1993 B	19. Februar	1994
Estland	26. Juli	1994 B	26. Oktober	1994
Finnland	25. Juli	1986	1. November	1986
Frankreich	11. September	1972	15. Dezember	1972[a]
			10. Oktober	1974[b]
Gabun	6. März	1975	10. Juni	1975
Gambia	7. Dezember	1992 B	7. März	1993
Georgien	16. Februar	1995 B	16. Mai	1995
Ghana	11. Juli	1991 B	11. Oktober	1991
Grenada	22. Juni	1998 B	22. September	1998
Griechenland	4. Dezember	1975	8. März	1976
Guatemala*	28. April	1997 B	28. Juli	1997
Guinea	13. August	1980 B	20. November	1980
Guinea-Bissau	18. April	1991 B	22. Juli	1991
Guyana	25. Juli	1994 B	25. Oktober	1994
Haiti	11. Oktober	1995 B	11. Januar	1996
Heiliger Stuhl	20. Januar	1975	24. April	1975
Honduras	24. Oktober	1989 B	25. Januar	1990
Indien*	7. Oktober	1974	10. Januar	1975[a]
			6. Mai	1984[b]
Indonesien*	5. Juni	1997 B	5. September	1997
Irland	2. Dezember	2004 B	2. März	2005
Island	28. September	1984 B	28. Dezember	1984[a]
			25. August	1999[b]
Israel*	24. September	2003	1. Januar	2004
Italien	13. August	1979	14. November	1979
Jamaika	28. September	1993 B	1. Januar	1994
Japan	20. Januar	1975	24. April	1975
Jordanien*	28. April	1999 B	28. Juli	1999
Kamerun	3. August	1973	10. November	1973[a]
			10. Oktober	1974[b]
Kanada	26. März	1998 B	26. Juni	1998
Kap Verde	7. April	1997 B	7. Juli	1997
Kasachstan	12. Januar	1999 B	12. April	1999
Katar	5. April	2000 B	5. Juli	2000
Kenia	11. März	1993 B	11. Juni	1993
Kirgisistan	8. April	1999 B	8. Juli	1999

Vertragsstaaten	Ratifikation Beitritt (B) Nachfolgeerklärung (N)		Inkrafttreten	
Kolumbien	4. Dezember	1987 B	7. März	1988
Komoren	17. Januar	2005 B	17. April	2005
Kongo (Brazzaville)	2. September	1975	5. Dezember	1975
Kongo (Kinshasa)	28. Oktober	1974 B	31. Januar	1975
Korea (Nord-)*	28. Januar	2003 B	28. April	2003
Korea (Süd-)	21. Mai	1996 B	21. August	1996
Kroatien	28. Juli	1992 N	8. Oktober	1991
Kuba*	20. November	1996 B	20. Februar	1997
Lesotho*	27. Juni	1989 B	28. September	1989
Lettland	11. Mai	1995 B	11. August	1995
Liberia*	8. Dezember	1988 B	8. März	1989
Libyen*	28. Juni	1976 B	28. September	1976
Liechtenstein	23. Juni	1999	23. September	1999
Litauen*	14. September	1994 B	14. Dezember	1994
Luxemburg	15. Januar	1975	20. April	1975
Malawi	12. Juli	1991 B	12. Oktober	1991
Malaysia	28. Juni	1990 B	1. Oktober	1990
Mali	22. August	1977 B	5. Dezember	1977
Malta*	7. September	1977 B	12. Dezember	1977[a]
Marokko	17. Februar	1987	17. Mai	1987
Mauretanien	17. Juni	1976 B	21. September	1976
Mauritius*	9. Februar	1989 B	10. Mai	1989
Mazedonien	23. Juli	1993 N	8. September	1991
Mexiko	11. September	1974	17. Dezember	1974
Mikronesien	7. Juli	2003 B	7. Oktober	2003
Moldau	1. August	1995 B	2. November	1995
Monaco	5. August	1974	23. November	1974
Mongolei*	12. Dezember	1997 B	12. März	1998
Namibia	21. September	1993 B	24. Dezember	1993
Nepal	11. Oktober	2005 B	11. Januar	2006
Nicaragua	23. Mai	2000 B	23. August	2000
Niederlande*	9. Oktober	1974	10. Januar	1975[a]
			30. Januar	1986[b]
Niger	18. Februar	1975 B	21. Mai	1975
Nigeria	10. Juni	1993 B	14. September	1993
Norwegen*	8. März	1974	13. Juni	1974[a]
			11. Oktober	1995[b]
Oman*	14. April	1999 B	14. Juli	1999
Österreich	19. Mai	1982	21. August	1982

Vertragsstaaten	Ratifikation Beitritt (B) Nachfolgeerklärung (N)		Inkrafttreten	
Panama	8. März	1996 B	8. Juni	1996
Paraguay	9. September	1991 B	2. Januar	1992
Peru	20. Mai	1988 B	20. August	1988
Philippinen*	14. April	1980 B	16. Juli	1980a
			18. Juni	1997b
Polen	1. Mai	1990 B	4. August	1990a
			22. Oktober	1994b
Portugal*	10. Oktober	1978 B	12. Januar	1979
Ruanda	3. November	1983 B	1. März	1984
Rumänien	9. Juni	1998	9. September	1998
Russland	9. Dezember	1994 B	13. März	1995
St. Kitts und Nevis	3. Januar	1995 B	9. April	1995
St. Lucia*	21. Mai	1993 B	24. August	1993
St. Vincent und die Grenadinen	29. Mai	1995 B	29. August	1995
Sambia	13. September	1991 B	2. Januar	1992
Saudi-Arabien	11. Dezember	2003 B	11. März	2004
Schweden	14. Juni	1973	20. September	1973a
			10. Oktober	1974b
Schweiz	25. Juni	1993	25. September	1993
Senegal	2. Mai	1975	12. August	1975
Serbien und Montenegro*	14. Juni	2001 N	27. April	1992
Simbabwe	29. September	1981 B	30. Dezember	1981a
Singapur*	21. September	1998 B	21. Dezember	1998
Slowakei	30. Dezember	1992 N	1. Januar	1993
Slowenien*	12. Juni	1992 N	25. Juni	1991
Spanien	14. November	1973	19. Februar	1974a
			10. Oktober	1974b
Sri Lanka	20. Juni	1978 B	23. September	1978a
			27. Dezember	2005b
Südafrika*	23. Dezember	1974	24. März	1975a
Sudan	28. September	2000 B	28. Dezember	2000
Suriname	16. November	1976 B	23. Februar	1977
Swasiland	14. September	1998 B	14. Dezember	1998
Syrien*	11. März	2004 B	11. Juni	2004
Tadschikistan	9. Dezember	1999 B	9. März	2000
Tansania*	25. April	1994 B	25. Juli	1994
Thailand*	29. September	1980 B	29. Dezember	1980a
			2. September	1995b
Togo	28. Januar	1975 B	30. April	1975

Vertragsstaaten	Ratifikation Beitritt (B) Nachfolgeerklärung (N)		Inkrafttreten	
Tonga	14. März	2001 B	14. Juni	2001
Trinidad und Tobago	16. Mai	1988 B	16. August	1988
Tschechische Republik	18. Dezember	1992 N	1. Januar	1993
Tunesien*	14. Mai	1975	16. August	1975
Türkei	1. Oktober	1995 B	1. Januar	1996
Ukraine	25. Juli	1995 B	25. Oktober	1995
Ungarn	11. September	1972	15. Dezember	1972a
			10. Oktober	1974b
Uruguay	21. September	1979	28. Dezember	1979
Usbekistan*	19. Januar	2005 B	19. April	2005
Venezuela*	20. September	1982 B	30. Dezember	1982
Vereinigte Arabische Emirate*	14. April	2004 B	14. Juli	2004
Vereinigte Staaten	16. November	1988 B	1. März	1989
Vereinigtes Königreich*	29. September	1989	2. Januar	1990
Insel Man	13. Dezember	1995	18. März	1996
Vietnam*	26. Juni	2004 B	26. Oktober	2004
Zentralafrikanische Republik	31. Mai	1977 B	3. September	1977
Zypern*	22. April	1983	27. Juli	1983

* Vorbehalte und Erklärungen.
* Einwendungen.
*
   Die Vorbehalte, Erklärungen und Einwendungen werden in der AS nicht veröffentlicht. Die französischen und englischen Texte können auf der Internet-Seite der Weltorganisation für geistiges Eigentum: www.ompi.org/treaties/index-fr.html eingesehen oder bei der Direktion für Völkerrecht, Sektion Staatsverträge, 3003 Bern, bezogen werden.
a Die Ratifikation oder der Beitritt erstreckt sich auf die Artikel 22–38.
b Die Ratifikation oder der Beitritt erstreckt sich auf die Artikel 1–21.

Nr. 23 Internationales Abkommen über den Schutz der ausübenden Künstler, der Hersteller von Tonträgern und der Sendeunternehmen (Rom-Abkommen, RA)

Abgeschlossen in Rom am 26. Oktober 1961
Von der Bundesversammlung genehmigt am 4. Juni 1992[1]
Schweizerische Beitrittsurkunde hinterlegt am 24. Juni 1993
In Kraft getreten für die Schweiz am 24. September 1993
Stand am 30. Mai 2006

SR 0.231.171

Die vertragsschliessenden Staaten,

von dem Wunsche geleitet, die Rechte der ausübenden Künstler, der Hersteller von Tonträgern und der Sendeunternehmen zu schützen,

haben folgendes vereinbart:

Art. 1

Der durch dieses Abkommen vorgesehene Schutz lässt den Schutz der Urheberrechte an Werken der Literatur und der Kunst unberührt und beeinträchtigt ihn in keiner Weise. Daher kann keine Bestimmung dieses Abkommens in einer Weise ausgelegt werden, die diesem Schutz Abbruch tut.

Art. 2

1. Für die Zwecke dieses Abkommens ist unter Inländerbehandlung die Behandlung zu verstehen, die der vertragsschliessende Staat, in dessen Gebiet der Schutz beansprucht wird, auf Grund seiner nationalen Gesetzgebung gewährt:

a) den ausübenden Künstlern, die seine Staatsangehörigen sind, für die Darbietungen, die in seinem Gebiet stattfinden, gesendet oder erstmals festgelegt werden;

b) den Herstellern von Tonträgern, die seine Staatsangehörigen sind, für die Tonträger, die in seinem Gebiet erstmals festgelegt oder erstmals veröffentlicht werden;

c) den Sendeunternehmen, die ihren Sitz in seinem Gebiet haben, für die Funksendungen, die von Sendern ausgestrahlt werden, die in seinem Gebiet gelegen sind.

AS 1993 2696; BBl 1989 III 477, offizieller deutscher Text gemäss Artikel 33 Absatz 2
1 Art. 2 Abs. 1 des BB vom 4. Juni 1992 (AS 1993 2634).

2. Die Inländerbehandlung wird nach Massgabe des in diesem Abkommen ausdrücklich gewährleisteten Schutzes und der darin ausdrücklich vorgesehenen Einschränkungen gewährt.

Art. 3

Für die Zwecke dieses Abkommens versteht man unter

a) «ausübenden Künstlern» die Schauspieler, Sänger, Musiker, Tänzer und anderen Personen, die Werke der Literatur oder der Kunst aufführen, singen, vortragen, vorlesen, spielen oder auf irgendeine andere Weise darbieten;

b) «Tonträger» jede ausschliesslich auf den Ton beschränkte Festlegung der Töne einer Darbietung oder anderer Töne;

c) «Hersteller von Tonträgern» die natürliche oder juristische Person, die erstmals die Töne einer Darbietung oder andere Töne festlegt;

d) «Veröffentlichung» das Angebot einer genügenden Anzahl von Vervielfältigungsstücken eines Tonträgers an die Öffentlichkeit;

e) «Vervielfältigung» die Herstellung eines Vervielfältigungsstücks oder mehrerer Vervielfältigungsstücke einer Festlegung;

f) «Funksendung» die Ausstrahlung von Tönen oder von Bildern und Tönen mittels radioelektrischer Wellen zum Zwecke des Empfangs durch die Öffentlichkeit;

g) «Weitersendung» die gleichzeitige Ausstrahlung der Sendung eines Sendeunternehmens durch ein anderes Sendeunternehmen.

Art. 4

Jeder vertragsschliessende Staat gewährt den ausübenden Künstlern Inländerbehandlung, wenn eine der folgenden Voraussetzungen vorliegt:

a) die Darbietung findet in einem anderen vertragsschliessenden Staat statt;

b) die Darbietung wird auf einem nach Artikel 5 geschützten Tonträger festgelegt;

c) die nicht auf einem Tonträger festgelegte Darbietung wird durch eine nach Artikel 6 geschützte Sendung ausgestrahlt.

Art. 5

1. Jeder vertragsschliessende Staat gewährt den Herstellern von Tonträgern Inländerbehandlung, wenn eine der folgenden Voraussetzungen vorliegt:

a) der Hersteller von Tonträgern ist Angehöriger eines anderen vertragsschliessenden Staates (Merkmal der Staatsangehörigkeit);

b) die erste Festlegung des Tons ist in einem anderen vertragsschliessenden Staat vorgenommen worden (Merkmal der Festlegung);

c) der Tonträger ist erstmals in einem anderen vertragsschliessenden Staat veröffentlicht worden (Merkmal der Veröffentlichung).

2. Wenn die erste Veröffentlichung in keinem vertragsschliessenden Staat stattgefunden hat, der Tonträger jedoch innerhalb von dreissig Tagen seit der ersten Veröffentlichung auch in einem vertragsschliessenden Staat veröffentlicht worden ist (gleichzeitige Veröffentlichung), gilt dieser Tonträger als erstmals in dem vertragsschliessenden Staat veröffentlicht.

3. Jeder vertragsschliessende Staat kann durch eine beim Generalsekretär der Organisation der Vereinten Nationen hinterlegte Mitteilung erklären, dass er entweder das Merkmal der Veröffentlichung oder das Merkmal der Festlegung nicht anwenden wird. Diese Mitteilung kann bei der Ratifikation, der Annahme oder dem Beitritt oder in jedem späteren Zeitpunkt hinterlegt werden; im letzten Fall wird sie erst sechs Monate nach ihrer Hinterlegung wirksam.

Art. 6

1. Jeder vertragsschliessende Staat gewährt den Sendeunternehmen Inländerbehandlung, wenn eine der folgenden Voraussetzungen vorliegt:

a) der Sitz des Sendeunternehmens liegt in einem anderen vertragsschliessenden Staat;

b) die Sendung ist von einem im Gebiet eines anderen vertragsschliessenden Staates gelegenen Sender ausgestrahlt worden.

2. Jeder vertragsschliessende Staat kann durch eine beim Generalsekretär der Organisation der Vereinten Nationen hinterlegte Mitteilung erklären, dass er Sendungen nur Schutz gewähren wird, wenn der Sitz des Sendeunternehmens in einem anderen vertragsschliessenden Staat liegt und die Sendung von einem im Gebiet desselben vertragsschliessenden Staates gelegenen Sender ausgestrahlt worden ist. Diese Mitteilung kann bei der Ratifikation, der Annahme oder dem Beitritt oder in jedem späteren Zeitpunkt vorgenommen werden, im letzten Fall wird sie erst sechs Monate nach ihrer Hinterlegung wirksam.

Art. 7

1. Der in diesem Abkommen zugunsten der ausübenden Künstler vorgesehene Schutz muss die Möglichkeit geben zu untersagen:

a) die Sendung und die öffentliche Wiedergabe ihrer Darbietung ohne ihre Zustimmung, es sei denn, dass für die Sendung oder für die öffentliche Wiedergabe eine bereits gesendete Darbietung oder die Festlegung einer Darbietung verwendet wird;

b) die Festlegung ihrer nicht festgelegten Darbietung ohne ihre Zustimmung;

c) die Vervielfältigung einer Festlegung ihrer Darbietung ohne ihre Zustimmung:

   (i) wenn die erste Festlegung selbst ohne ihre Zustimmung vorgenommen worden ist;

(ii) wenn die Vervielfältigung zu anderen Zwecken als denjenigen vorgenommen wird, zu denen sie ihre Zustimmung gegeben haben;

(iii) wenn die erste Festlegung auf Grund der Bestimmungen des Artikels 15 vorgenommen worden ist und zu anderen Zwecken vervielfältigt wird, als denjenigen, die in diesen Bestimmungen genannt sind.

2. (1) Hat der ausübende Künstler der Sendung zugestimmt, so bestimmt sich der Schutz gegen die Weitersendung, gegen die Festlegung für Zwecke der Sendung und gegen die Vervielfältigung einer solchen Festlegung für Zwecke der Sendung nach der nationalen Gesetzgebung des vertragsschliessenden Staates, in dessen Gebiet der Schutz beansprucht wird.

(2) Die Voraussetzungen, unter denen Sendeunternehmen für Zwecke von Sendungen vorgenommene Festlegungen benützen dürfen, werden von der nationalen Gesetzgebung des vertragsschliessenden Staates geregelt, in dessen Gebiet der Schutz beansprucht wird.

(3) Die nationale Gesetzgebung darf jedoch in den Fällen der Unterabsätze (1) und (2) dieses Absatzes nicht zur Folge haben, dass den ausübenden Künstlern die Befugnis entzogen wird, ihre Beziehungen zu den Sendeunternehmen vertraglich zu regeln.

Art. 8
Jeder vertragsschliessende Staat kann durch seine nationale Gesetzgebung bestimmen, wie die ausübenden Künstler bei der Ausübung ihrer Rechte vertreten werden, wenn mehrere von ihnen an der gleichen Darbietung mitwirken.

Art. 9
Jeder vertragsschliessende Staat kann durch seine nationale Gesetzgebung den in diesem Abkommen vorgesehenen Schutz auf Künstler ausdehnen, die keine Werke der Literatur oder der Kunst darbieten.

Art. 10
Die Hersteller von Tonträgern geniessen das Recht, die unmittelbare oder mittelbare Vervielfältigung ihrer Tonträger zu erlauben oder zu verbieten.

Art. 11
Wenn ein vertragsschliessender Staat in seiner nationalen Gesetzgebung als Voraussetzung für den Schutz der Rechte der Hersteller von Tonträgern oder der ausübenden Künstler oder beider mit Bezug auf Tonträger die Erfüllung von Förmlichkeiten fordert, sind diese Erfordernisse als erfüllt anzusehen, wenn alle im Handel befindlichen Vervielfältigungsstücke des veröffentlichten Tonträgers oder ihre Umhüllungen einen Vermerk tragen, der aus dem Kennzeichen (P) in Verbindung mit der Angabe

des Jahres der ersten Veröffentlichung besteht und in einer Weise angebracht ist, die klar erkennen lässt, dass der Schutz vorbehalten wird. Wenn die Vervielfältigungsstücke oder ihre Umhüllungen den Hersteller des Tonträgers oder den Inhaber des vom Hersteller eingeräumten Nutzungsrechts nicht – mit Hilfe des Namens, der Marke oder jeder anderen geeigneten Bezeichnung – erkennen lassen, muss der Vermerk ausserdem auch den Namen des Inhabers der Rechte des Herstellers des Tonträgers enthalten. Wenn schliesslich die Vervielfältigungsstücke oder ihre Umhüllungen die Hauptpersonen unter den ausübenden Künstlern nicht erkennen lassen, muss der Vermerk auch den Namen der Person enthalten, die in dem Land, in dem die Festlegung stattgefunden hat, die Rechte dieser Künstler innehat.

Art. 12

Wird ein zu Handelszwecken veröffentlichter Tonträger oder ein Vervielfältigungsstück eines solchen Tonträgers für die Funksendung oder für irgendeine öffentliche Wiedergabe unmittelbar benützt, so hat der Benützer den ausübenden Künstlern, den Herstellern von Tonträgern oder beiden eine einzige angemessene Vergütung zu zahlen. Für den Fall, dass die Beteiligten sich nicht einigen, kann die nationale Gesetzgebung die Aufteilung dieser Vergütung regeln.

Art. 13

Die Sendeunternehmen geniessen das Recht zu erlauben oder zu verbieten:
a) die Weitersendung ihrer Sendungen;
b) die Festlegung ihrer Sendungen;
c) die Vervielfältigung
   (i) der ohne ihre Zustimmung vorgenommenen Festlegungen ihrer Sendungen;
   (ii) der auf Grund der Bestimmungen des Artikels 15 vorgenommenen Festlegungen ihrer Sendungen, wenn die Vervielfältigung zu anderen als den in diesen Bestimmungen genannten Zwecken vorgenommen wird;
d) die öffentliche Wiedergabe ihrer Fernsehsendungen, wenn sie an Orten stattfindet, die der Öffentlichkeit gegen Zahlung eines Eintrittsgeldes zugänglich sind; es obliegt der nationalen Gesetzgebung des Staates, in dem der Schutz dieses Rechtes beansprucht wird, die Bedingungen für die Ausübung dieses Rechtes zu regeln.

Art. 14

Die Dauer des nach diesem Abkommen zu gewährenden Schutzes darf nicht kürzer als zwanzig Jahre sein, gerechnet:
a) vom Ende des Jahres der Festlegung bei Tonträgern und bei Darbietungen, die auf Tonträgern festgelegt sind;

b) vom Ende des Jahres, in dem die Darbietung stattgefunden hat, bei Darbietungen, die nicht auf Tonträgern festgelegt sind;
c) vom Ende des Jahres, in dem die Sendung stattgefunden hat, bei Funksendungen.

Art. 15

1. Jeder vertragsschliessende Staat kann in seiner nationalen Gesetzgebung Ausnahmen von dem mit diesem Abkommen gewährleisteten Schutz in den folgenden Fällen vorsehen:
a) für eine private Benützung,
b) für eine Benützung kurzer Bruchstücke anlässlich der Berichterstattung über Tagesereignisse;
c) für eine ephemere Festlegung, die von einem Sendeunternehmen mit seinen eigenen Mitteln und für seine eigenen Sendungen vorgenommen wird;
d) für eine Benützung, die ausschliesslich Zwecken des Unterrichts oder der wissenschaftlichen Forschung dient.

2. Unbeschadet der Bestimmungen des Absatzes 1 kann jeder vertragsschliessende Staat für den Schutz der ausübenden Künstler, der Hersteller von Tonträgern und der Sendeunternehmen in seiner nationalen Gesetzgebung Beschränkungen gleicher Art vorsehen, wie sie in dieser Gesetzgebung für den Schutz des Urheberrechts an Werken der Literatur und der Kunst vorgesehen sind. Zwangslizenzen können jedoch nur insoweit vorgesehen werden, als sie mit den Bestimmungen dieses Abkommens vereinbar sind.

Art. 16

1. Ein Staat, der Mitglied dieses Abkommens wird, übernimmt damit alle Verpflichtungen und geniesst alle Vorteile, die darin vorgesehen sind. Jedoch kann ein Staat jederzeit durch eine beim Generalsekretär der Organisation der Vereinten Nationen hinterlegte Mitteilung erklären:
a) hinsichtlich des Artikels 12:
   (i) dass er keine Bestimmung dieses Artikels anwenden wird;
   (ii) dass er die Bestimmungen dieses Artikels für bestimmte Benützungen nicht anwenden wird;
   (iii) dass er die Bestimmungen dieses Artikels für Tonträger nicht anwenden wird, deren Hersteller nicht Angehöriger eines vertragsschliessenden Staates ist;
   (iv) dass er für die Tonträger, deren Hersteller Angehöriger eines anderen vertragsschliessenden Staates ist, den Umfang und die Dauer des in diesem Artikel vorgesehenen Schutzes auf den Umfang und die Dauer des Schutzes beschränken wird, den dieser vertragsschliessende Staat den Tonträgern

gewährt, die erstmals von einem Angehörigen des Staates, der die Erklärung abgegeben hat, festgelegt worden sind; wenn jedoch der vertragsschliessende Staat, dem der Hersteller angehört, den Schutz nicht dem oder den gleichen Begünstigten gewährt wie der vertragsschliessende Staat, der die Erklärung abgegeben hat, so gilt dies nicht als Unterschied im Umfang des Schutzes;

b) hinsichtlich des Artikels 13, dass er die Bestimmungen des Buchstabens d) dieses Artikels nicht anwenden wird; gibt ein vertragsschliessender Staat eine solche Erklärung ab, so sind die anderen vertragsschliessenden Staaten nicht verpflichtet, den Sendeunternehmen, die ihren Sitz im Gebiet dieses Staates haben, das in Artikel 13 Buchstabe d) vorgesehene Recht zu gewähren.

2. Wird die in Absatz 1 vorgesehene Mitteilung zu einem späteren Zeitpunkt als dem der Hinterlegung der Ratifikations-, Annahme- oder Beitrittsurkunde hinterlegt, so wird sie erst sechs Monate nach ihrer Hinterlegung wirksam.

Art. 17

Jeder Staat, dessen nationale Gesetzgebung am 26. Oktober 1961 den Herstellern von Tonträgern einen Schutz gewährt, der ausschliesslich auf dem Merkmal der Festlegung beruht, kann durch eine gleichzeitig mit seiner Ratifikations-, Annahme- oder Beitrittsurkunde beim Generalsekretär der Organisation der Vereinten Nationen hinterlegte Mitteilung erklären, dass er hinsichtlich des Artikels 5 nur dieses Merkmal der Festlegung und hinsichtlich des Artikels 16 Absatz 1 Buchstabe a) (iii) und (iv) das gleiche Merkmal der Festlegung an Stelle des Merkmals der Staatsangehörigkeit des Herstellers anwenden wird.

Art. 18

Jeder Staat, der eine der in Artikel 5 Absatz 3, in Artikel 6 Absatz 2, in Artikel 16 Absatz 1 oder in Artikel 17 vorgesehenen Erklärungen abgegeben hat, kann durch eine neue, an den Generalsekretär der Organisation der Vereinten Nationen gerichtete Mitteilung ihre Tragweite einschränken oder sie zurückziehen.

Art. 19

Unbeschadet aller anderen Bestimmungen dieses Abkommens ist Artikel 7 nicht mehr anwendbar, sobald ein ausübender Künstler seine Zustimmung dazu erteilt hat, dass seine Darbietung einem Bildträger oder einem Bild- und Tonträger eingefügt wird.

Art. 20

1. Dieses Abkommen lässt die Rechte unberührt, die in einem der vertragsschliessenden Staaten erworben worden sind, bevor dieses Abkommen für diesen Staat in Kraft getreten ist.

2. Kein vertragsschliessender Staat ist verpflichtet, die Bestimmungen dieses Abkommens auf Darbietungen oder Funksendungen anzuwenden, die stattgefunden haben, bevor dieses Abkommen für diesen Staat in Kraft getreten ist, oder auf Tonträger, die vor diesem Zeitpunkt festgelegt worden sind.

Art. 21

Der in diesem Abkommen vorgesehene Schutz lässt den Schutz unberührt, den die ausübenden Künstler, die Hersteller von Tonträgern und die Sendeunternehmen etwa aus anderen Rechtsgründen geniessen.

Art. 22

Die vertragsschliessenden Staaten behalten sich das Recht vor, untereinander besondere Vereinbarungen zu treffen, soweit diese den ausübenden Künstlern, den Herstellern von Tonträgern oder den Sendeunternehmen weitergehende Rechte verschaffen als diejenigen, die durch dieses Abkommen gewährt werden, oder soweit sie andere Bestimmungen enthalten, die nicht im Widerspruch zu diesem Abkommen stehen.

Art. 23

Dieses Abkommen wird beim Generalsekretär der Organisation der Vereinten Nationen hinterlegt. Es steht bis zum 30. Juni 1962 den Staaten zur Unterzeichnung offen, die zur Diplomatischen Konferenz über den internationalen Schutz der ausübenden Künstler, der Hersteller von Tonträgern und der Sendeunternehmen eingeladen worden sind und die dem Welturheberrechtsabkommen[1] angehören oder Mitglieder des Internationalen Verbandes zum Schutze von Werken der Literatur und der Kunst sind.

Art. 24

1. Dieses Abkommen soll durch die Unterzeichnerstaaten ratifiziert oder angenommen werden.

2. Dieses Abkommen steht für die Staaten, die zu der in Artikel 23 bezeichneten Konferenz eingeladen worden sind, sowie für jeden Mitgliedstaat der Organisation der Vereinten Nationen zum Beitritt offen, vorausgesetzt, dass der beitretende Staat

---

[1] SR 0.231.0/.01

dem Welturheberrechtsabkommen[1] angehört oder Mitglied des Internationalen Verbandes zum Schutze von Werken der Literatur und der Kunst ist.

3. Die Ratifikation, die Annahme oder der Beitritt geschieht durch Hinterlegung einer entsprechenden Urkunde beim Generalsekretär der Organisation der Vereinten Nationen.

Art. 25

1. Dieses Abkommen tritt drei Monate nach der Hinterlegung der sechsten Ratifikations-, Annahme- oder Beitrittsurkunde in Kraft.

2. In der Folge tritt dieses Abkommen für jeden Staat drei Monate nach Hinterlegung seiner Ratifikations-, Annahme- oder Beitrittsurkunde in Kraft.

Art. 26

1. Jeder vertragsschliessende Staat verpflichtet sich, im Einklang mit seiner Verfassung die notwendigen Massnahmen zu ergreifen, um die Anwendung dieses Abkommens zu gewährleisten.

2. Im Zeitpunkt der Hinterlegung seiner Ratifikations-, Annahme- oder Beitrittsurkunde muss jeder Staat nach seiner nationalen Gesetzgebung in der Lage sein, die Bestimmungen dieses Abkommens anzuwenden.

Art. 27

1. Jeder Staat kann im Zeitpunkt der Ratifikation, der Annahme oder des Beitritts oder in jedem späteren Zeitpunkt durch eine an den Generalsekretär der Organisation der Vereinten Nationen gerichtete Mitteilung erklären, dass dieses Abkommen sich auf alle oder einen Teil der Gebiete erstreckt, deren internationale Beziehungen er wahrnimmt, vorausgesetzt, dass das Welturheberrechtsabkommen[2] oder die Internationale Übereinkunft zum Schutze von Werken der Literatur und der Kunst[3] auf die betreffenden Gebiete anwendbar ist. Diese Mitteilung wird drei Monate nach ihrem Empfang wirksam.

2. Die in Artikel 5 Absatz 3, in Artikel 6 Absatz 2, in Artikel 16 Absatz 1, in Artikel 17 oder in Artikel 18 genannten Erklärungen und Mitteilungen können auf alle oder einen Teil der in Absatz 1 genannten Gebiete erstreckt werden.

---

1 SR 0.231.0/.01
2 SR 0.231.0/.01
3 SR 0.231.12/.15

Art. 28

1. Jeder vertragsschliessende Staat kann dieses Abkommen in seinem eigenen Namen oder im Namen aller oder eines Teiles der in Artikel 27 genannten Gebiete kündigen.

2. Die Kündigung geschieht durch eine an den Generalsekretär der Organisation der Vereinten Nationen gerichtete Mitteilung und wird zwölf Monate nach dem Empfang der Mitteilung wirksam.

3. Von der in diesem Artikel vorgesehenen Möglichkeit der Kündigung kann ein vertragsschliessender Staat nicht vor Ablauf von fünf Jahren von dem Zeitpunkt an Gebrauch machen, in dem das Abkommen für diesen Staat in Kraft getreten ist.

4. Jeder vertragsschliessende Staat hört in dem Zeitpunkt auf, Mitglied dieses Abkommens zu sein, in dem er nicht mehr dem Welturheberrechtsabkommen[1] angehört und nicht mehr Mitglied des Internationalen Verbandes zum Schutze von Werken der Literatur und der Kunst ist.

5. Dieses Abkommen hört in dem Zeitpunkt auf, auf eines der in Artikel 27 genannten Gebiete anwendbar zu sein, in dem auf dieses Gebiet weder das Welturheberrechtsabkommen noch die Internationale Übereinkunft zum Schutze von Werken der Literatur und der Kunst[2] weiterhin anwendbar ist.

Art. 29

1. Nachdem dieses Abkommen fünf Jahre lang in Kraft gewesen ist, kann jeder vertragsschliessende Staat durch eine an den Generalsekretär der Organisation der Vereinten Nationen gerichtete Mitteilung die Einberufung einer Konferenz zur Revision dieses Abkommens beantragen. Der Generalsekretär teilt diesen Antrag allen vertragsschliessenden Staaten mit. Wenn innerhalb von sechs Monaten seit der Mitteilung des Generalsekretärs der Organisation der Vereinten Nationen mindestens die Hälfte der vertragsschliessenden Staaten ihm ihre Zustimmung zu diesem Antrag bekannt gegeben hat, unterrichtet der Generalsekretär den Generaldirektor des Internationalen Arbeitsamtes, den Generaldirektor der Organisation der Vereinten Nationen für Erziehung, Wissenschaft und Kultur und den Direktor des Büros des Internationalen Verbandes zum Schutze von Werken der Literatur und der Kunst, die in Zusammenarbeit mit dem in Artikel 32 vorgesehenen Ausschuss von Regierungsvertretern eine Revisionskonferenz einberufen.

2. Jede Revision dieses Abkommens muss mit Zweidrittelmehrheit der bei der Revisionskonferenz anwesenden Staaten angenommen werden, vorausgesetzt, dass diese Mehrheit zwei Drittel der Staaten umfasst, die im Zeitpunkt der Revisionskonferenz Mitglieder dieses Abkommens sind.

---

1 SR 0.231.0/.01
2 SR 0.231.12/.15

3. Falls ein neues Abkommen angenommen wird, das dieses Abkommen ganz oder teilweise ändert, und sofern das neue Abkommen nichts anderes bestimmt,
a) steht dieses Abkommen vom Zeitpunkt des Inkrafttretens des neuen, revidierten Abkommens an nicht mehr zur Ratifikation, zur Annahme oder zum Beitritt offen,
b) bleibt dieses Abkommen hinsichtlich der Beziehungen zwischen den vertragsschliessenden Staaten in Kraft, die nicht Mitglieder des neuen Abkommens werden.

Art. 30

Jede Streitfrage zwischen zwei oder mehreren vertragsschliessenden Staaten über die Auslegung oder die Anwendung dieses Abkommens, die nicht auf dem Verhandlungswege geregelt wird, soll auf Antrag einer der streitenden Parteien zur Entscheidung vor den Internationalen Gerichtshof gebracht werden, sofern die beteiligten Staaten nicht eine andere Art der Regelung vereinbaren.

Art. 31

Unbeschadet der Bestimmungen des Artikels 5 Absatz 3, des Artikels 6 Absatz 2, des Artikels 16 Absatz 1 und des Artikels 17 ist kein Vorbehalt zu diesem Abkommen zulässig.

Art. 32

1. Es wird ein Ausschuss von Regierungsvertretern eingesetzt, der folgende Aufgaben hat:
a) die Fragen zu prüfen, die sich auf die Anwendung und Durchführung dieses Abkommens beziehen;
b) die Vorschläge zu sammeln und die Unterlagen vorzubereiten, die sich auf etwaige Revisionen dieses Abkommens beziehen.

2. Der Ausschuss setzt sich aus Vertretern der vertragsschliessenden Staaten zusammen, die unter Berücksichtigung einer angemessenen geographischen Verteilung ausgewählt werden. Die Zahl der Mitglieder des Ausschusses beträgt sechs, wenn die Zahl der vertragsschliessenden Staaten zwölf oder weniger beträgt, neun, wenn die Zahl der vertragsschliessenden Staaten dreizehn bis achtzehn beträgt, und zwölf, wenn die Zahl der vertragsschliessenden Staaten achtzehn übersteigt.

3. Der Ausschuss wird zwölf Monate nach Inkrafttreten dieses Abkommens auf Grund einer Abstimmung gebildet, die unter den vertragsschliessenden Staaten – von denen jeder über eine Stimme verfügt – von dem Generaldirektor des Internationalen Arbeitsamtes, dem Generaldirektor der Organisation der Vereinten Nationen für Erziehung, Wissenschaft und Kultur und dem Direktor des Büros des Internationalen Verbandes zum Schutze von Werken der Literatur und der Kunst nach den

Regeln durchgeführt wird, die vorher von der absoluten Mehrheit der vertragsschliessenden Staaten genehmigt worden sind.

4. Der Ausschuss wählt seinen Vorsitzenden und sein Büro. Er stellt seine Geschäftsordnung auf, die sich insbesondere auf seine künftige Arbeitsweise und die Art seiner Erneuerung bezieht; diese Geschäftsordnung muss namentlich einen Wechsel unter den verschiedenen vertragsschliessenden Staaten sicherstellen.

5. Das Sekretariat des Ausschusses setzt sich zusammen aus Angehörigen des Internationalen Arbeitsamtes, der Organisation der Vereinten Nationen für Erziehung, Wissenschaft und Kultur und des Büros des Internationalen Verbandes zum Schutze von Werken der Literatur und der Kunst, die von den Generaldirektoren und dem Direktor der drei beteiligten Organisationen bestimmt werden.

6. Die Sitzungen des Ausschusses, der einberufen wird, sobald die Mehrheit seiner Mitglieder es für zweckmässig hält, werden abwechselnd am Sitz des Internationalen Arbeitsamtes, der Organisation der Vereinten Nationen für Erziehung, Wissenschaft und Kultur und des Büros des Internationalen Verbandes zum Schutze von Werken der Literatur und der Kunst abgehalten.

7. Die Auslagen der Mitglieder des Ausschusses werden von ihren Regierungen getragen.

Art. 33

1. Dieses Abkommen wird in englischer, französischer und spanischer Sprache abgefasst; diese drei Texte sind in gleicher Weise massgebend.

2. Ausserdem werden offizielle Texte dieses Abkommens in deutscher, italienischer und portugiesischer Sprache abgefasst.

Art. 34

1. Der Generalsekretär der Organisation der Vereinten Nationen unterrichtet die Staaten, die zu der in Artikel 23 genannten Konferenz eingeladen worden sind, und jeden Mitgliedstaat der Organisation der Vereinten Nationen sowie den Generaldirektor des Internationalen Arbeitsamtes, den Generaldirektor der Organisation der Vereinten Nationen für Erziehung, Wissenschaft und Kultur und den Direktor des Büros des Internationalen Verbandes zum Schutze von Werken der Literatur und der Kunst:

a) über die Hinterlegung jeder Ratifikations-, Annahme- oder Beitrittsurkunde;
b) über den Zeitpunkt des Inkrafttretens des Abkommens;
c) über die in diesem Abkommen vorgesehenen Mitteilungen, Erklärungen und sonstigen Anzeigen;
d) über den Eintritt eines in Artikel 28 Absatz 4 oder Absatz 5 genannten Sachverhalts.

2. Der Generalsekretär der Organisation der Vereinten Nationen unterrichtet ferner den Generaldirektor des Internationalen Arbeitsamtes, den Generaldirektor der Organisation der Vereinten Nationen für Erziehung, Wissenschaft und Kultur und den Direktor des Büros des Internationalen Verbandes zum Schutze von Werken der Literatur und der Kunst über die Anträge, die nach Artikel 29 an ihn gerichtet werden, sowie über jede Mitteilung, die er hinsichtlich der Revision dieses Abkommens von den vertragsschliessenden Staaten erhält.

Zu Urkund dessen *haben die Unterzeichneten, die hierzu in gehöriger Weise ermächtigt sind, dieses Abkommen unterzeichnet.*

Geschehen zu Rom am 26. Oktober 1961 in einem einzigen Exemplar in englischer, französischer und spanischer Sprache. Beglaubigte Abschriften übersendet der Generalsekretär der Organisation der Vereinten Nationen an alle Staaten, die zu der in Artikel 23 genannten Konferenz eingeladen worden sind, und an jeden Mitgliedstaat der Organisation der Vereinten Nationen sowie an den Generaldirektor des Internationalen Arbeitsamtes, an den Generaldirektor der Organisation der Vereinten Nationen für Erziehung, Wissenschaft und Kultur und an den Direktor des Büros des Internationalen Verbandes zum Schutze von Werken der Literatur und der Kunst.

(Es folgen die Unterschriften)

Geltungsbereich am 21. April 2006[1]

Vertragsstaaten	Ratifikation Beitritt (B) Nachfolgeerklärung (N)		In-Kraft-Treten	
Albanien	1. Juni	2000 B	1. September	2000
Andorra	25. Februar	2004 B	25. Mai	2004
Argentinien	2. Dezember	1991	2. März	1992
Armenien	31. Oktober	2002 B	31. Januar	2003
Aserbaidschan	8. Juli	2005 B	8. Oktober	2005
Australien*	30. Juni	1992 B	30. September	1992
Bahrain	18. Oktober	2005 B	18. Januar	2006
Barbados	18. Juni	1983 B	18. September	1983
Belarus*	27. Februar	2003 B	27. Mai	2003
Belgien*	2. Juli	1999	2. Oktober	1999
Bolivien	24. August	1993 B	24. November	1993
Brasilien	29. Juni	1965	29. September	1965
Bulgarien*	31. Mai	1995 B	31. August	1995

1 Eine aktualisierte Fassung des Geltungsbereiches findet sich auf der Internetseite des EDA (http://www.eda.admin.ch/eda/g/home/foreign/intagr/dabase.html).

Vertragsstaaten	Ratifikation Beitritt (B) Nachfolgeerklärung (N)		In-Kraft-Treten	
Burkina Faso	14. Oktober	1987 B	14. Januar	1988
Chile	5. Juni	1974	5. September	1974
Costa Rica	9. Juni	1971 B	9. September	1971
Dänemark*	23. Juni	1965	23. September	1965
Deutschland*	21. Juli	1966	21. Oktober	1966
Dominica	9. August	1999 B	9. November	1999
Dominikanische Republik	27. Oktober	1986 B	27. Januar	1987
Ecuador	19. Dezember	1963	18. Mai	1964
El Salvador	29. März	1979 B	29. Juni	1979
Estland*	28. Januar	2000 B	28. April	2000
Fidschi*	11. Januar	1972 B	11. April	1972
Finnland*	21. Juli	1983	21. Oktober	1983
Frankreich*	3. April	1987	3. Juli	1987
Georgien	14. Mai	2004 B	14. August	2004
Griechenland	6. Oktober	1992 B	6. Januar	1993
Guatemala	14. Oktober	1976 B	14. Januar	1977
Honduras	16. November	1989 B	16. Februar	1990
Irland*	19. Juni	1979	19. September	1979
Island*	15. März	1994	15. Juni	1994
Israel*	30. September	2002	30. Dezember	2002
Italien*	8. Januar	1975	8. April	1975
Jamaika	27. Oktober	1993 B	27. Januar	1994
Japan*	26. Juli	1989 B	26. Oktober	1989
Kanada*	4. März	1998 B	4. Juni	1998
Kap Verde	3. April	1997 B	3. Juli	1997
Kirgisistan	13. Mai	2003 B	13. August	2003
Kolumbien	17. Juni	1976 B	17. September	1976
Kongo (Brazzaville)*	29. Juni	1962 B	18. Mai	1964
Kroatien*	20. Januar	2000 B	20. April	2000
Lesotho*	26. Oktober	1989 B	26. Januar	1990
Lettland*	20. Mai	1999 B	20. August	1999
Libanon	12. Mai	1997	12. August	1997
Liberia	16. September	2005 B	16. Dezember	2005
Liechtenstein*	12. Juli	1999 B	12. Oktober	1999
Litauen*	22. April	1999 B	22. Juli	1999
Luxemburg*	25. November	1975 B	25. Februar	1976
Mazedonien*	2. Dezember	1997 B	2. März	1998
Mexiko	17. Februar	1964	18. Mai	1964
Moldau*	5. September	1995 B	5. Dezember	1995
Monaco*	6. September	1985	6. Dezember	1985

Nr. 23 Rom-Abkommen

Vertragsstaaten	Ratifikation Beitritt (B) Nachfolgeerklärung (N)		In-Kraft-Treten	
Nicaragua	10. Mai	2000 B	10. August	2000
Niederlande*	7. Juli	1993 B	7. Oktober	1993
Niger*	5. April	1963 B	18. Mai	1964
Nigeria*	29. Juli	1993 B	29. Oktober	1993
Norwegen*	10. April	1978 B	10. Juli	1978
Österreich*	9. März	1973	9. Juni	1973
Panama	2. Juni	1983 B	2. September	1983
Paraguay	26. November	1969	26. Februar	1970
Peru	7. Mai	1985 B	7. August	1985
Philippinen	25. Juni	1984 B	25. September	1984
Polen*	13. März	1997 B	13. Juni	1997
Portugal	17. April	2002 B	17. Juli	2002
Rumänien*	22. Juli	1998 B	22. Oktober	1998
Russland*	26. Februar	2003 B	26. Mai	2003
St. Lucia*	17. Mai	1996 B	17. August	1996
Schweden*	13. Juli	1962	18. Mai	1964
Schweiz*	24. Juni	1993 B	24. September	1993
Serbien und Montenegro	10. März	2003	10. Juni	2003
Slowakei*	28. Mai	1993 N	1. Januar	1993
Slowenien*	9. Juli	1996 B	9. Oktober	1996
Spanien*	14. August	1991	14. November	1991
Syrien	13. Februar	2006 B	13. Mai	2006
Togo	10. März	2003 B	10. Juni	2003
Tschechische Republik*	30. September	1993 N	1. Januar	1993
Türkei	8. Januar	2004 B	8. April	2004
Ukraine	12. März	2002 B	12. Juni	2002
Ungarn	10. November	1994	10. Februar	1995
Uruguay	4. April	1977 B	4. Juli	1977
Venezuela	30. Oktober	1995 B	30. Januar	1996
Vereinigte Arabische Emirate	14. Oktober	2004 B	14. Januar	2005
Vereinigtes Königreich*	30. Oktober	1963	18. Mai	1964
Bermudas*	10. März	1970	10. Juni	1970
Gibraltar*	20. Dezember	1966	20. März	1967
Insel Man	28. April	1999	28. Juli	1999

* Vorbehalte und Erklärungen s. hiernach.
Die Vorbehalte und Erklärungen werden in der AS nicht veröffentlicht, mit Ausnahme jener der Schweiz. Die französischen und englischen Texte können auf der Internet-Seite der Weltorganisation für geistiges Eigentum: http://www.wipo.int/treaties/fr eingesehen oder bei der Direktion für Völkerrecht, Sektion Staatsverträge, 3003 Bern, bezogen werden.

Erklärungen
Schweiz

Zu Artikel 5

Die Schweizerische Regierung erklärt in Übereinstimmung mit Absatz 3 von Artikel 5 des Abkommens, dass das Merkmal der ersten Festlegung nicht als Voraussetzung für die Inländerbehandlung gilt. Sie wird somit das Merkmal der ersten Veröffentlichung anwenden.

Zu Artikel 12

In Übereinstimmung mit den Bestimmungen in Absatz 1 von Artikel 16 des Abkommens erklärt die Schweizerische Regierung, dass sie die Bestimmungen des Artikels 12 nicht anwenden wird für Tonträger, deren Hersteller nicht Angehöriger eines vertragsschliessenden Staates ist.

Ebenso erklärt die Schweizerische Regierung hinsichtlich der Tonträger, deren Hersteller Angehöriger eines anderen vertragsschliessenden Staates ist, dass sie den Umfang und die Dauer des in Artikel 12 vorgesehenen Schutzes gemäss den Bestimmungen von Artikel 16 Absatz 1 Buchstabe a Ziffer iv des Abkommens auf den Umfang und die Dauer beschränken wird, den dieser Staat den Tonträgern gewährt, die erstmals von einem schweizerischen Staatsangehörigen festgelegt worden sind.

Nr. 24 Übereinkommen zum Schutz der Hersteller von Tonträgern gegen die unerlaubte Vervielfältigung ihrer Tonträger (Genfer Tonträger-Abkommen)

Abgeschlossen in Genf am 29. Oktober 1971
Von der Bundesversammlung genehmigt am 4. Juni 1992[1]
Schweizerische Ratifikationsurkunde hinterlegt am 24. Juni 1993
In Kraft getreten für die Schweiz am 30. September 1993
Stand am 24. Oktober 2006

SR 0.231.172

Die Vertragsstaaten,

in Sorge über die weit verbreitete und zunehmende unerlaubte Vervielfältigung von Tonträgern und über den Schaden, der dadurch den Interessen der Urheber, ausübenden Künstler und Hersteller von Tonträgern zugefügt wird,

in der Überzeugung, dass der Schutz der Hersteller von Tonträgern gegen solche Handlungen auch den ausübenden Künstlern und Urhebern zugute kommen wird, deren Darbietungen und Werke auf diese Tonträger aufgenommen worden sind,

in Anerkennung der wertvollen Arbeit, die die Organisation der Vereinten Nationen für Erziehung, Wissenschaft und Kultur und die Weltorganisation für geistiges Eigentum auf diesem Gebiet geleistet haben,

in dem Bestreben, bereits in Kraft befindliche internationale Verträge in keiner Weise zu beeinträchtigen und insbesondere die weitere Annahme des Abkommens von Rom vom 26. Oktober 1961[2], das den ausübenden Künstlern und Sendeunternehmen ebenso wie den Herstellern von Tonträgern Schutz gewährt, in keiner Weise zu behindern,

haben folgendes vereinbart:

Art. 1

Für die Zwecke dieses Übereinkommens versteht man unter

a) «Tonträger» jede ausschliesslich auf den Ton beschränkte Festlegung der Töne einer Darbietung oder anderer Töne;

b) «Hersteller von Tonträgern» die natürliche oder juristische Person, die zum ersten Mal die Töne einer Darbietung oder andere Töne festlegt;

AS 1993 2718; BBl 1989 III 477, amtlicher deutscher Text gemäss Artikel 13 Absatz 2
1   Art. 1 Abs. 1 Bst. c des BB vom 4. Juni 1992 (AS 1993 2634).
2   SR 0.231.171

c) «Vervielfältigungsstück» einen Gegenstand, der einem Tonträger unmittelbar oder mittelbar entnommene Töne enthält und der alle oder einen wesentlichen Teil der in dem Tonträger festgelegten Töne verkörpert;
d) «Verbreitung an die Öffentlichkeit» jede Handlung, durch die Vervielfältigungsstücke eines Tonträgers der Allgemeinheit oder einem Teil der Allgemeinheit unmittelbar oder mittelbar angeboten werden.

Art. 2

Jeder Vertragsstaat schützt die Hersteller von Tonträgern, die Angehörige anderer Vertragsstaaten sind, gegen die Herstellung von Vervielfältigungsstücken ohne Zustimmung des Herstellers des Tonträgers und gegen die Einfuhr solcher Vervielfältigungsstücke, sofern die Herstellung oder die Einfuhr zum Zweck der Verbreitung an die Öffentlichkeit erfolgt, und auch gegen die Verbreitung solcher Vervielfältigungsstücke an die Öffentlichkeit.

Art. 3

Die Mittel zur Ausführung dieses Übereinkommens sind Sache der innerstaatlichen Gesetzgebung jedes Vertragsstaats; sie müssen eine oder mehrere der folgenden Regelungen umfassen: Schutz durch Gewährung eines Urheberrechts oder eines anderen besonderen Rechtes; Schutz durch Rechtsvorschriften über den unlauteren Wettbewerb; Schutz durch Strafbestimmungen.

Art. 4

Die Dauer des Schutzes ist Sache der innerstaatlichen Gesetzgebung jedes Vertragsstaats. Sofern die innerstaatlichen Rechtsvorschriften eine bestimmte Schutzdauer vorsehen, darf sie jedoch nicht kürzer sein als zwanzig Jahre seit Ende entweder desjenigen Jahres, in dem die Töne, die der Tonträger verkörpert, zum ersten Mal festgelegt worden sind, oder desjenigen Jahres, in dem der Tonträger zum ersten Mal veröffentlicht worden ist.

Art. 5

Fordert ein Vertragsstaat in seinen innerstaatlichen Rechtsvorschriften als Voraussetzung für den Schutz der Hersteller von Tonträgern die Erfüllung von Förmlichkeiten, so sind diese Erfordernisse als erfüllt anzusehen, wenn alle erlaubten Vervielfältigungsstücke des Tonträgers, die an die Öffentlichkeit verbreitet werden, oder ihre Umhüllungen einen Vermerk tragen, der aus dem Kennzeichen (P) in Verbindung mit der Angabe des Jahres der ersten Veröffentlichung besteht und in einer Weise angebracht ist, die klar erkennen lässt, dass der Schutz beansprucht wird; lassen die Vervielfältigungsstücke oder ihre Umhüllungen den Hersteller, seinen Rechtsnachfolger oder den Inhaber einer ausschliesslichen Lizenz nicht (durch den Namen, die Marke oder eine andere geeignete Bezeichnung) erkennen, so muss der Vermerk ausserdem den Namen des Herstellers, seines Rechtsnachfolgers oder des Inhabers der ausschliesslichen Lizenz enthalten.

Art. 6

Jeder Vertragsstaat, der den Schutz durch ein Urheberrecht oder ein anderes besonderes Recht oder durch Strafbestimmungen gewährt, kann in seinen innerstaatlichen Rechtsvorschriften den Schutz der Hersteller von Tonträgern gleichartigen Beschränkungen unterwerfen, wie sie für den Schutz der Urheber von Werken der Literatur und Kunst zulässig sind. Jedoch darf eine Zwangslizenz nur vorgesehen werden, wenn alle folgenden Bedingungen erfüllt sind:

a) die Vervielfältigung ist ausschliesslich für den Gebrauch im Unterricht oder in der wissenschaftlichen Forschung bestimmt;

b) die Lizenz ist nur für die Vervielfältigung im Hoheitsgebiet des Vertragsstaats, dessen zuständige Behörde die Lizenz erteilt hat, gültig und erstreckt sich nicht auf die Ausfuhr von Vervielfältigungsstücken;

c) die Vervielfältigung aufgrund der Lizenz begründet einen Anspruch auf eine angemessene Vergütung, die von der zuständigen Behörde unter anderem unter Berücksichtigung der Anzahl derjenigen Vervielfältigungsstücke festgesetzt wird, die unter der Lizenz hergestellt werden sollen.

Art. 7

(1) Dieses Übereinkommen darf in keiner Weise als Beschränkung oder Beeinträchtigung des Schutzes ausgelegt werden, der den Urhebern, ausübenden Künstlern, Herstellern von Tonträgern oder Sendeunternehmen durch innerstaatliche Rechtsvorschriften oder durch internationale Verträge gewährt wird.

(2) Es ist Sache der innerstaatlichen Gesetzgebung jedes Vertragsstaats, den Umfang des Schutzes zu bestimmen, der den ausübenden Künstlern, deren Darbietungen auf einem Tonträger festgelegt sind, gegebenenfalls gewährt wird, sowie die Bedingungen, zu denen sie einen solchen Schutz geniessen.

(3) Kein Vertragsstaat ist verpflichtet, die Bestimmungen dieses Übereinkommens auf Tonträger anzuwenden, die vor dem Zeitpunkt festgelegt worden sind, in dem dieses Übereinkommen für den betreffenden Staat in Kraft tritt.

(4) Jeder Vertragsstaat, dessen innerstaatliche Rechtsvorschriften am 29. Oktober 1971 den Herstellern von Tonträgern einen ausschliesslich auf dem Merkmal des Ortes der ersten Festlegung beruhenden Schutz gewähren, kann durch eine beim Generaldirektor der Weltorganisation für geistiges Eigentum hinterlegte Notifikation erklären, dass er dieses Merkmal anstelle des Merkmals der Staatsangehörigkeit des Herstellers anwenden wird.

Art. 8

(1) Das Internationale Büro der Weltorganisation für geistiges Eigentum sammelt und veröffentlicht Informationen über den Schutz von Tonträgern. Jeder Vertragsstaat teilt dem Internationalen Büro so bald wie möglich alle neuen Gesetze und anderen amtlichen Texte auf diesem Gebiet mit.

(2) Das Internationale Büro erteilt jedem Vertragsstaat auf Verlangen Auskünfte über Fragen, die dieses Übereinkommen betreffen, es unternimmt Untersuchungen und leistet Dienste zur Erleichterung des in diesem Übereinkommen vorgesehenen Schutzes.

(3) Das Internationale Büro nimmt die in den Absätzen (1) und (2) bezeichneten Aufgaben, soweit es sich um Fragen handelt, die den Zuständigkeitsbereich der Organisation der Vereinten Nationen für Erziehung, Wissenschaft und Kultur oder der Internationalen Arbeitsorganisation berühren, in Zusammenarbeit mit der jeweils betroffenen Organisation wahr.

Art. 9

(1) Dieses Übereinkommen wird beim Generalsekretär der Vereinten Nationen hinterlegt. Es liegt bis 30. April 1972 für jeden Staat zur Unterzeichnung auf, der Mitglied der Vereinten Nationen, einer der mit den Vereinten Nationen verbundenen Spezialorganisationen oder der Internationalen Atomenergie-Organisation ist oder das Statut des Internationalen Gerichtshofs[1] angenommen hat.

(2) Dieses Übereinkommen bedarf der Ratifikation oder Annahme durch die Unterzeichnerstaaten. Es steht jedem der in Absatz (1) bezeichneten Staaten zum Beitritt offen.

(3) Die Ratifikations-, Annahme- oder Beitrittsurkunden werden beim Generalsekretär der Vereinten Nationen hinterlegt.

(4) Es besteht Einverständnis darüber, dass jeder Staat in dem Zeitpunkt, in dem er durch dieses Übereinkommen gebunden wird, nach seinen innerstaatlichen Rechtsvorschriften in der Lage sein muss, den Bestimmungen dieses Übereinkommens Wirkung zu verleihen.

Art. 10

Vorbehalte zu diesem Übereinkommen sind nicht zulässig.

Art. 11

(1) Dieses Übereinkommen tritt drei Monate nach Hinterlegung der fünften Ratifikations-, Annahme- oder Beitrittsurkunde in Kraft.

---

[1] SR 0.193.501

(2) Für jeden Staat, der dieses Übereinkommen nach Hinterlegung der fünften Ratifikations-, Annahme- oder Beitrittsurkunde ratifiziert, annimmt oder ihm beitritt, tritt das Übereinkommen drei Monate nach dem Zeitpunkt in Kraft, in dem der Generaldirektor der Weltorganisation für geistiges Eigentum die Staaten gemäss Art. 13 Absatz (4) über die Hinterlegung der Urkunde dieses Staates unterrichtet.

(3) Jeder Staat kann bei der Ratifikation, der Annahme oder dem Beitritt oder zu jedem späteren Zeitpunkt durch eine an den Generalsekretär der Vereinten Nationen gerichtete Notifikation erklären, dass dieses Übereinkommen auf alle oder einzelne der Gebiete anwendbar ist, für deren auswärtige Beziehungen er verantwortlich ist. Diese Notifikation wird drei Monate nach ihrem Eingang wirksam.

(4) Absatz (3) darf jedoch keinesfalls dahin ausgelegt werden, dass er für einen Vertragsstaat die Anerkennung oder stillschweigende Hinnahme der tatsächlichen Lage eines Gebiets in sich schliesst, auf das dieses Übereinkommen durch einen anderen Vertragsstaat aufgrund von Absatz (3) anwendbar gemacht wird.

Art. 12

(1) Jeder Vertragsstaat kann dieses Übereinkommen durch eine an den Generalsekretär der Vereinten Nationen gerichtete schriftliche Notifikation im eigenen Namen oder im Namen einzelner oder aller der in Artikel 11 Absatz (3) bezeichneten Gebiete kündigen.

(2) Die Kündigung wird zwölf Monate nach dem Tag wirksam, an dem die Notifikation beim Generalsekretär der Vereinten Nationen eingegangen ist.

Art. 13

(1) Dieses Übereinkommen wird in einer einzigen Ausfertigung in englischer, französischer, russischer und spanischer Sprache unterzeichnet; die vier Texte sind gleichermassen verbindlich.

(2) Amtliche Texte werden vom Generaldirektor der Weltorganisation für geistiges Eigentum nach Konsultierung der beteiligten Regierungen in arabischer, deutscher, italienischer, niederländischer und portugiesischer Sprache hergestellt.

(3) Der Generalsekretär der Vereinten Nationen notifiziert dem Generaldirektor der Weltorganisation für geistiges Eigentum, dem Generaldirektor der Organisation der Vereinten Nationen für Erziehung, Wissenschaft und Kultur sowie dem Generaldirektor des Internationalen Arbeitsamts

a) die Unterzeichnungen dieses Übereinkommens;
b) die Hinterlegung von Ratifikations-, Annahme- oder Beitrittsurkunden;
c) den Tag des Inkrafttretens dieses Übereinkommens;
d) jede Erklärung, die gemäss Artikel 11 Absatz (3) notifiziert worden ist, und
e) den Eingang der Notifikationen von Kündigungen.

(4) Der Generaldirektor der Weltorganisation für geistiges Eigentum unterrichtet die in Artikel 9 Absatz (1) bezeichneten Staaten über die Notifikationen, die bei ihm gemäss Absatz (3) eingegangen sind, und über alle gemäss Artikel 7 Absatz (4) abgegebenen Erklärungen. Er notifiziert diese Erklärungen auch dem Generaldirektor der Organisation der Vereinten Nationen für Erziehung, Wissenschaft und Kultur sowie dem Generaldirektor des Internationalen Arbeitsamts.

(5) Der Generalsekretär der Vereinten Nationen übermittelt den in Artikel 9 Absatz (1) bezeichneten Staaten zwei beglaubigte Abschriften dieses Übereinkommens.

Zu Urkund dessen *haben die hierzu gehörig bevollmächtigten Unterzeichneten dieses Übereinkommen unterschrieben.*

Geschehen zu Genf am 29. Oktober 1971.

(Es folgen die Unterschriften)

Geltungsbereich am 13. September 2006[1]

Vertragsstaaten	Ratifikation Beitritt (B) Nachfolgeerklärung (N)		In-Kraft-Treten	
Ägypten	15. Dezember	1977 B	23. April	1978
Argentinien	19. März	1973 B	30. Juni	1973
Armenien	31. Oktober	2002 B	31. Januar	2003
Aserbaidschan	1. Juni	2001 B	1. September	2001
Australien	12. März	1974 B	22. Juni	1974
Barbados	23. März	1983 B	29. Juli	1983
Belarus	17. Januar	2003 B	17 April	2003
Brasilien	6. August	1975	28. November	1975
Bulgarien	31. Mai	1995 B	6. September	1995
Burkina Faso	14. Oktober	1987 B	30. Januar	1988
Chile	15. Dezember	1976 B	24. März	1977
China*	5. Januar	1993 B	30. April	1993
Hongkong	17. Juni	1997	1. Juli	1997
Costa Rica	1. März	1982 B	17. Juni	1982
Dänemark	7. Dezember	1976	24. März	1977
Deutschland	7. Februar	1974	18. Mai	1974
Ecuador	4. Juni	1974	14. September	1974
El Salvador	25. Oktober	1978 B	9. Februar	1979
Estland	28. Februar	2000 B	28. Mai	2000
Fidschi	15. Juni	1972 B	18. April	1973

1 Eine aktualisierte Fassung des Geltungsbereiches findet sich auf der Internetseite des EDA (http://www.eda.admin.ch/eda/g/home/foreign/intagr/dabase.html).

Nr. 24 Genfer Tonträger-Abkommen

Vertragsstaaten	Ratifikation Beitritt (B) Nachfolgeerklärung (N)		In-Kraft-Treten	
Finnland*	18. Dezember	1972	18. April	1973
Frankreich	12. September	1972	18. April	1973
Griechenland	2. November	1993 B	9. Februar	1994
Guatemala	14. Oktober	1976 B	1. Februar	1977
Heiliger Stuhl	4. April	1977	18. Juli	1977
Honduras	16. November	1989 B	6. März	1990
Indien	1. November	1974	12. Februar	1975
Israel	10. Januar	1978	1. Mai	1978
Italien*	20. Dezember	1976	24. März	1977
Jamaika	7. Oktober	1993 B	11. Januar	1994
Japan	19. Juni	1978	14. Oktober	1978
Kasachstan	3. Mai	2001 B	3. August	2001
Kenia	6. Januar	1976	21. April	1976
Kirgisistan	12. Juli	2002 B	12. Oktober	2002
Kolumbien	14. Februar	1994	16. Mai	1994
Kongo (Kinshasa)	25. Juli	1977 B	29. November	1977
Korea (Süd)	1. Juli	1987 B	10. Oktober	1987
Kroatien	20. Januar	2000 B	20. April	2000
Lettland	29. April	1997 B	23. August	1997
Liberia	16. September	2005 B	16. Dezember	2005
Liechtenstein	12. Juli	1999	12. Oktober	1999
Litauen	27. Oktober	1999 B	27. Januar	2000
Luxemburg	25. November	1975	8. März	1976
Mazedonien	2. Dezember	1997 B	2. März	1998
Mexiko	11. September	1973	21. Dezember	1973
Moldau	17. April	2000 B	17. Juli	2000
Monaco	21. August	1974	2. Dezember	1974
Neuseeland	3. Mai	1976 B	13. August	1976
Nicaragua	10. Mai	2000	10. August	2000
Niederlande*	7. Juli	1993 B	12. Oktober	1993
Norwegen	10. April	1978	1. August	1978
Österreich	6. Mai	1982	21. August	1982
Panama	20. März	1974	29. Juni	1974
Paraguay	30. Oktober	1978 B	13. Februar	1979
Peru	7. Mai	1985 B	24. August	1985
Rumänien	1. Juli	1998 B	1. Oktober	1998
Russland	9. Dezember	1994 B	13. März	1995
Schweden	18. Januar	1973	18. April	1973
Schweiz	24. Juni	1993	30. September	1993
Serbien	10. März	2003	10. Juni	2003

Vertragsstaaten	Ratifikation Beitritt (B) Nachfolgeerklärung (N)		In-Kraft-Treten	
Slowakei	28. Mai	1993 N	1. Januar	1993
Slowenien	9. Juli	1996 B	15. Oktober	1996
Spanien	16. Mai	1974	24. August	1974
St. Lucia	2. Januar	2001 B	2. April	2001
Togo	10. März	2003 B	10. Juni	2003
Trinidad und Tobago	27. Juni	1988 B	1. Oktober	1988
Tschechische Republik	30. September	1993 N	1. Januar	1993
Ukraine	18. November	1999 B	18. Februar	2000
Ungarn	24. Februar	1975 B	28. Mai	1975
Uruguay	6. Oktober	1982	18. Januar	1983
Venezuela	30. Juli	1982 B	18. November	1982
Vereinigte Staaten	26. November	1973	10. März	1974
Vereinigtes Königreich	5. Dezember	1972	18. April	1973
Bermudas	4. Dezember	1974	4. März	1975
Britische Jungferninseln	4. Dezember	1974	4. März	1975
Gibraltar	4. Dezember	1974	4. März	1975
Insel Man	4. Dezember	1974	4. März	1975
Kaimaninseln	4. Dezember	1974	4. März	1975
Montserrat	4. Dezember	1974	4. März	1975
Vietnam	6. April	2005 B	6. Juli	2005
Zypern	25. Juni	1993 B	30. September	1993

* Vorbehalte und Erklärungen s. hiernach.

Vorbehalte und Erklärungen

China

Vom 4. März 1975 bis zum 30. Juni 1997 war das Übereinkommen auf Grund einer Ausdehnungserklärung des Vereinigten Königreichs in Hongkong anwendbar. Seit dem 1. Juli 1997 bildet Hongkong eine Besondere Verwaltungsregion (SAR) der Volksrepublik China. Auf Grund der chinesischen Erklärung vom 17. Juni 1997 ist das Übereinkommen seit dem 1. Juli 1997 auch in der SAR Hongkong anwendbar.

Finnland

Finnland hat gestützt auf Artikel 7(4) des Übereinkommens erklärt, dass es anstelle des Merkmals der Staatsangehörigkeit des Herstellers das Merkmal anwenden wird, gemäss dem es den Herstellern von Tonträgern einen ausschliesslich auf dem Merkmal des Ortes der ersten Festlegung beruhenden Schutz gewährt.

Italien

Gleiche Erklärung wie Finnland.

Niederlande

Das Übereinkommen gilt für das Königreich in Europa.

Nr. 25 Übereinkommen über die Verbreitung der durch Satelliten übertragenen programmtragenden Signale (Brüsseler Satelliten-Abkommen)

Abgeschlossen in Brüssel am 21. Mai 1974
Von der Bundesversammlung genehmigt am 4. Juni 1992[1]
Schweizerische Ratifikationsurkunde hinterlegt am 24. Juni 1993
In Kraft getreten für die Schweiz am 24. September 1993
Stand am 2. März 2004

SR 0.231.173

Die Vertragsstaaten,

im Bewusstsein, dass die Verwendung von Satelliten für die Verbreitung programmtragender Signale sowohl im Umfang als auch in der geographischen Reichweite rasch zunimmt,

in Besorgnis darüber, dass es kein weltweites System gibt, um die Verbreitung der durch Satelliten übertragenen programmtragenden Signale durch Verbreiter zu verhindern, für die sie nicht bestimmt sind, und dass dieser Mangel die Verwendung von Satellitenverbindungen beeinträchtigen kann;

in Anerkennung der diesbezüglichen Bedeutung der Interessen der Urheber, der ausübenden Künstler, der Hersteller von Tonträgern und der Sendeunternehmen;

in der Überzeugung, dass ein internationales System errichtet werden soll, das Massnahmen vorsieht, um die Verbreitung der durch Satelliten übertragenen programmtragenden Signale durch Verbreiter zu verhindern, für die sie nicht bestimmt sind;

eingedenk der Notwendigkeit, bereits in Kraft befindliche internationale Übereinkünfte einschliesslich des Internationalen Fernmeldevertrags und der zugehörigen Vollzugsordnung für den Funkdienst, in keiner Weise zu beeinträchtigen und insbesondere die weitere Annahme des Abkommens von Rom vom 26. Oktober 1961[2], das den ausübenden Künstlern, den Herstellern von Tonträgern und den Sendeunternehmen Schutz gewährt, in keiner Weise zu behindern,

haben folgendes vereinbart:

Art. 1

Für die Zwecke dieses Übereinkommens bedeutet

AS 1993 2725; BBl 1989 III 477, amtlicher deutscher Text gemäss Artikel 12 Absatz 2
1   Art. 1 Abs. 1 Bst. d des BB vom 4. Juni 1992 (AS 1993 2634).
2   SR 0.231.171

i) «Signal» einen elektronisch erzeugten, zur Übertragung von Programmen geeigneten Träger;

ii) «Programm» eine aufgenommene oder nicht aufgenommene Gesamtheit von Bildern, Tönen oder beiden, die in den letztlich zum Zweck der Verbreitung ausgestrahlten Signalen enthalten ist;

iii) «Satellit» jede zur Übertragung von Signalen geeignete Vorrichtung im ausserirdischen Raum;

iv) «ausgestrahltes Signal» jedes an oder über einen Satelliten geleitete programmtragende Signal;

v) «abgeleitetes Signal» ein Signal, das durch Änderung der technischen Merkmale des ausgestrahlten Signals gewonnen wird, gleichviel ob inzwischen eine oder mehrere Festlegungen vorgenommen worden sind;

vi) «Ursprungsunternehmen» die natürliche oder juristische Person, die darüber entscheidet, welches Programm die ausgestrahlten Signale tragen werden;

vii) «Verbreiter» die natürliche oder juristische Person, die über die Übertragung der abgeleiteten Signale an die Allgemeinheit oder einen Teil der Allgemeinheit entscheidet;

viii) «Verbreitung» die Tätigkeit, durch die ein Verbreiter abgeleitete Signale an die Allgemeinheit oder einen Teil der Allgemeinheit überträgt.

Art. 2

(1) Jeder Vertragsstaat verpflichtet sich, angemessene Massnahmen zu treffen, um die Verbreitung von programmtragenden Signalen in seinem Hoheitsgebiet oder von seinem Hoheitsgebiet aus durch einen Verbreiter zu verhindern, für den die an den Satelliten ausgestrahlten oder darüber geleiteten Signale nicht bestimmt sind. Diese Verpflichtung gilt für den Fall, dass das Ursprungsunternehmen Staatsangehöriger eines anderen Vertragsstaats ist und die verbreiteten Signale abgeleitete Signale sind.

(2) In jedem Vertragsstaat, in dem die Anwendung der in Absatz 1 vorgesehenen Massnahmen zeitlich begrenzt ist, wird deren Dauer durch innerstaatliche Rechtsvorschriften festgelegt. Diese Dauer wird dem Generalsekretär der Vereinten Nationen bei der Ratifikation, der Annahme oder dem Beitritt oder, wenn die diesbezüglichen innerstaatlichen Rechtsvorschriften später in Kraft treten oder geändert werden, innerhalb von sechs Monaten nach Inkrafttreten der Rechtsvorschriften oder ihrer Änderung schriftlich notifiziert.

(3) Die in Absatz 1 vorgesehene Verpflichtung gilt nicht für die Verbreitung von abgeleiteten Signalen, die von Signalen stammen, die bereits durch einen Verbreiter, für den die ausgestrahlten Signale bestimmt waren, verbreitet worden sind.

Art. 3

Dieses Übereinkommen ist nicht anzuwenden, wenn die von dem Ursprungsunternehmen oder für dieses ausgestrahlten Signale dazu bestimmt sind, von der Allgemeinheit unmittelbar vom Satelliten empfangen zu werden.

Art. 4

Kein Vertragsstaat ist verpflichtet, die in Artikel 2 Absatz 1 vorgesehenen Massnahmen anzuwenden, wenn die in seinem Hoheitsgebiet durch einen Verbreiter, für den die ausgestrahlten Signale nicht bestimmt sind, verbreiteten Signale

i) kurze, aus Berichten über Tagesereignisse bestehende Auszüge aus dem von den ausgestrahlten Signalen getragenen Programm tragen, jedoch nur in dem durch den Informationszweck der Auszüge gerechtfertigten Ausmass, oder

ii) als Zitate kurze Auszüge aus dem von den ausgestrahlten Signalen getragenen Programm tragen, vorausgesetzt, dass die Zitate anständigen Gepflogenheiten entsprechen und durch ihren Informationszweck gerechtfertigt sind, oder,

iii) falls es sich um das Hoheitsgebiet eines Vertragsstaats handelt, der nach der bestehenden Übung der Generalversammlung der Vereinten Nationen als Entwicklungsland angesehen wird, ein von den ausgestrahlten Signalen getragenes Programm tragen, vorausgesetzt, dass die Verbreitung ausschliesslich zu Zwecken des Unterrichts, einschliesslich der Erwachsenenbildung, oder der wissenschaftlichen Forschung geschieht.

Art. 5

Kein Vertragsstaat ist verpflichtet, dieses Übereinkommen auf Signale anzuwenden, die vor dem Inkrafttreten dieses Übereinkommens für den betreffenden Staat ausgestrahlt worden sind.

Art. 6

Dieses Übereinkommen darf in keiner Weise als Beschränkung oder Beeinträchtigung des Schutzes ausgelegt werden, der den Urhebern, ausübenden Künstlern, Herstellern von Tonträgern oder Sendeunternehmen durch innerstaatliche Rechtsvorschriften oder internationale Übereinkünfte gewährt wird.

Art. 7

Dieses Übereinkommen darf in keiner Weise als Beschränkung des Rechtes eines Vertragsstaats auf Anwendung seiner innerstaatlichen Rechtsvorschriften zur Verhinderung von Monopolmissbräuchen ausgelegt werden.

Art. 8

(1) Mit Ausnahme der Absätze 2 und 3 sind keine Vorbehalte zu diesem Übereinkommen zulässig.

(2) Jeder Vertragsstaat, dessen innerstaatliche Rechtsvorschriften dies am 21. Mai 1974 vorsehen, kann durch eine beim Generalsekretär der Vereinten Nationen zu hinterlegende schriftliche Notifikation erklären, dass für seine Zwecke die in Artikel 2 Absatz 1 enthaltenen Worte «für den Fall, dass das Ursprungsunternehmen Staatsangehöriger eines anderen Vertragsstaats ist» als durch die Worte «für den Fall, dass die Signale vom Hoheitsgebiet eines anderen Vertragsstaats aus ausgestrahlt werden» ersetzt angesehen werden.

(3) a) Jeder Vertragsstaat, der am 21. Mal 1974 den Schutz hinsichtlich der Verbreitung von programmtragenden Signalen durch Draht, Kabel oder andere ähnliche Verbindungsmittel an einen öffentlichen Abonnentenkreis beschränkt oder ausschliesst, kann durch eine beim Generalsekretär der Vereinten Nationen zu hinterlegende schriftliche Notifikation erklären, dass er, soweit und solange seine innerstaatlichen Rechtsvorschriften den Schutz beschränken oder ausschliessen, dieses Übereinkommen auf solche Verbreitungen nicht anwenden wird.

b) Jeder Staat, der eine Notifikation nach Buchstabe a) hinterlegt hat, hat dem Generalsekretär der Vereinten Nationen jede Änderung seiner innerstaatlichen Rechtsvorschriften, durch die der Vorbehalt nach dem genannten Buchstaben unanwendbar oder in seiner Tragweite eingeschränkt wird, innerhalb von sechs Monaten nach ihrem Inkrafttreten schriftlich zu notifizieren.

Art. 9

(1) Dieses Übereinkommen wird beim Generalsekretär der Vereinten Nationen hinterlegt. Es liegt bis zum 31. März 1975 für jeden Staat zur Unterzeichnung auf, der Mitglied der Vereinten Nationen, einer der mit den Vereinten Nationen in Beziehung gebrachten Sonderorganisationen oder der Internationalen Atomenergie-Organisation oder Vertragspartei des Statuts des Internationalen Gerichtshofs[1] ist.

(2) Dieses Übereinkommen bedarf der Ratifikation oder Annahme durch die Unterzeichnerstaaten. Es steht jedem der in Absatz 1 bezeichneten Staaten zum Beitritt offen.

(3) Die Ratifikations-, Annahme- oder Beitrittsurkunden werden beim Generalsekretär der Vereinten Nationen hinterlegt.

(4) Es besteht Einverständnis darüber, dass jeder Staat in dem Zeitpunkt, in dem er durch dieses Übereinkommen gebunden wird, nach seinen innerstaatlichen Rechts-

---

1 SR 0.193.501

vorschriften in der Lage sein muss, den Bestimmungen dieses Übereinkommens Wirkung zu verleihen.

Art. 10

(1) Dieses Übereinkommen tritt drei Monate nach Hinterlegung der fünften Ratifikations-, Annahme- oder Beitrittsurkunde in Kraft.

(2) Für jeden Staat, der dieses Übereinkommen nach Hinterlegung der fünften Ratifikations-, Annahme- oder Beitrittsurkunde ratifziert, annimmt oder ihm beitritt, tritt das Übereinkommen drei Monate nach Hinterlegung seiner Urkunde in Kraft.

Art. 11

(1) Jeder Vertragsstaat kann dieses Übereinkommen durch eine beim Generalsekretär der Vereinten Nationen zu hinterlegende schriftliche Notifikation kündigen.

(2) Die Kündigung wird zwölf Monate nach dem Tag des Eingangs der in Absatz 1 vorgesehenen Notifikation wirksam.

Art. 12

(1) Dieses Übereinkommen wird in einer Urschrift in englischer, französischer, russischer und spanischer Sprache unterzeichnet, wobei jeder Wortlaut gleichermassen verbindlich ist.

(2) Amtliche Texte werden vom Generaldirektor der Organisation der Vereinten Nationen für Erziehung, Wissenschaft und Kultur und vom Generaldirektor der Weltorganisation für geistiges Eigentum nach Konsultierung der beteiligten Regierungen in arabischer, deutscher, italienischer, niederländischer und portugiesischer Sprache hergestellt.

(3) Der Generalsekretär der Vereinten Nationen notifiziert den in Artikel 9 Absatz 1 bezeichneten Staaten sowie dem Generaldirektor der Organisation der Vereinten Nationen für Erziehung, Wissenschaft und Kultur, dem Generaldirektor der Weltorganisation für geistiges Eigentum, dein Generaldirektor des Internationalen Arbeitsamts und dem Generalsekretär der Internationalen Fernmelde-Union

i)   die Unterzeichnungen dieses Übereinkommens,

ii)   die Hinterlegung von Ratifikations-, Annahme- oder Beitrittsurkunden;

iii)   den Tag des Inkrafttretens dieses Übereinkommens nach Artikel 10 Absatz 1;

iv)   die Hinterlegung jeder Notifikation nach Artikel 2 Absatz 2 oder nach Artikel 8 Absatz 2 oder 3 sowie ihren Wortlaut;

v)   den Eingang der Notifikationen von Kündigungen.

(4) Der Generalsekretär der Vereinten Nationen übermittelt allen in Artikel 9 Absatz 1 bezeichneten Staaten zwei beglaubigte Abschriften dieses Übereinkommens.

Zu Urkund dessen *haben die hierzu gehörig bevollmächtigten Unterzeichneten dieses Übereinkommen unterschrieben.*
Geschehen zu Brüssel am 21. Mai 1974.

(Es folgen die Unterschriften)

Geltungsbereich des Übereinkommens am 18. November 2003

Vertragsstaaten	Ratifikation Beitritt (B) Nachfolgeerklärung (N)		In-Kraft-Treten	
Armenien	13. September	1993 B	13. Dezember	1993
Australien	26. Juli	1990 B	26. Oktober	1990
Bosnien und Herzegowina	12. Januar	1994 N	6. März	1992
Costa Rica	25. März	1999 B	25. Juni	1999
Deutschland*	25. Mai	1979	25. August	1979
Griechenland	22. Juli	1991 B	22. Oktober	1991
Italien*	7. April	1981	7. Juli	1981
Jamaika	12. Oktober	1999 B	12. Januar	2000
Kenia	6. Januar	1976	25. August	1979
Kroatien	26. Juli	1993 N	8. Oktober	1991
Marokko	31. März	1983	30. Juni	1983
Mazedonien	2. September	1997 N	17. November	1991
Mexiko	18. März	1976	25. August	1979
Nicaragua	1. Dezember	1975 B	25. August	1979
Österreich	6. Mai	1982	6. August	1982
Panama	25. Juni	1985 B	25. September	1985
Peru	7. Mai	1985 B	7. August	1985
Portugal	11. Dezember	1995 B	11. März	1996
Russland	20. Oktober	1988 B	20. Januar	1989
Schweiz	24. Juni	1993	24. September	1993
Serbien und Montenegro	12. März	2001 N	27. April	1992
Slowenien	3. November	1992 N	25. Juni	1991
Trinidad und Tobago*	1. August	1996 B	1. November	1996
Vereinigte Staaten	7. Dezember	1984	7. März	1985

* Vorbehalte und Erklärungen s. hiernach.

Die Vorbehalte und Erklärungen werden in der AS nicht veröffentlicht. Die französischen und englischen Texte können auf der Internet-Seite der Weltorganisation für geistiges Eigentum: www.ompi.org/treaties/index-fr.html eingesehen oder bei der Direktion für Völkerrecht, Sektion Staatsverträge, 3003 Bern, bezogen werden.

Nr. 26 Auszug aus dem Abkommen über die Rechtsstellung der Flüchtlinge

Abgeschlossen in Genf am 28. Juli 1951
Von der Bundesversammlung genehmigt am 14. Dezember 1954[1]
Schweizerische Ratifikationsurkunde hinterlegt am 21. Januar 1955
In Kraft getreten für die Schweiz am 21. April 1955
Stand am 2. Mai 2006

SR 0.142.30

Kapitel I: Allgemeine Bestimmungen

Art. 1

Definition des Begriffs «Flüchtling»

A. «Flüchtling» im Sinne dieses Abkommens ist jede Person,

1. die nach den Vereinbarungen vom 12. Mai 1926 und 30. Juni 1928 oder nach den Abkommen vom 28. Oktober 1933 und 10. Februar 1938 und des Protokolls vom 14. September 1939 oder nach der Verfassung der Internationalen Flüchtlingsorganisation als Flüchtling betrachtet wurde;

    die von der Internationalen Flüchtlingsorganisation während ihrer Tätigkeit getroffenen Entscheide über die Anerkennung eines Flüchtlings sind kein Hindernis, um einer Person, die die Bedingungen von Ziffer 2 dieses Abschnittes erfüllt, die Flüchtlingseigenschaft zuerkennen zu können;

2. die sich auf Grund von Ereignissen, die vor dem 1. Januar 1951 eingetreten sind, und aus begründeter Furcht vor Verfolgung wegen ihrer Rasse, Religion, Staatszugehörigkeit, Zugehörigkeit zu einer bestimmten sozialen Gruppe oder wegen ihrer politischen Überzeugung ausserhalb ihres Heimatlandes befindet und dessen Schutz nicht beanspruchen kann oder wegen dieser Befürchtungen nicht beanspruchen will; oder die sich als Staatenlose infolge solcher Ereignisse ausserhalb ihres Wohnsitzstaates befindet und dorthin nicht zurückkehren kann oder wegen der erwähnten Befürchtungen nicht zurückkehren will.

Wenn jemand mehr als eine Staatsangehörigkeit besitzt, wird als Heimatstaat jedes Land betrachtet, dessen Staatsangehörigkeit er besitzt. Wer nicht aus einem stichhaltigen, auf begründeter Furcht beruhenden Grunde den Schutz eines der Staaten, dessen Staatsangehörigkeit er besitzt, ablehnt, gilt nicht als des Schutzes seines Heimatstaates beraubt.

AS 1955 443; BBl 1954 II 69

    Übersetzung aus dem englischen und französischen Originaltext. Der französische Originaltext findet sich unter der gleichen Nummer in der französischen Ausgabe der SR.

[1] AS 1955 441

B. 1. Im Sinne dieses Abkommens sind unter den im Artikel 1, Abschnitt A enthaltenen Worten «Ereignisse, die vor dem 1. Januar 1951 eingetreten sind», zu verstehen:
   a) «Ereignisse, die vor dem 1. Januar 1951 in Europa eingetreten sind» oder
   b) «Ereignisse, die vor dem 1. Januar 1951 in Europa oder anderswo eingetreten sind».

Jeder vertragsschliessende Staat hat im Zeitpunkt der Unterzeichnung, der Ratifikation oder des Beitritts eine Erklärung darüber abzugeben, welche Bedeutung er dem Ausdruck mit Bezug auf seine aus diesem Abkommen übernommenen Verpflichtungen zu geben beabsichtigt.

2. Jeder vertragsschliessende Staat, der die Alternative unter Buchstabe *a* angenommen hat, kann jederzeit durch Mitteilung an den Generalsekretär der Vereinten Nationen seine Verpflichtungen durch Annahme der Alternative gemäss Buchstabe b erweitern.

C. Eine Person, auf die die Bestimmungen des Abschnittes A zutreffen, fällt nicht mehr unter dieses Abkommen,

1. wenn sie sich freiwillig wieder unter den Schutz des Landes, dessen Staatsangehörigkeit sie besitzt, gestellt hat; oder
2. wenn sie freiwillig die verlorene Staatsangehörigkeit wieder erworben hat; oder
3. wenn sie eine neue Staatsangehörigkeit erworben hat und den Schutz des neuen Heimatstaates geniesst; oder
4. wenn sie freiwillig in das Land, das sie aus Furcht vor Verfolgung verlassen oder nicht mehr betreten hat, zurückgekehrt ist und sich dort niedergelassen hat; oder
5. wenn sie nach Wegfall der Umstände, auf Grund deren sie als Flüchtling anerkannt worden ist, es nicht mehr ablehnen kann, den Schutz ihres Heimatstaates in Anspruch zu nehmen.

Diese Bestimmungen sind jedoch nicht auf die in Ziffer 1 des Abschnittes A erwähnten Flüchtlinge anwendbar, die den Schutz ihres Heimatstaates aus triftigen Gründen, die auf frühere Verfolgungen zurückgehen, ablehnen;

6. wenn sie staatenlos und nach Wegfall der Umstände, auf Grund deren sie als Flüchtling anerkannt worden ist, in der Lage ist, in das Land ihres früheren Wohnsitzes zurückzukehren;

Diese Bestimmungen sind jedoch nicht auf die in Ziffer 1 des Abschnitts A erwähnten Flüchtlinge anwendbar, die die Rückkehr in das Land ihres früheren Wohnsitzes aus triftigen Gründen, die auf frühere Verfolgungen zurückgehen, ablehnen.

D. Dieses Abkommen ist nicht anwendbar auf Personen, die zurzeit durch eine andere Organisation oder Institution der Vereinten Nationen als den Hochkommissär der Vereinten Nationen für Flüchtlinge Schutz oder Hilfe erhalten.

Wenn dieser Schutz oder diese Hilfe aus irgendeinem Grunde wegfallen, ohne dass die Stellung dieser Personen durch entsprechende Beschlüsse der Generalversammlung der Vereinten Nationen endgültig geregelt worden wäre, geniessen sie alle Rechte dieses Abkommens.

E. Dieses Abkommen ist nicht anwendbar auf Personen, welche nach Auffassung der zuständigen Behörden des Wohnsitzstaates im Besitze aller Rechte und Pflichten von Staatsangehörigen des Landes stehen.

F. Die Bestimmungen dieses Abkommens sind nicht anwendbar auf Personen, für die ernsthafte Gründe für den Verdacht bestehen:

a) dass sie ein Verbrechen gegen den Frieden, ein Kriegsverbrechen oder ein Verbrechen gegen die Menschlichkeit im Sinne der internationalen Vertragswerke begangen haben, die Bestimmungen zur Verhinderung solcher Verbrechen enthalten;

b) dass sie ein schweres Verbrechen des gemeinen Rechts ausserhalb des Gastlandes begangen haben, bevor sie dort als Flüchtling aufgenommen worden sind;

c) dass sie sich Handlungen zuschulden kommen liessen, die gegen die Ziele und Grundsätze der Vereinten Nationen gerichtet sind.

Kapitel II: Rechtsstellung

Art. 14 Geistiges und gewerbliches Eigentum

Mit Bezug auf den Schutz des gewerblichen Eigentums, insbesondere von Erfindungen, technischen Plänen, Modellen, Fabrikmarken, Handelsfirmen und den Schutz von Werken der Literatur, Kunst und Wissenschaft geniessen Flüchtlinge im Wohnsitzstaat den Schutz, der den eigenen Staatsangehörigen gewährt wird. Im Gebiet eines andern vertragsschliessenden Staates geniesst der Flüchtling den Schutz, der dort Staatsangehörigen des Landes gewährt wird, in dem er seinen gewöhnlichen Aufenthalt hat.

Nr. 27 Auszug aus dem Vertrag zwischen der Schweiz und Liechtenstein über den Anschluss des Fürstentums Liechtenstein an das schweizerische Zollgebiet

Abgeschlossen am 29. März 1923
Von der Bundesversammlung genehmigt am 21. Dezember 1923[1]
Ratifikationsurkunden ausgetauscht am 28. Dezember 1923
In Kraft getreten am 1. Januar 1924
Stand am 27. Oktober 1998

SR 0.631.112.514

Zweiter Abschnitt: Die in Liechtenstein anwendbare Bundesgesetzgebung

Art. 5

Das Fürstentum Liechtenstein wird, sofern es der Schweizerische Bundesrat als notwendig erachten sollte, für das Gebiet des Fürstentums

1. die Bundesgesetzgebung über gewerbliches, literarisches und künstlerisches Eigentum sowie alle andern bei ihrer Handhabung subsidiär anwendbaren bundesgesetzlichen Erlasse für das Gebiet des Fürstentums in Kraft setzen und die gemäss diesen Gesetzen und den auf sie bezüglichen eidgenössischen Verordnungen sich ergebende Zuständigkeit der Bundesbehörden auch für das liechtensteinische Landesgebiet anerkennen;

2. die internationalen Übereinkünfte über gewerbliches, literarisches und künstlerisches Eigentum, denen die Schweiz angehört sowie die von der Schweiz über diese Rechtsgebiete mit andern Ländern getroffenen Sondervereinbarungen im Sinne des Artikels 7 des Vertrages zur Anwendung bringen.

Die Schweizerische Eidgenossenschaft wird, falls das Fürstentum Liechtenstein seinerseits vorher den Willen bekunden sollte, die in gegenwärtigem Artikel angeführten Gesetzesbestimmungen für das liechtensteinische Gebiet anzuerkennen und die erwähnten internationalen Vereinbarungen im Fürstentum anzuwenden, zu einer entsprechenden Regelung jederzeit Hand bieten.

BS 11 160; BBl 1923 II 374, Originaltext
1   AS 39 550

Nr. 28 Bundesratsbeschluss betreffend Gegenrecht zwischen der Schweiz und den Vereinigten Staaten von Amerika über das Urheberrecht an Werken der Literatur und Kunst

vom 26. September 1924

SR 231.5

Der Schweizerische Bundesrat,

gestützt auf Artikel 6 Absatz 2 des Bundesgesetzes vom 7. Dezember 1922[1] betreffend das Urheberrecht an Werken der Literatur und Kunst,
in Anbetracht, dass die Vereinigten Staaten von Amerika den Schweizerbürgern für ihre erstmals in der Schweiz herausgegebenen Werke der Literatur, Kunst und Photographie, vorbehältlich der sich hiernach ergebenden Einschränkungen, in ähnlichem Umfang Schutz gewähren wie das hiervor erwähnte Bundesgesetz vom 7. Dezember 1922,
auf Antrag seines Justiz- und Polizeidepartementes,

beschliesst:

1. Das Bundesgesetz vom 7. Dezember 1922 betreffend das Urheberrecht an Werken der Literatur und Kunst ist von seinem Inkrafttreten, d.h. vom 1. Juli 1923 einschliesslich hinweg auf die erstmals in den Vereinigten Staaten von Amerika herausgegebenen Werke von Bürgern dieses Landes mit folgenden, dem von den Vereinigten Staaten von Amerika gewährten Gegenrecht entsprechenden Einschränkungen anwendbar:

a. von der Anwendung des genannten Bundesgesetzes ausgenommen sind die erstmals in den Vereinigten Staaten von Amerika herausgegebenen Werke der angewandten Kunst von Bürgern dieses Landes;

b. die Bestimmungen des genannten Bundesgesetzes über das Urheberrecht der Übertragung auf mechanische Instrumente (Art. 13 Abs. 1 Ziff. 2 und Abs. 2, Art. 17–21 und 58 Abs. 3) sind anwendbar auf alle musikalischen Werke von Bürgern der Vereinigten Staaten von Amerika, deren Herausgabe dem 1. Juli 1909 nachgeht und die nicht schon vor dem Datum der vom Präsidenten der Vereinigten Staaten von Amerika infolge des gegenwärtigen Beschlusses zu erlassenden Gegenrechtserklärung in der Schweiz auf mechanische Instrumente übertragen worden sind. Auf andere musikalische Werke von Bürgern der Verei-

---

BS 2 841

1 [BS 2 817; AS 1955 855. SR 231.1 Art. 79 Bst. a]. Siehe heute das Urheberrechtsgesetz vom 9. Oktober 1992 (SR 231.1).

nigten Staaten von Amerika findet Artikel 66 des genannten Bundesgesetzes entsprechende Anwendung.

2. In Anwendung von Artikel 17 Absatz 4 des Bundesgesetzes vom 7. Dezember 1922 wird die in Absatz 1 dieses Artikels für die Erlangung von Lizenzen zur Übertragung musikalischer Werke auf mechanische Instrumente festgesetzte Bedingung einer gewerblichen Niederlassung des Lizenznehmers im Inland gegenüber den Bürgern der Vereinigten Staaten von Amerika ausser Kraft gesetzt und ferner festgestellt, dass mechanische Instrumente, auf welche musikalische Werke kraft einer schweizerischen Lizenz übertragen sind, auch nach den Vereinigten Staaten von Amerika ausgeführt werden dürfen, wenn und soweit der Ausführende dort zur Übertragung auf mechanische Instrumente berechtigt ist.

Bekanntmachung des Präsidenten der Vereinigten Staaten von Amerika vom 22. November 1924

(Übersetzung des englischen Originaltextes)

Urheberrecht. – Schweiz
Durch den Präsidenten der Vereinigten Staaten von Amerika
Bekanntmachung

In Anbetracht,

dass das vom Kongress erlassene, am 4. März 1909 genehmigte Gesetz, betitelt «Gesetz zur Ergänzung und Zusammenfassung der das Urheberrecht betreffenden Erlasse», bestimmt, dass das durch das Gesetz zugesicherte Urheberrecht, mit Ausnahme der Vorteile gemäss Artikel 1 *(e)* desselben, für welche besondere Bedingungen vorgesehen sind, auf Werke, deren Urheber oder Eigentümer Bürger oder Untertanen eines fremden Staates oder einer fremden Nation sind, nur unter gewissen, im Artikel 8 des genannten Gesetzes angegebenen Bedingungen ausgedehnt werden soll, nämlich

a. Wenn ein ausländischer Urheber oder Eigentümer zur Zeit der ersten Veröffentlichung seines Werkes im Gebiet der Vereinigten Staaten niedergelassen ist, oder

b. Wenn der fremde Staat oder die fremde Nation, deren Bürger oder Untertan der Urheber oder Eigentümer ist, den Bürgern der Vereinigten Staaten durch Vertrag, Konvention, Übereinkunft oder Gesetz den Genuss des Urheberrechts auf im wesentlichen gleicher Grundlage wie den eigenen Bürgern gewährt, oder Urheberrechtsschutz gewährt, der im wesentlichen gleich ist wie der durch dieses Gesetz oder durch Vertrag den ausländischen Urhebern zugesicherte Schutz, oder wenn der betreffende fremde Staat oder die fremde Nation einer internationalen Übereinkunft angehört, die hinsichtlich des Urheberrechtsschutzes Gegenseitigkeit vorsieht und deren Bestimmungen den Vereinigten Staaten den Beitritt nach ihrem Belieben ermöglichen;

Und dass Artikel 1 *(e)* des genannten, am 4. März 1909 genehmigten Kongressgesetzes bestimmt, dass die Vorschriften des Gesetzes, «soweit sie das Urheberrecht der Überwachung der Bestandteile von zur mechanischen Wiedergabe musikalischer Werke dienenden Instrumenten zusichern, nur nach dem Inkrafttreten dieses Gesetzes veröffentlichte und unter Urheberrechtsschutz gelangte Kompositionen einschliessen sollen, nicht aber die Werke fremder Urheber oder Komponisten, wenn nicht der fremde Staat oder die fremde Nation, deren Bürger oder Untertan der betreffende Urheber oder Komponist ist, durch Vertrag, Konvention, Übereinkunft oder Gesetz den Bürgern der Vereinigten Staaten ähnliche Rechte gewährt»;

Und dass der Präsident durch genannten Artikel 8 ermächtigt ist, von Zeit zu Zeit, wie der Zweck dieses Gesetzes es erfordern mag, durch Bekanntmachung das Vorhandensein der obgenannten Gegenseitigkeitsbedingungen festzustellen;

Und dass befriedigende amtliche Zusicherungen erhalten worden sind, dass der Schweizerische Bundesrat einen vom 26. September 1924[1] datierten Beschluss erlassen hat, der bestimmt, dass Bürger der Vereinigten Staaten seit dem 1. Juli 1923 berechtigt sind, in der Schweiz für ihre Werke Urheberrecht zu erlangen, das im wesentlichen dem Schutz gleichkommt, der durch die Urheberrechtsgesetze der Vereinigten Staaten gewährt wird, einschliesslich von Rechten, die denjenigen ähnlich sind, welche Artikel 1 *(e)* des am 4. März 1909 genehmigten Urheberrechtsgesetzes der Vereinigten Staaten vorsieht,

Erkläre Ich, Calvin Coolidge, Präsident der Vereinigten Staaten von Amerika, und tue kund,

Dass auf den und nach dem 1. Juli 1923 die in den Artikeln 8 *(b)* und 1 *(e)* des Gesetzes vom 4. März 1909 näher bezeichneten Bedingungen hinsichtlich der Schweizerbürger vorhanden gewesen und erfüllt worden sind und dass Schweizerbürger seit 1. Juli 1923 auf alle Vorteile des Gesetzes vom 4. März 1909, einschliesslich des Artikels 1 *(e)* desselben und der es ergänzenden Gesetze, Anspruch haben.

Vorausgesetzt, dass der Genuss der durch das Gesetz vom 4. März 1909 und seine Ergänzungsgesetze verliehenen Rechte und Vorteile für irgendein Werk bedingt sein soll durch die Erfüllung der durch die Urheberrechtsgesetze der Vereinigten Staaten vorgeschriebenen Anforderungen und Förmlichkeiten.

Und vorausgesetzt ferner, dass die Vorschriften des Artikels 1 *(e)* des Gesetzes vom 4. März 1909, soweit sie das Urheberrecht der Überwachung der Bestandteile von zur mechanischen Wiedergabe musikalischer Werke dienenden Instrumenten zusichern, nur auf solche, nach dem 1. Juli 1909 veröffentlichte und zur Erlangung des Urheberrechts in den Vereinigten Staaten eingetragene Kompositionen anwendbar

---

1 Siehe hiervor

sein sollen, die nicht vor dem 22. November 1924 auf irgendeiner zur mechanischen Aufführung des Werkes geeigneten Einrichtung in den Vereinigten Staaten wiedergegeben worden sind.

Zu Urkund dessen habe Ich hiernach unterzeichnet und das Siegel der Vereinigten Staaten beisetzen lassen.

So geschehen in der Stadt Washington, am 22. November im Jahre eintausend neunhundert und vierundzwanzig und im hundertneunundvierzigsten Jahre der Unabhängigkeit der Vereinigten Staaten.

Nr. 29 Auszug aus dem Übereinkommen über die gerichtliche Zuständigkeit und die Vollstreckung gerichtlicher Entscheidungen in Zivil- und Handelssachen (LugÜ)

Abgeschlossen in Lugano am 16. September 1988
Von der Bundesversammlung genehmigt am 14. Dezember 1990[1]
Schweizerische Ratifikationsurkunde hinterlegt am 18. Oktober 1991
In Kraft getreten für die Schweiz am 1. Januar 1992
Stand am 1. Januar 2007

SR 0.275.11

Titel II: Zuständigkeit

1. Abschnitt: Allgemeine Vorschriften

Art. 2

Vorbehaltlich der Vorschriften dieses Übereinkommens sind Personen, die ihren Wohnsitz in dem Hoheitsgebiet eines Vertragsstaats haben, ohne Rücksicht auf ihre Staatsangehörigkeit vor den Gerichten dieses Staates zu verklagen.

Auf Personen, die nicht dem Staat, in dem sie ihren Wohnsitz haben, angehören, sind die für Inländer massgebenden Zuständigkeitsvorschriften anzuwenden.

2. Abschnitt: Besondere Zuständigkeiten

Art. 5

Eine Person, die ihren Wohnsitz in dem Hoheitsgebiet eines Vertragsstaats hat, kann in einem anderen Vertragsstaat verklagt werden,

[…]

3. wenn eine unerlaubte Handlung oder eine Handlung, die einer unerlaubten Handlung gleichgestellt ist, oder wenn Ansprüche aus einer solchen Handlung den Gegenstand des Verfahrens bilden, vor dem Gericht des Ortes, an dem das schädigende Ereignis eingetreten ist;

[…]

AS 1991 2436; BBl 1990 II 265, Originaltext
1 Art. 1 Abs. 1 des BB vom 14. Dez. 1990 (AS 1991 2435)

5. wenn es sich um Streitigkeiten aus dem Betrieb einer Zweigniederlassung, einer Agentur oder einer sonstigen Niederlassung handelt, vor dem Gericht des Ortes, an dem sich diese befindet;

[...]

9. Abschnitt: Einstweilige Massnahmen einschliesslich solcher, die auf eine Sicherung gerichtet sind

Art. 24

Die in dem Recht eines Vertragsstaats vorgesehenen einstweiligen Massnahmen einschliesslich solcher, die auf eine Sicherung gerichtet sind, können bei den Gerichten dieses Staates auch dann beantragt werden, wenn für die Entscheidung in der Hauptsache das Gericht eines anderen Vertragsstaats aufgrund dieses Übereinkommens zuständig ist.

Anhang

Nr. 30 Statuten der schweizerischen Verwertungsgesellschaften

Die Statuten können durch die jeweilige Verwertungsgesellschaft geändert werden.

Statuten der SUISA

Stand 1. Januar 2006

Schweizerische Gesellschaft für die Rechte der Urheber musikalischer Werke
Société suisse pour les droits des auteurs d'oeuvres musicales
Società svizzera per i diritti degli autori di opere musicali

Bellariastrasse 82, Postfach 782, CH-8038 Zürich,
Telefon +41 (0)44 485 66 66, Fax +41 (0)44 482 43 33

11 *bis*, av. du Grammont, CH-1007 Lausanne,
téléphone +41 (0)21 614 32 32, téléfax +41 (0)21 614 32 42

Via Soldino 9, CH-6900 Lugano,
telefono +41 (0)91 950 08 28, fax +41 (0)91 950 08 29

www.suisa.ch, E-Mail suisa@suisa.ch

Schweizerische Urheber und Urheberinnen sowie Verleger und Verlegerinnen gründeten
- am 22. Juni 1923 eine Genossenschaft mit dem Namen «MECHANLIZENZ», Schweizerische Gesellschaft für mechanische Urheberrechte;
- am 6. Juli 1924 einen Verein mit dem Namen «GEFA», Gesellschaft für Aufführungsrechte, der am 29. März 1941 in eine Genossenschaft mit dem Namen «SUISA», Schweizerische Gesellschaft für die Rechte der Urheber und Verleger, umgewandelt wurde;

und sie beschlossen am 14. Juni 1980, die beiden Genossenschaften SUISA und MECHANLIZENZ zu einer einzigen Genossenschaft SUISA zu vereinigen. Sie gaben gleichentags dieser Genossenschaft gemäss den Art. 828ff. OR Statuten, die nach verschiedenen Revisionen, letztmals am 25. Juni 2005, wie folgt lauten:

1 Name

Die Genossenschaft trägt den Namen «SUISA», Schweizerische Gesellschaft für die Rechte der Urheber musikalischer Werke; Société suisse pour les droits des auteurs d'oeuvres musicales; Società svizzera per i diritti degli autori di opere musicali; Societad svizra per ils dretgs d'auturs per ovras musicalas.

2 Sitz

Die SUISA hat ihren Sitz in Zürich.

3 Zweck

3.1 Die SUISA wahrt treuhänderisch die Rechte der Urheber und Urheberinnen von nichttheatralischen musikalischen Werken, welche ihr von den Urhebern und Urheberinnen oder ihren Verlegern und Verlegerinnen zur Verwaltung übertragen werden.

3.2 Die SUISA kann sich ferner im Sinne einer Geschäftsführung ohne Auftrag gemäss Art. 419ff. des Schweizerischen Obligationenrechts der Rechte jener Inhaber und Inhaberinnen von Urheberrechten annehmen, welche in keinen vertraglichen Beziehungen zur SUISA stehen und die nicht in der Lage sind, ihre Rechte geltend zu machen.

3.3 Die SUISA fördert und unterstützt den sozialen Schutz ihrer Mitglieder. Sie kann zu diesem Zweck eine Fürsorgestiftung einrichten. Die für die soziale Fürsorge geltenden Regeln sind in einem Fürsorgereglement zusammenzufassen.

3.4 Die SUISA fördert und unterstützt das Schaffen und die Verbreitung schweizerischer Musik. Sie kann zu diesem Zweck eine Stiftung einrichten.

3.5 Die SUISA dient den Urhebern und Urheberinnen sowie Verlegern und Verlegerinnen aller Länder.

4 Auftragsverhältnis

4.1 Die folgenden Personen – vorstehend und nachstehend gesamthaft mit «Urheber und Urheberinnen sowie Verleger und Verlegerinnen» bezeichnet – können als Auftraggebende die SUISA mit der Wahrung von Urheberrechten an nichttheatralischer Musik betrauen:
   - Komponisten, Komponistinnen, Bearbeiter und Bearbeiterinnen;
   - Textautoren, Textautorinnen, Übersetzer und Übersetzerinnen von Texten zu musikalischen Werken;
   - Verleger und Verlegerinnen;
   - Erben, Erbinnen, Rechtsnachfolger und Rechtsnachfolgerinnen von solchen Urhebern, Urheberinnen, Verlegern und Verlegerinnen.

4.2 Die Auftraggebenden übertragen der SUISA alle Rechte an ihren Werken, welche kollektiv nur unter Bundesaufsicht verwertet werden dürfen, sowie alle ihre gesetzlichen Vergütungsansprüche. Einzelheiten und die Abtretung allfälliger weiterer Rechte werden in den Mitgliederverträgen geregelt.

4.3 Die Aufträge gelten in der Regel für alle Länder. Die SUISA kann jedoch den Auftrag territorial auf das Gebiet der Schweiz und Liechtenstein sowie einzelner Länder beschränken.

4.4 Die Auftraggebenden melden ihre Werke der SUISA an und erteilen ihr alle Auskünfte, die für die Wahrnehmung ihrer Rechte erforderlich sind.

4.5 Die Auftraggebenden bezahlen der SUISA vor oder bei Abschluss des Wahrnehmungsvertrags einen einmaligen Betrag zur teilweisen Deckung der Kosten der Annahme des Auftrags.

Der Vorstand bestimmt die Höhe des Betrags.

4.6 Über die Annahme eines Auftrages entscheidet die Geschäftsleitung der SUISA. Gegen einen ablehnenden Entscheid kann ein Rekurs an den Vorstand der SUISA eingereicht werden.

4.7 Die Aufträge beginnen von jenem Tag an zu laufen, an dem die Bedingungen der Ziffern 4.1 bis 4.6 erfüllt worden sind. Sie gelten rückwirkend auf fünf Jahre, soweit die SUISA für die Auftraggebenden bereits eingenommene Entschädigungen noch nicht verteilt hat.

4.8 Nach dem Tode von Auftraggebenden ist die SUISA weiter an den Auftrag gebunden, sofern er nicht ausdrücklich von den Rechtsnachfolgern und Rechtsnachfolgerinnen widerrufen wird. Die Erben und Erbinnen haben für den Verkehr mit der SUISA einen Vertreter oder eine Vertreterin zu ernennen.

4.9 Der Auftrag kann sowohl von den Auftraggebenden als auch von der SUISA auf das Ende jedes Kalenderjahres gekündigt werden.

4.10 Der Auftrag endet mit Ablauf der Schutzdauer in allen Ländern, für welche der SUISA Rechte übertragen wurden.

4.11 Der Wechsel zu einer Schwestergesellschaft, mit der die SUISA in vertraglichen Beziehungen steht, ist jederzeit möglich.

5 Mitgliedschaft

5.1 Die SUISA nimmt alle Urheber und Urheberinnen sowie Verleger und Verlegerinnen als stimm- und wahlberechtigte Mitglieder auf, welche die folgenden Bedingungen erfüllen:

- Die Urheber und Urheberinnen oder Verleger und Verlegerinnen waren vorgängig während mindestens einem Jahr Auftraggebende der SUISA. Bei Übertritt von stimmberechtigten Mitgliedern aus Schwestergesellschaften in die SUISA kann auf diese Bedingung verzichtet werden.

- Die Entschädigungen, welche die SUISA diesen Urhebern und Urheberinnen oder Verlegern und Verlegerinnen während des Auftragsverhältnisses auszahlen konnte, übersteigen den vom Vorstand der SUISA festgesetzten und im Jahresbericht veröffentlichten Mindestbetrag.

- Die Urheber und Urheberinnen sind durch ihre Staatsangehörigkeit, ihren Wohnsitz oder auf andere Weise besonders mit der Schweiz oder Liechtenstein verbunden.

- Die Verleger und Verlegerinnen setzen in der Schweiz und in Liechtenstein eigenes Personal und eigene Mittel so wirksam ein, dass dadurch die Aufführungen, Sendungen oder Herstellungen von Ton-/Tonbildträgern mit musikalischen Werken ihres Verlagkatalogs gefördert werden.

5.2 Verlage, deren Inhaber und Inhaberinnen sich als Einzelunternehmung oder einfache Gesellschaft organisiert haben und bereits als Urheber oder Urheberin und/oder Verlag Mitglied sind, können nicht Mitglied werden.

5.3 Über die Aufnahme als Mitglied entscheidet die Geschäftsleitung. Gegen einen ablehnenden Entscheid kann Rekurs an den Vorstand der SUISA eingereicht werden.

5.4 Nach Erfüllung aller Bedingungen in Ziffer 5.1 erfolgt die Aufnahme als Mitglied auf den nächsten Jahresanfang.

5.5 Die Mitgliedschaft erlischt:

5.5.1 durch Austritt, der frühestens zwei Jahre nach dem Datum der Aufnahme möglich ist. Der Austritt ist mindestens sechs Monate vorher schriftlich anzuzeigen;

5.5.2 durch Übertritt in eine ausländische Schwestergesellschaft, mit welcher die SUISA in vertraglichen Beziehungen steht. Ein solcher Übertritt ist jederzeit möglich;

5.5.3 mit dem Tod des Mitglieds. Die Mitgliedschaft geht auf die Erben und Erbinnen über. Diese haben für den Verkehr mit der SUISA einen Vertreter oder eine Vertreterin zu ernennen;

5.5.4 durch die Umwandlung der Mitgliedschaft in ein Auftragsverhältnis, wenn die an das Mitglied ausbezahlten Entschädigungen während zehn Jahren den vom Vorstand der SUISA festgesetzten Mindestbetrag nicht erreichen;

5.5.5 durch Ausschluss, wenn ein Mitglied die mit der Mitgliedschaft verbundenen Pflichten wiederholt vernachlässigt oder Vorschriften der SUISA wiederholt zuwiderhandelt. Über den Ausschluss eines Mitglieds entscheidet der Vorstand der SUISA auf Antrag der Geschäftsleitung. Gegen diesen Entscheid steht dem Mitglied der Rekurs an die Generalversammlung der SUISA offen;

5.5.6 durch Auflösung oder Liquidation eines Personenverbandes bzw. einer juristischen Person. Die Mitgliedschaft kann auf die Rechtsnachfolger oder die Rechtsnachfolgerinnen übergehen, sofern diese die Aufnahmebedingungen erfüllen und nicht bereits Mitglied der SUISA sind. Dasselbe gilt bei Fusion und Umwandlung;

5.5.7 mit dem Übertritt eines Verlegers oder einer Verlegerin in eine Verlagsgruppe, die bereits ein SUISA-Mitglied aufweist. Der Verleger oder die Verlegerin können die SUISA aber weiterhin als Auftraggebende mit der Wahrung ihrer Rechte betrauen.

5.6 Unter Vorbehalt der Ziffern 5.5.3 und 5.5.6 ist die Mitgliedschaft nicht übertragbar.

6 Zusammenarbeit in der Schweiz und in Liechtenstein

6.1 Die SUISA arbeitet mit den Gesellschaften zusammen, die in der Schweiz oder in Liechtenstein Urheberrechte oder verwandte Schutzrechte verwalten. Sie darf gemeinsame Aufgaben für diese Gesellschaften übernehmen oder sie mit gemeinsamen Aufgaben beauftragen. Sie kann zum gleichen Zweck auch Tochtergesellschaften gründen oder Verbänden dieser Gesellschaften beitreten.

6.2 Zur Erfüllung ihrer Aufgaben darf die SUISA einzelne ihr anvertraute Rechte an schweizerische Schwestergesellschaften übertragen.

7 Internationale Zusammenarbeit

Die SUISA schliesst nach Möglichkeit Gegenseitigkeitsverträge mit ausländischen Schwestergesellschaften ab. Sie überträgt damit einerseits die Verwaltung ihres Repertoires im Ausland an ausländische Schwestergesellschaften oder Vereinigungen solcher Gesellschaften und übernimmt andererseits die Verwaltung von deren Repertoire in der Schweiz und in Liechtenstein.

8 Grundsätze für die Verwaltungstätigkeit

8.1 Allgemeines

8.1.1 Die SUISA behandelt alle ihr übertragenen Rechte nach gleichen Grundsätzen.

8.1.2 Die SUISA wacht darüber, dass die von ihr gewahrten Rechte beachtet werden. Sie darf in jenen Fällen darauf verzichten, in denen sie eine Geltendmachung aus besonderen Gründen nicht für angezeigt hält.

8.1.3 Die SUISA übt alle an sie übertragenen Rechte in eigenem Namen aus. Sie ist berechtigt, sämtliche Rechtshandlungen selbständig vorzunehmen, Prozesse zu führen und Vergleiche abzuschliessen.

8.2 Verhältnis zu den Werknutzenden

8.2.1 Die SUISA erlaubt allen Werknutzenden, die Gewähr für die Einhaltung urheberrechtlicher Verpflichtungen bieten, die ihr übertragenen Rechte gegen angemessene Entschädigung zu beanspruchen.

8.2.2 Die SUISA stellt für die verschiedenen Verwendungsarten allgemein gültige Tarife auf.

8.2.3 Die SUISA nimmt keinen Einfluss auf die Auswahl der aufzuführenden, zu sendenden oder auf Ton-/Tonbildträger aufzunehmenden Werke.

8.3 Verteilung

8.3.1 Die SUISA verteilt die eingenommenen Entschädigungen nach dem Grundsatz, dass alle Mitglieder und Auftraggebende so weit wie möglich jene Anteile erhalten, die ihre Werke eingebracht haben.

8.3.2 Die für die Verteilung der Entschädigungen geltenden Regeln sind in einem Verteilungsreglement zusammenzufassen.

8.3.3 Die Auszahlungen an die Mitglieder, die Auftraggebenden und an die Schwestergesellschaften sind mindestens einmal jährlich vorzunehmen.

Die Entschädigungen, welche der SUISA von ihren Schwestergesellschaften zufliessen, leitet sie ebenfalls mindestens einmal jährlich an ihre Mitglieder und Auftraggebenden weiter. Diese Entschädigungen werden gemäss den Reglementen der ausländischen Schwestergesellschaften verteilt.

8.3.4 Anteile, die wegen fehlender und unvollständiger Angaben über die Mitglieder und Auftraggebenden nicht ausbezahlt werden können, kommen der Gesamtheit aller Urheber und Urheberinnen sowie Verleger und Verlegerinnen zugute, deren Rechte die SUISA wahrt.

8.3.5 Die SUISA zieht von den eingenommenen Entschädigungen den zur Deckung ihrer Verwaltungskosten notwendigen Betrag ab.

Soweit in den Verträgen mit den Schwestergesellschaften nichts anderes bestimmt wird, sind die Prozentsätze der Abzüge für die Urheber und Urheberinnen sowie für die Verleger und Verlegerinnen des In- und Auslandes gleich hoch.

8.3.6 Die SUISA kann von den in der Schweiz und in Liechtenstein eingenommenen Entschädigungen abziehen:

- einen Betrag für die soziale Fürsorge ihrer Mitglieder (vgl. 3.3);
- einen Betrag für die Förderung und die Verbreitung schweizerischer Musik (vgl. 3.4).

Die beiden Beträge dürfen zusammen 10% der Entschädigungen nach Abzug der Verwaltungskosten nicht übersteigen.

Die für die soziale Fürsorge geltenden Regeln sind in einem Fürsorgereglement zusammenzufassen.

8.3.7 Die SUISA erzielt keinen Gewinn.

9 Organe

9.1 Übersicht

Die Organe der SUISA sind

- die Generalversammlung
- der Vorstand
- die Kommissionen
- die Geschäftsleitung
- der Rechtsdienst
- die Kontrollstelle

Es besteht ferner die Möglichkeit der Urabstimmung.

9.2 Die Generalversammlung

9.2.1 Die Generalversammlung ist die Versammlung aller Mitglieder.

9.2.2 Die Generalversammlung ist zuständig für:
- die Wahl des Präsidenten oder der Präsidentin und der Mitglieder des Vorstandes;
- die Bestimmung von Kommissionen sowie die Wahl der Kommissionsmitglieder;
- die Wahl der Kontrollstelle;
- die Genehmigung der Jahresberichte, der Bilanzen und Betriebsrechnungen;
- die Entlastung des Vorstandes und der Kontrollstelle;
- die Beschlussfassung über den Abzug für die soziale Fürsorge zugunsten der Mitglieder;
- die Beschlussfassung über den Abzug für die Förderung und Verbreitung schweizerischer Musik;
- die Behandlung der Rekurse von Urhebern und Urheberinnen sowie Verlegern und Verlegerinnen, die als Mitglieder ausgeschlossen wurden;
- die Änderung der Statuten;
- die Auflösung der SUISA.

9.2.3 Die ordentliche Generalversammlung findet jährlich, üblicherweise im ersten Halbjahr, statt.

Das Datum der ordentlichen Generalversammlung ist den Mitgliedern mindestens drei Monate zum Voraus mitzuteilen.

Die ordentlichen Generalversammlungen werden durch den Vorstand einberufen. Es ist schriftlich dazu einzuladen. Die Einladungen müssen mindestens zwanzig Tage vor der Versammlung versandt werden.

9.2.4 Jedes Mitglied hat eine Stimme.

Bei der Ausübung seines Stimmrechts kann sich ein Mitglied durch ein anderes Mitglied vertreten lassen. Kein Mitglied kann aber mehr als ein Mitglied vertreten.

9.2.5 Die Generalversammlung wird vom Präsidenten oder von der Präsidentin des Vorstandes geleitet.

Bei dessen oder deren Fehlen führt der Vizepräsident oder die Vizepräsidentin den Vorsitz. Ist auch dieser oder diese abwesend, so bezeichnet die Generalversammlung ein Mitglied des Vorstandes als Vorsitzenden oder Vorsitzende.

9.2.6 Ausserordentliche Generalversammlungen können jederzeit vom Vorstand oder allenfalls von der Kontrollstelle einberufen werden. Der Vorstand ist zur Einberufung verpflichtet, wenn sie von einem Zehntel der Mitglieder schriftlich oder anlässlich einer Generalversammlung durch Abstimmung verlangt und die Traktanden bezeichnet wurden.

Die Einladungen zu ausserordentlichen Generalversammlungen sind spätestens vier Wochen nach der Einreichung des Begehrens und mindestens zehn Tage vor der Versammlung zu versenden.

9.2.7 Die Verhandlungsgegenstände jeder Generalversammlung sind in der Einladung zu nennen. Wichtige Vorschläge müssen erläutert werden. Im Falle von Statutenänderungen ist der bisherige und der vorgeschlagene Wortlaut anzugeben.

9.2.8 Jede Generalversammlung ist ohne Rücksicht auf die Zahl der anwesenden Mitglieder beschlussfähig, soweit das Gesetz oder die Statuten nichts anderes vorschreiben. Die Beschlüsse werden mit dem einfachen Mehr der abgegebenen Stimmen gefasst. Enthaltungen zählen nicht als abgegebene Stimmen.

Für die folgenden Beschlüsse bedarf es der Zustimmung von zwei Dritteln der abgegebenen Stimmen:
– für die Änderung der Statuten;
– für die Auflösung der SUISA.

9.2.9 In der Regel finden die Abstimmungen und Wahlen offen statt. Wenn ein Zehntel der Anwesenden es verlangt, muss die Abstimmung oder die Wahl geheim erfolgen.

Bei Stimmengleichheit fällt der Vorsitzende oder die Vorsitzende den Stichentscheid.

9.3 Der Vorstand

9.3.1 Der Vorstand besteht aus dem Präsidenten oder der Präsidentin sowie 14 weiteren Personen.

Im Vorstand sollen sowohl Urheber und Urheberinnen als auch Verleger und Verlegerinnen angemessen vertreten sein.

9.3.2 Die Vorstandsmitglieder müssen der SUISA als Mitglied angehören. Davon ausgenommen sind Persönlichkeiten, die infolge ihrer Stellung oder ihres Fachwissens an der Tätigkeit der SUISA besonderen Anteil nehmen. Sie können, ohne weitere Bedingungen zu erfüllen, als Vorstandsmitglieder gewählt werden.

9.3.3 Jedes Vorstandsmitglied hat eine Stimme.

Die Vorstandsmitglieder können keine abwesenden Mitglieder vertreten.

9.3.4 Die Amtsdauer des Vorstandes beträgt vier Jahre. Der Präsident oder die Präsidentin und alle Mitglieder des Vorstandes sind wieder wählbar.

9.3.5 Dem Vorstand steht das Recht zur Beschlussfassung über alle Geschäfte zu, die nicht ausdrücklich anderen Organen vorbehalten sind.

Ihm obliegen vor allem:
- die Festsetzung des Betrags zur teilweisen Deckung der Kosten der Aufnahme neuer Auftraggebender;
- die Festsetzung der Minimalentschädigungen für die Aufnahme von Mitgliedern und der Ausschluss von Mitgliedern;
- die Beschlussfassung über das Verteilungsreglement;
- die Behandlung von Rekursen gegen die Entscheide der Verteilungs- und Werkkommission betreffend die Einstufung der Sendeprogramme und die Schutzfähigkeit von Werken und Bearbeitungen freier Werke;
- die Behandlung von Rekursen gegen Entscheide der Geschäftsleitung über die Ablehnung von Aufträgen und über die Nichtaufnahme von Mitgliedern;
- die Vorbereitung und Einberufung der Generalversammlung;
- die Ausführung der Beschlüsse der Generalversammlungen und Urabstimmungen;
- die Ausarbeitung der Jahresberichte;
- die Aufstellung der Bilanzen und Betriebsrechnungen;
- die Überwachung der Geschäftsführung;
- die Wahl des Vizepräsidenten oder der Vizepräsidentin;
- die Bestellung von Vorstandskommissionen;
- die Ernennung der Geschäftsleitung;
- die Ernennung des Leiters oder der Leiterin des Rechtsdienstes;
- die Bestimmung der zeichnungsberechtigten Personen und der Art ihrer Zeichnung;
- die Festsetzung der Entschädigung bzw. der Taggelder des Präsidenten oder der Präsidentin sowie der Mitglieder des Vorstandes und der Kommissionen;
- die Beschlussfassung über die Verwaltung der Rechte an anderen Werkgattungen;
- die Beschlussfassung über die Zusammenarbeitsverträge mit den anderen schweizerischen Urheberrechtsgesellschaften.

9.3.6 Die Vorstandssitzungen werden vom Präsidenten oder von der Präsidentin, bei dessen oder deren Fehlen vom Vizepräsidenten oder der Vizepräsidentin geleitet. Ist auch dieser oder diese abwesend, so bezeichnet der Vorstand eines seiner Mitglieder als Vorsitzenden oder Vorsitzende.

9.3.7 Der Vorstand versammelt sich nach Bedarf.

Der Präsident oder die Präsidentin, der Vizepräsident oder die Vizepräsidentin wie auch ein Drittel der übrigen Vorstandsmitglieder können jederzeit die dringende Einberufung des Vorstandes verlangen. Die Sitzung hat in den folgenden vier Wochen stattzufinden.

9.3.8 Die Einladungen zu den Vorstandssitzungen sind spätestens vierzehn Tage vor der Sitzung zu versenden.

9.3.9 Der Vorstand ist beschlussfähig, wenn die Mehrzahl seiner Mitglieder anwesend ist.

Alle Vorstandsbeschlüsse werden mit dem einfachen Mehr der abgegebenen Stimmen gefasst.

Enthaltungen zählen nicht als abgegebene Stimmen.

Bei Stimmengleichheit fällt der oder die Vorsitzende den Stichentscheid.

9.3.10 Der Präsident oder die Präsidentin sowie die Mitglieder des Vorstandes beziehen ein Taggeld bzw. eine feste Entschädigung. Ferner werden ihnen die Kosten für Reise und Unterkunft vergütet.

9.4 Kommissionen der Generalversammlung

9.4.1 Die Generalversammlung wählt aus den Reihen der Mitglieder der SUISA eine Verteilungs- und Werkkommission mit höchstens 22 Mitgliedern. Die Verteilungs- und Werkkommission erfüllt die folgenden Aufgaben:
   – prüft die Bestimmungen des Verteilungsreglementes und ihre Auswirkungen auf die Verteilungsergebnisse;
   – stellt dem Vorstand Anträge betreffend Änderung des Verteilungsreglements;
   – behandelt in erster Instanz Rekurse gegen Entscheide der Geschäftsleitung über die Einstufung von Sendeprogrammen und über die Schutzfähigkeit von Werken und Bearbeitungen freier Werke;
   – hat beratende Funktion hinsichtlich der Beurteilung von nicht autorisierten Umarbeitungen geschützter Werke und von Plagiaten.

9.4.2 Die Generalversammlung kann der Verteilungs- und Werkkommission weitere Aufgaben zuweisen.

9.4.3 Jedes Kommissionsmitglied hat eine Stimme. Die Kommissionsmitglieder können keine abwesenden Mitglieder vertreten.

Alle Mitglieder der SUISA können an den Kommissionsverhandlungen mit beratender Stimme teilnehmen. Davon ausgenommen ist die Behandlung von Rekursen.

9.4.4 Die Generalversammlung kann weitere Kommissionen einsetzen und deren Aufgaben bestimmen.

9.4.5 Der Präsident oder die Präsidentin und die Mitglieder des Vorstandes dürfen keiner Kommission der Generalversammlung als Mitglied angehören.

9.4.6 Die Kommissionen konstituieren sich selbst. Sie ernennen aus ihren Reihen für die ganze Amtsperiode einen Präsidenten oder eine Präsidentin und einen Vizepräsidenten oder eine Vizepräsidentin.

9.4.7 Die Kommissionen versammeln sich nach Bedarf. Ein Drittel der Kommissionsmitglieder kann jederzeit bei der Geschäftsleitung die dringende Einberufung der Kommission verlangen. Die Sitzung hat innerhalb der folgenden vier Wochen stattzufinden.

9.4.8 Zu allen Kommissionssitzungen wird von der Geschäftsleitung eingeladen. Die Einladungen zu den Kommissionssitzungen sind spätestens 14 Tage vor der Sitzung zu versenden.

9.4.9 Die Kommissionen sind ohne Rücksicht auf die Zahl der anwesenden Kommissionsmitglieder beschlussfähig.
Alle Kommissionsbeschlüsse werden mit dem einfachen Mehr der abgegebenen Stimmen gefasst. Enthaltungen zählen nicht als abgegebene Stimmen. Bei Stimmengleichheit fällt der oder die Vorsitzende den Stichentscheid.

9.4.10 Die Amtsdauer der Kommissionen beträgt vier Jahre. Alle Kommissionsmitglieder sind wieder wählbar.

9.4.11 Die Kommissionsmitglieder beziehen ein Taggeld. Ferner werden ihnen die Kosten für Reise und Unterkunft vergütet.

9.5 Die Geschäftsleitung

9.5.1 Die Geschäftsleitung kann aus einem oder mehreren Mitgliedern bestehen.

9.5.2 Die Geschäftsleitung ist gegenüber dem Vorstand für ihre Tätigkeit verantwortlich. Sie hat an sämtlichen Generalversammlungen, Vorstands- und Kommissionssitzungen beratende Stimme.
Sie bereitet alle Geschäfte des Vorstandes und der Kommissionen vor und sorgt für die Ausführung der gefassten Beschlüsse.

9.5.3 Durch Reglement kann der Vorstand Kompetenzen an die Geschäftsleitung delegieren.

9.6 Der Rechtsdienst

Unter der Aufsicht und nach den Weisungen der Geschäftsleitung führt der Rechtsdienst die Prozesse.

9.7 Die Kontrollstelle

9.7.1 Als Kontrollstelle hat eine Treuhandgesellschaft zu amtieren, die der Schweizerischen Kammer der Bücher-, Steuer- und Treuhandexperten angehört.

9.7.2 Die Kontrollstelle hat vor allem zu prüfen, ob die im Jahresbericht enthaltenen Angaben mit den Büchern der SUISA übereinstimmen, ob die Buchhaltung ordnungsgemäss geführt wird und ob die Darstellung des Geschäftsergebnisses nach den massgebenden Vorschriften sachlich richtig ist.

9.7.3 Die Amtsdauer der Kontrollstelle beträgt ein Jahr. Sie ist wieder wählbar.

9.7.4 Der Vertreter oder die Vertreterin der Kontrollstelle nimmt an allen Generalversammlungen mit beratender Stimme teil.

9.8 Die Urabstimmung

9.8.1 Wenn die SUISA mehr als 300 Mitglieder zählt, kann der Vorstand Anträge zu Verhandlungsgegenständen, die in die Zuständigkeit der Generalversammlung fallen, zur schriftlichen Urabstimmung bringen. Er ist dazu verpflichtet, wenn ein Zehntel aller Mitglieder die Urabstimmung verlangt.

9.8.2 Keine Urabstimmungen dürfen durchgeführt werden
- über bereits gefasste Beschlüsse der Generalversammlung
- über die Wahl des Präsidenten oder der Präsidentin und der Vorstandsmitglieder
- über die Änderung der Statuten
- über die Auflösung der SUISA.

9.8.3 Im Falle einer Urabstimmung sind die Anträge allen Mitgliedern mit eingeschriebenem Brief zuzustellen. Es ist ihnen eine Frist von zehn Tagen für das Ausfüllen und das Zurücksenden der Stimmzettel einzuräumen.

9.8.4 Die Beschlüsse werden mit dem einfachen Mehr der abgegebenen gültigen Stimmen gefasst. Leere Stimmzettel zählen nicht als abgegebene Stimmen.

10 Haftung

10.1 Für die Verbindlichkeiten der SUISA haftet nur deren Vermögen.

10.2 Jede persönliche Haftung der Mitglieder ist ausgeschlossen.

11 Geschäftsjahr

Das Geschäftsjahr entspricht dem Kalenderjahr.

12 Bekanntmachungen und Mitteilungen

Die Bekanntmachungen erfolgen im «Schweizerischen Handelsamtsblatt». Mitteilungen an die Mitglieder oder Auftraggebenden erfolgen durch Zirkular oder – soweit dies durch die Statuten oder das Gesetz vorgeschrieben ist – durch eingeschriebenen Brief, allenfalls durch ein gesellschaftseigenes Informationsblatt.

13 Auflösung und Liquidation

13.1 Im Falle eines Beschlusses, die SUISA aufzulösen, sind vorerst die Verteilungsarbeiten für die Einnahmen des letzten Geschäftsjahres fortzusetzen. Ferner müssen die Mittel bereitgestellt werden, um die Abrechnungsergebnisse des letzten Geschäftsjahres an Mitglieder, Auftraggebende und ausländische Schwestergesellschaften auszahlen zu können. Erst nach Auszahlung der Abrechnungsergebnisse des letzten Geschäftsjahres darf die Auflösung vorgenommen werden.

13.2 Das nach der Tilgung aller Schulden verbleibende Vermögen ist jenen landeseigenen oder internationalen Vereinigungen zu überlassen, welche sich für die Fortsetzung der von der SUISA ausgeübten Tätigkeiten einsetzen.

14 Inkrafttreten der Statuten

Diese Statuten treten am 1. Januar 2006 in Kraft.

Statuten der ProLitteris

Gültig ab 7. September 2002

Schweizerische Urheberrechtsgesellschaft für Literatur und bildende Kunst
Société suisse de droits d'auteur pour l'art littéraire et plastique
Società svizzera per i diritti degli autori d'arte letteraria e visuale
Societad svizra da dretgs d'autur per la litteratura e l'art figurativ

Universitätsstrasse 100, Postfach, CH-8033 Zürich
Telefon +41 (0)43 300 66 15, Fax +41 (0)43 300 66 68
www.prolitteris.ch, E-Mail mail@prolitteris.ch

1 Name

Unter dem Namen «ProLitteris, Schweizerische Urheberrechtsgesellschaft für Literatur und bildende Kunst», «ProLitteris, Société suisse de droits d'auteur pour l'art littéraire et plastique», «ProLitteris, Società svizzera per i diritti degli autori d'arte letteraria e visuale», «ProLitteris, Societad svizra da dretgs d'autur per la litteratura e l'art figurativ» besteht eine Genossenschaft gemäss Art. 828 ff. des Schweizerischen Obligationenrechtes.

2 Sitz

Die ProLitteris hat ihren Sitz in Zürich.

3 Zweck

3.1 Die ProLitteris wahrt die Rechte der Urheber, Urheberinnen, Verlage und anderer Rechteinhaber bzw. Rechteinhaberinnen von literarischen und dramatischen Werken sowie von Werken der bildenden Kunst und der Photographie, soweit ihr diese Rechte vertraglich zur kollektiven Wahrnehmung anvertraut werden.

3.2 Vorübergehend kann sich die ProLitteris im Sinne einer Geschäftsführung ohne Auftrag gemäss Art. 419 ff. des Schweizerischen Obligationenrechtes der Rechte jener Urheber, Urheberinnen, Verlage, Inhaber und Inhaberinnen von Urheberrechten annehmen, welche in keinen vertraglichen Beziehungen zur ProLitteris stehen und die nicht in der Lage sind, ihre Rechte selber geltend zu machen.

3.3 Die ProLitteris richtet für ihre Mitglieder eine Fürsorgestiftung ein, die zum sozialen Schutz der Urheber, Urheberinnen und Verlage beiträgt. Die für die soziale Fürsorge geltenden Regeln sind in einem Fürsorge- Reglement zusammenzufassen.

4 Mitgliedschaft

4.1 Die ProLitteris ist in vier Kammern unterteilt:

Kammer A1: Schriftsteller, Schriftstellerinnen, Urheber und Urheberinnen wortdramatischer Werke

Kammer A2: Bildende Künstler und Künstlerinnen, Photographen und Photographinnen

Kammer A3: Journalisten und Journalistinnen, wissenschaftliche Autoren und Autorinnen

Kammer E: Verlage

4.2 Mitglieder der ProLitteris können werden:
- Schriftsteller und Schriftstellerinnen
- Journalisten und Journalistinnen, wissenschaftliche Autoren und Autorinnen
- Bildende Künstler und Künstlerinnen sowie Photographen und Photographinnen
- Urheber und Urheberinnen wortdramatischer Werke
- Buchverlage
- Zeitungs- und Zeitschriftenverlage
- Kunstverlage
- Bühnen- und Musikverlage
- Rechtsnachfolger und Rechtsnachfolgerinnen sowie sonstige Inhaber und Inhaberinnen der von ProLitteris wahrgenommenen Rechte.

4.3 Bewerber und Bewerberinnen werden als Mitglieder in die ProLitteris aufgenommen, wenn sie nachweisen,
- dass sie mit der Schweiz und/oder mit dem Fürstentum Liechtenstein durch ihre Staatsangehörigkeit oder ihren Wohnsitz, bei Personenverbänden bzw. juristischen Personen durch ihren Sitz, in der Schweiz und/oder im Fürstentum Liechtenstein eng verbunden sind und
- dass die Nutzung ihrer Werke im Rahmen der an die ProLitteris abzutretenden Rechte Entschädigungsansprüche auslösen, indem Dritte ihre Werke verwenden können.

4.4 Erben und Erbinnen können als Rechtsnachfolger bzw. Rechtsnachfolgerinnen für einen verstorbenen Urheber bzw. Urheberin Mitglied der ProLitteris werden, soweit die Voraussetzungen von Ziffer 4.3 auf den Urheber oder die Urheberin zugetroffen haben. Die Erben und Erbinnen müssen gegenüber der ProLitteris einen gemeinsamen Vertreter bzw. eine Vertreterin ernennen und die erforderlichen Erbbescheinigungen einreichen.

4.5 Über die Aufnahme als Mitglied entscheidet die Geschäftsleitung der ProLitteris. Gegen einen ablehnenden Entscheid der Geschäftsleitung kann Rekurs beim Vorstand eingereicht werden.

4.6 Mit der Mitgliedschaft erklären die Bewerber und Bewerberinnen der ProLitteris im Mitgliedervertrag ihre Zugehörigkeit zu mindestens einer der vier in Art. 4.1 genannten Kammern und übertragen der ProLitteris gleichzeitig alle diejenigen Rechte an ihren Werken, welche in ihrem Mitgliedervertrag aufgeführt sind.

4.7 Für die Mitgliedschaft wird kein Beitrag erhoben.

4.8 Die Mitgliedschaft erlischt
- wenn ein Mitglied schriftlich und unter Einhaltung einer sechsmonatigen Frist seinen Austritt erklärt. Ein solcher Austritt ist frühestens ein Jahr nach dem Beginn der Mitgliedschaft und nur auf Ende eines Geschäftsjahres möglich.
- wenn der ProLitteris trotz Nachforschungen die Adresse eines Mitgliedes seit mehr als drei Jahren unbekannt ist.
- wenn die Voraussetzungen für die Mitgliedschaft nicht mehr gegeben sind.
- wenn ein Mitglied in eine ausländische Schwestergesellschaft übertritt, die denselben Zweck wie die ProLitteris verfolgt und die mit der ProLitteris in vertraglicher Beziehung steht. Ein solcher Übertritt ist jederzeit möglich.
- wenn ein Mitglied stirbt.
- wenn ein Personenverband oder eine juristische Person, der bzw. die von der ProLitteris als Mitglied vertreten wird, aufgelöst, liquidiert oder umgewandelt wird oder mit einer anderen juristischen Person fusioniert.
- Wenn ein Mitglied vom Vorstand ausgeschlossen wird, weil es die mit der Mitgliedschaft verbundenen Pflichten wiederholt vernachlässigt oder Vorschriften der ProLitteris vorsätzlich verletzt hat. Gegen den Entscheid des Vorstandes steht den Mitgliedern der Rekurs an die Generalversammlung der ProLitteris offen.

4.9 Durch das Erlöschen der Mitgliedschaft werden die dem Mitglied gewährten Vorschüsse zur Rückzahlung an die ProLitteris fällig. Des weiteren hat das ehemalige Mitglied bzw. sein Rechtsnachfolger oder seine Rechtsnachfolgerin darauf Anspruch, dass ihm die Abrechnung für das letzte Mitgliedschaftsjahr zugestellt und die ihm zustehenden Entschädigungen ausbezahlt werden.

4.10 Die Mitgliedschaft ist nicht übertragbar.

4.11 Mitglieder und Auftraggeber bzw. Auftraggeberinnen der ProLitteris können gegen Entscheide der Geschäftsleitung, von denen sie unmittelbar in ihren

Rechten und Ansprüchen betroffen worden sind, innert 30 Tagen seit Kenntnis beim Vorstand Rekurs einreichen.

5 Aufträge

5.1 In besonderen Fällen kann die ProLitteris Auftragsverhältnisse eingehen.

5.2 Mit Ausnahme des aktiven und passiven Stimm- und Wahlrechts besitzen die Auftraggeber und Auftraggeberinnen die gleichen Rechte und Pflichten wie die Mitglieder.

5.3 Die besonderen Bestimmungen für die Auftragsverhältnisse richten sich nach den jeweiligen Auftragsverträgen zwischen Auftraggeber bzw. Auftraggeberin und ProLitteris.

6 Zusammenarbeit in der Schweiz und im Ausland

6.1 Die ProLitteris ist bestrebt, mit den inländischen Urheberrechtsgesellschaften zusammen zu arbeiten, soweit dies im Interesse der Mitglieder und Auftraggeber bzw. Auftraggeberinnen der ProLitteris liegt.

6.2 Für die Wahrnehmung der Rechte ihrer Mitglieder und Auftraggeber im Ausland kann die ProLitteris die ihr anvertrauten Rechte an ausländische Schwestergesellschaften übertragen.

6.3 Die ProLitteris kann internationalen Verbänden beitreten.

7 Grundsätze der Verwaltungstätigkeit

7.1 Allgemeines

7.1.1 Die ProLitteris behandelt alle ihr anvertrauten Rechte nach gleichen Grundsätzen.

7.1.2 Die ProLitteris wacht darüber, dass die ihr anvertrauten Rechte allenorts beachtet werden. In jenen Fällen, in denen sie eine Geltendmachung aus besonderen Gründen nicht für angezeigt hält, verzichtet sie darauf (beispielsweise krasses Missverhältnis zwischen Aufwand und Ertrag).

7.1.3 Die ProLitteris übt alle ihr anvertrauten Rechte im eigenen Namen aus. Sie ist berechtigt, sämtliche Rechtshandlungen selbständig vorzunehmen, insbesondere Prozesse zu führen.

7.2 Verhältnis zu den Werknutzern

7.2.1 Die ProLitteris sorgt dafür, dass die urheberrechtlichen Pflichten, die mit der Verwendung der von ihr betreuten Werke zusammenhängen, von jedermann mit einem Mindestmass an Umtrieben erfüllt werden können.

7.2.2 Die ProLitteris erlaubt jedem Nutzer und jeder Nutzerin gegen angemessene Entschädigung, alle von ihr betreuten Werke im Rahmen der ihr abgetretenen Rechte zu verwenden. Jede Erlaubnis ist mit dem ausdrücklichen Hinweis verbunden, dass die in Frage stehenden Werke nur unverändert an die Öffentlichkeit gebracht und dass Änderungen und Kürzungen nur im Einverständnis mit den betreffenden Urhebern, Urheberinnen und Verlagen vorgenommen werden dürfen.

7.2.3 Die ProLitteris kann die Erlaubnis verweigern, wenn Gefahr besteht, dass der Nutzer bzw. die Nutzerin nicht die nötige Sorgfalt im Umgang mit den in Frage stehenden Werken aufwendet oder wenn er keine ausreichende Gewähr für die Zahlung der Entschädigungen bietet.

7.2.4 Die ProLitteris stellt für die verschiedenen Verwendungsarten Tarife auf.

7.2.5 Die ProLitteris enthält sich jeden Einflusses auf die Auswahl der zu verwendenden Werke.

7.3 Verteilung

7.3.1 Die ProLitteris sorgt dafür, dass im Prinzip jeder Berechtigte und jede Berechtigte jene Anteile erhalten, welche die Nutzung ihrer Werke eingebracht hat.

Ist die Verteilung mit einem unzumutbaren Aufwand verbunden, so kann die ProLitteris das Ausmass des Ertrages schätzen. Die Schätzungen müssen auf überprüfbaren und sachgerechten Gesichtspunkten beruhen.

7.3.2 Die für die Verteilung der Entschädigung geltenden Regeln sind in einem Verteilungsreglement zusammenzufassen.

7.3.3 Die ProLitteris führt die Verteilungsarbeiten so rasch als möglich durch. Die Auszahlungen an die Berechtigten sind mindestens einmal im Jahr vorzunehmen.

7.3.4 Anteile, welche infolge fehlender oder unvollständiger Angaben über die Berechtigten eines Werkes nicht ausbezahlt werden können, werden zurückgestellt. Sofern die Berechtigten innerhalb eines Jahres nach Rückfrage und Abklärungen durch die ProLitteris nicht ermittelt werden können, kommen deren Anteile allen Urhebern, Urheberinnen und Verlagen sowie sonstigen Inhabern und Inhaberinnen von Urheberrechten, deren Recht die ProLitteris wahrnimmt, zu Gute.

7.3.5 Der zur Deckung der Gesamtverwaltungskosten notwendige Betrag wird vor der Verteilung vom Gesamtverwertungserlös abgezogen. Dabei werden die einzelnen Aufwendungen, welche die ProLitteris für die Wahrnehmung der verschiedenen Teilrechte benötigt, soweit möglich gesondert berechnet und vom Verwertungserlös abgezogen. Diese Aufschlüsselung der Verwaltungskosten soll aus der Jahresrechnung der ProLitteris ersichtlich sein. Die gesamten Verwaltungskosten sollten einen Viertel der Gesamtentschädigungen nicht übersteigen.

7.3.6 Die ProLitteris zieht von den eingenommenen Entschädigungen 10 % für die Fürsorgestiftung der ProLitteris ab. Eine Ausnahme bildet der Fall, in welchem eine ausländische Schwestergesellschaft, die mit der ProLitteris einen Gegenseitigkeitsvertrag unterhält, für ihre Sozialfürsorge von den an die ProLitteris zu überweisenden Entschädigungen mehr als 10 % abzieht. Die ProLitteris ist hier berechtigt, im Rahmen desselben Rechts entsprechend höhere Abzüge vorzunehmen.

Im weiteren zieht die ProLitteris von der den Mitgliedern, Auftraggebern und Auftraggeberinnen zu Gute kommenden Ausschüttungssumme einen Betrag von höchstens Fr. 50'000.– ab, der für kulturelle Zwecke verwendet wird.

7.3.7 Die ProLitteris erzielt keinen Gewinn.

8 Organe

Die Organe der ProLitteris sind:
- die Generalversammlung
- der Vorstand
- die Kontrollstelle
- die Geschäftsleitung

8.1 Die Generalversammlung

8.1.1 Die Generalversammlung ist die Versammlung der Mitglieder der ProLitteris.

8.1.2 Der Generalversammlung stehen die folgenden Befugnisse zu:
- die Genehmigung der Betriebsrechnung, der Bilanz und des Jahresberichtes
- die Entlastung des Vorstandes
- die Wahl des Präsidenten bzw. der Präsidentin und der Mitglieder des Vorstandes
- die Wahl der Kontrollstelle
- die Behandlung von Rekursen
- die Beschlussfassung über Änderungen des Fürsorge-Reglementes
- die Beschlussfassung über Änderungen der Statuten
- die Beschlussfassungen über Fusion, Auflösung und Liquidation der ProLitteris.

8.1.3 Die ordentliche Generalversammlung findet jährlich statt. Sie wird schriftlich mindestens zehn Wochen vor der Versammlung den Mitgliedern in Form einer Einladung, unter Angabe der vorgesehenen Traktanden, angezeigt.

Anträge von Mitgliedern zur Traktandenliste müssen spätestens sechs Wochen vor der Versammlung schriftlich vorliegen.

Die definitive Tagesordnung samt den notwendigen Unterlagen wird den Mitgliedern spätestens vierzehn Tage vor der Generalversammlung zugestellt.

8.1.4 Jedes Mitglied hat in der Generalversammlung eine Stimme. Zusätzlich verfügt jedes Mitglied über das Stimmrecht in jeder Kammer, der es angehört. Stellvertretung ist ausgeschlossen.

8.1.5 Die Generalversammlung wird vom Präsidenten bzw. der Präsidentin geleitet. Bei dessen bzw. deren Fehlen führt der Vizepräsident bzw. die Vizepräsidentin den Vorsitz. Sind auch diese abwesend, so bezeichnet die Generalversammlung ein Mitglied des Vorstandes als Vorsitzenden bzw. als Vorsitzende.

8.1.6 Ausserordentliche Generalversammlungen können jederzeit vom Vorstand oder durch die Kontrollstelle einberufen werden. Der Vorstand ist zur Einberufung verpflichtet, wenn sie von einem Zehntel der Mitglieder schriftlich oder anlässlich einer Generalversammlung durch Mehrheitsbeschluss verlangt wird und die zu behandelnden Gegenstände bezeichnet werden. Die Einladungen zu ausserordentlichen Generalversammlungen sind spätestens vier Wochen nach der Einreichung des Begehrens und mindestens zehn Tage vor der Versammlung zu versenden.

8.1.7 Die Verhandlungsgegenstände jeder Generalversammlung sind in der definitiven Tagesordnung zu bezeichnen. Wichtige Vorschläge müssen erläutert werden.

8.1.8 Jede Generalversammlung ist ohne Rücksicht auf die Zahl der anwesenden Mitglieder beschlussfähig.

8.1.9 An der Generalversammlung darf nur über Verhandlungsgegenstände beschlossen werden, die in der definitiven Tagesordnung angekündigt worden sind, ausser über einen Antrag zur Einberufung einer weiteren Generalversammlung. Zur Unterbreitung von Vorschlägen und Anregungen ohne Beschlussfassung bedarf es keiner vorgängigen Ankündigung.

8.1.10 Mit der Ausnahme der unter Ziffer 8.1.11 aufgeführten Abstimmungen werden Beschlüsse der Generalversammlung mit dem einfachen Mehr der abgegebenen Stimmen gefasst. Enthaltungen zählen als nicht abgegebene Stimmen.

8.1.11 Für Beschlüsse über

– Änderungen des Fürsorge-Reglementes
– Änderungen der Statuten
– Fusion, Auflösung und Liquidation

bedarf es der Zustimmung von zwei Dritteln der abgegebenen Stimmen, und wenn es eine Kammer (mit der Mehrheit der abgegebenen Stimmen) verlangt, der Zustimmung jeder der unter Ziffer 4.1 aufgeführten Kammern.

Der Vorstand ist verpflichtet, bei Beschlüssen über Änderungen des Fürsorge-Reglementes und der Statuten, sowie über Fusion, Auflösung und Liquidation eine Urabstimmung durchzuführen, sofern dies 100 Mitglieder verlangen.

8.1.12 In der Regel finden die Abstimmungen über Sachfragen und Wahlen offen statt. Wenn 20 Mitglieder oder der Vorstand es verlangen, muss die Abstimmung geheim erfolgen.

8.1.13 Bei Wahlen entscheidet im ersten und zweiten Wahlgang das absolute Mehr, im dritten das relative Mehr.

8.2 Der Vorstand

8.2.1 Der Vorstand besteht aus dem Präsidenten bzw. der Präsidentin, zwei Vizepräsidenten bzw. Vizepräsidentinnen und maximal 9 weiteren Mitgliedern.

8.2.2 Die 12 Vorstandsmitglieder werden in folgende 7 Urheber- und Verlegergruppen unterteilt:

Gruppe A1:	Schriftsteller und Schriftstellerinnen
Gruppe A2:	Bildende Künstler und Künstlerinnen, Photographen und Photographinnen
Gruppe A3:	Journalisten und Journalistinnen, wissenschaftliche Autoren und Autorinnen
Gruppe A4:	Urheber und Urheberinnen wortdramatischer Werke
Gruppe E1:	Buch- und Kunstverlage
Gruppe E2:	Zeitungs- und Zeitschriftenverlage
Gruppe E3:	Bühnen- und Musikverlage

8.2.3 Die in Ziffer 8.2.2 aufgeführten Vorstandsgruppen haben Anspruch auf folgende Anzahl Vorstandssitze:

Gruppe A1:	2 Sitze
Gruppe A2:	2 Sitze
Gruppe A3:	2 Sitze
Gruppe A4:	1 Sitz
Gruppe E1:	3 Sitze
Gruppe E2:	1 Sitze
Gruppe E3:	1 Sitz

(Vgl. Ziffer 8.2.12 betr. Vetorecht der einzelnen Vorstandsgruppen)

8.2.4 Alle Vorstandsmitglieder müssen der ProLitteris als Mitglieder angehören und in der Schweiz wohnen. Für Funktionäre schweizerischer Verbände gilt die Voraussetzung der Mitgliedschaft bei der ProLitteris nicht.

8.2.5 Die Mehrheit der Vorstandsmitglieder muss aus Schweizerbürgerinnen und -bürgern bestehen.

Die vier Sprachregionen müssen im Vorstand angemessen vertreten sein.

8.2.6 Jedes Vorstandsmitglied hat eine Stimme. Die Vorstandsmitglieder können keine abwesenden Mitglieder vertreten.

8.2.7 Die Amtsdauer des Vorstandes beträgt vier Jahre. Die Vorstandsmitglieder sind wiederwählbar. Die Amtsdauer des Präsidenten bzw. der Präsidentin beträgt zwei Jahre. Sie sind für drei weitere Amtsperioden wählbar. Die Amtsdauer der Vizepräsidenten bzw. der Vizepräsidentinnen beträgt vier Jahre. Sie sind wiederwählbar. Die Amtsdauer von Vorstandsmitgliedern, welche innerhalb einer vierjährigen Wahlperiode in den Vorstand gewählt werden, ist entsprechend kürzer und endet mit Ablauf der jeweiligen ordentlichen Wahlperiode des Vorstandes. Diese Bestimmung gilt sinngemäss auch für das Amt des Präsidenten bzw. der Präsidentin und der Vizepräsidenten bzw. Vizepräsidentinnen.

8.2.8 Dem Vorstand steht das Recht zur Beschlussfassung über alle Geschäfte zu, die nicht ausdrücklich anderen Organen vorbehalten sind. Ihm obliegen vor allem:
- die Beschlussfassung über das Verteilungsreglement
- die Behandlung von Rekursen gegen Entscheide der Geschäftsleitung
- die Vorbereitung und Einberufung der Generalversammlung
- die Ausführung der Beschlüsse der Generalversammlung
- die Aufstellung der Bilanzen und Betriebsrechnungen, insbesondere auch die Überwachung der Verwaltungskosten gemäss Ziffer 7.3.5
- die Wahl der Vizepräsidenten bzw. der Vizepräsidentinnen
- die Bestellung von Vorstandsausschüssen und anderen Kommissionen
- die Ernennung und Überwachung der Geschäftsleitung
- die Bestimmung der zeichnungsberechtigten Personen und die Art ihrer Zeichnung
- die Beschlussfassung über die Mitgliederverträge
- die Beschlussfassung über Zusammenarbeitsverträge mit anderen schweizerischen Urheberrechtsgesellschaften und ausländischen Schwestergesellschaften
- die Festsetzung der Entschädigung des Präsidenten bzw. der Präsidentin und des Taggeldes für die Mitglieder des Vorstandes, der Vorstandsausschüsse und der Kommissionen
- die Beschlussfassung über das Vorstandsreglement
- die Beschlussfassung über die Verwendung des Betrages für kulturelle Zwecke gemäss Ziffer 7.3.6

8.2.9 Die Vorstandssitzungen werden vom Präsidenten bzw. von der Präsidentin, bei deren Fehlen von einem oder einer der beiden Vizepräsidenten bzw. Vizepräsidentinnen geleitet.

8.2.10 Der Vorstand besammelt sich nach Bedarf. Auf Verlangen des Präsidenten bzw. der Präsidentin, eines Vizepräsidenten bzw. einer Vizepräsidentin oder dreier Vorstandsmitglieder hat innert vier Wochen eine Vorstandssitzung stattzufinden.

8.2.11 Der Vorstand ist beschlussfähig, wenn die Mehrzahl seiner Mitglieder anwesend ist.

8.2.12 Vorstandsbeschlüsse über
- das Verteilungsreglement
- die Mitgliederverträge
- die Zusammenarbeitsverträge mit anderen schweizerischen Urheberrechtsgesellschaften
- die Gegenseitigkeitsverträge mit ausländischen Schwestergesellschaften
- das Vorstandsreglement

sind nur dann rechtsgültig, wenn ihnen zwei Drittel der anwesenden Vorstandsmitglieder und je die Mehrheit der anwesenden Urheber- und Verlegervertreter der einzelnen Gruppen zustimmen.

8.2.13 Der Vorstand kann zur Vorbereitung bestimmter Geschäfte, insbesondere in Angelegenheiten der Tarifgestaltung und Verteilungsreglemente, beratende Kommissionen einsetzen.

8.2.14 Die Mitglieder des Vorstands beziehen für ihre ordentlichen und ausserordentlichen Sitzungen und offiziellen Besprechungen ein Taggeld. Mit diesem ist nicht nur die Präsenzzeit an den Sitzungen, sondern auch der Aufwand für die Sitzungsvorbereitungen abgegolten. Ferner werden den Vorstandsmitgliedern alle Kosten für Reise und Unterkunft im Zusammenhang mit Tätigkeiten für die ProLitteris sowie sonstige ausgewiesene Spesen vergütet.

8.2.15 Bei Stimmengleichheit steht dem bzw. der Vorsitzenden der Stichentscheid zu.

8.2.16 Die für den Vorstand geltenden Regeln sind in einem Vorstandsreglement zusammenzufassen.

8.3 Die Kontrollstelle

8.3.1 Als Kontrollstelle hat eine Treuhandgesellschaft zu amten, die der Treuhand-Kammer angehört.

8.3.2 Die Kontrollstelle hat vor allem zu prüfen, ob die in der Jahresrechnung enthaltenen Angaben mit den Büchern der ProLitteris übereinstimmen, ob die Buchhaltung ordnungsgemäss geführt wird und ob die Darstellung des Geschäftsergebnisses nach den massgebenden Vorschriften sachlich richtig ist.

8.3.3 Die Amtsdauer der Kontrollstelle beträgt zwei Jahre. Sie ist wiederwählbar.

8.3.4 Der Vertreter bzw. die Vertreterin der Kontrollstelle nimmt an allen Generalversammlungen mit beratender Stimme teil.

8.4 Die Geschäftsleitung

8.4.1 Die Geschäftsleitung kann einem Direktor bzw. einer Direktorin oder einer Direktion mit mehreren Mitgliedern übertragen werden, welche nicht Mitglieder der ProLitteris zu sein brauchen.

8.4.2 Die Direktion ist dem Vorstand für ihre Tätigkeit verantwortlich. Sie nimmt an sämtlichen Generalversammlungen, Vorstands- und Kommissionssitzungen mit beratender Stimme teil.

8.4.3 Die Geschäftsleitung vertritt die ProLitteris gerichtlich und aussergerichtlich. Im weiteren bereitet sie alle Geschäfte des Vorstandes, der Vorstandsausschüsse und der Kommissionen vor und sorgt für die Ausführung der gefassten Beschlüsse.

8.4.4 Die weiteren Pflichten, Aufgaben und Kompetenzen der Geschäftsleitung sind in einer Geschäftsordnung geregelt, welche der Genehmigung des Vorstandes bedarf.

9 Haftung

9.1 Für die Verbindlichkeiten der ProLitteris haftet nur deren Vermögen.

9.2 Jede persönliche Haftung der Mitglieder ist ausgeschlossen.

10 Geschäftsjahr

Das Geschäftsjahr stimmt mit dem Kalenderjahr überein.

11 Bekanntmachungen

Die im Gesetz vorgeschriebenen Bekanntmachungen erfolgen im Schweizerischen Handelsamtsblatt.

12 Auflösung und Liquidation

12.1 Im Falle eines Beschlusses, die ProLitteris aufzulösen, sind vorerst die Verteilungsarbeiten für die Einnahmen des letzten Geschäftsjahres fortzusetzen. Ferner müssen die Mittel bereitgestellt werden, um die Abrechnungsergebnisse des letzten Geschäftsjahres an die Mitglieder, Auftraggeber und Schwestergesellschaften auszahlen zu können. Erst nach der Auszahlung der Abrechnungsergebnisse des letzten Geschäftsjahres darf die Auflösung vorgenommen werden.

12.2 Das nach der Tilgung aller Schulden verbleibende Vermögen ist jenen landeseigenen oder internationalen Vereinigungen zuzuwenden, welche sich für die Fortsetzung der von der ProLitteris ausgeübten Tätigkeit einsetzen.

13 Inkrafttreten

Diese von der Generalversammlung vom 7. September 2002 angenommenen Statuten treten am 7. September 2002 in Kraft.

Statuten der SUISSIMAGE

vom 2. Juni 1981
revidiert am 29. April 1988, am 26. April 1996, am 30. April 1998 und am 29. April 2005

Schweizerische Gesellschaft für die Urheberrechte an audiovisuellen Werken
Société suisse pour la gestion des droits d'auteurs d'oeuvres audiovisuelles
Società svizzera per la gestione dei diritti d'autore di opere audiovisive

Neuengasse 23, CH-3001 Bern
Telefon +41 (0)31 313 36 36, Fax +41 (0)31 313 36 37
E-Mail mail@suissimage.ch

Bureau romand: Maupas 2, CH-1004 Lausanne
téléphone +41 (0)21 323 59 44, téléfax +41 (0)21 323 59 45
E-Mail lane@suissimage.ch

www.suissimage.ch

Der Verband Schweizerischer Filmgestalter, der Interverband für Film- und Audiovision, der Schweizerische Filmverleiher-Verband und der Schweizerische Video-Verband gründeten am 2. Juni 1981 die Genossenschaft «SUISSIMAGE, Schweizerische Gesellschaft für die Urheberrechte an audiovisuellen Werken». Sie gaben gleichentags dieser Genossenschaft gemäss den Artikeln 828 ff. des Schweizerischen Obligationenrechts (OR) die folgenden Statuten:

1 Name und Sitz

Unter dem Namen «SUISSIMAGE, Schweizerische Gesellschaft für die Urheberrechte an audiovisuellen Werken» besteht mit Sitz in Bern auf unbestimmte Dauer eine Genossenschaft nach Art. 828 ff. OR.

2 Zweck

2.1 [1] SUISSIMAGE wahrt die Rechte der Urheber und Urheberinnen von audiovisuellen Werken sowie der Inhaber und Inhaberinnen von Urheberrechten an audiovisuellen Werken, die ihr zur kollektiven Verwertung im Rahmen der vorliegenden Statuten übertragen werden.

[2] Im Sinn einer Geschäftsführung ohne Auftrag gemäss Art. 419 ff. OR nimmt sie nach Möglichkeit auch die Rechte jener Urheber und Urheberinnen sowie Inhaber und Inhaberinnen von Urheberrechten wahr, die nicht in der Lage sind, sie selber geltend zu machen.

[3] Daneben kann SUISSIMAGE auch Rechte weiterer Berechtigter an audiovisuellen Werken wahrnehmen.

⁴ Neben der konkreten Rechtewahrnehmung setzt sich SUISSIMAGE überdies ganz allgemein für die Belange von Film und anderen audiovisuellen Werken sowie für Urheberrechte und verwandte Schutzrechte ein, sei dies allein oder durch Beteiligung an anderen Unternehmungen.

2.2 Mit ihrer Tätigkeit dient SUISSIMAGE den Urhebern und Urheberinnen von audiovisuellen Werken, den Inhabern und Inhaberinnen von Urheberrechten sowie weiteren Berechtigten an audiovisuellen Werken in allen Ländern, insbesondere aber in der Schweiz.

2.3 ¹ SUISSIMAGE beachtet bezüglich der ihr übertragenen Rechte den Grundsatz einer rechtsgleichen Behandlung.

² Sie sorgt dafür, dass diese Rechte nach ökonomischen und rationellen Grundsätzen wahrgenommen werden.

2.4 SUISSIMAGE kann ihre Aufgaben gemeinsam mit anderen Vereinigungen erfüllen, die sich ähnlichen Aufgaben widmen. Die Befugnis zur Festsetzung ihrer Tarife und Verteilungsbestimmungen muss SUISSIMAGE verbleiben.

3 Mitgliedschaft

3.1 Mitglieder von SUISSIMAGE können werden:
- a) die Urheber und Urheberinnen eines audiovisuellen Werkes, d.h.
  - der Dialog- und/oder Drehbuchautor bzw. die Dialog- und/oder Drehbuchautorin sowie
  - der Regisseur bzw. die Regisseurin;
- b) die Inhaber und Inhaberinnen von derivativen Urheberrechten an audiovisuellen Werken, d.h.
  - die Produzentin des Werkes sowie
  - andere Rechteinhaber und Rechteinhaberinnen wie Filmverleiher oder Filmverleiherinnen etc.
- c) Weiter können jene Mitwirkenden an einem Filmwerk (z.B. Hauptverantwortliche für Kamera oder Schnitt u.Ä.) als Miturheber Mitglied von SUISSIMAGE werden, welche bezüglich mindestens einer Filmproduktion die Leistung eines urheberrechtlich relevanten Beitrages nachweisen können.

3.2 ¹ Bewerber und Bewerberinnen werden in SUISSIMAGE aufgenommen, wenn sie nachweisen,
- dass sie einen besonderen Bezug zur Schweiz aufweisen, wie insbesondere Wohnsitz, Sitz oder Nationalität, und
- dass ihre Werke im Rahmen der an SUISSIMAGE abzutretenden Rechte Verwendung finden.

²Firmen, die von ihrem Geschäftszweck her nicht im Film- und AV-Bereich tätig sind, können ihre Rechte im Auftragsverhältnis wahrnehmen lassen, aber nicht Mitglied von SUISSIMAGE werden.

3.3 ¹ Über die Aufnahme von Mitgliedern entscheidet die Geschäftsleitung.

² Ablehnende Entscheide können an den Vorstand weitergezogen werden.

³ Die Aufnahme kann jederzeit aufgrund einer schriftlichen Anmeldung erfolgen.

3.4 ¹ Mit der Mitgliedschaft übertragen die Mitglieder SUISSIMAGE
- alle jene Rechte, deren Verwertung das Gesetz der obligatorischen Kollektivverwertung unterstellt, sowie
- alle jene Rechte, die im Mitgliedervertrag oder in der Werkanmeldung aufgeführt und vom Mitglied im konkreten Fall nicht ausdrücklich ausgenommen worden sind.

² Solange SUISSIMAGE in einem Bereich noch untätig ist, bleibt die Wahrnehmung des entsprechenden Rechts dem einzelnen Mitglied vorbehalten.

3.5 Die Mitgliedschaft bei SUISSIMAGE ist unentgeltlich. Die Mitglieder verpflichten sich zur Anmeldung der Werke, an denen sie beteiligt sind.

3.6 Die Mitgliedschaft erlischt:
- durch Austritt, der frühestens ein Jahr nach der Aufnahme auf das Jahresende hin möglich und sechs Monate im Voraus schriftlich mitzuteilen ist;
- durch Ausschluss, der vom Vorstand beschlossen werden kann, wenn ein Mitglied den Vorschriften von SUISSIMAGE wiederholt zuwiderhandelt; dem/der Ausgeschlossenen steht das Weiterzugsrecht an die Generalversammlung zu;
- durch Beitritt zu einer Organisation, die als solche bereits Mitglied von SUISSIMAGE ist;
- durch Ableben; die Erben und Erbinnen können die Urheberrechte des verstorbenen Mitgliedes im Auftragsverhältnis wahrnehmen lassen (Ziff. 5.1);
- bei Auflösung einer juristischen Person oder einer Kollektiv- oder Kommanditgesellschaft; die Mitgliedschaft geht aber im Falle einer liquidationslosen Übernahme, einer Fusion oder einer Umwandlung auf die Firmennachfolgerin über, sofern diese die Voraussetzungen für die Mitgliedschaft auch erfüllt.

3.7 SUISSIMAGE kann die Mitgliedschaft in ein Auftragsverhältnis umwandeln, wenn der an das Mitglied ausbezahlte Verwertungserlös während zehn Jahren einen vom Vorstand festgesetzten Mindestbetrag nicht erreicht.

4 Haftung der Genossenschafter

Für die Verbindlichkeiten der Genossenschaft haftet ausschliesslich das Genossenschaftsvermögen. Eine persönliche Haftung besteht nicht.

5 Auftrag

5.1 ¹ Auftraggeber von SUISSIMAGE können sein:
- Urheber oder Urheberinnen von audiovisuellen Werken,
- Inhaber oder Inhaberinnen von Urheberrechten an audiovisuellen Werken,
- weitere Berechtigte an audiovisuellen Werken, welche die Voraussetzungen der Mitgliedschaft nicht oder nicht mehr erfüllen, sowie
- Erben und Erbinnen von Urhebern und Urheberinnen sowie weitere natürliche oder juristische Personen, auf welche Rechte aus der Erbschaft übergehen, wobei diese gegenüber SUISSIMAGE eine gemeinsame Vertretung zu bestimmen haben.

² SUISSIMAGE ist nicht verpflichtet, die Rechte eines/einer Berechtigten im Auftragsverhältnis wahrzunehmen, falls es im Lande seines/ihres Sitzes oder Wohnsitzes eine Schwestergesellschaft gibt, die einen Wahrnehmungsvertrag mit SUISSIMAGE abgeschlossen hat und über die er seine bzw. sie ihre Rechte bei SUISSIMAGE geltend machen könnte.

5.2 ¹ Mit der Auftragserteilung erwirbt SUISSIMAGE
- alle jene Rechte, deren Verwertung das Gesetz der obligatorischen Kollektivverwertung unterstellt, sowie
- alle jene Rechte, die im Auftrag oder in der Werkanmeldung aufgeführt und vom Auftraggeber im konkreten Fall nicht ausdrücklich ausgenommen worden sind.

² Solange SUISSIMAGE in einem Bereich noch untätig ist, bleibt die Wahrnehmung des entsprechenden Rechts dem einzelnen Auftraggeber vorbehalten.

5.3 Über die Annahme eines Auftrages entscheiden die Mitglieder der Geschäftsleitung unter Vorbehalt des Weiterzuges an den Vorstand.

5.4 ¹ Nach dem Ableben eines Auftraggebers nimmt SUISSIMAGE seine Rechte weiterhin wahr, sofern der Auftrag von den Erben nicht widerrufen wird. Die Erbengemeinschaft hat eine gemeinsame Vertretung zu bestimmen und SUISSIMAGE mitzuteilen.

² Analoges gilt bei der Auflösung einer juristischen Person oder einer Kollektiv- oder Kommanditgesellschaft.

5.5 Das Auftragsverhältnis erlischt:
- wenn die von SUISSIMAGE wahrgenommenen Rechte erloschen sind oder der Anteil am Verwertungserlös unter einen vom Vorstand festzusetzenden Mindestbetrag gesunken ist;

– durch Kündigung auf das Jahresende hin, die dem Vertragspartner mindestens sechs Monate vorher schriftlich mitzuteilen ist.

6 Verwertung und Verteilung

6.1 SUISSIMAGE nimmt alle jene Rechte ihrer Mitglieder und Auftraggeber an audiovisuellen Werken wahr, die ihr von den Berechtigten übertragen werden und deren Wahrnehmung vom Vorstand oder von der Generalversammlung beschlossen wird, in jedem Falle aber jene Rechte, für welche die Gesetzgebung zwingend eine kollektive Wahrnehmung vorsieht.

6.2 SUISSIMAGE nimmt diese Rechte im Sinne einer zweckmässigen, integren und getreuen Geschäftsführung wahr. In Fällen, in denen eine Geltendmachung aus besonderen Gründen nicht angebracht ist, verzichtet sie darauf.

6.3 SUISSIMAGE übt alle diese Rechte in eigenem Namen aus. Sie ist berechtigt, sämtliche Rechtshandlungen von sich aus vorzunehmen, insbesondere Prozesse zu führen und Vergleiche abzuschliessen. In besonderen Fällen kann sie auch ein Nutzungsverbot aussprechen.

6.4 Die Verteilung des Verwertungserlöses erfolgt nach einem von der Generalversammlung zu genehmigenden Verteilreglement. SUISSIMAGE verteilt den Verwertungserlös dabei nach den Grundsätzen der Verhältnismässigkeit und der Gleichbehandlung.

6.5 SUISSIMAGE zieht den zur Deckung der Verwaltungskosten notwendigen Betrag vom Verwertungserlös ab.

6.6 [1] Der Verwertungserlös wird den Berechtigten oder ihren Vertretern mindestens einmal im Jahr ausbezahlt.

[2] Anteile, die infolge fehlender oder unvollständiger Angaben über die Berechtigten nicht ausbezahlt werden können, werden zurückgestellt.

[3] Sofern sie nicht innerhalb von zwei Jahren ausbezahlt werden können, bestimmt der Vorstand über deren Verwendung, wobei er den in den Statuten und im Verteilreglement festgehaltenen Grundsätzen sinngemässe Beachtung schenkt.

6.7 [1] SUISSIMAGE kann von dem in der Schweiz eingenommenen Verwertungserlös abziehen:

– einen Betrag für einen Solidaritätsfonds bzw. zugunsten einer entsprechenden Stiftung,

– einen Betrag für einen Kulturfonds bzw. zugunsten einer entsprechenden Stiftung.

[2] Die beiden Beträge dürfen zusammen 10% des Verwertungserlöses nach Abzug der Verwaltungskosten nicht übersteigen.

[3] Falls eine ausländische Gesetzgebung oder eine ausländische Schwestergesellschaft Abzüge von mehr als 10% für Kultur und Fürsorge vorsieht, ist

SUISSIMAGE berechtigt, von den diesbezüglichen Verwertungsanteilen im Sinne von Gegenrecht Abzüge in derselben Grössenordnung vorzunehmen.

4 Die Aufteilung dieses 10%-Abzuges auf die beiden Fonds ist entsprechend den finanziellen Bedürfnissen des Solidaritätsfonds jeweils so vorzunehmen, dass die Altersleistungen (Renten für natürliche Personen und BVG-Beiträge für juristische Personen) sowie die Unterstützungsleistungen in sozialen Härtefällen längerfristig gesichert sind.

7 Finanzielles

7.1 Die Verwaltung muss sorgfältig und nach kaufmännischen Grundsätzen geführt werden. Mitglieder und Auftraggeber sind gleich zu behandeln.

7.2 Das Geschäftsjahr beginnt am 1. Januar und endet am 31. Dezember.

7.3 Die Mittel von SUISSIMAGE werden aufgebracht durch:
- den Ertrag des Unternehmens und
- die Aufnahme von Darlehen.

7.4 SUISSIMAGE erzielt keinen Gewinn.

8 Organe

8.1 Die Organe von SUISSIMAGE sind
- die Generalversammlung,
- der Vorstand,
- die Kontrollstelle,
- die Geschäftsleitung.

8.2 Generalversammlung

8.2.1 Der Generalversammlung als oberstem Organ von SUISSIMAGE stehen folgende Befugnisse zu:
- Abnahme der Jahresrechnung, der Bilanz, des Geschäftsberichts und Entlastung des Vorstandes;
- Genehmigung des Budgets;
- Wahl des Präsidenten oder der Präsidentin und der Vorstandsmitglieder;
- Wahl der Kontrollstelle;
- Änderung der Statuten;
- Beschlussfassung über alle weiteren Gegenstände, die der Generalversammlung durch Gesetz oder Statuten vorbehalten sind;
- Erlass von Reglementen über alle Gegenstände, die der Generalversammlung durch Gesetz oder Statuten vorbehalten sind;
- Auflösung und Liquidation von SUISSIMAGE.

8.2.2 ¹ Die ordentliche Generalversammlung findet jährlich statt, spätestens sechs Monate nach Ablauf des Geschäftsjahres. Die Einladung erfolgt schriftlich mindestens sechs Wochen vor dem Versammlungstag.

² Anträge von Mitgliedern zur Traktandenliste müssen spätestens vier Wochen vor der Versammlung schriftlich vorliegen.

³ Die Traktandenliste wird den Mitgliedern spätestens zwei Wochen vor der Generalversammlung zugestellt.

8.2.3 Genossenschaftsbericht, Jahresrechnung, Bilanz und Bericht der Kontrollstelle sind zwei Wochen vor dem Versammlungstag den Mitgliedern zur Einsicht aufzulegen.

8.2.4 An der Generalversammlung darf nur über Gegenstände beschlossen werden, die in der Einladung angekündigt wurden, ausser über einen Antrag zur Einberufung einer weiteren Generalversammlung; vorbehalten bleibt Art. 884 OR. Zur Unterbreitung von Vorschlägen und Anregungen ohne Beschlussfassung bedarf es keiner vorgängigen Ankündigung.

8.2.5 Eine ausserordentliche Generalversammlung findet statt:
- wenn sie vom Vorstand oder von der Kontrollstelle einberufen wird;
- wenn sie von einem Zehntel aller Mitglieder schriftlich durch eigenhändige Unterschrift des betreffenden Begehrens unter Angabe und Begründung des Verhandlungsgegenstands verlangt wird; die Einberufung hat innerhalb von 30 Tagen nach Eingang des Begehrens und 10 Tage vor dem Versammlungstag zu erfolgen;
- wenn es eine vorhergehende Generalversammlung beschlossen hat.

8.2.6 Die Verhandlungen der Generalversammlung werden durch ein Mitglied des Präsidiums oder des Vorstands geleitet. Die Beschlüsse der Generalversammlung sind zu protokollieren.

8.2.7 ¹ Jedes Mitglied hat an der Generalversammlung eine Stimme und darf nicht mehr als ein weiteres Mitglied vertreten.

² Hingegen kann eine Person mehrere Mitglieder vertreten, denen sie als Organ angehört, selbst wenn sie persönlich nicht Mitglied ist.

³ Vorstandsmitglieder haben ebenfalls eine Stimme, auch wenn sie nicht Mitglied sind.

8.2.8 Jede statutengemäss einberufene Generalversammlung ist unter Vorbehalt der zwingenden gesetzlichen und statutarischen Vorschriften ohne Rücksicht auf die Anzahl der anwesenden und vertretenen Mitglieder beschlussfähig.

8.2.9 ¹ Die Generalversammlung fasst ihre Beschlüsse und vollzieht die Wahlen, soweit das Gesetz oder die Statuten nichts anderes bestimmen, mit der einfachen Mehrheit der abgegebenen Stimmen. Bei Stimmengleichheit steht dem oder der Vorsitzenden der Stichentscheid zu.

² Wahlen und Abstimmungen erfolgen offen. Wenn ein Zehntel der Anwesenden es verlangt, muss die Abstimmung geheim erfolgen.

8.2.10 Für Beschlüsse über
- Änderung von Ziff. 8.2.10 der Statuten,
- die Änderung des Verteilschlüssels zwischen den drei hauptsächlichen Gruppierungen (Ziff. 6.4.1 Verteilreglement) sowie
- Fusion oder Auflösung bedarf es der Zustimmung von zwei Dritteln der abgegebenen Stimmen.

8.3 Vorstand

8.3.1 Der Vorstand besteht aus dem Präsidenten bzw. der Präsidentin und mindestens fünf und maximal zwölf weiteren Personen, die auf zwei Jahre von der Generalversammlung gewählt werden. Die Vorstandsmitglieder sind wiederwählbar.

8.3.2 ¹ Im Vorstand sollen sowohl Urheber und Urheberinnen als auch Inhaber und Inhaberinnen von Urheberrechten ausgewogen vertreten sein.

² Die Funktionen «Drehbuch», «Regie», «andere Miturheber», «Produzierende» und «andere Rechteinhaber» haben je Anspruch auf mindestens einen Sitz.

³ Dem Vorstand können auch Personen angehören, die selbst nicht Mitglied sind.

⁴ Vorstandsmitglieder müssen in der Regel in der Schweiz Wohnsitz haben. Die Mehrheit der Vorstandsmitglieder muss aus Schweizer Bürgerinnen und Bürgern bestehen.

8.3.3 ¹ Dem Vorstand steht das Recht zur Beschlussfassung über alle Geschäfte zu, die nicht von Gesetzes wegen oder aufgrund der Statuten ausdrücklich anderen Organen vorbehalten sind.

² Ihm obliegen vor allem:
- die Beschlussfassung über die wahrzunehmenden Rechte;
- die Behandlung von Rekursen gegen ablehnende Entscheide der Geschäftsleitung betreffend Mitgliedschaft gemäss Ziff. 3.3 Abs. 2 vorstehend;
- die Vorbereitung und Einberufung der Generalversammlung;
- die Ausführung der Beschlüsse der Generalversammlung;
- die Aufstellung der Bilanzen und Betriebsrechnungen, insbesondere auch die Überwachung der Verwaltungskosten;
- die Wahl des Vizepräsidenten oder der Vizepräsidentin;
- die Bestellung von Vorstandsausschüssen und anderen Kommissionen;
- die Ernennung und Überwachung der Geschäftsleitung;

- die Bestimmung der zeichnungsberechtigten Personen und der Art ihrer Zeichnung;
- die Beschlussfassung über die Ausgestaltung der Mitgliederverträge;
- die Beschlussfassung über Zusammenarbeitsverträge mit andern schweizerischen Verwertungsgesellschaften und über Gegenseitigkeitsverträge mit ausländischen Schwestergesellschaften;
- die Festsetzung der Entschädigung des Präsidenten bzw. der Präsidentin und des Taggeldes für die Mitglieder des Vorstandes, der Vorstandsausschüsse und der Kommissionen;
- die Beschlussfassung über einmalige Kredite bis zu Fr. 50'000.– sowie wiederkehrende Kredite bis zu Fr. 20'000.–, die nicht schon im Budget vorgesehen sind.

8.3.4 Der Vorstand konstituiert sich selbst. Er kann zur Vorbereitung bestimmter Geschäfte beratende Kommissionen einsetzen.

8.3.5 [1] Der Vorstand ist beschlussfähig, wenn wenigstens die Hälfte der Mitglieder anwesend ist.

[2] Er fasst die Beschlüsse und vollzieht die Wahlen mit Stimmenmehrheit, wobei alle anwesenden Vorstandsmitglieder zur Stimmabgabe verpflichtet sind und Stellvertretung ausgeschlossen ist.

[3] Bei Stimmengleichheit gibt die Stimme des oder der Vorsitzenden den Ausschlag.

8.4 Kontrollstelle

8.4.1 Als Kontrollstelle hat ein eidgenössisch diplomierter Buchhalter oder eine Treuhandgesellschaft zu amten, die der Schweizerischen Treuhand- und Revisionskammer angehört.

8.4.2 Die Kontrollstelle hat vor allem zu prüfen, ob die im Jahresbericht enthaltenen Angaben mit den Büchern von SUISSIMAGE übereinstimmen, ob die Buchhaltung ordnungsgemäss geführt wird und ob die Darstellung des Geschäftsergebnisses nach den massgebenden Vorschriften sachlich richtig ist.

8.4.3 Die Amtsdauer der Kontrollstelle beträgt zwei Jahre. Sie ist wiederwählbar.

8.4.4 Der Vertreter bzw. die Vertreterin der Kontrollstelle nimmt an allen Generalversammlungen mit beratender Stimme teil.

8.5 Geschäftsleitung

8.5.1 Der Vorstand betraut mit der Geschäftsführung eine oder mehrere Person(en), die persönlich nicht Genossenschafter zu sein braucht/brauchen.

8.5.2 Die mit der Geschäftsführung betraute(n) Person(en) ist/sind dem Vorstand für ihre Tätigkeit verantwortlich. Sie nimmt/nehmen an sämtlichen Generalversammlungen, Vorstandssitzungen und an den Kommissionssitzungen mit beratender Stimme teil.

8.5.3 ¹ Die Mitglieder der Geschäftsleitung vertreten SUISSIMAGE im Rahmen ihrer Aufgaben und Kompetenzen.

² Im Weiteren bereiten sie alle Geschäfte des Vorstandes, der Vorstandsausschüsse und der Kommissionen vor und sorgen für die Ausführung der gefassten Beschlüsse.

8.5.4 Weitere Pflichten, Aufgaben und Kompetenzen der Geschäftsleitung hält der Vorstand – soweit sie sich nicht aus sich selbst ergeben – in einem ergänzenden Geschäftsreglement/Organigramm fest.

9 Auflösung

9.1 Im Falle eines Beschlusses, SUISSIMAGE aufzulösen, sind vorerst die Verteilungsarbeiten abzuschliessen und die noch vorhandenen Entschädigungen soweit möglich an die Berechtigten auszuzahlen. Erst nach Abschluss dieser Arbeiten darf die Auflösung vorgenommen werden.

9.2 Über die Verwendung des nach Tilgung der Schulden verbleibenden Vermögens von SUISSIMAGE entscheidet die Generalversammlung.

10 Bekanntmachung

¹ Bekanntmachungen und Mitteilungen an die Gesamtheit der Mitglieder werden schriftlich zugestellt oder im Mitglieder-Informationsbulletin veröffentlicht.

² Die im Gesetz vorgeschriebenen Bekanntmachungen erfolgen ausserdem im «Schweizerischen Handelsamtsblatt».

Statuts de la SSA

du 29 février 1996

Société Suisse des Auteurs
Schweizerische Autorengesellschaft
Società Svizzera degli Autori

Rue Centrale 12–14, CH-1003 Lausanne

www.ssa.ch

Le 30 novembre 1985, afin de promouvoir une meilleure défense des intérêts de leurs membres eu égard à l'apparition de nouvelles techniques dans le domaine de la communication, la «SECTION SUISSE DE LA S.A.C.D.», créée le 30 mai 1947, et «CABLAUTEURS», constituée le 22 décembre 1981, ayant toutes deux leur siège à Genève, ont décidé de réunir leurs efforts en une seule société, dénommée «SOCIETE SUISSE DES AUTEURS» (S.S.A.), dont les statuts, modifiés à plusieurs reprises, la dernière fois le 29 février 1996, sont les suivants:

1 Dispositions générales

Article 1 Raison sociale

Il est constitué, sous la raison sociale «SOCIETE SUISSE DES AUTEURS» (S.S.A.), une société coopérative conformément aux présents statuts et aux dispositions du titre XXIX du Code fédéral des obligations (articles 828 ss).

Article 2 Siège

La Société a son siège à Lausanne.

Article 3 But et activité

1. La Société a pour but la sauvegarde des droits des auteurs, ainsi que de leurs ayants droit, d'oeuvres dramatiques, dramatico-musicales, chorégraphiques, audiovisuelles et multimédia, qui lui ont été confiés conformément aux présents statuts.

Sur décision de l'Assemblée générale, la Société peut également gérer les droits des auteurs d'autres oeuvres, ainsi que de leurs ayants droit.

Les oeuvres énumérées ci-dessus constituent le répertoire de la Société.

2. En adhérant aux présents statuts, les auteurs, ainsi que leurs ayants droit, transfèrent à la Société la gérance de leurs droits relatifs aux oeuvres apportées, comprenant notamment:

a)   La fixation par traité général avec tous utilisateurs des conditions pécuniaires, sanctions et garanties minima pour l'exploitation des oeuvres des membres de la Société;

b) La perception des droits d'auteur, qui sont cédés à cette fin à la Société;
c) La répartition des droits perçus.

3. De plus, les auteurs, ainsi que leurs ayants droit, cèdent à la Société, dans les limites de la loi, le droit d'autoriser ou d'interdire la diffusion ou la transmission par quelque procédé que ce soit des signes, des sons et des images, la projection publique, et la reproduction par tous procédés, de leurs oeuvres. Ce droit inclut, sous réserve des droits moraux de l'auteur, la faculté de remanier l'oeuvre en cas:

- de distribution de l'oeuvre dans le cadre d'un service de video-on-demand ou d'un service analogue,
- d'introduction de l'oeuvre dans une banque de données accessible au public, en vue de permettre sa consultation par le biais d'un réseau ou d'une autre manière (droit de numérisation) et
- d'intégration de l'oeuvre dans un produit multimédia (mémorisation sous forme numérique lors de gestion informatique et de possibilité d'utilisation interactive), en vue de mettre ce produit en circulation (produit multimédia).

4. En dehors des cas prévus sous chiffre 3, l'auteur conserve le droit d'autoriser ou d'interdire la communication de ses oeuvres au public, notamment leur adaptation et représentation dramatiques. Toutefois, son autorisation ou interdiction ne peut être donnée que par l'intermédiaire de la Société.

5. La Société se charge en outre, dans le cadre d'une gestion sans mandat au sens des articles 419 ss du Code fédéral des obligations, de sauvegarder les droits des auteurs, ainsi que de leurs ayants droit, qui ne sont pas en mesure de les faire valoir eux-mêmes.

6. La Société gère et administre un fonds de prévoyance et un fonds de solidarité au bénéfice de ses membres.

7. Enfin, la Société exerce une action culturelle, notamment par la promotion de l'ensemble de son répertoire.

Article 4 Durée

La Société est constituée pour une durée illimitée.

Elle peut être dissoute par décision de l'Assemblée générale.

2 Sociétariat

Article 5 Acquisition de la qualité de sociétaire

Peuvent acquérir la qualité de sociétaires les auteurs d'oeuvres citées à l'article 3 chiffre 1 qui remplissent les conditions prévues à l'article 6.

Article 6 Conditions d'admission

Pour être admis en qualité de sociétaire, les auteurs ci-dessus confient à la Société l'ensemble de leurs droits selon l'article 3 chiffre 2, se rapportant à toutes les oeuvres telles que définies à l'article 3 chiffre 1 qu'ils ont créées et qu'ils créeront pendant leur appartenance à la Société. En outre, ils doivent démontrer:

a) qu'ils ont des liens suffisamment étroits avec la Suisse, soit par leur citoyenneté ou leur résidence, soit de toute autre manière;
b) que leurs oeuvres donnent lieu à perception;
c) qu'en demandant leur adhésion à la Société, ils ne poursuivent aucun but contraire à la lettre et à l'esprit des présents statuts.

Article 7 Procédure d'admission

1. Celui qui désire acquérir la qualité de sociétaire doit présenter une demande écrite par laquelle il accepte les obligations statutaires.

Le Conseil d'administration prononce l'admission. En cas de refus, l'intéressé peut recourir à la prochaine Assemblée générale qui statue en dernier ressort.

2. L'admission peut avoir lieu en tout temps.

Article 8 Droits et obligations du sociétaire

1. Les droits et obligations du sociétaire ainsi que l'étendue de la gestion confiée à la Société sont régis par les présents statuts, par le contrat de sociétaire conclu avec la Société ainsi que par les règlements adoptés par celle-ci.

2. Les conditions générales du contrat de sociétaire sont soumises à l'approbation de l'Assemblée générale.

Article 9 Perte de la qualité de sociétaire

La qualité de sociétaire s'éteint:

a) par la démission, qui peut avoir lieu moyennant une déclaration écrite notifiée à la Société au moins 6 mois à l'avance, mais pas avant l'expiration d'un délai de deux ans à compter de l'adhésion, pour autant que le sociétaire ait rempli ses obligations envers la Société;
b) par le décès. Toutefois, la Société continue d'assurer la gestion des droits en faveur des héritiers du sociétaire décédé sous la forme d'un mandat (cf. articles 12 ss), aussi longtemps que ce dernier n'a pas été révoqué;
c) par la transformation du sociétariat en un mandat de gestion, qui peut être décidée par le Conseil d'administration, lorsque les oeuvres du sociétaire ne donnent pas lieu à perception pendant 10 ans au moins;
d) par l'exclusion (cf. article 10).

Article 10 Exclusion

1. Le Conseil d'administration peut exclure un sociétaire:
a) lorsqu'il ne remplit pas ses obligations envers la Société;
b) lorsqu'il ne remplit plus les conditions prévues aux articles 5 et 6 des présents statuts;
c) lorsque, d'une manière générale, il agit à l'encontre des intérêts de la Société ou des autres sociétaires.

2. Le sociétaire exclu peut recourir à la prochaine Assemblée générale contre la décision d'exclusion, qui doit lui avoir été notifiée par écrit. Il ne pourra exercer ses droits de sociétaire avant la décision de l'Assemblée générale.

Article 11 Conséquences de la perte de la qualité de sociétaire

1. Excepté le cas où le sociétariat a été transformé en un mandat de gestion (cf. article 9 lettre c) et sauf convention contraire, la perte de la qualité de sociétaire entraîne la fin de la gestion confiée à la Société. Celle-ci remet donc à l'ex-sociétaire le décompte des droits d'auteur auxquels il peut prétendre pour la dernière période de sociétariat et lui verse les redevances correspondantes.
De son côté, l'ex-sociétaire rembourse à la Société les avances que celle-ci lui a consenties.

2. L'ex-sociétaire n'a aucune autre prétention pécuniaire contre la Société. Il ne possède en particulier aucun droit sur la fortune sociale.

3. En cas de perte de la qualité de sociétaire, les contrats en cours conclus avec les tiers au nom de la Société continuent à déployer leurs effets jusqu'à leur expiration ou jusqu'au moment où ils peuvent être résiliés sans frais pour la Société.

3 Mandats de gestion

Article 12 Acquisition de la qualité de mandant

1. Peuvent devenir en tout temps mandants de la Société:
a) les auteurs d'oeuvres citées à l'article 3 chiffre 1 qui n'ont pas ou plus la qualité de sociétaire, ainsi que leurs héritiers;
b) les personnes physiques ou morales, y compris les sociétés en nom collectif et en commandite, qui sont titulaires de droits des auteurs d'oeuvres citées à l'article 3 chiffre 1 par suite de transfert, cession, etc., ou encore, qui possèdent le droit exclusif ou non d'utiliser leurs oeuvres.

2. Le Conseil d'administration décide de l'acceptation des mandats. En cas de refus, l'intéressé peut recourir à la prochaine Assemblée générale.

3. La qualité de mandant s'acquiert par la conclusion d'un contrat de gestion avec la Société. En signant ce contrat, le mandant adhère aux statuts et se soumet aux règlements adoptés par la Société.

Article 13   Droits et obligations du mandant

A l'exception des droits éminemment attachés à la qualité de sociétaire, tels que le droit de vote et l'éligibilité, le mandant a, sauf convention contraire, les mêmes droits et est soumis aux mêmes obligations que le sociétaire.

Article 14   Décès ou dissolution du mandant

1. Lors du décès du mandant ou, s'agissant de personnes morales, de sociétés en nom collectif ou en commandite, lorsque celles-ci sont dissoutes avec liquidation ou par suite de fusion ou transformation, la Société poursuit l'exécution du mandat aussi longtemps que ce dernier n'a pas été révoqué par les héritiers ou les ayants cause.

2. S'il y a plusieurs héritiers, ceux-ci doivent désigner un représentant commun.

Article 15   Résiliation du mandat

Le mandat confié à la Société peut être révoqué ou répudié conformément aux dispositions du contrat de gestion liant les parties.

Article 16   Conséquences de la fin du mandat

Les droits et obligations des parties à la fin du mandat ainsi que le sort des contrats en cours avec les tiers sont régis par l'article 11 relatif aux conséquences de la perte de la qualité de sociétaire, applicable par analogie.

4 Principes de gestion

Article 17   En général

1. La Société traite selon les mêmes règles tous les droits dont la gestion lui incombe conformément aux présents statuts.

2. La Société administre ses affaires selon les principes d'une gestion saine et économique. En particulier, elle veille à réduire au maximum les formalités et les frais de gestion.

3. La Société ne poursuit aucun but lucratif.

4. La Société veille à ce que les droits qu'elle gère soient respectés en tous lieux et que les oeuvres ne soient pas utilisées sous une forme altérée.

5. La Société exerce en son nom tous les droits qui lui ont été confiés. A cet effet, elle a notamment plein pouvoir de négocier, plaider et transiger avec les tiers.

6. La Société peut renoncer à faire valoir des droits dont l'exercice lui paraît inopportun, notamment lorsqu'il en résulterait des frais disproportionnés.

Article 18 Perception

1. La Société autorise, moyennant la perception d'une redevance adéquate, l'utilisation des oeuvres faisant partie de son répertoire.
2. La Société établit des tarifs fixant les redevances dues par les utilisateurs d'oeuvres en fonction des divers modes d'utilisation de celles-ci. Les tarifs sont négociés avec les représentants des utilisateurs d'oeuvres et, lorsque la loi l'exige, sont soumis à l'approbation des autorités compétentes.
3. En cas d'utilisation de l'oeuvre en vertu de la loi, la Société se charge de percevoir les redevances y relatives.

Article 19 Répartition

1. La Société veille à ce que, dans la mesure du possible, le produit de sa gestion soit réparti entre les ayants droit proportionnellement à l'utilisation effective et à la nature de chaque oeuvre.
2. La Société entreprend tout ce que l'on peut raisonnablement exiger d'elle pour identifier les ayants droit. Les parts des ayants droit inconnus reviennent à l'ensemble des auteurs dont les droits sont gérés par la Société, dans les délais suivants:
– pour les droits soumis à la gestion collective obligatoire, après 5 ans d'efforts infructueux,
– pour les droits non soumis à la gestion collective obligatoire, selon les délais prévus dans le règlement de répartition spécifique à chaque type de droit.
3. Le Conseil d'administration édicte un règlement de répartition qui détermine les modalités de la répartition des redevances perçues et fixe en particulier les montants que la Société est habilitée à prélever pour couvrir les frais de gestion.
4. L'excédent actif éventuel sert à la constitution d'un fonds de réserve conformément à l'article 860 du Code fédéral des obligations.

Article 20 Coopération en Suisse et à l'étranger

1. En vue d'atteindre ses objectifs, la Société coopère avec les autres sociétés suisses de gestion de droits d'auteur.
2. De même, pour exécuter ses tâches à l'étranger, la Société collabore avec les sociétés-soeurs étrangères, à qui elle peut confier les droits dont la gestion lui incombe conformément aux présents statuts.

5 Organisation

Article 21 Les organes

Les organes de la Société sont:
a) l'Assemblée générale des sociétaires
b) le Conseil d'administration
c) la Direction
d) le Contrôle

Article 22 Assemblée générale

L'Assemblée des sociétaires est le pouvoir suprême de la Société. Elle a le droit inaliénable:

a) de nommer le Président et les membres du Conseil d'administration, ainsi que le Contrôleur;
b) d'approuver les bilans, comptes d'exploitation et rapports annuels;
c) de donner décharge au Conseil d'administration, ainsi qu'au Contrôleur;
d) de statuer sur les recours qui lui sont adressés conformément aux présents statuts;
e) d'approuver les conditions générales du contrat de sociétaire (cf. article 8 chiffre 2);
f) de fixer la retenue destinée au fonds de prévoyance et au fonds de solidarité (cf. article 3 chiffre 6) et d'approuver les dispositions y relatives;
g) de fixer la retenue destinée à l'action culturelle de la Société (cf. article 3 chiffre 7);
h) d'adopter et modifier les statuts;
i) d'étendre le domaine d'activité de la Société à d'autres oeuvres que celles prévues à l'article 3 chiffre 1, 1er alinéa (cf. article 3 chiffre 1, 2ème alinéa);
j) de dissoudre la Société;
k) de prendre toutes autres décisions qui lui sont réservées par la loi ou les statuts.

Article 23 Convocation

1. L'Assemblée générale ordinaire se réunit une fois par an dans les six mois qui suivent la fin de l'exercice social.

2. En outre, une Assemblée générale extraordinaire peut être convoquée aussi souvent que le Conseil d'administration ou le Contrôleur le jugent nécessaire ou lorsque la demande écrite en est faite par un dixième au moins des sociétaires.

3. Le Conseil d'administration convoque l'Assemblée dans les meilleurs délais par un avis adressé à chaque sociétaire vingt jours au moins avant la réunion. La

convocation indique les objets portés à l'ordre du jour et, en cas de révision des statuts, la teneur des modifications proposées.

Article 24 Délibérations

1. L'Assemblée générale est dirigée par le Président ou, à défaut, par le Viceprésident.

En leur absence, le Conseil d'administration nomme l'un de ses membres pour présider les débats.

2. Un secrétaire désigné par le Président dresse le procès-verbal de l'Assemblée. Ce document est signé par le Président et le secrétaire.

3. L'Assemblée générale est régulièrement constituée et délibère valablement quel que soit le nombre des sociétaires présents, lesquels disposent chacun d'une voix.

4. Les décisions sont prises:
a) à la majorité relative des voix émises pour l'élection du Président, des membres du Conseil d'administration et du Contrôleur;
b) à la majorité des deux tiers des voix émises pour la dissolution et la fusion de la Société, de même que pour la révision des statuts (article 888 alinéa 2 du Code fédéral des obligations);
c) à la majorité absolue des voix émises dans tous les autres cas.

Les abstentions ne sont pas considérées comme voix émises. En cas d'égalité des voix, celle du Président de l'Assemblée est prépondérante.

5. Si un dixième des sociétaires présents le demande, les décisions et les élections ont lieu au bulletin secret.

Article 25 Conseil d'administration

1. La Société est administrée par le Conseil d'administration composé du Président et de six membres au moins.

2. Les membres du Conseil d'administration doivent dans leur majorité être de nationalité suisse et avoir leur domicile en Suisse.

Seuls les sociétaires peuvent être membres du Conseil d'administration.

Toutefois, l'Assemblée générale peut élire audit conseil, à la majorité des deux tiers des voix émises, un non-sociétaire qui, par ses compétences, peut être utile à la Société.

Est inéligible au Conseil d'administration toute personne ayant le pouvoir d'engager, par la signature de contrats d'auteurs, un organisme susceptible d'entrer en conflit avec la Société.

Chaque catégorie d'auteurs, telle que définie à l'article 3 chiffre 1 doit, en principe, être équitablement représentée au Conseil d'administration.

3. Le Président et les membres du Conseil d'administration sont élus pour une période de trois ans. Ils sont rééligibles.

4. Les membres du Conseil d'administration touchent une indemnité par journée de présence. Le Président reçoit, en outre, une indemnité annuelle fixe.

Article 26 Délibérations

1. Le Conseil d'administration se réunit aussi souvent que la gestion des affaires de la Société l'exige, mais au moins quatre fois par an.

2. Le Conseil d'administration est convoqué et dirigé par le Président ou, à défaut, par le Vice-président. Les délibérations font l'objet d'un procès-verbal signé par son rédacteur et le Président.

3. La présence de la majorité des membres du Conseil d'administration est nécessaire pour la validité des délibérations. Les décisions sont prises à la majorité absolue des voix émises, les abstentions n'étant pas considérées comme voix émises. En cas d'égalité, la voix du Président est prépondérante.

4. Lorsque le Conseil d'administration délibère sur une question concernant personnellement l'un de ses membres, ce dernier se retire.

Article 27 Pouvoirs

1. Le Conseil d'administration a les pouvoirs les plus étendus pour la gestion de la Société. Il exerce tous les droits qui ne sont pas expressément réservés aux autres organes sociaux par la loi ou les statuts.

2. Il a notamment le pouvoir de:
a) convoquer les Assemblées générales et préparer leur ordre du jour;
b) exécuter les décisions de l'Assemblée générale;
c) établir les bilans, comptes d'exploitation et rapports annuels;
d) admettre ou exclure les sociétaires, ainsi que transformer le sociétariat en un mandat de gestion conformément à l'article 9 lettre c;
e) accepter ou répudier les mandats de gestion;
f) établir les tarifs et le règlement de répartition selon les articles 18 chiffre 2 et 19 chiffre 3, ainsi qu'édicter tous autres règlements nécessaires;
g) élire le Vice-président;
h) nommer et surveiller les membres de la Direction;
i) constituer des commissions spéciales;
j) désigner les personnes autorisées à représenter la Société et fixer le mode de signature;
k) fixer les indemnités prévues à l'article 25 chiffre 4.

Article 28 Direction

1. La direction des affaires sociales peut être confiée à une ou plusieurs personnes, choisies par le Conseil d'administration et ne devant pas être sociétaires.
2. Les membres de la Direction sont responsables de leur activité devant le Conseil d'administration. Ils assistent aux Assemblées générales ainsi qu'aux séances du Conseil d'administration et des Commissions spéciales, avec voix consultative.
3. La Direction prépare les dossiers devant être traités par le Conseil d'administration, exécute les décisions prises par cet organe et, d'une manière générale, accomplit l'ensemble des tâches administratives de la Société, y compris l'engagement et la direction du personnel administratif.

Article 29 Contrôle

1. L'Assemblée générale désigne comme Contrôleur une personne physique ou morale faisant partie de la Chambre suisse des Sociétés fiduciaires et des Experts-comptables.
2. Le Contrôleur vérifie notamment si les livres sont tenus conformément aux principes comptables et aux prescriptions en vigueur, et si les bilans et comptes d'exploitation concordent avec la comptabilité et les pièces justificatives.
3. Le Contrôleur est élu pour une période de trois ans. Il est rééligible.
4. Le Contrôleur assiste aux Assemblées générales, avec voix consultative, et leur soumet un rapport écrit sur ses constatations et propositions.

6 Représentation, responsabilité, exercice, publications, for, dissolution

Article 30 Représentation

Le Conseil d'administration désigne les personnes pouvant engager la Société et fixe le mode de leur signature.

Article 31 Responsabilité

La Société ne répond que sur sa fortune sociale, à l'exclusion de toute responsabilité personnelle des sociétaires.

Article 32 Exercice

L'exercice annuel commence le premier janvier et se termine le trente et un décembre de chaque année.

Article 33 Publication

Les publications de la Société sont valablement faites dans la Feuille Officielle Suisse du Commerce.

Article 34 For

1. Tout litige pouvant survenir entre la Société et les sociétaires, les mandants ou l'un des membres de ses organes, ou encore entre les sociétaires euxmêmes, sera soumis aux tribunaux compétents de Lausanne, sous réserve d'un éventuel recours au Tribunal fédéral.

2. La Société a néanmoins toujours la faculté d'agir auprès des tribunaux compétents selon les règles ordinaires.

Article 35 Dissolution

1. La dissolution de la Société ne peut être décidée que par une Assemblé générale convoquée spécialement à cet effet.

La majorité des deux tiers des voix émises est nécessaire pour prononcer la dissolution.

2. L'Assemblée générale décide du mode de liquidation de la Société.

L'actif net après extinction du passif et reprise des droits confiés à la Société sera affecté à une personne morale ayant le même objet que la Société ou poursuivant un but analogue. A défaut, il sera réparti entre les sociétaires par parts égales entre eux.

Statuten der SWISSPERFORM

Stand 16. Juni 2004

SWISSPERFORM
Utoquai 43, Postfach 221, CH-8024 Zürich
www.swissperform.ch, E-Mail info@swissperform.ch

Die Schweizerische Interpreten-Gesellschaft, die IFPI (Schweiz) – Schweizer Landesgruppe der Internationalen Föderation der Phonographischen Industrie, der schweizerische Verband für Auftragsfilm und Audiovision, der Schweizerische Verband für Spiel- und Dokumentarfilmproduktion, die IFPI-Video (Video-Gruppe der IFPI Schweiz) und die Schweizerische Radio- und Fernsehgesellschaft gründeten am 10. Februar 1993 in Bern den Verein SWISSPERFORM. Sie gaben gleichentags dem Verein gemäss Art. 60 ff. des Schweizerischen Zivilgesetzbuches die folgenden Statuten:

I. Art und Sitz des Vereins

Art. 1

1 Unter der Bezeichnung SWISSPERFORM besteht ein in das Handelsregister einzutragender Verein gemäss Art. 60 ff. des Schweizerischen Zivilgesetzbuches.

2 Der Sitz des Vereins ist Zürich.

II. Zweck des Vereins

Art. 2

1 Der Verein setzt sich auf gesellschaftlicher, politischer und rechtlicher Ebene für die Gewährung von Rechten an ausübende Künstler und Künstlerinnen (im folgenden «Ausübende» genannt), an Produzenten und Produzentinnen von Ton- und Bildaufzeichnungen (im folgenden «Produzierende» genannt) sowie an Sendeunternehmen ein. Er verteidigt solche Rechte und übernimmt ihre Wahrnehmung, soweit das anwendbare Bundesrecht die Wahrnehmung durch eine konzessionierte Verwertungsgesellschaft vorschreibt. Wo ein enger Bezug zu solchen Rechten besteht und unter der Voraussetzung, dass die Berechtigten dem nicht widersprechen, kann der Verein in Ausnahmefällen auch weitere verwandte Schutzrechte wahrnehmen.

2 Der Verein fördert im Rahmen des Vereinszweckes auch Schutzrechte von Ausübenden, Produzierenden und Sendeunternehmen, welche dem Verein nicht angehören.

3 Der Verein strebt keinen eigenen Gewinn an.

⁴ Die Tätigkeit erstreckt sich auf die Schweiz und nach einer allfälligen Anpassung der liechtensteinischen Gesetzgebung an das schweizerische Bundesrecht im Bereich der verwandten Schutzrechte auch auf das Gebiet des Fürstentums Liechtenstein.

⁵ Der Verein bemüht sich, durch den Abschluss von Gegenseitigkeitsverträgen mit ausländischen Verwertungsgesellschaften die Wahrnehmung von Rechten seiner Mitglieder und weiterer auftraggebender Personen auch in andern Ländern sowie die Wahrnehmung von Rechten ausländischer Personen in der Schweiz sicherzustellen.

⁶ Der Verein führt die ihm anvertrauten Geschäfte soweit notwendig in der Art eines nach kaufmännischer Art geführten Unternehmens, er kann im Inland Zweigniederlassungen errichten und Verträge schliessen inklusive den Erwerb und die Veräusserung von Liegenschaften, soweit solche Geschäfte geeignet sind, den Zweck des Vereins zu fördern. Der Verein ist berechtigt, mündelsichere Anlagen zu tätigen.

⁷ Die vom Verein eingezogenen Vergütungen werden nach Abzug der notwendigen Verwaltungskosten sowie den von der Delegiertenversammlung beschlossenen kulturellen und sozialen Zuwendungen direkt an die Mitglieder und Auftraggeber/innen abgerechnet. Die Einzelheiten regelt das Verteilungsreglement.

⁸ Soweit das Gesetz eine Beteiligung von Ausübenden und Produzierenden an der vom Verein eingezogenen Vergütung vorsieht, wird diese in der Regel hälftig zwischen Produzierenden und Ausübenden geteilt. Vorbehalten bleibt die Verteilung von Erlösen, welche auch Anteile an selbständigen anderen Leistungsschutzrechten, insbesondere solchen der Sendeunternehmen enthalten. Die Einzelheiten werden in den Verteilungsreglementen geregelt.

⁹ Der Verein kann durch Beschluss der Delegiertenversammlung Beträge kulturellen und sozialen Zwecken zuwenden. Diese betragen in der Regel höchstens 10 % der vom Verein eingezogenen Verwertungserlöse.

III. Mitgliedschaft

Art. 3 Aufnahmebedingungen

¹ Dem Verein können angehören:

a) schweizerische Verbände von Ausübenden im Sinne von Art. 3 Abs. 1 lit. d

b) schweizerische Verbände von Produzierenden von Ton- und Tonbildträgern im Sinne von Art. 3 Abs. 1 lit. d

c) schweizerische Verbände von Sendeunternehmen im Sinne von Art. 3 Abs. 1 lit. d

d) Ausübende, Produzierende oder Sendeunternehmen, welche Inhaber von unter den Tätigkeitsbereich des Vereins fallenden verwandten Schutzrechten sind und ihren Wohnsitz oder Sitz in der Schweiz haben oder schweizerische Staatsangehörige sind. Firmen, die von ihrem Geschäftszweck her nicht oder nur sekundär in den Bereichen der Herstellung von Ton- und Tonbildträgern oder als Sendeunternehmen tätig sind, können nicht Mitglieder werden.

2 Liechtensteinische Verbände, Ausübende, Produzierende und Sendeunternehmen sind nach den gleichen Kriterien mitgliedsberechtigt wie die entsprechenden schweizerischen Verbände und Personen, sobald das liechtensteinische Recht für Ausübende und/oder Produzierende und/oder Sendeunternehmen einen dem schweizerischen Schutzniveau vergleichbaren Schutz gewährt.

3 Im Ausland niedergelassene Ausübende, Produzierende oder Sendeunternehmen ohne schweizerische Staatsangehörigkeit, welche Inhaber von unter den Tätigkeitsbereich des Vereins fallenden verwandten Schutzrechten sind und die übrigen Voraussetzungen nach Art. 3 Abs. 1 lit. d der Statuten erfüllen, können ausnahmsweise aufgenommen werden, wenn sie eine besondere Beziehung zur Schweiz haben und beachtenswerte Gründe vorliegen, welche ihnen den Anschluss an eine ausländische Organisation als unzumutbar erscheinen lassen.

4 Mit dem Beitritt zur SWISSPERFORM übertragen die Mitglieder dem Verein alle ihre verwandten Schutzrechte, welche nach dem anwendbaren Bundesrecht ausschliesslich über eine Verwertungsgesellschaft wahrgenommen werden können. Die Verbände sorgen für eine lückenlose Übertragung der verwandten Schutzrechte ihrer Mitglieder auf den Verein. Die Einzelheiten der Rechtswahrnehmung regelt ein Reglement.

5 Mit der Mitgliedschaft ist die Pflicht verbunden, dem Verein alle für die Wahrnehmung der Rechte zweckdienlichen Informationen zur Verfügung zu stellen. Der Verein kann Mitglieder oder Mitgliederverbände mit Dokumentationsaufgaben betrauen und sie für ihre entsprechenden Bemühungen entschädigen.

Art. 4 Aufnahmeverfahren

1 Wer Mitglied des Vereins werden möchte, hat ein schriftliches Gesuch nach einem vom Vorstand beschlossenen Vordruck einzureichen, in welchem er bzw. sie sich über die Erfüllung der Voraussetzungen gemäss Art. 3 auszuweisen hat.

2 Über die Aufnahme von Einzelmitgliedern entscheidet die vom Vorstand eingesetzte Geschäftsleitung. Über die Aufnahme von Verbänden entscheidet der Vorstand.

3 Aufnahmegesuche können jederzeit gestellt werden. Gesuche von Einzelmitgliedern sind innerhalb von drei Monaten, solche von Verbänden innerhalb von sechs Monaten zu behandeln. Bei Verweigerung der Aufnahme steht den Abgewiesenen das Recht auf Berufung an die Delegiertenversammlung zu.

4 Die in der Präambel genannten Gründungsmitglieder erwerben die Mitgliedschaft im Zeitpunkt der Gründung des Vereins.

Art. 5 Beendigung der Mitgliedschaft

Die Mitgliedschaft erlischt:

- durch Austritt; dieser kann unter Einhaltung einer halbjährigen Frist jeweils auf das Ende eines Geschäftsjahres erfolgen
- durch Tod eines Einzelmitgliedes; die Erben treten in die Mitgliedschaft ein, sofern sie die Voraussetzungen von Art. 3 erfüllen. Erbengemeinschaften haben eine zur Vertretung berechtigte Person zu benennen, welche die Mitgliedschaft für sie ausübt
- durch Auflösung eines Mitgliedverbandes
- durch Streichung aus der Mitgliederliste; Mitglieder, welche die Voraussetzungen gemäss Art. 3 Abs. 1 Bst. d nicht mehr erfüllen, können von der Geschäftsleitung aus der Mitgliederliste gestrichen werden.
- durch Ausschluss; Mitglieder, welche ihre finanziellen Verpflichtungen gegenüber dem Verein nicht erfüllen oder welche dem Verbandszweck bewusst entgegenwirken, können vom Vorstand aus dem Verein ausgeschlossen werden.
- Den von der Mitgliederliste Gestrichenen oder Ausgeschlossenen steht das Recht auf Berufung an die Delegiertenversammlung zu.

Art. 5*bis* Sistierung der Mitgliedschaft

Die Mitgliedschaft von Mitgliedern, von welchen Swissperform keine gültige Zustelladresse hat, wird sistiert.

Bei sistierter Mitgliedschaft kann Swissperform von Mitteilungen an das Mitglied absehen, bis es Swissperform über seine aktuelle Zustelladresse informiert hat.

IV. Wahrnehmung von Rechten im Auftrag

Art. 6

[1] Der Verein übernimmt die Wahrnehmung von verwandten Schutzrechten im Auftragsverhältnis für alle Rechteinhaber/innen, welche nicht dem Verein ihre Rechte als Einzelmitglieder oder über einen Mitgliedverband zur Wahrnehmung übertragen haben. Die Wahrnehmung der Rechte von im Ausland niedergelassenen Verbänden und Verwertungsorganisationen erfolgt in der Regel nur, wenn der ausländische Verband bzw. die Verwertungsorganisation sich zur Wahrnehmung der Rechte der schweizerischen Rechteinhaber im Ausland verpflichtet.

[2] Mit der Auftragserteilung werden dem Verein alle verwandten Schutzrechte übertragen, welche durch Bundesrecht nur durch eine Verwertungsgesellschaft wahrgenommen werden können.

[3] Auftraggebende und Mitglieder werden im Rahmen der Wahrnehmung von Rechten sowie der Verteilung der Einnahmen gleich behandelt.

⁴ Im Sinne einer Geschäftsführung ohne Auftrag nimmt der Verein auch verwandte Schutzrechte wahr, deren Berechtigte ihre Rechte nicht selber geltend machen können.

V. Organisation

Art. 7 Die Organe

Organe des Vereins sind:
a) die Delegiertenversammlung
b) der Vorstand
c) die Fachgruppen
d) die Kontrollstelle

1. Die Delegiertenversammlung

Art. 8 Einberufung der Delegiertenversammlung

¹ Die ordentliche Delegiertenversammlung findet jährlich in der Regel im Juni statt.

² Ausserordentliche Delegiertenversammlungen können vom Vorstand jederzeit einberufen werden. Dieser ist zur Einberufung innerhalb von zwei Monaten verpflichtet, wenn eine Einberufung von der Kontrollstelle oder mindestens einem Fünftel aller Delegierten verlangt wird.

³ Das Datum der Delegiertenversammlung ist möglichst frühzeitig bekanntzugeben. Die Delegierten sind spätestens vier Wochen vor dem Versammlungsdatum schriftlich unter Bekanntgabe der Traktanden zur Versammlung einzuladen.

⁴ Die erste Delegiertenversammlung ist spätestens innerhalb eines Jahres nach der rechtskräftigen Erteilung der Verwertungskonzession an den Verein einzuberufen. Bis zu ihrem Zusammentreten werden die Kompetenzen der Delegiertenversammlung von der Mitgliederversammlung wahrgenommen, welche auch die ersten Wahlen durchführt. Die Bestimmungen der Art. 8–11 dieser Statuten gelten sinngemäss auch für die Gründerversammlung.

Art. 9 Wahl der Delegierten

¹ Die Delegiertenversammlung setzt sich aus 20 Delegierten der Ausübenden und 20 Delegierten der Produzierenden zusammen. Die Sendeunternehmen entsenden 10 Delegierte.

² Jeder Mitgliedverband sowie jedes Einzelmitglied hat Anspruch auf die Entsendung einer dem folgenden Verhältnis entsprechenden Anzahl von Delegierten:

a) bei den Künstlerverbänden und als Einzelmitglied angeschlossenen Künstlern/innen:

Die Schweizerische Interpreten-Gesellschaft sowie die übrigen Verbände entsenden eine dem Verhältnis der von ihnen direkt oder indirekt vertretenen Mitgliederzahl entsprechende Anzahl von Delegierten. Die Einzelmitglieder bilden zusammen ein Kollektiv, welches wie ein Mitgliedverband die der Zahl der Einzelmitglieder entsprechende Anzahl Vertreter bzw. Vertreterinnen entsendet. Die Verbände sorgen für eine gleichmässige Vertretung der einzelnen Kunstsparten. Über das dabei zur Anwendung gelangende Wahlverfahren erlässt der Vorstand ein Reglement.

Die Delegierten der Ausübenden wählen ihre Vertreter in die einzelnen Fachgruppen und schlagen ihre Vertreter im Vorstand vor.

b) bei den Verbänden der Produzierenden und den als Einzelmitgliedern angeschlossenen Produzierenden:

Jeder Verband sowie die als Einzelmitglieder angeschlossenen Produzierenden haben Anspruch auf eine ihrem in den vorangegangenen zwei Jahren durch den Verein abgerechneten Verteilungserlöse entsprechende Anzahl von Delegierten, mindestens aber acht Phonoproduzierende und acht Produzierende Audiovision. Über das entsprechende Wahlverfahren erlässt der Vorstand ein Reglement.

Die Delegierten der Produzierenden wählen ihre Vertreter in die einzelnen Fachgruppen und schlagen ihre Vertreter im Vorstand vor.

c) Die Sendeunternehmen entsenden zehn Delegierte. Jeder Verband sowie die als Einzelmitglieder angeschlossenen Sendeunternehmen haben Anspruch auf eine ihren in den zwei vorangegangenen Jahren abgerechneten Verwertungserlöse entsprechende Anzahl von Delegierten. Über das entsprechende Wahlverfahren erlässt der Vorstand ein Reglement.

Die Delegierten der Sendeunternehmen wählen ihre Vertreter in die einzelnen Fachgruppen und schlagen ihre Vertreter im Vorstand vor.

[3] Die Zahl der von den einzelnen Mitgliedverbänden und den Einzelmitgliedern zu entsendenden Delegierten wird vom Vorstand alle zwei Jahre den neuen Verhältnissen angepasst, erstmals aber auf den 1. Januar 1996. Bis zu diesem Zeitpunkt werden die Delegierten von den Gründungsmitgliedern sowie den neu eintretenden Kollektivmitgliedern nach Massgabe der folgenden Bestimmungen gestellt:

- Die Schweizerische Interpreten-Gesellschaft entsendet 20 Delegierte. Beim Beitritt eines Verbandes von Ausübenden werden die Delegiertenstimmen nach Massgabe der vom beitretenden Verband vertretenen Anzahl der berufsmässig Ausübenden neu verteilt.

- Die Phonoproduzierenden entsenden zwölf Delegierte, wovon mindestens zwei auch Interessen im audiovisuellen Bereich vertreten. Die Produzierenden Audiovision entsenden acht Delegierte, wovon mindestens ein Mitglied der IFPI-Video.

— Die Schweizerische Radio- und Fernsehgesellschaft entsendet zehn Delegierte. Beim Beitritt weiterer Sendeunternehmen oder Verbände werden die Delegiertenstimmen neu verteilt.

Art. 10 Stimmrecht und Beschlussfassung in der Delegiertenversammlung

1 Jeder bzw. jede Delegierte hat eine Stimme in der Delegiertenversammlung. Delegierte können sich durch einen andere(n) Delegierte(n) der gleichen Kategorie vertreten lassen.

2 Über eine nicht auf die Traktandenliste gesetzte Frage darf nicht abgestimmt werden. Anträge seitens der Delegierten oder Mitglieder müssen acht Wochen vor der Delegiertenversammlung schriftlich dem Vorstand eingereicht werden und sind den Delegierten spätestens vier Wochen vor der Delegiertenversammlung vom Vorstand im vollen Wortlaut zur Kenntnis zu bringen. In dringenden Fällen kann von der Einhaltung dieser Fristen abgesehen werden, wenn sowohl der Vorstand als auch die Delegiertenversammlung einen entsprechenden Beschluss fasst.

3 Wo die Statuten keine Ausnahme vorschreiben, erfolgen die Beschlüsse der Delegiertenversammlung durch das absolute Mehr der anwesenden oder vertretenen Delegierten.

4 Bei Wahlen entscheidet im ersten Wahlgang das absolute Mehr, im zweiten das relative Mehr der abgegebenen Stimmen.

5 Beschlüsse über die Erhebung von Mitgliederbeiträgen oder die Änderung von Statuten bedürfen zu ihrer Verbindlichkeit je der Zustimmung der absoluten Mehrheit der abgegebenen Stimmen der Ausübenden, der Produzierenden und der Sendeunternehmen. Statutenänderungen, welche in Erfüllung einer Auflage der Aufsichtsbehörde erfolgen, können durch das absolute Mehr der anwesenden oder vertretenen Stimmen beschlossen werden.

Art. 11 Aufgaben der Delegiertenversammlung

Die Delegiertenversammlung ist das oberste Organ des Vereins. Ihr stehen die folgenden unübertragbaren Befugnisse zu:

a) Festsetzung und Änderung der Statuten
b) Wahl des Präsidenten bzw. der Präsidentin, des Vizepräsidenten bzw. der Vizepräsidentin
c) Wahl des Vorstandes gemäss den Vorschlägen der einzelnen Delegiertengruppen
d) Wahl der Kontrollstelle
e) Abnahme der Gewinn- und Verlustrechnung
f) Beschlussfassung über die Höhe der Zuwendungen für kulturelle und soziale Zwecke gemäss Art. 2 Ziff. 9
g) Entlastung der Vorstandsmitglieder

h) Beschlussfassung über Auflösung und die Liquidation des Vereins
i) Beschlussfassung über allfällige Mitgliederbeiträge
k) Entscheidung von Berufungen über Aufnahme oder Ausschluss von Mitgliedern
l) Beschlussfassung über andere Gegenstände, welche dem obersten Vereinsorgan durch das Gesetz oder die Statuten übertragen sind oder welche vom Vorstand der Delegiertenversammlung zur Beschlussfassung vorgelegt werden.
m) Beschlussfassung über Anträge von Delegierten, Mitgliedern und Mitgliedverbänden sowie über Mitgliedverbände angeschlossene Berechtigte.

2. Der Vorstand

Art. 12 Zusammensetzung

[1] Der Vorstand besteht aus dem Präsidenten bzw. der Präsidentin, dem Vizepräsidenten bzw. der Vizepräsidentin sowie dreizehn weiteren Vorstandsmitgliedern in der folgenden Zusammensetzung:

a) sechs Vertreter bzw. Vertreterinnen der Ausübenden, mindestens drei von ihnen sollen selber berufsmässig Ausübende sein und je den Bereichen der Unterhaltungsmusik, der ernsten Musik und dem Schauspiel (Film oder Bühne) angehören;

b) sechs Veteter bzw. Vertreterinnen der Produzierenden, wovon in der Regel drei berufsmässig Produzierende. Im ersten Vorstand haben alle Gründungsmitglieder Anspruch auf angemessene Vertretung;

c) drei Verteter oder Vertreterinnen der Sendeunternehmen.

[2] Der Präsident bzw. die Präsidentin ist in der Regel ein ausübender Künstler bzw. eine ausübende Künstlerin, der Vizepräsident bzw. die Vizepräsidentin ein Vertreter bzw. eine Vertreterin der Produzierenden.

[3] Der Vorstand konstituiert sich selbst. Er kann einzelne Aufgaben an von ihm eingesetzte Ausschüsse delegieren.

[4] Die Amtszeit eines Vorstandsmitgliedes, des Präsidenten bzw. der Präsidentin und des Vizepräsidenten bzw. der Vizepräsidentin beträgt vier Jahre. Wiederwahl ist unbeschränkt zulässig. Bei Rücktritten während der ordentlichen Amtszeit vollenden die ersatzweise gewählten Mitglieder die jeweilige Amtszeit ihres Vorgängers bzw. ihrer Vorgängerin und stellen sich dann zusammen mit den übrigen Mitgliedern der ordentlichen Wahl.

Art. 13 Einberufung

Der Vorstand wird durch den Präsidenten bzw. die Präsidentin oder durch den Vizepräsidenten bzw. die Vizepräsidentin oder die Kontrollstelle einberufen, so oft es die Lage erfordert.

Art. 14   Zuständigkeit

Der Vorstand entscheidet über alle Angelegenheiten, welche nicht durch Gesetz oder Statuten einem andern Organ übertragen sind.

Art. 15   Beschlussfassung des Vorstandes

1 Der Vorstand ist beschlussfähig, sobald die Hälfte seiner Mitglieder anwesend sind. Beschlüsse werden mit dem absoluten Mehr der anwesenden Mitglieder gefasst. Der oder die Vorsitzende hat bei Stimmengleichheit keinen Stichentscheid.

2 Ein abwesendes Vorstandsmitglied kann sich mittels einer schriftlichen, für eine spezielle Sitzung erteilten Vollmacht durch ein anderes Mitglied des Vorstandes vertreten lassen. Dabei kann kein Mitglied mehr als ein anderes Vorstandsmitglied vertreten.

3 Zirkularbeschlüsse sind zulässig. Jedes Mitglied kann aber innerhalb der für die schriftliche Stimmabgabe festgesetzten Frist verlangen, dass für die Beschlussfassung eine Sitzung einberufen wird.

Art. 16   Vertretung des Vereins

Der Vorstand bezeichnet die für die Vertretung des Vereins zuständigen Mitglieder des Vorstandes und der Geschäftsleitung und veranlasst die Eintragung der entsprechenden Zeichnungsrechte im Handelsregister.

Art. 17   Die Geschäftsleitung

Der Vorstand wählt eine Geschäftsleitung, welche die professionelle Betreuung aller Verwertungsbereiche sicherstellt. Der Vorstand umschreibt ihre Aufgaben und Kompetenzen in einem Reglement. Die Geschäftsführung kann für einzelne Fachbereiche getrennt organisiert werden. Die Verwaltung einzelner Verwertungsbereiche kann auch ganz oder teilweise anderen Verwertungsorganisationen übertragen werden.

3. Fachgruppen

Art. 18

1 Es werden im Verein fünf Fachgruppen gebildet, nämlich die Fachgruppe «Phonoausübende», die Fachgruppe «Ausübende Audiovision», die Fachgruppe «Phonoproduzierende», die Fachgruppe «Produzierende Audiovision» und die Fachgruppe «Sendeunternehmen».

2 Jede Fachgruppe besteht aus mindestens 5 Mitgliedern. Wählbar in die Fachgruppen sind Delegierte sowie weitere Fachleute des betreffenden Gebietes. Sie wählt aus ihrer Mitte einen Vorsitzenden. Im übrigen konstituiert sich die Fachgruppe selbst. Die Bestimmungen über die Amtszeit sowie die Beschlussfassung des Vor-

standes sind sinngemäss anwendbar. Die Geschäftsleitung wirkt an allen Geschäften der Fachgruppe mit beratender Stimme mit.

Art. 19

[1] Die Fachgruppen sind zuständig
a) für den Erlass von Verteilreglementen ihres Fachbereichs
b) für die Organisation der Verteilung an die Angehörigen ihres Fachbereichs
c) für Beschlüsse über Tarife, soweit diese Entschädigungen für Rechte von Angehörigen ihres Fachbereiches zum Inhalt haben
d) für Beschlüsse über Gegenseitigkeitsverträge mit dem Ausland, soweit diese ihren Fachbereich betreffen
e) für den Beitritt zu Organisationen ihres Fachbereichs
f) für weitere Beschlüsse im Rahmen der Statuten, soweit diese ausschliesslich ihren Fachbereich betreffen.

Die Genehmigung der Jahresbudgets der einzelnen Fachbereiche bedarf der Zustimmung des Vorstandes. Der Zustimmung des Vorstandes bedürfen ausserdem Beschlüsse und Verträge über die Delegation von Verteilaufgaben an Dritte. Der Vorstand kann solche Verträge und Beschlüsse auch gegen den Willen der betroffenen Fachgruppe nachträglich kündigen oder aufheben, sofern er zum Schluss kommt, dass die Fortführung der Beschlüsse und Verträge mit nicht budgetierten oder nicht genügend durch Rückstellungen abgesicherten Risiken für die SWISSPERFORM verbunden ist.

[2] Die Geschäftsleitung unterstützt die Fachgruppen in administrativer Hinsicht. Sie überwacht die Einhaltung der Gesetze, der Statuten, der Beschlüsse der Delegiertenversammlung und der Weisungen der Aufsichtsbehörde durch die Fachgruppen sowie die Einhaltung von Verträgen über die Delegation von Verteilaufgaben an Dritte. Sie sorgt für die Einhaltung der vom Vorstand den Fachgruppen bewilligten Budgets und beobachtet die mit der Delegation von Verteilaufgaben verbundenen Risiken. Stellt sie Abweichungen oder ungesicherte Risiken fest, beantragt sie dem Vorstand geeignete Massnahmen.

[3] Die Fachgruppen bereiten zusammen mit den zuständigen Mitgliedern der Geschäftsleitung die Tarife vor. Sie können von der Geschäftsleitung auch zur Vertretung dieser Tarife gegenüber den Nutzern sowie Behörden herangezogen werden. Ein von allen betroffenen Fachgruppen unterstützter Beschluss über die Gestaltung von gemeinsamen Tarifen ist für die Geschäftsleitung verbindlich.

[4] Beschlüsse sowie Reglemente über die Verteilung von Einnahmen aus gemeinsamen Tarifen auf die einzelnen Fachbereiche bedürfen der Zustimmung aller betroffenen Fachgruppen. Kommt ein Entscheid infolge Verweigerung der Zustimmung durch eine oder mehrere Fachgruppen nicht zustande, so bestimmt der Vorstand einen Vermittler. Können sich die Fachausschüsse auch vor dem eingesetzten Vermittler nicht über die Aufteilung einigen, kann jede betroffene Fachgruppe einen

Entscheid durch eine neutrale Fachkommission mit Sitz in Bern beantragen, welche endgültig über die Aufteilung entscheidet.

5 Jede betroffene Fachgruppe schlägt unabhängig von einem konkreten Streitfall je einen neutralen Experten als Mitglied der neutralen Fachkommission gemäss Art. 19 Abs. 4 vor. Streitfälle werden durch ein Dreiergremium entschieden, welches aus dem Kreis der vorgeschlagenen Experten gebildet wird. Können sich die betroffenen Fachgruppen in einem konkreten Streitfall nicht über die Zusammensetzung der neutralen Fachkommission einigen, so bestimmt der Präsident des Handelsgerichtes Bern einen Vorsitzenden, welcher die beiden weiteren in einem konkreten Fall entscheidenden Mitglieder der neutralen Fachkommission ernennt. Der Vorsitzende der neutralen Fachkommission kann nach Einleitung eines Verfahrens vorsorgliche Weisungen über die vorläufige Verteilung von Verwertungserlösen während der Dauer des Verfahrens erlassen. Im übrigen konstituiert sich die neutrale Fachkommission selbst und bestimmt das auf einen Streitfall anzuwendende Verfahren.

4. Die Kontrollstelle

Art. 20

Die Geschäftskontrolle wird durch ein bis zwei vom Vorstand unabhängige Revisoren/innen ausgeübt. Als Revisoren/innen können auch juristische Personen gewählt werden.

VI. Ausstandspflichten der Vorstandsmitglieder und Fachgruppenmitglieder

Art. 21 Ausstandspflichten

Vorstands- und Fachgruppenmitglieder, welche von einem Beschluss in ihren Interessen als Nutzer oder Vertreter von Nutzern der vom Verein wahrgenommenen Rechte betroffen sind, zeigen dies dem Vorsitzenden an und treten bei Beratungen und Abstimmungen in den Ausstand.

VII. Die Vereinsrechnung

Art. 22

Das Rechnungsjahr wird jeweils auf den 31. Dezember abgeschlossen, erstmals am 31.12.1993.

VIII. Haftung und Leistungen der Mitglieder

Art. 23   Haftung

Für die Verbindlichkeiten des Vereins haftet ausschliesslich das Vereinsvermögen. Jede persönliche Haftung der Mitglieder ist wegbedungen.

Art. 24   Einnahmen des Vereins

[1] Der Verein finanziert sich durch Erhebung eines Kostenbeitrages auf den eingezogenen Vergütungen.

[2] Ausnahmsweise kann die Delegiertenversammlung einen Mitgliederbeitrag erheben.

[3] Bis zur rechtskräftigen Genehmigung des ersten Verwertungstarifes sind die Kollektivmitglieder sowie evtl. direkt angeschlossene juristische Personen verpflichtet, die Vorlaufkosten des Vereins mit Hilfe von zinsgünstigen Darlehen zu finanzieren. Dabei setzt der Vorstand die von jedem Kollektivmitglied bzw. der direkt angeschlossenen juristischen Person zu erbringende Leistung nach folgendem Verteilungsschlüssel fest:

- Verbände der Ausübenden: 40 Prozente;
- Verbände der Produzierenden: 40 Prozente;
- Verbände der Sendeunternehmen sowie direkt angeschlossene Sendeunternehmen: 20 Prozente.

IX. Auflösung des Vereins

Art. 25

Der Verein kann nur durch einen Beschluss der Delegiertenversammlung aufgelöst werden. Zur Auflösung ist mindestens die Zustimmung von zwei Dritteln der anwesenden und vertretenen Delegiertenstimmen sowie zusätzlich die absolute Mehrheit der anwesenden oder vertretenen Delegiertenstimmen der Ausübenden, der Produzierenden und der Sendeunternehmen erforderlich. Im gleichen Beschluss entscheidet die Vereinsversammlung über die Verwendung des Vereinsvermögens und die Wahl der mit der Durchführung der Liquidation zu betrauenden Personen.

X. Mitteilungen

Art. 26

¹ Die Mitteilungen des Vereins an die Mitglieder und die Organe erfolgen schriftlich an die letztbekannte Adresse des Mitgliedes oder Organes oder im Schweizerischen Handelsamtsblatt.

² Der Verein kann ein eigenes Publikationsorgan herausgeben.

Genehmigt von den Gründungsmitgliedern am 10. Februar 1993.

Änderungen von Art. 2 Abs. 1, Art. 3 Abs. 1–3, Art. 5 und Art. 6 Abs. 1 gemäss Beschluss der Delegiertenversammlung vom 12. Januar 1994.

Änderungen von Art. 5 und Art. 15 gemäss Beschluss der Delegiertenversammlung vom 18. September 1996.

Änderung von Art. 2 Abs. 6 gemäss Beschluss der Delegiertenversammlung vom 8. Juni 1999.

Änderung von Art. 18 Abs. 2 und Art. 19 Abs. 1, 2 und 3 gemäss Beschluss der Delegiertenversammlung
vom 20. Juni 2001.

Änderung von Art. 5 und neuer Art. 5bis gemäss Beschluss der Delegiertenversammlung vom 16. Juni 2004

Nr. 31 Auszüge aus den Wahrnehmungsverträgen der schweizerischen Verwertungsgesellschaften

Die Vertragsgestaltung kann durch die jeweilige Verwertungsgesellschaft geändert werden.

Wahrnehmungsvertrag SUISA–Urheber

Schweizerische Gesellschaft für die Rechte der Urheber musikalischer Werke
Société suisse pour les droits des auteurs d'ceuvres musicales
Società svizzera per i diritti degli autori di opere musicali

Bellariastrasse 82, Postfach 782, CH-8038 Zürich

www.suisa.ch

Der abgedruckte Vertragsauszug stammt aus dem Wahrnehmungsvertrag der SUISA für Urheber. Die SUISA verfügt über einen entsprechenden Vertrag für Verlage.

Zu diesem Vertrag gibt es einen vorformulierten Anhang (abgedruckt), mit welchem gemäss Ziffer 3.4 des Vertrages bestimmte Rechte, und gemäss Ziffer 4.2 bestimmte Länder von der Verwertung ausgenommen, sowie Pseudonyme erklärt werden können.

Abgedruckt sind ferner

- ein Zusatzvertrag für den Bereich Film, mit welchem im Einzelfall das Synchronisationsrecht (Recht zur Verwendung der Musik u.a. in einem Film) sowie die Vervielfältigungsrechte für Tonbildträger des Films, die nicht für das Publikum bestimmt sind, nebst einem auf eigene Verwendung des Auftraggebers eingeschränkten Vorführrecht am Film von der Wahrnehmung ausgenommen werden können, sowie
- ein Zusatzvertrag für den Bereich Bühnen, mit welchem im Einzelfall für Musikeinrichtungen, die der Urheber in einem Arbeitsverhältnis mit einem schweizerischen Theater schafft, das Vervielfältigungsrecht soweit von der Wahrnehmung ausgenommen werden kann, als Aufzeichnungen des Bühnenwerks mit der Musik zur eigenen Verwendung des Theaters hergestellt werden sollen.

Diese Zusatzverträge werden nicht standardmässig, sondern nur auf Anfrage des Mitglieds für den Einzelfall abgeschlossen. Es ist darauf hinzuweisen, dass die Vertragsgestaltung durch die SUISA von Zeit zu Zeit geändert werden kann.

1. Zweck dieses Vertrages

Durch diesen Vertrag beauftragt der Urheber die SUISA, die nachstehend umschriebenen Nutzungsrechte an seinen nichtdramatischen Musikwerken wahrzunehmen. Die SUISA verpflichtet sich, diesen Auftrag nach ihren Statuten und Reglementen sorgfältig zu erfüllen.

Zu diesem Zweck überträgt der Urheber der SUISA treuhänderisch die in diesem Vertrag genannten Rechte. Die SUISA macht diese Rechte in eigenem Namen und in Zusammenarbeit mit den schweizerischen Schwestergesellschaften in der Schweiz und in Liechtenstein geltend und sorgt durch den Abschluss von Gegenseitigkeitsverträgen für deren Wahrnehmung im Ausland. Die SUISA wird die an sie abgetretenen Rechte nicht selber kommerziell nutzen.

Die SUISA erzielt keinen Gewinn; sie verteilt die Urheberrechtsentschädigungen gemäss ihrem Verteilungsreglement an die Rechteinhaber.

2. Werke im Sinne dieses Vertrages

2.1 In der Regel alle Werke des Urhebers

Dieser Vertrag bezieht sich auf alle nichtdramatischen Musikwerke und deren allfällige Texte (Originalwerke und Bearbeitungen), die der Urheber während der Dauer dieses Vertrages schaffen oder (gemeinsam mit anderen) mitschaffen wird.

Vom Urheber vor der Unterzeichnung dieses Vertrages geschaffene oder mitgeschaffene Werke werden von diesem Vertrag ebenfalls erfasst, es sei denn, er habe die Rechte an diesen Werken bereits an jemanden anderen abgetreten. Der Urheber verpflichtet sich, der SUISA alle vor Abschluss dieses Vertrages gemachten anderweitigen Verfügungen über seine Werke mitzuteilen.

Während der Dauer dieses Vertrages können keine Werke von diesem Vertrag ausgenommen werden.

2.2 Die nichtdramatischen Musikwerke

Die von diesem Vertrag erfassten musikalischen Werke und deren allfällige Texte – nachstehend «Werke» genannt – umfassen:

- alle nichtdramatischen Musikwerke mit oder ohne Text, einschliesslich der Oratorien;
- alle nichtdramatischen Musikwerke, die in audiovisuellen und multimedialen Werken wie Spiel-, Dokumentar-, Werbe- und Fernsehfilmen, Videoclips, CD-ROM's, Midi-Files etc. enthalten sind;
- alle Musik zu nichtdramatischen Tanzwerken sowie die Musik zu dramatisch-musikalischen Tanzwerken, soweit sie ohne Tanz aufgeführt oder gesendet wird;
- alle Konzertfassungen dramatisch-musikalischer Werke;
- alle Auszüge aus dramatisch-musikalischen Werken, die keine ganzen Akte umfassen und deren Verwendung ohne Bild nicht länger als 25 Minuten und mit Bild nicht länger als 15 Minuten dauert.

Als dramatisch-musikalisch gelten alle Werke, deren szenischer Ablauf durch Personen in bestimmten Rollen dargestellt und von der Musik so getragen wird, dass die Werke in der Regel nicht ohne Musik aufgeführt oder gesendet werden können.

3. Von diesem Vertrag erfasste Rechte

3.1 Die einzelnen an die SUISA abgetretenen Urheberrechte

Für die Dauer dieses Vertrages tritt der Urheber die ausschliesslichen Urheberrechte inklusive der Vergütungsansprüche für die folgenden Verwendungen der in Ziff. 2 umschriebenen Werke an die SUISA zur Wahrnehmung ab:

a. Werke auf irgendeine Art und Weise aufzuführen, in audiovisuellen oder multimedialen Werken enthaltene Musikwerke vorzuführen sowie Werke anderswo wahrnehmbar zu machen (Art. 10 Abs. 2 lit. c URG*);

b. Werke durch Radio, Fernsehen oder ähnliche Einrichtungen (z.B. Satelliten), auch über Leitungen (z.B. Kabelnetze) zu senden (Art. 10 Abs. 2 lit. d URG);

c. gesendete Werke drahtlos oder drahtgebunden weiterzusenden (Art. 1 0 Abs. 2 lit. e URG); unter Weitersendung wird die Weiterleitung von gesendeten Werken mit Hilfe von technischen Einrichtungen (Kabelnetzen, Umsetzern etc.) verstanden, deren Träger nicht das ursprüngliche Sendeunternehmen ist;

d. gesendete und weitergesendete Werke wahrnehmbar zu machen («öffentlicher Empfang», Art. 10 Abs. 2 lit. f URG);

e. Werke auf Ton-, Tonbild- und Datenträger irgendwelcher Art aufzunehmen und solche Träger zu vervielfältigen sowie in Verkehr zu bringen (Art. 10 Abs. 2 lit. a und b URG);

f. Musikwerke in Datenbanken, Dokumentationssysteme oder in Speicher ähnlicher Art einzubringen und die so gespeicherten Werke wahrnehmbar (abrufbar) zu machen, wie z.B. durch On-Line-Dienste (Art. 10 Abs. 2 lit. a, b und c URG);

g. Musikwerke mit Werken anderer Gattungen (Film, Text, Bilder etc.) zu verbinden oder Musikwerke zusammen mit Werken anderer Gattungen interaktiv benutzbar zu machen (Multimedia); dieses Recht wird im folgenden als Synchronisations- oder Filmherstellungsrecht bezeichnet und kann vom Urheber gemäss Ziffer 3.6 zurückgerufen werden;

in solchen Verbindungen verwendete Musikwerke auf Ton-, Tonbild- oder Datenträger aufzunehmen und diese Träger zu vervielfältigen sowie in Verkehr zu bringen;

h. Kopien von Noten der Werke (mit oder ohne Text) für den Eigengebrauch herzustellen, soweit es sich nicht um Verlagstätigkeiten handelt (Art. 10 Abs. 2 lit. a und b, 19 Abs. 1 lit. b und c, Abs. 2, Abs. 3 lit. c URG); unter Eigengebrauch ist zu verstehen:

 – Noten für den Unterricht durch den Lehrer in der Klasse zu kopieren oder kopieren zu lassen;

 – Noten in Betrieben, öffentlichen Verwaltungen, Instituten, Kommissionen und ähnlichen Einrichtungen für die interne Information oder Dokumentation zu kopieren oder kopieren zu lassen;

 – Noten zum privaten Gebrauch durch Dritte kopieren zu lassen.

Ausgenommen ist das Recht zum vollständigen oder weitgehend vollständigen Kopieren von Notenausgaben und musikalischen Lehrgängen.

i. die Texte und/oder die Instrumentalversionen von Werken zur individuellen Interpretation zu verwenden («Karaoke»);

j. Noten und/oder Texte von Werken in digitalisierter Form auf Ton-, Tonbild- oder Musikdatenträger aufzunehmen und diese Träger in Verkehr zu bringen (Art. 10 Abs. 2 lit. a und b URG);

k. Werkexemplare zu vermieten (Art. 13 Abs. 1 URG), zu verleihen oder sonstwie entgeltlich oder unentgeltlich zur Verfügung zu stellen;

l. Leerkassetten oder andere zur Aufnahme von Werken geeignete Ton-, Tonbild- oder Datenträger herzustellen oder zu importieren (Art. 20 Abs. 3 URG).

3.2 Weitere Rechte

Der Urheber tritt der SUISA ferner die Rechte ab, welche durch künftige technische Entwicklungen oder Gesetzesänderungen entstehen und sinngemäss den oben genannten Rechten entsprechen.

3.3 Umfang der Abtretung

Die Abtretung der Rechte gilt unabhängig davon, ob sie im In- oder Ausland als ausschliessliche Rechte oder als Vergütungsansprüche ausgestaltet sind.

Die Abtretung der Rechte umfasst insbesondere auch den Feststellungs-, Unterlassungs- und Beseitigungsanspruch sowie das Recht, Strafantrag zu stellen.

3.4 Von der Abtretung an die SUISA ausgenommene Rechte

Der Urheber kann das eine oder andere der genannten Urheberrechte für alle seine Werke von der Verwaltung durch die SUISA ausnehmen. Die Ausnahmen sind in dem diesem Vertrag beiliegenden Anhang zu bezeichnen und mit Unterschrift zu bestätigen.

Der Anhang bildet Bestandteil dieses Vertrages. Er muss der SUISA innert drei Monaten seit Vertragsabschluss eingereicht werden.

3.5 Die Rechte zur Bearbeitung und an Bearbeitungen

Die an die SUISA abgetretenen Rechte beziehen sich auf die Werke in der vom Urheber geschaffenen Form. Das Recht, eine Bearbeitung zu bewilligen oder zu verbieten, insbesondere eine Musik zu vertexten, wird nicht von der SUISA, sondern vom Urheber selber wahrgenommen. Die SUISA verwaltet jedoch die Rechte an Bearbeitungen.

Das SUISA-Verteilungsreglement umschreibt, was unter dem Begriff «Bearbeitung» zu verstehen ist.

3.6 Rückabtretung des Synchronisationsrechts

Bevor die SUISA die Verbindung von Musikwerken mit Werken anderer Gattungen erlaubt, insbesondere jene zur Herstellung von (audio- und audiovisuellen) Werbespots (Ziffer 3.1 g), gibt sie dem Urheber Gelegenheit, dieses Synchronisations- oder Filmherstellungsrecht unter den nachstehenden Bedingungen selber wahrzunehmen.

Das Synchronisations- oder Filmherstellungsrecht fällt zurück an den Urheber, wenn er

a. bei Auftragswerken innert 30 Tagen seit Kenntnis der Auftragserteilung oder
b. bei vorbestehenden Werken innert 30 Tagen seit Mitteilung der beabsichtigten Verwendung (durch die SUISA oder den Werknutzer)

der SUISA schriftlich mitteilt, dass er das Synchronisationsrecht selber wahrnehmen will.

Das Synchronisationsrecht fällt nur für eine bestimmt bezeichnete Verwendung an den Urheber zurück.

Alle anderen Rechte, insbesondere auch zur Vervielfältigung und Verbreitung der Werkexemplare, verbleiben bei der SUISA.

Bei verlegten Werken geht die Mitteilung der SUISA gemäss Absatz 2 lit. b dieser Ziffer an den Verleger.

3.7 Kein Anwendungsfall des Synchronisationsrechts

Die Verwendung von Musikwerken in Multimedia-Produkten und On-Line-Diensten gilt nicht als Verbindung mit einem anderen Werk, wenn die Musik nicht in einen Sinnzusammenhang mit anderen Werken gebracht wird (z.B. Teleshopping).

Ein Vorgehen nach Ziff. 3.6 bleibt jedoch erforderlich

– für Produkte oder Dienste, bei welchen die Musik ein erforderlicher und wesentlicher Bestandteil ist,
– wenn das Produkt oder der Dienst den Absatz von Ton- oder Tonbildträgern konkurrenzieren kann,
– wenn das Produkt oder der Dienst der Werbung für bestimmte Produkte oder Firmen dient.

3.8 Keine Rückabtretung des Synchronisationsrechts

Die Rückabtretung des Synchronisationsrechts (Ziff. 3.1. g) ist ausgeschlossen, und Rückfragen der SUISA sind nicht erforderlich für

a. Verwendungen von Musikwerken, die in Katalogen zur Vertonung von Ton-, Tonbild- oder Datenträgern angeboten werden («mood music», «Archiv-Musik», «library music» etc.);
b. Verwendungen von Musikwerken zum Zweck der Sendung von Radio- und Fernsehprogrammen (ausser Werbesendungen, Sponsoring- Billboards etc.) durch das Sendeunternehmen; dazu gehört auch die Herstellung von Ton-, Tonbild- und Datenträgern, die ausschliesslich Sendezwecken dienen, durch das Sendeunternehmen oder in dessen Auftrag.

4. Räumlicher Geltungsbereich dieses Vertrages

4.1 Im allgemeinen

Die Abtretung der in Ziffer 3 genannten Urheberrechte bezieht sich auf alle Länder der Welt, mit deren Urheberrechtsgesellschaften die SUISA Gegenseitigkeitsverträge abgeschlossen hat.

4.2 Ausnahme

Der Urheber kann die Abtretung seiner Rechte gebietsmässig beschränken. Die Beschränkung muss Land für Land angegeben werden. Ohne Beschränkung wird angenommen, dass die Abtretung für die ganze Welt (gemäss Ziff. 4.1) gilt.

Die Ausnahmen können im Anhang zum Vertrag angegeben werden und sind mit Unterschrift zu bestätigen.

5. Anmeldung der Werke und Auskünfte

5.1 Pflicht des Urhebers zur Anmeldung seiner Werke

Der Urheber verpflichtet sich, der SUISA alle Werke anzumelden, welche er selber als Urheber geschaffen oder mitgeschaffen hat.

Dazu verwendet er die von der SUISA kostenlos zur Verfügung gestellten Formulare und legt diesen ein Belegexemplar (Partitur, Tonbandkassette u.ä.) bei, welches über das angemeldete Werk Aufschluss gibt.

Für die Werkanmeldungen gelten folgende Termine:
- für alle Werke, die vor Abschluss dieses Vertrages geschaffen wurden: innerhalb von drei Monaten seit Vertragsabschluss;
- für alle Werke, die während der Dauer dieses Vertrages geschaffen werden: innerhalb eines Monats nach Beendigung des Werkes.

[...]

Anhang zum Wahrnehmungsvertrag (SUISA–Urheber)

Zu Ziffer 3.4 Von der Verwertung ausgenommene Rechte

Durch entsprechende Bezeichnung und Unterschrift kann der Berechtigte die in Ziff. 3.1 genannten Urheberrechte von der Verwaltung durch die SUISA ausnehmen.

Die Ausnahmen sind nun in den nachstehend genannten Gruppen möglich, welche nicht abgeändert werden können.

Urheberrechte *Ausnahme*

a. Werke auf irgendeine Art und Weise gemäss Ziffer 3.1a aufzuführen, in audiovisuellen oder multimedialen Werken enthaltene Musikwerke vorzuführen sowie Werke anderswo wahrnehmbar zu machen. ja ☐

b. Werke durch Radio, Fernsehen oder ähnliche Einrichtungen, auch über Leitungen, zu senden, weiterzusenden, sowie die in diesen Sendungen enthaltenen Werke wahrnehmbar zu machen und zu diesem Zweck aufzunehmen gemäss Ziffer 3.1 b+c+d+e. ja ☐

c. Werke auf Ton-, Tonbild- und Datenträger irgendwelcher Art aufzunehmen und in Verkehr zu bringen gemäss Ziffer 3.1 e (ausgenommen sind Aufnahmen zu Sendezwecken) und in Datenbanken, Dokumentationssysteme oder Speicher ähnlicher Art einzubringen und wahrnehmbar zu machen gemäss Ziffer 3.1 f. ja ☐

d. Die Rechte für die Herstellung von Kopien zum Eigengebrauch gemäss Ziffer 3.1 h. ja ☐

e. Texte und/oder Instrumentalversionen von Werken zur individuellen Interpretation zu verwenden (Karaoke) gemäss Ziffer 3.1 i. ja ☐

f. Noten und/oder Texte von Werken in digitalisierten Form auf Ton-, Tonbild- oder Musikdatenträgen gemäss Ziffer 3.1 j aufzunehmen und diese Trägen in Verkehr zu bringen. ja ☐

Für die Synchronisationsrechte (Ziffer 3.1 g) gilt die Sondenregelung, wie sie in Ziffer 3.6 bis 3.8 des Vertrages vorgesehen ist.

Zu Ziff. 4.2 Ausnahmen (Länder)

Der Urheber nimmt folgende Länder aus:
Solche Ausnahmen können der SUISA auch nach Abschluss dieses Vertrages schriftlich mitgeteilt werden.

Zu Ziff. 7 Pseudonyme

Der Urheber erklärt, bisher die folgenden Pseudonyme verwendet zu haben:

...

Zusatzvertrag zum Wahrnehmungsvertrag (SUISA–Urheber)

1. Ausnahme vom Wahrnehmungsvertrag
Es wird in teilweiser Abweichung vom Wahrnehmungsvertrag vereinbart, dass der Urheber unter gewissen Voraussetzungen bestimmte Rechte für bestimmte Verwendungen einzelner Musikwerke von der Verwaltung durch die SUISA ausnehmen kann.

2. Musikwerke
Die Ausnahme kann sich nur beziehen auf Auftragskompositionen, die zur Vertonung audiovisuellen Produktionen bestimmt sind, von Produktionen, die weder ans Publikum für dessen eigenen privaten Gebrauch abgegeben werden noch als Werbespots oder als Sponsoring-Billboards im Fernsehen eingesetzt werden.

3. Verwendung
Die Ausnahme kann sich nur auf Verwendungen durch einen bestimmt bezeichneten Auftraggeber beziehen.

4. Rechte
Der Urheber kann in diesem Sinne für einzelne Werke folgende Rechte von der Verwaltung durch die SUISA ausnehmen bzw. auf deren Wahrnehmung durch die SUISA verzichten

- das Recht, das Musikwerk mit Werken anderer Gattungen zu verbinden oder zusammen mit Werken anderer Gattungen interaktiv benutzbar zu machen (sog. Synchronisationsrecht)
- das Recht, das so verbundene Musikwerk auf Tonbild- oder Datenträger aufzunehmen und diese Träger zu vervielfältigen; diese Träger dürfen nicht ans Publikum abgegeben werden.
- das Recht, den Träger durch den Auftraggeber an dessen eigenen Veranstaltungen in der Schweiz und in Liechtenstein ohne Eintritt und ausserhalb von Kinos vorzuführen.

5. Voraussetzungen
Der Verzicht auf die Wahrnehmung dieser Rechte durch die SUISA gilt nur, wenn der Urheber der SUISA den Verzicht spätestens 10 Tage nach der Erteilung des Auftrags schriftlich und mit allen erforderlichen Angaben mitteilt, nämlich

- Titel des Trägers
- allenfalls Titel den Musik
- Name und Adresse des Auftraggebers
- Name und Adresse des Produzenten
- Name und Adresse des Vervielfältigungswerks

Der Verzicht ist ferner unabhängig von der Fristwahrung nicht wirksam, wenn die SUISA vor Eintreffen der Erklärung mit der Lizenzierungsarbeit gegenüber Auftraggeber oder Produzent begonnen hat.

6. Dauer

Der Vertrag gilt auf unbestimmte Dauer. Er kann jederzeit schriftlich gekündigt werden. Mit der Aufhebung des Wahrnehmungsvertrags endet auch dieser Zusatzvertrag.

Zusatzvertrag (Bühnen) zum Wahrnehmungsvertrag (SUISA–Urheber)

1. Ausnahme vom Wahrnehmungsvertrag

Es wird in teilweiser Abweichung vom Wahrnehmungsvertrag vereinbart, dass der Urheber unter gewissen Voraussetzungen bestimmte Rechte für bestimmte Verwendungen einzelner Musikwerke von der Verwaltung durch die SUISA ausnehmen kann.

2. Musikwerke

Die Ausnahme kann sich nur beziehen auf Musikeinrichtungen, die der Urheber im Rahmen eines mindestens für eine Saison bestehenden Arbeitsvertrags an einem Schweizerischen Theater schafft. Musikeinrichtungen sind Kompositionen, die eigens zur musikalischen Untermalung eines dramatischen, aber nicht musik-dramatischen Werks geschaffen werden. Die Verwendung vorbestehender Musikwerke eines anderen Urhebers werden durch diese Zusatzvereinbarung nicht berührt.

3. Verwendung

Die Ausnahme kann sich nur auf Verwendungen im Rahmen des Arbeitsvertrags mit dem betreffenden Theater beziehen.

4. Rechte

Der Urheber kann in diesem Sinne für einzelne Werke auf die Wahrnehmung folgender Rechte durch die SUISA verzichten:

- das Recht, die Musikeinrichtung durch das Theater, bei welchem der Urheber arbeitsvertraglich angestellt ist, aufführen zu lassen.
- das Recht, die Musikeinrichtung zwecks Aufführung am Theater auf Tonbild- oder Datenträger aufzunehmen und diese Träger zu vervielfältigen; diese Träger dürfen nur vom Theater verwendet werden und Dritten nicht abgegeben werden.

5. Voraussetzungen

Der Verzicht auf die Wahrnehmung dieser Rechte durch die SUISA gilt nur, wenn der Urheber der SUISA den Verzicht spätestens 10 Tage nach der ersten öffentlichen Aufführung der Musikeinrichtung schriftlich und mit allen erforderlichen Angaben mitteilt, nämlich

- Titel des Schauspiels oder Tanztheaterstücks
- allenfalls Titel der Musik
- Name und Adresse des Theaters
- vorgesehene Anzahl Aufführungen

6. Dauer

Der Vertrag gilt auf unbestimmte Dauer. Er kann jederzeit schriftlich gekündigt werden. Mit der Aufhebung des Wahrnehmungsvertrags endet auch dieser Zusatzvertrag.

Mitgliedervertrag der ProLitteris für Urheber (Mitglied)

Schweizerische Urheberrechtsgesellschaft für Literatur und bildende Kunst
Société suisse de droits d'auteur pour l'art littéraire et plastique
Società svizzera per i diritti degli autori d'arte letteraria e visuale
Societad svizra da dretgs d'autur per la litteratura e l'art figurativ

Universitätsstrasse 100, Postfach, CH-8033 Zürich

www.prolitteris.ch

Der abgedruckte Vertragsauszug stammt aus dem Mitgliedervertrag der ProLitteris für Urheber und Urheberinnen. Die ProLitteris verfügt über entsprechende Mitgliederverträge für Rechtsnachfolger und für Verlage.

Die Auswahl der nach Ziffer 2.3 vom Geltungsbereich des Vertrages auszunehmenden Nutzungsrechte wird im Einzelfall mit dem Vertragsschluss durch Ankreuzen getroffen. Unter Ziffer 2.3 Buchstabe M («Multimediarecht») finden sich zwei Varianten der Ausnahme, zum einen die generelle Ausnahme des «Multimediarechts», zum andern die Ausnahme nur einzelner Werke oder Werkgruppen.

Es ist darauf hinzuweisen, dass die Vertragsgestaltung durch die ProLitteris von Zeit zu Zeit geändert werden kann.

[...]

2 Anvertraute Rechte und Ansprüche

2.1 Die der ProLitteris anvertrauten Nutzungsrechte und Vergütungsansprüche beziehen sich grundsätzlich nur auf die unveränderten Verwendungen der Werke des Mitgliedes.

2.2 Das Mitglied überträgt der ProLitteris durch diesen Vertrag, unter Vorbehalt der Ausnahmen in Ziff. 2.3, die folgenden ihm an seinen Werken gegenwärtig zustehenden und zukünftig anfallenden Nutzungsrechte und Vergütungsansprüche zur treuhänderischen Wahrnehmung:

A Sende- und Verbreitungsrecht

Das Recht, seine Werke durch Radio, Fernsehen, über Drahtnetze oder ähnliche Einrichtungen zu senden bzw. zu verbreiten (gemäss Art. 10 Abs. 2 lit. d URG);

B Weitersenderecht

den Vergütungsanspruch für das Weitersenden seiner im Rahmen der Weiterleitung eines Sendeprogrammes gesendeten oder verbreiteten Werke (gemäss Art. 10 Abs. 2 lit. e in Verbindung mit Art. 22 Abs. 1 URG);

C Recht der öffentlichen Mitteilung
den Vergütungsanspruch für das zeitgleiche und unveränderte Wahrnehmbarmachen seiner gesendeten oder verbreiteten Werke (gemäss Art. 10 Abs. 2 lit. f in Verbindung mit Art. 22 Abs. 1 URG);

D Reproduktionsrecht
das Recht, seine Werke der bildenden Kunst und der Photographie zu reproduzieren und in Verkehr zu bringen (gemäss Art. 10 Abs. 2 lit. a und b URG).
Davon ausgenommen sind die Reproduktionsrechte an Werken im Bereich der Presse-, Reportage-, Werbe- und Auftragsphotographie;

E Reprographierecht I
das Recht und den Vergütungsanspruch für das Vervielfältigen seiner Werke mittels Reprographie (Photokopieren, Vervielfältigen mittels Laserdruckern oder Multifunktionalgeraten usw.) und das unentgeltliche Inverkehrbringen (unentgeltliches Anbieten Dritten gegenüber) solcher Vervielfältigungen, und zwar innerhalb und ausserhalb des Eigengebrauches (gemäss Art. 19 Abs. 1 und 2 und Art. 20 URG, Art. 10 Abs. 2 lit, a und b URG). Darunter fallen auch Werke der bildenden Kunst.
Ausgenommen bleibt die vollständige oder weitgehend vollständige Vervielfältigung im Handel erhältlicher Werkexemplare (Art. 19 Abs. 3 lit, a URG);

F Reprographierecht II
das Recht für das Vervielfältigen seiner Werke mittels Reprographie (Photokopieren, Vervielfältigen mittels Laserdruckern oder Multifunktionalgeraten usw.) sowie das Recht für das Vervielfältigen mittels Speicherung in Form einer digitalen Kopie und/oder der Weiterverbreitung in betriebsinternen Netzwerken sowie das unentgeltliche und das entgeltliche Inverkehrbringen (Anbieten Dritten gegenüber) solcher Vervielfältigungen im In- und Ausland, und zwar auch ausserhalb des Eigengebrauches (gemäss Art. 10 Abs. 2 lit. a, b und c URG). Darunter fallen auch Werke der bildenden Kunst.
Ausgenommen bleibt die vollständige oder weitgehend vollständige Vervielfältigung im Handel erhältlicher Werkexemplare;

G Digitales Vervielfältigungsrecht
das Recht und den Vergütungsanspruch für das digitale Vervielfältigen seiner Werke mittels Speicherung in Form einer digitalen Kopie und/oder für die Verwendung in betriebsinternen Netzwerken bzw. für das Zustellen an den Auftraggeber solcher Vervielfältigungen, und zwar innerhalb des Eigengebrauches (gemäss Art. 19 Abs. 1 und 2 und Art. 20 URG). Darunter

fallen auch Werke der bildenden Kunst.
Ausgenommen bleibt die vollständige oder weitgehend vollständige Vervielfältigung im Handel erhältlicher Werkexemplare (Art. 19 Abs. 3 lit. a URG);

H   *Leerträgervergütung*

den Vergütungsanspruch für das private Überspielen seiner Werke auf analoge und digitale Datenträger für den Eigengebrauch (gemäss Art. 19 in Verbindung mit Art. 20 Abs.3 URG);

I   *Vermietrecht*

den Vergütungsanspruch für das Vermieten oder sonstwie entgeltliche Zurverfügungstellen von Werkexemplaren (gemäss Art. 13 Abs. 1 und 3 URG);

K   *Aufnahmerecht*

das Recht, seine Werke auf analoge Ton- bzw. Ton-Bildträger und auf digitale Datenträger aufzunehmen (unter Ausschluss der Möglichkeit der interaktiven Benutzung), und diese Träger in Verkehr zu bringen (gemäss Art. 10 Abs. 2 lit. a und b URG);

L   *Ausländische Vergütungsansprüche*

alle Vergütungsansprüche, die in Ländern ausserhalb der Schweiz und des Fürstentums Liechtenstein von ausländischen und mit der ProLitteris vertraglich verbundenen Verwertungsgesellschaften aufgrund ihrer eigenen gesetzlichen Bestimmungen wahrgenommen werden (z.B. Bibliothekstantieme usw.);

M   *Multimediarecht*

das Recht, seine Werke ganz oder Teile davon, je einzeln oder zusammen mit anderen Werkarten in ein Multimedia-Produkt bzw. in eine digitalisierte computermässige Erschliessung einzubeziehen (einschliesslich der Möglichkeit der interaktiven Benutzung) und dieses Produkt als digitaler Datenträger in Verkehr zu bringen (Offline-Nutzung) bzw. elektronisch oder in ähnlicher Weise zu übermitteln und anderswo wahrnehmbar zu machen (Online-Nutzung) gemäss Art. 10 Abs. 2 lit. a, b und c URG.
Davon sind inhaltliche Veränderungen der Werke ausgenommen.

Alle in dieser Ziffer nicht aufgeführten Rechte verbleiben dem Mitglied. Die Urheberpersönlichkeitsrechte bleiben gewahrt.

2.3 Von den in Ziff. 2.2 aufgeführten Nutzungsrechten kann das Mitglied lediglich
- das Sende- und Verbreitungsrecht (Ziff. 2.2 A)
- das Reproduktionsrecht (Ziff. 2.2 D)
- das Reprographierecht II (Ziff. 2.2 F)

- das Aufnahmerecht (Ziff. 2.2 K) und
- das Multimediarecht (Ziff. 2.2 M)

vom Geltungsbereich dieses Vertrages ausnehmen. Alle übrigen Rechte und Vergütungsansprüche werden zwingend durch die ProLitteris wahrgenommen.

Das Mitglied tritt folgende Rechte nicht der ProLitteris ab:

A   Sende- und Verbreitungsrecht

☐ Das Mitglied tritt der ProLitteris das Sende- und Verbreitungsrecht nicht ab. Dieses Recht wird vom Mitglied selbst oder von einem Dritten wahrgenommen.

D   Reproduktionsrecht

☐ Das Mitglied tritt der ProLitteris das Reproduktionsrecht nicht ab. Dieses Recht wird vom Mitglied selbst oder von einem Dritten wahrgenommen.

☐ Das Mitglied tritt der ProLitteris das Reproduktionsrecht grundsätzlich ab, jedoch mit folgender Ausnahme:
  ☐ Alle Werke der bildenden Kunst und der Photographie, welche das Mitglied als Urheber bzw. Urheberin für […] (Name des Auftraggebers, des Produzenten, des Verlages usw.) geschaffen hat und schafft, werden nicht von der ProLitteris wahrgenommen.

F   Reprographierecht II

☐ Das Mitglied tritt der ProLitteris das Reprographierecht II nicht ab. Dieses Recht wird vom Mitglied selbst oder von einem Dritten wahrgenommen.

K   Aufnahmerecht

☐ Das Mitglied tritt der ProLitteris das Aufnahmerecht nicht ab. Dieses Recht wird vom Mitglied selbst oder von einem Dritten wahrgenommen.

M   Multimediarecht

☐ Das Mitglied tritt der ProLitteris das Multimediarecht nicht ab. Dieses Recht wird vom Mitglied selbst oder von einem Dritten wahrgenommen.

☐ Das Mitglied tritt der ProLitteris das Multimediarecht grundsätzlich ab, jedoch mit folgenden Ausnahmen:
  ☐ Alle Werke, welche das Mitglied als Urheber bzw. als Urheberin für […] (Name des Auftraggebers, des Produzenten, des Verlages usw.) geschaffen hat und schafft, werden nicht von der ProLitteris wahrgenommen.
  ☐ Alle Werke, welche das Mitglied als Journalist bzw. Journalistin für […] (Name des Zeitungs- oder Zeitschriftenverlages) geschaffen hat und schafft, werden nicht von der ProLitteris wahrgenommen.

☐ Alle Werke, welche das Mitglied als Presse-, Reportage-, Werbe- und/oder Auftragsphotograph bzw. -photographin für [...] (Name des Auftraggebers oder des Verlages) geschaffen hat und schafft, werden nicht von der ProLitteris wahrgenommen.

2.4 Das Mitglied kann die ProLitteris im Einzelfall beauftragen, weitere ihm zustehende Rechte und Ansprüche im eigenen Namen geltend zu machen. Die ProLitteris kann solche speziellen Aufträge aus wichtigen Gründen ablehnen.

3 Art der Werke

3.1 Die Rechteeinräumung gemäss Ziff. 2 bezieht sich ausschliesslich auf die urheberrechtlich geschützten und veröffentlichten Werke des Mitgliedes.

Die ProLitteris erlaubt den Nutzern grundsätzlich nur die unveränderte Verwendung der Werke des Mitgliedes. Ausgenommen bleiben die vom Mitglied ausdrücklich erlaubten Bearbeitungen.

3.2 Die ProLitteris betreut folgende Werkarten des Mitgliedes:
- belletristische Werke,
- dramatische Werke,
- journalistische Werke,
- wissenschaftliche Werke,
- Werke der Sach- und Fachliteratur,
- Werke der bildenden Kunst und der Photographie,
- Übersetzungen.

3.3 Die Rechteeinräumung gemäss Ziff. 2 bezieht sich auf alle Werke des Mitgliedes, soweit sie bei Unterzeichnung dieses Vertrages von ihm geschaffen oder mitgeschaffen worden sind und soweit sie von ihm während der Geltungsdauer dieses Vertrages noch geschaffen oder mitgeschaffen werden.

3.4 Durch schriftliche Mitteilung an die ProLitteris kann das Mitglied aus dem Bereich der in Ziff. 2.3 aufgeführten Rechte (Sende- und Verbreitungsrecht, Reproduktionsrecht, Aufnahmerecht und Multimediarecht), mit Ausnahme des Reprographierechtes II, einzelne Werke ausnehmen. Ohne eine solche Mitteilung geht die ProLitteris davon aus, dass sich die Nutzungsrechte aller Werke des Mitgliedes geltend machen kann.

3.5 In einzelnen Ausnahmefällen kann das Mitglied bestimmten Nutzern die direkte Erlaubnis für die Verwendung seiner Werke erteilen, sofern es sich um Reproduktionsrechte, um Aufnahmerechte oder um das Multimediarecht gemäss Ziff. 2.2 D, K und M handelt. In solchen Fällen hat das Mitglied vor der Einräumung der Erlaubnis an die Nutzer die schriftliche Zustimmung der ProLitteris einzuholen. Ohne solche Zustimmung kann die ProLitteris die entsprechenden Rechte an den Werken des Mitgliedes geltend machen.

4 Verwertung der Rechte und Vergütungsansprüche

4.1 Die ProLitteris übt die ihr eingeräumten Nutzungsrechte and Vergütungsansprüche in eigenem Namen aus. Sie ist berechtigt, diese Rechte ganz oder teilweise an Dritte weiter zu übertragen und die dafür geltend gemachten Entschädigungen einzuziehen.

4.2 Die ProLitteris ist berechtigt, alle ihr zustehenden Nutzungsrechte und Vergütungsansprüche gerichtlich in eigenem Namen geltend zu machen.

4.3 Die ProLitteris verteilt die eingenommenen Entschädigungen aufgrund der Bestimmungen des schweizerischen Urheberrechtsgesetzes, der Statuten und des vom Vorstand und vom Eidgenössischen Institut für Geistiges Eigentum genehmigten Verteilungsreglementes.

4.4 Die ProLitteris verpflichtet sich, mindestens einmal jährlich über die eingegangenen Entschädigungen abzurechnen.

[...]

6 Räumlicher und zeitlicher Geltungsbereich

6.1 Die Einräumung der dem Mitglied zustehenden Nutzungsrechte und Vergütungsansprüche gemäss Ziff. 2 gilt für die gesamte Welt.

6.2 Der vorliegende Vertrag tritt mit seiner Unterzeichnung in Kraft und gilt für unbestimmte Zeit. Er ersetzt die eventuell früher zwischen den beiden Parteien abgeschlossenen Verträge.

6.3 Das Mitglied und die ProLitteris können diesen Vertrag unter Vorbehalt von Ziff. 6.5 frühestens ein Jahr nach seinem Inkrafttreten und auf Ende eines Geschäftsjahres auflösen. Die Kündigung hat sechs Monate im voraus schriftlich zu erfolgen.

[...]

Mitgliedervertrag SUISSIMAGE

Schweizerische Gesellschaft für die Urheberrechte an audiovisuellen Werken
Société suisse pour la gestion des droits d'auteurs d'oeuvres audiovisuelles
Società svizzera per la gestione dei diritti d'autore di opere audiovisive
Neuengasse 23, CH-3001 Bern
www.suissimage.ch

Abgedruckt ist der einheitliche Mitgliedervertrag der SUISSIMAGE. Von der SUISSIMAGE wird er kommentiert wie folgt:

Die vom Mitglied an SUISSIMAGE zur Rechtswahrnehmung übertragenen Rechte sind in Ziff. 2 des Mitgliedervertrages aufgelistet.

Ziff. 2.1 lit. a bis f betreffen jene Rechte und Vergütungsansprüche, die von Gesetzes wegen der obligatorischen Kollektivverwertung unterliegen.

In Ziff. 2.1 lit. g bis i sowie in Ziff. 2.4 sind Rechte bezüglich Nutzungen erwähnt, die der freiwilligen Kollektivverwertung unterliegen. Diese sind im Zusammenhang mit Ziff. 3.4 Abs. 2 der Statuten zu sehen, wonach die Wahrnehmung solcher Rechte dem einzelnen Mitglied vorbehalten bleibt, so lange SUISSIMAGE diesbezüglich noch untätig ist.

Die in Ziff. 2.1 lit. g bis i erwähnten Rechte wurden 1995 (als die Terminologie noch nicht sehr gefestigt war) in den Mitgliedervertrag aufgenommen und würden heute teilweise wohl anders formuliert. Einigermassen klar ist, was mit lit. g und mit lit. i gemeint ist, wogegen unklar ist, inwiefern sich lit. h von lit. g unterscheidet.

Die in lit. g bis i erwähnten Rechte können entweder generell oder aber im Einzelfall von der Verwaltung durch SUISSIMAGE ausgenommen werden. Hinsichtlich der VoD-Rechte hat der Vorstand Ende 2006 beschlossen, dass SUISSIMAGE diesbezüglich wie bei den Senderechten nur für die Urheber tätig wird, nicht aber für die Produzenten, so dass diese aufgrund der erwähnten Ziff. 3.4 Abs. 2 der Statuten diese Rechte selbst individualvertraglich wahrnehmen können und sie nicht ausdrücklich von der Verwaltung durch SUISSIMAGE auszunehmen brauchen.

Ziff. 2.4.1 bis 2.4.3 regelt die Wahrnehmung der Senderechte von Drehbuchautoren und Regisseuren. Obschon es auch hier um freiwillige Kollektivverwertung geht, können diese Rechte nicht von der Wahrnehmung durch SUISSIMAGE ausgenommen werden, es sei denn, sie wären schon einer anderen Verwertungsgesellschaft eingeräumt. Auch in diesem Bereich wird SUISSIMAGE nur für die Urheber, nicht aber für die Produzenten tätig.

Der Mitgliedervertrag ist auf die Musterverträge der Schweizer Filmbranche abgestimmt, in denen die Beziehungen zwischen den Urhebern und den Filmproduzenten geregelt werden und an deren Ausgestaltung SUISSIMAGE mitbeteiligt ist.

Es ist darauf hinzuweisen, dass die Vertragsgestaltung durch die SUISSIMAGE von Zeit zu Zeit geändert werden kann.

1 Rechte und Pflichten des Mitgliedes

1.1 Die Mitgliedschaft bei SUISSIMAGE entsteht durch die Aufnahme aufgrund eines Beitrittsgesuches.

1.2 Durch die Mitgliedschaft bei SUISSIMAGE kommen dem Mitglied sämtliche Rechte und Pflichten zu, weiche im Gesetz sowie in den jeweils gültigen Statuten und Reglementen vorgesehen sind, insbesondere das Recht zur Mitwirkung an der Generalversammlung.

1.3 Die Statuten, das Verteilreglement sowie die darauf basierenden Ausführungsbestimmungen bilden Bestandteil dieses Vertrages.

1.4 Beschliesst die Generalversammlung bzw. der Vorstand von SUISSIMAGE Änderungen der Statuten, des Verteilreglementes oder der darauf basierenden Ausführungsbestimmungen, so gelten diese Änderungen ebenfalls als Bestandteil dieses Vertrages.

2 Umfang der Rechteübertragung

2.1 Das Mitglied überträgt SUISSIMAGE durch diesen Vertrag die folgenden ihm an seinen Werken gegenwärtig zustehenden und zukünftig anfallenden Rechte und Vergütungsansprüche zur treuhänderischen Wahrnehmung:

a das Recht bzw. den Vergütungsanspruch zur Weiterverbreitung von gesendeten Werken in Kabelanlagen und über Umsetzer;

b das Recht bzw. den Vergütungsanspruch zur öffentlichen Mitteilung von gesendeten, verbreiteten oder weiterverbreiteten Werken (sog. «öffentlicher Bildschirm»);

c den Vergütungsanspruch für das private Vervielfältigen;

d das Recht bzw. den Vergütungsanspruch für Vermietung und Verleih;

e das Recht bzw. den Vergütungsanspruch zur Nutzung geschützter Werke im schulischen Unterricht (Aus- und Weiterbildung);

f den Vergütungsanspruch für das Vervielfältigen zur betriebsinternen Information und Dokumentation (betriebliche Nutzung);

g das Recht, das Werk im Rahmen eines Video-on-demand-Service (VOD) oder VOD-ähnlichen Service zu verbreiten;

h das Recht, das Werk in einen öffentlich zugänglichen Datenspeicher einzubringen und von dort über ein Netz oder in anderer Weise abrufen zu lassen (Datenspeicherrecht);

i das Recht, das Werk in ein Multimediaprodukt (Speicherung in digitaler Form bei computermassiger Erschliessung und der Möglichkeit der interaktiven Benutzung) einzubeziehen und dieses Produkt in Verkehr zu bringen (Multimediaprodukt).

2.2 Die übertragenen Rechte Ziff. 2.1 h und 2.1 i beinhalten die Möglichkeit, das Werk zu bearbeiten. Vorbehalten bleiben jedoch auch diesfalls die Persönlichkeitsrechte des Urhebers/der Urheberin.

2.3.1 Von den Ziff. 2.1 aufgeführten Nutzungsrechten kann das Mitglied das VOD-Recht, das Datenspeicherrecht und/oder das Multimediarecht generell vom Geltungsbereich dieses Vertrages ausnehmen. Alle übrigen Rechte und Vergütungsansprüche werden zwingend durch SUISSIMAGE wahrgenommen. Das Mitglied macht von diesem Ausnahmerecht Gebrauch und nimmt durch Anbringung seiner Initialen folgende Rechte generell vom Geltungsbereich des vorliegenden Vertrages aus:

g VOD-Recht [...]
h Datenspeicherrecht [...]
i Multimediarecht [...]

2.3.2 Das Mitglied kann diese Rechte auch werkbezogen mittels entsprechenden Vermerks auf dem Werkanmeldeformular von der Verwaltung durch SUISSIMAGE ausnehmen.

2.4.1 Mit ihrer Mitgliedschaft übertragen die Drehbuchautoren/innen und Regisseure/innen überdies das Recht bzw. den Anspruch auf Entschädigung für das Senden oder sonstige Verbreiten des Werkes durch Fernsehen, über Kabelnetze, über Satellit oder über ähnliche Einrichtungen.

2.4.2 Werke, welche das Mitglied vor Unterzeichnung dieses Vertrages geschaffen oder an denen es mitgeschaffen hat, werden davon insoweit erfasst, als die nämlichen Rechte bzw. Entschädigungsansprüche nicht bereits anderweitig abgetreten worden sind.

2.4.3 Drehbuchautoren/innen und Regisseure/innen können diese Rechte bzw. Entschädigungsansprüche überdies vom Geltungsbereich dieses Vertrages ausnehmen, sofern sie diese vor Unterzeichnung dieses Vertrages bereits einer anderen schweizerischen Urheberrechtsgesellschaft abgetreten haben: Das Recht bzw. der Anspruch auf Entschädigung ist bereits der [...] (Name der Verwertungsgesellschaft einsetzen) abgetreten.

2.5.1 Bei Urheber/innen bezieht sich die Rechteeinräumung gemäss Ziff. 2.1 und unter Vorbehalt von Ziff. 2.3 und 2.4 auf alle Werke des Mitglieds, die bei Unterzeichnung dieses Vertrages von ihm/ihr geschaffen oder mitgeschaffen worden sind und die von ihm/ihr während der Geltungsdauer dieses Vertrages nach geschaffen oder mitgeschaffen werden.

2.5.2 Bei Rechteinhabern bezieht sich die Rechteeinräumung gemäss Ziff 2.1 und unter Vorbehalt von Ziff. 2.3 und 2.4 auf alle Werke, an denen das Mitglied bei Vertragsunterzeichnung entsprechende Rechte innehat oder während der Geltungsdauer dieses Vertrages erwirbt.

3 Räumlicher Geltungsbereich

3.1 SUISSIMAGE nimmt diese Rechte und Vergütungsansprüche in der Schweiz und – soweit dort entsprechende Rechte bzw. Vergütungsansprüche vorgesehen sind – im Fürstentum Liechtenstein wahr.

3.2 Die Ansprüche der Urheber/innen werden auch im Ausland wahrgenommen, soweit dort entsprechende Rechte oder Vergütungsansprüche von Gesetzes wegen ebenfalls abgegolten werden und mit der dafür zuständigen Schwestergesellschaft ein Gegenseitigkeitsvertrag besteht.

3.3 Ansprüche von Inhabern/innen von Urheberrechten werden im Ausland so weit und so lange wahrgenommen, als das Mitglied dort über die Rechte verfügt und dies in der Werkanmeldung angibt.

4 Anmeldung der Werke und Auskünfte

4.1 Das Mitglied verpflichtet sich, alle Werke anzumelden, an denen es als Urheber/in mitgewirkt hat oder an denen es Rechte oder Vergütungsansprüche im Sinne von Ziff. 2 dieses Vertrages erworben hat.

4.2 Gleichfalls hat das Mitglied SUISSIMAGE von allen Änderungen Kenntnis zu geben, welche sich auf bereits angemeldete Werke beziehen.

4.3 Das Mitglied verpflichtet sich, SUISSIMAGE für die Feststellung der Rechte und Ansprüche jede erforderliche Auskunft zu erteilen.

4.4 Bleiben Rückfragen von SUISSIMAGE mehr als zwei Monate ohne Antwort, so darf sie annehmen, das Mitglied habe an den Werken, die Gegenstand der Rückfrage bilden, keine Rechte.

4.5 Stellt SUISSIMAGE fest, dass das Mitglied vorsätzlich unwahre Angaben gemacht hat, verliert es SUISSIMAGE gegenüber jegliche Ansprüche an der betreffenden Verteilung.

4.6 SUISSIMAGE ist befugt, die Daten der angemeldeten Werke EDV-mässig zu erfassen und im Rahmen des Vertragszweckes, der Film- und Fernsehfilmförderung oder zur Bekämpfung der Piraterie weiterzugeben.

5 Verwertung der Rechte und Vergütungsansprüche

5.1 SUISSIMAGE übt die ihr eingeräumten Rechte in eigenem Namen aus. Sie ist berechtigt, die ihr eingeräumten Rechte ganz oder teilweise an Dritte zu übertragen und die dafür geltend gemachten Entschädigungen einzubeziehen.

5.2 SUISSIMAGE ist berechtigt, alle ihr zustehenden Rechte und Vergütungsansprüche gerichtlich in eigenem Namen geltend zu machen.

5.3 SUISSIMAGE verteilt die eingenommenen Entschädigungen aufgrund der Bestimmungen des schweizerischen Urheberrechtsgesetzes, der Statuten, des Verteilreglementes sowie der darauf basierenden Ausführungsbestimmungen.

5.4 SUISSIMAGE verpflichtet sich, mindestens einmal jährlich über die eingegangenen Verwertungserlöse abzurechnen.

6 Zeitlicher Geltungsbereich

6.1 Dieser Vertrag tritt mit seiner Unterzeichnung in Kraft und gilt für unbestimmte Dauer. Ist das Mitglied SUISSIMAGE bereits früher beigetreten, so tritt der vorliegende Vertrag an die Stelle der bisherigen Vereinbarung. Der Vertrag erfasst auch das der Unterzeichnung vorangehende Inkassojahr, soweit darüber noch nicht abgerechnet ist.

6.2 Die Parteien können diesen Vertrag frühestens ein Jahr nach seinem Inkrafttreten auf Ende eines Kalenderjahres auflösen. Die Kündigung hat sechs Monate im Voraus schriftlich zu erfolgen.

6.3 Der Vorstand van SUISSIMAGE kann den Mitgliedervertrag insbesondere auflösen, wenn das Mitglied die mit der Mitgliedschaft verbundenen Pflichten wiederholt vernachlässigt oder Vorschriften von SUISSIMAGE vorsätzlich zuwiderhandelt. Gegen diesen Entscheid des Vorstandes steht dem Mitglied der Rekurs an der Generalversammlung offen.

6.4 Des Weiteren kann der Vertrag aufgelöst oder in ein blosses Auftragsverhältnis umgewandelt werden, wenn dem Mitglied wegen mangelnder Nutzung der von ihm angemeldeten Werke während zehn Jahren keine Entschädigungen ausbezahlt werden können.

6.5 Beim Erlöschen der Mitgliedschaft hat das Mitglied Anspruch darauf, dass ihm die Abrechnung für das letzte Mitgliedschaftsjahr zugestellt und die ihm zustehenden Entschädigungen ausbezahlt werden.

7 Anwendbares Recht, Gerichtsstand

7.1 Dieser Vertrag untersteht schweizerischem Recht.

7.2 Für Klagen des Mitglieds gegen SUISSIMAGE aus diesem Vertrag sind die Gerichte in Bern zuständig.

7.3 Für Klagen von SUISSIMAGE gegen das Mitglied aus diesem Vertrag ist das für den Wohnsitz oder den Sitz des Mitgliedes zuständige Gericht anzurufen.

7.4 Hat das Mitglied seinen Wohnsitz oder seinen Sitz im Ausland, so ist SUISSIMAGE berechtigt, allfällige Klagen in Bern einzureichen.

Mitgliedervertrag (Contrat de sociétaire) SSA

Société Suisse des Auteurs
Schweizerische Autorengesellschaft
Società Svizzera degli Autori

Rue Centrale 12–14, CH-1003 Lausanne

www.ssa.ch

Abgedruckt ist der Mitgliedervertrag der SSA. Die SSA verfügt über entsprechende Verträge für die Wahrnehmung im Auftragsverhältnis (Auftragsvertrag, Contrat de mandat de gestion) sowie für die Wahrnehmung im Auftragsverhältnis für Erben (Auftragsvertrag von Erben und Erbinnen, Contrat de mandat de succession).

Es ist darauf hinzuweisen, dass die Vertragsgestaltung durch die SSA von Zeit zu Zeit geändert werden kann.

Die Vertragspartner haben folgendes vereinbart:

1 Beziehung zu den Statuten und Reglementen der Gesellschaft

1.1 Mit der Unterzeichnung des vorliegenden Vertrags tritt der Urheber den Statuten der Gesellschaft bei und unterwirft sich den von ihr angenommenen Reglementen und Tarifen. Er erklärt, im Besitz dieser Dokumente zu sein und davon Kenntnis genommen zu haben.

1.2 Die Mitgliedschaft als Genossenschafter gilt als erworben, sobald der Urheber ein von der Gesellschaft unterzeichnetes Exemplar dieses Vertrags erhalten hat.

2 Werke

2.1 Dieser Vertrag bezieht sich auf sämtliche dramatischen, musikdramatischen, choreographischen, audiovisuellen und multimedialen Werke, welche der Urheber während der Dauer dieses Vertrags schaffen oder mitschaffen wird.

2.2 Das gleiche gilt für die vor der Unterzeichnung dieses Vertrags geschaffenen Werke, insofern der Urheber nicht bereits zugunsten Dritter darüber verfügt hat.

3 Urheberrechte

3.1 Für die Dauer dieses Vertrags beauftragt der Urheber die Gesellschaft mit der Verwaltung seiner sämtlichen Rechte an den unter Ziffern 2.1 und 2.2 beschriebenen Werken, was insbesondere folgendes beinhaltet:

a) die Festlegung durch Allgemeinverträge mit sämtlichen Verwendern der finanziellen Bedingungen, Rechtsfolgen und Mindestgarantien für die Nutzung der Werke der Gesellschaftsmitglieder;

b) die Einziehung der Entschädigungen aus den zu diesem Zweck an die Gesellschaft abgetretenen Urheberrechten;

c) die Verteilung der eingezogenen Entschädigungen.

3.2 Ferner tritt der Urheber innerhalb der Schranken des Gesetzes und für die Dauer dieses Vertrags der Gesellschaft das Recht ab, folgende Nutzungen seiner unter Ziffern 2.1. und 2.2. beschriebenen Werke zu bewilligen oder zu verbieten:

– die Verbreitung oder Uebertragung durch irgendwelche Verfahren von Zeichen, Tönen und Bildern,

– die öffentliche Mitteilung durch Projektion

– die Wiedergabe durch sämtliche Verfahren.

Unter Vorbehalt der droits moraux schliesst dieses Recht die Befugnis zur Umarbeitung ein im Falle

– der Verbreitung des Werkes im Rahmen eines Video-on-demand-Dienstes oder eines ähnlichen Dienstes,

– der Eingabe des Werkes in eine öffentliche Datenbank zur Freigabe zwecks Konsultation über ein Netz oder sonstwie (Digitalisierungsrecht) und

– der Integration des Werkes in ein multimediales Produkt (Speicherung in Digitalform bei computerisierter Betriebsführung und Möglichkeit interaktiver Anwendung) zwecks Verbreitung dieses Produktes (multimediales Produkt).

3.3 Mit Ausnahme der unter Ziffer 3.2 vorgesehenen Fälle behält der Urheber das Recht, die öffentliche Mitteilung seiner Werke, insbesondere deren theatralische Bearbeitung und Aufführung, zu bewilligen oder zu verbieten. Dieses Recht kann er jedoch nur über die Gesellschaft ausüben.

3.4 Der Urheber beauftragt die Gesellschaft, die ihm aufgrund der rechtmassigen Verwendung seiner Werke zustehenden Entschädigungen einzuziehen.

4 Räumlicher Geltungsbereich

4.1 Dieser Vertrag ist unter Vorbehalt der Artikel 4.2. und 4.3. auf der ganzen Welt wirksam.

4.2 Ist der Urheber Mitglied einer ausländischen Schwestergesellschaft, so gilt der vorliegende Vertrag nicht für folgende, in seinem Vertrag mit einer dieser Schwestergesellschaften miteinbezogenen Gebiete [...]

4.3 Die Gesellschaft behält sich das Recht vor, dem Urheber für die Gebiete, in denen sie von keiner Urheberrechtsgesellschaft vertreten werden kann, seine Freiheit wiederzugeben.

5 Anmeldung der Werke

5.1 Der Urheber verpflichtet sich, der Gesellschaft alle diesem Vertrag gemäss Ziffern 2.1 und 2.2 unterstellten Werke anzumelden. Dazu verwendet er die von der Gesellschaft zu diesem Zweck erstellten Formulare.

5.2 Der Urheber muss für die Einsendung seiner Werkanmeldungen an die Gesellschaft folgende Fristen einhalten:
   a) für die vor Abschluss dieses Vertrags öffentlich mitgeteilten Werke, spätestens drei Monate nach Abschluss dieses Vertrags
   b) für die nach Abschluss dieses Vertrags geschaffenen Werke und insofern der Urheber in der Lage ist, Ott und Datum der ersten öffentlichen Mitteilung anzugeben, mindestens 15 Tage vor der ersten Vorführung der für die theatralische Aufführung bestimmten Werke und mindestens 48 Stunden vor der Erstausstrahlung audiovisueller Werke und mindestens 48 Stunden vor der öffentlichen Erstausstrahlung multimedialer Werke.

5.3 Der Urheber gibt auf der Werkanmeldung die Werkertragsaufteilung zwischen ihm und allfälligen Mitautoren oder anderen anspruchsberechtigten Personen an. Mangels dieser Angabe kann die Gesellschaft ihren eigenen Verteilungsschlüssel anwenden.

5.4 Der Urheber verpflichtet sich, Anfragen der Gesellschaft unverzüglich zu beantworten, insbesondere Anfragen in bezug auf die die Urheberschaft des Werks und die Ertragsaufteilung. Falls eine Anfrage nicht innert drei Monaten beantwortet wird, st die Gesellschaft berechtigt, anzunehmen, dass der Urheber keinen Rechtsanspruch auf das Werk, das Gegenstand der Anfrage bildete, erhebt.

6 Pseudonyme

6.1 Der Urheber erklärt, folgende Pseudonyme bereits verwendet zu haben: [...]

6.2 Nach Abschluss des vorliegenden Vertrages verpflichtet sich der Urheber, der Gesellschaft alle Pseudonyme anzumelden, die er zu verwenden beabsichtigt. Um Verwechslungen mit anderen Urhebern zu vermeiden, werden diese Pseudonyme in Übereinkunft mit der Gesellschaft gewählt, welche sich jedoch diesbezüglich keiner Verantwortung aussetzt.

7 Abrechnungen und Vorschüsse

7.1 Die Gesellschaft verpflichtet sich, dem Urheber regelmässig, mindestens einmal jährlich eine Abrechnung über den Ertrag seiner Werke zuzustellen.

7.2 Im Rahmen der bereits erfolgten Verwendung seiner Werke kann die Gesellschaft dem Urheber Vorschüsse gewähren.

8 Dauer des Vertrags

8.1 Der vorliegende Vertrag tritt bei dessen Unterzeichnung durch die Gesellschaft in Kraft. Er gilt für unbestimmte Zeit.

8.2 Der Urheber kann diesen Vertrag mittels schriftlicher Erklärung an die Gesellschaft und unter Einhaltung einer sechsmonatigen Frist auflösen. Die Vertragsauflösung gilt als Austritt. Die Auflösung kann jedoch nicht vor Ablauf einer Zweijahresfrist ab Erwerb der Mitgliedschaft erfolgen.

8.3 Vorbehaltlich anderslautender Vereinbarung hat der Verlust der Mitgliedschaft in den anderen Fallen als dem Austritt ebenfalls das Erlöschen dieses Vertrags zur Folge. Die Falle, in denen die Gesellschaft die Wahrnehmung in Form eines Verwaltungsauftrags laut Statuten weiterführt, bleiben vorbehalten.

9 Anwendbares Recht und Gerichtsstand

9.1 Dieser Vertrag wird ausschließlich nach schweizerischem Recht abgeschlossen.

9.2 Gerichtsstand für sämtliche Streitigkeiten aus diesem Vertrag ist Lausanne, unter Vorbehalt allfälliger Rekurse an das Bundesgericht.

Die Gesellschaft ist jedoch immer berechtigt, die nach den üblichen Regeln zuständigen Gerichte anzurufen.

Mitgliedschafts- und Abtretungserklärung der SWISSPERFORM für ausübende Künstler/Künstlerinnen

SWISSPERFORM
Utoquai 43, Postfach 221, CH-8024 Zürich
www.swissperform.ch

Abgedruckt sind sowohl die Mitgliedschafts- und Abtretungserklärung der SWISSPERFORM für ausübende Künstler als auch diejenige für Produzenten. Für ausübende Künstler besteht zudem eine entsprechende Erklärung zur Wahrnehmung im Auftrag. Der Wahrnehmung unterliegen die diesen Berechtigten jeweils zustehenden Rechte und Vergütungsansprüche.

Es ist darauf hinzuweisen, dass die Vertragsgestaltung durch die SWISSPERFORM von Zeit zu Zeit geändert werden kann.

1. Ich ersuche um Mitgliedschaft bei SWISSPERFORM.
2. Ich betraue die SWISSPERFORM mit der treuhänderischen Wahrnehmung der mir gegenwärtig und zukünftig als ausübender Künstler/ausübende Künstlerin aufgrund des URG zustehenden Rechte, welche von einer Verwertungsgesellschaft wahrgenommen werden müssen. Zu diesem Zwecke übertrage ich der SWISSPERFORM insbesondere folgende ausschliesslichen Nutzungs- und Vergütungsrechte:
   - Zeitgleiche und unveränderte Weiterleitung von Sendungen der Darbietung (Art. 33 Abs. 2 b in Verbindung mit Art. 22 URG)
   - Öffentlicher Empfang von Sendungen der Darbietung (Art. 33 Abs. 2 e in Verbindung mit Art. 22 URG)
   - Verwendung von im Handel erhältlichen Ton- und Tonbildträgern für Senden, Weitersenden und jede Form der Wiedergabe (Art. 35 URG).
   - Vermieten von Ton- und Tonbildträgern (Art. 13 in Verbindung mit Art. 38 URG)
   - Vergütung für Eigengebrauch von Ton- und Tonbildträgern (Art. 20 Abs. 2 und 3 sowie Art. 38 URG).
3. Die Rechtseinräumung umfasst auch allfällige zukünftige Gesetzesänderungen, soweit sie die obligatorische Wahrnehmung meiner Rechte durch die SWISSPERFORM betreffen.
4. Ich betraue ferner die SWISSPERFORM mit der Wahrnehmung derjenigen verwandten Schutzrechte, die mir im Ausland zustehen und von einer Verwertungsgesellschaft verwaltet werden und übertrage ihr die in Ziff. 2 aufgezählten entsprechenden mir im Ausland zustehenden Rechte. Die Übertragung umfasst dabei auch alle weiteren mir nach internationalem und/oder ausländischem

Recht zustehenden Rechte, sofern diese im betreffenden Land von einer Verwertungsgesellschaft wahrgenommen werden, insbesondere

- das Recht, die Darbietung zum Zwecke einer erlaubten Nutzung zu vervielfältigen
- das Recht, die Darbietung so wahrnehmbar zu machen, dass sie ein Mitglied der Öffentlichkeit von einem frei gewählten Ort aus zu einem frei gewählten Zeitpunkt abrufen kann (Art. 10 WPPT).

5. Ich anerkenne Regelungen zwischen Verwertungsgesellschaften, welche Doppelmitgliedschaften bei *verschiedenen* Verwertungsgesellschaften für die Wahrnehmung der vergleichbaren Rechte ausschliessen, und verpflichte mich, die Mitgliedschaft bei andern ausländischen Verwertungsgesellschaften auf erste Aufforderung von SWISSPERFORM hin zu kündigen.

6. Die SWISSPERFORM erhält mit der Rechtseinräumung die Befugnis, alles zu unternehmen, was zur Wahrung der Rechte erforderlich ist. Sie ist insbesondere zur gerichtlichen und aussergerichtlichen Geltendmachung der Rechte, Vergütungsansprüche und Schadenersatzforderungen im eigenen Namen und zum Vergleichsabschluss berechtigt. Sie ist berechtigt, diese Rechte oder einzelne Befugnisse daraus im Rahmen der Wahrnehmung an eine andere Verwertungsorganisation im In- und Ausland zu übertragen.

7. Ich anerkenne die Statuten der SWISSPERFORM und deren Reglemente, insbesondere Art. 2 Abs. 1 der Statuten und Punkt IV. a des Aufnahmereglementes vom 12. Januar 1994. Insbesondere anerkenne ich das Recht der SWISSPERFORM, für die Verteilung der von ihr eingezogenen Vergütungen eine Verteilungsordnung aufzustellen und die Verteilung entsprechend dieser Ordnung durchzuführen, die Verwaltungskosten aus den Verwertungserlösen zu decken sowie einen Teil der Einnahmen nach dem in den Statuten vorgesehenen Verfahren für kulturelle und soziale Zwecke zu verwenden.

8. Ich verpflichte mich, der SWISSPERFORM die für die Feststellung und Wahrnehmung meiner Rechte und Ansprüche erforderlichen Auskünfte und Hinweise zu erteilen und die dafür nötigen Unterlagen zur Verfügung zu stellen. Dasselbe gilt hinsichtlich der zur Verteilung erforderlichen Angaben und Unterlagen.

9. Meine Ansprüche gegen die SWISSPERFORM sind nur mit derer schriftlichen Zustimmung abtretbar und verpfändbar.

10. Ich verpflichte mich, jede Aenderung der meine Person betreffenden Daten, insbesondere einen Wechsel des Wohnsitzes oder der Zahlungsadresse der SWISSPERFORM unverzüglich mitzuteilen. Bis zum Eingang einer solchen Mitteilung gilt die bisher schriftlich bekanntgegebene Adresse.

11. SWISSPERFORM ist befugt, die Daten zum Zwecke der Verwaltung meiner Rechte EDV-mässig zu erfassen und zu benutzen und sie der Schweizerischen Interpretengesellschaft SIG sowie Schwestergesellschaften im Rahmen von Verträgen zur Verfügung zu stellen.

Anmeldung zur Mitgliedschaft und Abtretungserklärung (Herstellerinnen/Hersteller von Tonträgern und Tonbildträgern)

1. [... (Name der Firma einsetzen)] ersucht um Aufnahme als Mitglied bei der SWISSPERFORM.
2. Für den Fall der Aufnahme wird die SWISSPERFORM mit der treuhänderischen Wahrnehmung der uns gegenwärtig und zukünftig als Hersteller/In von Tonträgern und Tonbildträgern aufgrund des URG zustehenden Rechte betraut, welche von einer Verwertungsgesellschaft wahrgenommen werden müssen. Zu diesem Zweck überträgt [...] der SWISSPERFORM die Vergütungsrechte für folgende Nutzungen:
   - Zeitgleiche und unveränderte Weiterleitung von Sendungen (Art. 22 in Verbindung mit Art. 38)
   - Öeffentlicher Empfang von Sendungen (Art. 22 in Verbindung mit Art. 38)
   - Verwendung von im Handel erhältlichen Ton- und Tonbildträgern gemäss Art. 35
   - Vermieten von Ton- und Tonbildträgern (Art. 13 in Verbindung mit Art. 38)
   - Privates Vervielfältigen sowie schulische und betriebliche Nutzung von Ton- und Tonbildträgern (Art. 19 und Art. 20 Abs. 2 und 3 in Verbindung mit Art. 38)
3. Die Rechtseinräumung umfasst auch allfällige zukünftige Gesetzesänderungen, soweit sie die obligatorische Wahrnehmung unserer Rechte durch die SWISSPERFORM betreffen.
4. Ferner wird die SWISSPERFORM mit der Wahrnehmung der entsprechenden verwandten Schutzrechte, die uns im Ausland zustehen und von einer Verwertungsgesellschaft verwaltet werden müssen, betraut.
   [Fakultativ: Von dieser Rechtseinräumung sind ausgenommen die Rechte, die uns in [...] (Länder angeben) zustehen].
5. Die SWISSPERFORM erhält mit der Rechtseinräumung die Befugnis, alles zu unternehmen, was zur Wahrung der Rechte erforderlich ist. Sie ist insbesondere zur gerichtlichen und aussergerichtlichen Geltendmachung der Vergütungsansprüche und Schadenersatzforderungen im eigenen Namen und zum Vergleichsabschluss berechtigt.
6. [...] anerkennt die Statuten der SWISSPERFORM und deren Reglemente, insbesondere Art. 2 Abs. 1 der Statuten und Punkt IV. a des Aufnahmereglementes vom 12. Januar 1994. Ferner wird das Recht der SWISSPERFORM anerkannt, für die Verteilung der von ihr eingezogenen Vergütungen eine Verteilungsordnung aufzustellen, die Verwaltungskosten aus den Verwertungserlösen zu decken,

sowie einen Teil der Einnahmen nach dem in den Statuten vorgesehenen Verfahren für kulturelle und soziale Zwecke zu verwenden.

7. [...] verpflichtet sich, der SWISSPERFORM die für die Feststellung und Wahrnehmung der Rechte und Ansprüche erforderlichen Auskünfte und Hinweise zu erteilen und die nötigen Unterlagen (Verträge etc.) zur Verfügung zu stellen. Dasselbe gilt hinsichtlich der zur Verteilung erforderlichen Angaben und Unterlagen.

8. Die Ansprüche gegen die SWISSPERFORM sind nur mit derer schriftlichen Zustimmung abtretbar und verpfändbar.

9. [...] verpflichtet sich, jede Aenderung der die Firma betreffenden Daten, insbesondere einen Wechsel des Wohnsitzes, der SWISSPERFORM unverzüglich mitzuteilen. Bis zum Eingang einer solchen Mitteilung gilt die bisher schriftlich bekanntgegebene Adresse.

Nr. 32   Auszug aus dem Gesamtarbeitsvertrag der SRG

aus dem Jahr 2004 (Geltung verlängert bis 31.12.2008)

Art. 2   Geltungsbereich

[...]

2 Der GAV findet Anwendung auf die Arbeitsverhältnisse bei der SRG SSR, die mindestens 30 % einer Vollbeschäftigung entsprechen.

[...]

Art 20   Rechtsabtretung

1 Mitarbeitende, die bei Ausübung ihrer beruflichen Tätigkeit und in Erfüllung der vertraglichen Obliegenheiten ein Werk im Sinne von Art. 2 des Bundesgesetzes über das Urheberrecht und verwandte Schutzrechte (URG) schaffen oder im Sinne von Art. 33 URG ein Werk darbieten bzw. bei der Darbietung künstlerisch mitwirken, treten sämtliche damit verbundenen Nutzungsrechte und Vergütungsansprüche räumlich und zeitlich unbeschränkt an den Arbeitgeber ab.

Die Rechtsabtretung und die Nutzung der Rechte durch die SRG SSR oder ermächtigte Dritte sind mit dem Lohn und den sonstigen vertraglichen Leistungen des Arbeitgebers abgegolten.

2 Im Sinne einer pauschalierten Beteiligung des Personals an kommerziellen Verwertungen für andere als Rundfunkzwecke wird mit einem jährlichen Beitrag des Arbeitgebers ein Kreativitätsfonds gespiesen. Die jährliche Einlage der SRG SSR in den Kreativitätsfonds beträgt CHF 1'000'000.–. Dieser Beitrag steht für in der Ausbildung gemäss Art. 12 GAV nicht vorgesehene individuelle personelle Förderungsmassnahmen zur Hebung der Programmqualität sowie zur Unterstützung von Massnahmen (auch berufsbegleitend) zur Förderung der individuellen Arbeitsmarktfähigkeit zur Verfügung.

3 Daneben speist der Arbeitgeber einen Förderungsfonds, der für projektbezogene Massnahmen im Personal- und Programmbereich sowie für individuelle Massnahmen ohne die Zweckbindung des Kreativitätsfonds eingesetzt werden kann. Die jährliche Einlage der SRG SSR in den Förderungsfonds beträgt CHF 150'000.–.

4 Die Parteien bilden für beide Fonds eine paritätische Fondsverwaltung. Die Einzelheiten regelt ein Reglement.

5 Individuell abweichende Vereinbarungen zwischen Arbeitgeber und einzelnen Mitarbeitenden über die Rückübertragung von Rechten für andere als Rundfunknutzungen sind möglich, bedürfen aber der Schriftlichkeit. Mit Rücksicht auf die Persönlichkeitsrechte erteilt der Arbeitgeber auf Begehren im Einzelfall Auskunft über die kommerzielle Verwertung von abgetretenen Rechten der betreffenden Person.

⁶ Die SRG SSR stellt das SSM frei von allfälligen Vergütungsansprüchen, die ihm gegenüber aufgrund von Art. 20 GAV von Verwertungsgesellschaften geltend gemacht werden könnten.

Bei Drucklegung ist noch der Gesamtarbeitsvertrag aus dem Jahr 2004, verlängert bis Ende 2008, in Kraft. Eine Neufassung befindet sich in Verhandlung. Zu den hier abgedruckten Auszügen betreffend die Rechtsabtretung (Art. 20; ausser allenfalls betreffend die Beiträge in den Kreativfonds) sowie zum Anwendungsbereich mit der Schwelle des Anstellungsgrads von 30% (Art. 2 Abs. 2) ist derzeit nicht mit substantiellen Änderungen zu rechnen, auch soweit diese in der Neufassung anders formuliert werden sollten. Die umfassende Rechtsabtretung, wie in diesem GAV vorgesehen, wird in der Praxis der SRG auch in sonstigen Arbeitsverhältnissen (Kaderverträgen, nicht dem GAV unterstellten Individualarbeitsverträgen) angewendet.

Nr. 33 Verzeichnis nicht abgedruckter Erlasse

BBl 2007 4847	Entwurf des Bundesgesetzes über die Kulturförderung (E-KFG)
BBl 2007 4879	Entwurf des Bundesgesetzes über die Stiftung Pro Helvetia (E-PHG)
SR 447.1	Bundesgesetz betreffend die Stiftung «Pro Helvetia» vom 17. Dezember 1965
SR 0.230	Übereinkommen zur Errichtung der Weltorganisation für geistiges Eigentum (WIPO)
SR 0.230.3	Rechtliches Statut der Weltorganisation für geistiges Eigentum in der Schweiz → SR 0.192.122.23/.231/.232
SR 0.230.911.8	Meistbegünstigungsklausel zwischen der Schweiz und Südafrika → SR 0.975.211.8 Art. 1, 3
SR 0.230.933.4	Meistbegünstigungsklausel zwischen der Schweiz und Estland → SR 0.946.293.341 Art. 14
SR 0.230.948.7	Meistbegünstigungsklausel zwischen der Schweiz und Lettland → SR 0.946.294.871 Art. 14
SR 0.230.951.6	Meistbegünstigungsklausel zwischen der Schweiz und Litauen → SR 0.946.925.161 Art. 14
SR 0.230.952.0	Meistbegünstigungsklausel zwischen der Schweiz und Mazedonien → SR 0.946.295.201 Art. 13; Anhang
SR 0.230.956.5	Meistbegünstigungsklausel zwischen der Schweiz und Moldova → SR 0.946.295.651 Art. 10
SR 0.230.965.1	Meistbegünstigungsklausel zwischen der Schweiz und Russland → SR 0.946.296.651 Art. 12; Anhang
SR 0.230.976.7	Meistbegünstigungsklausel zwischen der Schweiz und der Ukraine → SR 0.946.297.671 Art. 13; Anhang
SR 0.231.0	Welturheberrechts-Abkommen vom 6. September 1952 (mit Zusatzprot. 1 und 2)
SR 0.231.01	Welturheberrechtsabkommen, revidiert am 24. Juli 1971 in Paris
SR 0.231.12	Berner Übereink. zum Schutze von Werken der Literatur und Kunst, revidiert in Rom am 2. Juni 1928

SR 0.231.13	Berner Übereink. vom 26. Juni 1948 zum Schutze von Werken der Literatur und der Kunst (Fassung von Brüssel)
SR 0.231.14	Berner Übereink. zum Schutze von Werken der Literatur und Kunst, revidiert in Stockholm am 14. Juli 1967 (mit Prot. betreffend die Entwicklungsländer)
SR 0.231.181.423	Schutz des literarischen, gewerblichen und künstlerischen Eigentums von Flüchtlingen → SR 0.142.30 Art. 14
SR 0.231.181.424	Schutz des literarischen, gewerblichen und künstlerischen Eigentums von Staatenlosen → SR 0.142.40 Art. 14
SR 0.231.191.23	Meistbegünstigungsklausel zwischen der Schweiz und Albanien → SR 0.975.212.3 Art. 1, 4, 5
SR 0.231.191.54	Meistbegünstigungsklausel zwischen der Schweiz und Argentinien → SR 0.975.215.4 Art. 1, 3
SR 0.231.191.67	Meistbegünstigungsklausel zwischen der Schweiz und Barbados → SR 0.975.216.7 Art. 1, 3
SR 0.231.191.69	Meistbegünstigungsklausel zwischen der Schweiz und Belarus → SR 0.975.216.9 Art. 1, 3
SR 0.231.191.89	Meistbegünstigungsklausel zwischen der Schweiz und Bolivien → SR 0.975.218.9 Art. 1, 3
SR 0.231.192.14	Meistbegünstigungsklausel zwischen der Schweiz und Bulgarien → SR 0.975.221.4 Art. 1, 4
SR 0.231.192.34	Meistbegünstigungsklausel zwischen der Schweiz und den Kapverden → SR 0.975.223.4 Art. 1, 3
SR 0.231.192.49	Meistbegünstigungsklausel zwischen der Schweiz und der Volksrepublik China → SR 0.975.224.9 Art. 1, 4
SR 0.231.192.63	Meistbegünstigungsklausel zwischen der Schweiz und Kolumbien → SR 0.142.112.631 Art. 2
SR 0.231.192.81	Meistbegünstigungsklausel zwischen der Schweiz und Korea → SR 0.975.228.1 Art. 2, 7
SR 0.231.192.85	Meistbegünstigungsklausel zwischen der Schweiz und Costa Rica → SR 0.975.228.5 Art. 1, 6

SR 0.231.192.94	Meistbegünstigungsklausel zwischen der Schweiz und Kuba → SR 0.975.229.4 Art. 1, 4
SR 0.231.193.23	Meistbegünstigungsklausel zwischen der Schweiz und El Salvador → SR 0.975.232.3 Art. 1, 3
SR 0.231.193.27	Meistbegünstigungsklausel zwischen der Schweiz und Ekuador → SR 0.975.232.7 Art. 1, 6
SR 0.231.193.58	Meistbegünstigungsklausel zwischen der Schweiz und Gambia → SR 0.975.235.8 Art. 1, 3
SR 0.231.193.63	Meistbegünstigungsklausel zwischen der Schweiz und Ghana → SR 0.975.236.3 Art. 1, 4
SR 0.231.194.16	Meistbegünstigungsklausel zwischen der Schweiz und Hong Kong → SR 0.975.241.6 Art. 1, 3
SR 0.231.194.181	Abk. mit Ungarn betreffend Urheberrecht → SR 0.946.294.182 Art. 4
SR 0.231.194.182	Meistbegünstigungsklausel zwischen der Schweiz und Ungarn → SR 0.975.241.8 Art. 1, 4
SR 0.231.194.27	Meistbegünstigungsklausel zwischen der Schweiz und Indonesien → SR 0.975.242.7 Art. 3, 4
SR 0.231.194.32	Abk. mit Irak betreffend Urheberrecht → SR 0.946.294.321 Art. 7
SR 0.231.194.58	Meistbegünstigungsklausel zwischen der Schweiz und Jamaika → SR 0.975.245.8 Art. 1, 3
SR 0.231.194.67	Abk. mit Jordanien betreffend Urheberrecht → SR 0.946.294.671 Art. 5; → SR 0.975.246.7 Art. 2, 8
SR 0.231.194.81	Meistbegünstigungsklausel zwischen der Schweiz und Laos → SR 0.975.248.1 Art. 1, 3
SR 0.231.194.87	Meistbegünstigungsklausel zwischen der Schweiz und Lettland → SR 0.975.248.7 Art. 1, 4
SR 0.231.195.14	Abk. mit Liechtenstein betreffend Urheberrecht → SR 0.631.112.514 Art. 5
SR 0.231.195.16	Meistbegünstigungsklausel zwischen der Schweiz und Litauen → SR 0.975.251.6 Art. 1, 3
SR 0.231.195.20	Meistbegünstigungsklausel zwischen der Schweiz und Mazedonien → SR 0.975.252.0 Art. 1, 4

SR 0.231.195.27	Meistbegünstigungsklausel zwischen der Schweiz und Malaysia → SR 0.975.252.7 Art. 2, 3
SR 0.231.195.41	Abk. mit Mali betreffend Urheberrecht → SR 0.946.295.411 Art. 5; → SR 0.975.254.1 Art. 2, 3
SR 0.231.195.49	Meistbegünstigungsklausel zwischen der Schweiz und Marokko → SR 0.975.254.9 Art. 1, 4
SR 0.231.195.65	Meistbegünstigungsklausel zwischen der Schweiz und Moldova → SR 0.975.256.5 Art. 1, 3
SR 0.231.195.74	Abk. mit Mosambik betreffend Urheberrecht → SR 0.946.295.741 Art. 6
SR 0.231.196.18	Meistbegünstigungsklausel zwischen der Schweiz und Uganda → SR 0.975.261.8 Art. 1, 4
SR 0.231.196.21	Meistbegünstigungsklausel zwischen der Schweiz und Usbekistan → SR 0.975.262.1 Art. 1, 3
SR 0.231.196.23	Meistbegünstigungsklausel zwischen der Schweiz und Pakistan → SR 0.975.262.3 Art. 1, 4
SR 0.231.196.27	Meistbegünstigungsklausel zwischen der Schweiz und Panama → SR 0.975.262.7 Art. 2, 6, 8
SR 0.231.196.32	Meistbegünstigungsklausel zwischen der Schweiz und Paraguay → SR 0.975.263.2 Art. 1, 4
SR 0.231.196.41	Meistbegünstigungsklausel zwischen der Schweiz und Peru → SR 0.975.264.1 Art. 1, 3
SR 0.231.196.49	Meistbegünstigungsklausel zwischen der Schweiz und Polen → SR 0.975.264.9 Art. 1, 4
SR 0.231.196.63	Meistbegünstigungsklausel zwischen der Schweiz und Rumänien → SR 0.975.266.3 Art. 1, 3
SR 0.231.196.89	Meistbegünstigungsklausel zwischen der Schweiz und Singapur → SR 0.975.268.9 Art. 2, 8
SR 0.231.196.91	Meistbegünstigungsklausel zwischen der Schweiz und Slowenien → SR 0.975.269.1 Art. 1, 4
SR 0.231.197.12	Meistbegünstigungsklausel zwischen der Schweiz und Sri Lanka → SR 0.975.271.2 Art. 1, 4
SR 0.231.197.27	Abk. mit Syrien betreffend Urheberrecht → SR 0.946.297.271 Art. 5; → SR 0.975.272.7 Art. 2, 7

SR 0.231.197.32	Meistbegünstigungsklausel zwischen der Schweiz und Tansania → SR 0.975.273.2 Art. 1, 4
SR 0.231.197.411	Abk. mit der Tschechoslowakei betreffend Urheberrecht → SR 0.946.297.412 Art. 3
SR 0.231.197.412	Meistbegünstigungsklausel zwischen der Schweiz und der Tschechoslowakei → SR 0.975.274.1 Art. 1, 4
SR 0.231.197.63	Meistbegünstigungsklausel zwischen der Schweiz und der Türkei → SR 0.975.276.3 Art. 1, 3
SR 0.231.197.67	Meistbegünstigungsklausel zwischen der Schweiz und der Ukraine → SR 0.975.276.7 Art. 1, 4
SR 0.231.197.72	Meistbegünstigungsklausel zwischen der Schweiz und der Sowjetunion → SR 0.975.277.2 Art. 1, 4
SR 0.231.197.76	Meistbegünstigungsklausel zwischen der Schweiz und Uruguay → SR 0.975.277.6 Art. 1, 3
SR 0.231.197.85	Meistbegünstigungsklausel zwischen der Schweiz und Venezuela → SR 0.975.278.5 Art. 1, 4
SR 0.231.197.89	Meistbegünstigungsklausel zwischen der Schweiz und Vietnam → SR 0.975.278.9 Art. 1, 3
SR 0.231.198.23	Meistbegünstigungsklausel zwischen der Schweiz und Sambia → SR 0.975.282.3 Art. 1, 3

Sachregister

Zur Kommentierung des URG (Nr. 1); es werden nach jedem Stichwort die Artikelnummer und nach dem Schrägstrich die zugehörige(n) Kommentar-Note(n) angegeben:

A

Abonnementsfernsehen 22 N 3
Abrufrecht *s. Zugänglichmachen*
Abstandslehre 3 N 1, 3 N 1
Access-Provider *s. Provider*
Aenderungsrecht 11 N 2–4; 11 N 6; 3 N 1
Aktivlegitimation des Lizenznehmers 16 N 8; 62 N 18; 81a N 1
Algorithmus 2 N 17
allgemeine Geschäftsbedingungen 5 N 2
Anbietungspflicht 16 N 11
angrenzende Rechte 33 N 1
Anregung 7 N 4
Archiv 22a N 4; 22b N 4, 6–7; 22c N 13; 24 N 3, 6
Archivierungskopie 24 N 2
Archivwerk 22a N 2, 4
Arzneimittelinformationstexte 5 N 4
Aufführungsrecht 10 N 14
Aufzeichnung von
– Musikwerken 19 N 35
– Ton-, Tonbild- oder Datenträgern 19 N 36
– Werken der bildenden Kunst 19 N 35
Auskunftsanspruch 62 N 4
Ausstellungsrecht 14 N 8
ausübende Künstler *s. Interpreten*

B

Baupläne 2 N 23
Bearbeiterurheberrecht *s. Werk*
Behinderte 24c N 2
Beitritt zur Verletzungsklage 62 N 19
Belegfunktion *s. Zitatzweck*
Beobachtungsstelle für technische Massnahmen 39b N 3

Berichterstattung 28 N 2, 8
Beseitigungsklage 62 N 3
Bibliothekstantieme 9 N 2; 13 N 3
broadcasting 10 N 18
bühnenmässige Aufführung 40 N 15
buy out 16 N 14

C

Caching 10 N 8
Chain of title *s. Rechtekette*
Chip 2 N 18; 20 N 4
computer games *s. Computerprogramm*
Computerprogramm 2 N 17, 19; 10 N 23–24; 12 N 9; 13 N 1, 8; 17 N 1; 19 N 38; 29 N 7
– Computerspiele 2 N 14; 10 N 24; 19 N 39
– integrierte Softwareprogramme 2 N 18
– Shareware 16 N 13
– Sicherungskopie 24 N 7
– Source-Codes 10 N 23; 21 N 1
– Suchmaschine 4 N 2
Content Provider 24a N 9
Copyright-Vermerk 2 N 4; 8 N 2

D

Darbietungen der Volkskunst 33 N 4, 9; 80 N 3
Daten-CD 20 N 4
Datenbanken 4 N 4; 33 N 1
dekompilieren 21 N 1
Design 1 N 8, 11; 2 N 12
– Schutz 2 N 13
Direktsatellitensendung 10 N 21–22
Dirigent 34 N 6
domaine public payant *s. Urheberrechtsnachfolgevergütung*
Doppelschöpfung 2 N 2

Download 10 N 6, 8, 11, 18; 12 N 2; 19 N 19 f, 37; 33 N 12; 36 N 8; 39 a N 3; 67 N 14
Drei-Stufen-Test 1 N 14; 19 N 6, 19; 22c N 8; 24 b N 3, 5
droit de non-paternité 9 N 5
droit moral 9 N 1
droit voisins s. *Nachbarrechte*
dualistische Theorie 16 N 1
DVD
– Brenner 20 N 4
– Rohling 20 N 4

E

Eidg. Schiedskommission s. *EschK*
Eigengebrauch 19 N 9 ff.
– Dritter 19 N 28
Eigentumsgarantie 1 N 3; 9 N 4; 19 N 5
Einspeisung in Datennetzwerke 10 N 19
Entwurf
– Schutz 2 N 21, 29 N 4
Einziehung 63 N 2, 4
Ensembledarbietungen 34 N 1
– Recht zum Zugänglichmachen auf Abruf 34 N 12
ephemere Vervielfältigung für Sendezwecke 24b N 3
Erschöpfungsgrundsatz 10 N 10; 12 N 1, 7, 9; 13 N 1
Erstaufführung 9 N 10
Erstverbreitung 10 N 10
ESchK
– administrative Aufsicht 58 N 1
– Aufsicht über Tarife 55 N 1
– Besetzung 57 N 1
– Genehmigung der Tarife 46 N 4
– Tarifgenehmigung 59 N 1
– Zusammensetzung 56 N 1

F

Festplatten 20 N 4
Feststellungsklage 61 N 1–3
– Aktivlegitimation 61 N 3
– Voraussetzungen 61 N 2
Filmabspann 9 N 8; 33a N 3
Filmmusik 7 N 6, 11 N 2, 7
Filmschaffen 7 N 5
Filmverleiher 1 N 9; 13 N 6
first sale doctrine 12 I N 3
Folgerecht 9 N 2; 12 N 5
Formate von Sendeinhalten 2 N 15; 10 N 21
Fotografien 2 N 13
freie Werke 16 N 11
Fürstentum Liechtenstein 1 N 13

G

Gefährdung von Schutzrechten
– unwiderlegliche Vermutung 62 N 6
Gegenrechtsvorbehalt 35 N 7
Gehilfenschaft 7 N 4
Geldscheine 5 N 3
Gelegenheitswerke 16 N 11
Gemeinschaftsantenne 22 N 6
Gerichtsinstanz
– einzige kantonale 64 N 4
Gesamtwerk 7 N 1
Geschichte des Urheberrechts 1 N 1
Gesetzgebungskompetenz des Bundes 1 N 2
gesetzliche Lizenz 19 N 4, 12; 35 N 1
gewandelte Überzeugung 9 N 7
Gewinn
– Herausgabe 62 N 15
Ghostwriter 9 N 6
grosses Recht 10 N 14
Gruppenname 34 N 7
gutgläubiger Erwerb 8 N 1; 16 N 6

H

Hash-Links 67 N 14
Herausgeber 4 N 1: 8 N 6 f.
Hersteller 35 N 5; 36 N 4, 7
– Definition 36 N 2
– Koproduktion 36 N 5
– Recht zum Zugänglichmachen auf Abruf 36 N 10
– Verbreitungsrecht 36 N 9
– Vergütungsanspruch 36 N 11
– von Tonbildträgern 36 N 1
– von Tonträgern 36 N 1
Hintergrundmusik 33a N 3
Hosting 24a N 9

I

i-pod 20 N 4
IGE
– Aufsicht über Verwertungsgesellschaften 53 N 1
– Massnahmen der Aufsicht 54 N 1–2
Information
– Definition 39c N 3
Integritätsschutz 33a N 4–5
Interoperabilität 21 N 2, 4
Interpreten 33 N 4, 6
– Anerkennung 33 N 3
– mehrere 34 N 2

Sachregister

K

Kabelfernsehen 10 N 21
Kaskadenschutz 12 N 8
Katalogfreiheit 26 N 1
Kausalhaftung des Urhebers gg. Eigentümer des Werkexemplars 14 N 9
kleine Münze 2 N 7
kleines Recht 10 N 14
Knipsbilder *s. Fotografien*
kollektive Rechtswahrnehmung 22a N 10; 22c N 2; 37 N 7
Kollektivverwertungszwang 19 N 4; 22 N 1; 22a N 7; 24b N 1; 24c N 9; 40 N 2, 6, 11, 16
Kollektivwerk 7 N 3
Kopierabgabe 20 N 3
körperliches Exemplar 35 N 2
Künstler, ausübende *s. Interpreten*
Künstlergruppe 34 N 4, 7
– Gruppenname 34 N 7
– innere Organisation 34 N 7
– subsidiäre gesetzliche Vertretungsmacht 34 N 8–9

L

Leerkassetten *s. Leerträgervergütung*
Leerträgervergütung 20 N 1, 4
Legalzession 6 N 4, 17 N 1
Lehrperson 19 N 23
Leihe 10 N 9
Leistungsschutzrechte 33 N 1
Live-Sendung 2 N 14
Lizenzanalogie 62 N 14
Lizenzvertrag 16 N 5–6
– vorbestehender 81a N 1
Logo 2 N 9

M

making available *s. Zugänglichmachen auf Abruf*
Mikrochip *s. Chip*
Mitteilung rechtskräftiger Urteile 66a N 1
Miturheberschaft 7 N 1, 3 ff.
mp3-player 20 N 4
musikalische Werke *s. auch Werke*
– Filmmusik *s. dort*
– Melodie 2 N 22
– musikalisches Motiv 2 N 22
– Remix 3 N 3
– sound-alike 3 N 3
– theatralische Musik 40 N 15

N

Nachbarrechte 33 N 1
Nachrichtenagentur 33 N 10
Nutzerverbände 46 N 3
Nutzungsrechte *s. Verwertungsrechte*

O

Objektcode 21 N 1
online-Recht *s. Zugänglichmachen auf Abruf*
online-Vertrieb 12 N 1–2
Originalwerkexemplar 15 N 2

P

Panoramafreiheit 27 N 1
Parodie 11 N 13
– Freiheit 11 N 15
Pay-TV *s. Abonnementsfernsehen*
Persönlichkeitsrecht der Interpreten 33 N 6
Persönlichkeitsschutz der Interpretenleistung 33a N 4
Pflicht der Vermietungstantieme 13 N 7
Pflichtwerke 16 N 11; 17 N 3
Piraterie
– Hilfeleistung der Zollverwaltung bei der Bekämpfung 75–77h
Plagiat 3 N 1; 9 N 5; 25 N 6; 36 N 6
Podcast 22c N 5
Prinzip der weltweiten (internationalen) Erschöpfung 12 N 3
Privatbereich 19 N 13
Privatgebrauch 19 N 16–18
– von unrechtmässigen Werkexemplaren 19 N 19
Privatkopie 19 N 11; 20 N 1
Produzentenartikel 6 N 4
Produzent *s. Hersteller*
Provider 24a N 7
– Access-Provider 24a N 7
– Content Provider 24a N 9
Prozessbeitritt 62 N 19
Public Domain 16 N 13

R

Radio- und Fernsehgebühr 10 N 22
Re-Mastering 36 N 2
– der Herstellung 36 N 2, 4
– der Sendung 37 N 4
Realakt der Werkschöpfung 1 N 7
Rechte *s. Urheberrecht; Nachbarrechte*
Rechtekette 8 N 2; 16 N 6; 40 N 7; 62 N 13

Sachregister

Rechtsmittel
- gegen Entstellung 11 N 12
- im Verwaltungsverfahren 74 N 2

Rechtsschutz
- des elektronischen Geschäftsverkehrs 39a N 11
- für technische Massnahmen s. *technische Massnahmen*
- für Informationen zur Rechtswahrnehmung 39c N 1

Rechtsverkehr mit Urheberrechten 16 N 4–5
- deriativer Rechteinhaber 1 N 5

Regisseur 34 N 6
- Bühne 33 N 5
- Film 7 N 5; 9 N 7, 11; 11 N 2; 22b N 8; 30 N 3; 33 N 5

Remake s. *Wiederverfilmung*
reverse engineering s. *Dekompilieren*
Revidierte Berner Übereinkunft, RBÜ 1 N 1
Rückwirkung
- des Schutzes von Werken und verwandten Schutzrechten sowie DRM-Massnahmen 29 N 6; 80 N 1–7

S

Sammelwerk 4 N 1 ff.; 7 N 2; 11 N 8, 10
Scannen 10 N 8
Schadensbemessung 62 N 14
Schnittstelle
- dekompilieren 21 N 1

Schöpferprinzip 6 N 2, 4; 16 N 10
Schranken des Urheberrechts 11 N 15; 19 N 1–2
Schulbereich 19 N 21–25
Schule 19 N 22
Schutz gegen Entstellung 11 N 9–12; 33a N 2
Schutzdauer 29 N 1
- Hersteller von Ton- und Tonbildträgern 39 N 1
- Interpreten 39 N 1
- Sendeunternehmen 39 N 1

Schutzfrist 29 N 7
- Namensnennungsrecht 39 N 3

Selbstplagiat 25 N 6
Senderecht 10 N 20–22; 33 N 13
Sendeunternehmen 22a N 3; 22b N 7; 24b N 1; 37 N 2
Shareware s. *Computerprogramm*
Sicherungskopie s. *Computerprogramm*
Simulcast 22c N 5
Software Escrow Agreement 21 N 1
Solist 34 N 6
Source-Codes s. *Computerprogramm*

Speicherung
- auf Datenträger 10 N 8
- vorübergehende 24a N 4

Sportler 33 N 10
Strafbarkeit
- bei Gewerbsmässigkeit 67 N 19; 69 N 13
- bei Unrechtmässigkeit des Vortrags-, Vorführungs- und Aufführungsrechts 67 N 14
- bei Unrechtmässigkeit des Wiedergaberechts 67 N 14, 16; 69 N 6
- bei Widerhandlung gegen das Namensnennungsrecht 69 N 7
- der Auskunftsverweigerung 67 N 17
- der falschen Urheberbezeichnung 67 N 9
- der Manipulation von Wahrnehmungsinformation 69a N 9
- der unrechtmässigen Aenderung 67 N 11
- der unrechtmässigen Bearbeitung 67 N 11
- der unrechtmässigen Sendung- oder Weitersendung 67 N 15; 69 N 3, 10
- der unrechtmässigen Verbreitung 67 N 13; 69 N 5, 9
- der unrechtmässigen Veröffentlichung 67 N 10
- der unrechtmässigen Vervielfältigung 67 N 12; 69 N 4, 9, 11
- der Unterlassung der Quellenangabe 68
- der Verletzung von technischen Massnahmen 69a N 1
- des unrechtmässigen Angebots 67 N 13
- des unrechtmässigen Zugänglichmachens auf Abruf 67 N 14; 69 N 8

Strafbarkeit der Verletzung von DRM 69a N 1
- Absicht der Verletzung 69a N 7
- Antragserfordernis 67 N 3; 69a N 2
- Gewerbsmässigkeit der Verletzung 69a N 11
- konkurrierende Tatbestände der Verletzung im StGB 69a N 13
- Strafrahmen 69a N 5
- subjektiver Tatbestand der Verletzung 69a N 12
- Tatbestand der Verletzung 69a N 6, 8–10
- Unrechtmässigkeit der Verletzung 69a N 3

Strafverfolgung 73 N 1
Streaming 10 N 6; 13 N 2; 19 N 37; 22c N 5, 8; 24a N 7
SUISA 10 N 14; 40 N 9; 42 N 2
Synchronisationsrecht 7 N 6; 11 N 7

T

Tanz
- Pantomime 2 N 16

Tarif
- Angemessenheit 60 N 1–9
- gemeinsamer 47 N 1 f.
- Pflicht 46 N 1

technische Massnahmen 39a N 11 ff.; 62 N 7
- Definition 39a N 11
- Rechtsschutz 62 N 5 ff.; 69a N 1
- Umgehungsverbot 39a N 1, 26; 62 N 7; 69a N 1

Territorialitätsprinzip 1 N 15

Titel
- Schutz 2 N 20; 33 N 1, 10

Topographie
- Schutz 2 N 18

Travestie 11 N 14

typographische Schriftzeichen
- Schutz 2 N 12

U

Uebertragungsrecht 10 N 16
Umgehung 39a N 10
unbekannte Nutzungsarten 16 N 3
Unterhaltspflicht des Eigentümers 15 N 4
Unterlassungsklage N 2
Upload 10 N 8, 19; 19 N 19; 67 N 14

Urheber
- im Arbeitsverhältnis 6 N 6; 7 N 4; 9 N 7; 11 N 3; 16 N 10
- unbekannt 8 N 5–8; 29 N 9; 31 N 1

Urhebernachfolgevergütung 29 N 2
Urheberpersönlichkeitsrecht 9 N 1; 11 N 1; 14 N 2; 15 N 1; 16 N 1
- Unübertragbarkeit 16 N 1

Urheberrecht
- Aenderungsrecht s. dort
- Aufführungsrecht 10 N 14
- Bearbeitungsrecht 11 N 7; 17 N 4
- Inhalt 1 N 7
- negatives Nennungsrecht 9 N 7
- Recht auf Anerkennung 9 N 5
- Recht auf Namensnennung 9 N 6, 8–9; 17 N 2; 33a N 2–3
- Recht auf Sendung und Weitersendung 10 N 16, 20–21
- Recht der Erstausstellung 9 N 12
- Recht der ersten Inhaltsmitteilung 9 N 10
- Recht der öffentlichen Wiedergabe 10 N 18
- Recht zum Zugänglichmachen auf Abruf 10 N 6, 17; 36 N 7; 37 N 11
- Rechteinhaber 16 N 4
- Schutz durch BV 1 N 4
- Schutz durch Eigentumsgarantie der BV 1 N 3; 9 N 4
- Synchronisationsrecht s. dort
- Verhältnis zu anderen Immaterialgütern 1 N 8–11
- Vermiet- und Verleihrecht s. dort
- Verkehrsfähigkeit 1 N 4; 9 N 4
- Veröffentlichungsrecht s. dort
- Vorführungsrecht 10 N 15
- Vortragsrecht 10 N 13

Urhebervertragsrecht 16 N 12
Urteilsveröffentlichung 66 N 1

V

Verbot
- der Umgehung technischer Massnahmen 39a N 8
- von Vorbereitungshandlungen der Umgehung 39a N 15

Verbreitungsrecht 10 N 4, 9 ff.; 12 N 1, 7; 24c N 3; 33 N 15; 36 N 7; 37 N 10
Verfilmung 3 N 1, 5 f.; 7 N 50 f.; 9 N 8; 11 N 7

Vergütungsanspruch
- für Sendung 35 N 1
- für öffentlichen Empfang 35 N 1
- gesetzlich 40 N 17

Verjährung 62 N 16
Verjährungsfrist 13 N 4
Verleihrecht s. Vermietrecht
Verletzerzuschlag 62 N 17
Vermietrecht 10 N 9, 23, 25; 13 N 1, 8
Vermietungstantieme 13 N 3–5
Veröffentlichungsrecht 9 N 10
Verteileranlage 10 N 21
Vervielfältigungsrecht 10 N 4, 7 f; 24a N 1; 24c N 3; 33 N 14; 36 N 7–8; 37 N 9
verwandte Schutzrechte 1 N 7; 19 N 2; 33 N 1
Verwertungsgesellschaft 13 N 7; 40 N 10
- Aufsicht über die Geschäftsführung 52 N 1–3
- Auskunfts- und Rechenschaftspflicht 50 N 1
- Auskunftspflicht der Werknutzer 51 N 1
- Bewilligung 41 N 1
- Bundesaufsicht 41 N 1, 3
- Effizienz 45 N 1
- Funktion 40 N 1
- Gegenseitigkeitsvertrag 40 N 10; 45 N 4
- gemeinsamer Tarif 47 N 1
- Geschäftsführung ohne Autrag 44 N 3
- Gewinnverteilung 45 N 4
- Gleichbehandlungsgebot 45 N 2
- in der Schweiz 40 N 9

605

Sachregister

- Kultur- und Sozialabzug 48 N 3
- Tarifplicht 46 N 1
- Verhandlungspflicht 46 N 2
- Veröffentlichung der Bewilligung 43 N 1
- Verteilungsreglement 48 N 2
- Verteilungsrichtlinien 49 N 1
- Voraussetzungen der Bewilligung 42 N 1
- Wahrnehmungszwang 44 N 2
- Zusammenarbeitsvertrag 47 N 2

Verwertungsgesellschaftspflicht
s. Kollektivverwertungszwang
Verwertungskaskade 12 N 6
Verwertungsrechte 9 N 1; 10 N 2 ; 16 N 2, 15
- inidividuelle Wahrnehmung 40 N 12

Verwendungsrechte *s. Verwertungsrechte*
Verzicht
- vertraglicher 9 N 8; 14 N 2
- auf Teilrechte 16 N 13

Videotext 10 N 21
völkerrechtliche Verträge
- Aufzählung 1 N 12
- direkte Anwendung 1 N 13

vorbestehende Verträge
- Beurteilung nach neuem Recht 81 N 1

Vorführungsrecht 10 N 15
Vorsorgliche Massnahmen 65 N 1
Vortragsrecht 10 N 13

W

Wahrnehmungsinformation 39c N 3, 5–6; 62 N 7; 69a N 9
- Manipulationsverbot 39c N 4, 8; 62 N 7; 69a N 9

Webcast 22c N 5
Weitersenderecht 10 N 16, 20; 22 N 6; 33 N 13; 37 N 7
Weiterveräusserung 12 N 9
Werbezweck 9 N 9; 11 N 15
Werk *s. auch Werke*
- Änderung 3 N 1; 11 N 6
- ästhetischer Wert 2 N 12
- Bearbeitung 3 N 1; 7 N 2; 11 N 7
- Einheit 7 N 1
- Entstellung 11 N 9, 11
- Exemplar 10 N 7
- Forderungen aus der Werknutzung 18 N 2
- freie Benutzung 3 N 1; 11 N 13
- Integrität 11 N 1
- Original 15 N 1
- Titel 1 N 11; 2 N 20; *s. auch dort*
- Trennbarkeit 7 N 12
- Umformung 3 N 1
- Variationen 3 N 3
- Verbindung 7 N 1–2
- Vervielfältigung 10 N 4, 7–8; *s. auch Vervielfältigungsrecht*
- Zerstörung 11 N 5

Werkbegriff
- Ausdruck 2 N 1
- Individualität 2 N 1
- Inhalt 2 N 1

Werke *s. auch Werk*
- akustische 2 N 8; *s. auch musikalische Werke*
- amtliche 5 N 1
- audiovisuelle 2 N 14
- choreografische 2 N 16
- Computerprogramm *s. dort*
- der angewandten Kunst 2 N 12; 13 N 5
- der Baukunst 2 N 10; 12 N 10; 13 N 5; 15 N 8; 63 N 4
- der bildenden Kunst 2 N 9
- Entwürfe 2 N 20
- flüchtige 2 N 14; 24a N 1; 24b N 3
- grafische 2 N 9
- postum 31 N 2; 33a N 5
- private Normen 5 N 2
- unsittliche 2 N 3
- verwaiste 22b N 1; 31 N 1
- wissenschaftliche 2 N 6
- zweiter Hand 3 N 1

Wiedergaberecht 33 N 12; 37 N 8
Wiederverfilmung 3 N 6; 36 N 6
work for hire doctrine 6 N 4

Z

Zerstörung 15 N 1
Zitatpflicht 68
Zitatzweck 25 N 3
Zitierrecht 25 N 1
Zollverwaltung
- Hilfeleistung bei der Bekämpfung von Piraterie 75 N 1

Zugänglichmachen auf Abruf 10 N 6, 17 ff.; 19 N 27; 33 N 12; 36 N 10; 37 N 11; 67 N 14; 69 N 8
Zutritts- und Austellungsrecht 14 N 2
Zwangslizenz 19 N 4; 23 N 1
Zwangsvollstreckung 18 N 1
Zweckübertragungstheorie 16 N, 14

Stefan Haupt (Hrsg.) / Meinhard Ciresa / Peter Studer

Urheberrecht für Medienschaffende in Deutschland, Österreich und der Schweiz

2007, 352 Seiten, geb.
ISBN 978-3-280-07130-4

Medienschaffende sind oft länderübergreifend im deutschsprachigen Raum tätig. Das Buch beleuchtet die wesentlichen urheberrechtlichen Fragen in Deutschland, Österreich und der Schweiz. Durch einen einheitlichen Aufbau aller länderspezifischen Teile findet sich der Leser leicht zurecht. So wird dargelegt,

- wie das jeweilige Urheberrechtsgesetz aufgebaut ist,
- welche Aspekte bei der Vertragsgestaltung zu berücksichtigen sind,
- welche steuer- und sozialrechtlichen Fragen im Umgang mit gleichsprachigen, aber dennoch ausländischen Vertragspartnern zu beachten sind.

Besondere Aktualität erhält das Werk durch die Berücksichtigung der Novellierung des Künstlersozialversicherungsgesetzes sowie des Urheberrechtsgesetzes in Deutschland im Jahr 2007 (Inkrafttreten 1.1.2008).

Aus der Presse

Das Werk beleuchtet die wesentlichen urheberrechtlichen Themen im deutschsprachigen Kulturraum und ist für die Zukunft, deren rechtliche Unüberschaubarkeit ständig zunimmt, unverzichtbar. *MMR aktuell - MultiMedia und Recht*

Wer immer aus seinem geistigen Schaffen Einnahmen erzielt, findet im 350-Seiten-Werk praktische Tipps. In einem guten Mix aus Praxis und Hintergrund. *presseverein.ch*

**Navigator.ch
Kompendium
CD-ROM**

Edition 2008/04
ISBN 978-3-280-07157-1

Das professionelle Werkzeug für Juristen. Mit rund 5 500 kommentierten Gesetzesartikeln, quer durch die SR, alle Querverweise verlinkt mit den entsprechenden Gesetzesartikeln und den einschlägigen BGE und vielem mehr. Diese hocheffiziente CD-ROM ersetzt nicht nur ganze Büchergestelle, sondern erspart auch mühseliges Herunterladen und erleichtert die Recherche.

Kommentare
BV, Migrationsrecht, ZGB, OR, Mietrecht, Gesellschaftsrecht, GmbH-Recht, FusG, URG, MSchG, DesG, KG, SchKG, IPRG, StGB, DBG, RPG, SVG, BetmG, ArG, BVG, Börsenrecht, GwG

Erlasse
– Systematische Sammlung des Bundesrechts (SR) Teil 0–9
– Systematische Gesetzessammlungen der Kantone BL, GR, NW, SZ, ZH

Entscheide
– Entscheide des Bundesgerichts (BGE) seit 1928
– Entscheide der Bundesverwaltungspraxis (VPB) 1987–2006